FOGANG NIANJIAN 2023

佛冈年鉴

2023

中共佛冈县委
佛冈县人民政府　主办

佛冈年鉴编纂委员会　编

华南理工大学出版社
SOUTH CHINA UNIVERSITY OF TECHNOLOGY PRESS
·广州·

图书在版编目（CIP）数据

佛冈年鉴 . 2023 / 佛冈年鉴编纂委员会编. —广州：华南理工大学出版社，2023.12
ISBN 978-7-5623-7479-4

Ⅰ . ①佛⋯ Ⅱ . ①佛⋯ Ⅲ . ①佛冈县 – 2023 – 年鉴 Ⅳ . ① Z526.54

中国国家版本馆 CIP 数据核字（2023）第 216919 号

佛冈年鉴 · 2023
佛冈年鉴编纂委员会 编

出 版 人：柯 宁
出版发行：华南理工大学出版社
（广州五山华南理工大学 17 号楼，邮编 510640）
http://hg.cb.scut.edu.cn E-mail: scutc13@scut.edu.cn
营销部电话：020-87113487 87111048（传真）
责任编辑：吴翠微 张 楚
责任校对：梁晓艾
印 刷 者：广州市新怡印务股份有限公司
开 本：889mm × 1194mm 1/16 总印张：24 彩插：22 字数：993 千
版 次：2023 年 12 月第 1 版 2023 年 12 月第 1 次印刷
定 价：180.00 元

《佛冈年鉴》编纂委员会

《佛冈年鉴》编辑部

编辑说明

一、《佛冈年鉴》是由中共佛冈县委、佛冈县人民政府主办并由佛冈年鉴编纂委员会组织编纂的地方综合年鉴，属资料性工具书，始创于2008年，2012年起一年一鉴。《佛冈年鉴》以马克思主义、毛泽东思想、邓小平理论、“三个代表”重要思想、科学发展观、习近平新时代中国特色社会主义思想为指导，坚持辩证唯物主义和历史唯物主义的立场、观点和方法，旨在全面、准确、翔实记载佛冈县政治、经济和社会发展的基本情况，为各级、各部门及社会各界人士了解佛冈、研究佛冈、支持佛冈建设提供综合性的信息和参考资料。

二、《佛冈年鉴・2023》主要载录2022年佛冈县经济社会发展的资料，由文字、图表两大部分组成。文字部分采用分类编辑法，除卷首外，设有年度关注、大事记、佛冈概况、政党・政权、群众团体、外事・侨务・台港澳事务、法治、军事、经济管理、财政・税务、金融业、农业、水利・气象、工业、交通・邮政・通信、城建・房产・环保、商贸流通、开放型经济、旅游业、教育・科学、文化・传媒、卫生・医疗・保健・体育、社会生活、建制镇、自然保护区・林场、统计资料、文献专载、附录共28个类目。同时，组编部分彩色图片进行直观的宣传记载，展现佛冈在各领域的改革成就及地域发展风貌。

三、《佛冈年鉴・2023》在《佛冈年鉴・2022》框架基础上，对部分类目、分目内容进行调整充实。其中，“年度关注”收录年度县内重大事件；类目未作更改；分目、条目按年度内容设置和收录，并根据实际情况进行调整充实。

四、年鉴类目、分目、条目的标题分别用不同字体和版式编排。其中，条目为表现内容的基本形式，标题用黑体字置于【 】内，包含多方面内容的条目，则用楷体字标题标明各段资料主题。全书前有目录，后有主题索引，具有较为完善的检索系统。

五、年鉴稿件由各镇、各单位（含省市直管单位）提供，国民经济和社会发展情况资料由佛冈县统计局提供。如出现统计数字不一致的情况，以佛冈县统计局公布的数字为准。其中，各单位数据为统计快报数，社会经济统计资料为县统计局提供的年报数。

六、年鉴各类目标示年鉴编辑部责任编辑人姓名；条目的撰稿人姓名标示在条目之后；条目后未标识撰稿人的，其撰稿人与后面条目分目的撰稿人相同。

七、本年鉴编辑出版工作由佛冈年鉴编纂委员会领导，设有佛冈年鉴编辑部（设在县史志办），编辑出版具体事务由佛冈县史志办负责。

数字佛冈 2022

- 土地面积 **1295.16** 平方千米
- 年末常住人口 **31.66** 万人
- 年末户籍总人口 **36.18** 万人

- 地区生产总值 **161.34** 亿元
- 第一产业增加值 **25.85** 亿元
- 第二产业增加值 **74.23** 亿元
- 第三产业增加值 **61.26** 亿元
- 农林牧渔业总产值 **40.24** 亿元
- 规模以上工业增加值 **63.46** 亿元
- 全社会固定资产投资同比增加 **0.8%**
- 社会消费品零售总额 **38.92** 亿元

- 公共财政预算收入 **12.77** 亿元
- 公共财政预算支出 **38.14** 亿元
- 各项存款余额 **227.82** 亿元

- 城乡居民人均可支配收入 **27 196** 元
- 城镇居民人均可支配收入 **35 475** 元
- 农村居民人均可支配收入 **20 684** 元

- 普通中学在校学生数 **22 401** 人
- 各类卫生机构实有床位 **1172** 张
- 境内公路通车里程 **1627.09** 千米

- 外贸进出口总额 **55.58** 亿元
- 实际利用外资总额 **1.86** 亿元
- 接待旅游总人数 **87.55** 万人次
- 旅游总收入 **7.82** 亿元

- 房地产开发投资额 **26.53** 亿元
- 商品房销售面积 **57.42** 万平方米
- 商品房销售额 **27.67** 亿元

佛冈县地图

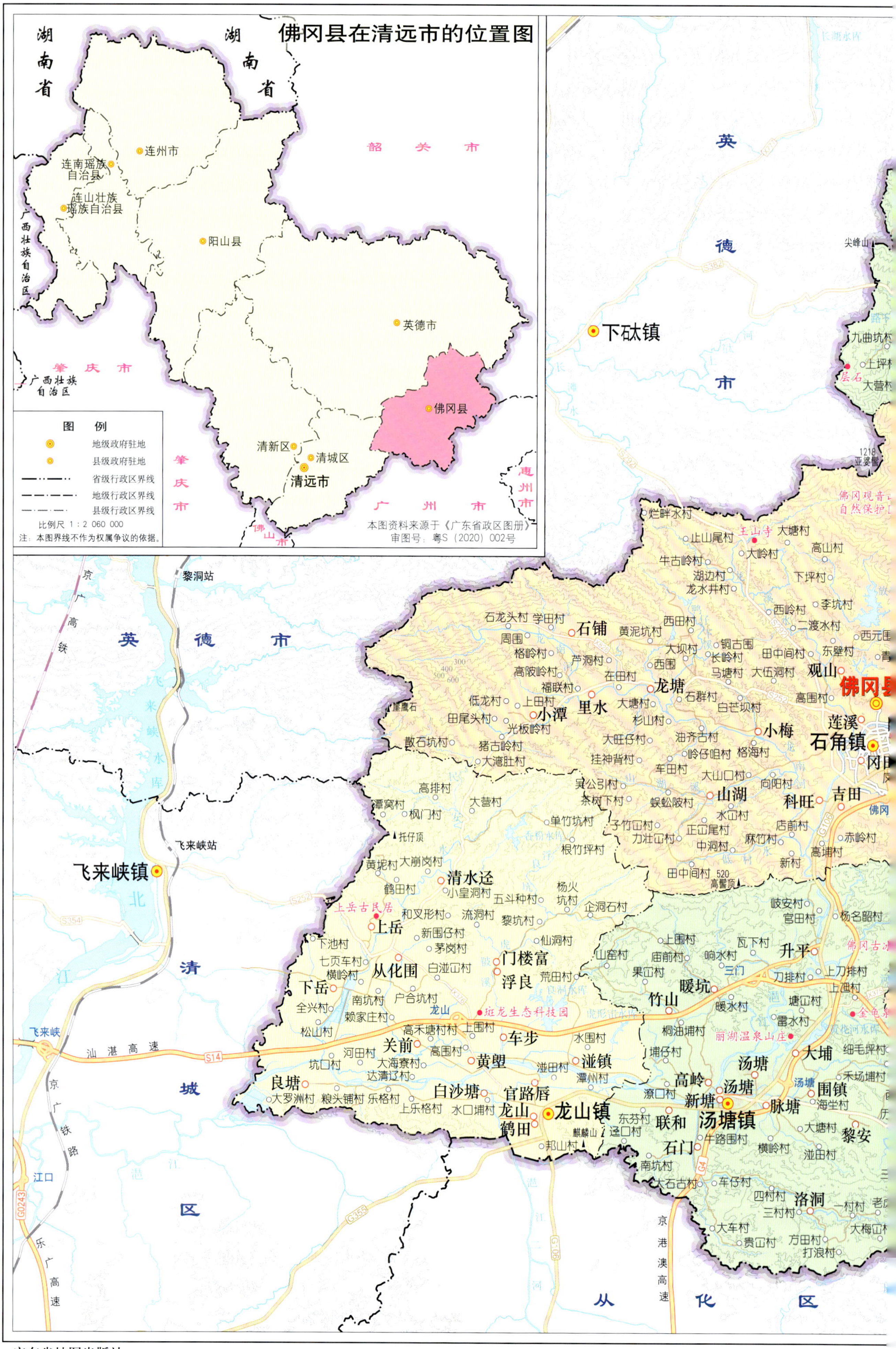

广东省地图出版社

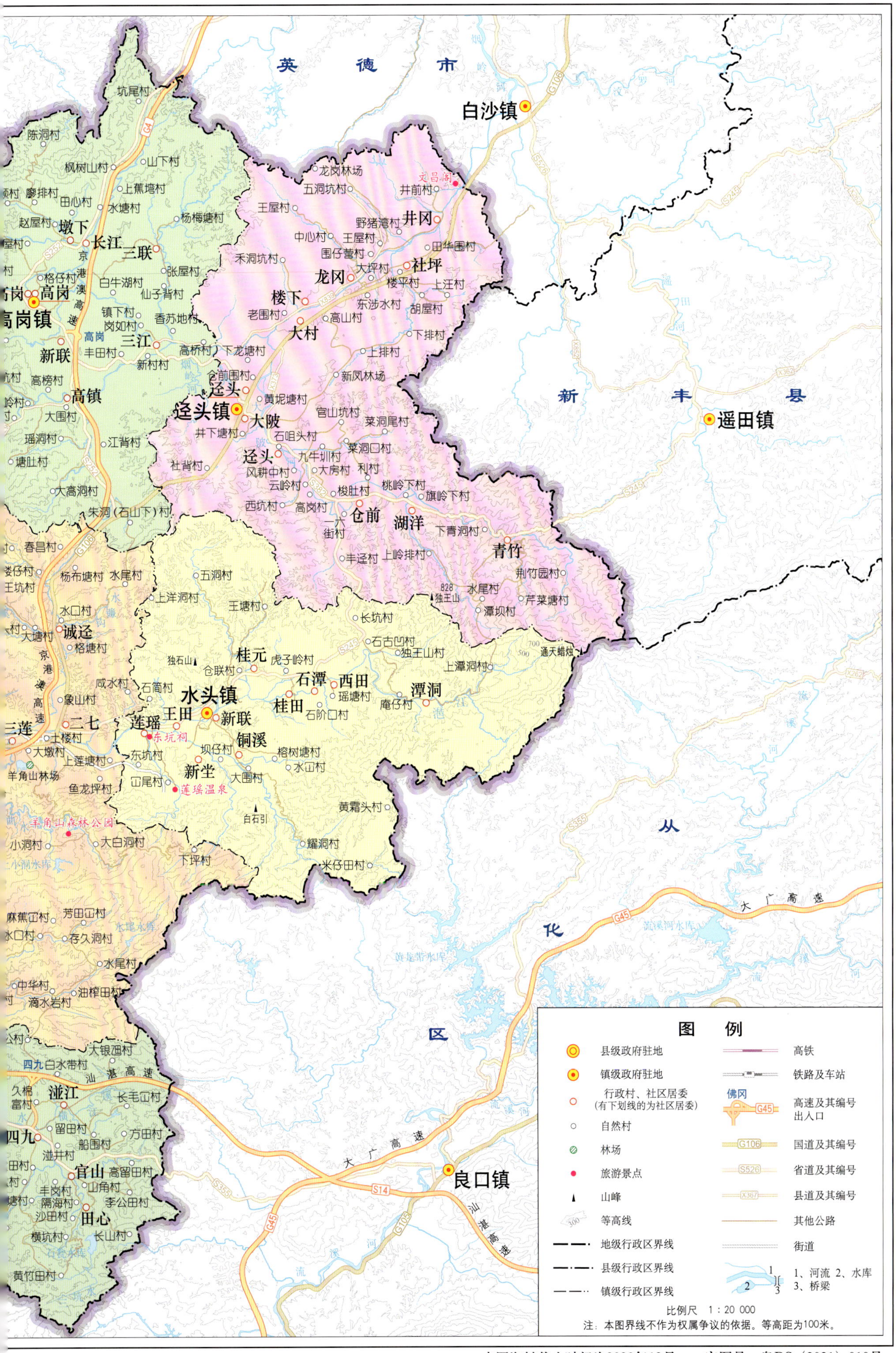

本图资料截止时间为2020年12月　　审图号：粤RS（2021）010号

佛冈县中心城区图

广东省地图出版社

本图资料截止时间为2020年12月　　审图号：粤RS（2021）010号

大事要闻

◆ 2022年1月4日

佛冈县举办“优化营商环境专业理论和实操知识专题培训班”（朱慧燕　摄）

◆ 2022年1月6日

清远市文明办走访慰问佛冈各级道德模范、身边好人（朱慧燕　摄）

◆ 2022 年 3 月 11 日

佛冈县四套班子领导带头到石角镇开展以“科学推进国土绿化，筑牢粤北生态屏障”为主题的义务植树活动。图为县委书记潘国标（左一）、县长江红平（右三）参加植树（钟盛祺　摄）

◆ 2022 年 3 月 21 日

佛冈县在迳头镇召开 2022 年春季农业生产暨农机闹春耕现场会（朱慧燕　摄）

◆ 2022 年 3 月 28 日

佛冈县举办新时代好少年先进事迹发布会，为 30 名“新时代好少年”颁发荣誉证书（朱慧燕　摄）

◆ 2022 年 4 月 2 日

佛冈县举行水库大坝防汛应急预案演练（钟盛祺　摄）

◆ 2022 年 5 月 30 日

佛冈县举行“数字乡村全域覆盖”交接暨“数字运营官千人驻村”工作启动仪式，并为数字乡村运营官授旗（钟盛祺　摄）

◆ **2022年6月30日**

佛冈县举办2022年“广东扶贫济困日”授牌捐赠仪式。活动中，佛冈县万兴电子塑胶制品有限公司现场捐赠200万元（钟盛祺　摄）

◆ **2022年7月28日**

佛冈县举办2022年抓党建促乡村振兴擂台赛。经过激烈比拼，“擂台赛”决出前10名（钟盛祺　摄）

◆ 2022 年 8 月 3 日

广东省人大监察司法委主任委员黄汉标（右二）率调研组到佛冈县，开展电动自行车道路交通安全治理和广清一体化推进情况等工作调研（朱慧燕　摄）

◆ 2022 年 8 月 16 日

佛冈开展 2022 年大学生“群雁助飞”县情研修活动（朱慧燕　摄）

◆ 2022 年 9 月 12 日

“喜迎二十大，科普向未来”——2022 年佛冈县全国科普日宣传活动在县人民公园举行

（钟盛祺　摄）

◆ 2022 年 10 月 17 日

广东省老区建设促进会会长陈开枝（左四）率调研组到革命老区佛冈县迳头镇青竹村调研

（迳头镇党政办　供图）

园区建设

◆ 2022 年 1 月 16 日
位于汤塘镇的广佛（佛冈）产业园建设已具规模（黄超贤　摄）

◆ 2022 年 1 月 21 日
"新起点 新征程"大湾区生命科技园动工仪式暨招商推介会在佛冈举行（黄超贤　摄）

◆ 2022年5月27日

广东材料谷佛冈产业园正式开园（黄超贤　摄）

◆ 2022年7月30日

清远市2022年第三季度重大项目集中开工活动在佛冈分会场举行（钟盛祺　摄）

◆ 2022年8月22日

大学生研修团在广佛（佛冈）产业园了解园区产业布局及发展方向情况（朱慧燕　摄）

◆ 2022 年 9 月 27 日

广佛（佛冈）产业园一横路主干道广州大道（黄超贤　摄）

◆ 2022 年 12 月 18 日

清远天赐高新材料有限公司正式投产（钟盛祺　摄）

设施建设

◆ 2022年1月8日
佛冈县城南小学新建的足球场启用，学校足球队在训练（朱慧燕　摄）

◆ 2022年8月9日
龙凤大道建设工程基本完成（朱家佑　摄）

◆ 2022年8月10日
佛冈县城东中学新建的教学大楼落成（黄超贤　摄）

◆ 2022 年 8 月 12 日

佛冈县城北中学新建的教学大楼落成（黄超贤　摄）

◆ 2022 年 8 月 27 日

位于佛冈体育中心的佛冈体育馆落成（县代建中心　供图）

◆ 2022 年 9 月 1 日
佛冈县城西时代小学建成开办（朱慧燕　摄）

◆ 2022 年 9 月 30 日
佛冈县城街道改造后面貌焕然一新
（李协湖　摄）

◆ 2022 年 11 月 21 日
佛冈县人民医院新旧院区连接廊桥正式通行（朱慧燕　摄）

◆ 2022 年 12 月 16 日

佛冈县新建的气象科普基地正式启用（朱慧燕　摄）

◆ 2022 年 12 月 30 日

省道 252 线佛冈县城路段改造工程基本完成（朱慧燕　摄）

乡村振兴

◆ 2022 年 1 月 28 日
佛冈县举办乡村“村”晚示范展演活动（陈丽梅　摄）

◆ 2022 年 5 月 21 日
水头镇石潭村秀丽村景（陈亮　摄）

◆ 2022年6月26日

坐落在石角镇石联村山下的奶牛场（黄超贤　摄）

◆ 2022年8月8日

佛冈县举行群众广场舞展演活动

（陈丽梅　摄）

◆ 2022年8月23日

水头镇实现农村环卫保洁机械化、专业化、常态化运作（朱慧燕　摄）

◆ 2022年9月8日

石角镇里水福联村青山绿水风光（朱慧燕　摄）

◆ 2022年9月17日

石角镇山水画龙乡村振兴示范带里水芦洞村文化公园展新貌（钟盛祺　摄）

◆ 2022年10月6日

石角镇放牛洞水库百鸟归巢（黄超贤　摄）

◆ 2022 年 10 月 18 日
黄花村举办出嫁女集体回娘家活动（姜洪春　摄）

◆ 2022 年 10 月 18 日
黄花村老农与耕牛亲密无间（姜洪春　摄）

◆ 2022 年 11 月 2 日
龙山镇稻谷又获大丰收（黄超贤　摄）

◆ 2022 年 11 月 3 日

石角镇观山村种植的益肾子果实累累（钟盛祺　摄）

◆ 2022 年 11 月 19 日

石角镇山水画龙美丽乡村风貌——里水中和村公园（黄超贤　摄）

◆ 2022 年 12 月 29 日

迳头镇大村沃柑种植基地的沃柑挂满枝头（邓金荣　摄）

佛冈县隆重庆祝 2022 年“中国农民丰收节”

2022 年 9 月 23 日，佛冈县隆重庆祝 2022 年“中国农民丰收节”。长期以来，佛冈县委、县政府坚持在为农惠农、弘扬农耕文化、繁荣节日市场、展示农民风采四个方面下功夫，一代又一代的佛冈乡亲坚持在 1295 平方千米的大地上辛勤劳作。丰收节活动现场同时启动 3 个网络直播间，直播一小时期间，最高观看人数超 10 万 +，点赞次数 13.1 万，带货销售本地特色农产品收入 167 万元。

◆仪式启动（朱慧燕　摄）

◆客商云集（朱慧燕　摄）

◆特产推介（朱慧燕　摄）

◆产品陈列（朱慧燕　摄）

◆美食品尝（朱慧燕　摄）

◆采购签约（朱慧燕　摄）

◆满载而归（朱慧燕　摄）

省运会剪影

2022 年，广东省第十六届运动会自行车（公路）赛、第九届省残疾人运动会首个残奥项目自行车（公路）赛、省第十六届运动会群众体育组乒乓球赛在佛冈县圆满举行。佛冈县协办省运会的 3 项赛事，得到省、市领导，以及运动员、裁判员、各代表队领队、教练和工作人员的高度评价。

◆比赛出发（黄超贤　摄）

◆你追我赶（郑文翠　摄）

◆**快速转弯**（黄超贤　摄）

◆**龙争虎斗**（简建文　摄）

◆配合默契（李国标　摄）

◆喜捧金杯（朱慧燕　摄）

各镇动态

高岗镇

◆ 2022 年 1 月 17 日
清远市老促会慰问宝山革命烈士家属（高岗镇党政办　供图）

◆ 2022 年 4 月 21 日
高岗村香芋基地的香芋长势良好
（高岗镇党政办　供图）

◆ 2022 年 4 月 28 日
宝山村举行乡村振兴产业帮扶项目签约仪式（高岗镇党政办　供图）

◆ 2022 年 5 月 30 日

高岗镇举行数字乡村全域覆盖启动仪式（高岗镇党政办　供图）

◆ 2022 年 9 月 26 日

墩下村开展重阳节爱心敬老活动（高岗镇党政办　供图）

◆ 2022 年 10 月 26 日

高岗镇委到宝山村初心讲堂开展党史、新中国史、改革开放史、社会主义发展史宣传教育系列活动——“强国复兴有我 追寻红色印记”红色学习体验主题活动（高岗镇党政办　供图）

迳头镇

◆ 2022 年 1 月 13 日

迳头市场监督管理所开展节前食品安全检查（朱慧燕　摄）

◆ 2022 年 6 月 27 日

迳头镇为村干部提智赋能，以“三导向”做好跟班学习培养机制（迳头镇党政办　供图）

◆ 2022 年 9 月 15 日

迳头镇井冈村大树下“连心园”说事，镇人大代表听取群众提出民生意见（朱慧燕　摄）

◆ 2022 年 10 月 20 日
仓前村村民喜收晚稻（迳头镇党政办　供图）

◆ 2022 年 11 月 12 日
湖洋村生态休闲公园一角（迳头镇党政办　供图）

◆ 2022 年 12 月 25 日
迳头镇举行幸福积分超市启动仪式
（迳头镇党政办　供图）

水头镇

◆ 2022年3月2日

位于水头镇王田村的中核汇能乡村振兴农光互补光伏电站正式启用（朱家佑　摄）

◆ 2022年5月18日

大学生在水头镇进行魔芋特色农业产业园建设及产业振兴情况调研（朱慧燕　摄）

◆ 2022年7月21日

水头镇举行魔芋产业园项目签约仪式暨二期开工动员会（水头镇党政办　供图）

◆ 2022 年 9 月 20 日

新坣村失去双亲的三姐弟为省驻镇帮镇扶村工作队送锦旗（水头镇党政办　供图）

◆ 2022 年 11 月 2 日

水头镇生态健身绿道及莲瑶驿站基本建成（朱家佑　摄）

◆ 2022 年 11 月 7 日

位于水头镇的集“医疗、养老、体检”于一体的高标准医疗养生养老基地在建设中（水头镇党政办　供图）

石角镇

◆ 2022年6月18日

石角镇诚迳村遭受水灾，镇领导亲临现场指挥村民转移（石角镇党政办　供图）

◆ 2022年6月18日

石角镇商会为家乡灾区捐赠价值1万余元的救灾物资（朱慧燕　摄）

◆ 2022年7月1日

石角镇山水画龙美丽乡村风貌——里水大田村（黄超贤　摄）

◆ 2022 年 10 月 25 日
石角镇党委书记梁艳文（右）接受县电视台学习宣传贯彻党的二十大精神的访谈（石角镇党政办　供图）

◆ 2022 年 11 月 20 日
石角镇人大代表联络站开展防范电信网络诈骗活动（石角镇党政办　供图）

◆ 2022 年 12 月 13 日
石角镇里水大田村美丽村景（石角镇党政办　供图）

汤塘镇

◆ 2022 年 3 月 22 日
汤塘镇温泉古村美丽乡村风貌带（黄超贤　摄）

◆ 2022 年 5 月 28 日
汤塘镇利用无人机免费为稻田喷洒农药（朱慧燕　摄）

◆ 2022 年 6 月 24 日
汤塘镇商会捐赠物资支援县内发生水灾的乡镇（朱慧燕　摄）

◆ 2022 年 7 月 8 日

汤塘镇江坳村委会举办“老少同声颂党恩、携手喜迎二十大”主题教育实践活动暨“党史学习月”暑期系列活动（汤塘镇党政办　供图）

◆ 2022 年 10 月 1 日

汤塘镇熹乐谷温泉度假区吸引不少珠三角游客（朱慧燕　摄）

◆ 2022 年 12 月 2 日

建成投产的 110 千伏文昌（四九）变电站（钟盛祺　摄）

龙山镇

◆ 2022年2月23日

龙山镇消防民兵利用冲锋舟在下岳村转移受灾群众

（钟盛祺　摄）

◆ 2022年3月8日

龙山镇召开2022年妇女代表"巾帼心向党喜迎二十大"座谈会（龙山镇党政办　供图）

◆ 2022年7月6日

龙山镇白沙塘村农民抢插晚造水稻

（朱慧燕　摄）

◆ 2022 年 10 月 15 日

县委书记潘国标（右四）一行到龙山镇骏达（佛冈）玩具有限公司开展调研活动（龙山镇党政办　供图）

◆ 2022 年 10 月 15 日

中共佛冈县委书记潘国标（左二）到龙山镇进行调研（龙山镇党政办　供图）

◆ 2022 年 11 月 20 日

龙山镇在镇文化广场召开禁种铲毒大踏查专项行动动员会（龙山镇党政办　供图）

目　　录

年度关注

2022 年佛冈大事记

佛冈概况

政党 · 政权

群众团体

外事·侨务·台港澳事务

法　治

军　事

经济管理

财政·税务

金融业

农　业

水利·气象

工　业

交通 · 邮政 · 通信

城建·房产·环保

商贸流通

开放型经济

旅游业

教育·科学

文化·传媒

卫生·医疗·保健·体育

社会生活

建制镇

自然保护区·林场

统计资料

文献专载

附 录

索 引

年度关注

责任编辑：郭治国

国家城乡融合发展试验区广清接合片区（佛冈县）建设

2022年，佛冈县抢抓国家城乡融合发展试验区改革机遇，锚定试验任务开展有益探索，通过有序推进国家城乡融合发展试验区广清接合片区（佛冈县）建设，加快建立城乡互补、共同繁荣的新型城乡关系。17项重点工作任务按计划完成，22项重点建设项目完成年度计划投资的149.02%。

产业集聚发展亮点纷呈 以广佛（佛冈）产业园为主导，以城西科技园、龙山新动力智造城为辅，引领聚宝工业园和大湾区生命科技园协同发展的“一主两辅、多点支撑”产业发展格局加速成型。其中，广佛（佛冈）产业园当年引进项目20个，预计投资额68.05亿元，园区新动工项目29个，试投产项目14个；创新服务中心、邻里中心、人才公寓等基础配套设施建成落地，初步形成“三横三纵”基础路网。城西科技园正式开园，龙山新动力智造城、大湾区生命科技园起步区动工建设，特色园区打造逐步见效。

农业供给侧结构性改革持续深化 加快建设现代农业产业园区，国家级柑橘种苗繁育基地、省级水果（柑橘）现代农业产业园加快落地，成功申报市级魔芋现代产业园，建成全省首个县级柑橘黄龙病检验检测室；大力打造农业品牌，培育全国“名特优新”农产品7个、“粤字号”农业品牌9个、省级“一村一品”项目27个；完善农业经营体系，累计培育农业龙头企业22家、农民专业合作社373家、家庭农场371家、粤港澳大湾区“菜篮子”生产基地3家，农业产业发展根基不断夯实；扎实推进国家级电子商务进农村综合示范县建设，县镇村三级物流配送体系持续完善，“佛冈有礼”区域公用品牌带动农产品全年销售额780万元，省级电子商务进农村综合示范县项目终期绩效评价结果为“优秀”。

“三块地”改革活力持续迸发 农村集体经济组织股份合作制改革加快推进，全县完成股份合作制改革的农村集体经济组织439个，成立土地股份合作部118个，入股土地面积7344亩。宅基地自愿有偿退出稳步进行，选取6个村开展试点，退出宅基地6.86亩，用以建设休闲公园等普惠性公共场所。农村集体经营性建设用地入市有序开展，汤塘镇四九村松六、松七经济合作社1388.65平方米集体经营性建设用地成功出让，成交总价43.19万元，年租金由7800元增至17 276元，大大提高农民财产性收入。

文旅融合发展出新出彩 加快完善以聚龙湾、熹乐谷为龙头品牌的温泉产业集群，建设上岳古村智慧旅游项目，打造存久洞陶谷民宿、汤塘村暖居民宿等一批精品民宿，不断提升文旅融合特色旅游品牌知名度。佛冈县被推荐为“美丽中国文旅融合品牌典范”行业优质品牌，荣获“2022年全国县域旅游发展潜力百佳县”称号；汤塘镇被确定为全市唯一“2021年度省级休闲农业与乡村旅游示范镇”；汤塘镇陂角村、迳头镇官塅围村成功申报为“广东省文化和旅游特色村”。

城乡人口流动通畅有序 坚持就业优先战略和积极就业政策，鼓励企业经营管理人员、专家学者、专业人才等投身乡村建设。2022年，向符合条件者发放就业创业补贴697.57万元、稳岗补贴650万元；举办招聘活动126场次，提供就业岗位37 246个（次）；开展“粤菜师傅”“广东技工”“南粤家政”等技能培训3525人次，带动就业创业1335人。强化人才合作交流，县镇两级乡村振兴人才驿站常态化开展活动，乡村振兴专家服务队开展农业科技活动34场次，惠及群众1390人次。

全国县城新型城镇化示范县建设

2022年，佛冈县坚持规划引领城镇发展方向，编制印发《佛冈县全国县城新型城镇化建设示范县实施方案》，推进全国县城新型城镇化示范县建设，努力补齐补强县城短板弱项，加快新型城镇化建设步伐。

公共服务设施提标扩面 医疗卫生设施持续健全。县人民医院内科大楼、县中医院整体搬迁主体工程投入使用，县域医共体信息化平台功能进一步优化，县医疗急

救体系标准化升级项目建设完工；县人民医院通过“国家标准版胸痛中心”“国家卒中防治中心”认证，正在建设打造“创伤救治中心”。教育惠民质量不断提升。新建城南幼儿园，改扩建汤塘镇中心幼儿园四九分园、迳头镇中心幼儿园、石角镇中心幼儿园吉田分园，增加公办学前学位720个；新建城北篁胜小学、城西时代小学，改扩建城东中学、城北中学，增加义务教育优质公办学位5440个，推动教育均衡发展。养老托育设施显著改善。建成县级综合养老服务中心，推进水头镇医养中心项目建设；支持引导托育市场化发展，目前全县共有0～3岁的婴幼儿托育机构5家，托育学位约490个，较好满足群众托育需求。

环境卫生设施提级扩能　垃圾无害化处理水平明显提升。改造县城垃圾分类收集点100处，县生活垃圾卫生填埋场治理工程进场施工，转运生活垃圾2.92万吨；制定《佛冈县医疗废物应急处置方案》《全县医疗卫生机构污水处理整治方案》，检查医疗机构956间次。污水集中处理设施不断健全。实施石角镇冈田水综合整治工程、潖江县城段污水直排整治等项目，改造县城老旧管网1.1千米，新增县城污水管网4.64千米；建成4座镇级污水处理厂，污水处理能力达4.3万吨/天，配套污水管网60千米。

市政公用设施提档升级　道路交通设施持续完善。广连高速佛冈段项目正式通车，省道252线佛冈县城段改建工程、国道106线佛冈县城北段扩建工程基本完工，国道106线佛冈县城至龙山段改建工程列入省“十四五”交通运输发展规划，全县交通通达度进一步提升。给水管网设施优化升级。县城水厂改扩建工程新建给水厂规模4.8万立方米/日，其中原水泵房、送水泵房及污泥处理系统规模为9.8万立方米/日，有效补齐需水量缺口。县城智慧化改造持续推进。578个5G基站分布于城镇中心、工业园区、交通干线等重点场所；推进基础信号网络宽带全域覆盖，依托新一代5G信号和千兆光纤信号覆盖优势，推动“上云上平台”“物联网”“千兆城市”等项目加速建设。老旧小区改造优质高效。改造老旧小区24个，铺设沥青混凝土21万平方米，改造人行道近9万平方米，设置电动自行车充电位373个，提升居民幸福感和获得感。

推进产业培育设施提质增效　“一主两辅、多点支撑”产业平台呈现新景象，科学调整“三区三线”，完成3个万亩园区控规编制，拓宽园区发展空间27.76平方千米。广佛（佛冈）产业园建成“三横三纵”路网14.58千米，邻里中心、创新服务中心相继封顶，污水处理厂等17个公共配套项目稳步推进。成立园区开发建设“七个一”工作专班，城西科技园正式开园，龙山新动力智造城、大湾区生命科技园起步区动工建设。积极探索农村产权全程“线上”交易新模式，全县在省农村产权流转交易管理服务平台累计发布交易71宗，其中完成31宗，交易总额563万元，推动农村产权流转交易规范化、公开化、透明化。农贸市场升级扎实推进，升级改造城东市场、小商品市场、四九市场等一批老旧市场，城乡“菜篮子”工程加快建设，加大车辆乱停乱放、背街小巷环境整治力度，营造文明卫生、和谐有序的市场环境。

（何　茵）

国家电子商务进农村综合示范县建设

2022年，县农业农村局负责协调推进电子商务进农村综合示范县建设工作，设立电子商务进农村综合示范县建设工作领导小组办公室，开展“县镇村三级物流配送、县农村电子商务公共服务、农村电商人才培训及农产品上行”四体系建设。据统计，年内全网零售额达3.66亿元，农产品零售额达1.1亿元，活跃商铺有1956个，电商从业人员2304人。

持续完善县镇村三级物流配送体系，在县域节点建设佛冈县农村电商物流仓储配送中心，充分发挥现有资源，开展共同配送和发展智慧物流。统筹县域商贸、邮政、供销合作、物流快递等资源，整合订单、车辆、包裹、线路等。建立6个镇级电商物流服务站，78个村级物流服务站，9个集快递分拣、电商培训室、直播间、农产品仓储区、办公区于一体的特色示范服务站。

建立县电子商务公共服务中心，配套公共直播间、培训室、摄影室、众创空间等公共设施设备。建设农村电商大数据中心，建立县域经济一张图、电商发展一张图，实现数据可视化、应用化。组建电子商务公共服务团队，以佛冈华辰文旅有限公司为统筹管理单位，项目中标方为实施执行单位，全面管理县电子商务公共服务中心。

加快培训农村电商人才，针对掌握电商基础知识、从事电商行业人员、返乡创业大学生等人群开展电商普及性、增值性培训，共开展33场电商培训班，累计培训学员超992人次，培育农村电商讲师27名。

不断开发农产品上行体系，“佛冈有礼”旗下产品已拥有43款，结合开创“佛冈有礼”线上连锁总店，已开设16个村级连锁分店，全年累计带动农产品销售额约6000万元，支持2家电商龙头企业与2家初创电商企业转型升级，协助企业进行产品检测、产品开发、市场调研等，实现线上线下融合发展，建立本地化、连锁化、信息化的商品流通网络。

（县农业农村局）

融湾平台建设

2022年，佛冈县抢抓“双区”驱动、广清一体化、省内产业转移等重大机遇，加快“一主两辅、多点支撑”产业融湾平台建设。科学调整“三区三线”，完成广佛产业园、城西科技园、龙山智造城等3个万亩园区控规编制，拓宽园区发展空间27.76平方千米；广佛产业园“东出西联、南北贯通”格局形成，建成“三横三纵”路网14.58千米；邻里中心、创服中心相继封顶，协鑫冷热电三联供项目实现供热，污水处理厂等17个公共配套项目有序推进；“广州研发+广佛制造”模式持续深化，累计签约项目107个，总投资242亿元，全面投产后年产值可达465亿元、实现年税收约20亿元。中创材料谷·佛冈产业园正式开园，天赐、洛科威等20家企业试投产，中大医学创新园、黄埔材料研究院产业基地等重大项目稳步推进。

成立园区开发建设“七个一”专班，城西科技园正式开园，龙山新动力智造城、大湾区生命科技园起步区全面动工建设，聚宝B区排水渠改道、城西科技园纵一路等专项债项目基本竣工，园区道路、供水供电、污水处理、通信燃气等基础设施配套日益完善。

（县政府办公室）

美丽乡村行动计划

2022年，佛冈县落实县镇村三级书记主抓工作机制，压实各部门工作职责，明确专职人员，形成上下联动、全民参与工作格局，加大农村人居环境综合整治及美丽乡村督导核查力度，持续开展全过程、常态化督导，加大督查问责力度，落实问题责任，强化整改措施。

是年，全县有53个自然村成功通过清远市美丽乡村级次达标验收，其中评定整洁村25个、示范村16个、特色村11个、生态村1个。实施建设6条乡村振兴示范带，其中汤塘镇、石角镇2条乡村振兴示范带已见成效，水头镇、迳头镇、龙山镇、高岗镇乡村振兴示范带正在建设中。

是年底，全县共通过市级验收的自然村累计达682个，其中整洁村413个、示范村225个、特色村41个、生态村3个。

（县农业农村局）

“三项工程”标准化品牌化建设

2022年，佛冈县认真落实省委、省政府关于“粤菜师傅”“南粤家政”“广东技工”三项工程的系列部署，坚持目标导向、市场导向、需求导向，大力推进“三项工程”高质量发展。

推动“粤菜师傅”特色化，组织培训331人次，开展“名菜名厨名店”评选，推荐竹山粉葛等8道菜品申报清远特色菜品，制作《山水佛冈 山乡美味》特色菜品宣传视频，指导南方技工学校成立烹饪大师工作室。

推动“南粤家政”品牌化，组织培训605人次，搭建“一站式”家政服务平台，擦亮“水头月嫂”家政特色品牌，推动水头镇创建家政服务示范镇。佛冈县金博士家庭服务有限公司荣获“广东省2022年四星级家政服务企业”称号。

推动“广东技工”标准化，组织培训1801人次，举办“产教融合，共谋发展”政校企联动人才交流会。完成职业技能等级认定1483人次，指导4家企业开展新型学徒制培训，完成备案314人次。

（县政府办公室）

县民政局获评全国社会救助工作先进单位

2022年，佛冈县民政局坚持以社会救助体系建设为中心，牢牢树立“民政为民、民政爱民”工作理念，按照“兜底线、织密网、建机制”的总体思路，兜住兜好基本民生安全网，夯实夯牢基层经办服务能力，先行先试探索救助服务模式，全力推进社会救助事业实现跨越式飞跃，在全省社会救助工作综合评估中位居前列，被民政部评为“全国社会救助先进单位”。

探索救助服务新模式 扩大社会救助广度，指导全县各镇用好、用足各项社会救助政策，健全统筹衔接、分层分类、弱有所扶的社会救助制度体系；提高社会救助幅度，逐年提高低保、特困等救助标准，救助标准均超过省定标准；增加社会救助温度，发挥“社工工作+社会救助”双社模式组合效益，有效引领社会救助服务的发展方向。积极实施广东社工“双百工程”，打通为民服务“最后一米”。建立社会工作服务站6个、社会工作服务点27个。落实社工薪酬补贴和社工站（点）服务经费，将社工薪酬列入省市县三级财政预算。

实施精准社会救助 拓展兜底保障覆盖能力，确保群众应保尽保，确保困难群众应养尽养、应救尽救。强化兜底保障精准落实，通过报刊、广播、电视、互联网等媒体，宣传特困人员救助供养政策，营造关心关爱特困人员的社会氛围，将符合条件的对象及时纳入相应救助范围；建立临时救助备用金制度，精准快速开展救助工作；完善“一门受理、协同办理”机制，推进救助部门资源信息共享。在救助工作实施过程中，做到救助政策、救助对象、救助标准、救助金额“四公开”，申请原因、审校意见、审批结果“三公布”，广泛接受求助对象和社会监督。至

2022年底，全县“双百”社工建立家庭服务档案11 623户，累计入户走访27 413多人次，服务低保对象、困境儿童、残疾人等26 605人次。

（郑志雄）

县域共青团基层组织改革试点工作

共青团佛冈县委员会按照团中央部署，聚焦强“三性”、去“四化”，树立大抓基层鲜明导向，通过72项举措、26项机制高质量完成县域共青团基层组织改革全国试点任务，团的组织力、引领力、服务力和大局贡献度显著提高。2022年，试点工作被团中央评为“优秀”等次。

推动改革试点　佛冈县委、县政府高度重视，将县域共青团改革作为“国字号”改革赋能品牌，写入县党代会工作报告。成立县委主要领导任组长、多名分管县领导任副组长、覆盖21个成员单位的县域共青团工作领导小组。对标改革指导意见4个方面10项改革任务，落实细化41项和72条措施，各部门下发制度文件26份，纵深推动县域共青团改革。

积极探索“清远佛冈经验”　强化选人用人机制，县级团委通过下设事业单位、专兼挂职、政府购买服务、项目化聘任等方式，进一步拓宽团干部来源渠道，加强团组织工作力量；选优配强基层队伍，乡镇团委书记由年轻党政班子成员兼任，增配挂兼职团干部18名，镇团委配备专职副书记1名，乡镇团委专职副书记在全市率先落实享受中层正职待遇。扩大组织覆盖面，制定《佛冈县推进社会领域团组织建设工作方案》，实行区域化、最小单元建团。在社区以小区、楼宇、街巷为单位，在行政村以村民小组或片区为单位，优化社会团组织体系，团的基层组织由189个增加到866个，达到每万名青年中有142个团员，增长率、团组织密度排名全省第一。

打造项目品牌　通过向社会筹资源、从青年中找帮手的方式，开展“文明交通志愿服务”“残障儿童扶智计划”“健康直通车”“蓝天助学计划”“青聚人才”“争当文明市民，我为佛冈加分”“春禾爱心课堂”等一批具有政治功能、社会功能、影响力覆盖面较大的长效品牌项目，这些项目均获得省、市奖项。加强县域团教协作，团县委副书记挂任县教育系统党委委员，县教育系统党委专职副书记挂任团县委副书记，实现互挂互任；团县委书记进入县委教育工作领导小组，县教育局分管领导担任县教育团工委书记，团、教两家共同培养学校团队干部和青年教工队伍，共同打造青少年工作品牌项目。

强化团员教育，全方位提升队伍水平　抓牢团员思想引领，完善实践育人机制，落实团队激励教育。常态化开展实践育人活动，在县博物馆、志愿驿站等场所设立青少年校外实践阵地（营地）6个，全年主导开展主题团日、队日等活动超过40场次。在全县25个学校少工委全面开展“红领巾奖章”活动，1266人次获得市级以上荣誉奖励。

强化支持保障力度，深层次推动团建改革　将团建、队建纳入党建工作部署、年度考核和巡察监督内容，与党建同巡察、同整改，全县乡镇共青团组织建设纳入县党的建设制度改革内容。县级青年工作保障经费、乡镇大团委经费、少先队工作经费以及团县委主导的工作项目经费单列纳入县财政预算，并建立经费年度增长机制，2022年财政预算经费共350万元，同比增加44.63%；加强部门协同联动，县委、县政府成立青年工作联席会议机制，制定《佛冈县推优入党工作方案》。团县委认真试、大胆闯，积极探索形成“佛冈经验”，得到上级部门的充分肯定。有关做法被省委办公厅《每日汇报》（第156期）选编报送省委、省政府领导和各地市党委、省直部门主要领导，在团中央“团建头条”公众号推广，编入《广东省县域共青团基层组织改革试点综述》《清远改革工作简报》《清远组工信息》等，得到清远市委主要领导批示肯定。

（团县委）

省第十六届运动会及第九届残疾人运动会佛冈赛区赛事筹办

2022年，广东省第十六届运动会及第九届残疾人运动会（以下简称“省运会”）在清远市举行，佛冈县承办公路自行车、残疾人公路自行车、群众组乒乓球三个省运会项目，并承办省运会公路自行车测试赛、省运会群众组乒乓球测试赛两个市级比赛项目，第十六届省运动会自行车（公路）赛于7月13日至15日举行，参赛代表队共有7支；第九届省残疾人运动会自行车（公路）赛于8月5日至7日举行，参赛代表队共有15支；群众组乒乓球赛安排在2023年4月8日至12日举行。其中，公路自行车项目赛场安排在省道252线佛冈段举行，乒乓球项目安排在佛冈县新落成体育馆举行。

佛冈县委、县政府高度重视省运会筹备工作，自2月份启动，成立由县委书记、县长、县人大常委会主任和相关县领导及12个工作组组成的省运会佛冈县筹备工作委员会（简称“佛冈县筹委会”），包括综合协调组、场馆工作组、宣传工作组、竞赛工作组、监督审计组、市容市貌组、后勤保障组、安保维稳组、交通保障组、医疗保障和疫情防控组、食品卫生监督组、志愿服务组等，印发实施《佛冈县筹备广东省第十六届运动会和广东省第九届残疾人运动会总体工作方案》，完善场地、器材及配套设施，全方位提升佛冈软硬件品质。对场馆沿线、振兴路、商业街区和湛江两岸景观实施提升，对老旧小区外立面进行改造；组织实施“菜篮子”物流园基础设施配套等6项市政工程，项目总投资8.5亿元；开展省运会场馆沿线道路硬底化、下水管道改造、重要节点路口环境提升工程，加铺沥青42 764平方米，补植及更换时花16 000余棵；完成自行车赛道路段沥青混凝土路面铺设；印刷宣传画册3000本，在重要点位、赛场周边、主要酒店等投放宣传海报、标语120余幅，插放彩旗、帆船旗等约700面；融媒体、南方日报驻佛冈记者站、清远日报驻佛冈记者站三家媒体共34名记者，对赛事进行拍摄、宣传、报道，累计发布、刊登有关报道200余条。

随着县体育馆、龙凤大道、省道252线佛冈县城段等省运会重点项目的建设完成，龙凤新区轮廓初显，县城扩容提质，不断增强佛冈城市魅力。通过采取提升城市风貌、严格疫情防控、强化氛围营造等措施，成功举办省运会赛事，对推动佛冈高质量发展、加快文明城市创建、提升城市形象和市民综合素质具有重要意义。

（县文广旅体局）

省道252线佛冈县城段建成通车

省道252线佛冈县城段是省市县重点工程项目，改建工程于2019年6月开始施工，历时两年多，至2022年底基本完工，主线路全线通车。

项目起点位于佛冈县石角镇三八片区，接国道106线，路线沿佛冈县城北面群山山脚布线，经大墩、马山、杨群、高围等地，终点位于县农科所附近，全线共征地894.2亩，需拆迁各类房屋共计约9893.55平方米，路线全长9.44千米，总投资5.58亿元，采用一级公路结合城市道路技术标准，双向六车道，设计行车速度80千米/小时，路基宽32米，路面结构为沥青混凝土。工程采用PPP模式，由中铁一局集团有限公司和中交第一公路勘察设计研究院有限公司实行施工设计总承包，北京华路顺工程咨询有限公司负责项目监理。

随着省道252线佛冈县城段改建和县城龙凤大桥的建成通车，加快推进全县中心城区交通基础设施建设，促进中心城市一体化发展，形成联动共享、集聚高效的大县城格局，为打造龙凤新区建设、拉大城区框架、提高城市品质都将起到推动作用。

（县交通运输局）

佛冈县“农光旅”项目并网发电

佛冈县“农光旅”项目是在广东省纪委监委驻佛冈县水头镇帮镇扶村工作队协调下，由中国核工业集团旗下中核汇能公司投资开发的佛冈县中核汇能乡村振兴农光互补光伏电站项目，于2021年11月正式落户水头镇。

佛冈县中核汇能乡村振兴农光互补光伏电站项目于2022年正式运作，共分三期建设，总投资约10亿元，占地286.7公顷（4300亩）。其中水头镇供地100公顷（1500亩），迳头镇供地186.7公顷（2800亩），年均发电量约20 204.7万千瓦时，项目投产后，预计每年可实现税收1800万元。该项目在县、镇政府专班，驻镇帮镇扶村工作队和中核汇能各方共同努力下，实现当年立项、当年建设、当年投产。

在一期项目建设过程中，项目工作人员克服升压站选址难确定、送出线路长、植被丰富、民事复杂等诸多困难，仅用不到3个月时间，完成23千米外送线路立项、设计、核准、用林报批、征租地、基坑开挖、组塔、架线，跨越4条110千伏和京港澳高速，低穿2条220千伏的建设任务，得到县委、县政府高度认可，并确定为创造“佛冈速度”的典范。项目实施带来良好减排效果，每年可节约6.31万吨标准煤，减排二氧化碳约17.26万吨，减少碳粉尘产生量5.96万吨，减少二氧化硫排放量41.09吨，减少氮氧化物排放量39.02吨，响应国家实现“碳达峰、碳中和”战略目标，完成佛冈县全年能耗双控目标，助推乡村集体经济发展，助力乡村振兴，实现多方共赢新局面。一期项目正式并网投产，打开了探索打造“光伏+农业+旅游”三位一体发展模式新局面。

（水头镇党政办）

2022年佛冈大事记

责任编辑：钟榕斌

1月

4日　华南农业大学乡村振兴研究院张运红教授一行5人到佛冈县石角镇、迳头镇，开展农村基础设施管护机制调研。

是日　广东省红火蚁“百县万村”基层培训班在佛冈县举办。

6日　市委副书记翟雪梅率调研组到佛冈县调研乡村振兴工作。

7日　市人大常委会党组书记、常务副主任曾贤林率队到佛冈县高岗镇瑶洞村和华升合作社红松茸基地，调研高岗镇乡村振兴工作进展情况。

9日　县委书记潘国标率队到县职业技术学校新校区，现场调研学校新校区项目工程建设工作。

15日　县委副书记、县长江红平率队到水头镇调研城乡融合发展工作。

16日　乐善清远——“百宝袋”关爱困境儿童成长计划活动在佛冈举行，市民政局、市慈善总会、市社会组织总会相关负责人、党员志愿者共19人看望慰问困境儿童，并为两个镇96名困境儿童送上慰问物资。

18日　市委常委、副市长严志明到佛冈县，开展春节前走访慰问困难老党员活动。

20日　县委副书记、县长江红平率队到石角镇敬老院、广东国珠企业集团、满唐红酒楼，督导佛冈县春节前安全生产和疫情防控工作。

21日　“新起点 新征程”大湾区生命科技园动工仪式暨招商推介会在佛冈县举行。

29日　县委副书记、县长江红平率队开展巡河工作。

30日　县委书记潘国标，县委副书记、县长江红平，县人大常委会主任黄河，县政协主席袁卫国等县领导分别率队走访慰问驻佛部队，向人民子弟兵送上新春的问候和祝福。

2月

3日　县委书记潘国标率队先后到县人民医院、县疾控中心、县卫健局，对各单位落实疫情防控工作进行督导检查。

8日　市政府公布第八批32项非遗项目入选市级非遗名录，佛冈围镇古砖瓦制作技艺、黄氏秘制牛蹄制作技艺、黄花竹编制作技艺入选。

9日　市政协党组书记、主席姚楚旋率队到佛冈检查省运会场馆建设进度情况。

14日　县人武部联合县退役军人事务局、各镇政府，为荣立三等功的现役军人家属送喜报。

15日　2022年全国“村”晚示范展示广东佛冈分会场活动在国家公共文化云平台正式上线，开春舞春牛、南狮拜新年、龙南武术、舞鲤鱼灯等佛冈传统民俗节目轮番上演，吸引全国各地130余万观众线上“围观”。

17日　省残联党组书记、理事长张永安率队到佛冈县调研残疾人相关工作。

18日　政协第十一届佛冈县委员会常务委员会召开第三次会议。审议通过《政协第十一届佛冈县委员会常务委员会2022年工作计划（草案）》、县政协十一届二次会议有关事项及有关人员的人事任免事项。审议通过《政协佛冈县委员会专门委员会通则》《政协佛冈县委员会提案办理协商办法》《政协佛冈县委员会界别协商办法》《政协佛冈县委员会专题协商办法》《政协佛冈县委员会对口协商办法》等制度。

22日　省军区副政委兼纪委书记沈竹君少将一行，到佛冈调研检查春季征兵工作。

24日　省民政厅党组书记丁红都率队到佛冈，调研佛冈县落实省民政厅支持民生工程项目情况以及保护未成年人等工作情况。

25日　佛冈县十六届人大二次会议在县人民中心开幕。大会由县人大常委会副主任黄小云主持。县委副书记、县长江红平作佛冈县人民政府工作报告。大会听取县人大常委会主任黄河作佛冈县人大常委会工作报告。会议听取县人民法院工作报告和县人民检察院工作报告；通过民生实事项目表决办法；审查佛冈县2021年国民经济和社会发展计划执行情况与2022年计划草案的报告（书面）；审查佛冈县2021年预算执行情况和2022年预算草案的报告（书面）。

3月

1日　省水利厅保障中心、省水科院、省计所、数字广东网络建设有限公司、市水利局组成工作调研组到佛冈县，实地调研广东省互联网+水政执法监督指挥体系建设服务项目的建设工作。

3日 省住房和城乡建设厅调研组到国家级历史文化名村、中国传统村落佛冈县龙山镇上岳古村，调研传统村落保护利用情况。

5日 县城西时代小学举行揭幕仪式，副县长刘翔飞出席仪式并讲话。

10日 县委书记潘国标带队调研督导佛冈县交通安全整治、春耕备耕、防汛备汛等工作。

11日 县委副书记、县长江红平率队督导检查佛冈县“三小场所”及楼道走廊消防安全工作。

14日 县委书记潘国标率队到汤塘镇督导检查“两违”拆除工作，强调对各项涉及违法违规用地行为要坚决依法依规查处，用实际行动保护耕地，确保粮食安全。

16日 县委副书记、县长江红平带队调研春耕备耕工作。

是日 省林业局森林资源管理处处长米明福率调研组到佛冈县，开展2021年森林督查工作。

18日 佛冈县召开打击非法开采矿产资源“铁拳”行动工作推进会。

21日 县委书记潘国标率队到县气象台（预警信息发布中心）调研督导强降雨应对工作，强调要加强对强降雨等极端天气的监测、防范和应对，全力做好防灾减灾各项工作，切实保障人民群众生命财产安全。

22日 佛冈县召开2022年创建广东省健康促进县工作推进会议，总结和部署相关工作。

24日 县委副书记、县长江红平率队，督导检查佛冈县地质灾害防治等工作。

26日 县委副书记、县长江红平率队到石角镇黄花存久洞村调研，了解佛冈县红色文化资源的保护利用、美丽乡村建设、乡村旅游产业发展和农村污水处理等情况。

29日 市供销社党组成员、副主任侯国杰一行4人到佛冈县开展供销社综合改革及村级社运营情况调研督导。

4月

2日 县委书记潘国标率队到迳头镇楼下村、水头镇王田村、铜溪村等地，调研督导地质灾害防治、疫情防控、防汛和森林防火等工作。

是日 县三防总指挥部在放牛洞水库大坝举行2022年放牛洞水库应急调度方案演练。

4日 县委书记潘国标率队到佛冈金城金属制品有限公司、汤塘镇洛洞村、龙山镇白沙塘村，督导安全生产、疫情防控、森林防火等工作。

5日 县委副书记、县长江红平率队到汤塘镇，督导2021年度土地卫片补充图斑整改工作情况。

9日 省人民医院脊柱外科团队与县人民医院骨科开展“脊柱疾病——颈肩腰腿痛”义诊健康宣教活动，为群众提供相关诊疗和健康咨询。

13日 市人大常委会副主任陈焕雄率执法检查组到佛冈县，就贯彻实施《中华人民共和国环境保护法》《广东省环境保护条例》情况开展执法检查。

19日 佛冈县在石角镇龙塘村召开2022年全县红火蚁春季统一防控推进工作现场会。

22日 县委书记潘国标率督导组开展巡河和防汛安全检查工作。

23日 县委副书记、县长江红平率队开展巡河、三防安全检查，并调研乡村振兴工作。

25日 市金融局局长陈智率队到佛冈县调研重点联系企业，了解企业生产经营存在的困难和问题，研究解决制约企业生产经营的突出问题。

26日 广东佛冈观音山省级自然保护区综合科学考察及红外相机监测项目在佛冈观音山保护区管理处正式启动。

28日 高岗镇在宝山村举行推动乡村振兴产业项目集中签约仪式暨宝山红色革命教育基地提升项目启动仪式。

5月

1日 县委书记潘国标带队到佛冈县建设路开展城市精细化管理专题调研。

2日 县委副书记、县长江红平率队督导检查风险隐患房屋排查整治和燃气安全工作。

3日 市委副书记、市长温文星到佛冈调研企业生产经营、旅游产业发展、乡村振兴工作等情况，检查疫情防控、安全生产工作。

6日 省市场监督管理局下达2022年广东省标准化试点项目，佛冈县申报的广东省魔芋高效种植标准化试点项目获批立项。

8日 佛冈农商银行收到联合国环境规划署金融倡议组织（UNEP FI）的正式欢迎邮件，成为广东省首家、全国第18家联合国《负责任银行原则》签署银行。

10日 市人大常委会副主任邵军一行到佛冈县石角镇冈田村人大代表联络站调研人大代表联络站标准化、规范化、常态化建设工作情况。

12日 省自然资源厅副厅长余云州带队到佛冈县，开展地质灾害防御调研指导工作。

13日 水利部珠江水利委员会副总工、二级巡视员何治波，防御处副处长孙祥鹏，防御处三级主任科员陈宏任在市政府副秘书长刘泽和、市水利局副局长陈东眉、北江流域管理局飞来峡管理部部长黄顺明的陪同下到佛冈县指导强降雨防御工作。

16日 佛冈县首个关心下一代党史国史教育基地揭牌仪式，在迳头镇楼下村官塅围举行。

是日 省应急管理厅厅长王中丙在市委常委、常务副市长黄建平，县委书记潘国标的陪同下，率督导组到佛冈县检查督导强降雨后救灾复产工作。

17日 2022年"5·18"国际博物馆日暨"广东省科普教育基地、清远市科普教育基地"揭牌仪式、文物捐赠表彰仪式、科普图片"送展下乡，送展入校"宣传活动启动仪式，在佛冈县博物馆举行。

18日 副市长岑中坚带队到佛冈县城北中学、佛冈县第一中学、龙山镇清水迳村茅田组和崩岗下组检查地质灾害隐患点，检查在强降雨后防御措施落实情况。

19日 2022年佛冈县"中国旅游日"主题活动暨"乐游佛冈"短视频大赛在汤塘镇熹乐谷温泉度假区水世界举行启动仪式。

20日 省农业农村厅农建处二级调研员卢茂权，省科学院副所长程炯，预警中心高级工程师黄秀明，市农业农村局党组成员、总农艺师蔡忆江一行到佛冈县石角镇，开展高标准农田项目建设工作调研。

25日 佛冈县召开2022年对口帮扶项目工作部署推进会，对2022年黄埔区对口帮扶项目工作进行动员部署。

26日 广东省北江流域管理局飞来峡管理部部长黄顺明和市水利局副局长蔡科友带领第二检查组到佛冈县，开展水利安全生产大检查。

29日 佛冈县青少年体育协会成立，共有70名会员，原中国国家游泳队队员王谦担任会长。

30日 佛冈县落实清远市"数字乡村全域覆盖"交接暨"数字运营官千人驻村"工作启动仪式在水头镇文化站举行。

6月

1日 省委农办常务副主任、省农业农村厅党组副书记、省乡村振兴局常务副局长黎明率队到佛冈县，调研乡村振兴和城乡融合等工作。

5日 县委书记潘国标到广东雅迪机车有限公司调研。

6日 自然资源部地质勘查管理司副司长、一级巡视员王少波率调研组到佛冈县开展地质灾害防治工作调研。

8日 县委书记潘国标率督导组到高岗镇、迳头镇督导检查三防工作，强调要密切关注天气、雨情、水情变化，及时做好群众转移安置工作。

是日 市政协副主席陈丽霞率调研组到佛冈县，开展"加强我市废弃矿山生态保护和修复，筑牢粤北生态屏障"专题调研。

13日 佛冈县域医共体信息化建设项目启动仪式在县人民医院内科大楼举行。

16日 中山大学中国区域协调发展与乡村建设研究院院长李郇教授率队到佛冈县，开展乡村振兴调研。

是日 省文化和旅游厅公布2020年度广东省地市、县（市、区）公共文化服务评价结果。佛冈县在全省122个县（市、区）中排名第七，在清远市排名第一。

18日 5月20日20时至6月18日17时，县观测站龙舟水累计降雨量达913.4毫米，打破历史纪录（2020年877.3毫米）。

20日 县委副书记、县长江红平率队到龙山镇督导防汛救灾工作，并对龙山蓄滞洪区6条堤围进行现场研判。

21日 县三防总指挥部于6月21日21时，将防汛Ⅱ级应急响应，提升至Ⅰ级应急响应。

22日 副市长苏锦丹在佛冈县龙山镇检查指导抗洪工作。

24日 县工商联（总商会）牵头组织佛山市佛冈商会到龙山镇，捐赠一批价值11万元的救灾物资。

28日 全国县域旅游研究课题组、北京华夏佰强旅游咨询中心联合发布《全国县域旅游研究报告2022》，并评出"2022年全国县域旅游发展潜力百佳县"，佛冈县榜上有名。

29日 省自然资源厅党组书记、副厅长胡建斌率调研组到佛冈县开展地质灾害救灾复产调研。

30日 2022年佛冈县"广东扶贫济困日"授牌捐赠仪式在县人民中心礼堂举行。

7月

4日 水利部派出由水利部珠江委副总工谢宝、四级调研员黎嘉组成的工作组到佛冈县指导防汛工作。

5日 县委书记潘国标主持召开全县防御强降水工作会议，并到龙山镇督导检查防洪、群众转移等工作。会议以视频形式开至各镇。

6日 市政协专题调研组到佛冈县汤塘镇、水头镇调研镇域网格化工作。

是日 水利部减灾中心副主任杨昆带领工作组到佛冈县，开展珠江流域性较大洪水防御调查评估和防汛指导工作。

7日 省、市农贸市场综合治理督导组到佛冈县德星市场，检查农贸市场综合治理和升级改造成效。

8日 县委书记潘国标到龙山镇督导检查救灾复产工作。

13日 省第十六届运动会自行车（公路）比赛在佛冈县环城北252省道正式开赛，赛事为期3天。

13—15日 佛冈县开展"三天三检"社会面核酸检测工作，三轮累计采样896 346人次，全部阴性。

20日 总投资10亿元，年均发电量20 204.7万千瓦时，占地面积286.7公顷（4300亩）的中核汇能乡村振兴农光旅一体化（农光互补光伏电站一期）项目在佛冈县水头镇和迳头镇落户。

是日 县人民法院（广佛产业园）巡回审判点揭牌成立，标志着清远市首个在产业园设立的法院巡回审判点正式启动。

26日 省交通运输厅厅长李静在副市长林科聪的陪同下，率队到佛冈县京港澳高速汤塘收费站、佛冈停车区、国道106线诚迳重点水毁路段、水头镇省道245线，调研交通投资建设、灾后重建、疫情防控和安全生产、加快推进省领导定点联系任务事项等工作。

27日 广佛（佛冈）产业园人大代表联络站开展“更好发挥人大代表作用”主题活动，面对面解答企业代表诉求，打通服务企业的“最后一米”。

28日 潘国标、江红平、黄河、袁卫国等县四套班子领导分别率队走访慰问驻佛部队和重点优抚对象，向官兵们和重点优抚对象致以节日的问候。

是日 佛冈县在高岗镇三江村，召开“关爱老区乡村振兴光亮工程”公益项目推进工作现场会。

31日 省第十六届运动会竞技体育组乒乓球比赛开赛。佛冈县第二小学学生钟华深、郭晋韬获全省男子丙组双打第八名。

8月

1日 县委副书记、县长江红平率队到县征兵体检站督导检查征兵体检工作。

是日 省水利厅副厅长申宏星到佛冈县开展潖江蓄滞洪区运用补偿工作调研。

2日 省商务厅党组成员、省纪委监委驻省商务厅纪检组组长李平，省商务厅党组成员、副厅长双德会，省商务厅电商处处长黄金祥一行到佛冈县，开展农村电商工作调研。

3日 省人大监察司法委主任委员黄汉标率调研组到佛冈县广东雅迪机车有限公司、广佛（佛冈）产业园开展调研。

是日 根据省自然资源厅对外公布《广东省都市圈国土空间规划协调指引》，佛冈正式纳入广州都市圈。

是日 省卫生健康委员会党组成员、副主任刘元亮一行13人到佛冈县，调研特困人员和失能老年人健康养老服务、医养结合开展情况。

5日 广东省第九届残疾人运动会首个残奥项目自行车（公路）比赛在佛冈正式开赛。

10日 清远市构建“1+1+1”模式关爱“三留守”社会工作示范项目暨佛冈县水头镇新联村“邻里友爱互助站”揭牌启动仪式在水头镇举行。

16日 县委书记潘国标率队到省人民医院，就省人民医院帮扶佛冈县人民医院技术提升、学科建设、人才培养、医院管理等多方面工作进行交流。

18日 佛冈县人民政府、广州市第六中学、佛冈一中在县人民中心签订结对帮扶协议。

23日 市政协副主席陈丽霞率视察团到佛冈县，开展“清远市旅游景区实施绿色交通情况”专题视察活动。

24日 省全面推行林长制工作领导小组办公室就2021年全面推行林长制实施情况，通报表扬佛冈县。

25日 省道路交通安全工作联席会议办公室副主任、省公安厅交管局副局长、交管局“百日行动”第四督导组组长刘振星率队到佛冈县督导检查夏季整治“百日行动”、挂牌整治、蓝牌两轴货车超限超载专项整治行动等交通安全管理工作。

27日 省第十六届群众体育组乒乓球测试赛在佛冈县体育中心体育馆举行。

30日 县城东中学、城北中学先后举行新建教学楼揭牌仪式。

9月

2日 市政府副秘书长刘泽和带领市政府督查室、市生态环境局等有关单位人员到佛冈县开展调研。

7日 国家标准化委员会下达第八批公共服务综合标准化试点项目的通知，广东清远佛冈县电商智慧管理与公共服务标准化试点项目获批准立项，成为本次获批的广东省5个项目之一，清远市唯一获批的试点项目，同时也是佛冈县首个获批立项的国家级社会管理和服务综合标准化试点项目。

8日 佛冈县召开“迎接党的二十大，培根铸魂育新人”2022年优秀校长、优秀班主任、优秀教师表彰大会暨教师节座谈会。

9日 佛冈县召开2022年夏秋季“阳光征兵”审批定兵大会，确定新兵入伍去向。

14日 市政协党组副书记、副主席梁积福率调研组到佛冈县，开展“补齐基础教育短板，办好我市高中教育”专题调研活动。

是日 市农业农村局和省级平台开发团队（广州辛巴迪信息科技公司）在县政府主楼420会议室召开省级农村产权流转服务平台试点部署会暨操作使用培训会。

15日 省林业局自然保护地管理处副处长吴华荣一行到佛冈县，开展2022年森林督查省级审核工作。

18日 市委副书记、市长温文星到佛冈县，开展绿色建材产业“双统筹”专题调研。

19日 省供销社党组成员、理事会副主任林少俊率队，就省供销社冷链项目建设工作到佛冈县进行调研。

20日 省市场监管局党组成员、副局长高国盛率队到佛冈调研督导国庆节前市场监管领域疫情防控和安全监管工作。

21日 省民政厅党组书记丁红都率队到佛冈县，调研基层社会治理等民政工作。

是日 佛冈县获赠的11 480套高杆太阳能光伏路灯完成安装。

23日 以“庆丰收 迎盛会”为主题的佛冈县庆祝2022年中国农民丰收节活动，在迳头镇官塅围村举行。

30日 佛冈县在烈士陵园举行烈士纪念日公祭活动，深切缅怀烈士。

10月

3—5日　佛冈县石角镇开展为期3天的全员免费核酸检测（三天三检）。

3—9日　石角镇（东至环城东路出口，南至国道106线县城段，西至科惠电路有限公司，北至潖江河东岸）实施临时管控。

10日　佛冈县民政局被民政部评为“全国社会救助先进单位”，广东省仅4家单位获此殊荣。

11日　省水利厅党组书记、厅长王立新率队到佛冈县潖江蓄滞洪区（龙山段）检查风洲联围修复情况，副市长林科聪等陪同调研。

12日　11时至11时15分，佛冈试鸣防空警报。

13日　省农业农村厅党组成员、副厅长陈宗云率队到佛冈县，调研高标准农田项目和中小型农田水利设施建设等有关工作。

16日　中国共产党第二十次全国代表大会在北京隆重开幕。佛冈党员干部群众收听收看党的二十大开幕盛况。县四套班子成员在县人民中心集中收听收看实况直播。

17日　省老区建设促进会会长陈开枝在市政协副主席谭云格和市、县老区建设促进会领导的陪同下到佛冈县，开展老区红色遗址保护利用情况专题调研。

20日　省卫生健康宣传教育中心主任郑子谦率调研组到佛冈县，调研指导健康教育服务、健康素养促进行动和创建省健康促进县等工作。

24日　佛冈县“房地一体”农村不动产权籍调查成果顺利通过省级抽查，包括宅基地和集体建设用地共计181808宗，涉及全县6个镇78个行政村1个林场，成为清远市首个“房地一体”农村不动产权籍调查成果通过省级抽查的县。

28日　佛冈县“广东兜底民生服务社会工作双百工程”新增（村）居社会工作服务点挂牌仪式，在龙山镇门楼富村举行。

29日　佛冈组织收听收看全省、全市传达贯彻党的二十大精神大会。

31日　佛冈首个关心下一代国防教育基地在县城国防公园揭牌。

11月

3日　县委书记、县总河长潘国标到水头镇开展巡河调研。

7日　市统计局局长李重阳带领调研组到佛冈县开展2022年四季度经济运行情况调研。

9日　省农业农村厅官网公布2022年农民专业合作社省示范社认定名单，佛冈县占果红种植专业合作社、佛冈县德福种养殖专业合作社2家市级农民专业合作社上榜。

10日　县打击侵犯知识产权和制售假冒伪劣商品领导小组办公室组织开展2022年侵权假冒商品统一集中销毁活动。

25日　首期“选择佛冈 共赢未来”佛冈县2022年云端引才招聘会以线上“云直播”的形式正式启动。

12月

1日　佛冈县2021年度优秀农村实用人才、新型农业经营主体带头人颁奖仪式，在县农业农村局举行。

是日　佛冈全面推进广东社工“双百工程”工作，实现6个镇社会工作服务站、27个村（居）社会工作服务点，100%全覆盖，推动民生服务从“兜得住”向“兜得好”转变。

6日　上午10时，中共中央、全国人大常委会、国务院、全国政协、中央军委在北京人民大会堂隆重举行江泽民同志追悼大会。县四套班子成员在县人民中心收听收看追悼大会。全县各镇、各部门也组织收听收看江泽民同志追悼大会实况直播。

是日　市退役军人事务局党组书记、局长江绍勇一行到佛冈县退役军人事务局督导检查。

7日　县红十字会防汛救灾设备捐赠活动在县应急管理局举行。

8日　佛冈县清远南玻节能新材料有限公司通过专家现场及线上评审，获得AAA级测量管理体系认证，成为佛冈县首家通过AAA测量管理体系认证企业。

16日　清远市首个气象科普馆——佛冈县气象科普基地举行启动仪式。省气象局、市应急局、市气象局、县委县政府等领导共同开启佛冈县气象科普基地启动仪式。

20日　佛冈县2022年度退役军人欢迎会暨全员适应性开班仪式在县人民政府西楼403室举行。

21日　广州港集团党委书记、董事长李益波率对口帮扶组团单位到佛冈县迳头镇，调研乡村振兴对口帮扶工作，并向迳头镇捐赠助力乡村振兴资金100万元。

22日　在2022年第十一届广东省创意机器人大赛中，佛冈中学朱一可、邝麒骅、黄俊源、黄涛四位同学获“编程高中组”一等奖。

28日　县人大常委会组织由佛冈选举产生的市八届人大代表，集中考察佛冈县推进农业产业化工作情况。

30日　佛冈高标准农田建设综合评价获清远市第一名。

31日　2时34分，清远市佛冈县中核汇能乡村振兴农光互补光伏电站（一期）项目成功并网发电，成为2022年以来中核汇能在广东区域首个实现当年立项、当年建设、当年投产的项目。

（黄丹丹）

佛冈概况

责任编辑：郭治国

建置沿革

佛冈境域古代分属于中宿（清远）和浈阳（英德）2县，直至清代。雍正九年（1731）在大埔坪（今佛冈县石角镇府城）设捕盗同知，辖清远、英德、从化、花县（今广州市花都区）、长宁（今新丰县）、广宁6县捕务。

嘉庆十八年（1813），划出清远县的吉河乡（今水头镇、石角镇境域）和英德县大陂都6乡（今迳头镇、高岗镇境域）设立佛冈直隶军民厅（简称“佛冈厅”），直隶于广东布政使司，佛冈始有县级地方政权建置，厅署设大埔坪。

1914年6月3日，撤厅改县，称佛冈县。

1949年10月12日，佛冈县全境解放，新成立中共佛冈县委和佛冈县人民政府（府址设在石角圩），隶属北江临时人民行政委员会（后改为北江人民行政督察专员公署，简称“北江专署”）管辖。

1952年4月13日，佛冈县与从化县合署办公，设立驻石角办事处。同年10月，恢复佛冈县，属粤北行政公署辖。

1953年2月，清远县第七区（今汤塘镇）划归佛冈县辖。

1958年7月，清远县龙山乡（今龙山镇）划归佛冈县辖。

1958年10月23日，佛冈县与从化县合并，称从化县，属韶关行政专员公署辖。1959年1月，从化县划归佛山专员公署辖，1960年4月11日，又划归广州市辖。

1961年5月4日，经广东省委批准，佛冈、从化分别设县，恢复佛冈县建制，仍归广州市辖。

1963年6月15日，佛冈县划归韶关专署辖。

1983年7月26日，佛冈县划归广州市辖。

1988年1月7日，清远市设立，佛冈县划归清远市辖至今。

（县史志办）

自然地理

【位置·范围·面积】 佛冈县位于广东省中部，北回归线北侧，珠江三角洲北缘。县境处于东经113° 17′ 28″至113° 47′ 42″，北纬23° 39′ 57″至24° 07′ 15″之间。东西长51.299千米，南北宽50.325千米。佛冈县东北与新丰县交界，东南与广州市从化区接壤，西南与清城区毗邻，西北与英德市相连。根据清远市2022年12月下发的佛冈县2021年度变更调查数据汇总，全县行政区域范围总面积为1295.16平方千米。

【地质·地貌·河流】 佛冈境内地质属华南褶皱系，白垩纪第三系断陷盆地。早古生代为海水所淹，在侏罗纪与白垩纪发生的燕山运动中，陆地上升出海平面，并产生多次强烈断裂及大规模酸性岩浆侵入和喷发活动，形成海拔较高的山地，现代地貌轮廓基本奠定。喜马拉雅运动时在隆起山地之间或边缘又产生许多凹陷或断陷盆地，以后在断陷盆地上又有第四系覆盖物，遂成观音山、亚婆髻等山岭。现县境内仍为板块活动活跃地带，存在断裂带，轻微地震时有发生，并出现多处地热矿水，俗称“温泉”，如汤塘、水头等地均有。

地形　佛冈地势自东北向西南起伏下降，地形大体可划分为山地、丘陵、平原三种，比例为7∶2∶1。在东南和西北部有较多中等高度山脉分布，多为东北—西南走向。西北部的观音山山脉是全县主要山脉，在西北县界的亚婆髻海拔1218.8米，是全县最高峰。海拔900米以上的山峰有观音山、大鬟山（海拔1059米）、通天蜡烛（海拔1047米）、辣篱脑（海拔1001米）、铜鼓脑（海拔907米）、三角山（海拔993米）等10多座。北部地区海拔一般为200～250米，中部地区海拔150～180米，南部地区海拔在100米左右。全县海拔最低处在龙山镇大罗洲村潖江下游出境口，海拔高度为13.5米。县内两大山脉形成两道天然屏障，第一道屏障东起青牛塘，西止于七星墩，形成一条自东向西走向的山脉。第二道屏障由观音山与东面的独凰山组成，北部地势向北偏东倾斜，南部地势向南偏西倾斜。由山脉形成的两道屏障，把佛冈分成北、中、南3个自然区。北部为高丘陵区，包括高岗、迳头2个镇和观音山自然保护区，占全县总面积29.7%；中部为中丘陵区，包括水头、石角2个镇和羊角山林场，占全县总面积40.2%；南部为低丘陵区，包括汤塘、龙山2个镇，占全县总面积30.1%。

地貌 境内岩石类型以花岗岩为主。西南与英德相连的石联山体属石灰岩，是发育典型的喀斯特地貌。石角镇黄花湖有一处特殊的花岗岩地貌，溪流两旁的岩石上遍布大小不一、形似锅底、内壁光滑的洞穴。

土壤 境内土壤以花岗岩发育而成的赤红壤为主，土层深厚，土质偏沙，土体的总孔隙、通气孔隙和持水孔隙均较高，有利于调节土壤水汽含量。黏粒矿物以高岭石为主，呈酸性，pH值多在5.0～5.5间，有机质含量低，矿质养分中等。在山地中，赤红壤土占全县山地总面积的82.54%。500米以上地形起伏大，坡度变化明显，多为红壤和山地黄壤，土层厚薄差异悬殊。天然植被大多分布于山地地区。丘陵分布于山前地带，主要由花岗岩构成，海拔高200～400米，风化壳达10～30米，如石角、汤塘、龙山等镇的丘陵地带，外貌浑圆，坡度和缓，在植被破坏之处，易产生冲沟和崩岗，导致水土流失。

河流 潖江、烟岭河是县境主要河流。潖江发源于水头镇上潭洞村的通天蜡烛，向南流经水头、石角、汤塘、龙山等地后汇入北江。潖江支流众多，有潖二水、四九水、龙南水，境内流域面积903平方千米，河段长度超过69千米，为北江水系一级支流。烟岭河发源于高岗镇礼溪村的羊子栋（属观音山山系），属北江水系滃江的主要支流，汇合高岗和迳头诸水而成，流向东北方进入英德市境内。烟岭河流域支流主要是大陂水，烟岭河在县境内集雨面积361平方千米，河段长32千米。潖江、烟岭河中下游均有冲积平原，约占全县面积24.5%。

（朱雪雯）

【气候·水文】 佛冈县属南亚热带湿润气候和亚热带季风气候。2022年，佛冈县平均气温21.5℃，与历年平均值（21.3℃）相比偏高0.2℃。县气象观测站录得极端最高气温38.0℃，出现在7月25日和7月29日；极端最低气温2.8℃，出现在12月20日。年降雨量3021.7毫米，比历年平均降雨量（2173.6毫米）偏多39%。全年日降雨量≥0.1毫米的降雨日数180天，日降雨量≥50.0毫米的暴雨日数15天，最大日降雨量242.5毫米，出现在5月11日，最大24小时降雨量343.1毫米（5月10日16时至11日16时），打破建站以来气象纪录。年日照时数1751.7小时，比历年平均偏多79.6小时。年蒸发量1185.3毫米。无霜期365天。

2022年，佛冈县降雨时空分布极不均匀，1—3月降雨明显增多，4月降雨明显偏少，5—7月降雨明显偏多，8—10月降雨明显偏少，11月降雨明显偏多，12月降雨明显偏少。各镇年降雨量分别为：高岗镇3364.7毫米，迳头镇3093.7毫米，水头镇2213.4毫米，石角镇3021.7毫米，汤塘镇2286.5毫米，龙山镇2564.9毫米。全县各月降雨量为：1月41.6毫米，2月270.5毫米，3月165.1毫米，4月168.8毫米，5月669.4毫米，6月865.7毫米，7月413.9毫米，8月146.5毫米，9月58.5毫米，10月6.0毫米，11月205.5毫米，12月10.2毫米。

（周国明 叶宗惠）

资源物产

【土地资源】 2022年，根据佛冈县2021年度变更调查数据库管理系统的统计汇总，全县行政区域土地资源总面积为129 516.29公顷。按土地利用结构地类划分，全县土地包括一级地类10个，二级地类46个。在一级地类中，湿地为198.59公顷，占总面积的0.15%；耕地为8762.36公顷，占总面积的6.77%；园地为10 233.63公顷，占总面积的7.90%；林地为95 328.68公顷，占总面积的73.60%；草地为1520.75公顷，占总面积的1.17%；城镇村及工矿用地为6922.38公顷，占总面积的5.34%；交通运输用地为1439.17公顷，占总面积的1.11%；水工建筑用地为165.20公顷，占总面积的0.13%；水域为3584.17公顷，占总面积的2.77%；其他土地为1361.36公顷，占总面积的1.05%。

（龚 莉）

【水资源】 2022年，佛冈县水资源丰富，降雨丰沛，年平均径流总量约为17.80亿立方米，多年平均地下水资源量约为5.18亿立方米。降雨和径流时空分布极不均匀，4—9月汛期约占全年的78.8%，10月至次年3月枯水期仅占全年的21.2%左右。由于年内雨季相对较为集中，特别是暴雨日较多，造成汛期洪水直泄入江河，给水资源开发利用带来较大困难，季节性缺水较为严重。受地形、地势的影响，降雨量和径流量在地理分布上呈自东北向西南递增的趋势，区域性缺水和干旱问题在北部山区较为明显。

（周炽文）

【矿产资源】 **基本概况** 佛冈县的自然资源比较丰富，矿产资源主要有铅、锌、铁、石英、萤石、钾长石、花岗岩、瓷土、稀土、地下热水以及优质矿泉水等，其主要特点是：矿产种类较多，大中型规模矿产地所占比例少；铁、铅锌、萤石、建筑用花岗岩、陶瓷土、稀土、霞石正长岩、地下热水为本县优势矿产，其中建筑用花岗岩、陶瓷土、稀土、萤石产地多，规模较大；稀土和地下热水资源潜力大，远景可观。2022年，佛冈县探矿权总数1个，为市自然资源局发证。全县有效采矿权总数5个，全县矿业开发主要以市级发证的花岗岩、石英岩、陶瓷土等非金属矿产为主，为地方城市建设和基础设施建设提供稳定的原材料保障。

能源矿产 主要有地下热水一种，已经勘查评价的地下热水产地3处，主要集中在汤塘至仙塘两处东北向断裂带上，总允许开采量2153立方米/日，其中汤塘地热田地下热水854立方米/日，规模达中型；含有微量元素氡，适于浴疗。

金属矿产 主要有铁矿、铅锌矿、稀土等。经地质工作发现共有铁矿产地2处，规模为小型，主要分布在水头镇，探明资源储量257.2万吨；铅锌矿产地1处，为水头镇水龙尾铅锌矿，规模为3.5万吨/年。此外，本县燕山期黑云母花岗岩大面积出露，经现场初步勘查，开采的均为风化壳离子吸附型稀土矿，开采工艺简单。初步估算花岗岩风化壳型稀土矿远景储量可达70多万吨，有极好的找矿前景。受国家政策调控，目前，县域稀土矿没有进行地质勘查工作，也无稀土矿产地。

非金属矿产 主要有普通萤石、陶瓷用砂岩及瓷土、硫铁矿、水泥用灰岩、石墨、霞石正长岩、建筑用花岗岩、石英岩矿等。其中建筑用花岗岩3处，萤石矿产地2处。

地下水矿产 主要有普通饮用地下水和矿泉水。经地质工作评价的矿泉水源地全县共有2处，允许开采总量361立方米/日，根据区域地质调查资料，佛冈县地下水资源主要分布在黄花、白石等地，矿泉水多为偏硅酸矿泉水，偏硅酸含量一般在28%～64%之间，部分矿泉水含锶、硒、锂等有益微量元素。

（范美娟）

【生物资源】 佛冈县属南亚热带湿润气候以及南亚热带岭南丘陵常绿阔叶林区，拥有丰富的物种资源。

植物资源 植物资源有桉、松、杉、樟、桐、黄檀，还有桫椤、观光木、白桂木、吊皮锥和红椿等珍贵植物，以及砂仁、巴戟、栀子、金银花、蔓荆子、土茯苓、杜鹃花、黄姜等药材资源。常见乔木植物树种有马尾松、湿地松、杉树、黎蒴、木荷、鸭脚木、小叶榕、大叶榕等；经济林树种有沙糖橘、橙、荔枝、龙眼、贡柑、板栗、菠萝、青梅、李子等，灌木有黄牛木、桃金娘、岗松、马樱丹、野牡丹、酸藤子、了哥王等；草本有芒萁、芒草、狗尾草、鸭嘴草等。广东佛冈观音山省级自然保护区记录有野生维管植物178科701属1518种，其中有穗花杉、软荚红豆、苏铁蕨、黑桫椤等23种国家二级重点保护野生植物。

2022年2月24日，国家二级重点保护植物——软荚红豆（观音山保护区 供图）

野生动物资源 野生动物资源有黄猄、山猪、果子狸、穿山甲、雉鸡、白鹇、龟类、蛇类等。常见蛇类有眼镜蛇、榕蛇、过山风等。广东佛冈观音山省级自然保护区记录有陆生野生脊椎动物25目76科204种，其中有小灵猫、中华穿山甲2种国家一级重点保护野生动物，豹猫、白鹇、眼镜王蛇、斑林狸、白眉山鹧鸪等26种国家二级重点保护野生动物。

（朱慧玲）

【旅游资源】 佛冈县位于广州北、清远南，地处粤港澳大湾区北部边缘，广州市中轴线正北60千米，属珠三角"1小时经济圈和生活圈"。京港澳高速公路纵贯全县，佛冈出口距广州白云国际机场仅52千米。2022年，随着汕湛高速和广连高速的陆续建成通车，"两纵一横"高速路网在佛冈交汇，高速出行极为便利。同时，国道106线、清佛公路、英佛公路1小时可接驳广清轻轨站、清远高铁站和英德高铁站，区位优势明显，交通便捷。另外，佛冈坐拥"一泉两山"资源（汤塘温泉、观音山和羊角山），生态环境基底好，森林覆盖率近70%，并拥有出水温度达80多摄氏度的高温珍稀"氡"温泉，适宜发展旅游业。

景区景点 2022年，佛冈县有聚龙湾天然温泉度假村、森波拉度假森林2个国家4A级旅游景区，熹乐谷温泉度假区、田野绿世界2个国家3A级旅游景区，拥有上岳古村、观音山王山寺、省级森林公园羊角山、鹤鸣洲樱花温泉度假村、篁胜国际温泉花园酒店、碧桂园清泉城、长盛谷养生基地等省内外知名度较高的旅游景区，还有陂角村、通天蜡烛、汤塘围等多个乡村旅游点。并正以省级旅游度假区的标准规划建设黄花湖温泉旅游度假区。此外，全县发展有民宿91家（已登记在册的），农家乐60余家。

旅游线路 2022年，佛冈县拥有4条全省旅游精品线路、2个"广东省文化和旅游特色村"。①"佛冈温泉养生之旅"，入选广东省首批乡村旅游精品线路，具体线路：陂角村—汤塘村—周家大院—聚龙湾天然温泉度假村—满唐红酒楼—熹乐谷温泉度假区—长盛谷养生基地—金龟泉生态度假村—围镇村舞被狮；②"佛冈上岳古村寻幽之旅"，入选广东省第二批乡村旅游精品线路，具体线路：

2022年11月6日，聚龙湾天然温泉度假村 （朱慧燕　摄）

上岳古村落—田野绿世界—森波拉度假森林—五丰园—观音山王山寺；③“清远（佛冈）康养体验之旅”，入选广东省工业旅游精品线路，佛冈段具体线路：上岳古村落—约克（广州）空调冷冻设备有限公司—聚龙湾天然温泉度假村—陂角村—清远加多宝饮料有限公司—熹乐谷温泉度假区；④“上岳古村落历史文化游径”，入选广东省历史文化游径线路，具体线路：佛冈县上岳古村落—周家大院—陂角村—汤塘村—满唐红酒楼—聚龙湾天然温泉度假村—围镇村—森波拉度假森林—观音山王山寺—高岗镇社冈下村。汤塘镇陂角村和迳头镇官塅围村被认定为“广东省文化和旅游特色村”。

民俗与美食　佛冈县最具特色的民俗活动为高岗豆腐节、汤塘舞被狮，二者均为广东省非物质文化遗产。同时，还有四九鲤鱼灯、四九牛肉节、水头抢花炮、水头舞春牛等特色民俗。特色美食有臭屁醋、蒸酿粉葛、芋头蒸鹅、葱油白切鸡、客家脍肉、客家酿豆腐、乡村竹拉肠等；水果特产有荔枝、龙眼、砂糖橘、葡萄、百香果、鹰嘴桃、番石榴、杨桃等。

其他旅游资源　2022年，佛冈县重点文物保护单位共16个。东坑黄氏宗祠、上岳古村建筑群、石咀头围场门楼等3处为省级重点文物保护单位；三爰亭、清献崔公祠、龙岗市古街、上岳古村、谢氏大宗祠、官路唇廖氏宗祠、围镇刘氏宗祠、洛洞接待站旧址、林际安墓、耕读楼、石咀头围场、大陂郑氏宗祠、大塘宋氏宗祠等13处为县级重点文物保护单位。

（邓　波）

环境质量

【空气质量】 2022年，佛冈县城区空气质量处于良好状态，监测数据有效天数355天。其中，325天为优良等级，优良率为91.5%，325天大气环境质量达到国家二级标准。县城二氧化硫均值为5微克/立方米，二氧化氮均值为13微克/立方米，PM_{10}均值为31微克/立方米，$PM_{2.5}$均值为23微克/立方米，一氧化碳第95百分数均值为0.9毫克/立方米，臭氧第90百分数均值为153微克/立方米，降尘均值为3.14吨/（平方千米·月），在推荐标准以内。

【水环境质量】 饮用水质达标　2022年，佛冈县水环境质量继续保持稳定，县、镇集中式饮用水源水质均控制在国家Ⅱ类标准，达标率100%。

河流水质达标　根据广东省监测方案及清远市北江流域监测方案有关要求，2022年佛冈县环境监测站对潖江升平、良塘、坝仔坑、格海和烟岭河文昌阁5个监测点断面进行采样监测。其中，升平、良塘、文昌阁每月监测31个项目；格海每月监测24个项目；坝仔坑单月监测31个项目，双月监测24个项目。经监测，格海、坝仔坑、文昌阁监测点断面达到国家Ⅱ类水标准，升平、良塘监测点断面达到国家Ⅲ类水标准，全县河流水质状况基本达标。

【声环境质量】 2022年，声功能区测点101个，达标100个，达标率99.0%；道路交通噪声测点11个，达标10个，达标率90.9%；综合达标率98.2%。

（杨　丽）

人口·民族·语言

【人口】 据县公安部门统计，2022年，佛冈县家庭总户数为9.57万户。户籍人口36.18万人，比上年增加0.11万人，增长2.9‰。其中男性人口18.82万人，比上年增加0.07万人；女性人口17.36万人，比上年增加0.04万人。总人口性别比（以女性为100，男性对女性的比例）为108.4。全县非农业人口15.05万人，占总人口的41.61%；农业人口21.12万人，占总人口的58.39%。全县当年出生人口为0.35万人，出生率为9.79‰；死亡人口为0.14万人，死亡率为3.87‰。全县人口密度为279.3人/平方千米。

年末户籍总人口按区域分为：高岗镇总计8541户，共计3.33万人；迳头镇总计8817户，共计3.49万人；水头镇总计8636户，共计3.22万人；石角镇总计36 135户，共计13.04万人；汤塘镇总计20 219户，共计7.90万人；龙山镇总计13 422户，共计5.19万人。

据清远市统计部门反馈，2022年末佛冈县常住人口31.66万人，比去年增加0.02万人，其中城镇人口14.23万人，城镇化率44.95%。

（黄淑芬）

【民族】 佛冈县是以汉族为主体的非少数民族县，境内无少数民族原住民。据统计，2022年佛冈县少数民族户籍人口1197人（比上年增加29人），约占全县总人口0.31%，涉及壮族、瑶族、土家族、苗族、黎族、侗族、布依族等24个少数民族。

（黄焕光）

【语言】 佛冈县域的语言分为佛冈白话和客家话两大类。佛冈白话属粤语系，接近广州方言，音调略有不同。水头、石角、汤塘、龙山等地域人口大多讲白话，属粤语系地区，但各地白话在音调、声尾上亦有差别；也有少部分讲客家话，是两种语言均有使用的地域。高岗、迳头2个镇属客家语系区，居住人口纯讲客家话。全县人口中，讲白话的人口居多，约占70%，讲客家话的人口较少，约占30%，但人数比例各镇略有不同。

（县史志办）

历史文化·传统民俗

【历史文化】 佛冈地域历史悠久，新石器时代就有人类活动，遗留大量的历史文物古迹，积累着深厚的历史文化底蕴，涌现出历代仁人志士，流传着众多史话和传说。

历史文物　2022年，佛冈县馆藏可移动文物335件（套），其中国家一级文物1件（套），国家二级文物2件（套），国家三级文物35件（套）。不可移动文物现有127处，其中古遗址7处，古墓葬15处，古建筑86处，石窟寺及石刻1处，其他18处。有省级文保单位3处，县级文保单位13处。

革命史迹　根据省市要求，经佛冈县委办公室、县委宣传部、县史志办、县文化广电旅游体育局、县退役军人事务局联合开展革命遗址大普查，共普查革命遗址126处。其中，重要历史事件和重要机构旧址60处，重要历史事件发生地和人物活动纪念地21处，革命领导人故居、旧居16处，纪念设施14处，其他遗址15处。经省市核准命名的革命史迹保护单位55处，其中县级革命史迹保护单位13处。

古村落古建筑　清代佛冈建厅时约有450个自然村落，民国末期，增至约830个（含汤塘、龙山地域）。这些古村落建筑主要划分为广府民居和客家民居两大类。其中，龙山镇上岳古村获评为中国历史文化名村，汤塘镇汤塘村、高岗镇新联村（社冈下）获评为广东省古村落。另据《佛冈县志》记载，发现有战国古墓2处、宋代古墓1处、元代古墓2处、明代古墓8处。保存完好的古建筑有清献崔公祠、三德园、君庐、吉河大庙、司马第等。宗教派别有佛教、道教、基督教和天主教等。据《佛冈厅志》记载，境内历代有寺院、庙宇30多座，现存部分经重修重建后，成为人们祭祀祈福之所，其中观音山王山寺、水头龙牙寺、吉河大庙等已重新修建，迳头楼下福音堂修建后成为县内唯一的基督教堂。

文化典籍　佛冈设厅建县有200余年历史，《佛冈厅志》《佛冈县志》等典籍成为地方史学、地方志的宝鉴。历史上很多村落组织人力修编族谱，记载族人各支系繁衍发展情况，如《两岳朱氏族谱》《英州郑氏族谱》《开佛公族谱》《湛江刘氏族谱》等数十种。

历史名人　佛冈历代名人辈出，先后有南宋年间的大理寺评事朱文焕，明末举人、刑部浙江主事欧阳晖，明代万历年间举人朱学熙，清代嘉庆年间的武进士郑开缙。明清时期的秀才及贡生有郑玉符、朱翰芬等250多人。民国时期军政界知名人物有朱祺、黄开山、黄祥光、邹适、邹华衍、范桂霞、宋华、冯光等。

民间传说、故事　佛冈有许多广泛流传的民间故事、传说，以及谚语、歇后语等，这些民间文化为乡村文化发展奠定了基础，值得不断传承和发扬。传颂较为广泛的民间故事有《马口寨琼花姐》《廖矮斗法》《范应嵩施术治理烟岭河》等；民间传说有《大庙峡的传说》《劏马石的传说》《摩罗山的传说》《仙人床》《汤塘温泉传说》等。

【传统民俗】 佛冈境内有着丰富的传统民俗文化，其中舞被狮、豆腐节被列入广东省非物质文化遗产名录。鲤鱼灯、舞春牛、龙南武术、舞鸡公狮、接三王等被列入清远市非物质文化遗产保护名录。

舞被狮　舞被狮是汤塘镇围镇村的刘氏家族在长期农耕生活中形成的民俗文化活动，它起源于清朝初年。相传该村刘姓始祖南迁围镇村时，在村背后山觅得一处叫“狮听鼓”（地名）的风水宝地，本来用以葬其父，但在择得吉日安葬时，却误将其亡母遗骸运去。在安葬时刻，正值烈日当空，为避免太祖婆骸骨被烈日暴晒，一位刚生下男丁不久的媳妇，把裹婴儿的花被子张开以遮挡烈日，太祖婆的遗骸就这样在花被子的遮掩下安葬。当年该村风调雨顺，人丁兴旺，五谷丰登。从此，该村每年农历正月十五元宵节及十六日，为祈求太祖婆保佑后代添丁发财，上一年新结婚和新添丁人家的妇女把被单当狮子舞动。婆婆在前抓住被单两角当狮头，媳妇在后配合婆婆舞动。正月十五日开始，舞被狮队伍走街过巷到新婚和新添丁人家逐家逐户拜贺，主人以鞭炮迎送，以食品、红包犒劳答谢。十六日，舞被狮队伍集中到刘氏宗祠门前进行表演，舞被狮活动进入高潮。围镇村的妇女舞被狮闹元宵习俗代代相传，至今已有400多年的历史。

豆腐节　观音山下高岗镇社冈下村，有一个独特的客家民俗活动——豆腐节。豆腐节的来源有两种传说。其一，传说古时某年，当地虫害特别严重，观音娘娘派燕神下凡前来吃掉害虫。为了不让燕神离开，村民就把做好的豆腐抛掷在屋檐梁上，让燕神筑巢繁衍，帮助村民除害虫，祈求保佑当地五谷丰登。其二，相传在明万历三十七年（1609）农历正月十三日，社冈下村林氏家族上一年生了男丁的村民到祖祠上灯。在准备饭菜时，一位村民切完豆腐后见手上沾有一些豆腐，顺手甩掉，无意中将手中的豆腐屑甩到身后一位村民的衣服上。这位村民见到自己新衣服被豆腐弄脏，以为对方是故意的，于是抓起豆腐掷向对方的身上，引起一场互相对掷豆腐的嬉闹。第二年正月十三，社冈下村林氏家族上灯时，发现添丁的村民比往年多出很多，寻其缘由，村民们认为是上年掷豆腐带来的人丁兴旺。就这样，每年正月十三上灯旺，村民们互相抛掷豆腐成为村里独特的习俗。据以上两种传说，豆腐节习俗至今已传承400多年。

鲤鱼灯 汤塘镇田心村每逢春节，村民们舞鲤鱼灯以祈求来年丰收，并有“年年有余”的寓意。相传他们的祖先是从水乡顺德甘竹迁徙而来。水乡人以捕鱼为生，形成期盼渔获，以鱼为图腾。每到春节期间，人们总是挥舞着精心制作的鱼、虾、蟹、蚌象形灯，穿村过寨以示庆贺。久而久之，遂演变为舞鲤鱼灯，以祈求风调雨顺，年年丰收。

2022年2月13日，社冈下村狂欢豆腐节 （黄汝林 摄）

节日习俗和传统美食 佛冈的节日习俗和传统美食颇具特色。在节日习俗方面，春节期间，高岗、迳头地区的客家人都要蒸脸肉、酿豆腐；清明时节，佛冈人将桃枝插于门上，采艾做糍，老幼同扫墓。在传统美食方面，汤塘的农家醋（俗称臭屁醋）、高岗的酸水豆腐、水头的烧猪肉、湛江的猪脚醋、汤塘的温泉蛋（用温泉泡熟的鸡蛋）等美食，都是采用当地原生态食材，以传统方式制作的美食。

（县史志办）

行政区划

【行政区划概况】 2022年，佛冈县辖高岗、迳头、水头、石角、汤塘、龙山6个镇，设有78个行政村、13个居民委员会。辖区内有1个省级自然保护区（广东省佛冈县观音山自然保护区）和1个国营林场（羊角山林场）。

佛冈县行政区划简表

区划	面积/平方千米	行政村数	行政村名称	社区居委会数	社区居委会名称
全县合计	1295.17	78		13	
高岗镇	174.03	8	长江、墩下、宝山、高岗、新联、高镇、三江、三联	1	高岗社区居委会
迳头镇	185.04	10	青竹、湖洋、仓前、迳头、大陂、大村、楼下、龙冈、井冈、社坪	1	迳头社区居委会
水头镇	146.21	10	潭洞、西田、石潭、桂田、桂元、新联、王田、莲瑶、铜溪、新坣	1	水头社区居委会
石角镇	347.68	17	科旺、诚迳、二七、三莲、三八、冈田、凤城、莲溪、吉田、观山、黄花、小潭、石铺、里水、龙塘、小梅、山湖	7	城东社区居委会 附城社区居委会 振兴社区居委会 站前社区居委会 城南社区居委会 沿江社区居委会 新城社区居委会

续表

区划	面积/平方千米	行政村数	行政村名称	社区居委会数	社区居委会名称
汤塘镇	229.37	19	黎安、围镇、脉塘、汤塘、大埔、升平、暖坑、竹山、高岭、新塘、联和、石门、洛洞、菱塘、江坳、四九、湴江、官山、田心	2	汤塘社区居委会 四九社区居委会
龙山镇	160.47	14	关前、黄塱、门楼富、浮良、车步、湴镇、官路唇、鹤田、白沙塘、良塘、清水迳、上岳、下岳、从化围	1	龙山社区居委会
羊角山林场	26.71				
观音山自然保护区	25.66				

【地名管理】2022年，佛冈县共完成地名命名65处，其中路街巷命名64处，住宅区命名1处（龙凤山语和溪花园）。加强地名信息规范化建设，进一步提升中国·国家地名信息库（以下简称“信息库”）数据质量，已完成对信息库中佛冈县六大类（非行政区域、交通运输设施、水利电力通信设施、纪念地旅游景点、建筑物、单位）共4533条地名信息的审核。佛冈县第二次全国地名普查工作已完成，《佛冈县标准地名录、典、志》于2022年3月正式出版，这套书籍是佛冈县首套标准地名书籍，全面记录佛冈县的标准地名。

（胡碧安　李泰）

【行政区划界线勘定】2022年，佛冈县辖区内有市级界线2条，韶清线佛冈—新丰段（34.86千米、2个界桩），广清线佛冈—从化段（99.61千米、7个界桩），共长134.47千米、9个界桩；县界2条，英德—佛冈线（102.76千米、3个界桩），清城—佛冈线（31.8千米、9个界桩），共长134.56千米、12个界桩；县内镇级界线8条，高岗—石角线(16.3千米)、高岗—迳头线(25.6千米)、水头—高岗线（0.85千米）、水头—石角线（14.75千米）、石角—汤塘线（32.15千米）、石角—龙山线（17.05千米）、迳头—水头线（24.4千米）、汤塘—龙山线（19.15千米,），共长150.25千米、33个界桩。做好行政区域界线联检和日常管护工作，创建平安边界。加强界线的日常管理维护，排除边界争议纠纷隐患，维护县境边界地区和谐稳定，共同创建平安边界。

（胡碧安）

经济建设

【社会经济概况】2022年，面对疫情多发散发、历史最强“龙舟水”、需求收缩、供给冲击等叠加压力，佛冈县始终把稳增长放在突出位置，统筹疫情防控和经济社会发展，坚持稳字当头、稳中求进工作总基调，完整、准确、全面贯彻新发展理念，认真落实上级稳经济政策措施，高频次开展经济研判调度，有效应对超预期因素冲击，成功稳住经济发展大盘。全年经济同比增长1.6%，经济总量161.34亿元。产业结构持续优化，三次产业比为16∶46∶38。工业“压舱石”作用凸显，工业投资增长20.3%，实现规模以上工业总产值331.09亿元、规模以上工业增加值63.46亿元；制造业当家更加稳固，制造业投资和高技术产业投资分别增长17.9%和24.6%；农业综合生产能力持续提升，农林牧渔业总产值40.24亿元，同比增长10.4%；外贸外资平稳恢复，外贸进出口总值55.58亿元，实际利用外资1.86亿元，增长5.3%；消费市场逐步回暖，社会消费品零售总额38.92亿元；财税金融稳定增长，一般公共财政预算收入、支出分别为12.77亿元和38.14亿元，同比增长10.0%和4.3%；金融机构各项存款、贷款余额分别为227.82亿元和188.64亿元，同比增长7.4%和12.6%。

【工业经济成效】2022年，佛冈县规模以上工业企业118家，实现工业总产值331.09亿元，其中产值超5亿元以上12家、超10亿元以上8家。工业企业匹配度提升成效显著，依法整治关停低效企业39家，盘活闲置厂房38.43万平方米、低效用地135亩。43家企业实现提档升级，18家企业完成“小升规”，新建投产并上规模企业7家，排全市第二。约克、盈泰入选国家绿色制造体系名单，科惠电路等8家企业实现数字化转型；创新动能持续迸发，投入6.2亿元实施技改项目51个，申报省市工程技术中心及市工业设计中心7家。新认证省“专精特新”企业17家，增长7.5倍。新认定高新技术企业13家，获评省

2022年11月16日，佛冈县龙山镇下岳村千亩鱼塘（县农业农村局 供图）

名优高新技术产品17项；质量强县建设稳步推进，研发经费占地区生产总值比重全市排名第一。新增授权专利403件，发明专利增长67.9%；百亿集群渐成规模，雅迪、约克等推动智能制造产业产值超百亿元，建滔、南玻等引领电子信息产业迈向百亿能级；生物医药产业势头强劲，必贝特、海莎等相继落户；新材料产业集群加速形成，中创材料谷·佛冈产业园投入使用；日化美妆产业规模扩大，万洋"美谷"签约项目61家、投产11家；新能源产业快速发展，中核汇能二期正式动工，高山风电场建成并网发电，福音风电、协鑫分布式能源等稳步推进。

【现代农业发展】 2022年，佛冈县完成农林牧渔总产值40.24亿元，同比增长10.4%，排全市第2位。分行业看，农业产值同比增长12.9%，林业产值同比增长2.6%，牧业产值同比增长7.3%，渔业产值同比增长0.2%，农林牧渔服务业产值同比增长8.9%。粮食安全责任考核位居全市前列，完成播种面积17.72万亩、高标准农田建设6100亩。落实市五大百亿农业产业部署，做强丝苗米、清远鸡等产业，益肾子、竹山粉葛、香水柠檬等农产品规模扩大，"佛冈有礼"年销售额超6000万元。国家柑橘种苗繁育基地通过省级验收。魔芋现代产业园成功创建省级农业科技园区。培优省市农业龙头企业22家、省级及大湾区菜篮子基地4个。

【全域旅游发展】 2022年，佛冈县以深化全域旅游为抓手，以创建国家旅游示范区和省级旅游度假区为统领，积极推进景区标准化、智慧化建设，构建全域打造、全业融合、全景建设、全民参与、全要素提升的全域旅游发展格局。佛冈县荣获"2022年全国县域旅游发展潜力百佳县"，被推荐为"美丽中国文旅融合品牌典范"。汤塘镇建成省级休闲农业与乡村旅游示范镇，"上岳古村民俗文化游"入选省历史文化游径线路，森波拉度假森林全面升级改造，新增存久洞陶谷、汤塘暖居等一批精品民宿，智慧平台"乐游佛冈"上线，提供一站式指尖服务。全年接待游客87.55万人次，实现旅游总收入7.82亿元。

（谭永光）

政治建设

【学习传达党的二十大精神】 2022年，佛冈县委把全面学习贯彻党的二十大精神作为重中之重，以宣传贯彻党的二十大精神推动各项工作。在第一时间召开全县干部大会，县委常委班子带头领学，示范带动全县256个党组织深入开展学习，形成党委（党组）领学、党支部研学、党小组促学、党员干部自学"四学联动"格局。县委主要负责同志带头深入联系点石角镇开展集中宣讲，推动学习宣传深入基层一线。组建县级各系统宣讲团，通过"面对面""零距离"宣讲党的二十大精神活动，举办"大榕树下的小讲堂"，带动全县上下把学习贯彻不断引向深入。

打造多层级"研学课堂" 2022年，县委专门召开全县干部大会，县委主要领导带头领学，全面部署学习宣传贯彻党的二十大精神。县党政领导班子成员在常委会议、理论学习中心组会议专题学习、深入研讨。各镇、各单位坚持党委（党组）领学、党支部研学、党小组促学、党员干部自学"四学联动"，采取理论学习中心组、"三会一课"、主题党日活动、专家授课辅导等方式对大会精神进行学习研讨，全县基层256个党组织、8800多党员干部参与学习，形成全县学习热潮。

打造多主体"讲学课堂" 2022年，县委先后组织3期18人次基层党校宣讲教师培训班，为做好宣讲活动奠定基础。各镇各单位深入结对帮扶村、园区企业与基层群众、一线职工开展"面对面""零距离"宣讲党的二十大精神活动。依托新时代文明实践宣讲阵地，发挥志愿者宣讲队伍作用，通过走村入户、田间地头拉家常等方式将党的二十大精神送到寻常百姓家；组建县级各系统宣讲团，抽调41名精英骨干组成教育系统宣讲团，分赴全县各学校宣讲56余场次，覆盖师生6万余人；充分发挥佛冈县团代表联络站作用，号召团代表和青年讲师团成员到广大青年身边宣讲党的二十大精神，有效发挥党联系青年的桥梁纽带作用。

打造多形式"情景课堂" 2022年，县融媒体开展"一把手访谈"学习宣传贯彻二十大精神系列报道活动，各镇各部门主要负责同志立足本职，分享学习二十大精神的独到见解。以学习贯彻为主题，举办"大榕树下的小讲堂"，电视直播11名优秀宣讲员同台比拼，为广大宣讲队伍提供优质宣讲范本，有效提升全县宣讲质量和水平；开展党的二十大精神走进红色基地宣讲活动，在黄花村存久洞革命老区根据地等红色基地以小课堂讲大道理、以身边人讲身边事、以小人物传播正能量，通过生动活泼、通俗易懂的宣讲形式推动党的二十大精神入脑入心。

打造多媒体“指尖课堂” 2022年，县委组织全体党员干部在学习强国、青年大学习、干部网络学院、粤政易工作群等平台自主学习党的二十大精神。统筹“佛冈发布”“佛冈通”“南方+”等主要媒体平台开设“二十大时光”“学习宣传贯彻党的二十大精神”等专题专栏，自党的二十大召开以来，累计推送相关宣传报道超150篇次。组织乡村新闻官围绕党的二十大报告关于全面乡村振兴的论述，结合所在镇、村的实际和特色，开展党的二十大精神系列播报宣传，制作传播《贯彻落实党的二十大精神——为乡村振兴培育人才队伍》等原创视频。

【党风廉政建设】 2022年，县委坚定不移正风肃纪反腐，驰而不息抓好作风建设，持之以恒落实中央八项规定及其实施细则精神。针对节日不良“四风”问题开展明察暗访，聚焦“关键少数”，做实权力监督；坚持“三不”一体推进，组织31个单位、87名干部职工旁听贪腐庭审活动，开展警示教育；聚焦农村“微腐败”，依托“微监督”平台，办理群众反映热点问题275件；推行“组账镇代管”制度，加强行政村小组集体资金财务管理，全县有90%村小组签订委托代管协议；切实发挥好巡察利剑作用，制定五年巡察规划，印发《巡察工作实施办法》等16项制度，配合市委开展提级巡察，派出巡察组对石角镇24个村（社区）党组织开展联动巡察，探索巡察与审计相结合模式，深化以巡促改、以巡促建、以巡促治效能，持续巩固风清气正的政治生态。

【依法治县】 **深入贯彻落实习近平法治思想** 2022年，县、镇党委（党组）把《习近平法治思想学习纲要》《习近平法治思想学习问答》列入理论学习中心组重点学习内容，专题学习《习近平法治思想概论》《论坚持全面依法治国》《中国共产党百年法治大事记（1921年7月—2021年7月）》等教材读物以及习近平总书记关于建设法治国家、法治政府、法治社会的有关重要讲话精神等。深刻领会习近平法治思想“十个明确”“十一个坚持”核心要义，增强“四个意识”、坚定“四个自信”、做到“两个维护”，大力推动习近平法治思想在佛冈落地生根，切实提升“关键少数”的法治思维，积极推动党政主要负责人自觉履行推进法治建设第一责任人职责清单，推动党员干部职工深刻认识坚持全面依法治国是中国特色社会主义国家制度和国家治理体系的显著优势，坚定不移走中国特色社会主义法治道路。

强化党对依法治县的集中领导 2022年，县委把法治建设工作纳入中心工作，列入县委督查检查考核计划，建立领导班子和领导干部述法考核制度。持续加强党内法规制度建设，坚定不移推进依规治党，坚持以问题为导向，聚焦全面从严治党中的突出问题，不断加强党内法规的立改废释工作。履行党内法规制度建设主体责任，把党内法规制度建设纳入党的建设总体安排，县委常委会每年听取1次党内法规制度建设专题汇报，专题研究党内法规执行工作。以法治力量助推法治佛冈协调发展，切实把推进依法治县工作纳入县委重要议事日程，及时研究解决推进工作中的实际问题，成立综合治理委员会、公共服务委员会、综合行政执法委员会，整合运用各类资源，提高基层治理体系和治理能力现代化水平，巩固和深化乡镇体制改革成果，全面贯彻实施广东法治建设“一规划两纲要”。全年，县委常委会（扩大）会议研究商讨有关法治建设事项的议题54个，大力推动法治建设与业务工作相融合。

加强法治保障和服务 2022年，佛冈县深入推进“放管服”改革，县直部门下放299个执法事项。组织县镇两级对全县政务服务事项进行全面梳理，公布《佛冈县县级事项标准化要素清单》157项、《佛冈县镇级政务服务事项标准化要素清单》121项，涉及惠及民生政务服务事项，确保县、镇受理使用一套材料、一个平台入口，为窗口业务人员受理审批业务提供统一标准；加强全县电子证照应用，制发电子印章197枚，实现政务服务“免证办”202项。配备自助机95台，全县78个行政村全面推广“粤智助”政府服务，全年为群众办理各项业务128 782笔，服务用户59 215户。县、镇、村三级政务服务117个办事大厅统一设置“好差评”二维码，接受群众监督，服务质量得分全市排名靠前；加强热线平台管理，规范工单处理程序，全年接到市热线办下派工单13 373件，办结10 898件，办结率81.5%，工单按时回复率100%；持续优化法治化营商环境，制定《佛冈县2022年加快广清营商环境一体化责任清单》，涉及187项改革措施，66家单位参加绩效考核。在产业园区成立“驻广佛产业园检察办公室”，做好涉企案件、劳动纠纷、员工维权等涉及营商环境类案件。实现广清商事登记主体“跨市通办”，与广州市黄埔区市场监督管理局签订商事登记“湾区通（广清）”合作协议，设置“跨市通办”专窗，实现“广清注册一体化”。健全涉企信息归集公示机制，实施“信用＋智慧”监管，定期通过门户网站等渠道公开商事主体经营异常名录名单，有119户企业被列入经营异常名录。依法维护消费者合法权益，持续开展放心消费创建工作。重视社会维稳，做好消费维权调解工作，今年共受理消费者投诉1438宗，为消费者挽回经济损失71.97万元。

全面推进法治政府建设 2022年，佛冈县认真做好规范性文件合法性审查，落实日常监督管理工作，严格落实规范性文件立项工作，将《佛冈县集体经营性建设用地入市实施办法》等4份规范性文件纳入《佛冈县政府2022年度规范性文件制定工作计划》发布。落实行政执法监督和指导，审查答复有关行政裁决、执法批复、执法征求意见稿等法律事务72件；报送执法典型案例12件，协调解决县级执法部门和各镇执法权限争议案件9宗，牵头划分26项常用行政执法事项具体裁量标准，防止出现执法真空，推诿扯皮现象；组织开展年度行政执法案卷评查工作，抽查重点执法单位26家、行政执法案卷104宗，促进行政机关严格规范公正文明执法；深化推进“三项制度”和全县行政执法“两平台”建设应用，全年上线办理行政执法案件 88 宗，录入公示行政执法案件 13 770 宗，实现执法全过程公开。印制《佛冈县乡镇综合行政执法法律法规汇编》《佛冈县乡镇综合行政执法工作参考》《佛冈县乡镇综合行政执法培训工作方案》，全面推进法治政府建设。

（何文钦）

社会建设

【社会民生建设】 民生保障概况 2022 年十件民生实事全面完成，全年民生支出完成 32.35 亿元，占一般公共预算支出 84.82%。城乡居民可支配收入比上年同比增长 4.4%，“三项工程”带动新增就业 4830 人，底线民生保障和社会保险覆盖面持续扩大，特殊群体救助补贴标准全面提高，城镇住房保障标准从城镇居民年人均可支配收入的 85% 提高到 95%，实现县镇村未成年人保护工作点全覆盖，社会救助中心和福利院老人公寓投入使用。县民政局荣获全国社会救助工作先进单位。

社会事业均衡发展 2022 年，县中医院新院、县人民医院内科综合大楼投入使用，水头卫生院异地新建项目、县域医共体信息化平台等稳步推进；城西时代小学建成招生，新建城东、城北中学教学楼，增加优质学位 2920 个；文明城市创建考核位居全省前列；成功承办省运会和省残运会自行车（公路）赛事。

基层治理成效显著 2022 年，迳头镇获评全国依法治理创建活动先进单位，高岗镇新联村、龙山镇上岳古村创建成为省民主法治示范村，汤塘镇脉塘社区荣获全国综合减灾示范社区；“织网行动”持续深化，“雪亮工程”“最小应急单元”实现重点场所全覆盖，基层治理三大委员会改革经验得到上级肯定，“两化两员”模式持续深化，“数字乡村”全面推进，“粤智助”实现村居全覆盖，“粤平安”信息办结率 99%，实现矛盾纠纷化解在基层、解决在源头。

2022 年 12 月 16 日，佛冈县气象科普基地落成并正式免费对外开放。图为佛冈县气象科普馆人工影响天气展位 （朱慧燕 摄）

【城市品质提升】 城区布局优化 2022 年，拓展县城面积 10 平方千米，科学规划龙凤新区、城南新区建设，县体育中心投入使用，省道 252 线县城段（城区北环路）建成通车，国道 106 线县城段（佛冈大道）完成市政提升；旧城改造提质，完成 6 个农贸市场、24 个老旧小区、56 栋居民楼外立面、12.9 万平方米人行道的升级改造；新建口袋公园 6 个，推进城中村改造工作。

功能设施品质提升 2022 年，首个智慧立体停车库投入使用，智慧化改造路边停车位 2000 个，新设电动自行车充电位 763 个，有效解决城区停车、充电难题；新增生活垃圾分类收集点 150 个，治理违法建筑 13.18 万平方米；110 千伏文昌四九输变电等项目建成并网，新改建中低压线路 562.45 千米；建立全市首个县级气象科普基地。

城镇设施日益完善 2022 年，升级改造国道 106 线红光桥、大庙峡两桥；完成农村公路单改双及路网联接工程 27 千米、村道安防工程 21 千米；推进城乡供水一体化，龙山镇清泉水厂建成供水，新建迳头镇仓迳水厂，扩建水头镇西田水厂工程，完成集中供水工程 10 项、扩网供水工程 6 项，受益人口达 2.46 万人，在省农村集中供水攻坚行动中获优秀等次。

【平安建设】 疫情防控 2022 年，佛冈县始终坚持把疫情防控作为头等大事，坚定不移贯彻“外防输入，内防反弹”总策略和“动态清零”总方针，抓紧抓实抓细常态化疫情防控各项工作，严守交通、企业、学校、社区、景区等重要关口，压实“三人小组”的网格化防控工作责任，对落地排查、隔离转运等工作做到“以快制快、日清日结”，核酸扩面检测等多项指标位居全市前列。不断健全完善疫情防控指挥体系，快速处置“7·12”“10·02”等系列突发疫情，有力实现“3 天清零”“零外溢”目标。坚决落实《疫情防控第九版》《二十条优化措施》，扎实做好隔离场所、医疗物资等各类保障，推动防控工作更加精准、科学。在广大党员干部群众的共同努力下，全县疫情防控总体平稳有序。

安全生产 2022 年，佛冈县坚持落实“一岗双责”，强化统筹协调能力，健全应急指挥中心运作机制，完善各行业领域应急预案 339 个，实现全覆盖。高标准推进安全生产专项整治三年行动，聚焦道路交通、建筑施工、自建房、危化企业等重点领域，开展多轮次、全覆盖专项整治，全面建立安全生产“一企一监管台账”，累计整改企业安全隐患 1750 项，生产形势总体平稳。持续开展消防安全“百日攻坚”，实施 9 大工程 36 条措施，全面推进“拆违、破网、开窗、治电、建桩”，出台《系统防范化解消防安全风险隐患方案》，累计整改消防安全隐患 18 489 项。压实森林防火责任，森林火情较上年同期下降 52.9 %，实现清明、五一、中秋、国庆、重阳以及“二十大”期间等重要时间节点“零山火”“零火情”。

防汛救灾　2022 年，佛冈县组织广大党员干部、志愿者下沉防汛救灾一线，成功防范汛期持续性超强降雨和历史最强“龙舟水”以及北江超百年一遇特大洪水、台风“暹芭”等自然灾害。在抗洪救灾工作中，县四套班子成员全部下沉镇村一线督导检查，镇村干部驻守在防汛工作最前线，全县协调组织 3600 人救援力量下沉镇村、转移群众 22 383 人，布设集中安置点 9 个、安置群众 1130 名，组织 18 支党员突击队、1000 多名党员开展环境消杀，组织专业力量开展地质灾害点巡查、房屋安全鉴定、抢修电力设施及受损公路桥梁，保障快速恢复群众正常生活秩序。

社会维稳　2022 年，佛冈县按照“三到位一处理”要求，加强社会矛盾纠纷排查化解，重复信访积案化解率 100%，四级信访满意度评价满意率 98.84%，省交办重点信访事项化解率 100%。推进扫黑除恶常态化，全面加强毒品治理，社会治安防控体系不断健全，夏季治安打击整治“百日行动”刑事立案同比下降 21.43%，破案同比上升 129.63%，刑事治安警情同比下降 32%，“清风 2022”专项行动考核效能排名全市前列，社会治安形势持续向好。积极创新“两化两员”社会治理新模式，优化整合网格治理 479 个，新增专兼职网格员 514 名，拓展信息员 12 549 名。落实“粤平安”综合网格服务管理平台试点任务，采集各类网格事件信息 42 545 条，办结率 99%。

（何文钦）

文化建设

【文化建设概况】 2022 年，县文广旅体局履行部门职责，争取项目，开展活动，不断完善文化基础设施，提高公共文化服务水平和能力，不断完善公共文化设施网络体系，公共图书馆、文化馆、文化站等公共文化设施完善，布局合理，符合国家相关建设标准。不断丰富公共文化服务供给，依托文化站、村综合文化服务中心文化阵地，借助文化旅游体育资源，打造地域性、民俗性的节庆文化活动，极大地丰富人民群众的文化生活。

【历史文化和非遗保护】 2022 年，县文化和广电旅游体育局（以下简称“县文广旅体局”）扎实推进文保单位日常巡查管理及保护工作，文物保护和“非遗”事业全面发展。县非遗中心围绕“保护为主、抢救第一、合理利用、传承发展”工作方针，进一步加大保护力度。是年，对全县 127 处不可移动文物进行日常巡查保护，确保文物安全。举办一期“2022 年佛冈县文物保护与管理培训班”，提升全县文物保护管理人员专业水平和工作能力；加强做好省级文保单位“石咀头围墙门楼”和县级文保单位“清献崔公祠”的修缮等相关工作；做好非遗保护工作，开展下乡采访酿豆腐制作以及臭屁醋、手工狮头制作等非遗项目，把县文化馆非遗展馆作为中、小学生传承非遗文化的课外知识讲堂，组织中小学生参观非遗展览，宣传非遗知识；开展非遗进社区、进校园、进农村活动，3 月 7 日开展“走进黄花存久洞——佛冈县文化馆非遗展览活动”。

【公共文化服务体系建设】 2022 年，县文广旅体局不断夯实公共文化服务体系建设，顺利通过全国第五次文化馆（站）评估定级，县文化馆被评为国家一级馆，全县 6 个镇综合文化站均被评为省二级站以上。利用省、市级专项资金，做好县文化馆、镇综合文化站、村综合文化服务中心的提质增效工作。县文广旅体局指导各镇对 71 个行政村（社区）综合性文化服务中心的基础建设、配套设施、场所管理、公共服务等进行提升完善，完成提质增效，全县完成率达到 79%，超额完成省下达 50% 任务。同时，积极向上级财政、文旅、乡村振兴部门申请资金，提升基层公共文化服务效能，助力乡村文化振兴，充分发挥公共文化场馆效能，积极组织开展各类文化活动，使广大群众享受公共文化服务。是年，省文化和旅游厅公布广东省公共文化服务评价结果，佛冈县 2020、2021 年度分别在全省 122 个县（市、区）中排名第七、第十八位，在清远市保持排名第一。

（黄　敏）

生态建设

【防治污染】 防治大气污染　2022 年，佛冈县全力降低臭氧等大气污染物浓度，累计启动 46 次不良天气应急管控；开展新一轮工业炉窑分级管控工作，有 5 家涉工业炉窑企业纳入分级管控清单；推进涉 VOCs 排放企业分级管控和深度治理；加强碳排放管理和交易企业的管理，推进减污降碳协同增效，确保“双碳”目标落地。

防治水污染　2022 年，佛冈县加强对全县镇级以上集中式饮用水水源保护区的整治，重点对保护区存在违规违章建筑、堆积垃圾等现象进行治理；加强入河排污口排查整治，分类实施入河排污口规范治理；全面推进农村生活污水治理攻坚行动，科学精准优化治理模式、提升改造低效设施、修复完善问题管网，切实提高全县农村生活污水治理成效。

防治土壤污染　2022 年，市生态环境局佛冈分局积极推动水头镇水龙尾铅锌矿矿山开采区防渗改造项目建设工作。开展全县“双源”（即集中式地下水型饮用水源和地下水污染源）地下水环境状况调查评估，完成县产业转移工业园区、水头镇水龙尾铅锌矿、水头镇铜溪褐铁矿和县生活垃圾卫生填埋场“双源”清单信息填报。

（林嘉敏）

【国土绿化】 2022年，县林业局落实高质量水源林442.33公顷，投入工程资金60万元，栽植美丽异木棉、宫粉紫荆等苗木达1400棵，任务完成率100%。用地项目选定在水头镇莲瑶村、石角镇龙塘村、迳头镇仓前村、高岗镇三江村，实施乡村绿化美化工程建设。同时，按照“1+6+n”模式，组织动员全县干部群众积极参与全民义务植树活动，累计达18.5万人次，种植美丽异木棉、宫粉紫荆、益肾子等苗木62.8万株。

【古树名木保护管理】 2022年，县林业局严格按照古树名木保护管理规定，落实管护资金，确保古树名木保护率长期稳定在100%。

建立巡查管护台账　县林业局每个季度定期开展一次全面核查，在强降雨等恶劣天气后不定期逐株核查，收到上报古树异常信息后及时实地察看，并建立完善巡查台账。是年组织开展全面巡查4次，收到古树异常情况信息37条，及时实地察看异常古树25棵并采取适当保护措施。

重新签订管护协议　2022年，林业局重新与管护单位或个人签订古树名木管护协议43份，压实管护责任，增强管护者的责任心，使每株古树的管护责任都落到实处。

开展新一轮普查建档　2022年，县林业局落实资金18.79万元，对全县范围内古树名木进行新一轮普查，并按照省林业局分发的古树名木保护牌样式及二维码，制作并悬挂古树名木保护牌，新增古树40株。

抢救复壮古树名木　2022年，县林业局积极采取措施，保护古树名木及其生长环境，对健康状况较差的古树名木及时开展抢救复壮，针对性制定复壮技术方案。全年抢救衰弱古树12棵，投入古树复壮资金23万元，其中财政投资16.5万元。

制定“一树一策”科学管护措施　2022年，县林业局针对每株古树立地环境、生长态势和损坏程度，具体制定“一树一策”保护措施，包括立地环境清理、病虫害防治、枯枝修剪、透气透水孔安装、保护设施设置等。

制定规范管理保护方案　佛冈县绿化委员会印发管理方案，对责任主体、养护措施、管理措施、工作保障等内容进行具体化和规范化明确，落实古树名木管护责任。

【国家森林城市创建】 2022年，佛冈县对照《国家森林城市评价指标》和《广东省清远市国家森林城市建设总体规划(2020—2030年)》开展初步自查，按照《佛冈县创建国家森林城市实施方案》深入推进森林城市各项工程建设，广泛开展创建国家森林城市宣传教育活动，确保实现县域各项建设指标均达到或超过国家森林城市建设指标标准。

2022年7月28日，县林业局对百年古树实施复壮救治工作（朱慧燕　摄）

【食用林产品】 2022年，县林业局加大对食用林产品重点品种、重点区域产品质量安全和产地环境抽检监测力度，及早发现质量安全问题，及时消除质量安全风险隐患，确保人民群众“舌尖上的安全”，100%完成市林业局下达佛冈县林产品抽检28批次检测任务。

【油茶低产低效林改造】 2022年，县林业局通过采取砍灌清杂、整形修剪、垦复、施肥等措施，提升油茶品质和产量。圆满完成市下达佛冈县油茶低改200亩任务，落实建设资金8.6万元。

（朱慧玲）

精神文明建设

【精神文明建设概况】 2022年，佛冈县坚持以习近平新时代中国特色社会主义思想为指导，深入贯彻落实党的二十大精神及省第十三次党代会、市第八次党代会、县第十四次党代会精神，认真落实县委关于全面深化改革的决策部署，凝聚起奋进新征程、建功新时代的巨大力量，确保各项工作任务取得实效。

【文化阵地建设】 2022年，佛冈县建设完成县新时代文明实践中心、水头镇新时代文明实践所，振兴社区、上岳古村和湴江村新时代文明实践站的升级改造，新建电商产业园新时代文明实践点，推进新城社区新时代文明实践站建设，构建“1+6+90”阵地体系，全县1个新时代文明实践中心、20个新时代文明实践示范所（站）全部达到“九有”标准，实现镇、村（社区）新时代文明实践阵地全覆盖，着力打通宣传群众、教育群众、引领群众、服务群众的“最后一公里”。

【实践队伍建设】 2022年，佛冈县新时代文明实践志愿服务总队有8支常备志愿服务队，分为理论政策宣讲、文化文艺服务、助学支教、医疗健身、科学普及、法律服务、卫生环保、扶贫帮困等八大类志愿服务方向，构建以党员干部引领，社会志愿者为主、社工和在校学生为辅的县、镇、村三级志愿服务队伍324支，新时代文明实践志愿者超3.6万人，志愿服务总时数130.18万小时，年人均时数36.49小时。指导县文化志愿者协会组建了一支上百人的流动志愿者队伍，每天拾捡垃圾、劝导商户不要占道经营、引导车辆停放到划定区域，有力提升文明劝导志愿服务成效。

2022年10月25日，县委宣传部举办2022年"佛冈好人"发布暨身边好人宣讲活动 （县文明办 供图）

【文明实践活动】2022年，佛冈县各级各类志愿服务队伍围绕疫情防控、党史宣传教育、科技兴农、文化惠民等群众需求开展志愿服务活动949场次。线上通过佛冈通APP收集群众反映需求、微心愿，规范运行"点单—派单—接单"的闭环管理模式，群众点单共763次，实践中心派单949次，各志愿服务队伍接单率为100%，群众满意率达98%。创建"阳光行动"志愿服务品牌，开展"周三义行"活动，深入社区提供义剪、义诊、义演、义展等志愿服务；开展"雏鹰行动"，举办"我"为长者读故事、小小检查员等活动，引导少年放下游戏机，积极参与社会实践。精心打造独具佛冈特色的"爱冈益+"文明实践品牌，开展"佛冈邻好"志愿服务活动，为社区居民提供邻里守望、邻里帮扶等服务。在6月份的防汛抗洪中，迅速动员全县文明单位、志愿服务队、志愿服务组织，用"志愿红"燃亮防汛一线。县禁毒志愿者协会荣获"广东省最佳志愿服务组织"称号，甘佩珍荣获"广东省最美志愿者"称号。

【文明创建活动】2022年，佛冈县6个镇均成功创建县文明镇，并拥有省级文明镇1个、市级文明镇3个；全县78个行政村均已成功创建县级文明村，其中国家级1个、市级13个（自然村2个）。县级以上文明村镇达到100%。申报清远市2021—2023年市级以上文明村镇21个村镇。74个行政村开展农村"星级文明户"创建活动，活动覆盖率约95%，成功创建350户星级文明户。坚持以人民为中心，着力解决群众身边实际问题，推动升级农贸市场2个，修缮建筑物破损外立面34处；对标对表，推动建设公交候车亭35个；加大督查力度，督促更新人行道61条；积极协调相关部门在有限条件下，合理设置非机动车道；推动校外未成年人心理辅导站新址选建搬迁，并投入使用；组织对县城主次干道64个通信箱体进行彩绘，3处大型空闲墙体进行省运会和佛冈传统文化彩绘；组织3次入户调研活动，居民对文明城市创建支持率、满意率达到98%以上。

【文明培育活动】社会主义核心价值观持续深化 2022年，县文明办每季度在新时代文明实践中心（所、站）、图书馆、文化馆等公共文化设施和宣传文化阵地组织开展社会主义核心价值观教育活动，累计开展37场。建设社会主义核心价值观主题公园11个，制作社会主义核心价值观公益宣传广告400多幅，依托佛冈发布、佛冈文明等新闻媒体，发布社会主义核心价值观阐释25篇。

先进典型评选宣传不断加强 2022年，县文明办健全完善先进典型培养、推荐、宣传、褒奖、礼遇机制，广泛开展身边好人、道德模范以及最美人物等一系列道德典型评选表彰和宣传活动。谢建军等23名同志荣获"佛冈好人"称号，冯深强被评为2022年第一季度"广东好人"，马结珍等3人被评为2022年清远市第一季度"身边好人"，邹小红等5人被评为2022年清远市第二季度"身边好人"。举办2022年"佛冈好人"发布暨身边好人宣讲活动，定期在佛冈文明网和佛冈发布宣传推介道德模范、身边好人先进事迹，营造先进典型浓厚宣传氛围。持续深入推进移风易俗工作，有78个行政村开展文明村镇评选，参与率100%，评出65个县级文明村镇、13个市级以上文明村镇。74个行政村开展农村"星级文明户"创建活动，活动覆盖率达95%，成功创建350户星级文明户。

未成年人思想道德建设全面深化 2022年，县文明办广泛开展"童心向党"教育实践活动，引导青少年从小听党话、感恩党、跟党走，厚植爱党爱国爱社会主义情怀，开展青少年主题教育实践活动50多场次。开展"新时代好少年"的评选宣传活动，刘静等30位同学荣获2022年佛冈县"新时代好少年"荣誉称号，其中，刘静等7位同学被评为清远市"新时代好少年"。扎实推进乡村学校少年宫建设工作，推进乡村复兴少年宫示范建设，现有乡村少年宫6所，实现镇级少年宫100%全覆盖。

（县文明办）

县四套班子、县直副科以上单位（含省市直管单位）及各镇领导人名单（2022年）

中国共产党佛冈县委员会

书　记：潘国标
副书记：江红平　潘　浩　杨德银（挂任至2022年3月）
　　　　侯钻霞（2022年3月挂任）
常　委：王卓越（任至2022年7月）
　　　　范辉煌（任至2022年9月）　任　嵌
　　　　宋小平　俞华军（任至2022年10月）
　　　　黄华溪　朱世业　黄成灼　黄方洪
　　　　张邦正（2022年9月任职）
　　　　董建宏（2022年10月任职）
办公室主任：朱世业
常务副主任：郑秀红
副　主　任：曹灿安（任至2022年1月）
　　　　　　范卓鸿　曾荣锦（2022年6月任职）
　　　　　　冯卫东（2022年6月任职）

佛冈县人大常委会

主　　任：黄　河
副 主 任：黄小云　黄　丽
　　　　　谢国华　黄泽川（任至2022年10月）
　　　　　陈发兴　朱建星
办公室主任：林志强
办公室副主任：朱伟文

佛冈县人民政府

县　　长：江红平
常务副县长：王卓越（任至2022年7月）
副　县　长：黄华溪（挂任）　张邦正
　　　　　　刘翔飞　黄泽川（2022年10月任职）
　　　　　　温建雄　解　晟　冯郁娴
办公室主任：陈列毅（任至2022年1月）
　　　　　　梁沛英（2022年1月任职）
办公室副主任：廖楚雄（任至2022年3月）
　　　　　　　杨朝安（任至2022年1月）
　　　　　　　王　勇（挂职）　陈灿开
　　　　　　　冯卓勇（2022年1月任职）　黄　莹
　　　　　　　陈日云（2022年4月任职）

政协佛冈县委员会

主　席：袁卫国
副主席：蓝山鹰　徐文婉　李功志　范桂宁　周玉兰
　　　　何高者
秘书长：彭　宁
副秘书长：邓社棠　黄晓芬

中国共产党佛冈县纪律检查委员会

书　记：宋小平
副书记：罗焯新　杨　勇
常　委：郑伟机　曾坚新　郑阳胜　盛四平

县监察委

主　任：宋小平
副主任：罗焯新　杨　勇
委　员：曾坚新　龙清学　罗华锋（任至2022年11月）

县委巡察办

主　任：郑伟机
副主任：龙志根（任至2022年1月）
　　　　李俊华（2022年1月任职）

县人民武装部

部　长：俞华军（任至2022年7月）
　　　　黄建宏（2022年8月任职）
政　委：李卫军（任至2022年7月）
　　　　姜　武（2022年8月任职）
副部长：王志刚

县委组织部

部　　长：黄成灼
常务副部长：李志加（任至2022年12月）
副　部　长：罗素情（任至2022年1月）　唐冬武
　　　　　　温焕霞　陈维德（2022年7月任职）

县委宣传部

部　　长：任　嵌
常务副部长：谭武刚（任至2022年1月）
　　　　　　钟永纪（2022年1月任职）
副　部　长：曾道明（任至2022年1月）
　　　　　　曹惠珍（2021年5月任职）
　　　　　　陈榕森（2021年8月任职）

县委统战部

部　　长：范辉煌（任至2022年9月）
　　　　　朱世业（2022年9月任职）
常务副部长：范福新（任至2022年1月）
　　　　　　朱志强（2022年1月任职）
副　部　长：韦远明（任至2022年3月）
　　　　　　冯东华（任至2022年7月）
　　　　　　黄焕光（2022年3月任职）
　　　　　　黄耀提（2022年7月任职）

县委政法委

书　　记：黄方洪
第一副书记：温建雄
常务副书记：李功仕
副　书　记：黄煜权　黄敏韶

县公安局
党委书记、局长：温建雄
党委副书记、政委：洪泓昭
副局长：林吉初　邱海雄　潘兆雄
纪委书记：张良山（2022 年 4 月任职）

县人民检察院
党组书记、检察长：金绍辉
副检察长：陆凤英　向晓君　杨武浈
　　　　申艳霞（任至 2022 年 5 月）

县人民法院
党组书记、院长：曾宪全
副院长：蓝榕概　曾锦伟（任至 2022 年 6 月）
　　　　李海华（2022 年 6 月任职）
　　　　李　波（任至 2022 年 12 月）

县司法局
党组书记、局长：陈湘中（任至 2022 年 1 月）
　　　　　　　　王　旭（2022 年 1 月任职）
副局长：郑万里（任至 2022 年 1 月）　徐延兴　钟上新
　　　　刘智荣（2022 年 1 月任职）

县委老干部局
局　长：罗素情（任至 2022 年 1 月）
副局长：李杏云（任至 2022 年 5 月）

县直工委
书　记：黄成灼（任至 2022 年 3 月）
　　　　朱世业（2022 年 3 月任职）
常务副书记：何玉琼（任至 2022 年 11 月）
副书记：陈雁彪（任至 2022 年 12 月）

县委党校
校　长：黄成灼
常务副校长：钟永纪（任至 2022 年 1 月）
　　　　　　罗素情（2022 年 1 月任职）
副　校　长：郑丽玲（2022 年 1 月任职）

县委编办
主　任：刘纯心
副主任：唐文婷　朱泽安
　　　　李　画（挂任至 2022 年 6 月）

县史志办
主　任：廖镜洲（任至 2022 年 1 月）
　　　　曾道明（2022 年 1 月任职）
副主任：朱炳权（2022 年 3 月任职）

县总工会
主　　席：黄　丽
常务副主席：冯庆洲
副　主　席：刘华洲　李桂萍（挂职）

团县委
书　记：吴奕妮（任至 2022 年 11 月）
副书记：易德堃　李玲红（挂职）

县妇联
党组书记、主席：李红梅（任至 2022 年 10 月）
　　　　　　　　何玉琼（2022 年 10 月任职）
副主席：黄银英　黄洁萍（2021 年 12 月挂任）
　　　　黄劲斌（任至 2022 年 3 月）

县科协
主　　席：陈列毅（任至 2022 年 9 月）
主席人选：何永中（2022 年 11 月任职）

县档案馆
馆　长：曹榕村
副馆长：邝国其（2022 年 3 月任职）

县民宗局
局　长：韦远明（任至 2022 年 3 月）
　　　　黄焕光（2022 年 3 月任职）

县行政服务中心
主　任：范秋萍
副主任：林业斌（任至 2022 年 1 月）　郑永根
　　　　刘章能（2022 年 1 月任职）

县机关事务局
党组书记、局长：陈耀忠
副局长：刘建华　袁文辉

县信访局
局　长：杨朝安（任至 2022 年 1 月）
　　　　冯卓勇（2022 年 1 月任职）

县政务服务数据管理局
党组书记、局长：曾锦常
副局长：范继洲

无线电管理办公室
主　任：李　华

县接待科
科　长：（空缺）

县侨联
主　席：郑杰文（2022 年 9 月任职）

县工商联

党组书记、常务副主席：冯东华（任至2022年8月）
黄耀提（2022年8月任职）
专职副主席：刘桂花（2022年8月任职）

县残联

党组书记、理事长：张少敏
副理事长：邹建平（任至2022年12月）
刘治刚（2022年12月任职）

中国民主同盟佛冈县基层委员会

主　委：谢国华
副主委：宋远玲　郝生华　邹杏贤　朱英萍

民革佛冈支部

主　委：范秋萍
副主委：胡军红　王忠军

县关工委

主　　任：黄银带（任至2022年1月）
袁镜焕（2022年1月任职）
常务副主任：吴琼芳
副　主　任：周有生

县老促会

会　长：李玉方（任至2022年2月）
赵仲轲（2022年2月任职）
副会长：何东树　周都明（任至2022年2月）

县人力资源和社会保障局

党组书记、局长：胡淑媛（2022年1月任职）
副局长：胡淑媛（任至2022年1月）
何传华（2022年1月任职）　王忠军
朱海华（2022年4月任职）

县社保基金管理局供图

局　长：陈健兵
副局长：黄华胜　郝生华

县医保局

党组书记、局长：朱向民
副局长：黄　旭

县自然资源局

党组书记、局长：姚莹丽
副　局　长：黄谷香　罗勇鸥　宋钦杰（2022年12月任职）
总工程师：宋　健

县城乡规划事务所

所　长：郑小俭
副所长：钟伟强

县土地开发储备局

局　长：刘泽华
副局长：李少兰　华　锋

县民政局

党组书记、局长：李伯浓
副局长：李永清　黄福坚

县退役军人事务局

党组书记、局长：罗先范
副局长：谢挺陆

县卫生健康局

党组书记、局长：温秀梅（任至2022年1月）
欧阳炽荣（2022年1月任职）
副局长：邝国其（任至2022年3月）　曹　翀
谭冬娥　李欣欣（2022年4月任职）

县应急管理局

党委书记、局长：朱建星（任至2022年1月）
杨朝安（2022年1月任职）
副局长：朱汝森　冯灼锋　黄艺明

县三防办

主　任：邝朝军

县工业园管委会

主　任：黄耀提（任至2022年7月）
冯东华（2022年7月任职）
副主任：钟　萍（任至2022年12月）
曹八科（挂任至2022年12月）
李文浩（挂任至2022年9月）

广佛（佛冈）产业园管理委员会

党工委书记、管委会主任：廖景辉
管委会副主任：刘新全　徐文婉
党政办公室主任：孔维正

县公共资源交易中心

主　任：林小丹（2022年12月任职）
副主任：刘俊杰
林小丹（任至2022年12月）

县文广旅体局

党组书记、局长：曾道明（任至2022年1月）
谭武刚（2022年1月任职）
副局长：廖楚雄（2022年3月任职）　何婉媚
朱炳权（任至2022年3月）

县融媒体中心（县广播电视台）
主　任、台　长：吴开勇
副主任、副台长：黄伟洪
副主任：钟海枫　江　静（2022 年 4 月任职）

县网络舆情信息中心
主　任：何锦成

县教育局
党组书记、局长：刘玉英
副局长：赖宏俊（任至 2022 年 12 月）　刘拥军

佛冈一中
党委书记：朱志勇（2022 年 8 月任职）
校　　长：朱志勇（任至 2022 年 9 月）
　　　　　潘丽云（2022 年 9 月任职）
副 校 长：潘丽云（任至 2022 年 9 月）　邓沛锋　张权锋
　　　　　刘建华（任至 2022 年 9 月）
　　　　　朱沛航（2022 年 9 月任职）
　　　　　罗飞迎（2022 年 9 月任职）

佛冈中学
党委书记：刘荣毅（2022 年 10 月任职）
校　　长：刘荣毅（任至 2022 年 9 月）
　　　　　罗贯中（2022 年 9 月任职）
副 校 长：罗贯中（任至 2022 年 9 月）
　　　　　许桂煜　姚志强（任至 2022 年 3 月）
　　　　　贾大伟　刘建华（2022 年 9 月任职）
　　　　　李朝军（2022 年 9 月任职）

县职校
党委书记：梁义明（2022 年 7 月任职）
校　　长：何继扬
副 校 长：李　倩　朱彩蝶　邓伟洪

县城北中学
党委书记：曾锦锋（2022 年 8 月任职）
校　　长：钟润培（任至 2022 年 8 月）
　　　　　朱耀庭（2022 年 9 月任职）
副 校 长：谢红努
　　　　　郑中兴（任至 2022 年 8 月）
　　　　　朱耀庭（任至 2022 年 9 月）
　　　　　刘桂林（2022 年 9 月任职）
　　　　　范桂景（2022 年 9 月任职）
　　　　　叶榕军（2022 年 9 月任职）

县城东中学
党委书记：黄国仓（2022 年 8 月任职）
校　　长：黄国仓（任至 2022 年 9 月）
　　　　　范茂文（2022 年 9 月任职）
副 校 长：谢碧娥　黄偕忠　林燕萍
　　　　　曾少俊（任至 2022 年 8 月）
　　　　　张德明（2022 年 9 月任职）

县人民医院
党委书记：梁义明（任至 2022 年 6 月）
　　　　　李智锋（2022 年 7 月任职）
院　　长：方　明
党委副书记：郑奇志
　　　　　　李智锋（任至 2022 年 7 月）
副 院 长：胡军红　陈建国
　　　　　林吉进（挂任至 2022 年 8 月）
　　　　　张勇华（2022 年 8 月任职）

县中医院
党委书记：刘志英
院　　长：罗福如
副 院 长：黄　华　罗志东

县妇幼计划中心
主　任：袁青山
副主任：胡义芝　陈凤萍

县卫生监督所
所　长：朱志坚
副所长：温　裕

县疾控中心
主　任：周红林
副主任：谢志坚　刘东妹

县发展和改革局
党组书记、局长：梁沛英（任至 2022 年 1 月）
　　　　　　　　陈湘中（2022 年 1 月任职）
副局长：刘厚超（2022 年 3 月任职）
　　　　周敏聪　王　勇

县统计局
党组书记：郑启创
局　　长：宋远玲
副 局 长：梁曼丽　刘厚超（任至 2022 年 3 月）
　　　　　肖　斌（2022 年 4 月任职）

县工业和信息化局
党组书记、局长：张少捷
副局长：李伟中　刘国庆　张学兰　李文浩（挂任）
　　　　李传印（2022 年 1 月挂任）

佛冈供电局
党委书记：官兴华（任至 2021 年 1 月）

总 经 理：黄国亮
副总经理：陈 尤
徐兆华（任至2022年2月）
张远刚（2022年3月任职）
黄荣杰（任至2022年4月）
何伟明（2022年4月任职）
黄振贤（2022年9月任职）
纪委书记：高春花（任至2022年4月）
何伟明（2022年4月任职）

县供销社

党组书记、主任：李伯拈（任至2022年12月）
副主任：赵 维

广东烟草清远市有限公司佛冈县分公司（佛冈烟草专卖局）

局长、经理：符 荣
副局长：袁伟栋
副经理：何伟华（任至2022年2月）
范文滔（2022年8月任职）

邮政佛冈县分公司

总 经 理：胡俊彬（2022年7月任职）
副总经理：何志勇 孙 芳 刘艺锋
朱金衍（2022年6月任职）

电信佛冈分公司

总 经 理：何 晖
副总经理：谢志中 杨志东

移动佛冈分公司

总 经 理：关耀宗
副总经理：温林毅

盐务佛冈分局

分局局长（分公司经理）：潘江帆

县财政局

党组书记、局长：梁浩锋（任至2022年1月）
邓武军（2022年1月任职）
副局长：刘辉明 范杰忠 朱 江

县公共资产管理中心

主 任：曾宪跃

住房公积金佛冈管理部

主 任：梁榕泉

县税务局

党委书记、局长：严经鉴（任至2022年1月）
张小轩（2022年1月任职）
副 局 长：张志峰 潘锦图 陈建华 赖杰科
纪检组长：李毅敏（任至2022年3月）
黄元强（2022年3月任职）

县审计局

党组书记、局长：郑按双
副 局 长：谭庆忠 邓志光（2022年1月任职）
总审计师：邓志光（任至2022年1月）
冯敏坚（2022年1月任职）

县市场监督管理局

党组书记、局长：邓武军（任至2022年1月）
梁浩锋（2022年1月任职）
副局长：范伟凡 易红兵 刘海平 陈永胜

县市场开发中心

主 任：李伯培
副主任：郑志光

中国人民银行佛冈县支行

行 长：龙展武（任至2022年1月）
副行长：黄健平 黄伟强

中国工商银行佛冈县支行

行 长：黄得平（任至2022年3月）
谢思华（2022年3月任职）
副行长：邓焕平 陆月喜 林秉雄

中国农业银行佛冈县支行

行 长：舒 畅
纪委书记：罗新文
副 行 长：吴 平 户 乐 曹伟森（任至2022年7月）
陈树佳（2022年7月任职）

中国建设银行佛冈县支行

行 长：邱国伟
副行长：黄华锋 梁时源
朱沛康（任至2022年10月）
唐宇学（2022年10月任职）

中国银行佛冈支行

行 长：廖耀熙
副行长：梁少珍 李家智（2022年3月至8月任职）
谢颖锋（2022年9月任职）

县农商银行

党委书记、董事长：王磊珊
党委副书记、行长：于 翔
纪委书记、监事长：吴安生
副行长：蔡伟斌 刘建新

中国邮政储蓄银行股份有限公司佛冈县支行

行 长：陈晓文
副行长：黎真灵

中国人民财产保险股份有限公司佛冈支公司
经　理：华文广（任至 2022 年 6 月）
副经理：吴祖清（2022 年 6 月主持）
　　　　范飞跃（2022 年 9 月任职）

中国人寿保险佛冈县支公司
经　理：赵志远（任至 2022 年 9 月）
　　　　左旭艳（2022 年 9 月任职）
副经理：邓　涛（任至 2022 年 8 月）
　　　　许吉祥（2022 年 4 月任职）

太平洋财产保险佛冈服务部
负 责 人：朱继帮
副负责人：黄坚强

县交通运输局
党组书记、局长：赖宏基
党组副书记：黄家亮
副局长：邹永成　刘宁光　何国飞

佛冈公路事务中心
副主任：刘展荣　朱一军　成志福（2022 年 1 月任职）

清远市粤运汽车运输有限公司佛冈分公司
经　理：梅洪标
副经理：宋立勋（任至 2022 年 10 月）

县住房和城乡建设局
党组书记、局长：欧阳炽荣（任至 2022 年 1 月）
　　　　　　　　李功文（2022 年 1 月任职）
副 局 长：李功文（任至 2022 年 1 月）
　　　　　王　华（2022 年 1 月任职）
　　　　　伍林峰（2022 年 11 月任职）
总工程师：朱丽嫦

县代建中心
主　任：朱海鹰
副主任：陈少凡　谭伟光

市生态环境局佛冈分局
党组书记、局长：徐金星
副局长：赖梅秀　肖钊雄

县不动产登记中心
主　任：郑洁玉
副主任：廖海萍　梁小杜

县城市管理和综合执法局
党组书记、局长：邓毅锋
副局长：郑继命　张鉴传（2022 年 1 月任职）

县城监大队
大 队 长：张建林（2022 年 4 月任职）
副大队长：徐钊强　张光雄

县环卫所
所　长：朱耀喜
副所长：朱沛强　黄伟杰（2022 年 6 月任职）
　　　　黄成武（2022 年 6 月任职）

县农业农村局
党组书记、局长：黄建中
副局长：黄政雄（任至 2022 年 1 月）
　　　　潘岐力（2022 年 6 月任职）
　　　　林育忠（2022 年 7 月任职）
　　　　江飞跃

县委农办
主　任：黄建中
常务副主任：朱志强（任至 2022 年 1 月）
　　　　　　黄政雄（2022 年 1 月任职）
专职副主任：曹灿林

县乡村振兴局
局　长：黄建中
常务副局长：朱志强（任至 2022 年 1 月）
　　　　　　黄政雄（2022 年 1 月任职）
副局长：曹灿林

县乡村振兴服务中心
副主任：梁井生

县农技推广中心
主　任：邓伟林
副主任：赖杏梅　林朝东

县动物监督所
所　长：胡伟林

县消防救援大队
大 队 长：滕巧军（任至 2022 年 11 月）
　　　　　史　杨（2022 年 11 月任职）
教 导 员：王旺强
副大队长：刘远兵（2022 年 6 月任职）

县林业局
党组书记：吴春来（任至 2022 年 9 月）
局　　长：丘　岳
副 局 长：黄锐坚　黄振权
总工程师：袁飞龙（2022 年 1 月任职）

县水利局
党组书记、局长：罗　杰
副 局 长：罗海泉　邓艺钫（2022 年 7 月任职）
总工程师：刘良营（任至 2022 年 7 月）
　　　　　黄培森（2022 年 7 月任职）

县气象局
党组书记、局长：段吟红（任至 2022 年 3 月）
　　　　　　　　韦小琼（2022 年 3 月任职）
副 局 长：许沛林
纪检组长：罗桂森

清远市羊角山林场
场　长：罗石其
副场长：冯红心　钟永秋

广东佛冈观音山省级自然保护区
主　任：黄如恒

高岗镇
镇党委书记：郑从军
镇党委副书记、镇长：陈湛其
人大主席：陈谷新
镇党委副书记：罗志雄（挂任）　何高要　何红火
纪委书记：刘伟明
镇党委委员：邝子鸣　罗大鹏（2022 年 1—11 月任职）
　　　　　　杨丽捷（任至 2022 年 1 月）
　　　　　　廖文辉（任至 2022 年 3 月）
　　　　　　王原尚（2022 年 4 月任职）
　　　　　　邓棋均（任至 2022 年 10 月）
　　　　　　胡可朋（2022 年 12 月任职）
　　　　　　冯敏杰（2022 年 12 月任职）
副 镇 长：曾　义　邹桂玲　李小山

迳头镇
镇党委书记：李　富
镇党委副书记、镇长：钟伟剑
人大主席：曾榕明
镇党委副书记：钟伟文（挂任）　黄锻文　李启积
纪委书记：张耀文
镇党委委员：陈素芬　李桂芳　易昌意
　　　　　　郑卓杰（任至 2022 年 3 月）
　　　　　　廖文辉（2022 年 3 月任职）
副　镇　长：蓝远锋　朱小飞　廖红星

水头镇
镇党委书记：郑从志（任至 2022 年 9 月）
　　　　　　吴春来（2022 年 9 月任职）
镇党委副书记、镇长：肖文静
人大主席：林伟平
镇党委副书记：温林明　钟锦成
纪委书记：朱明敏
镇党委委员：李伟富　黄宝敏　杨志诚
　　　　　　何英勇（任至 2022 年 3 月）
　　　　　　周健根（2022 年 9 月任职）
副　镇　长：黄展鹏　邓雪梅（2022 年 5 月退休）
　　　　　　朱　冲　谭诸研

石角镇
镇党委书记：梁艳文
镇党委副书记、镇长：李国杰
人大主席：陈志民
镇党委副书记：黄亦军　林育忠（任至 2022 年 6 月）
　　　　　　　朱文聪（挂任至 2022 年 5 月）
　　　　　　　温清清（2022 年 6 月任职）
　　　　　　　郑志平（2022 年 5 月挂任）
纪委书记：温清清（任至 2022 年 6 月）
　　　　　黄灿忠（2022 年 6 月任职）
镇党委委员：巢健洪　傅钰琦
　　　　　　赖伙平　罗大鹏（任至 2022 年 1 月）
　　　　　　杨丽捷（2022 年 1 月任职）
人大副主席：莫毅斌
副　镇　长：陈　格　朱光蔡　黄神艺　谭勇光　刘玉行
　　　　　　李瑛鎏　杨东权

汤塘镇
镇党委书记：陈志锋
镇党委副书记、镇长：赖　毅
人大主席：古柱高
镇党委副书记：黄华昌　冯汝明　黄　磊（挂任）
纪委书记：林富豪
镇党委委员：周　川　罗星伟（任至 2022 年 1 月）
　　　　　　朱　铁　张　敏　郑从模（2022 年 8 月任职）
副　镇　长：郑从模（任至 2022 年 8 月）　罗振星
　　　　　　陈旭飞　曹城新　周勇刚　朱伯良　黄　劼
人大副主席：欧阳德龙

龙山镇
镇党委书记：潘　浩（县委副书记，兼任）
镇党委副书记、镇长：郑从钢
人大主席：黄春华
镇党委副书记：罗文亮　冯卓勇（任至 2022 年 1 月）
　　　　　　　林业斌（2022 年 1 月任职）
　　　　　　　欧煜华（任至 2022 年 5 月）
　　　　　　　朱文聪（2022 年 5 月任职）
纪委书记：吴家荣
镇党委委员：曾荣锦（任至 2022 年 6 月）　黄伟锋　邓俊杰
　　　　　　莫灼林　温文飞（2022 年 6 月任职）
副 镇 长：郑　维　朱英萍　徐瑞鹏

政党·政权

责任编辑：李协湖

中共佛冈县委

重要会议

【县委十四届二次全会】 2022年1月21日上午，中国共产党佛冈县第十四届委员会第二次全体会议在县人民中心主楼大礼堂召开。县委委员、候补委员出席全会。

主要内容：全会以习近平新时代中国特色社会主义思想为指导，深入学习贯彻党的十九届六中全会精神，全面落实省委十二届十五次全会和市第八次党代会精神。全会表决通过了佛冈县推荐提名广东省出席党的二十大代表候选人推荐人选名单，审议通过了县委常委会2021年选人用人工作、年度工作总结、政治要件贯彻落实情况、抓党建工作和县委书记抓基层党建工作述职的书面报告。

会议要求：全县各级各部门要深入学习贯彻习近平总书记重要讲话和党的十九届六中全会精神，深刻认识"两个确立"的决定性意义，更加坚定自觉做到"两个维护"，进一步把思想和行动统一到习近平总书记重要讲话和党的十九届六中全会精神上来，更加紧密地团结在以习近平同志为核心的党中央周围，以一往无前的奋斗姿态、风雨无阻的精神状态，更快、更准、更实开创佛冈高质量发展新局面，以优异成绩迎接党的二十大胜利召开。

（贾士元）

重要决策和重要活动

【学习宣传贯彻党的二十大精神】 2022年，把学习宣传贯彻党的二十大精神作为当前和今后一个时期的首要政治任务，推动全县各级党组织提高政治站位，从战略和全局的高度，完整、准确、全面理解把握党的二十大精神。根据中央及省委、市委关于认真学习宣传贯彻党的二十大精神的部署要求，及时印发《中共佛冈县委关于认真学习宣传贯彻党的二十大精神的通知》《党的二十大精神宣传工作方案》《关于做好学习贯彻党的二十大精神宣讲工作的通知》等文件，对党的二十大学习宣传贯彻工作作出总体部署和具体安排，推动党的二十大精神在佛冈落地生根、开花结果。县委先后召开全县干部大会、县委常委会、理论学习中心组学习会、科级以上主要领导干部培训班等，认真传达学习、深入研讨交流、专题研究落实。各镇各单位坚持党委（党组）领学、党支部研学、党小组促学、党员干部自学"四学联动"，采取理论学习中心组、"三会一课"、主题党日活动、专家授课等方式开展学习研讨，实现全县1.38万党员、659个党组织学习全覆盖。组建县镇村三级宣讲团49支、宣讲员280名。县委主要领导带头到联系镇、佛冈一中等开展专题宣讲，各镇各单位也深入结对帮扶村、园区企业开展宣讲近400场。其中，教育系统宣讲团发动精英骨干41人，到全县各学校宣讲近60场，覆盖师生6万余人。加强新闻宣传，统筹"佛冈发布""南方+"等主要媒体平台开设二十大精神专题专栏，专访各镇各有关单位主要负责同志13期，累计推送相关宣传报道超190篇次。大力开展"党群连心访万家"送学活动，定制学习"礼包"10万份，覆盖人群30万人次，真正让二十大精神"走进党员心、飞入百姓家"。

【坚持推动高质量发展】 2022年，紧紧抓住广清一体化重大契机，加快引进现代优质产业，全县产业经济呈现积极恢复、持续改善态势，2022年实现地区生产总值161.34亿元，同比增长1.6%。规划建设以广佛产业园为主导的"一主两辅、多点支撑"产业布局，实现城西科技园、龙山新动力智造城等重点园区错位发展、联动发展。围绕装备制造、电子信息、新材料＋生物医药与健康"3+1"主导产业精准招商，全年共引进项目35个，总投资132亿元，年产值达140亿元。黄埔材料研究院项目落户广佛产业园，中大医学创新园等项目如期推进建设。全面对标广州营商环境5.0标准，加快广清营商环境一体化，落实改革措施187项。顺利完成国道106线扩建和省道252线县城段改建，基本完成龙凤大道、龙凤大桥建设，大力推动龙凤新区、城南新区开发，进一步拉大县域框架。不断完善城市文体设施建设，县体育中心建成落地，县文化馆被评为国家一级馆，建成全市首个气象防灾减灾科普馆。

【实施乡村振兴战略】 2022年，深入推进乡村发展、乡村建设、乡村治

2022年9月23日，佛冈县举办庆祝2022年中国农民丰收节活动。图为县委书记潘国标（前右）等领导观看现场农产品展区　　（朱慧燕　摄）

理，切实兜牢粮食安全、不发生规模性返贫两条底线，“三农”事业取得扎实成效。高质量完成粮食播种面积11 900公顷，国家级柑橘种苗繁育基地、省级水果现代产业园加快落地，水头镇魔芋成功申报市级产业园。大力发展益肾子、香水柠檬、澳洲坚果等特色农业，共培育全国“名特优新”农产品7个。深入开展农村人居环境专项整治，累计投入整治资金1600万元。石角镇“山水画龙”、汤塘镇“温泉古村”2条示范带基本建成，水头镇“江源水韵”、龙山镇“醉美双岳”示范带持续推进，全县人居环境质量取得质的提升。用好广州市黄埔区对口帮扶资源，谋划推进乡村振兴项目206个，项目投资总额53.35亿元。水头镇谋划实施29个重点项目，镇文化站等6个项目已完成，全省首个镇级乡村振兴公益基金募集资金1400万元，全力争创全省乡村振兴示范镇。

【增进民生福祉】2022年，深化实施就业“三项工程”，开展技能培训2227人次，实现城镇新增就业4324人，再就业1775人。充分发挥“社工+社会救助”双社模式的组合效益，服务低保对象、困境儿童、残疾人等3979人次，全省首创“彩虹桥”社区资源库，县民政局被评为“全国社会救助先进单位”。城西时代小学建成招生，城东中学、城北中学新建教学楼投入使用，新增公办学位2920个。成功推动广州六中等18所学校开展结对帮扶，顺利完成12所广东省绿色学校创建任务。开通校园专线51条，服务农村学生2093人。县中医院新院、县人民医院内科综合大楼建成投入使用，水头镇卫生院异地新建加快推进。不断深化省人民医院、省第二中医院技术帮扶，累计开展专家帮扶培训2277人次，成功打造5G+医疗健康示范点，医疗技术水平明显提升。成功承办省第九届残疾人运动会自行车（公路）比赛等项目，全民健身蔚然成风。打造“爱冈益+”文明实践品牌，全年开展志愿活动949场，1支志愿服务队受到团中央通报表扬。

【建设平安佛冈】2022年，聚焦“保健康、防重症”目标，全力以赴做好现阶段医疗救治工作，多措并举提供便民诊疗服务，加强医疗资源统筹调配，有效保障药品和医疗物资供应，进一步增强基层医疗救治能力，推动全县疫情防控工作。健全县应急指挥中心运作体制机制，统筹完善全县各行业各领域各类应急预案339个。高标准推进安全生产专项整治三年行动，聚焦道路交通、建筑施工、自建房、危化企业等重点领域，全面建立“一企一监管台账”，累计整改安全隐患1750个。持续开展消防安全“百日攻坚”，实施9大工程36条措施，累计整改消防安全隐患1.85万个。成功抵御5月至7月的3轮超强降雨和台风“暹芭”袭击，累计转移危险区域群众2.2万多人，实现“零伤亡、少损失”。常态化推进扫黑除恶专项斗争，“清风2022”考核居全市前列，社会治安形势持续向好。创新“两化两员”模式，优化整合网格479个，新增109名专职网格员、405名专业网格员，共发展信息员12 549名。

【全面从严治党】2022年，深入实施新一轮加强基层党建三年行动计划，在34所学校增设党组织书记或专职副书记，优化调整设置82个公立学校党组织。在全县推广“正能量”积分治理模式，累计开通积分账户6000余个，引导3.5万党员群众参与基层治理。深化实施“头雁”工程，举办基层党组织书记擂台赛，选拔培养“红领英才”队伍40人。制定《干部队伍建设五年规划》，建立“1对N”结对帮带机制，促成61个单位建立234对帮带关系。严管厚爱激励干部担当作为，建立一线考察识别干部机制，坚持在疫情防控、乡村振兴、安全生产、应急处置等急难险重任务中考准考实干部。持之以恒落实中央八项规定精神，查处“四风”问题18人。聚焦“关键少数”，开展日常廉政谈话2230人次，运用“四种形态”处理264人次。聚焦农村“微腐败”，依托“微监督”平台，办理群众反映问题275条。制定五年巡察规划，印发《巡察工作实施办法》等16项制度，配合市委开展提级巡察，持续巩固风清气正的政治生态。

（贾士元）

组织工作

【组织工作概况】2022年，佛冈县

有基层党组织678个，其中基层党委25个，党总支102个，党支部551个。党员13 985人，其中女党员4274人。

【基层组织建设】 城市基层党建 2022年，县委组织部着力构建城市基层党建引领基层治理新格局，成立6个社区“大党委”，聘任14名社区“兼职委员”，建立联席会商机制、协议共建机制和考核评议机制，每季度不定期召开“大党委”工作会议3次以上。深化“社区吹哨、党员报到”机制，组织88个县直机关事业单位1914名在职党员到石角镇6个社区报到，累计开展活动579次，认领“群众服务需求清单”1400人次，为群众办实事199件。

机关党建 2022年，县委组织部持续深化机关“六有”“六好”党支部建设成果，累计创建“一支部一品牌”项目160个，选树有特点、有影响力的品牌项目30个，树标杆党组织8个，不断提升机关党建质量。成立教育系统党委，稳步推进中小学校党组织领导下的校长负责制工作。成立教育系统党委，根据实际情况采取“单独组建、联合组建、就近挂靠”等“一校一策”的方式，优化调整设置82个公立学校党组织，设立学校党小组121个。选好配强学校党政班子，增设中小学、幼儿园校领导职数共33名。制定《佛冈县中小学章程》（范本）、两规则一清单一制度（范本）等议事决策制度。

排查整顿软弱涣散基层党组织 2022年，佛冈县新排查软弱涣散村党组织2个，按“一村一策”和“四个一”措施，精准整顿提升。

队伍建设 2022年，佛冈县发展党员176名，其中35岁以下135名，占比76.7%；发展大学专科学历以上党员130名，占比73.9%。推广农村党员分类管理+“评星定级”、积分管理机制，以积分形式进行量化考核，通过设岗定责、积分兑换等方式实现“正向激励+反向惩处”双向增效，激励农村党员亮身份、作表率，切实发挥党员先锋模范作用。通过基层党组织书记擂台赛选拔培养一支40人规模的“红领英才”队伍，深入开展理论学习、现场教学、书记论坛、擂台比武等多种方式培训，全面提升“头雁”履职能力。累计安排410名干部参加中专、大专班学历学习，确保所有村（社区）党组织书记每年至少参加1次县级培训，指导镇委党校举办“两委”干部乡村振兴主题暨村民小组长示范培训班。制定印发《关于加强村民小组长队伍建设的实施意见（试行）》，严把村民小组长人选“入口关”、履职“能力关”、苗子“成长关”。采取本地单位推荐、外地单位联荐、优秀人员自荐和在一线工作中识别优秀入党苗子的“三荐一识”发展党员方式，动态储备村级后备干部622名。全覆盖组建机关企事业单位“两支队伍”108支共4077人，村（社区）党组织“两支队伍”91支共1563人，同步开展“疫情防控应急处置”专题培训，培训7111人次。建立县直机关“6+1”志愿服务队应急响应工作机制，将县直机关单位“两支队伍”以结对联系镇、村（社区）关系为依据划分为6支党员干部志愿服务队和1支机动队。全年“两支队伍”已累计下沉16万余人次，在安全生产、防汛救灾、疫情防控、信访维稳等重点工作中充分发挥先锋模范作用。

“两新”党组织建设 2022年，全县新建“两新”党组织10个，成立个体私营企业党委和非公有制经济组织党委两个行业党委，成立全县首个物业党组织慧谷物业管理有限公司党支部和快递物流行业党组织顺丰速运有限公司佛冈营业部党支部，持续扩大党在两新领域的有形覆盖和有效覆盖。选取汤塘镇鑫统仕集团党支部为试点，建立“两新”基层党建学院，推进党建与发展深度融合，鑫统仕集团有限公司党支部获评2022年度广东省非公有制经济组织党建示范点，“红鑫·益企”党建品牌获评清远市2022年度非公有制经济领域党建品牌一等奖。推动约克公司党支部联合团县委党支部、龙山镇鹤田村党总支开展“政村企”党建结对共建试点工作，按照“以企带村、以村促企、双向联动、互利共赢”的总体思路，搭建“一心三圈”村企共建服务平台，投入70多万元建成首个“村企议事厅”。18年来持续开展“蓝天计划”爱心助学活动，资助中小学生逾千人，并荣获广东省非公经济领域工作创新案例。

抓党建促乡村振兴 2022年，以“提升党建引领基层治理效能”为主题，全方位增强基层堡垒“战斗力”，抓好党建引领基层治理，全面推进乡村振兴工作。制定印发《佛冈县抓党建促乡村振兴示范县创建工作方案》，明确34项重点任务、159项具体任务，建立健全县镇村三级联动抓党建促乡村振兴工作机制。择优选择水头镇全域、高岗村等27个村作

2022年3月3日，召开佛冈县组织工作会议 （陈海霞 摄）

为示范镇、村创建试点，培育打造27个特色党建品牌，制定实施“小积分、大治理”正能量积分制实施意见及其参考细则，创新建立“一张存折兑积分、一本证书树典型、一笔贷款解难题”的“三个一”积分管理模式，通过设立积分超市，实行积分评选“最美家庭”“星级文明户”，推出“正能量积分贷”，有效激励群众参与基层治理。全县已办理积分存折6620张，开设积分超市78间，兑换奖品3262人次，发动3.5万余人次党员群众参与到疫情防控、乡村振兴、志愿服务等村级事务中，通过“积分”破解基层治理难题，村民对村级事务参与热情明显提高。

征订党的二十大精神学习用书 2022年，县委组织部为深入学习贯彻党的二十大精神，征订1320套党的二十大精神学习用书，发放至基层党组织，纳入基层党组织“三会一课”、主题党日等党的组织生活学习内容。坚持持之以恒长效学，将党的二十大精神的培训作为党校培训重要内容，组织广大党员持续深入学习领会党的二十大精神。

【选准用好干部】 2022年，佛冈县委坚决贯彻执行新时代党的组织路线，牢固树立正确选人用人导向，坚持以《党政领导干部选拔任用工作条例》为依据，落实“凡提四必”，严格选拔任用干部。是年，提拔或进一步使用干部73人，平均年龄41.4岁。其中正职领导17人，副职领导56人。交流调整干部107人次。

培育年轻干部 2022年，佛冈县委加强后备干部工作。通过建立优秀年轻干部信息库，分类别分专业分层次储备优秀年轻干部438人。对年轻干部进行动态管理和跟踪培养，蓄好年轻干部“源头活水”，确保“使用有储备、选择有空间”。建立“1对N”结对帮带机制，明确单位党委（党组）培养管理干部的主体责任，经验丰富的领导要在日常工作中“传”，在思想教育中“帮”，在岗位锻炼中“带”，促成61个单位建立234对帮带关系。针对性安排后备干部到疫情防控、乡村振兴、抗洪救灾、巡察等急难险重一线实践锻炼，抽调65名年轻干部参与平安建设三项攻坚任务一线工作，分批安排30名新提拔县管干部到县信访局跟班学习。“点名”45名后备干部参加2022年中青年干部培训班。

选拔任用干部 2022年，佛冈县委稳步推进职务和职级并行制度，坚持重一线、重基层、重实绩的选人用人导向，晋升职级县管干部83人次。印发《干部队伍建设五年规划》，明确“三类干部”、专业型干部配备的规划目标，以目标为导向提出每年培养配备的具体数量和有针对性的改进措施，切实下好干部队伍建设的“长远棋”。

考察识别干部 2022年，佛冈县委坚持信息化、数据化评价干部。运用干部综合信息管理系统，借助大数据集成功能，对干部政治素质和日常表现情况进行对比分析，形成多维度评价结果，画好干部“立体像”。坚持立体化、全方位了解干部。建立常态化分析研判机制，定期不定期深入调研了解领导干部履职尽责情况，把功夫下在平时，做到心中有数。坚持重一线、建立一线考察识别干部机制，注重在疫情防控、防汛救灾、乡村振兴等大战大考中检验甄别干部的表现。采取“嵌入式”的考察方式，实时实地近距离从担当精神、作风状态、工作成效、群众反映等方面识别干部，把了解干部的“探头”延伸到斗争最前沿。同时，运用多方反复印证方式，实时收集宣传报道、表彰奖励、督查通报等情况和主要考核指标数据，“观其行”和“听其言”相结合考准考实干部的现实表现，把想干事、会干事、干成事的好干部选出来、用起来。全年共提拔重用20名在三大攻坚任务中表现突出的干部。

【干部管理监督】 2022年，佛冈县深化运用干部思想政治表现档案，建立县管干部、优秀后备干部思想政治表现档案，列明5项正面清单、11项负面清单，记实记细干部表现台账，让抽象化评价变为用事实说话。全年动态更新信息451人次；共有67名干部政治表现减分；384名干部政治表现加分，其中14名干部被提拔或进一步使用，8名干部职级晋升。建立完善干部日常管理工作制度，制定印发《干部日常监督管理制度汇编（试行）》，涵盖干部重大事项报告制度、“配偶移居干部”管理制度等7项制度。定期开展3项专项整治，结合绩效考核、巡察专题调研实地督导，强化干部全方位管理，确保干部日常管理制度落实落地。加强干部信息化管理，建立干部管理信息系统，将班子

2022年7月28日，佛冈县抓党建促振兴村级党组织书记擂台赛开赛。图为水头镇新堂村党总支书记卢秋景在演讲 （钟盛祺　摄）

结构配备信息、干部重要信息、干部表现档案正反面清单等信息融入管理系统，实现干部信息“一口进、多口出”，有效提高干部管理的全面性、时效性和实效性。

【公务员管理】机关单位公务员管理工作 2022年，佛冈县公务员机关单位40个，参公群团机关7个，参公事业单位24个。全县公务员实有总人数为1737人，其中行政编制公务员1289人，行政执法编制公务员270人，参照公务员管理事业单位工作人员178人（含参公群团单位人员27人）。

满意公务员推选工作 2022年，配合省、市委组织部完成人民满意的公务员和人民满意的公务员集体推选工作，2022年推选2名人民满意公务员和1个人民满意的公务员集体。

公务员审核审批工作 2022年，全县受理并审批公务员任职定级147人，公务员登记资料审核377人；公务员调配93人；审核及上送省管干部及市管干部“工资变动审批表”“新进人员工资审批表”61人次，核准及审批副科以上干部“工资变动审批表”“新进人员工资审批表”476人次。

【公务员招考录用工作】2022年，按照广东省2022年考试录用公务员工作的要求，全县招录公务员职位42个（含选调优秀大学毕业生职位8个），其中公检法司10个（公安7个、法院1个、司法局2个），县直机关9个，乡镇23个。截至2022年底，完成42名新公务员录用到岗工作。

【行政执法类公务员职位设置工作】2022年，经省委组织部批复，佛冈县对13个单位（其中7个县直机关单位，6个乡镇机关）设置行政执法类公务员职位319个。截至2022年底，全县共完成套转278人，其中科员262人，科级16人。

【股级干部选拔任用管理工作】2022年，佛冈县加强和规范股级干部选拔任用管理，印发《关于加强和规范股级干部选拔任用管理工作的意见》，完善股级干部选拔任用和监督管理机制。共受理78人次股级干部任前备案。

【科员层次公务员及县公安机关人民警察职级晋升工作】2022年，佛冈县扎实推进新修订的公务员法和推行公务员职务与职级并行制度的实施，指导各镇各单位扎实推进两法的实施。完成县统计局等31个单位共163名公务员职级晋升，职级变化备案170人；完成县公安局人民警察执法勤务类和警务技术类职级晋升66人。

【选调生跟踪管理服务工作】2022年，县委组织部开展选调生日常管理工作。在佛冈县基层任职锻炼的省、县选调生共36名，其中省下派选调生11名，县25名（其中2022年新录用到岗8名选调生）。截至年底，36名选调生均落实到基层任职，按照《关于进一步做好选调生到村任职期间有关工作的通知》和《广东省选调生工作办法（试行）》扎实开展各项工作。

【人才与培训工作】人才引聚 2022年，县委组织部建立人才专项编制“周转池”，开展高学历和高级职称人才引进工作。全年组织实施两次高学历、高级职称人才公开招聘，引进11名硕士研究生和高级职称人才。举办高层次卫生人才专场招聘，引进9名医疗卫生人才。柔性引进对口帮扶医疗卫生专家19人，设立4个省级专科特设岗，引进黄埔区帮扶支教教师14人，进一步提升县医疗卫生服务能力和教育办学水平。推进博士工作站建设，新建成雅迪博士工作站，持续吸纳高层次人才。推动落实大学生“雁归计划”，扎实开展大学生服务基层“四大活动”，搭建大学生与家乡常态沟通交流机制，引导大学生返乡就业创业，参与基层治理。实施“百万就业见习岗位募集计划”和“展翅计划”，开发就业见习岗位550个，实习岗位316个，吸引213名大学生参加就业见习和实习，引导大学生1339人次参加疫情防控、抗洪救灾、防溺环保等各类志愿服务活动。

人才培育 2022年，佛冈县推动20个名师、名医、文化名家工作室建设。聚焦培育教育、医疗卫生、文化等领域人才，借力广清帮扶，探索“请进来”和“走出去”的培养模式，选派28名医疗卫生业务骨干到省级医院进行交流学习，派出21名骨干教师到广州市黄埔区学校进行跟岗学习，有效提升全县教师教学水平

2022年9月15日，佛冈县委常委、组织部部长黄成灼（正面右四），市委编办副主任侯勇（正面右三）一同到广佛产业园开展机构编制设置及人才调研工作 （钟盛祺 摄）

和医务人员的技术水平。成功推动县36名农业带头人评选为2022年广东省乡土专家，评选出8人为县2021年度优秀农村实用人才、7家示范合作社和1家龙头企业为县2021年度新型农业经营主体带头人。充分发挥乡村振兴专家服务队、农村科技特派员队伍和农业专家联络站作用，全年累计开展各类农业技术培训170余场次。组织15名企业经营管理人员参加清远市中小企业经营管理人员培训班，实施“三项工程”和农村电商技能培训累计培训2227人次，不断加大人才培育力度，提升人才技能水平。

人才服务 2022年，持续落实县领导干部联系高层次人才工作制度，县党政主要领导联系慰问佛冈县高层次人才50人次。统筹推进24套人才公寓和“一站式”服务专区建设，为高层次人才提供子女入学、人才住房等31项服务事项，解决50名企业高管子女入学问题，为14名人才提供不同的人才项目申报代办服务，不断强化人才服务保障。精准对接人才需求，协助人才申报市高精尖缺人才项目补助和县人才项目补助，全年发放各项人才补助达101万元。推动落实高校毕业生基层就业岗位补贴、就业见习补贴等发放工作，全年发放高校毕业生各项补贴达142万元。提供贷款贴息服务，安排20万元支持农村青年创业小额贷款贴息，共放款9笔，贷款金额累计190万元。挂牌成立1个县级和6个镇级乡村振兴人才驿站，建立县、镇两级乡村振兴人才驿站服务平台体系，常态化开展人才服务与人才活动。举办高层次人才党情国情研修、主题党日、政策进企业、青年创业人才培训、优秀人才下基层等人才季系列活动20余场次，开展大学生“归雁返乡”主题座谈交流和“群雁助飞”实地观摩活动23场次，进一步加强人才对接联系，凝聚人才向心力。

干部教育培训 2022年，按照“强化教育、全面覆盖、分层开展、学用结合”的要求，以改善知识结构，加强实践锻炼，培训一批高素质干部队伍为目标，积极探索干部培训工作新思路，统筹抓好各类干部教育培训，制定《佛冈县2022年干部教育培训办班计划》《2022年佛冈县党政领导及领导干部到县党校授课计划》，开办农村基层干部乡村振兴培训班、初任公务员培训班、副科及以上领导干部学习贯彻党的十九届六中全会精神暨城市基层干部党建引领基层治理主题培训班、中青年干部培训班、新任职干部培训班等14个主体班次共16期，累计培训3633人次，选派103名领导干部分别参加秋季学期省委党校中青年干部培训班、市管干部任职干部培训班、中青年干部培训班等各项培训13期，同时依托各镇党校对不同领域干部开展各类培训共166期，累计培训14 149人次，不断推动干部教育培训提质增效。

（胡佳彬）

宣传工作

【宣传工作概况】 2022年，中共佛冈县委宣传部坚持以习近平新时代中国特色社会主义思想为指导，深入贯彻落实党的十九大和十九届历次全会精神及省第十三次党代会、市第八次党代会、县第十四次党代会精神，深入学习宣传贯彻党的二十大精神，自觉担负起举旗帜、聚民心、育新人、兴文化、展形象的使命任务，推动全县宣传思想文化工作自信自强、守正创新，凝聚起全县人民奋进新征程、建功新时代的强大力量。

【思想理论武装】 **理论学习** 2022年，实施党委（党组）理论学习中心组提质增效行动，深化列席旁听工作机制，充分发挥领导干部这个“关键少数”的示范引领作用，系统化推进党的十九届六中全会精神、习近平总书记在省部级主要领导干部专题研讨班上的重要讲话精神、《习近平谈治国理政》第四卷、党的二十大精神等理论学习。2022年县委理论学习中心组开展专题学习会13次，邀请市列席旁听工作组到会指导工作1次。通过列席中心组学习会议、查阅台账资料、现场点评等相结合的方式，严格实施列席旁听全链条工作流程，2022年全县各归口单位共开展列席旁听26场。统一征订《习近平谈治国理政》第四卷、《中国共产党宣传工作简史》、《习近平经济思想学习纲要》等理论学习用书20 000余本。

理论宣讲 2022年，用好“学习强国”平台，发挥“大榕树下的小

2022年10月31日，佛冈县组织党员干部，通过“大榕树小讲堂”等方式，与群众零距离接触、面对面宣讲党的二十大精神。图为石角镇举行“大榕树下的小讲堂”之党的二十大精神宣讲活动 （钟盛祺 摄）

讲堂”、新时代文明实践中心、乡村新闻官等载体作用，组建“领导干部”“理论骨干”“基层百姓”三支宣讲队伍共83名宣讲成员，构建“领导讲政策、骨干讲理论、百姓讲故事”三大宣讲矩阵，统筹宣讲力量，倾力打造基层理论宣讲点，深化“大榕树下的小讲堂”宣讲品牌，举办佛冈县“大榕树下的小讲堂”基层理论宣讲培育提升暨展演活动，通过沉浸式宣讲，让党的创新理论接地气、入人心，发挥很好的示范带动作用。全年围绕习近平新时代中国特色社会主义思想、党的二十大精神、全国两会精神、省第十三次党代会精神、《习近平谈治国理政》第四卷等重大主题，在机关、学校、企业、农村、社区、网站等常态化开展分众化、对象化、互动化宣讲活动500余场。佛冈县“学习强国”平台注册学员总数14 781人，覆盖率82.62%，人均学习积分在8个县（市、区）排第三，活跃学员7563人，新增学员143人，人均学习积分18.81分。

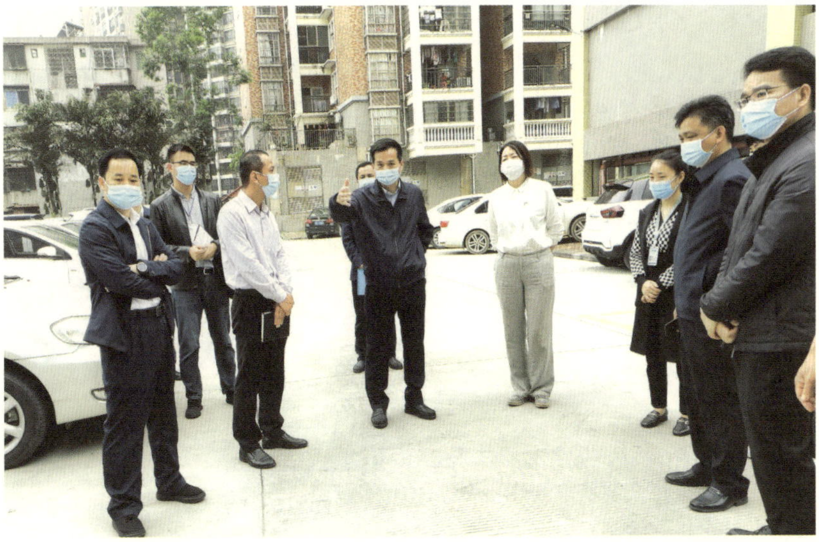

2022年3月31日，佛冈县委书记潘国标（左四）率队到港深豪苑督导创建全国县级文明城市工作　（钟盛祺　摄）

【舆论宣传】 弘扬主旋律　2022年，县委宣传部围绕党的二十大和省第十三次党代会等重大主题，多平台同步开设“喜迎二十大　奋进新征程”“奋进新征程　建功新时代　非凡十年”“非凡十年·看佛冈”“二十大时光”“学习宣传贯彻党的二十大精神”等专题专栏，策划推出系列宣传报道。《南方日报》《清远日报》分别推出专版特别报道《清远佛冈　开辟湾区北“工业强县”新路径》《佛冈：借力都市圈　开创区域发展新局面》，总结宣传报道佛冈新时代发展成就。

凝聚正能量　2022年，佛冈经历多轮洪水灾害和突发疫情，县委宣传部在指挥部设立新闻中心，分管新闻工作的副部长驻扎一线指挥调度，配合指挥部及时对外发布水情、灾情、疫情等权威信息。应急处置期间，全网累计发布涉佛冈抗洪、抗“疫”正面报道近1000条（篇），形成强大宣传声势。其中采访编发《取消休假延迟订婚，千里回援投身佛冈抗洪》等文章和《多谢这些救援人员奋不顾身将我救出来》等视频，单条阅读量超20万。

全媒体融合　2022年，县委宣传部融合“佛冈发布”、“佛冈新闻News”微信公众号、佛冈通APP、佛冈融媒抖音号，以及佛冈新闻综合频道、佛冈电台FM98等平台，打造立体传播，覆盖全县30多万用户。2022年，佛冈通APP接入30多个政务和民生服务项目，开设有17个频道，累计注册媒体号234个，下载量超9.8万次。

提升影响力　2022年，佛冈向中央、省、市媒体推送企业纾困、乡村振兴、文明创建以及救灾复产、疫情防控等视频（图文）新闻1500余条，采用360余条。其中，党建引领龙山镇萝卜种植助乡村振兴的案例登上《南方日报》主报特别报道版面，并在《人民日报》主要网站、客户端转载；财税政策助春耕生产的事例在《人民日报》刊载，并在人民网、新华网、光明网转载；水头镇探索“三网整合”基层治理模式的经验做法在《南方日报》主版刊登，并在当天被光明网、新华网等央媒网站转载。《广东佛冈段海涛：打造柑橘种植示范基地》《畅游广东丨清远佛冈：璀璨夜色　活力四射》《冬奥之约：“一起向未来”，广东清远佛冈喜迎冬奥》等内容被“学习强国”全国平台收录。宣传系统工作经验做法、典型事例被团省委机关刊物采用1篇，市级刊物采用5篇。

【乡村新闻官】 2022年，佛冈县选聘融媒体中心骨干、文化馆骨干、摄影协会成员加入乡村新闻官队伍，发挥行业先进人物的“头雁”作用。全年全县累计建成清远市乡村新闻官工作室6个，推进工作项目（含工作组项目）8个。依托工作室和工作项目累计开展直播20场，推出视频作品56个，其中19个在市级平台“乡村新闻官”微信公众号推送。乡村新闻官充分发挥各自行业优势，结合工作室和工作项目方向，制作推送《佛冈刘燕燕：贯彻落实党的二十大精神　为乡村振兴打造好人才队伍》《佛冈水头新绿道亮相！一起去打卡吧！》《清远市乡村新闻官徐晓燕带你了解“3+3”人居环境整治模式！》等视频作品。工作组项目策划推出《学习贯彻党的二十大精神·乡村新闻官谈乡村振兴》专题系列视频，联合各镇乡村新闻官走访具有代表性的农村，与村民聊一聊乡村振兴故事，深入宣传党的二十大精神。

（县委宣传部）

创文工作

【创文工作概况】2022年，佛冈县坚持把创建为民、创建利民、创建惠民作为文明城市创建的出发点和落脚点，增强创建文明城市工作的针对性、实效性、系统性，用情用力用心解决好事关群众切身利益的问题难题，因地制宜做好全国县级文明城市创建工作。

【创文队伍建设】2022年，县委、县政府高度重视文明城市创建，为县文明办健全机构编制，增设县文明办副主任，加大创文资金投入。建立专业化的创文队伍，县创文办分别设置资料活动组和实地问卷组，通过专题培训、互动交流等方式，培养锻炼创文专业力量。对各镇、各单位分管领导、具体业务人员开展培训指导，全县6个镇、10多个县直部门都建立创建工作专班，创文办两个组骨干定期到各单位讲解创文标准要求，发现问题，帮各单位解决问题，推动创文办队伍懂创文，全县各单位创文人员都懂创建会创文。

【建立创文机制】2022年，佛冈县建立健全文明劝导、考核通报、奖补激励等6项制度，并坚持落实，不打折扣。县四套班子主要领导亲自带队开展“早7：30”，现场协调解决创建实地方面的重点、难点问题。每月开展文明城市创建实地测评，根据测评结果颁发红黄旗。完善创文资金供给机制，半年颁发一次奖补资金。创文经费包括办公经费、专项工作经费和“以奖代补”资金三大块纳入年度预算，有效保障创文各项基础工作的开展。

【创文措施】标准化创建工作 2022年，按照文明实践站测评要求，全县78个村严格按照“九有”标准，制作了标识标牌、规章制度、活动计划、活动展示、公益广告等一整套标准模板。全县要求各镇村对标建设，并逐村督导，逐条标准过关，全面铺开县镇村三级新时代文明实践体系建设。针对市场测评不需上报点位、所有市场纳入考核的新要求，佛冈对小面积供销社市场进行了改造。接下来还要对几个专业市场及周围对标创建。

2022年8月19日，佛冈县开展“门前三包”优秀商户表彰活动

（朱慧燕 摄）

未成年人校外心理辅导站建设 2022年，佛冈县经过统筹协调县教育部门，选址县城中心200平方米的临街铺位，严格按照“五有”标准建设未成年人校外心理辅导站（有专门的组织领导机构、有一定的场所和设施、有一支相对稳定的心理健康辅导员队伍、有一系列工作运行保障制度、有富有特色的心理健康教育活动），并将建设费用和每年运营费用纳入财政预算。

补短板项目建设 2022年，佛冈县针对实地测评扣分的基础设施短板，重点协调城综、公安、交运等部门：针对临街楼房外立面破损问题，全面排查摸底外立面破损隐患楼房约200栋，将改造经费纳入老旧小区改造专项债统筹解决，督促加快整治，其中34栋楼房综合改造已完成。针对县城公交设施配套不全的扣分问题，把县城公交站候车亭建设纳入政府债统筹解决，第一批采购50个候车亭。针对佛冈县城主次干道没有实现机非分离问题，积极协调相关部门在有限条件下合理设置非机动车道；积极协调县城内增设17处电子监控设施，弥补交通管理硬件不足的问题。针对县城10个新建小区建筑垃圾堆放问题，召集城综、自然资源、镇政府等单位举行多次协调会议，增建了2座临时建筑垃圾收纳场，解决了小区建筑垃圾存量问题，标准化的建筑垃圾收纳厂建设正在抓紧推进。

城市专班化整治管理 2022年，佛冈电动车出行占到总量的90%，非机动车不戴头盔、违规超载、乱停乱放等现象较为普遍，且警力明显不足。针对此问题，组建由交警、城综、镇政府、团委组成的交通秩序整治专班，开展交通岗执勤、联合纠违、小区僵尸车清理等三大行动，每周召开一次例会，随时解决相应问题，开展两月时间交通乱象得到有力遏制。针对老旧无物业小区“三线”乱象，成立“三线”整治专班，两周召开一次工作例会，全面排查整改，重点解决社区、市场附近“三线”问题。

【为民办实事】2022年，佛冈县通过设立创文专线电话，收集群众的意见建议问题，以群众“急难愁盼”问题为导向，逐条跟踪落实，积极回应群众所盼所忧，使文明城市创建工作真正成为人民群众满意的“民生工程”。多个群众反映县城临街住宅楼空调滴水问题普遍，将空调滴水问题纳入整治范畴，对300余栋临街住宅楼进行空调滴水改造。针对背街小巷餐饮店露天排放油烟严重扰民问题，协调督促10余家餐饮店安装油烟净化装置。针对停车难问题，城综部门投资约1.2亿元，完成路内智慧停车位施划改造1738个，并引入3家企业参与老旧小区周边电动自行车充电桩布点，已布置完成22套充电点位合计279个充电位，覆盖县城主次干道。针对僵尸车问题，组织专项清理行动，在县城10余个小区清理1500余辆僵尸摩托车、电动车和单车。2022年，佛冈县文明城市创建群众满意度达到98%，比去年提高4个百分点。

【新时代文明实践活动】 2022年，佛冈县以新时代文明实践活动作为提升市民文明素养的重要抓手，常态化开展文明素养主题志愿服务活动，定期开展文明劝导志愿服务。在佛冈县城14个主要交通路口，每天都有百余名志愿者上岗执勤，开展文明交通劝导。在县城农贸市场周边，县文化志愿者协会组建了一支上百人的流动志愿者队伍，捡拾垃圾、劝导商户不要占道经营、引导车辆停放到划定区域。每周五下午，全县100余个机关企事业单位党员志愿者，在网格区域内清捡垃圾、宣传宣讲、劝导各类不文明现象。深入推进特色专业志愿服务。精心打造“阳光行动”志愿服务品牌，常态化开展“周三义行”“雏鹰行动”“佛冈邻好”“彩虹福袋”等志愿服务活动，引导广大市民明礼仪、讲公德、知荣辱、守法纪，服务群众达20余万人次。持续加强文明宣讲志愿服务，通过晒好人事迹、谈心路历程、讲感人故事、展好人风采等形式，开展“道德模范与身边好人”评选宣讲活动52场，每年定期举办新时代好少年先进事迹发布会和“佛冈好人”发布暨道德模范宣讲活动，引导广大市民见贤思齐，争做新时代文明佛冈人。

（洪义军）

统战工作

【统战工作概况】 2022年，中共佛冈县委统一战线工作部（简称“县委统战部”）以习近平新时代中国特色社会主义思想为指导，深入学习贯彻党的二十大精神和2022年中央统战工作会议精神，认真贯彻落实习近平总书记关于做好新时代党的统一战线工作的重要思想，发挥凝聚人心、汇聚力量的政治作用，统筹协调指导全县统一战线坚持围绕中心、服务大局，不断促进政党关系、民族关系、宗教关系、阶层关系、海内外同胞关系和谐，为佛冈建设“三区一城”、打造“清远副中心”，推动高质量发展贡献统战力量。

2022年12月16日，佛冈县党外知识分子交流基地正式揭牌

（朱小雯 摄）

【多党合作与政治协商】 2022年，县委统战部深入学习贯彻《中国共产党政治协商工作条例》，全面对标对表各项要求抓细抓实工作，不断提高政治协商工作的科学化、制度化、规范化水平。加大多党合作和政治协商制度落实力度，协调组织召开协商民主征求意见座谈会、情况通报会等协商会议5次，协调组织县民革、县民盟、县工商联和县知联会及其成员围绕县“十大行动方案”，推进乡村振兴、优化营商环境等方面，通过县政协等平台共提出有关建议、提案和议案37件，积极为县委、县政府及县有关部门科学决策建言献策。

【民主党派和党外知识分子工作】 2022年，县委统战部支持各民主党派加强自身建设，帮助各民主党派和无党派人士解决活动经费和干部交流等方面问题，指导民革佛冈县支部制定完善《民革佛冈县支部参政议政工作制度》《民革佛冈县支部信息（社情民意）报送工作制度》等制度。2022年3月，县两名民革党员被民革广东省委会评为2021—2022年度参政议政工作及反映社情民意信息工作先进个人。注重发挥县知联会的作用。是年7月，县党外知识分子联谊会组织理事到水头镇石潭村爱国主义教育基地参观学习，进一步激发党外知识分子爱党爱国热情，并先后在龙山镇下岳小学、燕岭希望小学开展“送物资送书法进校园”活动，在水头镇开展乡村振兴知识培训，在高岗镇开展“健康知识”培训等系列活动；对水头镇光伏发电及魔芋种植企业等进行实地调研，帮助有关企业进一步了解掌握新兴产业税收等政策。12月，佛冈县党外知识分子交流基地正式揭牌，为全县党外知识分子搭建学习交流、加强沟通、增进友谊、施展才华的新平台。

【非公有制经济领域统战工作】 2022年，县委统战部促进非公有制经济健康发展和非公有制经济人士健康成长。进一步完善县领导干部联系非公有制重点企业和代表人士制度，实现政企良性互动，推动问题解决，构建“亲情”政商关系。成立佛冈县非公有制经济组织党委，推动全县非公有制经济党组织党建工作上新台阶。开展“春雨润苗”“政企面对面”专项行动，走访非公有制企业30多家，帮助他们了解掌握“惠企暖企”有关政策，增强发展信心。制定《佛冈县营商环境观察员工作制度》，推荐营商环境观察监督员20人，助推营商环境持续优化。推动民营企业履行社会责任。扎实推进“百企兴百村”行动，全县6个镇商会和大多数会员企业已认领帮扶任务。在佛冈县统战系统开展2022年“广东扶贫济困日”活动座谈会，积极动员爱心企业和爱心人士捐款330多万元；支持龙山镇抗洪救灾活动，累计捐款捐物折合人民币20多万元；开展“与爱同行·圆大学梦”公益助学活动，为20名贫困家庭大学新生发放助学资金20万元，此项活动自2017年起已连续举办6年，共为124名优秀贫困家庭学子累计资助124万元。是年9月，佛山市佛冈商会到佛冈县高岗镇高镇小学、三江希望小学开展“心系教育·情牵学子”助学、自学、奖优、助困公益活动，资助金额合计10.9万元。

【港澳台及海外统战和服务工作】 2022年，县委统战部加大与港澳乡亲社团、代表人士的联谊交友力度。是年6月中旬和9月下旬分别开展社团乡亲联谊活动，凝聚乡情。不断扩大对台交流与合作，支持台胞来大陆学习研修和就业创业，每季度积极走访台企、台胞，主动服务台企，协助东立木业有限公司解决征地遗留问题。恢复成立佛冈县海外联谊会，已完成民政局登记注册，有效解决历史遗留问题。协调香港联业合力堂慈善基金会捐赠建设高岗镇中心小学录播室，折合人民币32.8万元。该项目已建设完成并正式投入使用，促进了高岗镇中心小学整体教学质量的提升，惠及学生573人。9月，县侨联圆满完成换届选举，配齐配强领导机构，明确把“侨胞之家”打造成归侨侨眷和海外侨胞可信赖的温暖之家、团结之家、奋斗之家。注重摸清和涵养侨务资源，摸清全县归侨侨眷等情况，支持他们立足自身岗位，正面发声，为全县经济社会发展献计出力。

【民族宗教工作】 2022年，县委统战部完整准确全面把握习近平总书记关于和促进民族工作的主要思想，聚焦铸牢中华民族共同体意识主线，做好党的民族工作。以“立足‘四个共同’、增强‘五个认同’”为主题积极开展民族团结进步宣传，通过宣传进机关、进社区、进企业，在全县中小学开展主题班会等形式，唱响民族团结进步主旋律，营造良好社会氛围。着力梳理涉及民族宗教的行政许可、公共服务事项54项。坚持每季度到科惠（佛冈）电路有限公司、新疆烧烤店、清真拉面店走访，了解少数民族务工人员需求，宣传党和国家民族政策，2022年帮助少数民族务工人员解决子女入学就读诉求2宗。持续关注重点企业，着力指导科惠（佛冈）电路有限公司做好少数民族务工人员互嵌式管理，工作做法和成效连续两年受到省、市统战部门的充分肯定。坚持中国宗教中国化方向，推动宗教法治化工作水平不断提高。持续推进宗教活动场所“四进”，推动宗教活动场所规范管理。是年，建立健全学习制度、宗教教职人员管理、财务管理、应急处理等13项制度，先后组织宗教界代表人士开展11次的专题学习，使宗教界人士和信教群众的国家意识、法治意识和公民意识进一步增强。强化宗教活动场所常态化疫情防控，督促做好进入场所人员的健康筛查；严格落实宗教教职人员和工作人员的核酸检测和疫苗接种；严格落实日常监督检查，全年县镇村干部累计检查1800多人次。筑牢宗教领域安全生产防线，是年7月组织宗教活动场所负责人开展消防安全大宣传、大培训活动和实地教学，进一步提高全县宗教领域安全生产能力。

（朱小雯）

2022年9月23日，佛冈县民族宗教事务局到科惠（佛冈）电路有限公司向少数民族员工宣传民族团结政策 （朱小雯 摄）

政策研究

【政策研究概况】 2022年，佛冈县坚持以习近平新时代中国特色社会主义思想为指导，全面学习贯彻十九届六中全会和党的二十大精神，认真贯彻落实中央及省、市各项工作部署，坚持稳字当头、稳中求进，狠抓工作落实“最后一公里”。对照新要求，适应新情况，探索新方法，发挥服务县委决策、服务地方经济发展工作职能，扎实推进“大学习、深调研、真落实”活动。参与重大文稿、领导讲话起草，完成综合汇报材料，协助县委、县政府和上级政研部门开展有关专项调研。

【文稿工作】 2022年，参与全县传达贯彻党的二十大精神大会、全县疫情防控和安全稳定工作会议、全县农村人居环境整治专题工作会议等多个专题会议和专题汇报的县委领导讲话稿起草工作。起草《中共佛冈县委2021年全面工作情况报告》《中共佛冈县委关于省领导同志定点联系佛冈县2022年度工作情况报告》《中共佛冈县委、佛冈县人民政府关于“10·02”疫情应急处置情况的报告》等，在全市先行先试印发《清远市佛冈县关于完善乡镇指挥协调机制促进基层共建共治共享的实施方案（试行）》。起草时任省委书记李希等上级领导到佛冈调研材料。

【调研工作】 2022年，佛冈县切实加强调查研究，在服务县委中心工作、为县委科学决策提供参考等方面做出贡献。围绕佛冈县城乡融合发展、乡镇指挥协调机制、县域经济高质量发展、“国字号”与“粤字号”改革试点工作等主题开展调研，配合省委改革办、市委政研室到佛冈县开展关于经济高质量发展、城乡融合发展、乡村振兴等专题调研。通过收集调研内容涉及的基本情况、组织召开座谈会及联系考察地点等方式，总结推广促进高质量发展的“佛冈经验”。其中，《清远市佛冈县试点推进乡镇统一指挥协调机制建设》被《广东改革工作简报》采用，《佛冈县以电子商务进农村为抓手力促乡村产业振兴》在《清远调研》刊登。

（何　茵）

机关党建

【机关党建概况】 2022年，县直机关工委全面深化政治机关建设，推进模范机关创建，认真落实新时代党的建设总要求，以党的政治建设为统领，全面提升机关党的建设质量和水平。县直机关工委下辖基层党组织256个，其中党委15个，党总支14个，党支部227个；党员4750名，在岗职工党员3318名，离退休人员党员1432名。

【思想教育】 2022年，县直机关工委持续强化政治机关意识，始终把学习贯彻习近平新时代中国特色社会主义思想作为头等大事和首要政治任务，把坚决做到“两个维护”贯彻到机关工作的全过程各方面。全覆盖落实第一议题制度和党委（党组）理论学习中心组列席旁听、观摩点评制度，推动青年理论学习提升工程，依托县委党校和基层党支部，以集中培训、推送优秀课件等形式，培训党员11 000多人次，组织“书记讲党课”350场次。

【基层党组织建设】 支部换届选举　2022年，县直机关工委落实换届选举督促提醒机制，印发《关于2022年部分基层党组织换届提醒的通知》，指导新成立、任期届满和委员缺额基层党组织等64个党组织进行选举。

发展党员　县直机关工委认真开展入党积极分子登记备案工作，全年登记备案入党积极分子105人。严把预备党员入口关，认真做好审核发展对象的公示情况等内容，及时组织发展对象进行谈话、考察了解发展对象在入党动机和思想道德、工作作风等方面的综合情况。是年，审批新发展党员42名，审批预备党员转正47名。

党费收缴　县直机关工委组织县直机关党组织党员认真学习《中国共产党党费收缴、使用和管理的规定》，增强党员意识和党性观念。推行党费收缴日机制，规范党费收缴台账，严格做好党费收缴管理工作，如期足额上缴县委组织部。全年总共收到党费1 967 769元。

优化党组织设置　县直机关工委持续优化基层党组织设置，优化调整设置党组织60个，印发《进一步完善基层党组织有形覆盖工作方案》，构建“机关党委（党总支）—党支部—党小组”基层组织架构，推动以业务条块为单位建立党支部，以股（室）为单位建立党小组，成立党小组320个。

常态化督导　县直机关工委为强化基层党建工作责任，促进各项党

2022年4月18日，佛冈县职能部门党员志愿者协助各村做好60岁以上老人疫苗接种工作
（钟盛祺　摄）

建工作任务的有效落实，建立基层党建常态化督导机制，形成机关党建工作闭环。严格落实各机关党组织上半年党建常态化督导发现问题整改，形成整改清单目录300余条发至各单位党组织，以整改的落实，规范党建运作，提升机关服务效能。

【模范机关创建】 模范机关 2022年，县直机关工委以“奋进新征程 建功新时代 以模范机关创建实际成效迎接党的二十大胜利召开”为活动主题，制定活动宣传方案，深挖报道先进典型，在“佛冈新闻”“佛冈通”等平台开设“奋进新征程”专栏，选取20个机关党组织进行系列专题宣传报道，推动主题活动形成浓厚氛围。抓实“一支部一品牌”创建，推进党建与业务工作深度融合，县直单位党组织累计创建“一支部一品牌”项目160个，其中2022年优化品牌132个，新申报品牌28个。评出年度模范机关“六优”党员1384名。副科以上单位党组织党建阵地建设100%，打造了200平方米的机关党建展厅和8个县直单位标杆示范点。

发挥党组织堡垒作用和党员先锋模范作用 县直机关工委在推动“双报到、双服务”、社区“大党委”与“联建共建”、党员干部下沉村（社区）支援基层一线工作基础上，探索出台了“平战转换”应急响应“6+1”志愿服务工作机制，组建应急队员和预备人员共216人；常态建立党员志愿服务队108个4077人，党员突击队108个2784人。理清机关人员居住石角镇社区管理成熟小区的基础台账，建立就地转为志愿者台账。累计组织发动县直单位党员志愿者参与志愿服务4万余人次。其中分批参与“两站一园一服务区”“县文化馆核酸检测点”志愿服务活动5200余人次；下沉基层一线支援乡村振兴、疫情防控等工作2.58万余人次；支援龙山镇防汛救灾工作1500余人次；参与“10·02”疫情应急处置工作7500余人次。

推动各项工作提质增效 与清远市移动联合开发党建信息化填表报数服务平台“易报数”，应用在“粤政易”办公平台“业务应用”板块，于9月正式运行，有效助推工作效能提升。

【机关武装】 2022年，县直机关工委把牢党管武装工作的政治方向，把机关武装工作、国防教育纳入机关党建常态化督导内容。做好兵员征集，是年，动员4名县直机关干部职工子女成功参军，圆满完成县人武部下达的征兵任务数。有效开展征兵宣传，开展国防教育进校园、进机关活动。8—9月期间，派员到县第一中学、佛冈中学、南方职业技术学校、县职校、德圣职业技术学校和县人民医院开展国防教育，通过现场授课、组织观看宣传展板、发放国防教育宣传手册等形式，对1800多名学生和职工进行国防教育宣传，发放国防教育宣传手册1500多本。

【党风廉政建设】 2022年，县直机关工委督导抓实党员干部直接联系群众制度落实，各机关单位党组织坚持深入基层开展“我为群众办实事”实践活动，共为群众办好事实事820多件。抓实新任机关党组织书记任职谈话，包括谈政治、谈党建方式、谈作风，明确党组织书记履职尽责抓党建。抓新“行风热线”上线工作。以视频宣传+网络直播+电台播出的方式，组织县检察院、县卫生健康局等6个单位上线“行风热线”，解答群众问题60多个，获得群众100%满意度。从严执纪问责，对16名违纪违规党员干部给予党纪处分。

【开展慰问帮扶活动】 2022年，县直机关工委在春节期间，组织走访慰问困难党员、老党员、因公牺牲的党员家属166人，发放慰问金6.74万元；“七一”期间，慰问抗洪抢险表现突出的党员、困难党员、老党员、因公牺牲的党员家属209人，发放慰问金6.49万元；慰问县党内关爱扶助对象（因公殉职、牺牲党员家属）7人，发放慰问金1.40万元。

（县直机关工委）

机构编制

【机构编制概况】 2022年，县委编办紧扣县委、县政府重点工作，精准把握做好新时代机构编制工作新要求，推动机构编制适应和服务经济发展新常态，为经济社会高质量发展提供坚强的体制机制保障。

【机构编制大调研】 2022年，县委编办围绕“疫情要防住、经济要稳住、发展要安全”三大中心工作，深入工业商务、应急救援、消防安全、教育卫生等30多个单位开展基础性、前瞻性调研，为县委、县政府提供科学决策依据，形成《佛冈县机构编制调研报告》《佛冈县编外人员情况报告》《佛冈县安全生产职责调研报告》《关于优化机构设置推进工业强县目标的建议》等7份高质量调研报告。其中，《佛冈县编制管理实证研究》获全市编办系统调研报告一等奖。

【完善体制机制】 2022年，县委编办落实机构改革和重大体制机制调整，加强党和国家机构职能体系建设。优化调整县委全面深化改革委员会专项小组、县委农村工作领导小组等党委议事协调机构，完善县委巡察组管理体制。开展应急安全管理、疾病预防控制、信访维稳、乡村振兴、群团等领域机构改革工作，推动县安全生产委员会办公室实体化运作，进一步提高机构编制资源使用效益和部门行政效能。设立县政府经济发展研究中心，强化发展改革、住房建设、应急管理、城市综合管理、水利等部门的业务机构设置，进一步优化营商环境，推动公共服务供给能力提升。率先在全市各县（市、区）推动完成中小学

2022年8月16日，清远市委编办到佛冈县开展乡镇行政管理体制改革情况调研。图为市委编办到水头镇调研镇街体制改革工作座谈会（县委编办　供图）

党组织领导的校长负责制改革，增设34所学校（园）党组织书记或专职副书记。持续深化乡镇体制改革，蹲点指导龙山镇完善综合治理委员会、公共服务委员会、综合行政执法委员会建设，草拟形成《清远市佛冈县关于完善乡镇指挥协调机制促进基层共建共治共享的实施方案（试行）》，着力构建县议事协调机构高位推动、县直部门完善措施协调指导、各镇具体落实的三个层级联治、联动机制，探索形成佛冈改革经验。

【机构编制资源配置使用】 2022年，县委编办围绕县委、县政府工作重点领域和重大民生领域需求，提升机构编制使用效益。进一步完善《佛冈县事业编制周转池高学历和高级职称人才专项编制管理办法（试行）》，用活用好周转池编制，同意县史志办、县代建项目管理等16个事业单位使用19名周转编制缓解专业、年龄等人员结构问题。在教育领域方面，及时分配省市下达的省级统筹周转编制371名、专项编制37名，合共408名，完成中小学教职工编制配置达到国家基本标准的任务。在卫生领域方面，统筹使用卫生医疗机构编制223名引进高职称人才和公开招聘，调增县120急救指挥中心编制8名，满足县在新冠疫情防控常态化下的管理运营和发展需要。在社会治理领域方面，设立县消防事务中心、县应急指挥中心、县网格事务中心，调增事业编制13名；在各镇设置消防事务办公室，制定印发《佛冈县党政部门及有关单位安全生产工作职责》，推动完善应急消防、综治维稳的县镇联动机制。

【机构编制法定化建设】 2022年，县委编办围绕“立规、严管、用活”原则，把《中国共产党机构编制工作条例》及配套法规制度有关规定融入各类机构改革和日常机构编制事项办理的全过程。建立组织、编办、人社会商机制，修改完善《佛冈县机关事业单位工作人员招录（聘）及调配工作办法》，逐步实现机构编制实名制、公务员统计数据、干部信息库等管理信息的共享共建、互联互通；持续强化机构编制刚性约束，充分利用新启用的机构编制实名制系统，发挥机构编制在全流程管理中的基础性作用，加强与县委巡察、县委督导检查、选人用人专项检查、经济责任审计工作的衔接，构建预防、查处、问责相统一的工作机制。

【机构编制评估】 2022年，县委编办积极落实机构编制工作部署，开展机构改革评估、机构编制执行情况和使用效益评估试点工作。选取县府办、教育局开展深化机构编制执行情况和使用效益评估，对县委政法委等8个党政部门开展机构改革评估，在第三方评估的基础上，同步开展自主评估工作。按照“能量化就量化，不能量化就细化”的原则，设置可量化、细化的指标，制定《各股室主要职责、重点工作任务与人员配置情况表》《工作流程表》《工作量情况表》等量化表，通过定性分析与定量分析相结合，重点对单位的机构设置、职能履行、人员配备情况进行量化评估，了解整体运作情况，对存在问题进行分析研究，形成工作经验，为进一步提升机构编制管理和运行质效、推动部门优化履职高效运行提供重要参考和数据支撑。

【事业单位登记管理】 2022年，县委编办围绕事业单位“注销难”问题，先后到县农业农村局、县林业局等单位进行专项调研，成功办理“困难户”注销登记9个。结合事业单位登记管理日常工作，共办理事业单位法人设立登记9个，变更登记68个（次），收缴单位印章8枚。开展事业单位公示信息抽查工作，实地核查随机抽取的6家事业单位登记事项、年度报告等公示信息。做好事业单位信用建设工作，指导全县226个事业单位完成年度报告提交工作。

【机关群团统一社会信用代码赋码和网上名称管理】 2022年，县委编办完成87个机关群团统一社会信用代码赋码发证，完成254个机关事业单位中文域名续费工作。

（张日佳）

保密工作

【保密工作概况】 2022年，佛冈县保密战线工作坚持全面贯彻落实总体国家安全观，深入学习贯彻习近平总

2022 年 4 月 5 日，佛冈县举办“国家安全教育日”乡村宣讲活动

（钟盛祺 摄）

书记对保密工作的重要指示批示精神，围绕中心、服务大局，真抓实干，积极作为，为保障党的二十大顺利召开作出应有的贡献。

【保密教育培训】 2022 年 9 月，县国家保密局努力克服新冠疫情不利影响，制作保密教学视频供各镇各单位组织观看学习，有效提升干部保密意识和保密常识。强化警示教育，对在保密检查中发现的失泄密隐患，现场开设“保密课堂”，面对面进行保密宣传警示教育，实现以查促教、以查促改的工作目标。12 月，组织各单位保密工作分管领导、保密员分组开展 18 场有关监管平台现场展示培训，介绍有关平台监管情况、近期监管发现问题，强调工作注意事项，进一步强化互联网和政务外网保密宣传教育。

【保密宣传】 2022 年 4 月至 5 月，县国家保密局动员全县 91 个机关、单位积极开展国家安全教育日、保密宣传月活动。各镇各单位结合乡村振兴、疫情防控等工作深入到社区、农村等基层一线开展保密宣传教育工作，共派发《保密知识 20 条》手册 6000 余本，张贴《每个人都是一道保密防线》海报共 700 余张。充分利用人民公园、人民广场的 LED 显示屏，工作群，佛冈发布公众号刊发推送《保密防线》宣传视频，浏览量达到 6 万人次，有效营造浓厚的保密宣传氛围。

【保密监督检查】 2022 年，县国家保密局派出工作人员深入全县 6 个镇和 70 余个县直、省直机关单位开展全覆盖实地督导检查，发出整改通知书 20 余份，督促有关单位限期整改，及时堵塞泄密漏洞。为推动各机关单位落实保密工作责任制，积极部署开展保密自查自评工作，并将其纳入年底绩效考评，全县保密工作水平大幅提高。2022 年 6 月至 7 月，参与县中考、高考等重大考试保密监管工作，提前制定考试保密工作应急处理预案，加强考前督促检查，确保县没有发生试卷泄密事件。

（黄菁菁）

党校教育

【党校教育概况】 2022 年，中共佛冈县委党校坚持以习近平新时代中国特色社会主义思想和习近平总书记关于党校办学治校系列重要指示精神为指导，贯彻落实《中国共产党党校（行政学院）工作条例》，以办学质量评估为契机，以评促改，以评促建，全面提升县委党校办学质量和水平，坚持“党校姓党”原则，践行新时代党校工作要求，高质量开展党员教育培训。是年，县委党校以及联合县委组织部、人社局等部门举办常规培训班次和非常规培训班次 15 期，培训干部 3553 人次。

【教育培训】 教育系统新录用人员岗前培训班 2022 年 1—2 月，县委党校举办教育系统新录用人员岗前培训班 1 期，参加培训 85 人。主要学习内容：党史、学习贯彻习近平总书记“七一”重要讲话精神、公文写作、改革开放的历程和经验、社会主义发展史等。

事业单位新任职人员岗前培训班 2022 年 2—3 月，县委党校举办事业单位新任职人员岗前培训班 2 期，参加培训 241 人。主要学习内容：党的十九届六中全会精神解读、国防教育、公文的特点和写作素养等。

公务员初任培训班 2022 年 3 月，县委组织部、县委党校举办佛冈县公务员初任培训班 1 期，参加培训 94 人。主要学习内容：公务礼仪、人才强国、党的十九届六中全会精神解读、公文写作、依法行政、反邪教宣传教育、以全域旅游促乡村振兴等。

农村基层干部乡村振兴主题培训班 2022 年 3 月，县委党校举办农村基层干部乡村振兴主题培训班 1 期，参加培训 107 人。主要学习内容：消防安全、“破解城乡二元结构难题 促进清远乡村振兴”、广东农业三产融合的经验与做法、“坚持人民至上理念 不断让农民享受乡村振兴幸福成果”等。

党员发展对象班 2022 年 6 月，县委党校举办党员发展对象班 1 期，参加培训 42 人。主要学习内容：党的十九届六中全会精神解读、2022 年全国两会精神解读、党史和党章学习、廉洁教育等。

中青年干部培训班 2022 年 6—8 月，县委党校举办中青年干部培训班 1 期，参加培训 45 人。主要学习内容：党的十九届六中全会精神解读、党史、2022 年全国两会精神解读、青年干部成长、城乡融合发展、后疫情时代国际形势与国防安全、网络舆情应对、依法治县、意识形态、党史知识竞赛等。

新任职干部培训班 2022年6—8月，县委党校举办新任职干部培训班2期，参加培训88人。主要学习内容：党的十九届六中全会精神解读、广清一体化、省第十三次党代会精神、2022年全国两会精神解读、安全生产、意识形态等。

村（社区）党组织书记学习贯彻党的十九届六中全会精神暨新时代基层干部乡村振兴主题培训班 2022年6—7月，县委党校举办村（社区）党组织书记学习贯彻党的十九届六中全会精神暨新时代基层干部乡村振兴主题培训班1期，参加培训90人。主要学习内容：省第十三次党代会精神、抓党建促乡村振兴、党的十九届六中全会精神解读、党建引领基层治理、应急处理、消防安全、基层疫情防控应急处置、加快推进农业农村现代化等。

【干部培训管理】 加强队伍建设 2022年，县委党校坚持把队伍建设作为“重要基础”，有担当作为的干部队伍不断壮大。充实壮大干部队伍。通过优化内设机构，党校2022年增设2个内设股室并及时选优配强校中层干部。优化人才队伍梯队，实行“双轨制”改革，引入2名硕士研究生学历的老师补强队伍，保障校教育培训、科研咨政等工作的顺利、有序、高效开展。加强外聘教师队伍建设，成立外聘教师师资库。全年共聘任兼职教师60余人次，提高党校施教水平。

加强教育培训 2022年，县委党校充分发挥干部培训主渠道作用，不断更新教学内容，科学设置课程，把习近平新时代中国特色社会主义思想、党的二十大精神、全国两会精神、省第十三次党代会精神作为干部教育培训的必修课，先后举办农村基层干部乡村振兴主题培训班、初任公务员培训班、中青年干部培训班、新任职干部培训班等各类培训班15期，累计培训学员3553人次。同时不断推进教学创新，优化教学方式，增强教育培训的针对性和实效性，增设读书分享会等新内容，让学员学有所悟、学有所获、学有所用，并获得学员的一致好评。据统计，2022年学员对教学质量评估满意度达99%以上。

加强课堂管理 2022年，县委党校坚持把干部培训质量作为重要内容来抓，不断完善课堂管理制度，对学员培训情况进行量化考核。制定《佛冈县干部教育培训效果量化考核评估方案》，在培训时间为15天以上的班次严格落实，充分发挥干部教育培训在培养造就党和人民需要的好干部中的重要作用，为高质量发展培养高素质干部。同时，加强学员学风学籍管理。在各类培训班中设置学员临时党支部，发挥支委的带头示范作用和班干部引领作用，组织开展纪律严明、考勤严格的教育、管理、监督和服务工作；购置手机屏蔽柜，统一管理学员手机，提升课堂质量；组织学员签订“学风建设承诺书”，每期通报学员考勤情况，并于培训结束后以书面形式向派出单位通报学员在校期间情况。

2022年6月27日，县委党校举行“佛冈县新任职干部培训班暨中青年干部培训班开班仪式”（段亚囡 摄）

【理论宣讲】 2022年，县委党校扎实推动党的创新理论成果深入基层，共深入镇村、机关等基层单位开展理论宣讲22场，累计受教育干部群众864人次。通过把教室搬到基层，广泛深入开展面向基层干部群众的思想理论宣讲，推动理论宣讲走深走实，深入人心。

（段亚囡）

党史研究

【党史研究概况】 2022年，党史工作坚持以习近平新时代中国特色社会主义思想为指导，依法编史修志，积极履行职责，推动党史工作研究和党史资源开发利用等各项工作有序开展。

【党史宣传教育】 红色文化教育 2022年，县史志办组织干部职工到石角镇存久洞村党史学习教育基地和汤塘镇汤塘村开展“红色印记·初心之旅”主题教育，参观中共湛江县委、广东青年抗日先锋队湛江支队旧址——濂溪书院《湛江抗日支队的革命史》展览，到存久洞北江一支队六团、东江三支队四团旧址观看党史主题展览，教育引导党员干部传

2022年12月10日，县史志办党支部组织党员到汤塘镇汤塘村开展党史学习教育 （朱家佑 摄）

承红色基因，做到学史力行，不忘初心、牢记使命。

讲好红色故事和传达二十大精神 2022年，县史志办发挥史志工作的自身优势，以讲红色故事为主题，宣讲党的二十大精神。县史志办党支部书记到挂扶村迳头镇青竹村宣讲党的二十大报告；为全体干部职工上专题党课。党史宣讲员周都明到学校、企事业单位宣讲佛冈县地方革命斗争历史。

开展“我为群众办实事”实践活动 2022年，县史志办工作以推动党史学习教育成果转化为工作成效，助力乡村振兴为突破口，为乡村建设提供历史人文资料，参与谋划示范村建设，弘扬中华传统文化，助力乡村振兴。

【红色资源利用】 **革命历史展览** 2022年，县史志办主要协助县博物馆、团县委开展革命历史展览和百年团建展览。指导汤塘、石角、水头等镇对红色资源的开发利用，积极参与展馆设计、史料提供、文字校对等工作。

读史用志送书基层 2022年，县史志办为了让更多市民了解佛冈的地方历史文化，开展“读史用志送书基层，助力乡村振兴”活动，为全县基层文化室送上《佛冈县志》《佛冈厅志》《佛冈百年印记》《佛冈革命老区发展史》《佛冈年鉴》《红色追忆》等史志书籍。在全县文化服务中心内设置3个方志驿站，进一步丰富基层群众文化生活，为基层文化建设发展注入活力。

【党史理论研讨】 2022年，县史志办高度重视全市党史理论研讨，认真组织人员积极参与。共组织研讨稿件10篇，获奖4篇。其中，获省三等奖1篇，获市三等奖1篇、市优秀奖3篇。通过参与理论研讨活动，有力促进佛冈县史志理论研究水平的提升。

【扶贫文献编印】 2022年，县史志办与县农业农村局合作编印《佛冈脱贫奔康》资料。全书介绍从1991年起启动的扶贫开发工作，至2020年打赢的脱贫攻坚战，是佛冈县史无前例的重大社会工程和民生工程，是立党为公、执政为民的重要体现。全书分设大事记、省市文件、本县文件、汇报总结、专题资料、相关报表、先进集体及先进个人，内文附有历史照片。该书全面收录佛冈县扶贫脱贫奔康的史实资料，以图文并茂的方式记录和反映全县扶贫脱贫奔康这一项具有重要历史意义的工作进程，为“存史、资政、育人”服务，并为后世留下宝贵的历史资料。

【专刊出版工作】 2022年，县史志办坚持以“讲佛冈故事、记佛冈人物、展佛冈魅力、传佛冈梦想”为主题，编辑出版《湛江纪实》。按照每年编印出版两期计划，《湛江纪实》登载时政动态、非凡十年、史说佛冈、红色追忆、老区风采、人物春秋、湛江地情、史志研究等专栏，每期约20篇文章、近百幅图片。通过组稿、审校、编辑等大量深入细致工作，《湛江纪实》2022年第1～2期按时编印出版。

（胡 辉）

老干部服务

【老干部服务工作概况】 2022年，佛冈县共有离退休干部2730人，其中离休干部17人，原四套班子处级实职退休干部29人，享受副处级待遇退休干部117人，破产转制企业离退休干部81人，已建立离退休干部党支部36个（其中临时党支部9个），全县6个镇均已单独建立离退休干部党支部。

【思想政治建设】 2022年，县委老干部局始终坚持“党建引领”，持续加强思想政治建设。严格落实“三会一课”，通过集中辅导学、专题研讨学等方式举办各类专题讲座30多场次，开展党的二十大精神线上专题学习会8场次，举办离退休干部党支部书记线上培训班1期，开展线上“微党课”“思政课”2节，为老党员开展送学上门活动90人次，切实将离退休干部学习教育融入日常、抓在经常。开展“我看中国特色社会主义新时代”主题读书班活动，以离退休干部党支部为阵地，融合党史学习教育、民生建设、家教家风、养生保健等，采取现场教学、座谈交流、个人自学等多种方式，全面增强离退休干部理

2022 年 8 月 19 日，县委老干部局举办“我看中国特色社会主义新时代”主题读书班活动
（县委老干部局　供图）

论学习的深度。

【工作机制建设】 2022 年，县委老干部局坚持健全工作机制，全面推动工作任务落细落实。强化服务保障，制定《佛冈县生活特殊困难离退休干部帮扶工作实施办法（试行）》，切实加强对生活特殊困难离退休干部的关爱帮扶。制定《佛冈县干部荣誉退休实施办法（试行）》，进一步加强和规范干部退休相关工作。探索建立离休干部“一人一策”机制，建立离休干部台账，实行“一人一档”管理，着力为全县离休干部提供亲情化、个性化、多样化服务，让老同志安享幸福晚年。

【离退休干部组织建设】 2022 年，县委老干部局坚持强化“夕阳耀红星”离退休干部党建品牌建设，将新时代离退休干部党建工作纳入各部门党建总体布局，压实党建工作责任，推动全县离退休干部党的建设工作落细落实。以离退休干部党支部建设标准化为抓手，对全县 1540 名离退休干部党员基本情况进行摸底调研，根据应建尽建原则，逐步规范理顺全县离退休干部党组织设置，根据党员居住地域分布情况，建立流动党员信息台账，组织引导党员开展好党内组织生活。落实《关于加强新时代离退休干部党的建设工作的意见》精神，有效推进多领域建立基层组织，加强新时代离退休干部党支部规范化建设工作，进一步把离退休干部党员组织凝聚起来。

（县委老干部局）

佛冈县人民代表大会

【县人大工作综述】 2022 年，佛冈县人大常委会在县委的坚强领导下，认真践行“全过程人民民主”的理念，监督和支持“一府一委两院”依法行政、公正司法，努力维护人民群众的根本利益。全年共召开县人大常委会会议 9 次，党组主任会议 19 次，听取和审议“一府两院”专项工作报告 17 项，开展专题调研 25 项，开展执法检查 3 项，作出决议、决定 14 项，任免国家机关工作人员 46 名。

重要会议

【县十六届人大二次会议】 2022 年 2 月 25 日，佛冈县第十六届人民代表大会第二次会议在县人民中心召开。会议审议通过佛冈县人民政府工作报告等 6 个报告，对 2022 年民生实事项目实施票决。

【县十六届人大常委会会议】 2022 年，县人大常委会共召开 9 次会议，加强政治理论学习，围绕全县中心工作，听取审议“一府两院”有关工作报告 17 项，依法作出决议决定，审议决定有关人事任免事项。

县十六届人大常委会第三次会议　1 月 21 日，县十六届人大常委会举行第三次会议。会议学习了清远市第八届人民代表大会第一次会议精神；审议通过《县人大常委会关于 2021 年备案审查工作情况的报告》；审议决定有关人事任免事项。

县十六届人大常委会第四次会议　2 月 7 日，县十六届人大常委会举行第四次会议。会议学习了习近平总书记关于消防工作重要指示批示精神；会议审议决定对个别县人大代表采取强制措施事项。

县十六届人大常委会第五次会议　2 月 17 日，县十六届人大常委会举行第五次会议。会议学习了习近平总书记在中央政治局第三十五次集体学习时的重要讲话精神；审议通过《关于召开佛冈县第十六届人民代表大会第二次会议有关事宜》；审议通过《佛冈县人大常委会工作报告（稿）》；审议通过《关于佛冈县第十六届人民代表大会代表变动情况报告（草案）》。

县十六届人大常委会第六次会议　4 月 26 日，县十六届人大常委会举行第六次会议。会议学习了习近平总书记的重要文章《坚持把解决好“三农”问题作为全党工作重中之重　举全党全社会之力推动乡村振兴》精神；对 2021 年佛冈县 10 件民生实事完成情况进行评议；审议决定有关人事任免事项。

县十六届人大常委会第七次会议　6 月 28 日，县十六届人大常委会举行第七次会议。会议学习了习近平总书记的重要文章《坚定不移走中国人权发展道路　更好推动我国人权事业发展》；审议通过县人民政府

2022 年 6 月 28 日，佛冈县十六届人大常委会举行第七次会议

（朱慧燕　摄）

《关于强化巩固脱贫攻坚成果同乡村振兴工作有效衔接工作的情况报告》；审议通过县人民法院《关于商品房逾期交房、办证违约责任纠纷审判工作报告》；审议通过县人民政府《关于2021 年我县环境质量状况和环境保护目标完成情况的报告》；审议通过《关于检查〈广东省城市绿化条例〉实施情况的报告》（书面）；审议通过《关于我县贯彻实施〈清远市城市市容和环境卫生管理条例〉情况的执法检查报告》（书面）；审议决定有关人事任免事项。

县十六届人大常委会第八次会议　8 月 18 日，县十六届人大常委会举行第八次会议。会议审议决定对个别县人大代表采取强制措施事项。

县十六届人大常委会第九次会议　9 月 1 日，县十六届人大常委会举行第九次会议。会议学习了习近平总书记在省部级主要领导干部专题研讨班上发表的重要讲话精神；审议通过县政府《关于我县义务阶段教育学位供给情况的报告》；审议通过县人民检察院《关于未成年人检察工作的报告》；审议通过县人民政府《关于 2022 年上半年国民经济和社会发展计划执行情况的报告》；审议通过县人民政府《关于 2022 年上半年预算执行情况的报告》；审议通过县人民政府《关于我县隐性债务清零情况报告》（书面）；审议通过县人民政府《关于 2021 年县本级预算执行和其他财政收支审计工作报告》；审议通过县人民政府《关于 2021 年决算（草案）的报告》（书面）；审议通过县人民政府《关于 2022 年县本级预算调整方案（草案）的报告》；审议通过县人民政府《关于佛冈县十六届人大一、二次会议代表建议办理情况的报告》；审议决定有关人事任免事项。

县十六届人大常委会第十次会议　10 月 13 日，县十六届人大常委会举行第十次会议。会议学习了习近平总书记的重要文章《新时代中国共产党的历史使命》；审议决定有关人事任免事项。

县十六届人大常委会第十一次会议　11 月 16 日，县十六届人大常委会举行第十一次会议。会议学习了党的二十大会议的主要精神；审议通过了县人民政府《关于我县 2021 年国有自然资源资产管理情况的报告》；审议通过县政府《关于我县 2021 年国有资产管理情况综合报告》（书面）；审议通过《县政府今年前三季度工作情况报告》（书面）；审议决定有关人事任免事项。

重要工作

【监督工作】　服务县委中心工作　2022 年，县人大常委会推动第十六届省运会和第九届残运会承办工作，组织代表对承办省运会项目的基础设施建设情况开展视察，监督政府做好工作，为办好赛事保驾护航。深入开展“驻镇帮镇扶村”工作，对农村撂荒土地情况、美丽乡村风貌带建设、水果产业园建设等进行调研和督导，听取审议政府关于巩固拓展脱贫攻坚成果与乡村振兴有效衔接的专题报告，促进农业产业化发展。推行民生实事项目票决制，建立健全票决工作机制，连续 4 年对政府年度民生实事项目进行票决，连续 3 年通过组织代表约见政府负责人活动对民生实事

2022 年 6 月 16 日，市人大调研组到佛冈县就减轻义务教育阶段学生作业负担和校外培训负担情况进行专题调研

（朱慧燕　摄）

办理情况进行跟踪问效，实现了县、镇票决民生实事全覆盖。

加强经济运行监督 县人大常委会对国有自然资源资产管理情况、税务工作情况开展专题调研，听取审议年度财政预算执行情况、财政收支审计情况、财政决算以及财政预算调整、国民经济和社会发展计划执行情况、隐性债务清零情况等报告，跟踪监督使用专项债，助推经济提质增效。

加强民生领域监督 县人大常委会对龙凤新区规划建设、义务教育阶段学位供给、"双减"工作、产业园区医疗配套项目建设、医药卫生体制改革、教育专项工作、居民用水工程建设、石角镇南楼河段河道改造项目等进行专题调研和监督，对"双百工程"站点建设情况、城乡居民养老保险扩面征缴、系统防范化解消防安全风险等工作开展专题调研，提出意见建议，助推工作落实。

加强生态环保监督 县人大常委会推动中央、省环保督察反馈意见和风险点有力整改，开展危险废物专项整治工作调研，落实源头监管，做好环境修复治理。运用台账工作法监督推进母亲河（湛江河）保护工作。通过暗访、抽查、重点检查湛江河流域的农村生活污水治理、工业废水排放、饮用水源保护区水质保护、入河排污口排查整治、打击非法开采矿产、补充耕地、河道"清漂"、桉树改造和"林长制"等工作，推动湛江河（母亲河）保护工程初见成效。

加强法治监督 县人大常委会组织开展禁毒工作检查；听取审议县人民法院关于商品房逾期交房、办证违约责任纠纷审判工作，县人民检察院关于未成年人检察工作情况的报告；协助市人大对《清远市住宅小区物业管理条例》《清远市饮用水源水质保护条例》《清远市实施〈中华人民共和国大气污染防治法〉办法》等地方性法规开展意见征求、实施情况评议和立法后评估工作；对《中华人民共和国环境保护法》《广东省环境保护条例》《广东省城市绿化条例》实施情况开展执法检查，保证法律法规有效实施；听取审议2021年规范性文件备案审查工作情况报告，开展法规、规章等规范性文件数据库校对工作，持续做好依法治县、反诈、信访等工作。

【重大事项决定】 2022年，县人大常委会围绕县委决策部署和全县发展大局，严格工作程序，依法审议和决定重大事项，先后审议决定关于年度财政预算执行情况、财政决算以及财政预算调整，关于召开人民代表大会等决议决定14项。

【人事任免工作】 2022年，县人大常委会对县委提名、"一府一委两院"提请任免的干部人选，执行任前谈话、任职表态、任后监督等程序，保证县委意图的贯彻落实。全年共任免国家机关工作人员46人。

【代表工作】 **代表联络站点建设** 2022年，县人大常委会推进人大代表联络站"三化"建设，建成县人大代表联络总站，在县人民法院、人民检察院建立"人大代表联络工作室"，在高岗镇宝山村建立"人大代表助力乡村振兴实践基地"，全县96个人大代表联络站均达到"五个有"，站内信息做到"五公开"，组织管理达到"五到位"。推进"智慧人大"建设，建成网上联络站96个。四级代表全部入站接待选民群众，保障人民群众有序参与政治生活。

代表建议督办 完善代表议案建议交办、督办和评价反馈等各项工作机制，实行主任会议成员领衔督办、专门委员会跟踪督办制度。召开交办会，将十六届人大一次会议期间代表提出的建议74件、二次会议的建议23件交县政府及有关部门办理。选取"关于停车位强占问题的建议"等5件建议进行重点办理和督办，代表建议全部办理完毕，办结率为100%，代表对办理结果表示满意的88件，占90.7%；表示基本满意的9件，占9.3%。

代表履职保障 县人大常委会落实代表列席常委会会议，参与常委会调研、视察、执法检查等活动制度，扩大代表对常委会工作的参与度。向人大代表、人大工作者发放专业书籍1300余册。制发了《关于围绕深入推进爱国卫生工作开展"更好发挥人大代表作用"主题活动工作方案》《关于推进全县人大代表联络站标准化、规范化、常态化建设的工作方案》《关于佛冈县各级人大代表进站安排的通知》等文件，促进代表活动专业化、常态化。按照部署做好省人大代表换届选举工作。2022年，常委会组成人员联系县人大代表312人次，县

2022年8月1日，石角镇冈田村人大代表强化使命担当，打通基层治理"最后一公里"，设立代表选民心连心活动室 （朱慧燕 摄）

人大代表联系人民群众16 959人次，收集办理意见建议371条。

【自身建设】 加强对镇人大的协调指导 2022年，县人大常委会建立健全常委会领导联系指导乡镇人大工作和建设制度，多次召开县镇人大联席会议，加强工作沟通和情况交流。组织对乡镇人大工作和建设专项资金使用情况开展调研，对镇人大2021年度工作绩效完成情况进行考核，促进县镇人大履职上水平。

加强干部队伍建设 县人大常委会机关党支部成立两个党小组，组织党员常态化开展组织生活，先后组织开展志愿服务暨义务植树活动、到县博物馆和“初心讲堂”等地开展主题党日活动，增强党组织的凝聚力和向心力。县人大代表信息服务中心配齐4名专职干部，队伍专业化进一步提升。持续加强业务知识学习，组织到兄弟单位开展交流，组织基层立法联络员参加地方立法培训班学习，提升队伍能力水平。

加强人大宣传工作 组织召开佛冈人大新闻宣传工作会议，完善新闻信息意识形态审查制度，及时发布人大工作新闻信息。在“佛冈人大”微信公众号发布信息355条，多篇信息被省市媒体广泛转载，多渠道多形式讲好人大故事、代表故事。

（周 冲）

佛冈县人民政府

重要政务

【县政府工作综述】 2022年，佛冈县全面落实党中央“疫情要防住、经济要稳住、发展要安全”重要要求，深入贯彻省委、省政府工作部署和市委“十大行动方案”，立足“清远副中心”发展定位，紧扣高质量发展主线，聚焦安全发展推动经济持续向好，聚焦工业强县促进产业集聚增效，聚焦入珠融湾加快广佛一体进程，聚焦乡村振兴统筹城乡融合发展，聚焦生态建设培育壮大绿色经济，聚焦品质提升推进城镇扩容提质，聚焦群众关切改善社会民生福祉，高质量发展实现全面新突破，“三区一城”建设迈上新台阶。是年，佛冈县完成地区生产总值161.34亿元，同比增长1.6%，增速比全市高0.6个百分点，居南部地区第二位。入选广清产业有序转移主平台，佛冈产业转移园在全省北部生态发展区49个参评园区中综合评价排名第五位，在全省145个工业主导型省级开发区土地集约利用监测统计考核中排名第八位。电子商务进农村综合示范县年度考核全省第一，招商引资考核全市第一，省、市重点项目投资完成率全市第一，制造业投资和高技术产业投资增速均为全市第一，粮食安全责任考核位居全市前列。

（谭永光）

【重点项目建设】 2022年，佛冈县19个省、市重点项目完成投资42.53亿元，年度投资完成率149.2%。成立重大项目并联审批专班，推动要素跟着项目走，中大医学创新园、广州涉外经济职业技术学院二期稳步推进，广佛产业园公共医疗配套、万洋众创城等项目完成年度投资计划的200%以上。县城水厂扩建等6个重点项目竣工投产，中核汇能一期、天赐、合诚实现当年动工、当年建成、当年投产。抢抓机遇获得专项债券资金11亿元，县城老旧小区提质改造、水头镇全域推进乡村振兴建设工程等19个项目成效显著。项目招引实现量质齐升，共引进优质项目35个，计划总投资132.78亿元，投资30亿元以上项目2个、亿元以上项目13个，其中黄埔材料研究院产业基地总投资41.5亿元，预计达产产值120亿元。

【十件民生实事】 2022年，佛冈县民生支出32.35亿元，占一般公共预算支出84.82%。十件民生实事全面完成。新增公办学位2920个。“粤菜师傅”“南粤家政”“广东技工”工程分别开展培训331人次、605人次、1801人次。免费完成HPV疫苗接种2652人，接种率为99.44%。城镇低保标准和人均补差水平分别从每人每月847元提高到877元、669元提高到692元；农村低保标准和人均补差水平分别从每人每月638元提高到670元、331元提高到348元；城镇和农村特困供养人员基本生活标准分别从每人每月1355元提高到1403元、1021元提高到1072元；集中供养和分散供养孤儿基本生活标准分别从每人每月1883元提高到1949元、1227元提高到1313元；困难残疾人生活补

2022年4月6日，县委副书记、县长江红平（右三）率队到龙山镇，督导检查佛冈县企业安全生产工作

（钟盛祺 摄）

贴和重度残疾人护理补贴分别从每人每月181元提高到188元、243元提高到252元。完成农村削坡建房风险点整治151户、村内道路硬底化3.361千米。组建龙凤新区消防救援站，在石角镇、汤塘镇试点智慧消防协同共治综合管理系统，开展消防安全监管履职能力培训800人次。建成龙凤新区体育中心，大力推广全民健身运动。深化“数字政府”建设，93项事项实现“跨省通办、省内通办”，78个行政村实现“粤智助”全覆盖，推动群众办事“就近办、网上办、一次办成”。加强食品药品安全监督检测能力建设，完成各类食品抽检2021批次，合格率96.87%；完成食用农产品快筛快检16 808批次，合格率98.53%。大力推动智慧停车系统建设，智慧化改造路边停车位2000个，新增立体机械停车位317个、地下停车位124个。

【县长办公会议】 2022年，县政府召开县长办公会议39次。主要研究议题有：国道106线县城段、振兴南路路域环境综合整治和龙凤大桥建设及上下游河道整治推进工作，佛冈县汕湛高速龙山出口至国道106线龙山路段公路改建工程用地报批工作，省道252线佛冈县城段改建工程支线公路工作，省运会佛冈筹委会市容市貌组暨国道106线路域环境综合整治工作，佛冈县北江引水及南部城乡供水一体化项目工作，佛冈县水头镇水龙尾铅锌矿矿山开采区防渗改造及废弃矿井封井回填项目协调工作，2022年专项债券项目工作，中核集团光伏项目建设工作，水头镇西田水厂改造项目前期工作等。

【县政府常务会议】 2022年，县政府召开县政府常务会议29次。研究经济社会发展和处理日常性政务问题，会议研究讨论335项内容。审议事项主要有：审议《佛冈县十六届人大一次会议代表建议和政协佛冈县十一届一次会议委员提案》《佛冈县事业单位管理岗位职员等级晋升制度工作实施方案（稿）》《佛冈县党政机构调整方案（稿）》《佛冈县职业病防治“十四五”规划（稿）》等文件，听取佛冈县人民政府2021年度开展规范性文件合法性审查工作情况汇报，研究成立争创省级高新技术产业开发区工作专班事项，研究调整2022年度佛冈县城镇住房保障对象标准及条件的问题，研究解决“网格化+信息化”“网格员+信息员”基层社会工作治理工作经费的问题，研究佛冈县水头镇全域推进乡镇振兴基础设施建设工程之水头镇“江源水韵”乡村振兴示范带项目（一期）初步设计和概算等相关事项，研究调整2022年度佛冈县城镇住房保障对象标准及条件的问题，研究佛冈县县域医共体建设项目之佛冈县妇幼保健计划生育服务中心综合楼建设项目初步设计和概算资金的有关事项，研究佛冈县智慧停车项目试行期有关事项，听取佛冈县对困难家庭落实各项救助政策的报告，研究部署疫情防控、安全生产、信访维稳、乡村振兴、城乡融合、专项债和重点项目建设、法治政府建设等工作。

【县政府工作会议】 2022年，县政府召开政府工作会议36次。主要研究议题有：部署城乡规划执法，研究县中医院内新建发热门诊大楼规划选址，规范电动自行车集中管理，省运会筹备委员会市容市貌组暨推动国省道沿线镇村和振兴路等主要路域环境综合整治提升，佛冈县安全隐患专项治理“百日行动”和电网建设，佛冈县各镇敬老院消防设计审查验收，佛冈水头镇水龙尾铅锌矿地下水治理工程推进，智慧停车建设、老旧小区提质改造等项目规划施工报建，黄埔材料研究院项目生产基地选址，县人民医院内科大楼建设项目验收工作等。

（黄林聪）

重要政事和决策

【县政府班子领导补充】 2022年9月1日，经佛冈县人大常委会表决，免去王卓越同志佛冈县人民政府副县长职务。2022年10月13日，经佛冈县人大常委会表决，任命黄泽川同志为佛冈县人民政府副县长。

【人大代表议案、建议和政协委员提案】 2022年，佛冈县办理涉及全县政治、经济、文化和社会生活等方面的人大议案建议97件、政协提案185件，有力促进全县经济社会平稳健康发展。

【生活垃圾转运项目】 2022年1月10日，为进一步加强县域生活垃圾治理能力，建立生活垃圾分类收集转运处置机制，佛冈县政府常务会议原则同意佛冈县生活垃圾转运项目实施方案，项目采用政府采购服务模式，服务年限为3年，服务主要内容包括：垃圾转运、转运站运行维护、智慧环卫平台，3年总费用控制在3530.70万元以内。

【调整佛冈县乡镇公办幼儿园保教费标准】 2022年1月10日，为进一步加强全县幼儿园收费管理，规范幼儿园收费行为，促进学前教育事业健康发展，佛冈县政府常务会议原则同意调整佛冈县乡镇公办幼儿园保教费标准。乡镇公办幼儿园保教费收费标准调整为每生每月440元，新收费标准从2022年2月1日开始执行。县教育局要落实好收费价格宣传解释等后续工作，加强学前教育管理，为全县学前幼儿提供良好学习生活环境。

【提高护林员工资待遇】 2022年1月18日，佛冈县政府常务会议原则同意提高护林员工资待遇，将全县专职护林员工资由1000元/月提高至1500元/月，其中队长从1100元/月提高至1600元/月，从2022年1月起实施，资金来源由县财政解决。各镇人民政府、县林业局要加强对护林员的业务指导和监督管理，强化绩效评价的导向作用，激发护林员的工作积极性和主动性，提高护林管林的效果。

2022 年 6 月 30 日，佛冈县举办 2022 年生活垃圾分类宣传月启动仪式

（朱慧燕　摄）

【分配 2022 年困难群众救助补助资金】 2022 年 2 月 16 日，为落实好中央、省市民生工作要求，保障困难群众基本生活权益，佛冈县政府常务会议原则同意分配 2022 年中央财政困难群众救助补助资金 1202 万元和省级财政困难群众救助补助资金 4022 万元。县民政局会同县财政局统筹安排好补助资金，加强资金的使用和监督管理，确保不漏一户不落一人，提高资金拨付的时效性、公开性和透明度，提升资金使用效率。

【广东省第十六届运动会和第九届残运会筹备工作】 2022 年 2 月 24 日，为确保佛冈县承办第十六届省运会和第九届残运会的各项赛事顺利开展，佛冈县政府常务会议对省运会和省残运会筹备工作进行研判，要求各部门充分认识到举办省运会和省残运会对于推动佛冈高质量发展的重要意义，按照职责分工，制定具体工作方案，明确时间节点，扎实做好场馆建设、赛事组织、备战参赛、大型活动、后勤接待、安全宣传、志愿服务等工作，确保高标准、高质量完成各项任务。

【调整 2022 年度佛冈县城镇住房保障对象标准及条件】 2022 年 3 月 30 日，为解决全县城镇中低收入家庭的住房困难问题，让群众住有所居，佛冈县政府常务会议原则同意 2022 年佛冈县城镇住房保障对象的准入标准从 2021 年的 2209 元 / 月调整为 2720 元 / 月。县住房城乡建设委员会要加大政策宣传力度，加快完善健全城镇住房保障体系，适当扩大全县住房保障对象覆盖面，提高公租房入住率，切实把惠民利民工程做实做细做好。

【农贸市场建设】 2022 年 4 月 29 日，为进一步规范全县农贸市场建设管理，解决早期建成的市场规划布局落后、规模容量小等问题，杜绝“以街代市、马路市场”现象，佛冈县政府常务会议原则同意农贸市场建设方案，对老旧市场（城东市场、小商品市场、四九市场）进行升级改造，同时在南港路原酒厂地块划出 6 亩地，新建大型农贸市场，利用专项债等财政资金统筹解决。县市场监管局要加强对农贸市场建设的监督指导，县市场开发服务中心、县代建项目管理中心要认真抓好项目开发建设的组织实施，统筹实际到位的发债资金落实到相应实施的项目工程。

【龙山镇民安水厂整体捐赠】 2022 年 8 月 11 日，佛冈县政府常务会议原则同意将佛冈县泽瑞置业有限公司及名下的民安水厂整体捐赠给佛冈县慈善会，由县慈善会接受捐赠后移交佛冈县城乡饮用水服务中心作为经营主体，并进行运营管理。县城乡饮用水服务中心应尽早组建好水厂运营管理团队，确保水厂早日实现通水，让群众喝上放心水、安全水。

【佛冈县小区配套幼儿园建设和管理】 2022 年 11 月 18 日，为科学合理布局城镇住宅小区配套幼儿园，建立完善住宅小区配套幼儿园建设、管理和使用长效机制，佛冈县政府常务会议原则同意佛冈县小区配套幼儿园建设和管理工作机制。县教育局牵头会同各镇和发改局、财政局、自然资源局、住房和城乡建设局等有关部门强化全县住宅小区配套幼儿园的规划建设和合理布局，充分考虑人口变化、乡村振兴、城镇化发展趋势和三孩生育政策实施，多渠道持续增加普惠性资源供给，规范配套幼儿园建设使用，保障适龄儿童就近接受公益性和普惠性学前教育，促进学前教育事业科学发展。

【大学毕业生预征青年身体纠治补助暂行办法】 2022 年 12 月 30 日，佛冈县政府常务会议原则同意佛冈县大学毕业生预征青年身体纠治补助暂行办法，相关经费列入政府财政预算，由征兵工作经费中支出。县人民武装部落实好大学毕业生参军入伍系列优待政策，加大动员宣传力度，确保征兵政策规定家喻户晓，激发大学毕业生应征入伍积极性，做到全程阳光透明，营造良好的阳光征兵氛围。

（康文华）

信访工作

【信访工作概况】 2022 年，县信访局全面贯彻落实习近平总书记关于加强和改进人民信访工作的重要思想，紧紧围绕县委、县政府工作大局，全面学习贯彻《信访工作条例》，坚持以人民为中心，以社会稳定和谐为出

2022 年 5 月 31 日，县委书记潘国标（左二）接访参战退役人员代表
（宋雪虹　摄）

发点，以群众满意为落脚点，以推动信访事项化解为发力点，创新工作方式方法，着力解决人民群众“急难愁盼”问题，有效维护人民群众的合法权益，为党的二十大胜利召开营造和谐稳定社会环境。

【信访受理】 2022 年，全年共受理来信、来访、网上信访 536 件，其中来信 64 件，接待来访群众 224 批 406 人次，网上信访 248 件。重复信访占比为 20.81%，及时受理率 100%，按期答复率 100%。

【满意度评价】 2022 年，全县共有 316 件信访事项纳入满意度评价信访事项，群众已评价 274 件信访事项，其中 268 件评价满意，满意率为 97.81%，参评率为 86.71%。

【领导接约访】 2022 年，县党政领导干部率先垂范，到镇接访、约访、带案下访，深入实地对群众反映的问题进行分析研究，适时对信访人进行法律引导和宣传解释，提出解决问题的措施、办法，并督促有关责任单位认真调查处理，争取尽早调处、化解群众反映的诉求。县召开 7 次全县信访工作联席会议，其中县党政主要领导主持召开 4 次全县信访工作联席会议研究部署信访工作。全年县党政主要领导带头落实接访、下访，全年约访、批阅群众信访事项共 16 次，并带头包案重点信访事项 6 件，均逐一明确相关责任单位和化解措施，压紧压实各方责任，并及时回应群众诉求，有效化解一批信访突出问题。

【特殊信访工作】 2022 年，在全国两会、北京冬奥会和党的二十大特护期间，持续开展县、镇领导接访工作，每天有一名县、镇党政领导在信访接待大厅负责接待处理群众来访，做到领导到位、责任到位、落实到位，全县紧盯重点、综合施策，全力确保“三个不发生”工作目标实现，圆满完成党的二十大信访保障工作任务，得到市信访联席会议的充分肯定和表扬。

【信访专项治理】 2022 年，治理重复信访、化解信访积案专项工作开展以来，县信访局狠抓落实、集中攻坚，围绕“清仓见底、案结事了”的工作目标，100% 完成中央、省交办给佛冈县第一批 23 件和第二批 12 件重复信访事项专项治理的任务。所有重复信访事项都严格以“案结事了”、群众息诉罢访为标准，按照“三到位一处理”要求，一体推进解决问题、帮扶救助、思想疏导等工作。

【信访宣传】 2022 年，把学习贯彻《信访工作条例》作为当前和今后一个时期信访工作的重要政治任务，以钉钉子精神抓好落实。坚持高位推动，抓住领导干部这个“关键少数”，在县委常委会议和县政府常务会议上传达学习贯彻《信访工作条例》精神，研究全县贯彻落实意见；把条例作为县委党委理论学习中心组学习的重要内容。为全面提升全县信访干部业务能力和综合素质，佛冈县举办《信访工作条例》知识竞赛活动，6 个镇和 14 个县直单位派出信访干部参加了竞赛，由竞赛成绩前 3 名信访干部代表参加清远市信访系统《信访工作条例》知识竞赛，荣获一个一等奖和两个二等奖的佳绩；佛冈县驻京信访干部在省驻京信访保障工作者“喜迎二十大·奋进新征程”《信访工作条例》知识竞赛中荣获三等奖佳绩。通过《信访工作条例》知识竞赛活动，达到了“以学促业务、以业务促学习、增强业务本领”的目的。

【信访督办】 2022 年，县信访局到各镇各县直单位开展信访督查工作共 71 次，通过实地督查，压实镇及县直职能部门的责任，充分发挥对各镇各部门信访工作的督查指导职能，推动信访工作责任制进一步明确到位、落细落实。加大对各镇党政机关及其领导干部、工作人员在信访事项登记、受理、转办、办理、答复、回访等工作环节中存在的不作为、慢作为、乱作为等问题的督查督导力度，进一步发挥“三项建议权”机制作用。同时，紧扣国家、省、市信访法治建设工作部署和重要节点时期的信访工作目标，会同相关部门，采取“点对点”通报，发提醒函、督办函、约谈函，个案实地督办等方式，对各镇各单位领导干部接访、信访积案化解以及重要节点时期信访工作等情况进行督导检查，确保各项工作落到实处。

【信访干部学习】 2022 年，县信访局按照上级组织培养干部的要求，坚持落实新任副科领导干部到县信访局担任信访督查员的制度。组织新提拔的24名县直副科级领导干部分三批到信访局跟班学习，参与接访劝返督查工作，增强干部的群众意识，培养新提拔干部对社情民意的了解，提高干部做好群众工作的能力，提高干部为民服务的自觉性，锻炼干部的综合协调能力及解决处理突发事件的能力，着力推动信访工作深入有序地开展。新提拔副科督查员包案督办信访事项16件，按照“一件一策、跟踪督导、负责到底”的原则，对案件的办理程序、调查过程、处置结果、问责情况等关键环节进行重新“体检”和“复诊”，确保信访积案包一件、结一件、了一件，共化解办结16件，办结率100%。是年，派1名业务骨干到省信访局跟班学习，在跟班学习期间，圆满完成省信访局交办的各项工作任务，获得省信访局领导同志的高度肯定和表扬。

（宋雪虹）

数字政府建设

【县政务服务数据管理概况】 2022年，县政务服务数据管理局按照上级政务服务和数据管理工作的要求，统筹推进“数字政府”改革建设和“放管服”改革工作纵深发展，推进政务服务事项标准化建设，深化行政审批制度改革，不断提高政务服务效能。下属事业单位有县人民政府行政服务中心、市公共资源交易佛冈分中心、县电子政务办公室。

【简政放权】 2022年，县政务服务数据管理局持续推进和完善“强县放权”工作，承接市级依申请权力事项和公共服务事项共7项，涉及县民族宗教事务局（6项）及县农业农村局（1项）；印发《佛冈县县级政务服务事项调整由镇实施目录（第一批）》，涉及县城市管理和综合执法局、县林业局、县水利局、县文化广电旅游体育局、县住房和城乡建设局、县自然资源局共35项事项委托镇实施。

2022年11月29日，佛冈县政务服务数据管理局对各镇进行佛冈县一体化在线政务服务平台业务操作培训 （县政务服务数据管理局 供图）

【政务服务】 **推动全县政务服务事项标准化** 2022年，县政务服务数据管理局为统一事项拆分、事项名称、材料清单，优化服务事项业务流程、精简办事材料，组织县镇两级对全县政务服务事项进行全面梳理。经梳理统计，形成并公布了《佛冈县县级事项标准化要素清单（第一批）》45项、《佛冈县县级事项标准化要素清单（第二批）》112项和《佛冈县镇级政务服务事项标准化要素清单（第一批）》121项，统一优化涉及公安、人社、民政、残联等领域惠及民生的政务服务事项的办理标准。

实行事项清单常态化动态化管理 2022年，县政务服务数据管理局落实好省常态化监测反馈的事项质检问题清单，组织县直单位做好事项日常编辑维护工作，审核县直单位政务服务事项的办理材料、网办地址、“两减一即办”、单点登录等任务指标变动情况。截至12月31日，全县政务服务依申请类、依职权类和公共服务事项实施清单共6624项，形成权责清单5276项。

深化“一件事”主题式服务 2022年，县政务服务数据管理局根据《2022年度“一件事”主题集成服务第一批上线清单》和《关于加快推进国家“一件事一次办”主题集成服务工作的通知》要求，已组织县有关部门在广东省政务服务事项管理系统纳入实施相关“一件事”主题事项共51项、“一件事一次办”事项共5项，进一步推进落实“一套表申报、一个窗受理、一次性办成”。

实现高频事项“省内通办、跨省通办” 2022年，县政务服务数据管理局组织县直有关单位对照梳理出《政务服务“跨省通办”事项开展情况统计表》。截至12月31日，全县实现93项涉及群众就医、求学、养老、户籍业务等事项“跨省通办、省内通办”，并在县政务服务大厅设置“跨省通办、省内通办”业务专窗，满足群众线上线下多渠道办理。

全县电子证照应用 县政务服务数据管理局提高电子证照、电子印章调用量和使用率，全县共制发电子印章197枚，其中县级部门104枚，镇村社区93枚；实现政务服务事项“免证办”202项；可签发电子证照的事项123项，其中涉企证照电子证照开通44种，确保全面实现涉企证照电子化。加快“四免优化”进程，逐步取代纸质材料及证照的使用，实现群众、企业办理，部门受理全流程电子化，提高审批效率，为群众、企业提供便利，提高群众、企业办事体验感。

业务专窗服务 2022年，县行政服务中心设立工程建设审批、企业开办和通办认证专窗。设立业务专窗，可以大大压缩审批时间，加快数据共享，促进线上线下深度融合，方便群众办事。全年县政务服务中心受理业务45 325单，其中工建审批受理业务332单，企业开办专窗出照办结的新办企业575家，统一身份实名认证专窗受理业务157单。

智能自助服务 2022年，县行政服务中心通过优化政务服务大厅配置，在县政务服务大厅合理配置24小时自助办理区，包括自助填表区、出入境24小时自助区、24小时居民身份证自助办（领）证区等。年初，新增综合政务服务粤智助一体机2台、税务自助机一体机1台，11月增设政务晓屋。办事群众可根据自身需求，在自助一体机24小时自助办事，在政务晓屋自助异地办事，提高群众办事便利度，弥补了传统窗口办事短板。全年，县政务服务中心智能设备办理、打印（包括查询）8293单业务。

便民导服服务 2022年，县行政服务中心完善适残化、适老化服务工作，采用以下措施提升服务水平：增加拐杖、助听器等设备，免费提供给长者及残障人士使用，逐步完善县政务服务中心适老化、适残化建设；强化业务培训，导服志愿者通过专业培训，能熟练为办事群众操作自助机，解答咨询问题，为长者及残障人士免费提供朗读、复印打印、填写材料等服务。坚持传统服务方式与智能化服务创新并行，为老年人及残障人士提供更周全、更贴心、更直接的便利化服务。同时，县行政服务中心建立工程建设项目审批无偿帮办、代办服务，组建服务团队，为所有工程建设项目提供帮办代办、跟踪督办的便民服务。制定《政务服务大厅帮办代办服务实施细则》，组织导服人员和综合窗口人员开展业务培训，熟练地为项目审批提供无偿帮办、代办和咨询服务，积极解决群众办事过程中遇到的困难，增强企业和群众获得感与体验感。

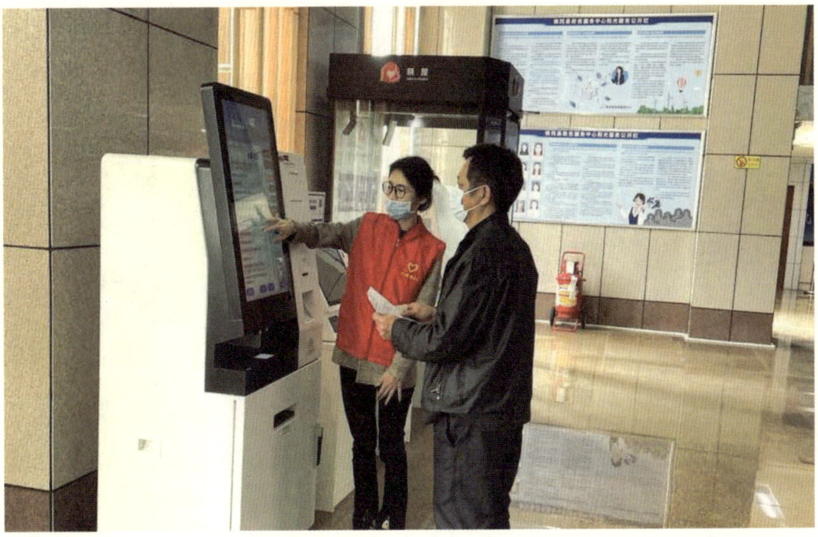

2022年3月16日，县行政服务中心志愿者指引群众使用政务自助机

（县行政服务中心　供图）

12345热线政务服务 2022年，县行政服务中心12345热线办不断提升数据分析能力，发挥好热线数据对民生情况分析、社会风险防范和政府治理等方面的作用，推动群众诉求更高质量、更高效率地得到解决，提高群众满意度，发挥12345热线政务服务总客服的作用。全县工单处理量15 769件，办结量15 068件，按时回复率99.97%，工单满意率89.62%。为4个单位提供6377件数据资料；起草12期工作情况通报；提交5份有关社情弱信号的专题报告上报县委、县政府及相关职能部门，推动有关问题及时有效化解处理。

政务公开 2022年，为提升办事大厅整齐美观性和提高空间利用率，县行政服务中心充分发挥现有办事大厅的空间特点，全面升级改造社会主义核心价值观宣传栏，将窗口工作人员服务规范、服务承诺、限时办结、一次性告知等制度更新上墙，全面打造政务服务宣传新形象，营造政务服务良好宣传氛围。

政务"好差评"制度建设 根据佛冈县"好差评"实施细则，全力推动"好差评"工作，县、镇、村117个三级政务服务办事大厅均设置"好差评"二维码，评价器和静态二维码可供办事群众对所办业务进行评价，形成群众监督机制。2022年，全县"好差评"评价月均服务质量得分9.8分，月均综合得分9.75分，综合评分全市排名靠前。

【优化上线"佛冈县一体化在线政务服务平台"】 2022年，县政务服务中心各综合窗口工作岗位配置高拍仪、评价器等配套设备，使业务受理过程更便利化、自动化；平台已对接省政务服务网、省统一电子证照、省统一电子印章、电子签名、好差评系统、粤省事、粤商通等公共支撑平台，实现居民身份证、营业执照等政府部门核发的证照数据共享、互联互通；事项办理要素方面，佛冈县一体化在线政务服务平台同源对接广东省政务服务事项管理系统，对照事项清单统筹标准，配置好每个事项材料要素及流程环节，保持线上线下统一，对镇窗口、承办、审批等人员权限进行合理配置。

【拓展"粤智助"政府服务一体机应用】 2022年，在全县6个镇、78个行政村全面部署推广"粤智助"政府服务自助机（桌面型和增强型）共95

2022年4月28日，县电子政务办在人民中心主楼108室开展全县数据治理工作培训
（县政务服务数据管理局 供图）

台，已开通各项政务服务和金融服务查询类、办理类、打印类事项181项，按照省、市“十件民生实事”工作计划部署，不动产信息查询、不动产登记资料查询、公积金缴存明细打印、医院挂号、出院诊断证明打印、出院通知书打印、住院证明打印、体检报告打印、缴纳城乡居民养老和医疗保险费用、企业职工养老待遇资格认证共10项服务事项均已上线“粤智助”。截至12月31日，累计为群众办理各项业务141 172笔，服务用户62 872户，有效推动基层群众办事“就近办、网上办、一次办成”。

【数据治理】 数据治理工作 2022年，努力完善全县的数据资源共享、编目和挂接工作，持续开展政务数据资源目录编目挂接工作，完成43个单位共429项县直部门政务数据资源挂接，落实6个本地自建系统的编目以及18项自建系统数据的挂接，推动29个单位共120项数据资源对社会开放。

本地系统迁移上云工作 积极推动全县政务系统迁移上云工作，倡导各部门本地系统“应上尽上”，完成10个本地系统迁移上云工作。

构建统一、规范、多级联动的“互联网+监管”体系 印发《佛冈县推进“互联网+监管”工作实施方案的通知》，并于佛冈县政府门户网站公开，完善“互联网+监管”工作机制。截至12月31日，全县28个监管部门认领或关联上级监管事项共672项，监管事项子项2932项，检查实施清单824项，有监管行为事项666项，无监管行为事项6项，监管事项覆盖率99.11%。

【网络安全】 等级保护工作 2022年，认真落实网络安全措施，推动全县信息安全机制更加健全，保障全县政务外网安全运行。协助治安管理部门推动自建系统的政务信息安全等级保护工作，统筹组织佛冈县两建管理平台、佛冈县“三资”管理平台、佛冈县公房管理平台等5个部署在县政务云的重要政务系统开展等保备案工作，完成各系统的测评定级工作。

基础设施建设 通过升级、补充网络安全防护设备和防护软件，优化安全管理机制，提升软硬件网络安全应急处置水平，持续提高县政府机房和网络的安全防护能力，为“数字政府2.0”建设提供安全稳定的环境基础。

设备运维管理 通过政府采购的方式，聘请具有安可产品维护资质的网络营运商，将大院非涉密网络和信息化设备纳入统一维护，保障县政府大院各单位办公信息化的安全性和规范性。

检查检测工作 持续开展网络安全检查、检测工作，联合县网信办、县网警大队开展重点时期全县电子政务外网网络安全专项检查，确保在特殊时期政务外网网络安全；严肃整顿政务外网各类网络乱象，对政务外网电脑在政务外网和互联网任意切换（一机双网）等不合规问题，督促问题单位整改；加强县政府网络中心机房运维巡检，累计处置较大隐患2次，全力阻断各类网络攻击；在全县政务外网统一部署病毒防护系统，累计查杀病毒23 028台次，阻断账户暴力破解1120台次，修复各类电子政务外网办公系统漏洞40 438项。

（县政务服务数据管理局）

机关事务

【机关事务概况】 2022年，佛冈县机关事务管理局按照机关后勤工作“三好”和机关事务管理条例要求，按照县委、县政府的工作部署，切实履行为领导、为机关、为干部职工服务的宗旨，坚持高起点、严要求、大服务的工作思路，努力使机关后勤管理体制和运行机制与服务社会化、管理科学化的要求相适应，创造一个正常、有序的工作和生活环境，为机关工作职能的正常履行提供有效的后勤保障。2022年，单位核定事业编制47名，内设办公室、财务股、安全保卫股、基建维修股、小车队、公务用车管理股共6个正股级机构。

【会议会务保障】 2022年，县机关事务管理局认真抓好会议会务工作，按照把工作做在前的服务原则，尽力做好会前、会中、会后各项工作，积极开展会议筹备工作，做好会标制作、会场布置、会场清洁等会务工作，确保了各场（次）会议的顺利召开。2022年全年协助举办各种会议、培训、讲座共1256场次。

【公务用车管理】 2022年，县机关事务管理局强化安全意识，加强对驾驶员进行安全教育，由局车队平台每

2022 年 2 月 15 日，佛冈县人民政府停车场设置公共充电站（朱慧燕　摄）

事务管理局加强县人民中心安全保卫和群体性上访突发事件处置工作，引导群众合法合规上访，营造和谐稳定的办公环境。严格落实机关综治责任制，认真做好外围巡护及周边社会治安排查工作，加强责任区 24 小时安保巡查工作，安排人员对防火防盗重点部位进行定时定点巡查，及时排除安全隐患。实行全方位监视保护，在人民中心广场、“善园”文化主题公园、篮球场、北山公园建立了全覆盖的电子监控，最大限度保障责任区人民的生命财产安全。

季度对驾驶员进行交通安全教育培训，并签订交通安全责任书。定期保养车辆，并组织专业人员对每一辆车的运行情况进行分析和研判，以便及时掌握车辆具体状况，是否存在安全隐患，确保领导和用车单位乘得安全、用得满意。采取“集中管理、统一调度”的公务用车管理模式，把全县公务车辆纳入公务用车信息平台管理，加强对全县公务用车运行数据的统计，严格规范将车辆数据统一录入至平台，并积极向各单位推广配备新能源车辆 14 台。严格执行调车程序、规范车辆管理，严格执行平台派车制度，对保留公车进行 GPS 车载定位安装。严格规范双休日、节假日公车使用规定，夜间车辆定点停放制度，分别建立了“车辆检查、调车记录、车辆保养、一车一卡”等管理台账，杜绝随性调车、长期占用车问题，确保车辆安全、有序、高效运行。

【中心环境卫生】 2022 年，县机关事务管理局做好县人民中心各办公大楼内外环境卫生保洁和绿化工作，严格执行卫生保洁制度和轮流值班制度，明确卫生保洁工作职责范围。坚持适时更新、翻种绿化带花草树林，确保中心内外环境卫生整洁，为干部职工创造舒适优雅的办公环境。

【中心设施维护】 2022 年，县机关事务管理局做好县人民中心办公大楼设备设施专用房、会议室等基础设施维修管理工作，确保办公大楼基础设施正常运转。定期组织专业技术人员对配电房、消防水泵、电梯等公共设备进行检查，及时排除安全隐患问题，保障各办公大楼各种设备设施的正常运转。全年，共维修或安装各种水电设备累计达 700 余次，用行动保障了大楼各种用电用水和用房设备设施的正常运转。

【政府食堂管理】 2022 年，县机关事务管理局落实专人负责政府食堂日常监督管理制度，及时做好设备设施维护、添置餐厨用具等相关工作，坚决消除安全隐患，优化食堂运营模式。积极配合市场监督管理部门对食堂的卫生标准、设备安全、采购贮存等方面的专项检查，并安排专人定期调研用餐人员对食堂菜式的满意度。全年，经过问卷调查，针对干部职工反映菜的品种少、蔬菜口感差、可选择性少等问题，严格督促食堂整改，提高菜的品种和质量，为机关干部职工提供更加可口的饭菜，让干部职工吃得放心、舒心，赢得干部职工的充分肯定。同时，积极响应县委县政府中心工作，高质量完成抗洪救灾、疫情防控、两会、省运会等的餐饮服务配送工作。

【安全保卫管理】 2022 年，县机关

【办公用房管理】 2022 年，严格执行《党政机关办公用房管理办法》，加强办公用房政策宣传，从严管理办公用房面积，严格检查、督促各单位按标准使用办公用房；发现违规、超标使用办公用房的情况及时反馈处理。组织人员对各个单位办公场所进行实地考察，按人数、按标准配置办公用房，加强闲置办公用房的利用，提高办公用房的利用率，达到资源合理配备。

【后勤保障工作】 2022 年，做好省运会赛事后勤保障工作。统筹安排赛事工作用车、餐饮、物资等。为省运会竞技体育组自行车（公路）测试赛及正式赛、群众体育组乒乓球测试赛和省残运会自行车（公路）测试赛及正式赛共提供餐饮 4000 余份，联系保险公司购买工作人员的意外伤害保险 2000 余人次；协助在供电、供水、气象、通信等方面提供优质服务，助力省运会顺利进行。全力做好新冠疫情防控处置后勤保障工作，专门成立工作领导小组，负责后勤保障工作的指挥协调和物资统筹工作；为指挥中心和流调中心提供电脑、打印机、硬盘、折叠床、药品、食品等办公用品和生活用品；为前线工作人员按时供应四餐，其间共向流调中心提供 3849 份工作餐，向指挥中心、县公安局、志愿者等累计提供 2.83 万份工作餐；

安排流调工作专用车辆 74 辆，并实行组合派车，尽量减少出车趟次，提高车辆使用率。

（温清铃）

【公务接待服务】 2022 年，县接待科共承担公务接待任务 738 批次、1.02 万人次。其中，接待省、市各类工作检查组、各地考察团共 459 批次，国内外客商 279 批次。2022 年，广东省第十六届运动会在佛冈举行，各项赛事后勤接待工作皆由县接待科配合承办；6 月，特大洪水灾害袭来，县接待科负责协助各项后勤服务工作，为人民群众和志愿服务队伍提供有力的后勤支撑和保障；10 月，全县进入紧张的疫情防控状态，县接待科负责流调中心、指挥中心的食宿安排。

（陈秀媚）

政协佛冈县委员会

【县政协十一届第二次会议】 2022 年 2 月 24—25 日，政协第十一届佛冈县委员会第二次会议在县人民中心召开。县政协主席袁卫国，副主席蓝山鹰、徐文婉、李功志、范桂宁、周玉兰、何高者，秘书长彭宁在主席台就座。县委书记潘国标，县委副书记、县长江红平，县人大常委会党组书记、主任黄河应邀到会祝贺并在主席台就座。应邀前来参加大会的还有县委、县人大、县政府的领导，以及广佛（佛冈）产业园、县法院、县检察院、县武装部的领导。会议听取和审议政协第十一届佛冈县委员会常务委员会工作报告；大会参政议政发言；审议政协第十一届佛冈县委员会第二次会议提案审查委员会关于第十一届第二次会议提案审查情况的报告；审议通过政协第十一届佛冈县委员会第二次会议决议。

【县政协常委会议】 第十一届第三次常委会议 2022 年 2 月 18 日召开。会议主要内容：传达学习习近平总书记重要讲话和重要指示批示精神；听取县法院、县检察院 2021 年工作情况通报；协商通过《政协第十一届佛冈县委员会常务委员会 2022 年工作计划》；协商通过县政协第十一届第二次会议的有关事项；协商通过《政协佛冈县委员会专门委员会通则》《政协佛冈县委员会提案办理协商办法》《政协佛冈县委员会专题协商办法》《政协佛冈县委员会对口协商办法》《政协佛冈县委员会界别协商办法》；协商通过有关人事安排。

第十一届第四次常委会议 2022 年 2 月 24 日召开。会议主要内容：听取各专委会讨论政协第十一届佛冈委员会常务委员会工作报告的情况汇报。

第十一届第五次常委会议 2022 年 2 月 25 日召开。会议主要内容：听取各专委会讨论县政府、县法院、县检察院工作报告的情况汇报；听取各专委会审议政协第十一届佛冈委员会第二次会议决议（草案）的情况汇报。

第十一届第六次常委会议 2022 年 6 月 27 日召开。会议主要内容：传达学习中共中央政治局会议精神；学习习近平总书记关于《努力建设人与自然和谐共生的现代化》；传达学习中共广东省第十三次党代会精神；倡议为受灾的龙山镇群众捐款捐物的有关事项；协商县政协常委会外出学习培训的有关事项。

第十一届第七次常委会议 2022 年 11 月 2 日召开。会议主要内容：传达学习宣传贯彻党的二十大精神；学习贯彻习近平总书记出席庆祝香港回归祖国 25 周年活动重要讲话精神；选学《习近平谈治国理政》第四卷；学习中央统战工作会议及省委常委会会议精神；学习有关文件精神；讨论学习党的二十大报告的心得体会。

2022 年 8 月 19 日，县政协组织委员到汤塘镇乡村振兴示范点开展实地视察

（钟盛祺　摄）

主要工作和调研视察

【政协提案】 2022 年，县政协第十一届第一次会议以来，全体政协委员、政协各参加单位和各专委会，共提出提案 185 件，经提案审查委员会审查立案 144 件，立案率 77.8%。其中《关于大力推进基层镇村公共服务建设的建议》等 10 件提案被确定为 2022 年重点提案。全年，县政协积极创新提案工作的方式方法，主动作为，

2022 年 8 月 23 日，佛冈县检察院设立联系人大代表、政协委员工作室

（朱慧燕　摄）

努力提高提案工作的科学化、规范化水平，政协提案工作呈现出一些新特点、新变化。一是提高提案质量。提早部署征集提案，全体政协委员紧扣高质量发展主题主线，围绕入珠融湾、工业强县、推进广清一体化、乡村振兴等事关全局的重要工作建言献策；高度关注民生问题，收到涉及社会民生问题提案 83 件，及时转交相关部门办理；集体提案量多质优，以集体名义提出的有 70 件，占比达 48.6%，占优秀提案的 40%。二是加强提案的督办。通过分类督办机制、动态管理机制、回访复核、全民监督等方式，形成督办提案合力。三是落实提案效果好。县政协常委会认真履行提案办理监督、指导、服务职能。县政府严格落实办理责任，完善办理机制，突出重点提高办理实效。

【政协视察与调研】 2022 年 4 月 14 日下午，县政协组织民营经济委员会委员到迳头镇大陂中学就县政协关于“青少年心理健康问题”进行专题协商调研，听取青少年心理健康有关情况汇报，提出意见和建议。4 月 20 日，组织县政协委员专题视察县医共体建设情况，现场参观县人民医院、县妇计中心、县中医院等地，详细了解医院基本建设情况、医共体建设情况与运作机制，并召开工作座谈会。5 月 26 日，组织港澳台侨和外事委员会委员代表一行到广佛园及龙山新动力智造城开展专题调研，听取有关情况会议，提出意见和建议。5 月 27 日，组织民营经济委员会委员对全县青少年心理健康教育召开对口协商座谈会议，现场参观佛冈中学心理咨询室，听取青少年心理健康教育开展情况，提出意见和建议。7 月 6 日，组织县政协学习文史委员会对全县非物质文化遗产的传承与保护工作开展视察，实地察看高岗镇乡村微博馆、水头镇文化馆、县文化馆非遗展厅，听取全县非物质文化遗产的传承与保护工作情况。7 月 27 日，组织县政协教科文卫体委员会委员，对全县“双减”工作情况进行视察调研。现场参观佛冈县奇趣校外拓展中心、振兴小学、汤塘镇虫儿飞舞蹈培训中心，听取有关情况汇报，提出意见和建议。7 月 28 日，组织县政协环保建设委员会的部分委员到原中医院（原县政府）进行规划建设调研，实地察看原中医院，详细了解原中医院地块建设规划情况，提出意见和建议。8 月 4 日，组织县政协工交财贸委员会委员到广佛产业园部分重点电网建设项目进行视察，参观中创材料谷、四九输变电站、万洋、洛克威、天赐等园区基础建设及园区展厅，听取有关情况汇报，提出意见和建议。8 月 19 日，组织县政协委员加强乡村振兴示范带建设视察及对口协商座谈会，参观汤塘镇新塘村、汤塘村、广东省金鲜美粮油食品有限公司，石角镇龙塘村游客中心、龙南滨水线、里水大田村等地了解全县乡村振兴示范带建设情况，提出意见和建议。9 月 6 日，组织县政协提案法制委员会调研组到汤塘镇、龙山镇分别召开“乡镇综合执法实施情况”调研座谈会，听取有关情况汇报，提出意见和建议。9 月 15 日，组织县政协教科文卫体委员会就如何开展全县学校急救设施建设和师生急救教育培训进行专题调研，通过实地调研，听取有关情况汇报，提出意见和建议。9 月 22 日，组织县政协港澳台侨和外事委员会、民营经济委员会视察县内重点工业园区开发建设情况。实地视察龙山新动力智造城、佛冈城西科技城，现场听取关于全县重点工业园区的建设进度及发展规划等情况的介绍，提出意见和建议。10 月 21 日，组织县政协教科文卫体委员会委员对全县知识产权保护工作情况进行专题调研，实地察看了佛冈县电子商务产业园、县市场监督管理局、约克广州空调制冷设备有限公司，详细了解全县知识产权保护有关情况，提出意见和建议。11 月 23 日，组织县政协教科文卫体委员会对佛冈县医疗卫生服务能力工作情况进行专题调研，实地察看县人民医院，详细了解佛冈县医学教育、信息化建设、专科特色门诊、硬件建设等情况，提出意见和建议。

（欧阳苏清）

纪检监察

【纪检监察概况】 2022 年，中共佛冈县纪律检查委员会与佛冈县监察委员会（简称“县纪委监委”）合署办公，履行纪检、监察职责，实行一套工作机构、两个机关名称。内设机构：办公室，宣教调研室，党风政风监督室，信访室（举报中心），案件监督管理室，第一、二、三、四、五纪检监察室，案件审理室。派驻机构：派驻第一、二、三、四纪检监察组。2022年，佛冈县纪委监委以习近平新时代中国特色社会主义思想为指导，紧紧围绕县委县政府中心工作，聚焦主责主业，下功夫出实招，强化监督执纪问责，不断深化党风廉政建设和反腐败工作，为佛冈营造风清气正、干事创业的良好政治生态提供坚强的政治保障。

【纪律审查】 2022年，县纪检监察机关持续保持高压态势，坚持无禁区、全覆盖、零容忍，坚定不移正风肃纪，坚定不移“惩腐打伞”，坚定不移推动队伍建设，纪检监察工作取得新的全面进步。全年共受理信访举报132件（含上级转办40件），处置问题线索310条，立案105件，给予党纪政务处分115人，涉嫌犯罪移送司法机关2人。

【作风建设】 2022年，县纪检监察机关紧盯重要节点、关键环节，以永远在路上的恒心和毅力，严格落实越往后执纪越严的要求，持之以恒正风肃纪，坚决遏制“四风”问题反弹回潮，查处违反中央八项规定精神问题12起22人，给予党纪政务处分10人，给予组织处理12人，查处形式主义、官僚主义问题2起9人，给予组织处理9人。

【监督制约】 2022年，县纪检监察机关坚持以群众满意为标准，集中整治群众身边的腐败和作风问题，严惩涉黑涉恶腐败和“保护伞”，不断增强人民群众获得感、幸福感、安全感。全县共处置涉黑涉恶腐败和充当“保护伞”问题线索11件，立案1件，给予党纪政务处分6人。

【源头治腐】 2022年，县纪检监察机关贯通融合纪法情理，深化运用监督执纪“七个看”和问责“六字诀”。全县纪检监察机关运用“四种形态”批评教育帮助和处理284人次，同比减少27.2%，其中运用第一种形态批评教育帮助167人次，运用第二种形态给予轻处分、组织调整90人次，运用第三种形态给予重处分、职务调整8人次，运用第四种形态处理严重违纪违法、触犯刑律的19人次。采取执纪、监督和预防联动机制，深入剖析典型案件，不断深化以案促改，压实整改责任。加强廉政教育，运用阵地教育、考试教育、宣讲教育、庭审教育，推动廉政教育全覆盖。全年共组织党员干部参观县廉洁文化教育基地14场次，参与党员干部和公职人员365人次。将职务犯罪案件庭审打造成集警示教育、纪法教育的大课堂。组织各乡镇、县市场监督管理局、县林业局、县交通运输局等31个单位共95名干部职工参加旁听，从严做实做细同级同类干部警示教育。开展纪律教育学习月活动，组织5000多名干部职工观看警示教育片。在“佛冈纪检监察网”和“廉洁佛冈”微信公众号开设“曝光台”，点名道姓公开曝光党员干部违纪违法典型案件，引导全县党员干部进一步筑牢拒腐防

2022年9月6日，县纪委监委开展廉政教育讲学，到水头镇对183名村民小组长进行廉政教育培训，促使党风廉政建设向基层纵深推进 （龙志根 摄）

2022年3月1日，佛冈县纪委监委召开中国共产党佛冈县第十四届纪律检查委员会第二次全体会议 （龙志根 摄）

变的思想防线。

【重要会议】 2022 年 3 月 1 日，县纪委监委召开中国共产党佛冈县第十四届纪律检查委员会第二次全体会议。会议由县委常委、县纪委书记、县监委主任宋小平主持。县委副书记潘浩传达十九届中央纪委六次全会、省纪委十二届七次全会和市纪委八届二次全会精神。县委书记潘国标在会上作讲话。

【重要活动和主要工作】 2022 年 5 月 24 日，县纪委监委召开 2022 年度整治群众身边腐败和作风的工作部署会，会议由县纪委副书记、县监委副主任罗焯新主持并讲话。7 月 11 日，县纪委监委召开 2022 年度上半年工作总结暨述职述责会议，会议由县纪委副书记、县监委副主任罗焯新主持，县委常委、县纪委书记、县监委主任宋小平出席会议并讲话，镇纪委书记、县纪委监委机关各室（组）负责人在会上依次述职述责。9 月 6 日至 9 日，县纪委监委组织业务骨干到水头镇对 183 名村民小组长进行廉政教育培训，促使党风廉政建设向基层纵深推进。10 月 16 日，县纪委监委组织全体纪检监察干部认真收看了党的二十大开幕会直播实况，仔细聆听习近平总书记的重要讲话。11 月 1 日，县纪委监委组织 6 个乡镇党政正职走进法庭旁听，“零距离”接受警示教育，以案为鉴。12 月 6 日，佛冈县纪委监委组织全体纪检监察干部认真收看江泽民同志追悼会。

（陈丹敏）

县委巡察工作

【县委巡察工作概况】 2022 年，在县委的高度重视下，制定《中共佛冈县委巡察工作规划（2022—2026 年）（试行）》，为巡察工作明确“任务书”，制定“时间表”，划定“路线图”，精准朝着“巡察全覆盖”的目标努力。印发《2022 年佛冈县委巡察工作方案》，对佛冈县全年巡察任务做了部署安排，截至 2022 年底已完成全县巡察任务总数的 28.6%，为十四届县委巡察开好局奠定了一定的基础。

2022 年 6 月 29 日，市委巡察指导督导组在县人民政府主楼 420 室听取佛冈县委巡察工作汇报（杨惠敏　摄）

【专项巡察】 2022 年 3 月至 5 月，清远市委提级巡察石角镇党委，共发现问题 39 个。2022 年 3 月至 6 月，十四届县委的第一轮巡察对全县 5 个县直单位及石角镇 24 个村（社区）开展常规巡察，共发现问题 153 个，移交问题线索 3 条。8 月至 10 月，县委根据市委巡察工作安排派出专项巡察组到清城区同步开展乡村振兴资金管理使用暨农村集体“三资”管理专项交叉巡察工作，连州市委、连南县委专项交叉巡察组到佛冈县开展巡察工作，共发现问题 170 个，移交问题线索 16 条。

【联动巡察】 2022 年 3 月，清远市委提级巡察石角镇党委时，县委派出巡察组对石角镇 24 个村（社区）党组织开展联动巡察，形成同向发力、同频共振的巡察监督格局，助推巡察质效提升，共发现问题 41 个，移交问题线索 2 条。6 月，市委派出巡察

2022 年 3 月 10 日，县委第一巡察组进村派发巡察宣传单，并向群众详细介绍巡察工作以及群众反映渠道（杨惠敏　摄）

指导督导组对佛冈县巡察工作开展为期一个月的指导督导，县委高度重视，成立配合市委巡察指导督导工作领导小组，共印发《巡察指导督导简报》12期。针对巡察指导督导组反馈的问题，制定整改措施28条，修订完善规章制度共40份。

【巡察整改】 2022年，十四届县委第一轮巡察和市提级巡察共反馈问题192个，已完成整改问题157个，阶段性完成整改问题35个，建章立制68份。根据十四届县委第一轮巡察发现的撂荒耕地复种、"两违"建筑整治、"村级白条单"等问题发出《关于巡察问题的交办函》给相关职能部门要求开展专项检查、专项治理，发出《关于对照巡察发现村（社区）共性突出问题清单开展"未巡先改"专项工作的通知》给各镇党委要求自查自纠，进一步落实巡察整改主体责任，不断规范相关工作，充分发挥巡察推动改革、促进发展作用。2022年11月至12月，县委成立三个巡察整改督查工作组对十三届县委巡察整改工作进行督查督办，共督查19个未完成整改的问题，至年底已完成整改或做销号处理问题12个，7个问题持续整改中。

【巡察宣传】 2022年，县委巡察办印发16期佛冈巡察动态，共19条信息，被市委巡察办采用1条，巡察信息被南粤清风网、南方日报、南方+、清远日报等有关新闻媒体采用24次。

（杨惠敏）

民主党派

中国国民党革命委员会清远市佛冈县支部

【民革概况】 2022年，中国国民党革命委员会清远市佛冈县支部（简称"民革佛冈县支部"），现有党员21名，其中省人大代表1名，县人大代表1名；市政协委员1名，县政协委员9名。2022年，1名党员被民革广东省委会评为参政议政工作先进个人二等奖；2名党员被民革广东省委会评为反映社情民意信息工作先进个人；1名党员被民革广东省委会评为"2017—2022年度广东民革优秀党员"；2名党员被评为2022年优秀履职委员。

2022年7月8日，民革佛冈县支部组织全体党员到水头镇石潭村爱国主义教育基地开展"学党史、观故居，走多党合作之路"主题学习 （廖紫青 摄）

【组织建设】 组织发展 2022年，民革佛冈县支部继续做好组织发展工作，主动加强与上级的沟通和联系，积极争取党员单位党组织的支持和帮助，努力把支部建成"智囊团""人才库"，把政治素质好、参政能力强、业务水平高的优秀人才吸纳入党，已发展预备党员1名。此外，为贯彻落实民革中央关于进一步推动"民革党员之家"建设工作的部署以及省、市民革的有关工作要求，民革佛冈县支部高度重视，积极把佛冈"民革党员之家"打造成为全县民革的思想宣传窗口、组织活动阵地、参政议政交流平台、社会服务基地和交流联谊场所。

组织生活 2022年，民革佛冈县支部以"我们的节日"和周年庆为主题，开展内容丰富、形式多样的支部活动，促进党员交流学习，提高支部队伍凝聚力。1月，民革佛冈县支部积极开展2022年新春走访慰问活动，把组织的关怀和新春的祝福送到老党员以及困难党员心中。3月，为庆祝三八国际劳动妇女节，民革佛冈县支部开展形式多样的三八妇女节活动，包括调研座谈、理论学习、女性健康知识讲座、欣赏花卉等，增进党员感情，加强对外交流，增强支部活力。6月，民革佛冈县支部携手县委统战部、县侨联开展"强国复兴有我——我们的节日·端午节"联谊交友活动。7月，在支部成立八周年之际，为丰富党员组织生活，调动党员参政议政积极性，提升自身建设能力，增强支部凝聚力，民革佛冈县支部开展庆祝支部成立八周年活动暨2021年度工作总结会。8月，民革佛冈县支部开展"强国复兴有我——'我们的节日·七夕'"主题活动，通过乞巧、对歌、晒书以及文化讲座等活动形式开展七夕活动，并召开座谈会，了解七夕节日的历史渊源和风俗习惯，增强党员对中华传统文化的自豪感。9月下旬，佛冈民革全体党员联合县委统战部、县行政服务中心相关工作人员到高岗村、石门村开展“强国复兴有我——我们的节日·国庆·重阳”之“心系长者送温暖”主题活动。10月，支部召开会议，集中学习习近平总书记重要讲话，观看党的二十大开幕会直播盛况。12月，民革佛冈县支部召开2022年民主生活会，班子成员分别做对照检查发言，进行了深刻真诚的检视剖析，并开展互相批评，明确了整改方向和措施，达到了统一思想、互相监督、共同提高、增进团结的目的。

【思想建设】 **政治学习** 2022年，民革佛冈县支部认真开展“矢志不渝跟党走、携手奋进新时代”的主题教育，切实增强思想政治建设在党派工作中的引领作用，把学习贯彻党的创新理论作为思想武装的重中之重，持续抓好学习教育，把民革支部真正打造成为学习型政党。4月，组织党员认真学习《中国国民党革命委员会章程》和《中国国民革命委员会基层组织工作条例》等文件。6月，召开“学习宣传贯彻落实省第十三次党代会精神”专题学习会，并邀请县委统战部、县侨联、县知联会干部、理事一同参与。7月，邀请县委统战部常务副部长朱志强领学《中国共产党政治协商工作条例》《中国共产党统一战线工作条例》等文件，全体党员认真学习省第十三次党代会精神和民革广东省第十四次代表大会精神。10月下旬，组织学习中共二十大精神和全省、全市、全县大会精神，研究部署学习宣传贯彻工作。是年，召开委员会议、全体党员会议、全国两会精神报告会、习近平新时代中国特色社会主义思想读书会、讲党课等学习活动20多次，进一步增强基层党员接受共产党领导的自觉性，不断巩固与中国共产党团结合作的政治共识。

建立民革通信渠道 2022年，民革佛冈县支部拓展组织联系渠道，支部积极组织党员参加市民主党派，市、县委统战部的轮训班；参加党外干部培训班以及其他报告会、总结大会、委员会议、学习交流会等。6月，陈间清、陈莉、颜华等五名党员赴清远参加理论研究能力和信息宣传写作培训班；党员陈志武参加清远市2022年党外代表人士新成员培训班。同时，在新媒体（微信群）推送关于习近平总书记关于多党合作理论的“金句”以及各级民革召开的会议精神等内容，向全体民革党员及时传达相关会议精神。为提高党员政治素养，增强党员政治责任心，支部全体党员每人订阅了一份2022年的《团结报》，为自学、了解实事和知情参政提供条件；组织党员们积极利用“学习强国”平台进行学习，利用“微信工作群”“粤政易工作群”及时通知党员收看重要时事，推动学习教育的常态化。

【参政议政】 **专题调研** 2022年，民革佛冈县支部紧紧围绕人民群众关心的、党政部门重视的工作内容，通过反映社情民意、人大政协会议提案、专题调研的多种形式开展参政议政、民主监督工作。开展专题调研工作，建言献策，当好参谋。3月，民革佛冈县支部与民革清新区支部到石角镇小潭村红崩岗村开展乡村振兴工作及座谈调研。7月，支部组织全体党员到水头镇石潭村爱国主义教育基地开展“学党史、观故居，走多党合作之路”主题学习，并调研乡村振兴工作。8月，支部主委范秋萍到清新区龙颈镇对良田“御国医谷”南药新田园综合体发展项目开展调研，实地了解农村集体经营性建设用地入市改革、农村宅基地改革、农村承包地改革等方面的基本经验做法等。李思球、朱小凤作为县政协委员多次参加县政协组织的中小学心理健康教育和调研活动。

履行参政议政职责 2022年，民革佛冈县支部认真履行参政议政职责，发挥“智囊团”作用。积极参加县委、县政府、县政协及有关部门举办的各种协商会、征求意见会等，代表民主党派在会议上发言。5月，支部主委范秋萍参加并主持2022年参政议政工作专门委员会工作会议。8月，支部主委范秋萍参加市委统战部召开的党外人士座谈会，学习贯彻中

2022年1月20日，民革佛冈县支部联合县委统战部、县工商联、县行政服务中心、县知联会，组成慰问组到高岗镇开展春节送温暖活动

（廖紫青 摄）

央统战工作会议精神，凝聚共识，汇聚力量，努力为实现清远高质量发展作出统战贡献。9月，支部主委范秋萍参加2022年清远市党外代表人士暑期座谈会以及市委统战部召开的各民主党派意识形态安全工作部署会。在是年两会期间，县人大代表庞志英、县政协委员胡军红、王忠军、陈间清等9名党员参加县两会，在随后进行的参政议政发言环节，范秋萍委员上台进行了大会参政议政发言。

提升信息质量 2022年，民革佛冈县支部加大宣传，不断提升信息报送质量。全年，民革广东省委会网站、民革清远、佛冈县委统战部采用民革佛冈县支部的宣传稿件共15篇。向市委统战部及省、市民革报送社情民意8篇。佛冈政协第十一届第二次会议上，以民革佛冈县支部名义共提交15件提案，其中“关于对北山公园进行升级改造的建议”“关于加大对农村留守未成年人关注关爱力度的建议”等4件提案被作为议政发言材料。有提案5+1件（其中，1件集体提案“关于加强关注青少年心理健康发展的建议”与其他政协委员提出的“关于加强我县中小学生心理保健工作的建议”作为系列提案列入重点提案）列入重点提案，占重点督办提案的50%。“关于做好我县供水水源规划的建议”“关于加强撂荒耕地复耕保障粮食安全的建议”“关于我县加快推动新能源汽车充电桩科学规划建设的建议”“关于进一步大力发展青少年‘革命传统’‘学农学工’课外社会实践活动，促进‘双减’有力实施的建议”等4件提案被县政协评为2022年度优秀提案。支部主委范秋萍、副主委胡军红作为代表接受了媒体的采访，支部参政议政工作出新出彩，硕果累累。

【社会服务】 2022年，民革佛冈县支部坚持把社会服务作为“亮点工程”，不断扩大“博爱·牵手”品牌效应，推进社会服务品牌活动，扩大民革社会影响力。结合民革特点和党员职业优势，有计划、有步骤、多层次、多渠道开展“送医送药送文化，入户慰问暖人心”主题实践活动。1月，民革佛冈县支部、佛冈县委统战部、县工商联、县行政服务中心、县知联会组成慰问组到高岗镇、汤塘镇开展春节送温暖活动，送上慰问金及粮油、春联、奶粉、保健品等价值40万元的慰问品，为困难群众在新春来临之际送上祝福。6月，开展六一儿童节送关爱活动，通过与部分贫困儿童代表面对面进行亲切交谈，以及分批入户走访慰问较远的贫困儿童的方式，了解孩子们的日常生活和学习情况，鼓励孩子们树立信心、好好学习，并为贫困儿童送去节日祝福及文具、牛奶等慰问品。9月，全体民革党员到高岗村、石门村开展“强国复兴有我——我们的节日·国庆·重阳”之“心系长者送温暖”主题活动，慰问高岗镇高岗村老人15人、汤塘镇石门村20人，向他们送上米面等慰问品和节日祝福。携手县司法局到汤塘村开展“同庆丰收　共享法治”为主题的“乡村振兴　法治同行”的普法宣传活动。12月，为深入学习贯彻中共二十大精神，细致扎实做好基层困难群众关心关爱工作，帮助困难群众安全温暖过冬，民革佛冈县支部迅速开展“寒冬送温暖”活动，到汤塘镇石门村为28名独居老人、低保家庭以及经济特困户送上“温暖大礼包”。同时，全体民革党员自觉践行初心使命，立足自身实际和工作岗位，主动担当作为，围绕疫情防控、防汛抢险工作，发挥自身优势，投身到各个“战线”，在建言献策、物资筹集、后勤服务、知识普及、宣传引导方面尽己所能，展现新时代民革党员的新风貌。此外，各位党员们热心公益，积极踊跃向香港同胞捐款3300元；“广东省扶贫济困日”活动捐款6150元。

（廖紫青）

中国民主同盟佛冈县基层委员会

【县民盟概况】 2022年，中国民主同盟佛冈县基层委员会（简称“县民盟”）坚持以习近平新时代中国特色社会主义思想为指导，深入学习贯彻中共十九大历次全会和中共二十大精神，积极开展“矢志不渝跟党走、携手奋进新时代”政治交接主题教育，主动服务大局，勇于担当作为，不断加强自身建设，积极履行参政党职责，各项工作扎实推进，为佛冈高质量发展作出积极贡献。

【政治理论学习】 **主题教育活动** 2022年，县民盟开展“矢志不渝跟党走，携手奋进新时代”政治交接主题教育。召开主题教育动员会，引导广大盟员把思想统一到自觉接受中国共产党的领导上来，把力量凝聚到贯彻落实党委政府决策部署上来。采取理论学习中心组学习、支部学习、举办读书会活动、参观革命教育基地、开展座谈研讨、线上线下学习等多种形式，深入学习中共党史、新中国史、改革开放史、社会主义发展史和民盟盟史，以及习近平总书记《论中国共产党历史》、《中国新型政党制度》白皮书、《中国共产党统一战线工作条例》等重要文件。8月5日，召开传达学习中央统战工作会议精神座谈会。通过开展集中学习、个人自学、调查研究、座谈研讨、撰写心得体会等形式，迅速掀起学习宣传贯彻热潮。以更加昂扬的精神状态和奋斗姿态建功新时代、奋进新征程，开创新时代佛冈民盟工作新局面。

“喜迎二十大”系列活动 2022年，盟员们结合本职工作畅谈对多党合作事业的感悟和体会，表达对党的

2022 年 11 月 4 日，民盟佛冈县基层委员会第二次主委（扩大）会议

（朱英萍　摄）

二十大胜利召开的美好祝愿。10 月 16 日二十大开幕会直播当天，广大盟员通过广播、电视、网络等多种形式关注大会的召开，聆听习近平总书记所作的工作报告。11 月 4 日，召开传达学习中共二十大精神座谈会，盟基层委领导班子成员和骨干盟员在会上精读重点内容、导读主要词汇、解读精神热点，并结合本职工作交流学习体会，就“以二十大精神为科学指引做好盟务工作”展开讨论。同时，指导各支部开展学习活动，继承和发扬民盟优良传统，积极履行民主监督和参政议政的政治职能，担当好一名民盟盟员的历史使命。盟基层委领导班子成员积极参加全县统一战线学习会、中央宣讲团报告会等学习活动，反复深入学习领会二十大精神。注重调研工作与学习活动结合起来，与做好年度重点工作、日常工作紧密结合起来，确保主题教育与实际工作深度融合，相互促进。是年，共组织班子理论学习中心组学习 6 次，召开民主生活会 2 次，领导班子成员下基层调研 13 人次。举办党史盟史学习、参政议政、宣传信息等各类学习交流、座谈研讨等 5 次，盟员参与 58 人次。

【组织建设】 2022 年，县民盟贯彻执行《中国民主同盟组织发展条例》精神，按照宁缺毋滥和不超每年 3% 增速的原则发展盟员，注重吸纳政治素养好、作风正派、学有专长、富有生机的高素质人才入盟，并在发展中听取考察对象所在单位党组织和群众的意见。把优秀年轻党外干部派往上级挂职或在乡镇政府提拔使用，建立党外干部人才梯队，防止出现断层现象。全年发展预备盟员 3 名，已经基层委班子会议通过正进行半年考察期的预备盟员 2 人，已通过考察待报市盟审批。全县盟员总数达 70 人，其中，有 17 名盟员为政协委员，2 名盟员为市、县级人大代表，有在职 10 名副科以上领导干部，全县盟员中级及以上在职在岗职称 35 人、占 50%。盟员队伍年龄结构和知识结构进一步改善、基层支部更具生机和活力。

【制度建设】 2022 年，县民盟贯彻《中国民主同盟章程》及中央、省盟一系列新规定新要求，认真执行《佛冈民盟盟务工作专责奖励方案》和《佛冈民盟盟员履职评价暂行办法》。成立多个专责小组并加强横向联系，发挥专业和团队作用，为信息调研、参政议政、社会服务工作提供保障。严格规范遵照盟员履责方法进行考核，使综合能力强，并积极热心盟务的优秀盟员得到表彰，也从中优选出先进盟员，发掘素质高盟员提拔重用。盟组织深化“不忘合作初心，继续携手前进”主题教育活动成果，制定并完善领导班子述职民主评议制度和民主生活会制度。完善和升级“个人一人一议”和“一支部一调研”做法，支部调研列入“精品课题”竞争计划，从四个支部调研课题竞争两个为重点立项，举全盟之力考察调研和撰写报告，力求出精品。

【参政议政】 2022 年，县民盟突出盟员在教育、卫生、政法界别的优势，持之以恒地对营造良好营商环境、提升全域教育教学质量、优化县域人居环境、推进全域旅游发展、关注“三农”问题痛点等开展多个专项民主监督调研，帮助党委和政府更好地查找问题。通过撰写提案、会议发言、公益活动、媒体采访、社情民意等方式助力县委、县政府决策，助推佛冈经济社会更好发展。在县政协十一届一次、二次会议上，盟集体共提交提案 50 件，盟员政协委员个人提交 22 件提案，盟集体和盟员政协委员个人提案共立案 38 件，提交大会发言 3 件，表彰为优秀提案 4 件。

【宣传工作】 2022 年，县民盟加大宣传平台建设，编辑出版《佛冈盟讯》（电子版），创新改版《佛冈盟讯》为精编彩印纸质版半年刊，不断丰富和更新维护好佛冈民盟官网内容，加大对民盟的历史、参政议政、盟务工作、盟员先进事迹等宣传，对内对外树立民盟形象，提高民盟的知名度，扩大民盟的影响力。注重发挥全市联盟组织首创微信公众号《佛冈民盟》作用，宣传民盟组织的各项工作和推介盟员的风采，把民盟的最新动态和相关信息传递出去，扩大受众覆盖面，加深民众对民盟的了解和认识，使之成为宣传上级精神和反映身边事的重要平

2022年3月8日，民盟佛冈县基层委员会举办三八妇女节活动

（朱英萍 摄）

台。同时，充分利用互联网以及微信等新媒体技术，建立《佛冈盟员堂》及各支部微信群，方便沟通联络及便于收集民情民意。通过系列宣传打造，引导广大盟员和所联系群众不断增进对中国共产党和中国特色社会主义的政治认同、思想认同、理论认同、情感认同，始终保持同中国共产党同心同德、团结奋斗的政治本色。

【支部活动】 2022年，县民盟组织对4个支部成员进行细分调整，将盟员按职业类别相近划分在一起，形成有相对共同语言的活动交流平台，便于调研交流。实行所缴纳盟费倾斜安排到支部活动上，充分发挥支部主委职责，督促每支部每月组织一次学习活动，每季度组织一次调研活动，保障各支部组织建设，增强民盟组织的凝聚力。第四支部以退休盟员为主，在每年春节、中秋组织慰问活动，落实好对退休老盟员在政治和生活上的关怀机制，让退休盟员们也能透过支部生活体会到组织的关怀。通过丰富支部组织活动形式，把主题教育活动、政治思想学习、参政议政贯穿到活动中，不仅开阔了盟员视野，还为盟员们的思想交流、感情沟通提供了平台，团结了盟员间的友谊，增强了盟员对组织的认同感和归属感。

【“盟员之家”建设】 2022年，县民盟打造机关为“盟员之家”。利用仅有的办公场所，重新对民盟办公室进行布局调整，做到麻雀虽小、五脏俱全；打造民盟办事处为温馨的家，为盟员们积极履行参政党职能、发挥参政党作用、展现参政党形象提供阵地保障，也更好地发挥盟办的纽带桥梁作用。在盟员彭鹏的大力支持下，县第二个“盟员之家”在佛冈沃龙科技有限公司挂牌。做到“盟员之家”有人、有事、有物、有为，切实提升了盟员的归属感和组织的凝聚力，以“家”为家，成为帮助盟员学习、交流、履职、专业成长和事业进步的重要平台。

【疫情防控】 2022年，县民盟基层委班子成员率先垂范，奔赴县城步行街等中高风险区参与疫情调度工作，多名机关盟员下沉“疫”线，参与统一战线志愿者服务。全县60多名盟员夜以继日地奋战在抗疫一线，参与大型核酸采样、检测登记、社区值守，为封控区、管控区和隔离观察人员提供诊疗服务，收集处置医疗废弃物，运送防疫物资，巡查监管辖区农贸市场、冷库冷链，供应重点人员生活物资等高强度的工作，展现了佛冈民盟强大的凝聚力和向心力。

（朱英萍）

群众团体

责任编辑：李协湖

佛冈县总工会

【总工会概况】2022年，佛冈县总工会以党的二十大精神为指导，以"夯基础、强管理、抓规范、创特色、求实效、促和谐"的总体思路，认真贯彻落实市总工会工作部署，聚焦产业工人队伍建设，加强基层工会规范化建设管理，培育劳模、工匠精神，扎实推进全县工会工作。至2022年底，全县建立工会组织368家（其中非公有制企业187家，行政事业单位181家），工会会员3.8万人。

【改革试点工作】2022年，县总工会贯彻落实《新时期产业工人队伍建设改革实施方案》，加强产业工人队伍建设改革试点工作，成立佛冈县推进产业工人队伍建设改革领导小组，由县委副书记潘浩为组长，并制定《佛冈县产业工人队伍建设改革试点工作实施方案》，主动争取约克广州空调冷冻设备有限公司作为广东省第二批产业工人队伍建设改革试点单位，在试点中以构建工会牵头组织、企业主体实施、职工广泛参与、多方协同配合的工作格局，推进产业工人队伍建设改革提质增效。约克广州空调冷冻设备有限公司作为清远市第一家企业试点代表在推进新时代产业工人队伍建设改革试点工作中取得显著的工作成效。10月26日，清远市在佛冈召开推进产业工人队伍建设改革试点工作现场交流会，县总工会在会上作经验介绍，省、市总工会领导对佛冈县产业工人队伍建设改革试点工作给予充分肯定和高度评价。县产业工人队伍建设改革试点企业约克广州空调冷冻设备有限公司的"改革完善技能人才评价制度"作为先进工作经验被全国总工会在微信公众号上报道宣传。

【工会工作创新】新就业形态劳动者工作　2022年，县总工会推进新就业形态劳动者建会入会，推动新就业形态劳动者工作创新突破。根据清远市总工会《关于调整清远市新就业形态劳动者建会入会集中行动任务分配的通知》要求，佛冈县新发展新就业形态劳动者入会共1463人，超额完成任务。

人才培育工作　2022年，县总工会深入实施人才强国战略，最大限度激发各类人才创新创造创业活力，加快建设知识型、技能型、创新型技术人才，调动人才创新积极性、加快建设人才强国具有重要作用。江森自控广州工厂着力打造企业一线员工高绩效团队，为员工学习和发展搭建平台，激励员工提升学历、提升职业技能，在制度上推动"招聘技能人才到自主培养技能人才"的转变，全面打造产业工人队伍建设。

【规范化建设】2022年，县总工会积极推进建会入会工作。至12月底，新成立的基层工会28家，成功纳入会员共3034人，规范化换届23家，在"两新"领域成立佛冈吉信物流代理有限公司工会委员会（中通快递公司）。培育广东森波拉度假山庄有限公司为非公有制企业民主管理示范典型；广东鑫统仕集团有限公司工会委员会为清远市职工之家示范典型；广东电网有限责任公司清远佛冈供电局水头供电所为清远市职工

2022年9月9日，佛冈县总工会举办新业态行业消防知识培训

（王聍倿　摄）

2022 年 4 月 27 日，佛冈县召开“中国梦 劳动美”——喜迎二十大 建功新时代 庆祝“五一”国际劳动节暨劳模座谈会 （王聍佞 摄）

小家示范典型。

【劳模选树培养】 劳模评选工作 2022 年，县总工会积极开展劳模、工匠推荐工作。国珠集团有限公司肖光同志获得“全国五一劳动奖章”；广东鑫源恒业电力线路器材有限公司王清明同志获得“广东省五一劳动奖章”；广东鑫统仕集团有限公司获得“广东省五一劳动奖状”。

劳模创新工作室建设 2022 年，县总工会根据清远市总工会《关于加强清远市 2022 年劳模创新工作室建设工作的通知》精神，在国珠集团有限公司建设“钟声劳模创新工作室”。

劳模座谈会 2022 年 4 月 27 日，县总工会召开“‘中国梦 劳动美’——喜迎二十大 建功新时代 佛冈县庆祝‘五一’国际劳动节暨劳模座谈会”。县委书记潘国标，县委常委、县委组织部部长黄成灼等县领导以及来自各行各领域的劳模代表、先进人物代表、县工会委员代表、各镇工会主席出席活动。

【驿站建设】 爱心驿站 2022 年，县总工会积极推进工会爱心驿站建设工作，在佛冈县石角镇 106 国道边（农副产品批发市场）粤湖配送有限公司建设户外劳动者工会爱心驿站，全县已建成 4 家爱心驿站，分别是汤塘聚龙“工会爱心驿站”、佛冈快递员“工会爱心驿站”、佛冈中通快运“工会爱心驿站”以及粤湖配送“工会爱心驿站”，已正式对外开放使用。

“爱心妈妈小屋” 2022 年，县总工会为促进女职工“四期”保护落实和“三孩政策”配套服务设施完善，丰富职工服务阵地功能，提升服务品质，在广东森波拉度假山庄有限公司和佛冈县博物馆建设“爱心妈妈小屋”。

石角社区工会联合会 2022 年，石角社区工会联合会在佛冈县石角镇生产街 15 号金尊大厦二楼成立，面积约 670 平方米，符合会、站、家一体化的职工之家建设标准，具有健身室、多功能会议室、职工书屋、谈心阁等多个功能场所。

【安全生产工作】 2022 年，县总工会做好安全生产宣传工作。组织进企业、进农村、进社区宣传与指导安全生产工作共 32 次；并在迳头镇的佛冈盈泰纺织品染整有限公司开展全国“安康杯”竞赛活动。开展安全生产工作督导大检查。9 月 28—29 日，县总工会与清远市总工会安全生产工作督导检查组到广东松峰股份有限公司、国珠集团有限公司、佛冈盈泰纺织品染整有限公司、强丰（佛冈）制鞋有限公司等 4 家公司开展安全生产督导大检查。

【维权工作】 2022 年，县总工会做好职工诉求接待工作。及时妥善处理职工来信来访及广东省总工会劳资事件登记系统登记的投诉事件，妥善处理投诉案件 3 件。切实做好工资集体协商工作，努力提高集体合同的签约率、履约率和职工满意率，完成工资集体协商工作任务。在 2 家重点企业开展工资集体协商工作。开展《中华人民共和国职业病防治法》宣传周活动，利用 LED 屏播放“预防职业病、幸福千万家”的宣传标语，在宣传栏张贴 2022 年《中华人民共和国职业病防治法》宣传周海报的宣传图片，将有关文件及宣传口号转发到各基层工会工作群，通过微信群、QQ 群、朋友圈等多种形式进行宣传，不断扩大《中华人民共和国职业病防治法》宣传周活动的影响力和覆盖面。开展以“情系女职工 法在你身边”为主题的法律知识培训，50 名基层工会女职工参加培训。

【南粤春暖行动】 2022 年，县总工会在县人民公园与县人社局联合开展 2022 年“南粤春暖”专场招聘活动，为 1000 多名返乡农民工提供适合的工作岗位，得到广大求职者好评。依托全国总工会“工 E 就业”网上就业服务体系，鼓励各基层工会到“工 E 就业”平台开展招聘工作，实现就业服务线上线下融合，拓宽服务渠道，提升服务效率，促进就业。全县有 3 家企业通过全国总工会“工 E 就业”网上实行招聘。

【职工服务】 送温暖慰问活动 2022 年 1 月，县总工会向 83 名困难职工，47 名全国、省、市劳模，以及 1 家企业发放春节送温暖慰问资金，共款 19.7 万元（其中县财政 10 万元，本级工会经费 9.7 万元）。开展“情暖农民工 留粤过大年”新春行动。向全县 14 个基层工会共 118 名留佛冈过年的非广东户籍务工人员发放新春大礼包，共款 2.36 万元。4 月 28 日，佛冈县总工会、佛冈县融媒体中心、佛冈县石角社区工会联合会携手东建·凯旋新城联合开展“致敬城市劳动者，夏季送清凉”活动。县人大常委会副主任、县总工会主席黄丽，县工会常务副主席冯庆洲，县工会副主席刘华洲等一行组成慰问组，带着解暑降温物品，先后来到佛冈县卫生健康局对赴东莞、广州抗疫一线医务工作者和佛冈县公路事务中心公路养护一线劳动者进行慰问。据统计，此次慰问致敬活动共为210人分别送上致敬礼物及清凉饮料。4月29日，佛冈县总工会和佛冈县文化广电旅游体育局联合主办“凝心聚力迎省运，同心协力建家园——佛冈县‘五一’送清凉致敬劳动者暨重点项目加油鼓劲活动”，县总工会为奋战在一线的991名劳动者送上清凉饮料，共款5.95万元。同时，积极开展“工会进万家·新就业形态劳动者温暖行动”，为430名新就业劳动者送上党和政府的关怀、工会组织的温暖。

开展爱心赠书活动 2022年，县总工会联合县关心下一代工作委员会印发《关于开展向全县困难职工在读子女赠送系列图书活动的通知》，开展向全县困难职工读书子女赠送系列图书活动，县总工会认购500册书籍，共款1.25万元。

关爱疫情防控一线人员 2022年，县总工会联合佛冈县卫生健康局开展疫情期间送温暖暨慰问佛冈县卫健系统疫情防控一线人员活动。本次活动慰问佛冈县卫健系统被派出县外支援疫情防控工作的有关医务人员219人，慰问佛冈县卫健系统各有关医疗机构19家，共发放慰问金4.2万元。

先进职工疗休养工作 2022年，县总工会根据《关于开展2022年清远工会技术工人和先进职工疗休养活动的通知》精神，认真做好参加人员的疗休养活动方案，包括前期沟通、资料收集与参加人员的联系等工作。先后组织5批次共23人参加2022年清远工会技术工人和先进职工疗休养活动。同时按通知要求推荐乡村振兴聚集点佛冈县汤塘镇汤塘村的汤塘围温泉民宿聚集点作为技术工人疗休养基地。

困难职工帮扶工作 2022年，县总工会开展省级帮扶资金的发放和广东省职工医疗互助保障工作。为5名在档困难职工发放中央财政专项帮扶资金3.84万元，为2名在档困难职工发放省级困难职工帮扶专项经费1.4万元。全县105个单位购买四种互助计划，总人数11 969人，保单共368份，购买金额119.87万元，办理理赔人数457人，理赔金额73.94万元。

【工会活动】 **主题宣传教育** 2022年，县总工会积极推动习近平新时代中国特色社会主义思想深入人心，深入企业车间、生产一线开展多场“中国梦·劳动美——喜迎二十大 建功新时代”主题宣传教育活动，并围绕学习宣传贯彻党的二十大精神，开展“最美产业工人”“南粤工匠”的学习宣传活动。

职工摄影技能大赛 2022年，县总工会为丰富职工精神文化生活，组织开展提高摄影技能、建设美丽佛冈职工摄影技能大赛，吸引90名摄影爱好者参加培训，评选出作品一等奖1件，二等奖2件，三等奖3件，优秀作品10件，得到领导和广大群众的一致好评。

联谊活动 2022年，县总工会为搭建一座让单身青年职工信任的交流平台，切实为职工办实事、解难题，推动解决广大单身职工婚恋问题，进一步增强工会婚恋服务的吸引力、凝聚力和影响力。8月4日，县总工会举办“会聚良缘 相约七夕”联谊活动，各基层工会40名青年职工参加活动。

消防安全教育 2022年，县总工会为切实提升工会干部职工的消防安全意识，增强应急自救能力和自我保护能力。9月8日至9月9日，县总工会分别在佛冈县消防救援大队、聚龙湾温泉度假村开展“喜迎二十大，永远跟党走”消防安全知识技能培训及演练活动，邀请佛冈县消防救援大队对来自各基层工会的80多名工会干部进行消防安全知识培训及演练。

“粤工惠”APP宣传 2022年，县总工会按照年度计划，常态化开展“粤工惠”APP登记进企业培训活动，全县“粤工惠”组织登记数比上年增加31家，会员实名认证数增加8292人，会员实名注册总数达到25 199人。县总工会积极在“粤工惠”平台上发布资讯，全年在“粤工惠”发布文章12篇，阅读量达到800多人次。

【工人文化宫筹建工作】 2022年11月10日，县委常委、组织部部长黄

2022年4月29日，县总工会开展“凝心聚力迎省运 同心协力建家园——佛冈县‘五一’送清凉致敬劳动者暨重点项目加油鼓劲活动” （王聍侫 摄）

成灼，县人大常委会副主任、县总工会主席黄丽，县总工会常务副主席冯庆洲一行到县体育馆旁调研工人文化宫选址，工人文化宫规划占地面积3000平方米，建筑面积5500平方米。县总工会已向县人民政府申请划拨用地。

（何高宽）

共青团佛冈县委员会

【团县委概况】 2022年，中国共产主义青年团佛冈县委员会（简称“团县委”）有共青团员9776名，团干（含专兼挂职）1309名，其中学生共青团员2891名。基层团委23个，县直属县直机关企事业单位团组织40个，县直属“两新”团组织77个，村（社区）团组织607个。辖内有少先队员34 475名，全县14所小学和12所初中全部成立少工委，中小学大队、中队建队率达100%，并均配备校内外辅导员。佛冈县在县域共青团基层团组织改革试点工作，被团中央评估为“优秀”等次。佛冈县1名学校团委书记获得广东2022“美丽青年乡村教师提名”。佛冈县共青团获得省级荣誉集体8个、个人88人次；获市级荣誉集体94个，获市级荣誉个人808名；获县级荣誉集体163个，获县级荣誉个人3327人次。

【县域共青团基层组织改革试点工作】 2022年8月，团县委通过72项举措、26项机制高质量完成县域共青团基层组织改革全国试点任务。团县委认真试、大胆闯，积极探索形成“佛冈经验”，得到上级部门的充分肯定，被团中央评估为优秀。其经验还被省委办公厅《每日汇报》（第156期）选编报送省委、省政府领导和各地市党委、省直部门主要领导，在团中央“团建头条”公众号推广，编入《广东省县域共青团基层组织改革试点综述》《清远改革工作简报》《清远组工信息》等，得到清远市委主要领导批示肯定。

【基层团组织建设】 县级团委换届工作 2022年11月，召开中国共产主义青年团佛冈县第二十一次代表大会。团县委主要负责同志代表共青团佛冈县第二十届委员会，向大会作题为《青春再扬帆，奋进新征程，为实现佛冈高质量发展贡献青春力量》的报告。经过大会选举产生中国共产主义青年团佛冈县第二十一届委员会。

社会领域团组织建设 2022年，团县委着力扩大团组织覆盖，不断健全佛冈县基层团组织体系。制定《佛冈县推进社会领域团组织建设工作方案》，推广运用“智慧团建”系统，实行区域化、最小单元建团。在社区以小区、楼宇、街巷为单位，在行政村以村民小组或片区为单位，进一步理顺村（社区）团组织设置；成立“两新”组织团工委、教育团工委、卫健系统团委，优化社会团组织体系。佛冈县社会领域团组织由改革前189家增长至866家，增长率达358%，组织密度达到每万名青年142个，增长率、团组织密度居全省第一，有关做法被省委办公厅刊物采用为党建工作经验面向全省推广。

从严治团工作 2022年，团县委实施基层团组织书记述职评议考核制度，考核结果通报给党组织并强化运用；推动团员发展和教育管理规范化，实行“积分制入团”，把中学20学时团课学习合格、年度20小时志愿服务时长等作为入团必备条件，把好入团质量关；实行分领域调控团员发展，严抓团员教育管理，排查除名不合格团员54名。

团机关建设 2022年，团县委机关党支部对标“六好”党组织要求，开展服务群众主题创新活动20场次。团县委机关党员自觉凝聚干事创业正能量，在工作中率先示范，受团市委、县委通报表扬5人次，团县委被清远市委推荐参评第六届“广东省人民满意公务员集体”。5月12日，团县委主要负责同志参加广东省学习贯彻习近平总书记重要讲话精神座谈会，并被省委确定为在会上交流发言的5名代表之一，充分展现朝气蓬勃的佛冈青年干部形象。

【青少年思想引领】 专题展览暨书法、美术、摄影展 2022年5—10月，团县委在佛冈县博物馆策划布置建团100周年团史专题展览，生动展现党领导下中国青年运动的百年光辉历程，深化和巩固党史学习教育成果，团结广大佛冈青年永远跟党走、奋进新征程，以优异的成绩迎接党的二十大胜利召开，覆盖影

2022年11月4日，召开中国共产主义青年团佛冈县第二十一次代表大会，选举产生中国共产主义青年团佛冈县第二十一届委员会 （团县委 供图）

2022 年 5—10 月，团县委举办“永远跟党走　奋进新征程”佛冈县庆祝建团 100 周年团史专题展暨书法、美术、摄影展。图为 5 月 5 日，县四套班子主要领导及相关单位领导观看佛冈县团史展　（团县委　供图）

响面达 10 万余人。

思政品牌“青年大学习” 2022 年，团县委结合主题团日、队日常态化思想政治引领作用，广泛发动党员团员群众共同参与“青年大学习”网上主题团课，通过集中学习、奖励先进等方式，营造比学赶超的学习氛围，佛冈“青年大学习”参学率长期稳居广东省点赞榜前 10 名、平均参学率全市第一。同时，广泛发动少先队员参与“红领巾爱学习”网上主题队课，覆盖人数超 3.3 万人。

思想舆论引导 2022 年，团县委构建以“青春佛冈”公众号为核心的新媒体矩阵，运用群众喜闻乐见的形式宣传党的路线方针政策，积极挖掘和传播社会正能量，“青春佛冈”微信公众号关注量突破 1.6 万，阅读总量达到 50 万余次，最高阅读量超过 2 万；“学习强国”平台采用稿件及视频 13 篇（个）、省级媒体采纳 63 篇（个）、市级媒体累计采纳 34 篇（个）。实现对青少年思想政治引领的有效覆盖。

【助力乡村振兴】 **推进小额贴息贷款项目** 2022 年，团县委联合县农商行、县邮储银行针对农村创业青年开展小额贴息贷款，市级贷款额度约 250 万元，县级贷款额度约 200 万元，支持农村创业青年项目启动，大力培育农村创业青年致富带头人；市级发放贷款金额 60 万元，主要用于两个种植类基地；县级发放贷款金额累计 190 万元，其中放贷养殖类 3 笔 75 万元、种植类 3 笔 55 万元、经营农家乐及五金店类 45 万元，其他创业项目类 15 万元，有效解决农村创业青年项目启动和扩大经营融资难的问题。

强化乡村振兴志愿力量 2022 年，团县委积极申报“山区计划”项目，引进大学生志愿者加入佛冈乡村振兴工作中。共组织 46 名希望乡村教师、乡村振兴志愿者到乡村学校、工作队、产业园服务 1～3 年。创新开展“千百团员青年下乡村”行动，发动县直团组织 8300 多名团员青年到乡村线上线下报到，服务群众、服务基层，实现乡村和志愿者的双向奔赴，“双报到、双服务”模式被团中央推广宣传。

搭建青年人才能力提升平台 2022 年，团县委共发动佛冈县 45 个单位开发 316 个“展翅计划”优质实习见习岗位。联合县委组织部、县总工会、县妇联等部门持续举办第 9、10 期“青聚人才”交流活动，共计 70 名青年参与，进一步营造“引才、聚才、留才”的人才发展氛围。全面落实“雁归计划”部署，组织 50 名佛冈籍大学生参加“观摩 + 座谈”县情研修、职场体验、政策宣讲等“群雁助飞”活动。实地参观县内经济发展重点项目、高新企业、产业园等，了解家乡经济社会发展现状和乡村产业发展良好前景。积极引导大学生回报桑梓，为佛冈经济社会高质量发展贡献青春力量。

【选树先进典型】 2022 年，团县委进一步鼓励团员青年在岗位建新功，先后开展佛冈县“两红两优”“最美南粤少年”“最美志愿者”等先进典型评选工作。共 38 名学生获佛冈县“最美南粤少年”；获得省优秀少先队员 4 人、省优秀少先队工作者 1 人、省优秀学生骨干 1 人、省“红领巾奖章”四星章 80 人；1 所高中获省优秀

2022 年 8 月 16 日，佛冈籍大学生“群雁助飞”县情研修活动

（团县委　供图）

学生会称号、3所小学获省“红领巾奖章”四星章。开展佛冈县“中华魂”暨推进家庭教育主题之红色教育进家庭暨红色经典朗诵比赛，推荐参与市级评选作品16件，其中获个人演讲特等奖1个，一等奖3个，二等奖4个；家庭朗诵特等奖2个，一等奖2个，二等奖4个。团县委表彰一批在共青团工作中表现突出的集体61个和个人272名，其中优秀共青团员142名、优秀共青团干部69名、先进团委8个、佛冈县先进团（总）支部53个。表彰佛冈县“最美志愿者”30人，“最佳志愿服务队伍”10支，“最佳志愿活动”10个，“最美志愿服务村（社区）”3个。

【志愿服务2.0建设】 志愿服务工作 2022年，团县委构建完善“县—镇—村”三级志愿服务架构。全县有实名注册志愿者3万余人、志愿服务组织400余个，累计开展志愿服务活动9743场次、累计志愿服务时长99万小时。持续培育孵化佛冈县志愿者联合会、佛冈县青少年体育协会等公益类社会组织，佛冈县小雨点志愿者协会会长获评广东省优秀志愿者，佛冈县禁毒协会（2022年7月更名为“佛冈县志愿者联合会”）被评为广东省优秀志愿服务组织。

应急救灾服务工作 2022年6月，佛冈发生超50年一遇洪灾，团县委迅速集结团员青年和社会各界志愿者300多人次，每天连续奋战超过15小时，参与群众转移、安置点服务、救灾物资分发、安抚受灾群众，积极筹措多批防疫用品、生活用品，为保障人民群众生命财产安全、救灾复产发挥生力军作用。组建和充实青年志愿服务队和突击队共计38支，有序发动团员青年志愿者超1000人次，筹集捐款捐物价值近10万元，在疫苗接种、核酸检测、封控管理和复工复产等关键时刻发挥积极作用。组建“雄鹰消防志愿者联队”，常态化开展居家消防安全隐患排查，有效增强市民防震减灾意识，项目成功入选广东省“益苗计划”志愿服务项目大赛。

推行社会共治 2022年，团县委常态化开展“文明交通”、“蓝天计划”助学项目、“争当河小青”、“健康直通车”、“创文进社区”、“福彩育苗计划”公益课堂等志愿服务活动。广泛传播公益文明理念。高质量完成省运会志愿服务任务，组织志愿者超1900人次在颁奖礼仪、赛场秩序、后勤保障等方面提供全面服务，获得省组委会和参赛队伍的广泛好评，为佛冈树立良好的城市文明形象。

（团县委）

佛冈县妇女联合会

【妇联概况】 2022年，佛冈县妇女联合会（简称“县妇联”）内设一个综合办公室，下设妇女儿童活动中心。全县有妇女组织213个，其中6个镇妇联、78个村妇联、12个社区妇联、10个系统妇委会、81个机关企事业单位妇女组织和26个“两新”妇女组织（登记在册）。2022年，佛冈县被确定为广东省妇女儿童发展规划示范县。

【思想领航】 2022年，县妇联开展“跟党奋进新征程 巾帼建功新时代”党的二十大精神巾帼大宣讲活动，巾帼志愿示范宣讲队开展宣讲60场次，妇女执委、先进典型宣讲160场次。召开佛冈县纪念“三八”国际妇女节112周年座谈会，凝聚共识，为经济社会发展同向发力。积极培树巾帼典型，1名省三八红旗手获得表彰，表扬10名县“最美执委”。近30篇工作信息在“学习强国”、南方日报、广东女性E家园、清远日报等市级或以上媒体刊登。

【巾帼建功】 2022年，县妇联深化“创业创新巾帼行动”“乡村振兴巾帼行动”，培树“市巾帼创业创新基地”1个，发放小额担保贷款70万元，带动100多名妇女创业、就业。培树一个电商培训项目入选为市“乡村振兴她力量”创新案例；培树“共建共享美丽家园”项目入选为市“乡村振兴她力量”十大优秀案例。开展“美丽庭院”创建工作，创评市“美丽庭院”示范村1个、市“美丽庭院”示范户1户、市“美丽庭院”户11户。联合相关职能部门召开妇女专场招聘会，助力妇女就业，提供女性岗位1.2万个。组建巾帼志愿服务队参与疫情防控、安全生产、抗洪抢险志愿服务，争取各界向受灾情影响较严重的镇村支援价值8万多元的食品和

2022年11月23日，召开县妇联十四届五次执委会，选举何玉琼为县妇联主席

（范文静 摄）

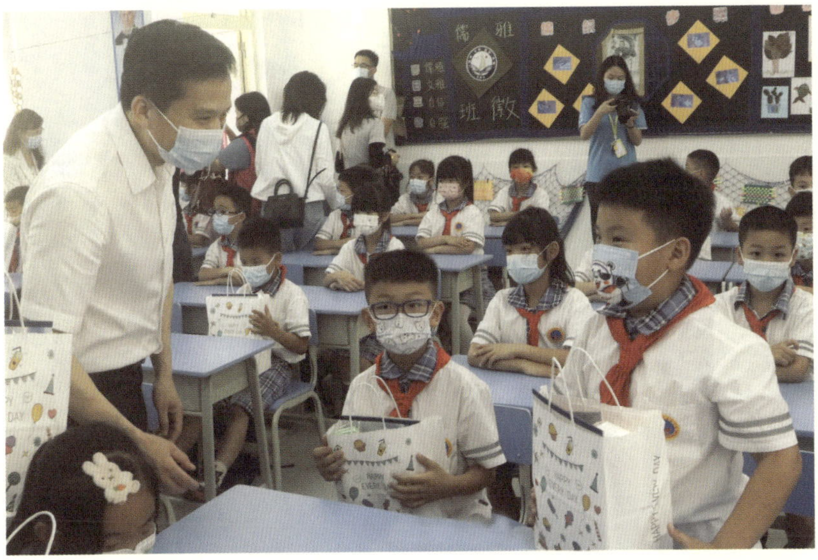

2022 年 5 月 31 日，县委书记潘国标（左一）到城北篁胜小学探望学生

（范文静　摄）

用品一批。

【十四届五次执委会】2022 年 11 月 23 日，县妇联根据《中华全国妇女联合会章程》有关规定，在县人民中心西楼 403 会议室召开十四届五次执委会。会议主题是学习宣传贯彻党的二十大精神，强调学习宣传贯彻党的二十大精神是全县妇联系统当前和今后一个时期的首要政治任务和全部工作重心。全县妇联系统要在全面学习、全面把握、全面落实上下功夫，强思想提站位、瞄目标定任务，为实现县“三区一城”建设目标贡献巾帼力量。会议补选何玉琼为县妇联十四届执委、常委，并选举何玉琼为县妇联主席，刘翔飞副县长出席会议并对新当选的县妇联主席何玉琼表示祝贺。

【家庭教育】2022 年，县妇联创建市级家教家风实践基地 1 个。创评省百户“最美家庭”1 户、市“最美家庭”4 户、市“绿色家庭”3 户、县“最美家庭”10 户、县“文明家庭”15 户。开展家风家教事迹分享会近 60 场次，拍摄家风家教“最美”事迹宣传片 13 条，在县主要新媒体号展播，推进社会主义核心价值观在广大家庭落地生根。同时，出台《佛冈县家庭教育工作联席会议制度》。寒暑假期间，联合相关职能部门，围绕《中华人民共和国家庭教育促进法》内容，到各类家长学校开展家庭教育大讲堂活动、亲子活动 40 多场，惠及家庭 2000 多户。发布家庭教育视频 25 个、家庭教育相关文章 50 篇，阅读逾 3 万人次。在 10 所县属中小学开展中国共产党人精神谱系图文巡展活动，举办家庭情景微剧、“童心向党”摄影比赛等，宣传覆盖近 1.5 万人次，深化未成年人思想道德建设。

【维权关爱】2022 年，县妇联开展百场《中华人民共和国民法典》《中华人民共和国妇女权益保障法》《中华人民共和国反家庭暴力法》等宣传活动。县、镇妇联接待来电来访咨询件 26 宗，办结率 100%。县婚姻家庭纠纷调解室受理案件 32 宗，成功调处 14 宗。建立走访排查记录台账，走访慰问重点妇儿重点家庭。链接各级各界募集“爱心父母”助学款 9.3 万元、助困资金 11.21 万元；宣传发动城乡妇女参加“两癌”免费筛查 2300 多人次；联合中国人寿公司为城乡妇女赠送“两癌”健康保险 2700 多份；开展 HPV 疫苗免费接种线上线下宣传覆盖 1.4 万人次。推动实施佛冈新十年妇女儿童规划，新打造市级儿童友好示范基地 1 个。被确定为广东省妇女儿童发展规划示范县，示范项目母婴室的建设工作取得新成效，全县建设公共场所母婴室 46 间，其中 2022 年新增 7 间。

【组织建设】2022 年，县税务局妇委会、县人民法院妇委会改建妇联。新建市级“妇女儿童之家”2 个、市级“儿童之家”1 个、县级“妇女儿童之家”3 个、各类“妇女微家”3 个。新建妇联执委服务站 5 个和妇联执委工作室 3 个，各站（室）结合妇儿需求提供服务 100 多场次，惠及妇儿 3000 多人次。镇、村（社区）妇联执委线上培训实现全覆盖。

（范文静）

2022 年 3 月 7 日，县妇联召开纪念三八妇女节座谈会　（范文静　摄）

佛冈县工商业联合会

【县工商联概况】2022年，佛冈县工商业联合会（以下简称“县工商联”）在县委、县政府的领导下，紧紧围绕上级工商联组织和县委、县政府的工作部署，以党史学习教育为工作主题，开展一系列卓有成效的工作，为推动佛冈县非公有制经济健康发展和非公有制经济人士健康成长，发挥积极的作用，作出积极的贡献。是年，隶属县工商联的行业协会3个，镇级商会6个（全覆盖），协助筹建的异地商会2个（深圳、佛山），会员总数（含行业协会、镇商会）928人，其中市政协委员4人，县人大代表2人，县政协委员37人，镇人大代表1人。

【组织建设】2022年11月28日，成立县非公有制经济党委，由县工商联指导开展非公有制经济党建工作。

【参政议政】2022年，县工商联积极引导非公有制经济界别人士围绕县经济社会发展的短板、堵点、难点开展调查研究，建言献策。2022年，县工商联、民营经济专委会和民营经济界别的政协委员向县政协十一届三次会议提交调研报告1份，大会发言2份，提案7件。

【开展教育活动】2022年，县工商联党支部在高岗镇宝山村开展党史学习教育专题党课，党支部书记亲自为全体党员授课。组织全体党员和工会会员先后到县博物馆、高岗宝山村革命老区参观学习。以“第一议题”为载体，把党史学习教育与加强全面从严治党、党风廉政建设、理想信念教育、法治建设、“双拥”工作、意识形态等工作紧密结合起来，并使之常态化。

【服务企业】*走访企业* 2022年，县工商联结合抗疫复工和乡村振兴工作情况，多次走访企业，听取企业家对发展民营经济的意见建议，及时了解新冠疫情背景下企业发展状况及面临的困难，并帮助其解决。

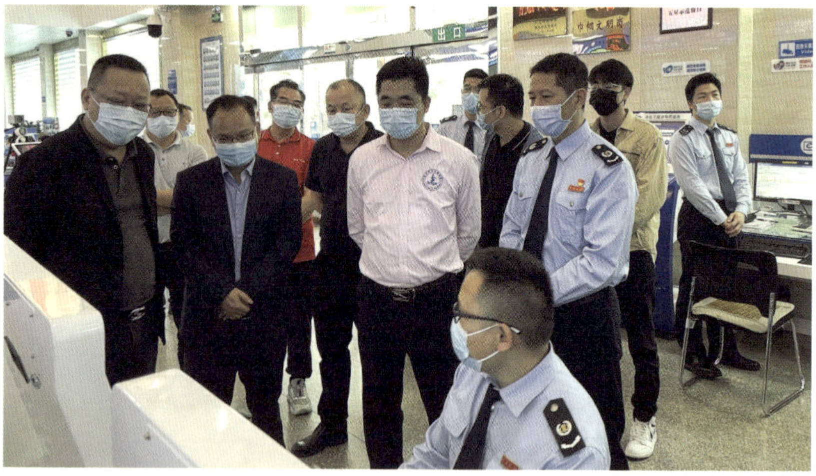

2022年4月22日，县工商联、县税务局联合开展“政企面对面”税收开放日活动 （县工商联 供图）

开展送医下企业活动 2022年3月，县工商联与县中医院联合开展“弘扬雷锋精神，传承中医文化”活动，组织省中医二院医疗专家团队送讲座、送体检到企业。

开展“政企面对面”税收开放日活动 2022年4月22日，县工商联、县税务局联合开展“政企面对面”税收开放日活动。此次活动主要目的是为企业解难纾困，持续优化营商环境，提升纳税人、缴费人的满意度和获得感。当天共有20家工商联会员企业代表参加。

参加篮球赛 县工商联通过精心组织、严格训练、顽强拼搏，县统战工商联队在2022年佛冈县“龙凤·山语和溪”杯篮球赛以七战六胜的成绩取得亚军。在工商联（总商会）会员间及社会上产生了强烈的反响，大大提升组织的向心力、凝聚力和社会影响力。

【服务社会】*开展“我为群众办实事”实践活动* 2022年，县工商联党员突击队积极响应县委的号召，下沉高镇村协助开展动员群众接种新冠疫苗工作、清明期间森林防火工作、汛期防洪防汛工作、全员核酸检测、农村人居环境整治等工作，全年累计出动86车次，出动258人次，充分展现了党员干部敢于担当、勇于作为、甘于奉献的精神风貌。

参与“广东扶贫济困日”活动 2022年，县工商联执委以上会员企业、6个镇商会、异地商会的企业及人士共认捐325.1万元，为佛冈县的脱贫攻坚和乡村振兴工作添砖加瓦。

打造“与爱同行·圆大学梦”和“送温暖·献爱心”公益活动品牌 2022年9月7日，县工商联牵头组织佛冈县总商会、深圳市佛冈商会、佛山市佛冈商会、广州市清远商会及各镇商会开展“与爱同行·圆大学梦”公益助学活动，为佛冈县第一中学和佛冈中学以优异成绩考上大学的20名贫困学子每人捐助1万元。此项活动自2017年起已连续举办6年，共资助优秀贫困家庭学子124名（共124万元）。今年新春、中秋等佳节，广泛发动各商协会和会员对贫困弱势群体开展节日慰问，送上慰问品和慰问金超8万元。

引导商协会开展公益助学活动 2022年，高岗镇商会到长江小学、三江希望小学、高镇小学、佛冈四小等学校捐赠助学金及物品约5.5万元。石角镇商会分别到石角中学、

龙南中学开展捐资助学活动，共捐助资金 6.1 万元。

（刘银苑）

佛冈县文学艺术界联合会

【县文联概况】2022 年，佛冈县文学艺术界联合会（简称“县文联”）肩负着政府与各文化团体之间“组织、服务、联络、协调”的职责，现有包括作家协会、戏剧曲艺协会、书法协会、美术协会、音乐协会、舞蹈协会、摄影协会、奇石协会、民间文艺协会等 9 个团体会员，会员 895 人，其中国家级会员 9 人，省级会员 27 人，市级会员 120 余人。2022 年，佛冈县民间文艺协会更名为佛冈县民间文艺家协会。

【交流培训】2022 年，县文联指导主办全县文艺作品征集活动，为文艺爱好者提供展示平台。主办“喜迎二十大 强国复兴有我”，举办“‘喜迎二十大 奋进新征程’——佛冈发展成就书画摄影作品展”等文艺作品征集系列活动，活跃全县的文化氛围，为文艺爱好者打造文艺作品展示平台；指导各文艺协会及文化名家工作室开展“请进来，走出去”活动，为文艺爱好者提升创作理念、提高业务水平；指导各文艺协会及文化名家工作室开展形式多样的采风交流、培训学习、“传统文化进校园”等活动；根据省市要求，要求各文艺协会及文化名家工作室开展“深入生活，扎根人民”主题实践活动；支持各文艺协会开展作品打磨提升等活动，指导佛冈县戏剧曲艺协会组织线上作品研讨会，对本年度新创作的戏剧曲艺作品进行点评提升。

【人才建设】2022 年，县文联积极做好推选工作和协会的届中调整工作。张春兰任广东省戏剧家协会理事、广东省曲艺家协会理事；黄曙华任清远市书法家协会第五届副主席；罗小娟任清远市作家协会副秘书长，何文钦加入广东省传记文学学会，二人被评为广州市青年作家协会 2021 年度“优秀会员”；陈万洲团队被评为 2021 年广东省“推普助力乡村振兴”大学生社会实践志愿服务优秀团队。加入中华诗词学会 8 人、加入广东省中华诗词学会 11 人、加入清远诗社 8 人、加入清远市诗书画院 13 人、签约清远日报诗人 6 人、担任清远市作家协会诗歌创作委员会委员 1 人。民间文艺协会发展新会员 5 人。作家协会第六届委员会进行届中调整，增选何文钦、黄国仓、黄剑文（黄易）为副主席，黄剑文（黄易）兼任秘书长，主席团成员充实至 7 名，同时设置秘书 6 名；2022 年退会 1 人，新入会 24 人，现有会员共 67 人。摄影协会组织推荐 4 名优秀会员参加中国摄影函授学院广东分院函授专业课学习，黄灵辉获得中国摄影家协会在四川成都举办的第五期中青年摄影人才培养工程培训班线下学习的机会。

2022 年 11 月 3 日，佛冈县召开文化名家工作室调研座谈会（张春兰　摄）

【文艺创作】2022 年，县文联发挥文化名家示范引领作用，为文化事业发展提供人才保障。以带徒授艺、传统文化进校园、送戏下乡、诗词网校等形式带领文艺工作者在服务基层、服务群众中汲取创作源泉，创作出优秀的文学艺术作品，推动县文化大发展大繁荣。是年，组织召开 2021 年度文艺工作总结表彰会。累计表彰 69 人次，激发全县文艺工作者、爱好者的创作热情，活跃全县文学艺术创作氛围。张春兰文艺创作工作室作品获市级以上奖励 11 项，发表文学作品近 30 篇，公众号“春兰文艺”发布推文近 50 篇；创作歌曲 8 首，摄制纪录片 12 集，创作微视频约 40 个，在视频号发表微视频近 30 个，发表学术论文 10 篇。罗小娟文学创作工作室创作的诗歌获国家级奖 9 项、省级奖 35 项，在国家级刊物发表诗歌 58 首、省级刊物发表诗歌 65 首、市级刊物发表诗歌 24 首，开展“优秀传统文化进校园”4 场。黄曙华书法创作工作室创作的作品获市级以上奖励 23 项。黄梦权粤曲传承工作室参与送戏下乡近 10 场，开展“粤曲进校园”活动若干场。黄焜文民间文艺创作工作室开展田野调查采风 5 次，创作调研报告等作品一批。

【《湛江文艺》】2022 年，受疫情影响，县文联发行两期《湛江文艺》，每期 1000 本，免费派送各机关事业单位及中小学传阅。《湛江文艺》由卷首开篇、焦点视线、诗坛梨园、校园文学等 9 个板块组成，围绕县委、县政府的中心工作，宣传传递文联动态消息，反映佛冈新人新事，介绍佛冈精神文明建设成绩，是塑造佛冈新形象的重要窗口，也是全县广大文艺爱好者交流、学习的重要平台。

（张春兰）

佛冈县归国华侨联合会

【县侨联概况】 佛冈县归国华侨联合会（以下简称“县侨联”）成立于1982年8月，内设机构1个，为综合办公室；事业编制3名，其中正科级正职领导职数1名、股级职数1名。2022年，县侨联紧紧围绕县委、县政府提出的发展思路和奋斗目标，坚决贯彻执行依法护侨、为侨服务的宗旨，脚踏实地，开拓创新，侨联组织的向心力和凝聚力不断增强。

【思想政治建设】 2022年，县侨联以喜迎党的二十大胜利召开为契机，主动把侨联工作融入党委工作大局，扎实开展“党建为侨建，侨建为党建”工作，切实抓好党史学习教育，下沉基层一线协助开展疫情防控、乡村振兴、平安佛冈建设等工作。以“侨胞之家”为平台，扎实开展“我为侨界群众办实事”等活动，团结带领侨界群众跟党走，积极引导海内外侨胞弘扬中华传统文化、讲好中国故事、传播中国声音、展现中国风采，形成党侨共建互促的良好局面。

【基层组织建设】 2022年，县侨联通过优化设置基层侨联组织、创建“为侨服务示范点”来加强基层侨联组织建设。年初，县侨联按照“组建依靠党组织”和农村基层党组织优化设置的要求，结合县实际，对常住归侨侨眷、海外侨胞和留学归国人数不足5人但已经设置侨联工作组织的村（社区）和村（居）民小组，原则上撤销侨联工作组织，并将该地区侨界群众纳入侨联工作站联系服务范围。至2022年4月，县侨联把原有97个基层侨联组织精简撤并为35个（其中工作站6个、工作组29个），使人财物得到最优配置，切实提升侨联组织的凝聚力和战斗力。创建县首个“为侨服务示范点”。2022年12月，县侨联投资3万元，在全县归侨侨眷相对集中的石角镇城东社区创建县首个“为侨服务示范点”，为全县归侨侨眷、海外侨胞及留学归国人员再添一个情感地标和精神家园。

【干部队伍建设】 2022年，为充实侨联干部队伍，选优配强县侨联领导班子，县侨联从各行各业中推荐一批思想品德好、综合素质高的归侨侨眷参加佛冈县第六次归侨侨眷代表大会，其中郑杰文等11人顺利当选县侨联新一届领导班子。派送领导干部参加业务培训。侨联新任领导前往广州从化参加为期一周的全省侨联系统第五期基层党组织书记培训班，学习习近平新时代中国特色社会主义思想、习近平总书记关于侨务工作的重要论述精神和习近平总书记在中央统战工作会议上的重要讲话精神等内容。组织本单位党员干部学习理论知识和业务技能。组织党员干部学习党的十九届六中全会精神和党的二十大报告，学习习近平总书记在庆祝香港回归25周年大会暨香港特别行政区第六届政府就职典礼和中央统战工作会议上的重要讲话精神，学习侨法侨规等内容，引导党员干部学懂、弄通、做实，把思想和行动统一到党中央的中心工作上来，把所学理论知识灵活运用到为侨服务中去，踏踏实实为侨界群众做好事实事。

2022年9月6日，佛冈县召开第六次归侨侨眷代表大会 （朱慧燕 摄）

【为侨服务】 *开展“献爱心送温暖”活动* 2022年春节和中秋节，县侨联共走访慰问45户归侨侨眷和境外重点人士在国内的亲属，共送出慰问品33份、慰问金8700元、慰问信45封。支持和引导侨界同胞防疫抗疫。通过电话、微信、入户走访等方式了解归侨侨眷和海外侨胞近况，通过“佛冈侨胞之家”微信工作群推送宣传新冠疫情的防控知识和政策。发放困难归侨救助补助金。县侨联全面核查本县户籍归侨的健康和家庭状况，并对其中生活困难的4名归侨子女各申请发放4000元助学金，为1名中风半身不遂归侨和1名配偶患脑梗的困难归侨各申请发放8000元帮扶金，为2名患癌归侨侨眷各申请发放9500元帮扶金，以上8人共发放助学金和帮扶金合计51 000元。

为归侨侨眷化解矛盾纠纷 2022年，石角镇里水村一名侨眷因家中工具房被拆索赔无果后向县侨联反映诉求。县侨联及时主动与所在镇村沟通协调，促成该矛盾纠纷妥善解决，维护社会的和谐稳定。

配合做好引进高岗镇中心小学电教录播室捐赠项目 在市委统战部、市侨联、市老促会、县委统

战部和县侨联等部门的牵线下，成功引进香港联业合力堂慈善基金会捐赠高岗镇中心小学电教录播室建设项目。该项目总投资32.8万元，2022年9月建成并交付使用，为该校师生创造较好的教学条件。

服务侨资企业　2022年，县侨联下乡入户、走街串巷摸排华人华侨、归侨侨眷和侨资企业。目前共摸查出12家侨资企业，其中大湾区生命科技园于2022年落户佛冈县，预计总投资达45亿元。已与广州华腾公司签订投资协议，有4家公司达成合作意向。县侨联组织走访调研广东兆联纺织有限公司、新力化机有限公司等侨资企业，了解企业生产经营状况、遇到的主要困难和问题，探索疫情常态化下侨资企业的生存和发展出路，并形成调研报告，为县委县政府提供决策参考，为改善佛冈营商环境、助力佛冈涉侨企业及全县经济社会高质量发展贡献侨界力量。

疫情防控和救灾　2022年，县侨联响应县委“坚决打赢新冠疫情防控阻击战”的号召，组织党员突击队、党员志愿者服务队，团结带领侨界干部群众下沉基层一线。协助高岗镇高岗社区开展全员核酸检测5500人次；动员94名应接未接新冠疫苗群众按时接种疫苗；协助石角镇振兴社区成功动员52名60岁以上老人接种第一针新冠疫苗。响应“防汛抗灾和灾后重建”的号召，动员侨界干部群众积极投身抗洪救灾和灾后重建工作。是年6月“广东扶贫济困日”，县侨联动员侨界干部群众开展爱心募捐活动，共筹集捐款1550元，汇交到县慈善会。另外，热心侨眷张勇还动员佛冈一中1990届初三（2）班同学捐款4000元，走访慰问龙山镇受灾严重的五保户和低保户共33户。

【参政议政】 2022年，县侨联加强与人大代表和政协委员的联系沟通，引导他们围绕县委县政府中心工作，深入了解社会热点、难点问题，深入调查研究、积极建言献策。是年2月24日，在县政协十一届二次全会上，侨界政协委员郑杰文和李杰锋积极履职尽责，提交《关于佛冈县“1·23”火灾事故大规模拆除外墙广告牌的建议》《关于解决佛冈县城南小学、佛冈县城南幼儿园上放学道路拥堵的提案》《关于组织佛冈县归侨开展健康体检活动的提案》等提案。其中，在县城综局等职能部门的共同努力下，县城南小学、城南幼儿园门口停车场和出入口路段得以拓宽和硬底化，原来拥堵的现象得到大幅度改善，4000多名师生和家长的出行安全得到更好的保障。

【结对帮扶】 2022年，县侨联先后结对帮扶石角镇附城社区和石角镇振兴社区，按要求落实“双报到、双服务”工作。深入社区指导党建工作，讲授党课，宣传政策法规，认领需求清单，为群众办好事实事。同时，还结对联系高岗镇高岗社区，支持和指导社区推进党建及各项中心工作。

（张仙桂）

佛冈县科学技术协会

【县科协概况】 2022年，佛冈县科学技术协会（简称“县科协”）是县委、县政府领导下的人民团体。所属学（协）会14个。其中，镇协会6个，企业协会2个；全县共建立90个村（社区）科普活动室，96个农村（社区）党员干部现代远程教育站点，1个国家级科普示范社区，1个省级科普教育示范基地，3个市级科普教育示范基地，9个县级科普教育示范基地。

【全国科普日活动】 2022年9月16日，县科协以“喜迎二十大，科普向未来”为主题开展全国科普日活动，分别在佛冈县电子商务产业园，迳头镇迳头村、官塅围村、楼下村开展宣传、咨询活动。通过悬挂宣传标语、设立咨询台、发放科普宣传资料、现场解答群众咨询等方式，免费发放资料600份。

【科普教育示范基地】 2022年，佛冈县有1个国家级科普示范社区：石角镇振兴社区；1个省级科普教育示范基地：佛冈县博物馆；3个市级科普教育示范基地：田野（佛冈）绿世界、广东省佛冈县气象局、佛冈县博物馆；10个县级科普教育示范基地：田野（佛冈）绿世界、水头镇西田村芦笋大棚种植基地、佛冈县嘉华绿色农产品种植示范基地、惠文蔬菜基地、澳洲坚果种植示范基地、卓坚芭乐种植基地、王田鹰嘴桃种植基地、鼎禾百香果种植基地、佛冈县博物馆、广东省佛冈县气象局。

2022年10月14日，县科学技术协会携手迳头镇政府开展“共创食安新发展 共享美好新生活”科普宣传活动　（罗远泳　摄）

【电子商务进农村综合示范项目建设】 办公室机构调整 2022年，佛冈县省级、国家级电子商务进农村综合示范县建设工作领导小组办公室设在县科协。2022年11月7日，根据《县政府常务会议决定事项通知》决定：将国家级、省级电子商务进农村综合示范县建设工作领导小组办公室从县科协调整到县农业农村局。

升级改造县农村电商物流仓储配送中心 2022年，增加一条自动分拣设备，使配送中心从具备每天10 000票分拣能力升级为每天40 000票以上分拣能力，实现降低快递企业分拣成本，快递物流效率提速。

打造特色示范服务站 2022年，确定9个镇、村特色电商示范服务站的选址，并设计方案，示范服务站正在建设中。

服务站建立利益共享机制 2022年，制定实施服务站运营补贴方案，站点每月最高可获得600元/月运营奖补，与县域快递企业达成协议，后续快递到村按0.3元/票进行补贴。与县邮政公司建立服务站点利益共享机制，增强服务站可持续运营能力。

农产品区域公用品牌打造工作 2022年，打造佛冈有礼农产品品牌，实现“品牌统一、标准统一、包装统一、营销统一”；持续培育本土高层次电商人才，累计开展电商知识培训班29期，完成培训800人次。

（罗远泳）

佛冈县残疾人联合会

【县残联概况】 2022年，佛冈县残疾人联合会（简称“县残联”）于1991年6月经佛冈县人民政府批准成立。2022年，佛冈县持证残疾人共9286人。

【残疾人教育就业】 2022年，县残联先后组织54名残疾人参加2022年“南粤春暖”专场招聘会和2022年佛冈县就业援助月残疾人专场招聘会，其中3名残疾人现场与用人单位达成就业协议。

2022年3月6日，佛冈县残联在县人民中心广场开展残疾人就业招聘政策咨询活动

（刘嘉舜 摄）

【残疾人证发放工作】 2022年，全县持证残疾人9286人，县残联共计核发第三代残疾人证7170个，其中：视力残疾人证670个，听力残疾人证650个，言语残疾人证75个，肢体残疾人证3260个，精神残疾人证1500个，智力残疾人证667个，多重残疾348个。

【残疾人社会保障】 2022年，县残联开展春节和助残日慰问困难残疾人活动，全县各级残联慰问困难残疾人842人次，发放慰问金9.46万元。

【实施残疾人“两项补贴”】 2022年，佛冈县发放困难残疾人生活补贴24 030人次，发放金额456.66万元；发放重度残疾人护理补贴58 191人次，发放金额1480.22万元，两项合计1936.88万元，切实改善和保障全县残疾人基本生活和护理需求。

【残疾人维权】 2022年，县残联加强县、镇、村（社区）三级残疾人维权网络建设，健全各项工作制度，扎实做好残疾人维权工作。是年，县残

2022年12月15日，佛冈县残联第八次代表大会在县人民中心主楼大礼堂举行

（徐惠连 摄）

联受理残疾人及其家属来访4件、清远市12345服务热线信访案件30件，全部依法处理完毕，结案率100%。未发生恶性上访、集体上访和越级上访事件。

【残疾人体育运动】2022年，在广东省第九届残疾人运动会自行车（公路）比赛项目中，佛冈县运动员莫楚源、刘荣锋不畏强手，奋勇争先，为清远市残疾人体育代表团夺得2枚铜牌、2个第四名的好成绩，受到清远市人民政府残工委的贺信通报表扬。

【贫困重度残疾人家庭无障碍改造】2022年，全县完成困难重度残疾人家庭无障碍改造185户。每户改造工程平均造价5829.62元，合计1 078 480元。9月至12月，县残联督导施工单位按时按标准完成工程任务，获得受益残疾人及家属的好评。

【开展上门评残工作】2022年，县残联会同县人民医院的评残医师为全县行动不便的175名评残对象开展上门评残活动，实实在在解决他们盼望解决的问题，获得残疾人及其家属的好评。

【残疾人就业和残保金征收工作】2022年，县残联与县税务局、县财政局相互配合，做好佛冈县2022年收缴残疾人就业保障金工作。2022年审核安排残疾人就业共284人，收缴残疾人就业保障金702.77万元。

【县残联第八次代表大会】2022年12月15日，县残联第八次代表大会如期在县人民中心大礼堂举行。大会总结过去五年工作，提出今后五年工作设想。大会选举产生县残联第八届主席团委员25名，解晟同志当选为县残联第八届主席团主席，张少敏同志当选为县残联第八届执行理事会理事长。

【残疾人免费乘坐公交车】2022年，全县持证残疾人9286人，共有1770名残疾人办理优待卡，可以刷卡免费乘坐佛冈县内公共汽车。经县永通公共汽车有限公司后台数据统计，全年共计有残疾人免费乘坐公交车144 984人次。

（徐惠连）

佛冈县红十字会

【县红十字会概况】2022年，佛冈县红十字会按照新修订的《中华人民共和国红十字会法》，弘扬人道、博爱、奉献精神，积极推动县红十字会事业的健康发展。共收到国内社会各界捐赠款物折合人民币532.23万元，其中“5·8人道公益日”众筹捐款共筹得款项1.37万元，“99公益日”众筹捐款共筹得款项4.3万元。

【社会募捐】2022年，县红十字会共收到国内社会各界捐赠款物折合人民币532.23万元。其中收到国内社会各界捐款286.75万元，受到社会各界物资捐赠折合人民币245.48万元。2022年，根据捐赠人的捐赠意愿开展救灾和救助活动，全县受益群众3000多人。

【博爱送万家活动】2022年，清远市红十字会下拨价值23 250元的75份慰问物资给县红十字会以深入开展“博爱送温暖”春节慰问活动。县红十字会通过主动联系相关部门以及村委，迅速做好调查摸底工作，及时做好慰问公示，公示结束后通过各镇政府和直接慰问两种方式对全县困难党员群众进行春节慰问。佛冈县红十字会“博爱送万家”春节慰问活动共慰问全县六个镇75户困难家庭，受益群众222人。

【关爱地中海贫血和白血病患儿工作】2022年，县红十字会为全县33名重症地中海贫血患儿成功申请清远市地中海贫血救助项目，发放“燃料卡”33张，救助资金达33万元；帮助2名白血病患儿向中国红十字基金会的“小天使基金”申请医疗救助，发放救助金6万元；为一名骨髓移植重症地中海贫血患儿成功申请3万元救助金。

【应急救护培训工作】2022年，县红十字会组织志愿者开展应急救护知识进村居（社区）、企业活动。全年，县红十字会开展应急救护培训活动5场，普及培训村居（社区）居民和企业员工140人次。

【“三献”工作】无偿献血 2022

2022年1月11日，佛冈县红十字会到水头镇新坣村开展“博爱送温暖”春节慰问活动（廖监军 摄）

2022年9月30日，佛冈县红十字会召开欢迎韩火杰成功捐献造血干细胞凯旋归来座谈会，市红十字会常务副会长胡兴桂（中）参加座谈会 （廖监军 摄）

年，县红十字会开展“血液与健康”志愿巡讲3场，培训120人次；在佛冈一中开展无偿献血知识讲座1场，培训师生750人。积极配合县献血办开展无偿献血和造血干细胞捐献活动，无偿献血人数再创佳绩；开展造血干细胞捐献活动3次，完成造血干细胞血样采集52份。

韩火杰成功捐献造血干细胞 2022年7月，佛冈县湴江医院韩火杰医生收到中华骨髓库通知，与一名骨髓移植病人配型成功，需要再次抽血检测。佛冈县红十字会负责人迅速联系韩火杰医生到佛冈献血屋进行抽血，抽血完成后马上把血样寄去中华骨髓库。9月30日，县红十字会召开韩火杰成功捐献造血干细胞凯旋欢迎会。韩火杰是清远市第28例造血干细胞成功捐献者，也是佛冈县的第4例成功捐献者。

【“5·8人道公益日”“99公益日”众筹捐款】 “5·8人道公益日”“99公益日”是由中国红十字总会与腾讯公益基金会联合全国多家公益机构、企业等共同发起的全民公益日活动。众筹项目筹得款项用于开展救灾、应急救护（含平安校园）、医疗救助、困境群众人道救助等工作。2022年，县红十字会通过政府办公平台、佛冈通、粤政易工作群和微信朋友圈向全县各机关企事业单位、社会团体、志愿者及广大市民朋友发出《2022年佛冈县红十字会“5·8人道公益日”众筹倡议书》和《2022年佛冈县红十字会“99公益日”众筹倡议书》，得到全县社会各界的积极支持，踊跃捐款。“5·8人道公益日”众筹捐款共筹得款项1.37万元，“99公益日”众筹捐款共筹得款项4.3万元。

【救灾工作】 2022年6月，受强降雨影响，龙山镇13条村道受浸，16个自然村受淹，全镇受灾严重。为大力支持佛冈县抗灾复产，清远市红十字会先后下拨51万元捐赠款给县红十字会。佛冈县红十字会非常重视救灾复产工作，多次与县委统战部、县应急局和龙山镇政府进行沟通协调，最后确定50万元用于采购防汛抗灾设备捐赠给县应急局和龙山镇政府，1万元对受浸严重的龙山镇下岳村卫生站进行修缮。通过开展防汛抗灾设备捐赠和灾后重建工作，大大加强了县应急局和龙山镇政府的防汛抗灾能力，改善了龙山镇下岳村卫生站的就医环境，受到社会各界的高度赞扬。

（廖监军）

佛冈县党外知识分子联谊会

【县知联会概况】 佛冈县党外知识分子联谊会（简称“县知联会”）成立于2015年，内设三个小组。现有会员（理事）50人，主要由无党派中青年知识分子组成（无党派人士45人），其中教育系统15人（占总人数的30%），副高及以上职称20人，中级职称8人。

【思想政治建设】 2022年，县知联会坚持以习近平新时代中国特色社会主义思想为指导，深入学习贯彻党的二十大精神，扎实推进学习教育常态化，积极组织理事会成员通过开展专题学习会、研讨座谈、分散自学等多种形式的学习，增强理事的政治意识、大局意识、核心意识、看齐意识，筑牢思想政治基础，促进会员（理事）与党在思想上同心同德、目标上同心同向、行动上同心同行。5月，县知联会组织理事学习贯彻上级各部门统战工作会议精神和《中国共产党统一战线工作条例》。7月，县委统战部联合县知联会到水头镇石潭村爱国主义教育基地（佛冈县第一个中共支部——天西乡支部）参观学习。8月，县知联会组织理事传达贯彻中央统战工作会议精神。10月21日，佛冈县委常委、县委办主任、统战部部长朱世业到县知联会调研指导工作。11月18日，县知联会组织理事开展传达贯彻党的二十大精神专题学习会，会议还传达了《致全县统一战线成员疫情防控的倡议书》。

【组织建设】 2022年，县知联会坚持以优化会员（理事）队伍为抓手，激发知联会活力。坚持积极稳妥的发展策略，努力把职称高、能力强、业绩优、影响大的党外知识分子吸收到理事会中来，为知联会注入新鲜血液，增添新的活力。同时，充分发挥理事会的核心带动作用。深入基层，广泛倾听民意心声，发挥参政议政作用，共同致力于佛冈经济社会各项事业的健康发展。强化制度保障，明确严格按照各项规章制度办事，接受会员（理事）监督，推动县知联会的运行更加科学化、规范化、制度化，不断提升知联会影响力。

【参政议政】 2022年，县知联会坚持将参政议政作为履职工作的重中之重，建立和完善参政议政调研激励机制，制定《佛冈县党外知识分子联谊会专责专项工作奖励实施办法》，鼓励会员（理事）围绕全县中心工作，围绕实施创新驱动发展、乡村振兴、高质量广清一体化、区域协调发展战略等提出建议，为党委政府科学决策提供支持和参考，为推动经济高质量发展献计出力。同时，积极发动知联会会员（理事）撰写提案和建议。是年，县知联会会员（理事）在县政协会议上提交提案11件（集体提案10件、个人提案1件），提案质量和数量日益提高。其中，在政协十一届二次全会上，会长范杰忠提交的《关于完善我县收储土地后续管理的建议》、副会长廖监军提交的《关于加强县域医共体建设，打造乡镇卫生院特色专科，切实减轻病人住院费用的建议》、副会长郑建国提交的《关于我县创建文明城市与小区管理的意见和建议》、副会长张丽英提交的《关于加强心理健康教育专兼职教师培训的建议》、副会长谢思慧提交的《关于建构我县对未成年人心理干预机制的建议》等8篇政协提案深受好评，引起了县领导重视并被采纳。是年，在清远市政协会议上，县知联会会长范杰忠向大会提交《关于进一步加强财政暂付款管理的提案》等2篇政协提案，并已

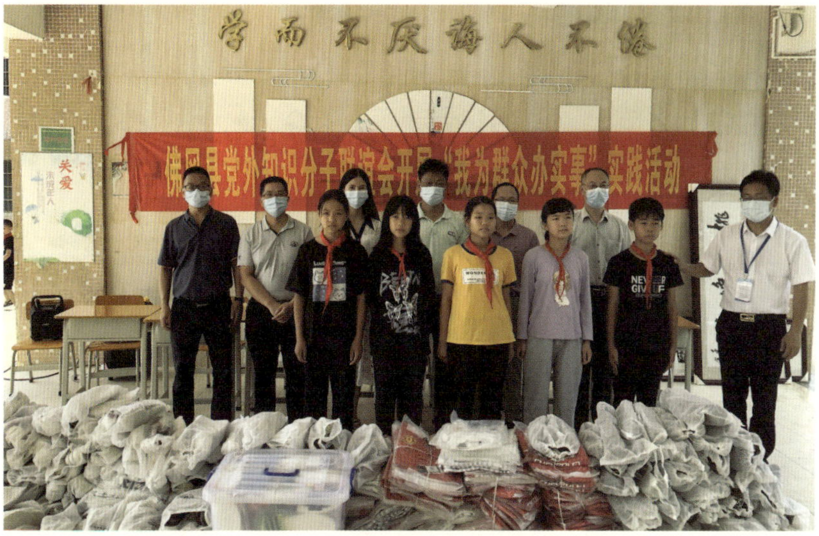

2022年6月28日，县知联会筹集服装200多套和鞋200多双赠送给龙山镇下岳小学学生，为遭受水灾的学生送去关心和温暖　　（县知联会　供图）

经立案和得到答复。

【社会服务】 2022年6月，县知联会会员（理事）在广东省扶贫济困日活动中以知联会名义募捐2900元，会员在所属单位募捐5950元，县知联会共募捐8850元；同时，县知联会积极参与送医、送教、送法进基层等各种形式的社会服务活动。还筹集200多套服装和200多双鞋送给龙山镇下岳小学遭受水灾的学生。8月，县知联会深入到高岗镇开展"健康知识"和农村组账镇代管知识培训活动。会长范杰忠为参训人员详细讲解《农村集体经济组织财务制度》、佛冈县推进"组账镇代管"工作实施方案等内容，并结合高岗镇农村实际情况进行分析，提出具体财务操作办法，为参训人员提升农村财务管理能力；副会长廖监军为参训人员作《血液与健康》知识讲座。

【联谊交流】 2022年，县知联会鼓励会员（理事）积极参与交友联谊和调研交流活动，以增进会员之间沟通和交流，增强会员之间的凝聚力与向心力。7月，县委统战部和县知联会到佛冈县中核汇能乡村振兴农光旅一体化项目基地开展实地调研，对水头镇的光伏发电及魔芋种植两个重点项目的产业链结合发展进行深入调研，并结合水头镇的农业发展实际情况、科学种植、新兴产业税收政策等方面提出了相关意见和建议，携手共绘乡村振兴同心圆，推动佛冈特色产业发展，助推企业在地方经济建设中发挥更大作用。8月，县知联会与清远市知联会第三小组开展联谊交流活动。佛冈县知联会介绍了具体情况以及在政治思想引领、参政议政、社会服务等方面的工作措施和做法。参会人员就如何更有效地推进新时代知联会创新发展进行座谈，相互借鉴有益经验。12月，"佛冈县党外知识分子联谊会交流基地"正式揭牌启用，为县知联会理事成员提供更好的联谊交友、讨论交流服务。

（县知联会）

外事·侨务·台港澳事务

责任编辑：李协湖

外 事

【外事工作概况】 2022年，佛冈县外事工作主要围绕疫情防控、服务管理、涉外安全等方面做好工作。统筹常态化疫情防控涉外工作和对外交流合作，保障全县抗疫大局。主动服务更高水平对外开放，助推县域经济高质量发展，坚持越是开放越要重视安全理念，筑牢安全防线。聚焦主题主线，做好对外宣传，提升国际传播影响能力。

【外事服务】 2022年，县外事部门对建立的外籍人士台账进行动态更新，落实对在佛外籍人士一视同仁无差别健康服务措施，积极协助44名外籍人士开展新冠疫苗接种。针对分流和接转人员中的11名外籍人士提供多种方式疫情防控政策解答、咨询服务，引导他们加强自我防控、主动报备，及时受理应急诉求，有效避免因信息缺失或听信谣言带来的恐慌。为持续做好对外投资企业的公共服务，增强外资企业的信心，更好地服务佛冈经济发展，县外事部门不断加强与涉外企业的联系，加大稳企政策宣传，确保重点外资外贸企业、项目全覆盖，支持重点外资外贸企业、项目等享受扶持政策。是年协助洛科威公司申请十二批次共56名技术人员来佛工作；为3家外资外贸企业的重大项目在审批流程上提供绿色通道，实行专门申报、专人负责、全程跟踪协调；协助4家外资外贸企业解决7个困难和问题。积极引进人才落户佛冈，对在县直属小学招生范围内创业的外籍人士子女，纳入第一批政策性照顾对象，优先入学，同时高度重视外籍学生的教育管理工作，在教学过程中坚持一视同仁、平等对待原则，切实保障学生权利。

【外事管理】 2022年，有104名外籍人士在佛冈长期居住。县外事部门对居住在县的外籍人士进行信息登记管理，建立信息台账和跟踪服务，并及时更新外籍人士名单，做到“底数清、情况明”。同时督促相关行业从业者一视同仁对待中国公民和外籍人士，坚决反对任何种族主义和歧视性言论及行为。对佛冈县“走出去”的企业和外派海外人员的企业主体进行走访，深入调研了解其运行状况、海外公司是否有在大使馆报备、涉外应急能力、安全生产工作等情况，同时普及海外安全知识，引导企业强化主体责任，切实增强安全意识，提升风险防范能力。

【外事宣传】 2022年，县外事部门为高质量讲好中国故事、广东故事、清远故事、佛冈故事，进一步增进外籍友人对佛冈县的了解，提升佛冈对外交往及务实合作水平，开设有41个海外社交平台账号，以时政评论、社会生活、文化娱乐、自然风光、科学技术等内容为定位，进行常态化推送宣传。通过“听党话、感党恩、跟党走”“大榕树下的小课堂”等系列进企业宣讲活动，推动习近平新时代中国特色社会主义思想、党的二十大、省第十三次党代会、市第八次党代会精神在外资企业落地生根。

（徐金环）

侨 务

【侨务工作概况】 2022年，全县有归侨20人，分散在全县各乡镇，大部分是20世纪50年代初回国定居的马来西亚、新加坡、越南归侨，年老体弱，60岁以上归侨就有17人，占归侨总数的85%。归侨大部分为农村归侨，没有享受退休待遇，大多文化水平低，就业技能差、劳动能力不强，经济收入少，家庭生活普遍困难，是需要扶持救济的弱势群体。

【归侨民生保障】 2022年，县侨务部门坚持“以人为本，为侨服务”的宗旨，本着求真务实的态度，认真贯彻落实《中华人民共和国归侨侨眷权益保护法》及其实施办法，执行国家对归侨侨眷“根据特点、适当照顾”的政策，着力解决涉及归侨侨眷民生保障问题，促进当地社会和谐发展。是年，侨务工作重点围绕新冠疫情联防联控工作、县侨联换届工作以及做好“三侨生”报送、涵养侨务资源、建立侨务人才信息库、侨务信访维稳等工作，认真做好“三侨生”报送工作，组织侨眷参加市组织的相关培训，提升侨眷生活技能。

台湾事务

【台湾事务概况】 2022年，佛冈县有台商投资企业10家。台资企业涵盖制造、化工、旅游等产业，其中制造业企业8家，主要产品包括五金制

2022 年 3 月 8 日，台资旅游观光企业——田野绿世界一角 （邓振华 摄）

品、油墨、家具、陶瓷等。是年，规模以上台资企业 3 家。

【台胞事务】 服务台资企业 2022 年，县委台港澳办深入台资企业，为台资企业做好服务。积极做好台胞台属服务工作，做到涉台服务制度化，走访活动经常化，台商投诉调处规范化。对全县台资企业压实属地责任，强化政策宣传引导，保障其在县的企业正常运作。加强对“粤台农林 34 条”的宣传工作。深入了解《关于支持台湾同胞台资企业在粤农业林业领域发展的若干措施》（简称“粤台农林 34 条”）正式发布一年以来在县落实情况，深入田野（佛冈）休闲农牧有限公司等台胞台农、台资农业企业进行宣传推介。充分利用台胞台属座谈会，加强沟通与联络。深入到永旭精化科技（清远）有限公司、汇康荧光科技（清远）有限公司、东立（佛冈）木业有限公司、田野农牧有限公司、强丰（佛冈）制鞋有限公司等台资企业了解发展情况及存在的问题和困难，协助东立（佛冈）木业有限公司解决征地遗留问题，协助田野（佛冈）休闲农牧有限公司解决土地纠纷问题，为东立（佛冈）木业有限公司、汇康荧光科技（清远）有限公司等台企协调解决土地办证等方面问题，切实为企业排忧解难，确保台资企业稳定发展。不断扩大对台交流与合作，共同促进县域经济社会发展。同时，积极为两岸农民合作社选点，探索两岸农业合作发展新途径。

服务台胞 2022 年，县委台港澳办做好服务台资企业疫情防控、台港澳同胞疫苗接种工作。做好台湾同胞疫苗接种的上传下达等衔接工作。动员辖区内台湾同胞接种新冠疫苗，做到应接尽接，共同筑牢疫情防控的安全屏障，切实保障县内台港澳同胞的生命健康安全，真正为同胞做好事、办实事。同时，利用节庆开展对台胞的慰问，送去县委、县政府的关怀。

港澳事务

【港澳事务概况】 2022 年，县委台港澳办严格实施党政机关干部因公赴港澳经费管理办法，进一步规范因公临时赴港澳经费管理和因公短期赴港澳培训经费管理。严禁利用公款赴港澳旅游，按照务实、高效、精简、节约原则，根据工作需要有计划地进行公务派出，并按规定执行经费预算及财务管理，严格执行赴港澳管理，确保零增长。

【港澳企服务】 2022 年，通过召开政企座谈会和定期走访县内的港资、澳资企业等方式，了解其在县生产经营遇到的困难，对于港澳同胞反映的问题，及时与县各职能部门、相关负责领导反映，协助解决，切实为企业排忧解难，做好桥梁纽带作用。通过香港佛冈联会，加强双方联系，让企业对佛冈有更明细的了解，增强对佛冈的投资信心。积极做好新冠疫情期间港澳企业的疫情防控指导服务，按照“疫情要防住、经济要稳住、发展要安全”的重要指示要求，坚持“外防输入、内防反弹”总策略和“动态清零”总方针，切实贯彻落实国家、省、市、县疫情防控工作部署，从严从紧从细从实做好疫情防控各项工作的落实，保护港澳商人及港澳同胞身体健康和生命安全，确保全县港澳企业安全生产。

（董莲香）

2022 年 10 月 21 日，市委统战部常务副部长、市侨务局局长冯红云（左二）到佛冈县港资企业兆联纺织有限公司调研 （陈雨倩 摄）

法 治

责任编辑：胡 辉

法治综述

【政法工作概况】 2022年，佛冈县委政法委扎实推进平安佛冈建设，深入开展“网格化+信息化”“网格员+信息员”基层社会治理工作，以实现网格化治理中人防、技防资源的最优化配置，切实抓好维稳（信访）各项工作开展，常态化推进扫黑除恶工作。同时，持续巩固深化政法队伍教育整顿成果，加强政法干警政治教育，为全县经济社会平稳健康发展以及党的二十大胜利召开创造安全稳定的社会环境。

【监控研判中心建设】 2022年，佛冈县深入推进“网格化+信息化”“网格员+信息员”基层社会治理工作。加强组织领导。设立佛冈县网格事务中心，核定事业编制2名，用于开展网格事务工作。印发《佛冈县“网格化+信息化”“网格员+信息员”基层社会治理实施方案（试行）》，建立联席会议、入格事项管理、事件分级处置、网格员培训、网格员管理、网格员考核等工作机制。从2022年8月起，实施《佛冈县基层社会治理综合网格信息报送事件处置奖惩暂行办法（试行）》，对全县排名前列的优秀网格员进行奖励。科学管理网格。将全县网格优化整合为479个，配备专、兼职网格员和专业网格员共995名，发展12 549名信息员。加强平台应用。作为省“粤平安”综合网格服务管理平台的试点，佛冈县落实试点工作任务，为“粤平安”综合网格服务管理平台推广使用提出意见建议。是年，“粤平安”综合网格服务管理平台共采集各类网格事件信息53 824条，办结53 769宗，办结率99.9%。

【“雪亮工程”建设】 2022年，佛冈县投入6200万元建设“雪亮工程”项目，在6个镇、91个行政村（居）、802个自然村，建设1884个图像采集设备，已建成试运行。由政府、村民、电信共建“平安乡村”视频监控项目，完成6个镇91个村（社区）的视频监控安装，合计安装2767支摄像枪，接入镇综治中心平台，作为“雪亮工程”的有效补充。

【开展救治救助】 2022年，佛冈县扎实推进严重精神障碍患者救治救助各项措施落实，对每名严重精神障碍患者逐一落实监护人，对三级及以上精神障碍患者确定两名协助监护人，对每名严重精神障碍患者建立档案。是年，佛冈县严重精神障碍在册患者规律服药率、精神分裂症患者规律服药率全市排名第一，体检率、面访率全市排名第二，规范管理率全市排名第三，获评“2022年度广东省严重精神障碍管理治疗工作先进县”。

【治安综合治理】 2022年，佛冈县开展社会治安重点地区和突出治安问题排查整治工作。全年全县实施挂牌整治重点治理地区1个、突出治安问题7个（其中，由县实施挂牌整治2个，由镇实施挂牌整治5个）。针对排查出的问题，深入梳理分析研判，并制定专门工作方案进行严厉打击整治。5月，因社会治安问题较为突出，高岗镇被市委政法委确定为2022年度社会治安重点治理地区。县委政法委发挥统筹协调作用，督促高岗镇、县公安局、县交通运输局等单位结合各自职责，细化方案、分解任务、精心组织，确保整治工作落到实处，并按照《社会治安重点治理地区检查验收标准》做好整治各项工作。10月27日，市委政法委对高岗镇社会治安重点治理地区整治工作进行检查验收。11月11日，市委政法委解除高岗镇的重点治理。

【社会矛盾化解】 2022年，佛冈县严格落实全县“一盘棋”思想和重大突发事件“四个一”应急处置、敏感节点“六个一”调度指挥、“三同步”和重点案件交办督查机制等，不断健全完善涉稳风险隐患排查、化解工作机制。全年全县综治中心三级工作平台共受理排查矛盾纠纷536件，办结及成功调处530件，办结及成功率98.88%；列入矛盾纠纷排查化解攻坚台账的矛盾纠纷有10宗，列入省市县社会矛盾三级台账12宗，均落实牵头化解责任单位和包案领导，已全部化解，化解率达100%。

【市域社会治理现代化试点工作】 推进体制现代化 2022年，佛冈县成立县委平安佛冈建设领导小组和社会治理专项协调组，并纳入县委重点工作。将市域社会治理纳入《佛冈县国民经济和社会发展第十四个五年规划和二〇三五年远景目标纲要》。

做好防范“五类风险”工作 2022年，县委政法委通过加强意识形态理论武装，开展“织网”、“清风2022”行动、“百日攻坚”系列行动，打造个人调解品牌工作室，开展各专题领域安全生产检查，实施24小时监控网络舆情等方式，切实防范化解政治安全风险、社会治安风险、社会矛盾风险、公共安全风险、网络安全风险。截至2022年底，全县未发生重大安全案事件，社会大局安全稳定。

充分发挥“五治”作用 2022年，县委政法委通过政治理论学习、普法教育、净化政治生态、推动志愿服务、修订村规民约、优化网格管理服务、综治视联网全覆盖等方式，充分发挥政治引领、法治保障、德治教化、自治强基、智治支撑作用。截至2022年底，“雪亮工程”已建设1767个高清视频图像采集点共1884个图像采集设备；建设25个“智慧社区”。

2022年6月26日，在县人民中心广场举办的“6·26”国际禁毒日宣传活动
（朱小珊 摄）

【扫黑除恶斗争】 2022年，县委政法委与各镇各成员单位继续把扫黑除恶斗争作为一项重要的政治任务，认真履行职责、精心组织、周密部署，扫黑除恶斗争取得了新成效。全县共掌握线索36条，其中上级单位交办4条、成员单位上报30条、群众来访举报2条；线索办结及初步办结33条，线索办结及初步办结率为91.7%。

打击黑恶犯罪 2022年，全县共打掉涉恶犯罪团伙5个，共立涉黑涉恶刑事案件29宗，破案26宗，破案率为89.66%，刑拘36人，逮捕16人。

深挖保护势力 2022年，全县持续加大对黑恶势力深挖打击力度，把扫黑除恶与反腐败斗争、基层“拍蝇”结合起来，彻查背后的“关系网”、保护伞，严惩涉黑涉恶腐败和失责问题，查处一批涉黑涉恶腐败“保护伞”案件，力争实现深挖彻查、除恶务尽。是年，立案查处涉黑涉恶腐败和“保护伞”问题6人，给予党纪政务处分4人；“黑财”执行处置到位率100%，处置入库总金额共计2310.37万元。其中2021年排查的6个软弱涣散党组织在2022年12月完成检查验收，2022年排查的汤塘镇官山村、田心村党总支部正在整顿中。

加强宣传发动 2022年，佛冈县加强对扫黑除恶的宣传发动工作。县内传统媒体报道稿件数量46篇；佛冈发布、佛冈政务网、佛冈通等新媒体共发布相关稿件121篇，总点击量超10.69万次；中央媒体、省级媒体和其他媒体刊载14次，制作派发宣传小册子、海报、扇子等宣传物料约12万份；印发宣传日历2万份，向本地区三大营运商手机用户推送扫黑除恶宣传短信约90万条。召开新闻发布会，向社会公布全县常态化开展扫黑除恶工作取得成效，着力提高广大群众对常态化扫黑除恶斗争的知晓率和满意度。通过营造全民扫黑除恶的浓厚氛围，全力助推扫黑除恶斗争工作常态化开展。

【全民禁毒工程】 2022年，佛冈县始终保持禁毒严打高压态势，共破获涉毒刑事案件11宗、逮捕18人、打掉涉毒团伙3个、查处吸毒人员42人。佛冈县病残吸毒人员收治专区自运营至2022年底，共收治病残吸毒人员73人次。对全县217名社区戒毒康复人员的执行率达100%，确保“零脱失”，有效防止吸毒人员肇事肇祸情况发生。同时大力推进禁毒社会工作，对951名吸毒人员开展走访慰问活动。全县开展禁毒宣传六进活动共3884场、线上禁毒宣传活动共957 600次；积极搭建中央、省、市主流媒体，各级主流媒体报道佛冈县禁毒工作共计1136次。

【法治建设】 2022年，县委政法委深入企业、村（社区）、学校开展系列的法治宣传活动。5月25日，联合县法学会、县司法局在雅迪机车有限公司开展“以法兴企”文化沙龙活动，活动邀请了广东业证律师事务所的律师到企业讲解法律知识，为企业遇到的法治问题答疑支招，提出可操作性的法律意见。通过开展“以法兴企”文化沙龙进企业活动，进一步搭建党委政府与企业之间的信息沟通和交流互动的平台，把法治建设理念送进企业。同时，深入开展“青年普法志愿者法治文化基层行活动”。是年，佛冈县共举办法治文化基层行活动10场，参加普法志愿者共92人，普法受众约1275人次，发放宣传资料约3490份，开展法律服务场次共10场，进一步推动法治文化深入人心，为平安佛冈、法治佛冈建设作出了新的贡献。

【反邪教警示教育】 **线上线下宣传** 2022年，县委政法委印制反邪教主题文化宣传服3900件，派出干部职工300多人次向各村（社区）群

2022年4月29日，清远市见义勇为基金会、佛冈县见义勇为协会、汤塘镇党委联合爱心企业佛冈县汤塘镇欧尚服装加工厂在县人民中心综合楼301会议室召开表彰奖励见义勇为人员座谈会　（刘思娜　摄）

众派发《行动起来，共同打击邪教组织的滋事活动——致佛冈市民的一封信》2.1万份、反邪教宣传折页1.16万份、反邪教主题文化宣传服3000件，同时在县人民中心、县中心公园、文化广场更新大型宣传栏7幅。各镇各单位创新宣传方式，开展反邪教警示教育宣传活动共103场，通过网络媒体、传统媒体发布原创稿件36篇，向市委政法委提交原创宣传稿件27篇，其中有6篇报道在广东省反邪教网上发布。通过佛冈电视台、电台、户外电子屏滚动播放反邪教宣传短片约7500次，把佛冈县公务员、事业单位管理岗位人员、新录用教师作为反邪教警示教育宣讲对象，纳入佛冈县委党校举办的培训班和初任培训班的必修课程。通过开展丰富多彩的警示教育宣传活动，进一步提高反邪教宣传覆盖面和群众知晓率，引导群众崇尚科学、共同抵制邪教、共建幸福家园。

系列宣传活动　2022年，县委政法委结合法治宣传、扫黑除恶、禁毒宣传等专项行动，联合各镇各相关单位开展以“筑牢反邪防线·共建平安家园”为主题的警示教育宣传活动。同时，通过借助2022年“送戏下乡”活动平台深入到各村（社区）开展反邪教宣传活动共12场，活动现场开展反邪教法律知识咨询服务、悬挂反邪教宣传标语、派发反邪教宣传资料与宣传小礼品、摆放反邪教展板等形式，引导广大市民群众认清邪教组织反人类、反科学、反政府、反社会的危害本质，做到相信科学、远离邪教、共建平安家园。

【见义勇为协会】2022年，佛冈县见义勇为协会在县委政法委的正确领导下，认真贯彻落实中央、省、市、县的工作部署，大力弘扬和宣传见义勇为先进事迹，主动积极认真做好见义勇为基金的筹集管理和奖励慰问工作。建立和健全见义勇为协会管理工作的有关制度，充分发挥好见义勇为基金激励引导群众的积极作用，营造好见义勇为的良好社会道德风尚，为维护社会和谐稳定作出了积极的贡献。是年，协会共慰问9人，并发放慰问金2.31万元。通过表彰、奖励、慰问，进一步体现党的关怀，社会的肯定，进一步扩大见义勇为的社会影响力，激发群众参与见义勇为、同犯罪分子做斗争的积极性，取得较好的效果。

【维稳（信访）工作】2022年，佛冈县共召开政治安全和社会形势分析研判会议12次，召开专题分析研判（协调）会议85次，开展维护政治安全十个专项行动与社会矛盾问题八个专项治理工作。在全县推进社会稳定风险评估、网络舆情、政法网军、专班建设等工作。同时，做好冬（残）奥会、全国两会、省第十三次党代会、香港回归祖国25周年庆祝活动、党的二十大等重要特护期的各项维稳安保工作。坚持领导24小时带班值班制度，牢固树立全县“一盘棋”思想，落实重大突发事件“四个一”应急处置和敏感节点维稳安保等级“六个一”调度指挥工作机制，确保全县大局稳定、重要敏感节点平稳度过。

【政法系统政治轮训】2022年12月，县委政法委牵头开展县政法系统政治轮训工作，举办佛冈县政法系统政治轮训班，深入学习贯彻党的二十大精神、习近平法治思想和习近平总书记关于加强政法队伍建设的重要批示、指示精神，进一步提升全县政法干警的政治素质、理论修养和业务水平。通过强化政治建设、深化理论武装、实化作风建设、细化队伍建设，全面加强佛冈县政法机关政治建设，提升政法系统干警的政治判断力、政治领悟力、政治执行力，推动全面从严管党治警向纵深发展。

（黄媛媛）

依法治县

【依法治县工作概况】2022年，佛冈县大力推进法治建设，促进社会稳定、经济发展，法治佛冈建设工作取得阶段性成效，为推动佛冈高质量发展提供有力法治保障。是年，在法治清远建设考核中，佛冈县取得全市排名第三的成绩。

【思想政治建设】坚持党对全面依法治县工作的领导　2022年，在县委、县政府的领导下，全县各镇、各部门以习近平法治思想为统领，全面推进领导干部学法用法，筑牢理论根基，明确工作方向，着力推进县域治理体系和治理能力现代化，用最新理论成果武装思想、指导工作，在实践工作中深刻领悟“两个确立”的决定性意义，深刻领会习近平法治思想“十一个坚持”核心要义，增强“四个意识”、坚定“四个自信”、做到“两个维护”，大力推动习近平法治思想在佛冈落地生根。

全面贯彻宣传党的二十大精神 党的二十大报告首次专章对法治建设全面部署，将全面依法治国提升到前所未有的战略地位，县委书记第一时间深入乡镇开展专题宣讲，融会贯通运用习近平法治思想指导基层工作实践。各镇、各单位举办理论宣讲会、设置媒体专题专栏多维度立体化学习宣传贯彻党的二十大精神，全面营造良好的社会法治氛围。

坚持依法治县与依规治党有机统一 2022年，佛冈县印发《关于贯彻落实法治广东建设规划（2021—2025）的实施方案》《关于贯彻落实广东省法治社会建设实施纲要（2021—2025）的实施方案》《贯彻落实关于加强法治乡村建设的实施意见的实施方案》，组织召开县委依法治县委员会第四次会议，确定2022年全面依法治县工作要点，推进依法治县规范化制度化建设。聚焦全面从严治党突出问题，不断加强党内法规的立改废释工作。履行党内法规制度建设主体责任，把党内法规制度建设纳入党的建设总体安排，县委常委会听取党内法规制度建设专题汇报，专题研究党内法规执行工作，把法治建设工作纳入县委中心工作，列入县委2022年督查检查考核计划，建立领导班子和领导干部述法考核制度。全面贯彻实施广东法治建设“一规划两纲要”，大力推动法治建设与业务工作相融合。

【依法行政】 **持续优化法治化营商环境** 2022年，佛冈县制定《佛冈县2022年加快广清营商环境一体化责任清单》，设置广清商事登记主体“跨市通办”专窗，实现“广清注册一体化”。健全涉企信息归集公示机制，实施“信用+智慧”监管，定期通过门户网站等渠道公开商事主体经营异常名录名单，将119户企业列入经营异常名录。依法维护消费者合法权益，受理消费者投诉1438宗，为消费者挽回经济损失71.97万元。

持续落实规范性文件合法性审查日常监督管理 2022年，佛冈县严格落实规范性文件立项工作，将《佛冈县集体经营性建设用地入市实施办法》等4份规范性文件纳入《佛冈县政府2022年度规范性文件制定工作计划》发布。对县政府规范性文件或部门规范性文件进行合法性审查13件。

持续依法履行行政复议应诉和裁决 2022年，佛冈县发挥行政复议化解行政争议主渠道作用，接待行政复议来访群众89批次；受理行政复议案件33件，作出不予受理决定案件7件；办结行政复议案件30件。加强和规范行政应诉工作，承办经复议提起的行政诉讼案件21件，审查以县政府为被告的行政复议应诉案件文书35份，各级行政机关负责人应出庭应诉案件56件，已出庭应诉案件45件，出庭率达80.4%。

持续落实行政执法监督和指导 2022年，佛冈县审查答复有关行政裁决、执法批复、执法征求意见稿等法律事务件72件；协调解决县级执法部门和各镇执法权限争议案件9宗，牵头划分26项常用行政执法事项具体裁量标准，防止出现执法真空，推诿扯皮现象。以评促改，抽查全县26个重点执法单位行政执法案卷共104宗，促进行政机关严格规范公正文明执法。录入广东省执法信息公示平台执法案件15 808宗，实现执法全过程公开。

统筹协调乡镇综合行政执法能力稳步提升 2022年，佛冈县在清远市率先印制《佛冈县乡镇综合行政执法法律法规汇编》4册，《佛冈县乡镇综合行政执法工作参考》2册，促进解决乡镇“执法不会裁量”的现实难题。充分发挥依法治县办统筹协调作用，开展乡镇综合行政执法工作调研和业务指导，制定《佛冈县乡镇综合行政执法培训工作方案》，举办法治建设考核暨行政执法人员培训班，扎实提高各镇执法人员的执法水平。各镇作出行政检查329件、行政处罚案件117件、行政强制案件20件，办理行政复议8件、行政诉讼12件。联合县纪委监委开展法治督察工作，推动法治督察与纪检监察监督协作配合制度落地落实。召开依法治县办公室、司法协调小组会议，推动司法协调工作形成强大合力。

【维护社会和谐稳定】 **坚持全面**

2022年7月20日，佛冈县人民法院在广佛产业园设立清远市首个产业园巡回审判点（县法院 供图）

从严治警，严厉打击各类违法犯罪 2022年，全县共接报有效刑事治安警情2169起，同比下降22.81%，抓获各类犯罪嫌疑人490人，刑事拘留236人，逮捕85人，侦破刑事案件430宗，同比上升32.3%。开展扫黑除恶工作，坚决铲除黑恶势力。立涉黑涉恶刑事案件22宗，破案24宗，破案率为109%，刑拘30人，逮捕14人；立案查处涉黑涉恶腐败和“保护伞”案件6人；“黑财”执行处置到位率100%，处置入库总金额近2000万元。强化场所阵地清查，压降黄赌类警情。接报涉黄赌警情165起，同比下降55.65%。开展全民反诈行动，压降电诈类警情。

精准监督做强人民检察 2022年，全县办理各类案件2211件，各项工作取得良好成效。县检察院获评全省新时代“五好”基层院、全市“三有”先进检察院。批捕各类刑事犯罪109人，起诉301人，办理“1·23”火灾事故案、“净佛4号”涉恶专案等疑难复杂案件。服务保障非公有制经济发展，成立“驻广佛产业园检察办公室”，协助企业挽回经济损失461万余元。成立第三方监督评估机制管理委员会，办理全县首例企业合规案件。办理司法救助案13件，发放救助金26万元。在全市率先成立侦查监督与协作配合办公室，监督立案、撤案18件。办理民事检察案件142件，办理的首例撤销监护权支持起诉案被省检察院评为典型案例。办理行政检察案件365件，2件案件分别入选清远市行政检察典型案例、全市检察机关“讲案例 谈融合”十大典型案例。办理公益诉讼诉前程序案件107件，提起诉讼6件，追缴漏缴税款1800余万元。在全市率先开展非法采矿大数据法律监督工作，创建23个监督模型，科技赋能办理案件619件。

依法履行审判监督职能 受理各类案件6142件，审结5416件。坚决维护国家安全和社会稳定，把扫黑除恶作为民心工程，依法审结涉黑涉恶案件3件，涉案人员14人。开展养老诈骗专项整治行动，严打盗抢骗、黄赌毒、食药环、网络电信诈骗等严重违法犯罪，审结刑事案件218件，判处罪犯317人。审结民商事案件2692件。深化司法公开，公开案件审判流程3414件，庭审直播1160场，推进人民陪审员制度落实，人民陪审员参审案件383件，依靠人民推进公正司法。深化以审判为中心的刑事诉讼制度改革，落实律师辩护全覆盖，认罪认罚从宽制度占比91.25%。诉前化解矛盾纠纷，诉讼服务中心设立蓝榕概法官调解工作室、“法院联系人大代表、政协委员工作室”，诉前调解各类案件2584件。设立清远市首个广佛产业园法院巡回审判点，建立“一庭六所”协同治理新机制，推动构建共建、共治、共享社会治理新格局。

【法律服务】 **全力营造尊法学法守法用法良好氛围** 2022年，佛冈县以抓好“八五”普法为契机，严格落实“谁执法谁普法”普法责任制，各镇、各单位积极开展法治宣传“六进”工作。以“情景模拟＋主播解说”的拍摄形式，制作2022年民法典打call宣传片《民法典——邻里关系》等小视频，在佛冈电视台滚动播放。推出3期《以案说法》系列普法短视频，教育引导公民努力学法、自觉守法、遇事找法、解决问题靠法。开展“谁执法谁普法”履职报告评议活动，对5个县直单位落实普法责任制情况进行评议。制作法律援助宣传短视频《援来有你》，用生动的形式宣传法律援助法。

依法有效化解社会矛盾纠纷 2022年，佛冈县打通人民调解“最后一公里”，开展矛盾纠纷排查2142次，调处化解各类矛盾纠纷382件，调解成功377件，调解成功率98.7%，参与调处各类重大疑难复杂民间纠纷22件。扎实开展平安建设工作，积极推进“网格化＋信息化”“网格员＋信息员”基层社会治理体系建设，将全县网格优化整合为479个，发展12 549名信息员。加强维稳（信访）专班建设，排查各类涉稳重点人员455人，成功劝返拟到省进京上访人员19批次42人，有效维护社会稳定。

积极发挥公共法律服务体系作用 2022年，佛冈县法律援助工作扎实开展。办理法律援助事项437宗，其中，办理刑事辩护案件117宗，民事案件29宗，代书9宗。公证工作稳步发展。受理各类公证354件，办结公证332件，所有公证案件无一假证、错证出现，公证服务质量不断提升。

（郑国沏）

公　安

【公安工作概况】 2022年，佛冈县公安局坚持以人民为中心，坚持做实基础，做优系统，做强机制，转变工作思路，把工作重点从打击整治转向预防犯罪，树立“公安兜底”“全营一杆枪”“大数据信息化分析应用”“警务工作前移、以防为主”“抓基层、打基础”“重大恶性案事件可防可控”的六大工作理念，狠抓平安建设“最后一公里”，全力开展夏季治安打击整治“百日行动”，圆满完成党的二十大安保维稳工作，促进全县社会治安不断向好。全年全县共接报有效刑事治安警情2398起，同比近3年平均值下降31.5%，全县共抓获各类犯罪嫌疑人583人，刑事拘留254人，逮捕103人，侦破刑事案件543宗，同比上年上升31.5%，同比近3年同期平均值上升18.8%；“清风2022”专项行动考核效能排名全市前列。

【平安建设】 2022年，县公安局以“清风”之势严厉打击整治突出刑事犯罪问题、突出治安问题，实现了“警情数下降、打击效能提升”的工作目标。

打击整治盗窃燃油犯罪 2022

2022 年 2 月 17 日，县公安局召开佛冈县“治乱补短 全民反诈”2022 年第一次工作部署会议 （县公安局 供图）

年，县公安局以“不以刑事诉讼为目的，不以刑侦部门为主力”的工作思路，通过制定举报奖励办法、实施“四个一律”、张贴严打公告、下发警情“红线值”、设置停车安全区以及“派出所＋交警中队”联勤联防制度等措施，对涉盗窃燃油犯罪形成“打、防、赶、挤”高压态势。共计抓获涉燃油犯罪类嫌疑人 19 人，刑事拘留 6 人，侦破涉燃油类犯罪案件 6 宗，扣押涉案车辆 19 辆（其中盗油作案车辆 5 辆，储油车辆 7 辆），扣押现金 25.14 万元，扣押柴油 44.18 吨、汽油 0.31 吨，捣毁非法出油窝点 7 个。佛冈县共接报偷油类警情 67 起，同比下降 82.09%。

强化场所阵地清查 2022 年，县公安局利用轮值勤务队持续重点清查督查餐吧、旅馆业等治安问题凸显的服务场所。共出动警力 8250 人次，检查旅馆、娱乐服务场所、酒吧、出租屋等场所 3818 个次，发现涉黄线索 7 条并通报工作专班和辖区派出所作进一步处理。有效整治了全县场所类治安乱点，维护了人民群众的生命财产安全。全县共接报涉黄赌警情 166 起，同比上年（399 起）下降 58.39%；其中涉赌警情 158 起，同比上年（321 起）下降 50.78%；涉黄警情 8 起，同比上年（78 起）下降 89.74%。

强化夜间巡查 2022 年，县公安局组建夜间巡逻防控队伍，每晚专门负责县城辖区夜间 22 时到次日凌晨 2 时的巡逻防控、应急处突、压降突出警情等工作，筑牢全县治安防控“夜间防线”。县城内接报打架斗殴警情 187 起，同比上年（392 起）下降 52.29%。

“治乱补短、全民反诈” 2022 年，县公安局发挥公安主导责任，采取部门联动、社会共同参与的工作机制，形成与打击治理电信网络诈骗违法犯罪新形势、新任务相适应的工作机制和工作格局。全县共抓获涉电信诈骗犯罪嫌疑人 197 人；打掉电信诈骗团伙 2 个、架设伪基站“GOIP”团伙 3 个、贩卖银行卡窝点 1 个。全县共接电诈警情 228 宗，同比上升 2.78%；共立电诈案件 335 宗，同比下降 16.04%；群众损失累计 1878.51 万元，同比下降 9.89%。

严厉打击环食药知森领域犯罪 2022 年，县公安局共立森林、环食药领域刑事案件 42 宗，破获 43 宗，破案率 105%，抓获犯罪嫌疑人 96 人，刑事拘留 35 人，取保候审 54 人，移送起诉 38 人，教育释放 22 人，判刑 6 人。先后侦破了“吊古榄”非法采矿案、清远佛冈众鑫五金配件有限公司污染环境案、冯某财非法捕捞水产品案、亚髻山非法占用农用地案、杨某芳滥伐林木案等。

聚焦风险隐患，筑牢安全防线 2022 年，县公安局重点工作有：疫情防控工作。按照县疫情防控办的统一部署，佛冈县公安局加强对医疗机构、隔离点、核酸检测点周边秩序维护，出动警力 2 万人次，完成 900 多个密接以及 20 名阳性病例流调溯源、重点管控工作。排查专班做到全天 24 小时“随到随研随发”，排查输送涉疫风险人员 52 万余人次，确保各镇“三人小组”第一时间落地排查管控，切实做到增量 24 小时清零，为全县疫情防控大局贡献了公安力量。道路交通安全管理工作。有效开展了全县第五、第六轮道路交通安全“百日攻坚”、“减量控大”、夏季突出交通违法行为专项整治百日行动、交通安全整治“清风 2022”等道路交通安全管理专项工作及重大节假日交通安保工作任务；查处各类交通违法行为 67 000 余起，其中酒醉驾 628 起。全县共发生道路交通事故 5061 起，其中一般交通事故 117 起，同比下降 15.83%；30 人死亡，同比下降 14.29%；127 人受伤，同比下降 24.85%；直接财产损失 17 600 元，同比下降 24.3%。佛冈县在所有城市道路交通秩序管理技术指标评测均排名全市前列。护校安园工作。按照分级分类、科学评估、全县统筹、实施一警多岗运作和“动中备”的巡逻模式，完善上学放学“高峰勤务”和日常巡逻防控制度；统一制定“开学第一课”课件，督促各派出所法治副校长进校园上好法治“第一课”，开展反欺凌、反暴力、防不法侵害、抵制毒品、交通安全等法治教育和防范宣传，提高广大师生防盗、防抢、防骗和自我保护等安全意识，形成浓厚氛围。为各学校最小应急单位配发对讲机，组建派出所与学校即时通信网络，从技防方面入手，打造立体安全防护网络，快速实现学校和公安的联动防控模式。

维护社会面稳定 2022 年，县公安局始终把维护政治稳定作为头等大事来抓，加强对问题楼盘、重大项目建设、劳资纠纷、网络舆情等重点领域排查，掌握化解各类矛盾纠纷和不稳定因素 184 起；建立每日情报信息研判工作机制，有效管控重点人员 539 人；全县“民转刑”案件零发生，全县较大突出群体性事件零发生，圆

2022 年 7 月 22 日，县公安局开展夏季治安打击整治“百日行动”“最严交通整治”集中清查行动 （县公安局 供图）

满完成了各项维稳任务。

防范治理未成年人违法犯罪 2022 年，县公安局持续推进矫治教育问题未成年人“春风行动”，加强源头防范；举办“春风班”，对查获的 17 名涉罪未成年人开展集中管教帮扶；深入开展不良行为未成年人（风险人员）“一对一”牵手帮教工作，公安民警对帮教对象 168 人以“三见”（见本人、见家属、见村居委工作人员）和“四个跟踪了解”（跟踪了解家庭生活、学习情况、思想动态、活动圈子）的工作方式，密切关注对象的生活和学习情况，时刻督促纠正未成年人不良行为；结合县校外未成年人心理健康辅导站建设“春风工作站”，由佛冈县公安局、佛冈县教育局、石角镇政府各指派一名在编干部全脱产进驻工作站，共同统筹问题未成年人的矫治教育工作。

强化防范思维，构建防控格局 2022 年，县公安局严格落实“1、3、5 分钟防控圈”要求，科学划分巡区，将县城区域划分成 8 个网格，通过屯警街面，以动中备勤、便衣巡逻、铁骑巡逻等方式把繁荣商圈、政府部门、学校周边等作为重要巡控区域和点位开展巡逻防控，最大限度地把警力摆在街面，最大限度地挤压犯罪空间。不断提升见警率和管事率，加大法律法规宣传和执法力度，开展巡查 10 284 人，劝导 32 628 人次，警告教育 12 300 多次。同时，大力推进群防群治应急处置力量建设，加强推进重点单位、场所最小应急单元建设和人员培训。推动全县中小学幼儿园、银行、医院等 210 间重点场所建立最小应急单元。继续深化“织网”行动，推动建立群防群治队伍 412 支，共有群防群治人员 5296 人，完成了 100 余个单位群防群治队伍的培训。

全面推进“四个一”体系建设 2022 年，县公安局切实把社会面治安巡防管控全要素和勤务警力在“清远公安可视化指挥调度平台”上可视，全面提升佛冈县公安机关可视化指挥调度和应急处突能力。截至 2022 年底，已上图快速反应圈 3 个、最小应急单元 168 个、动中备勤点 3 处、设备资源处警终端 308 个、PDT 对讲机 87 台；巡逻路线 23 条；重点场所 650 个。

【警务机制改革】全力做强基层，推动警务机制改革 2022 年，县公安局在全市率先完成基层派出所警务机制改革，将原来的 11 间派出所按照“一镇一所”的标准合署办公为 7 间，并对照省市“派出所警力不低于总警力 40%”的要求，进一步调整警力分布，调整后派出所民警共 150 人，占总警力的 43.73%；新建石角、汤塘、高岗、迳头、广佛产业园派出所以及局办案中心等办公楼陆续投入使用，基层战斗力不断增强。成立线上线下合成作战中心。按照上级公安机关关于推进警务机制改革的总体部署，成立佛冈县公安局线上线下合成作战中心，实行全天候勤务、联动化运行，在案件侦查、涉退维稳、疫情防控、反诈攻坚等方面全面提供情报支撑。合成作战中心成立以来协助破获案件 200 余起，抓获涉案人员 150 人，核查涉疫风险人员数据 20 余万条，处置新冠疫情流调数据密接 234 人，病例 133 人，制作流行病学调查报告 100 余份；流转反诈预警总数 64 466 条。

提升综合实战能力 2022 年，县公安局全力推进机关“大部制”改革，推行交所合一；健全“派出所吹哨、警种报到”的机制，结合“轮值勤务队”构建警种协作联动机制，重点支援派出所交通整治、疫情防控、夜间清查、下沉帮扶等工作。

【队伍建设】做实从严治警，鞭策慵懒散漫 2022 年，县公安局在大督察机制下，持之以恒鞭策队伍中存在的“慵懒散漫”行为，锻造“四个铁一般”佛冈公安铁军，不断改进队伍工作作风，提升队伍执行力。以斗争精神抓队伍，持之以恒鞭策队伍中存在的“慵懒散漫”行为，紧扣“学习、宣传、练兵、督导、实践”五个要素重新全面学习宣传贯彻《公安机关人民警察内务条令》，确保全体民警将内务条令内化于心、外化于行，切实做到知红线、明底线、知敬畏、存戒惧。实施《佛冈县公安局鞭策慵懒散漫作风考评问责办法（试行）》《佛冈县公安局一辅一警管理责任追究办法（试行）》，利用积分制开展对民警作风考评问责，同时按照“谁使用、谁管理、谁负责”的原则，落实民警管理辅警制度，严明民警管理纪律和强化管理责任；坚决守住“二十条底线红线防线”。

锻造队伍内能，不断提升作战能力 2022 年，县公安局扎实推动全面从严管党治警，不断强化监

2022年9月2日，县公安局党委扩大会议上为优秀民辅警颁奖

（县公安局　供图）

督机制建设，佛冈县公安局成立大督查办，以坚强有力的监督进一步激发全警自我革命的内生动力，以及将督察触角延伸至日常工作监督、执法勤务监督、专项行动监督的全过程，着力解决警令政令不畅、“中梗阻”、纪律作风松弛、落实执行不到位等问题，为推动整体工作提供更加坚强有力的纪律保障。是年，佛冈县公安局大督察办通过现场、网上等综合督察方式对全县公安机关的警容风纪、内务设置、办公秩序、值班备勤、装备管理和安全防范等方面进行督察。

做实暖警惠警机制，树立先进典型激励　2022年，县公安局进一步挖掘先进典型，做好表彰奖励。是年，佛冈县公安局涌现出全国公安机关爱民模范1人；获集体三等功8个、个人二等功2人、个人三等功13人，市局集体嘉奖1个、个人嘉奖8人，市扫黄打非先进集体1个；获得市局表扬通报60人、县局通报表扬413人。以榜样和先进来激励队伍，有力激发了全警斗志，进一步凝聚警心。加大对民警、辅警及其家属的关怀，针对暑期民警子女无人看管的难题，举办暑期亲子书画、钢琴、舞蹈兴趣班，举办集体生日会；定期为外勤人员发放清凉食品；针对辅警报考公务员需求，邀请公务员考试教育培训机构老师开展6期公务员考试培训班，为辅警提升发展潜力注入动力；将原来辅警每年经费为6万元/人提高至6.6万元/人。同时设立11个每年经费为10万元的全日制本科或以上学历的高素质辅警岗位；不断提升佛冈县公安局辅警队伍整体素质与福利待遇。

（张晓鲁）

【优化便民利民服务举措】 2022年，县公安局紧紧围绕平安佛冈建设，始终坚持警务工作前置，始终强化民意引导警务，持续推出系列亮点举措，不断提高政治、防范、管控、服务效能，不断增强人民群众安全感和满意度。群众安全感全市排名第1，全省排名第27；公安工作满意度全市排名第3，全省排名第31。县公安局坚持把“人民公安为人民”作为公安工作的出发点和落脚点，扎实推进“我为群众办实事”实践活动，积极解决群众急难愁盼问题。借助“互联网+”和警企合作平台，推出更多、覆盖更广的“网上办”“指尖办”“警企通办”，打造了综合服务大厅，“粤省事”“24小时自助服务区”等多元一体的现代公安服务体系等便民利民惠民举措。认真贯彻落实省、市推动的户籍制度改革户口迁移“跨省通办”，让群众少跑腿。持续积极推广自助服务，实现群众“就近办”。

【交警工作】 队伍建设　2022年，县交警大队狠抓班子和队伍的教育管理，深入开展党史学习教育、廉政教育、交警大练兵等学习培训，全面提升全体民警、辅警的政治、业务素质，打造一支忠诚、廉洁、担当的交警队伍，队伍精神面貌焕然一新。

交通事故预防工作　2022年共发生道路交通事故5061起，其中一般事故117起，同比减少22起，下降15.83%；死亡30人，同比减少5人，下降14.29%；受伤127人，同比减少42人，下降24.85%；财产损失17 600元，同比减少5650元，下降24.30%，达到下降10%的预期工作目标。较大以上道路交通事故“零发生”，实现事故预防“减量控大”的工作目标。

交通秩序专项整治　2022年，县交警大队根据上级公安机关的统一部署和要求，并结合佛冈实际，持续开展“减量控大”、“百日攻坚”、夏季突出交通违法“百日整治”、交通安全整治“清风2022”统一行动、“周末夜查”摩电专项整治等交通专项整治行动，道路交通秩序得到进一步好转。全年共查处各类交通违法行为6.71万起，其中现场查处2.51万起，电子警察4.20万起。各类违法查处中，查处酒醉驾628起，其中酒后驾驶553起，醉酒驾驶75起；摩托车电动车违法11 332起，其中摩托车无牌无证1596起、不戴安全头盔578起、其他85起，电动车违法9073起；货车违法2554起，其中超限139起，超载1208起（其中百吨王3起，超载80～100吨5起），超速590起，疲劳驾驶158起，非法改装287起，其他172起。

重大节假日交通安保　2022年，县交警大队始终坚持以春运、清明、五一、端午、中秋、国庆、二十大交通安保及疫情处置、汛期抢险救灾为工作重点，扎实开展宣传发动、安全隐患排查治理、交通秩序专项整治、疫情防控等工作，全力以赴确保重大节假事日的交通安全及群众生命财产安全。是年的节假事日及疫情防控、抗洪救灾期间，交警大队实行一级勤务、全员上岗，积极作为、主动作为，圆满完成交通安保及疫情管控、抢险救灾任务，向县局党委、市局交警支队交出一份满意答卷，交警大队11次得到局集体表扬通报，44名民警、辅警得到局表扬通报，群众赠送锦旗2次、感谢信5封，1人获个人二等功。

国省道示范路创建及道路交通安全隐患排查治理工作 2022年，佛冈县开展292省道交通安全文明示范路创建活动，成功打造了292省道上塱村路口和大岭村路口两个示范点位，有效降低道路交通安全隐患，提升全县道路交通安全通行能力和水平，工作成效获得市通报表扬以及群众一致好评。此外，重点排查106国道、252省道、355省道、376县道等急弯陡坡、长下坡、临水临崖、路侧防护栏缺失、隐患突出及事故多发路段，对上述路段隐患点实行“包点包路”责任制，挂图作战，对点清账。通过消除道路安全隐患，提升道路安全通行能力，预防和减少道路交通事故。全年落实隐患路段整改52处，省级督办路段2处，着力从道路基础设施上消除交通安全隐患，优化通行条件，确保道路安全。

交通安全宣传引导 2022年，县交警大队不断完善和创新全方位的交通安全宣传活动，努力提升全民交通安全意识。结合“减量控大”专项工作，开展“七进”及“美丽乡村行”交通安全巡回宣讲等交通宣传活动，共开展各项交通安全宣传活动80余次；结合日常查处及摩电专项整治工作，深入推进交通安全宣传教育工作，在查处工作中同时对电动自行车驾乘人员发放“非标置换”及安全驾驶宣传单张，共发放宣传单张3万余张；深入开展“五大曝光行动”，曝光突出违法车辆2万多辆、典型事故案例30起和违法驾驶3万多人次；向不同类型的交通参与者发送有针对性的行车安全提示信息，共发送短信提示4.9万多条。

深化“放管服”改革 2022年，县交警大队结合“平安+满意”行动，深化交管“放管服”改革，力争实现车驾管服务“马上办、网上办、就近办、一次办”。全年佛冈小型汽车考场受理考试共40 207人，其中科目一理论考试28 346人，科目二场地驾驶技能考试17 163人；科目三安全文明驾驶技能考试11 861人；核发驾驶证1.05万本。联合市监部门开展摩电带牌销售督导检查，截至2022年，全县共73个商家实现摩电带牌销售；针对老年人等群体推出绿色通道窗口，推行邮政等代办补换领驾驶证、行驶证，申领免检标志、自助处理交通违法、自助体检拍照一体机等业务，实行周六日开放车驾管办证服务窗口、摩托车考试。全面开通补换领驾驶证、行驶证、机动车选号、申领免检标志等25项互联网平台服务项目，不断提升网办率，为群众提供就近、便捷、高效的服务。推广“广东110”互联网报警平台轻微事故快处快赔服务，进一步优化便民措施。

（黎水东）

【巡警工作】 **巡逻防范** 2022年，县巡警大队坚持将县城巡逻勤务摆在工作的第一位，确保全年县城社会治安秩序持续稳定。2022年，巡警大队共出动机动车6661辆次，出动警力18 383人次。救助群众178人，协助各级党政部门开展维稳安保工作共10起，抓获犯罪嫌疑人共12人，其中网上追逃人员5人。

打击街面现行犯罪 2022年，县巡警大队24小时布警巡控，把警力、警车压上街面。是年，佛冈县公安局在巡警大队现有人员的基础上，从县局抽调民警、辅警成立巡逻防控组，创新勤务模式，加强勤务力量，着力提高巡逻防控能力水平。巡逻防控组采取突击车、铁骑、步巡相结合的巡逻模式，针对重点时间重点部位优化分配警力，分区域进行巡逻防控工作。有针对性地实行动态布警，通过采取街面巡逻与定点执勤相结合、武装巡逻与动中备勤相结合等多种巡控方式，严厉打击街面违法犯罪活动，切实提高街面“见警率、管事率、盘查率”，切实维护社会人民群众生命财产安全和社会大局稳定。

处置突发性案（事）件 2022年，县巡警大队严格执行“1、3、5分钟防控圈”快速反应机制，落实武装定点值守、动中备勤、人员密集场所高峰勤务等机制，切实做到快速反应、果断处置。县局在巡警大队队伍的基础上组建了一支防暴突击、机动快反的最前沿力量——“猛龙小队”。日常组织开展处置各类突发案（事）件应急实战演练，做到实装实训实练，切实提高巡防队员应急处突水平。

2022年6月30日，县巡警大队加强社会面治安巡逻防控工作（赖艺芬 摄）

2022 年，共协助各级党政部门开展维稳安保工作共 17 起，有效维护社会的治安稳定，保障人民群众利益。

服务群众　2022 年，县巡警大队坚持“为人民服务”的宗旨，把服务群众和保护公民的合法权益贯穿在巡逻勤务的始终。将巡逻警力渗透到县城的大街小巷，不仅有效震慑违法犯罪活动，还及时为遇到困难的群众排忧解难。是年，帮助群众 178 人次，其中帮助找回丢失物品 130 起，送患病人员就医 1 起。

（赖艺芬）

消　防

【消防工作概况】 2022 年，县消防救援大队始终对标国家队主力军的职能定位，围绕“能打仗、打胜仗”总目标，持续深化基础化、实战化、专业化融合训练，队伍实战能力大幅提升，奠定转型升级基础。坚持“人民至上、生命至上”，建设“大应急、大安全、大消防”，切实担负起新时代消防救援工作奠基人和开拓者的重任，不断发扬忠诚履职、奋力攻坚，凝心聚力、拼搏奉献的工作作风，把队伍带得更加团结奋进，把各项工作抓得更加富有成效，努力在新的征程上开创消防救援工作和队伍建设新局面的新要求。

【灭火救援工作】 2022 年，县消防救援大队以防火灭火为中心、以抢险救援为重点，完成各项灭火救援任务、疫情防控、省运会、各大节日安保等任务，创造和平安全的社会环境。全年共接警出动 574 起，出动警力 5531 人次。其中，火灾扑救 239 起，抢险救援 146 起，社会救助 172 起，抢救被困人员 49 人，疏散被困人员 149 人，抢救财产价值 123.9 万元，保护财产价值 947.54 万元。同比上年，接警数下降 15.84%，火灾扑救下降 33.61%，抢险救援上升 14.06%，社会救助上升 4.88%。

【火灾防控工作】 2022 年，县消防救援大队持续深化消防安全检查及执法，在各重要时间节点开展错时检查。全年检查单位 841 家，发现火灾隐患 553 处，督促整改火灾隐患 548 处，下发行政处罚决定书 32 份，临时查封单位 1 家，责令三停 8 家，罚款 40.115 万元，挂牌督办重大火灾隐患单位 3 家，推动石角镇重点地区火灾隐患整治工作。

【消防安全专项整治三年行动】 2022 年，县消防救援大队深入开展“清剿火患百日攻坚”、“拆违、破网、开窗、治电、建桩”、消防安全大检查、大宣传大培训、消防宣传月等专项整治行动，持续深化辖区消防隐患治理工作，累计检查企业和经营场所近万家，整改问题近 1.9 万个；拆除违规设置广告牌近 400 个，拆除面积近 1.8 万平方米；拆除违章建（构）筑物近 500 处，拆除防盗网 80 余处，开设逃生窗近万个；在全县 34 个物业小区共设置电动自行车停车位 0.6 万个，安装充电接口 0.3 万个，在公共区域投建启用电动自行车集中停充区 88 套，充电口 0.1 万个，清理违规停放、充电电动自行车近 300 辆，查处 2 起电动自行车违规充电行为，“疏堵结合”解决电动车治理难题，切实消除消防安全隐患。

【消防宣传工作】 2022 年，县消防救援大队组织开展“敲门行动”、消防志愿者活动、“小手拉大手”宣传培训等系列活动，派发消防宣传资料、小册子 4 万多份，大力提升全民消防安全素质。推行消防安全“楼长制”，鼓励群众踊跃担任楼长参与消防安全管理工作，每栋居民楼栋明确一名消防安全楼长。联合团县委、县妇联以佛冈县雄鹰消防安全志愿者联队为载体，每周至少组织一次消防安全志愿者服务。通过“佛冈发布”“佛冈新闻 News”“佛冈通 APP”“佛冈融媒”视频号等新媒体平台发布宣传教育推文、新闻报道 400 多篇。利用 LED 显示屏、人民公园电子显示屏等载体持续滚动播放消防安全标语 1000 多次。推广应用全民消防安全学习云平台“中国消防”进行日常学习，不断扩大教育覆盖面。利用“佛冈消防”微信公众号，定期推送线上“隐患曝光”，共曝光 173 家单位 315 个隐患问题。

（县消防救援大队）

检　察

【检察工作概况】 2022 年，县检察院紧紧围绕全县经济社会发展大局，忠实履行法律监督职责，常态化推进扫黑除恶专项工作，努力营造良好法治营商环境，主动参与社会综合治理，不断推进“四大检察”“十大业务”全面协同充分发展。全年共办理各类案件 3014 件，各项业务指标均排名全市前列。是年，县检察院获评

2022 年 2 月 9 日，佛冈县检察院、佛冈县公安局举行“侦查监督与协作配合办公室”揭牌仪式

（县检察院　供图）

2022 年 5 月 26 日，佛冈县检察院举行首批特邀检察官助理聘任仪式

（县检察院 供图）

【公益诉讼检察工作】 2022 年，县检察院树牢“双赢多赢共赢”办案理念，积极开展预防性公益诉讼，共立案办理公益诉讼案件 179 件，发出行政公益诉讼诉前检察建议 74 份，发出磋商函 100 份。践行恢复性司法理念，建立全市首个生态补植复绿基地，提起刑事附带民事公益诉讼 6 件，推动补植苗木 2500 余株，督促清理固体废物 500 余吨，督促修复被损毁基本农田、耕地、林地等 209.7 亩，追偿生态环境修复费等 2000 余万元。成立全市首支“益·青清”公益诉讼志愿服务队，服务队被评为“最美志愿服务队伍”。

全省新时代“五好”基层检察院、全市“三有”先进检察院，队伍教育整顿综合办公室被省检察院记集体嘉奖，1 名干警获评全省检察系统第八次先进个人称号，1 名干警入选广东省检察机关扫黑除恶专家人才库，72 个集体和个人获县级以上表彰。

【刑事检察工作】 2022 年，县检察院共批准逮捕各类犯罪 113 人，提起公诉 331 人。全面落实少捕慎诉慎押刑事司法政策和认罪认罚从宽制度，依法不批捕 112 人、不起诉 47 人，适用认罪认罚 251 件 339 人，适用率为 90.4%。加强立案和侦查活动监督，在全市率先成立侦查监督与协作配合办公室，共提前介入侦查 44 件，自行补充侦查 21 件，监督立案撤案 19 件，追捕追诉 16 人，发出纠正违法通知书、侦查活动监督通知书 36 份。加强审判活动监督，对刑事审判活动提出抗诉、纠正意见 10 件。加强刑事执行检察工作，共办理各类刑事执行检察监督案件 1182 件。

【民事检察工作】 2022 年，县检察院借力大数据拓展监督领域，全年共办理各类民事检察监督案件 142 件，同比上升 136%。深入推进民事审判、民事执行活动监督，发出类案检察建议 4 件。深化虚假诉讼专项监督，发出再审检察建议 7 件。深化“支持起诉＋司法救助”模式，办理的未成年人指定监护权支持起诉案获评全省典型案例。

【行政检察工作】 2022 年，县检察院探索完善多元化监督格局，依法办理各类行政检察监督案件 365 件，同比上升 234.86%。强化行政非诉执行监督，向行政机关发出检察建议 72 件，1 件案件被评为清远市行政检察典型案例。稳妥推进行政违法行为监督，依法制发检察建议督促纠正 238 件。深化行政争议实质性化解，通过监督纠正、司法救助等方式化解争议 5 件。聘请 4 名行政机关专业人员担任特邀检察官助理，提供专业支撑和助力。

【未成年人检察工作】 2022 年，县检察院加强未成年人司法保护，以“零容忍”态度惩治侵害未成年人犯罪行为，共批捕 8 人，起诉 16 人。最大限度教育挽救涉罪未成年人，对涉嫌轻微犯罪并确有悔罪表现的未成年人，依法不批捕 15 人，不起诉 12 人，附条件不起诉 11 人。开展社会调查 549 次，制发督促监护令 28 份，开展家庭教育指导 50 人次。建立长效检校合作机制，25 名干警担任法治副校长，开展法治进校园 30 次。

【法治化营商环境】 2022 年，县检察院加大对市场主体权益司法保护，起诉破坏市场经济秩序犯罪 5 人，为企业挽回经济损失 461 万元。设立“驻广佛产业园检察办公室”，主动

2022 年 1 月 26 日，佛冈县检察院到高岗镇新联村委会召开一宗危险驾驶案检察听证会

（县检察院 供图）

走访问需 12 家企业，帮助解决涉法问题 20 个。稳步推进涉案企业合规改革试点工作，会同县工商联等 8 部门建立第三方监督评估机制，共办理涉案企业合规案件 3 件。

【市域社会治理】 2022 年，县检察院深化诉源治理，制发社会治理类检察建议 4 份，其中 1 份获评全市检察机关优秀检察建议。搭建“12309 检察服务信访一键直达云窗口”，对 157 件群众来信来访全部做到件件有回复。坚持“应听证、尽听证”，公开听证 380 件，听证适用率排名全市第一，1 件案件获评全市检察机关检察听证十大典型案例。开展关注困难妇女群体、助力巩固拓展脱贫攻坚成果等专项活动，办理司法救助案件 19 件 32 人，发放司法救助金 36 万元。

【数字检察建设】 2022 年，县检察院以“实施大数据战略”赋能高质量发展，建成内部数据库，采集多个平台数据 100 余万条，建立大数据法律监督模型 37 个，排查出案件线索 1198 条，立案 768 件。在全市率先开展非法采矿大数据法律监督专项工作，发出检察建议、磋商函 10 份，追缴税款 1667 万元，县委常委会专题听取专项报告，有力推动矿产资源领域监督治理。

【内外监督】 2022 年，县检察院坚持严管厚爱，深入推进“强政治 转作风”百日专项行动等工作，组织开展政治轮训 52 次，警示教育 20 次，廉政谈话、提醒谈话 17 人次。压紧压实意识形态工作责任，守牢检察舆论阵地。实行每月日常检务督察，编发检务督察简报 5 期。主动接受监督，成立联系人大代表、政协委员工作室，邀请代表委员、人民监督员参与检察活动 1247 人次。

（县检察院）

审　判

【审判工作概况】 2022 年，县法院紧紧围绕“努力让人民群众在每一个司法案件中感受到公平正义”目标，履行司法职责、发挥司法职能，为推进平安佛冈、法治佛冈建设提供有力司法服务和保障。全年新收各类案件 6350 件，同比下降 10.81%，审结 5972 件，法官年人均结案 213 件。县法院团支部获中共清远市委办公室、清远市人民政府办公室授予“表现突出团支部”，植群英获最高人民法院授予人民法院政治工作“先进个人”，邓锐明获评全省法院司法警察实战化训练“先进个人”，郑进达获中国国民党革命委员会广东省委员会授予民革广东省委会 2021 年度反映社情民意信息工作先进个人，共 53 名（个）个人和集体获各级各类荣誉称号和表彰。

2022 年 1 月 25 日，佛冈县人民法院公开宣判《中华人民共和国刑法修正案（十一）》于 2021 年 3 月 1 日实施以来首例袭警罪案件　（县法院　供图）

【刑事审判】 2022 年，县法院牢固树立总体国家安全观，依法惩治各类犯罪，审结刑事案件 240 件，判处罪犯 338 人。坚决维护社会稳定，审慎处理“1·23”火灾事故等敏感复杂案件，审结佛冈首个袭警罪案件。依法从重惩处暴力恐怖、涉枪涉爆犯罪，审结严重危害社会治安犯罪案件 125 件。从快打击“两抢一盗”、涉赌犯罪，审结危害人民群众财产安全犯罪案件 33 件。依法惩治腐败犯罪，审结刘某维等贪污、贿赂、渎职犯罪案件 2 件 2 人；审结涉黑恶案件 3 件 14 人，涉黑恶案件重刑率 21%；审结李某伙等涉毒案件 16 件，同比下降 20%，促进全县禁毒形势持续好转。严厉打击电信网络诈骗犯罪，审结涉电信网络诈骗及关联犯罪案件 11 件。

【民事审判】 2022 年，县法院为统筹疫情防控和经济社会发展、乡村振兴提供有力司法保障，审结民商事案件 2987 件。加强市场主体平等保护，审结买卖、借款等合同纠纷 1892 件，其中涉民营企业案件 1799 件。规范商事秩序，审结公司、证券、保险、票据等纠纷案件 136 件。加强破产审判，受理企业破产、清算类案件 7 件，化解债务 262.75 万元，充分保护债权人及相关方合法权益。加强劳动纠纷预防和化解，审结劳动争议案件 156 件，保障从业者正当权益，为务工人员追回工资 1498.13 万元。

【案件执行】 2022 年，县法院加强案件执行综合治理，从源头解决执行难的问题。与县公安局建立查人扣车联动执行机制，执结案件 2566 件，执行到位金额 9891.64 万元。依法实施信用惩戒，发布失信名单 1273 人次，限制消费 1488 人次。加大使用罚款、拘留、追究刑事责任等法律手段，4 名被执行人涉嫌拒执罪移送公安立案侦查。深化网络司法拍卖，成交标的的 77 个共 4036.71 万元。

【调解工作】 2022 年，县法院坚持把非诉讼纠纷解决机制挺在前面，发

2022年11月30日，佛冈县人民法院第五审判庭线上审理一起买卖合同纠纷案件 （县法院 供图）

挥“蓝榕概法官调解工作室”作用，设立网上诉前调解工作室，充分运用广东法院诉讼服务网和移动微法院等在线调解平台，积极开展联调工作，实现多元化解纷，诉前调解各类案件2700件，受理申请司法确认案件127件。

【诉讼服务】2022年，县法院坚持群众需求导向，完善智能化诉讼服务措施，网上立案1158件，网上开庭686场，电子送达2238件，2679件案件当事人完成网上缴费。签发律师调查令111份，推进解决民事诉讼调查取证难的问题。促进法治政府建设，发出司法建议12份，推动有关部门完善管理措施。公开案件审判流程3414件，庭审直播1160场，推进人民陪审员制度落实，人民陪审员参审案件383件。为经济困难群众减免诉讼费27 157元，发放司法救助金25.5万元。联合开办《以案说法》电视栏目；举办普法宣传活动64场，参加人数达14 367人次。

【司法改革】2022年，县法院完善审判监督管理职责，明确审判流程标准和指引，邀请检察长列席审委会4次。加快类案同判体系建设，组织案件质量评查活动，落实发改案件“预瑕疵”机制，提升案件审判质效。健全院庭长办案示范机制，院庭长直接办理案件3564件，占全部办结案件的59.68%。深化以审判为中心的刑事诉讼制度改革，落实律师辩护全覆盖，认罪认罚从宽制度占比91.25%。完善案件繁简分流改革，25.82%的民商事一审案件通过小额程序快速化解，结案周期缩短一半。

（钟玉倩）

司法行政

【司法行政工作概况】2022年，县司法局完整、准确、全面贯彻新发展理念，深刻领悟“两个确立”的决定性意义，坚决做到“两个维护”，把党的绝对领导贯彻落实到司法行政工作各方面、全过程，顺利完成班子交接，整体业务稳步向前推进，成熟经验与开拓创新相互促进，新老携手与观念转变有机衔接，普遍抓总与重点强化相得益彰，较好地完成了司法行政各项工作任务。

【法治建设】2022年，县委依法治县办充分发挥“一统筹四统一”职能，全面开展2轮乡镇综合行政执法调研、检查工作，形成《佛冈县乡镇综合行政执法工作调研报告》，针对下放的299项行政执法事项制定解决问题的措施办法，编制《乡镇综合行政执法法律法规汇编》1套4册，《乡镇综合行政执法工作参考》1套2册；组织第三期乡镇综合行政执法人员培训，进一步提高执法人员业务水平，促进解决“执法不会裁量”的现实难题。完成2021年度法治清远建设考评工作，考评等次为优秀。把领导干部述法列入法治佛冈建设考核指标，县委县政府领导、乡镇主要负责人、县直单位主要负责人及其他班子成员等总计349人参加述法，有力促进了“关键少数”尊法学法守法用法。制定印发《关于贯彻落实法治广东建设规划（2021—2025）的实施方案》《关于贯彻落实广东省法治社会建设实施纲要（2021—2025）的实施方案》《贯彻落实关于加强法治乡村建设的实施意见的实施方案》，让法治佛冈建设有章可循。统筹召开依法治县委员会第四次会议，审议通过《佛冈县2022年全面依法治县工作要点》及《法治工作自查报告》，党政主要负责人对履行推进法治建设第一责任人职责情况进行述职，法治佛冈建设的工作重点进一步明确。

【法治政府建设】2022年，县司法局积极推进法治政府建设、完善依法行政制度体系。组织撰写《佛冈县2022年度法治政府建设工作情况报告》，指导监督全县34个单位依法及时公开本单位2022年法治政府建设年度报告。严格落实中央和省法治建设“一规划两纲要”总体要求，组织制定《佛冈县2022年法治政府建设工作要点》。举办2022年全县领导干部法治专题学习培训班，34个执法单位的分管领导和业务骨干共60多人参加“坚持以习近平法治思想为指导，推进严格规范公正文明执法”和“行政执法‘两平台’业务应用”培训。举办2期县政府常务会议法治专题学法讲座，邀请县政府法律顾问就“地方政府专项债券政策解读及法律实务”和《优化营商环境条例》等相关内容进行解读授课，切实提高全县广大领导干部和执法人员的法治意识和执法水平，有力有序统筹推进法治政府建设。积极支持配合县政府和各镇政府、县政府各部门、县直属机构征询的各项法律事务，全年处理各类法律事务合计555件，其中完成规范性文件合法性审查13件，完成重大行政决策事项合法性审查7件，完成重大项目及重大合同合法性审查48件，其他法律事务合法性审查46件；办理法律意见复函441件，为佛冈县高质量发展和法治政府建设提供有力的法治保障。是年，聘请7名县政府法律顾问共办理法务事项126件，为县政府在重大法律事务、重大决策等方面出谋献策，充分发挥外聘法律顾问作为县政府决策的参谋助手作用，为县政府各项工作保驾护航。分七批次组织全县23个单位225人参加2022年上半年佛冈县行政执法人员综合法律知识网上考试，完成换新证730人，新证申领640人，证件补办14人。

【行政复议】 2022年，县司法局接待行政复议来访群众89批次，收到申请行政复议案件44件，案件数同比增长132%；通过耐心解释、劝导，受理前经调解主动撤回申请3件，未按规定补充材料视为撤回申请1件，作出不予受理决定的7件，作出立案受理的33件，已办结行政复议案件30件（2021年转结2件），实质性化解行政争议案件15件，充分发挥行政复议作为化解行政争议的主渠道作用。

【行政应诉】 2022年，县司法局承办经复议提起的行政诉讼案件共18件，审查以县政府为被告的行政复议应诉案件文书共35份。落实行政机关负责人出庭应诉和败诉行政案件报告制度，建立行政机关负责人出庭应诉和败诉行政案件分析报告制度，及时掌握全县各行政机关败诉案件，分析研判败诉原因。2022年，全县各级行政机关负责人应出庭应诉案件56件，已出庭应诉案件45件，出庭率达80.4%。

【行政执法】 组织开展2022年度行政执法案卷评查工作，抽查全县26个重点执法单位行政执法案卷共104宗进行“一卷一表”式逐一评查，并将评查结果反馈被评查单位，以评促改，促进行政机关严格规范公正文明执法。深化推进“三项制度”和全县行政执法“两平台”建设应用。举办2022年佛冈县行政执法信息平台业务应用培训，全县25家执法单位上线“两平台”办案，2022年度累计上线办理行政执法案件197宗。向全县各执法单位发送《关于全县各行政执法单位落实广东省行政执法信息公示平台工作的提醒函》，指导、督促全县33个执法单位及时通过广东省执法信息公示平台上传填报行政执法事前、事中、事后信息，2022年度共计录入公示行政执法案件15 808宗，持续推动实现执法全过程公开。

【普法工作】 2022年，县司法局积极开展法律“六进”活动，分层次分类别推进法治宣传教育工作。宣传宪法、民法典、国家安全法、法律援助法、禁毒法、消防安全法、森林防火法等内容，共开展活动30余场次，派发宣传资料12 000余份。开展法治创建工作，推进法治文化建设。指导高岗镇新联村、龙山镇上岳村成功创建成为2022年广东省民主法治示范村（社区），是年全县共有省级民主法治村（社区）88个，其中民主法治示范村6个；创建省法治文化建设示范企业11家、青少年法治教育实践基地1个；佛冈县迳头镇人民政府荣获全国依法治理创建活动先进单位称号。推选出360名村（社区）法律明白人，并组织全县法律明白人和学法用法示范户培训，播撒乡村法律明白人的种子。

【人民调解】 2022年，县司法局紧紧围绕县委、县政府中心工作，紧扣维护社会稳定这一大局，坚持发展“枫桥经验”，打通人民调解“最后一公里”，完善人民调解组织网络。全年调处化解各类矛盾纠纷382件，调解成功377件，调解成功率98.7%，参与调处各类重大疑难复杂民间纠纷22件，无因疫情引发的调解案件，无因调解不及时而发生民转刑的案件。通过排查和调处，把大量的矛盾纠纷化解在基层，消灭在萌芽状态，稳守基层“第一防线”。

【公共法律服务】 2022年，县司法局扎实开展法律援助工作，共办理法律援助事项487宗，其中，办理刑事辩护案件117宗，民事案件29宗，代书9宗；值班律师提供法律帮助332宗；窗口接待群众法律咨询252人次。第一时间介入调处“1·23”火灾事故，指派公职律师全程参与处置死者家属善后工作，为第一阶段化解矛盾提供必要的法律帮助。举办各类法律援助宣传活动18场次，制作法律援助宣传短视频《援来有你》。邀请广东德磊律师事务所、广东浈阳（佛冈）律师事务所开展法律援助案件质量同行评估，经评查汇总，接受评查的30个案卷中，得分在80分以上的优良案卷有19宗，优秀率约63.3%，合格率100%，有力促进了法律援助案件质量提升。一村（社区）一法律顾问服务效果明显，全县村（社区）法律顾问累计进村（社区）1000余次，累计为群众、村(社区)提供各类法律服务1485件次，其中法律咨询984次；出具法律意见及代拟法律文书87件；参与人民调解16件；举办法治宣传讲座365场次，受教育群众5000多人次。公证工作稳步发展，服务质量不断提升，接待、解答当事人法律咨询1400余人次；受理各类公证案件354件，办结公证案件332件，所有公证案件无一例假证、错证出现。

【基层司法】 2022年，县司法局精心打造各镇公共法律服务工作站，逐步规范县、镇、村三级公共法律服务实体平台标识、制度和职能。建成县、镇、村（社区）三级公共法律服务实体平台，其中县公共法律服务中心1个、镇公共法律服务工作站6个、村（社区）公共法律服务工作室90个。建立完善各镇公共法律服务工作站值班制度，实行法律援助律师、公证员、行政综合服务线上线下值班，保证公共法律服务不停歇、不断档、不打烊。是年，佛冈县公共法律服务平台记录录入数据522条，收到法律服务工单4单，已办结4单，办结率100%。

（范芳芳）

军 事

责任编辑：李协湖

人民武装

【人民武装工作概述】 2022年，佛冈县人民武装部（简称“县人武部”）坚持以习近平新时代中国特色社会主义思想为指导，深入学习贯彻习近平强军思想，贯彻落实军委国防动员部、省军区和军分区党委决策指示，凝心聚魂固根本，牢记使命强备战，着眼过硬打基础，全面从严抓党建，严守底线保安全，各项建设发展呈现良好态势。不断强化理论武装，筑牢人员思想根基。紧紧围绕主责主业，扎实开展国防潜力调查、民兵整组训练、兵员征集和国防教育等重点工作，不断提升履行使命和备战打仗能力，圆满完成上级赋予的各项任务，单位全面建设呈现良好发展态势。

【政治工作】 2022年，县人武部常态抓好习近平新时代中国特色社会主义思想特别是习近平强军思想学习，狠抓党的二十大精神学习宣传贯彻，购置理论学习书籍，通过营院氛围营造、每日金句推送、发放“口袋书”等形式，让大家在浸染渗透、潜移默化中感受真理力量。部领导多次深入基层武装部、村居民兵连开展宣讲，推动党的二十大学习向基层延伸。踏实进行主题教育和党史军史学习，加快推进思想政治教育创新，做到规定内容全覆盖、自选内容有特色、全员思想政治受洗礼。深入学习党的各项政策法规，积极参加上级组织的党务工作培训，不断强化部党委班子成员党务政策素养和党务管理能力，增强部党委班子的凝聚力、战斗力。

【军事工作】 战备防务工作 2022年，县人武部坚决贯彻党中央和中央军委决策指示，紧紧围绕主责主业，全面落实战备训练制度，为军事斗争准备打下良好基础。紧盯科技之变、战争之变、对手之变，修订完善各类方案，依案购置配齐相应战备物资器材。结合落实开训动员令，抓住非战争军事行动任务等时机，锤炼队伍、检验方案、提升能力。

民兵组织拉动点验 2022年6月28日，县人武部组织基干民兵同时同地全员点验，宣布民兵干部任职命令，组织民兵入队宣誓。对全县民兵进行整组，优化民兵结构布局、职责任务，编实建强民兵随行应急应战能力，进一步提高民兵履职尽责能力，不断强化民兵平时服务、急时应急、战时应战的使命任务。

军事训练工作 2022年，县人武部严格落实开训动员令，严密筹划新年度军事训练工作。科学制定现役干部和基干民兵年度训练计划，狠抓军事训练落实，扭住首长机关、基干民兵和联演联训，严格按纲施训，科学制订年度训练计划，组织民兵集训。组织民兵连长集训，旨在抓好民兵队伍各项业务技能训练，着眼平时服务、及时应急、战时应战需求，为新的一年工作开好头、起好步，夯实基础。此次集训，采取室内授课和训练场教学相结合等方式，训练内容重点围绕单兵共同基础、理论学习、业务培训、政治教育四个方面，进一步夯实广大民兵连长理论基础，增强实际操作能力。

【国防动员】 召开武装工作会议暨国防动员委员会全体会议 2022年1月5日，在县人民中心主楼召开武装工作会议暨国防动员委员会全体会议，全面总结回顾佛冈县上年武装工作情况，部署2022年佛冈县人民武装工作，并表彰2021年度先进工作单位和先进个人。县委、县政府和县人武部主要领导，各镇专武干部，民兵营长等参加。

县四套班子领导过“军事日”活动 2022年1月5日，县人

2022年8月4日，佛冈县召开宣布中央军委国防动员部命令大会
（钟盛祺　摄）

武部组织佛冈县四套班子主要领导过“军事日”活动，通过开展实弹射击训练等方式，进一步强化国防意识，接受国防教育。县委书记潘国标、县人武部部长俞华军、县人武部政治委员李卫军、县人大常委会主任黄河、县政协主席袁卫国等县四套班子领导参加“军事日”活动。

县召开宣布中央军委国防动员部命令大会 2022年8月4日，佛冈县召开宣布中央军委国防动员部命令大会。董建宏同志被任命为县人武部上校部长，姜武同志被任命为县人武部上校政治委员。清远军分区党委书记、大校政治委员邱博，县委书记、县人武部党委第一书记潘国标，县委副书记、县长江红平等领导出席会议。

国防动员潜力调查工作 2022年，县人武部组织县国防动员成员单位各个专业办公室、成员单位开展潜力调查工作，对全县各类潜力数据进行调查，基本掌握辖区动员潜力实际情况，为应对突发性军事任务打下良好基础。

民兵整组工作 2022年，县人武部根据省、市民兵调整改革总体部署，按照数量规模适度、结构布局优化、统筹建设有序的要求，扎实推进民兵整组各项工作。

【征兵工作】 2022年，县人武部针对疫情影响和“一年两征”的实际，科学筹划、攻坚克难，狠抓征兵各项工作落实，年度大学毕业征集比例超过目标任务的17%，下半年县征兵工作及大学毕业生征集率均位居全市前列，没有发生违反廉洁征兵纪律和退兵的问题。3月8日，召开2022年春季征兵公开审批定兵大会，确定新兵入伍去向。大会在公证人员的监督下，严格按照“阳光征兵”相关规定，以电脑派号的方式，进行公平、公正、公开的集体审批定兵，最终从双合格青年中，确定了预定新兵的名单及去向。清远军分区党委书记、大校政治委员邱博，县委副书记、县长江红平，省军区动员局处级正职参谋何瑞丰，县委常委、县人武部部长、县人武部政治委员李卫军等领导参加了会议。9月9日，召开2022年夏秋季征兵公开审批定兵大会，确定新兵入伍去向。大会在公证人员的监督下，工作人员严格按照“阳光征兵”相关规定，最终以电脑派号的方式确定了预定新兵的名单及去向。清远军分区政治工作处上校主任周敏，县人武部上校部长董建宏，县人武部上校政治委员姜武，县委副书记潘浩，副县长、公安局局长温建雄等领导出席大会。

2022年9月9日，佛冈县召开2022年夏秋季“阳光征兵”审批定兵大会

（钟盛祺　摄）

【正规化建设】 **四个秩序建设** 2022年，县人武部深刻领会习近平主席关于从严治军的有关要求，坚决贯彻军委基层建设会议精神，对照基层建设标准依法抓建，从严管理，认真学习研究“四个秩序”规范性文件，深入查找自身存在的问题，积极借鉴连州市、清远市清新区和广州市南沙区人武部好的经验做法，及时召开党委会研究制定整改措施，深入进行动员部署，明确任务分工，不断推进软件资料的整理完善和硬件设备的升级改造，积极协调地方政府申请资金保障。

部队安全管理 2022年，县人武部严格落实安全管理各项制度，突出抓好“重点部位、重点岗位、重点人员、重点环节”，对照全面检查自查，拉单列表及时进行整改，落实大项活动安全评估、季度安全形势分析制度，经常组织安全、保密工作回头看，始终保持大抓安全稳定的强劲态势，不断增强应急处突能力。滚动修订完善疫情防控方案措施，严格落实每月疫情形势分析会、每周全员核酸检测，训练、征兵工作“一事一案”等制度；落实营门值守人员职责，搞好营区消毒、防疫物资储备，确保部队安全稳定。

【双拥共建】 **双拥工作领导机构**

2022年4月13日，佛冈县开展“军民携手保卫母亲河　共建佛冈文明生态城”志愿服务活动

（朱慧燕　摄）

建设 2022年，县人武部协调地方相关单位抓好双拥工作机制落实，加强组织领导，召开双拥工作协调工作推进会，进一步强化双拥工作领导小组功能与职责，凝聚军地合力，推进双拥共建向多领域、多时空拓展，树立双拥工作为战斗力服务，按时召开县委议军会议、县双工作推进协调会议等。持续把双拥工作纳入部队全面建设规划，对照年度工作计划，安排专人负责，有序推进落实双拥各项工作。

拥政爱民工作 2022年，积极参加创文、禁毒宣传、乡村振兴等大项任务，充分发挥民兵队伍支援保障作用，遂行防汛抗洪等急难险重任务，为佛冈经济社会发展保驾护航。联合退役军人事务局开展为立功受奖人员送喜报活动，营造当兵光荣的氛围；借助民兵年度集训期间，分批次、分专业队伍，开展禁毒普法活动，深入浅出地给民兵们阐述毒品的危害性，警示大家认清毒品的危害，树立自我保护意识，号召大家行动起来，主动投身于禁毒斗争中。

抢险救灾工作 2022年6月，佛冈县遭受百年不遇的洪峰过境，县人武部组织干部职工、应急民兵及时转移群众608人，为受灾群众运送生活物资1200多箱，加固堤坝400米，保卫人民群众的生命财产安全，赢得军地领导和群众高度赞誉。

2022年6月23日，县人武部组织民兵应急分队在佛冈县龙山镇下岳村开展抢险救灾工作 （钟盛祺 摄）

【国防教育】 国防教育深入校园 2022年，县人武部全面推动全民国防教育落实，联合佛冈县国防教育办公室共同拟制下发国防工作实施计划相关文件，培训一批学生教官，汇编国防教育宣传资料。把以爱国主义为核心，以拥军优属、拥政爱民、国家安全形势为重要内容的国防教育纳入部队教育规划。7月，人武部领导分别到高中、职校、党校进行国防主题教育授课，让更多学生青年了解国家发展形势，更好树立爱国情怀，思想上增强参军报国的意愿。同时为全县5所高中、职校、卫校开展军训，共计4000余名学生参加，并同步联合县国防教育训练中心，组织开展“钢铁意识担使命，强国少年当自强”为主题的国防教育宣讲课，强化学生们居安思危、立志报国的国家忧患意识。

公务员国防教育 2022年，县人武部开展以“进学校、进企业、进机关、进社区、进村镇、进家庭”为主要内容的国防教育系列宣传活动。根据工作计划安排，为新招入公务员、新招事业编人员等新入职人员共计400余人开展3场次国防教育课。

县国防教育展厅建设 2022年6月，县国防教育展厅顺利建成并投入使用，定期组织机关人员、学生、企业职工、群众等到展厅参观见学；更新公益场所学习贯彻党的二十大精神营院展报、“双拥工作宣传栏”和“双拥画册”、英模照片，提供相关音像、图片资料，进一步增强县国防教育、双拥主题的文化氛围，持续开展《中华人民共和国国防法》《中华人民共和国兵役法》《中华人民共和国军事设施保护法》集中学习宣传，在全县营造关心国防、支持国防、建设国防的浓厚氛围。

【基层建设】 省军区党委帮建基层工作 2022年8月15日，根据省军区党委帮建基层工作安排，省军区张建副政委带工作组到佛冈县人武部开展蹲点帮建。清远军分区党委副书记、大校司令员龚昌平，清远军分区党委书记、大校政治委员邱博，县委副书记、县长江红平等领导参加。9月19日，张建副政委再次来到人武部对人武部主官开展谈话，省军区首长首先对人武部的工作给予肯定，并对人武部建设提出殷切希望。清远军分区党委副书记、大校司令员龚昌平，清远军分区党委书记、大校政治委员邱博参加。

专武干部队伍建设 2022年，

2022年6月1日，举行佛冈县国防教育展厅揭牌仪式 （朱慧燕 摄）

县人武部针对全县专武干部配备不齐和老龄化严重等问题，协调县委组织部，对全县公务员中退役人员进行精准摸底，积极推进专武干部资格认证考核，严把专武干部入口关，遴选考察新任专武干部，缓解专武干部配不齐和老龄化问题，有序推进人员调换工作，组织专武干部学习培训，年底前已完成所有专武干部的资格认证考核工作，激发专武干部投身基层武装、建设基层武装动力活力。

基层武装部检查帮建工作 2022年，县人武部对检查指出的问题在全县范围内通报并责令限期整改，各镇对软件资料进行完善规范，购买应急物资装备器材、办公设施和对库房进行建设整修，全县基层武装部规范化建设水平进一步提升。

（县人武部）

2022年9月28日，县人防办联合县人武部开展人防应急疏散演练活动，提高群众自救互救和应急避险能力 （温杏云 摄）

人民防空

【人民防空概况】 2022年，县人民防空办公室坚持以习近平新时代中国特色社会主义思想为指导，以服务佛冈县区域高质量发展为统领，紧紧抓好军事斗争人民防空应急准备不动摇，坚决贯彻落实上级各项决策部署，有效履行“战时防空、平时服务、应急支援”职能使命，圆满完成年度各项任务。

【人防工程建设管理】 2022年，随着县人防工程建设的不断发展，人防与建设管理股加强人防行政审批工作。把好审批关，确保新建人防工程应建尽建。应建工程必须依法配建人防设施，确保不能建的依法足额征收防空地下室易地建设费；把握好人防工程施工报建、图纸设计审查、竣工验收等重要环节，确保人防工程的防护标准。是年，佛冈县人防系统竣工结建人防工程3处，面积为1.39万平方米；历年累计竣工备案验收工程32宗，面积达18.45万平方米。坚持“以建为主，以收促建”的原则，全年共审批人防易地建设工程43宗。

【人防指挥通信建设】 2022年，为提高佛冈县人防警报设备覆盖率，根据有关法律法规和文件要求，县住房和城乡建设局结合佛冈县城市规划和建设发展的需要，组织工作人员对各镇、龙凤新区、广佛（佛冈）产业园等区域的相关指标进行研究分析，按照布点要求进行防空警报器安装位置选址，进一步扩大人防警报网构建，10月初成功完成了新增14台防空警报安装调试工作。警报设备架设安装过程中，通过安装点相关单位的协助，警报器顺利完成安装。同时对旧防空警报器进行了检修维护，对不符合建设程序和国家警控新标准规范要求的警报设备采用以旧换新的方式予以更换。此项工作的完成，使得佛冈县区域范围警报覆盖率达100%。新建成的警报器可以解决各镇、广佛（佛冈）产业园的区域周边防空警报音响盲区问题，极大发挥防空警报平时的警戒作用，同时提升重要目标防护和应对自然灾害的能力。

【人防宣传教育工作】 **演练与宣传活动** 2022年，为确保试鸣活动的顺利开展，县人民防空办公室提前谋划，组织各项准备工作和宣传活动。联合县人武部开展人防应急疏散演练活动，提高群众自救互救和应急避险能力；联合县融媒体制作“佛冈人防宣传教育视频”，推动全县人防宣传教育受教群众不断拓面、增量。同时，线上线下多途径发布试鸣的通知和相关人防科普知识，激发群众爱国热情，为国家建设和发展凝聚正能量，营造浓厚人防宣传氛围。

防空警报试鸣活动 2022年，县人民防空办公室在佛冈县解放纪念日组织开展佛冈解放日防空警报试鸣活动。10月12日上午10点30分，副县长解晟、县人武部政委姜武、县住房和城乡建设局局长（人防办主任）李功文亲临人防警报试鸣指挥控制中心指导防空警报鸣放工作。11时整，全县防空警报器通过人防指挥控制中心中央控制器发出信号指令，依次鸣放预先警报、空袭警报、解除警报，鸣声覆盖佛冈县城区和各镇人民政府直径1千米范围，实现统一鸣响、步调一致，鸣响率和覆盖率均达到100%，试鸣取得良好的效果，防空警报试鸣活动取得圆满成功。

完善防空警报装置 2022年，县人民防空办公室扩大人防警报覆盖范畴，筑牢全县防空警报试鸣基础。全县共新增14台防空警报装置，同时旧设备也得到全面检测检修。

【疫情防控工作】 2022年，县人民防空办公室按照疫情防控工作常态化工作要求，将疫情防控工作作为头等大事。坚持守土有责，守土尽责，从紧从严做好人防系统内部和人防工程的疫情防控，确保全县人防系统和在用人防工程零感染。落实“六稳六保”工作的总体要求，做好常态化疫情防控期间的企业帮扶，提高服务质量，确保企业正常开展工作。

（温杏云）

经济管理

责任编辑：郑中扬

发展与改革

【经济总量概况】 2022年，佛冈县实现地区生产总值161.34亿元，比2021年增长1.6%，增速排全市第4位。其中，第一产业增加值25.85亿元，同比增长9.7%；第二产业增加值74.23亿元，同比下降1.9%；第三产业增加值61.26亿元，同比增长2.4%，三次产业比为16:46:38。完成固定资产投资同比增长0.8%。全县实现社会消费品零售总额38.92亿元，同比下降0.7%。实现城乡居民人均可支配收入27 196元，同比增长4.4%；其中，城镇常住居民人均可支配收入35 475元，同比增长3.2%；农村居民人均可支配收入20 684元，同比增长5.0%。

【工业生产】 2022年，佛冈县工业经济抗压趋稳，高质量发展步伐承重加快。实现规模以上工业增加值63.46亿元，同比下降6.7%。轻工业增长态势强劲，全县规模以上轻工业实现增加值22.09亿元，同比增长6.2%，实现正增长，高于全县规模以上工业增加值增速12.9个百分点。制造业高质量发展，高技术制造业增加值14.64亿元，同比下降19.3%；先进制造业实现增加值26.78亿元，同比下降7%。产业转型升级提质增效。借力“双区”驱动和广清一体化发展重大机遇，立足“工业强县”战略，围绕“3+1”主导产业精准招商，突出招大招强招链，推动黄埔材料研究院产业基地、材料谷·未来科技园、香雪制药等一批“链主型”优质项目落户佛冈。全年共引进项目35个，计划总投资132.78亿元、年产值240.72亿元、年税收7.19亿元。其中，30亿元以上项目2个，10亿元～30亿元项目2个，亿元以上项目13个。

【农业生产】 2022年，佛冈县全年实现农林牧渔业总产值40.24亿元，同比增长10.4%，增速排全市第2位。全县粮食种植面积11 900公顷，同比增长1.3%；全年蔬菜及食用菌播种面积达12 520公顷，同比增长2.7%；园林水果种植面积为10 880公顷，同比增长3.2%；高标准农田建设406.67公顷，整治撂荒地60.4公顷。水果（柑橘）省级现代农业产业园27个项目全部开工，国家柑橘种苗繁育基地全面竣工。首期120公顷魔芋迎来丰收。培优育强省市级农业龙头企业22家、省级“菜篮子”基地1个、大湾区“菜篮子”生产基地3个、“佛冈有礼”线上连锁店增至16家，粉葛、益肾子等“一村一品”年销售额超5000万元。投入驻镇帮镇扶村资金2.18亿元，实施项目204个，守牢不发生规模性返贫底线。

【固定资产投资】 2022年，佛冈县固定资产投资同比增长0.8%，其中房地产投资同比下降33%，工业投资同比增长20.3%，增速明显提升。商品房销售面积57.42万平方米，同比下降8.7%。2022年列入省、市重点项目的19个项目，年计划投资28.7亿元，实际完成投资42.53亿元，完成年度目标的148.2%，位列全市第一。高山风电场项目、县城水厂扩建工程建成投产，中核汇能农光互补光伏项目（一期）当年建设、当年并网发电，展现佛冈速度。成功申报获得专项债11亿元，县域医共体、城乡

2022年12月7日，清远市委副秘书长何诚威（右中）到佛冈开展国家城乡融合发展试验区广清接合片区（佛冈县）工作座谈会　（县发展和改革局　供图）

融合发展实验区佛冈县产业园区基础设施配套建设项目等 19 个专项债项目如期形成实物工作量。政策性开发性金融工具项目收购水厂及汤塘供水管复线建设工程获得基金 1 亿元，佛冈体育中心建设工程等获得中央预算内投资 2500 万元。项目的迅速推进有效增加全县固定资产投资，稳定全县经济运行基本盘。

（王晓彤）

【深化改革激发动能】 2022 年，佛冈县持续深化“放管服”改革，优化服务事项业务流程、精简办事材料、压缩办理时限，实行容缺受理，减少跑动次数，全面推行“网上办”“零见面”。全县政务服务事项共 1739 项，实现网上可办县级政务服务事项占比 98%，承诺办理时限压缩率 95%，平均跑动次数 0.0194，网上可办率 100%；企业开办实现“零成本”，免费邮寄营业执照、免费刻制印章、免费领取税务 Ukey 和免费复印申办材料；优化纳税业务，实现网上事项当天“即办”，大幅度缩短纳税人等候时间和人流量。全年，大厅服务 7769 人次，共受理新办纳税人套餐 1177 户，佛冈县税务局网上办税率达 98.1%，居全市首位；不动产登记实现受理、缴费、审批、发证一个流程办结；在清远市率先创新推行“信用办电”新模式，客户书面向供电局作出诚信用电承诺后，以信用承诺替代产权证明，即可进行用电申请。

（肖伟生）

价格管理

【价格管理概况】 2022 年，县发展改革局做好价格调控管理，坚持稳中求进工作总基调，找准价格调控杠杆发力点，做好价格调控管理和涉案财产价格认定工作，强化价格监测、分析、预警和信息发布工作，全面推动经济社会稳定发展。全年受理涉案价格认定 280 宗，价格认定金额 2814 万元。

【价格调控管理】 强化价格备案 2022 年，县发展改革局强化房地产价格备案机制，确保经济增长“新旧动能”有效转换。严把房地产销售价格备案关，全年共计备案新建商品房销售价格 153 宗，有效防止和化解房地产销售价格大面积急涨快降的社会风险隐患，实现经济发展“旧动能”缓降预期。

细化价格监测 2022 年，县发展改革局细化价格监测机制，确保经济社会发展符合群众预期。全年发布 12 份商品价格走势分析报告、44 份商品价格情况，及时发放商品价格监测补助经费 28 700 元、农产品监测补助 9000 元、价格临时补贴 116.48 万元，进一步实现价格有效监测，促进商品价格健康运行。

优化价格调解 2022 年，县发展改革局优化价格调解机制，确保经济社会稳定发展大局。全年共计协助信访局调解价格信访问题 2 宗，逐渐形成价格信访化解机制。

2022 年 9 月 21 日，佛冈县召开县城智慧停车收费标准专家论证会

（县发展和改革局 供图）

【民生价格管理】 摸清工业园区水电气供需量底数 2022 年，县发展改革局牵头联合县水利局、县供电局开展全县工业园企业用水、电、气情况调研工作，全面摸清底数，综合研判、分析、预测价格走势，多举措推动水、电、气等民生领域价格健康运行。

精准落实助企纾困措施 2022 年 7 月，县发展改革局牵头联合县城市管理综合执法局、审计局、工业和信息化局组成佛冈县非居民（企业）使用管道天然气价格调研小组，对全县供气企业及部分大、中、小型用气企业进行深入调研，精准运用价格杠杆，协助佛冈供气企业制定全县制造业、服务业等领域困难行业恢复发展的纾困措施，企业使用天然气普遍下降 0.5 元至 1 元不等，确保助企纾困落地见效，助力佛冈经济稳定发展。

涉企违规收费专项整治 2022 年，县发展改革局以《广东省开展涉企违规收费专项整治行动方案》为工作目标，定期开展行政类、企业类单位的现场检查和问题收集工作，务求确保无死角排查、无保留整改，全面完成涉企收费自查自纠整治工作。全年检查涉企收费 33 次。其中：8 月，协助县市场监管局、县教育局开展教育领域收费专项检查，共检查学校 18 间；10 月，协助县民政局、县市场监管局开展行业协会收费检查，共检查行业协会 3 家。

（邹玉林）

【价格认定】 2022年，县发展改革局价格认定中心通过综合业务平台受理涉案物品价格认定280宗（出具价格认定结论书211份，终止通知书69份），涉案物品价格认定金额2814万元。在涉案物品价格认定工作中严格办案程序，客观公正开展价格认定工作，出具的价格认定结论均得到市价格认定中心和相关当事人的认可，保证司法活动和行政执法活动正常进行，为维护司法公正、保护当事人的合法权益提供优质高效服务。

（罗 俊）

市场监督管理

【市场监管概况】 2022年，佛冈县市场监督管理局在县委县政府的正确领导和市局的指导下，主动适应经济发展新形势，紧紧围绕改革发展稳定大局，优化营商环境，全力履行市场监管职责，统筹抓好疫情防控、安全生产和市场监管工作。

【疫情防控】 进口冷链食品疫情防控 2022年，佛冈县市场监督管理局强化进口冷链食品管控，进一步筑牢进口冷链食品“人、物、环境三道防线”。全县20个涉进口冷链食品冷库纳入“冷库通”管理，38名从业人员“7天2检”检测率、第三针疫苗接种率、扫码上岗率均达100%，11 446份进口冷链食品相关样本核酸检测结果均为阴性。强化重点场所常态监管，全年检查农贸市场、餐饮单位、药店等重点场所1万多家次。

加大重点场所排查力度 2022年，佛冈县市场监督管理局多频次全覆盖对111家零售药店开展排查，落实登记上报购买退热、止咳类药品人员信息79 942条，责令违反防疫要求的21家停业整顿，已整改完成。强化农贸市场疫情防控，全县15个农贸市场实现进场“扫码测温戴口罩”和每日清洁消毒全覆盖。统筹做好重点行业（扩面）人群核酸检测工作。严格落实餐饮单位承办5桌及以上聚集性餐饮活动报备制度。

调整防控措施 2022年，佛冈县市场监督管理局根据疫情防控调整措施，动态调整落实防控政策。结合县域“7·12”“10·02”疫情，及时在主流媒体发布价格行为提醒告诫书，提前介入平抑物价，保持市场价格稳定。

【优化营商环境】 商事制度改革推进 2022年，佛冈县市场监督管理局设立企业开办专窗，为全县各类市场主体健康发展营造宽松便捷的准入环境。全面推广个体工商户、农民专业合作社“网上办”。3月1日起承接原由市局实施的第三类医疗器械经营许可（零售）事项。深化“证照分离”改革，对仅经营乙类非处方药的零售企业实施告知承诺制审批，对经营乙类非处方药的连锁企业进行综合改革试点。指导食品经营者办理仅销售预包装食品备案427户。全年，全县新增市场主体3484户，同比减幅12%；是年，累计市场主体22 741户，同比增长7.55%。

完善监督机制 2022年，佛冈县市场监督管理局坚持完善监管机制，大力推进市场主体年报工作，全县应当公示年报的企业数3271户，已公示年报3173户，年报公示率为97%，企业年报公示率与2021年度相比，提升0.5个百分点。全面推进“双随机、一公开监管”，在省“双随机、一公开”平台上抽取748户商事主体进行检查，已全部完成检查并公示结果。做好经营异常名录列入和及时纠正违法行为企业的移出工作。对被标记为经营异常状态或者被列入经营异常名录、严重违法企业名单的商事主体，限制其办理变更登记和备案业务的条款，体现“一处失信、处处受限”的信用约束效应。是年，将119户企业列入经营异常名录，17户企业移出。

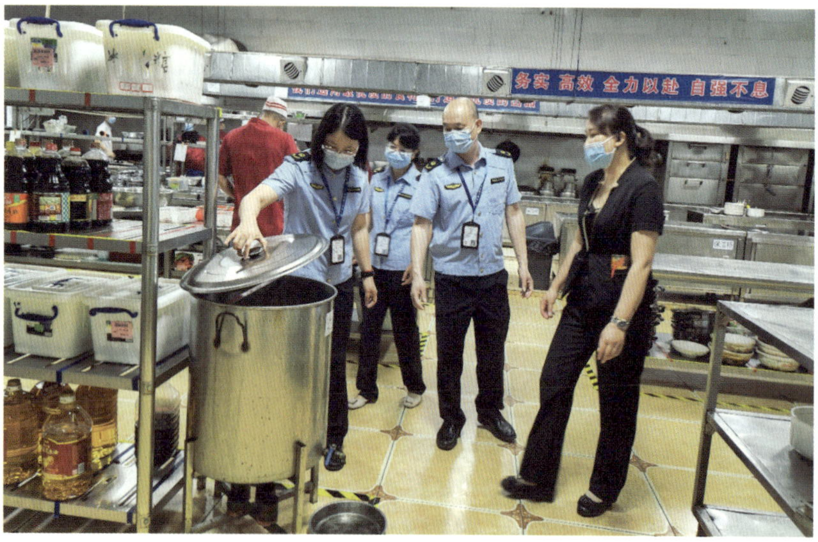

2022年6月3日，县市场监督管理局到南海食街等饮食场所开展食品安全、疫情防控等监督检查

（县市场监督管理局 供图）

【市场监管执法】 案件查办 2022年，佛冈县市场监督管理局切实把案件查办工作摆在突出位置，突出案件查办重点，聚焦民生领域、贴近群众生活的重点服务行业，以及农村与城乡接合部市场、制售假冒伪劣产品多发的重点区域，依法依规办案，严把案件审核关，提高执法办案水平。全年共查办各类违法案件241宗（其中移送公安机关4宗），罚没150.09万元。全力抓好信访维稳工作，受理信访，消费者咨询、投诉、举报等1926件，办结率99.21%，为消费者挽回

经济损失 77.90 万元。持续推进放心消费承诺单位和线下无理由退货承诺店工作。是年，全县辖区内审核通过的放心消费承诺单位共 32 户，线下无理由退货承诺店 1 户。

2022 年 6 月 30 日，县市场监督管理局开展电梯事故应急救援演练活动

（县市场监督管理局　供图）

价格监管　2022 年，佛冈县市场监督管理局认真开展元旦、春节、清明节、五一等节假日期间价格监督检查，重点检查农副产品、应节物品、白酒、防疫物资、旅游、交通服务等价格情况，保障全县生活必需品和防疫用品、应节物品等供应充足，价格平稳，共检查相关市场主体 250 家次。深入开展新冠病毒检测价格专项检查工作。经核查，全县开展新冠病毒核酸检测医疗机构有佛冈县疾病预防控制中心（不对外，不收费）、广州艾迪医学检验所有限公司（承接政府外包业务，未开始结算）、佛冈县人民医院、佛山迪按医学检验实验室有限公司（承接 7 月全市大规模核酸筛查，未开始结算）。从检查情况看，佛冈县人民医院收费标准执行新冠病毒核酸检测政府指导价，未发现相关违法行为。开展涉企违规收费专项整治行动，加强与县民政局、县发展和改革局沟通联系，强化协调联动，形成监管合力，抽查了 5 个收费单位，无发现违法违规行为。

【守牢“四大安全”底线】 **食品安全可防可控**　2022 年，佛冈县市场监督管理局开展线上有奖问答、“你点我检”直播等形式多样的食品安全宣传周活动，推动食品安全社会共治共建共享。开展食品安全抽检和食用农产品快检，深入开展春、秋季学校食堂，“湿米粉统一查”“守底线、查隐患、保安全”等各类食品安全专项整治，做好省运会等重大活动安全保障。全年，完成食品抽检 1462 批次，合格率 95.76%。食用农产品快检 19 026 批次，合格率 98.54%；检查学校、各类食品生产经营主体等 6170 家次。

药械安全平稳向好　2022 年，佛冈县市场监督管理局以防范化解药械化生产经营使用环节风险为根本，推进医疗机构药械使用监管和药房规范化建设，保障全县药械化产品质量。全年，检查药械化相关单位 512 家次，抽检“两品一械”44 批次，合格率均为 100%。上报药品、医疗器械不良反应（事件）监测报告 248 例。

特种设备安全运行　2022 年，佛冈县市场监督管理局制定重点监管清单，落实“一企业一监管台账”“一设备一档案”，持续开展燃气充装单位、涉水特种设备、大型游乐设施、旅游观光车、户外起重设备、气瓶、叉车等专项整治，检查相关单位 322 家次，下达“特种设备安全监察指令书”94 份。组织全县重点监控单位开展特种设备应急救援演练活动共 20 多场，有效提高特种设备应急救援能力。

产品质量总体平稳　2022 年，佛冈县市场监督管理局以监督抽检、专项整治为手段，确保不发生重大产品质量安全事故。对全县生产流通领域消防水带、手提式灭火器、电动自

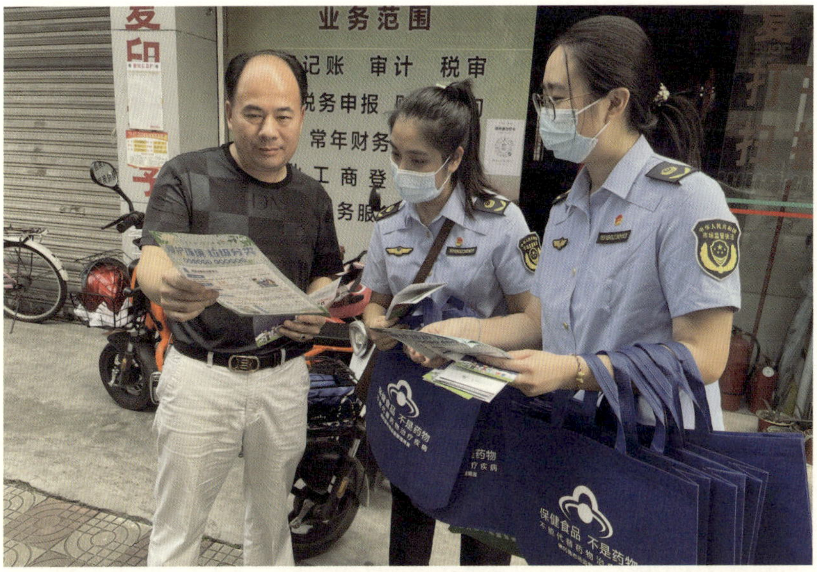

2022 年 5 月 20 日，县市场监督管理局到城东市场开展普法宣传活动

（县市场监督管理局　供图）

行车等28种共72款重点产品进行抽样检验，合格率88.9%，及时掌握工业产品质量状况。稳步推进摩电"带牌销售"工作，加强对电线电缆、电动自行车及配件、燃气具及配件、儿童和学生用品、农资等重点产品的质量安全监管，检查相关单位410家次。对70多家生产企业开展质量技术服务，帮助企业解决质量管理、产品质量监督等问题，助力企业提高产品质量，提高市场核心竞争力。

【法治市监建设工作】2022年，佛冈县市场监督管理局规范监管执法行为，建立信息共享管理机制。按照《关于进一步规范监管执法行为与建立信息共享机制的通知》，确保市场监督管理部门依法行政检查、行政处罚、行政许可等，提高商事主体登记服务效率，保障自然人、法人和其他组织的合法权益。落实"三项制度"（行政执法公示制度、执法全过程记录制度、重大执法决定法制审核制度），引导执法人员严格规范公正文明执法，对维护经济社会秩序、维护人民群众根本利益、优化营商环境、促进社会和谐稳定起到积极作用。做好社会普法宣传，提升群众法治意识。采取"线上+线下"、传统媒体与新兴媒体相结合的方式，开展"3·15"国际消费者权益保护日、"4·26"世界知识产权日、食品安全宣传周、食品安全"你点我检"、食品安全线上有奖问答等普法宣传咨询活动。发放宣传礼品及各类宣传资料1.35万多份，接受群众咨询520余次，参与线上有奖问答2万多人次。在县主流媒体等发布政务信息170多篇，有力扩大市场监管影响力。

（黄绮萍）

审　计

【审计概况】2022年，佛冈县审计局依法履行审计监督职能，推进审计监督全覆盖。全年完成审计项目（调查）18个，审计促进整改落实增收节支资金16 705万元。向被审计单位和有关部门提出审计建议70条，揭露被审计单位存在突出问题170多个，促进被审计单位制定整改措施85项。提交"审计要情"等重要审计信息5份，派出审计骨干13人次配合县纪委监委开展巡查和查办案件。

2022年9月1日，在县十六届人大常委会第九次会议上，县审计局局长郑按双作2021年度县级预算执行和其他财政收支审计工作报告（县审计局　供图）

【财税金融审计】2022年，县审计局聚焦财政预算执行管理，重点关注用好增量资金、盘活存量资金、控制债务风险、落实中央八项规定精神等方面，采用大数据审计新模式，积极推进对县直一级预算单位"横向到边"的全覆盖审计，强化对政府"四本账"全口径和财政资金运行全过程监督，促进财政资金提质增效。全年组织对2021年度本级财政预算执行、决算草案和其他财政收支情况审计，对53个预算单位部门预算执行审计和水头镇人民政府2021年度财政决算审计。

【经济责任审计】2022年，县审计局贯彻落实《党政主要领导干部和国有企事业单位主要领导人员经济责任审计规定》，加强对权力运行的"巡审结合"贯通协调，深化领导干部经济责任审计，促进领导干部守法守纪尽职尽责和主动作为、依法作为、有效作为。是年共完成领导干部经济责任审计项目7个，审计领导干部7人。审计查出管理不规范资金1860万元，审计提出建议28条，被采纳审计建议28条。

【行政事业审计】2022年，县审计局统筹推进疫情防控和经济社会发展，着力做好"六稳"工作、落实"六保"任务等重大政策措施和决策部署，深入开展重大政策措施贯彻落实情况跟踪审计。全年完成审计项目4个，审计查出管理不规范金额334万元，审计提出建议15条，被采纳审计建议15条。强化内部审计质量控制，督促全县81个机关企事业单位落实《内部审计统计调查制度》。

【固定资产投资审计】2022年，县审计局围绕政府重大投资项目，注重项目立项审批、征地拆迁、工程招投标、概算调整、合同签订、设备材料采购、资金管理使用、竣工决算、工程质量管理全过程和投资绩效等关键环节展开审计监督，强化重大投资监督管理，避免或减少损失浪费和重复建设。全年完成佛冈县竹山水治理工程竣工决算、佛冈县潖江上游综合治理工程竣工决算等5

个公共投资审计，核减政府工程投资额1595万元，揭示工程建设存在主要问题12个。

（蓝冬晴）

统 计

【统计概况】 2022年，佛冈县统计局以“时时放心不下”的责任感，坚决贯彻落实县委、县政府各项部署，秉承“为国统计、为民调查”初心，不断提高统计数据质量、统计服务能力和政府统计公信力，充分发挥统计“晴雨表”“风向标”和“信息窗”作用，优质高效推进各项工作任务，为全县经济社会高质量发展提供坚实的统计保障。

【统计服务】 2022年，佛冈县统计局聚焦中心大局，不断提升统计服务水平。精准对接需求，做优“服务”文章，以“百名局长进千企”活动为抓手，帮助企业协调解决用工、融资、成本等影响企业生产经营和项目建设的痛点、堵点和难点问题，推动各项惠企政策精准落地，增强企业发展信心。注重跟踪调研，做优“调查”文章，通过实地调查、走访座谈等方式，全面了解重点企业经济运行、重点项目推进和各项统计工作落实等情况，进一步对规模以上工业增加值、固定资产投资、限上商贸业营业收入等主要经济指标进行分析研判，准确把握各项指标的运行态势，预判经济形势，发挥好“预警器”作用。强化统计监测，抓实“数据”文章，各专业按月逐季加强分析研判，在月度分析上求快、预警研判上求准、专题分析上求精、对比分析上求深，为县委、县政府研判全县经济形势并进行科学决策提供统计依据，每月出版《佛冈统计监测月报》共70份，撰写分析报告共27篇，其中《广佛园企业达规入统调研报告》得到县政府主要领导批示，并按照报告中提出的问题和建议，多次到相关企业实地调研，协调有关部门解决问题，充分发挥统计参谋助手作用。加强基层“7个一”规范化建设，贯彻落实省、市部署，以省的验收标准为目标，对标对表，成立以党组书记和局长为组长的基层统计“7个一”规范化建设工作领导小组，制定任务清单，研究落实措施，全面推进基层统计“7个一”规范化建设工作。

【统计调查】 2022年，佛冈县统计局贯彻落实省、市关于2022年住户调查大样本轮换工作的部署，严格遵守住户调查大样本轮换工作方案，认真抓好统计人员培训，做好核准调查户信息、样本代表性的科学评估及多形式宣传等准备工作。工作人员深入一线，到12个调查小区集中开展记账户培训，深入宣传“为国记账，为己理财”的重要意义和作用，指导住户记账利用“E”记账APP进行实操记账，发放“给住户一封信”200份、宣传资料3000份、宣传品4200份，张贴海报100余份，积极营造良好的调查氛围。在县统计局业务人员和村（居）辅调员进村入户“手把手”悉心指导下，120户新记账户逐渐掌握记账方法，进入正式记账阶段，不断提高基础数据的准确性，顺利与旧记账户完成数据衔接工作。2022年佛冈县统计局在国家统计局清远调查队对各县（市、区）住户调查工作考核评比中，获得优秀名次。

【统计法治】 2022年，佛冈县统计局紧紧围绕习近平总书记关于法治政府建设的重要指示精神，聚焦统计法治，坚持依法行政，践行依法治统，提高数据源头质量。通过统计业务培训会前学法工作，推进企业和基层统计人员普法全覆盖，增强统计人员依法统计意识。通过到企业开展现场核实、数据质量核查等工作，深入企业开展“送法入企业”活动，提高统计普法宣传效果，通过统计违纪违法案例警示教育，切实做好以案为鉴、以案明纪、以案说法，增强统计人员依法统计自觉性。推动县委常委会及县政府常务会专门传达学习《关于更加有效发挥统计监督职能作用的意见》；常态化推动统计法律法规进党校，进一步增强领导干部依法统计意识和运用统计法治思维；全面清理纠正违反统计法律法规文件和做法，组织统计局各股室和全县的机关事业单位对收到和制发的文件进行全面排查，落实各单位的清理责任，尽快实现清理纠正，

2022年9月30日，清远市统计局、国家统计局清远调查队、佛冈县统计局联合在县人民公园举办以“数说新时代　奋进新征途”为主题的第十三届“中国统计开放日”活动

（县统计局　供图）

确保清理工作不走过场。加强统计执法，不断深入推进“两防”工作，全年组织执法检查人员通过重点检查方式执法检查企业和项目30件，与佛冈县市监局通过“双随机、一公开”方式执法检查企业1家，通过执法检查，规范企业的报表填报行为和统计基础工作，促进统计数据质量的提高。开展对统计造假不收手不收敛问题的专项纠治工作，成立工作领导小组，制定实施方案，明确具体工作任务，推动防范和惩治统计造假、弄虚作假责任问责制加快建立。

【中国统计开放日】2022年9月30日上午，由清远市统计局、国家统计局清远调查队、佛冈县统计局联合主办的第十三届“中国统计开放日之清远”以“数说新时代，奋进新征程”为主题的统计开放日活动在县人民公园举行。活动通过摆放展板、悬挂条幅、发放宣传手册等方式，积极宣传党的十八大以来经济发展成就，展现统计部门立足新发展阶段、贯彻新发展理念、构建新发展格局的改革举措，进一步提升社会公众对统计调查工作的知晓度和配合度，营造全社会关注并支持统计工作的良好氛围。

（叶芳芳）

公共资源交易

【公共资源交易概况】2022年，清远市公共资源交易佛冈分中心（简称“县公共资源交易中心”）继续深入推进建设工程交易、国土资源交易、综合产权交易、政府采购、中介超市等相关业务的电子化交易，打造“统一开放、竞争有序、服务到位”的公共资源交易平台。立足“我为群众办实事”，经与县自然资源局、县农业农村局、县发展和改革局座谈商议，县农村集体建设用地上市交易选用交易中心国土资源交易平台。

【公共资源交易管理】2022年，清远市公共资源交易佛冈分中心完成的各类公共资源交易项目有：建设工程交易部完成工程交易75宗，工程预算金额17.62亿元，中标金额为17.30亿元，节约资金0.32亿元，资金节约率为1.82%。国土资源交易部完成土地交易63宗，其中一级市场用地交易51宗，面积114.5万平方米，成交额7.18亿元；协议转让交易12宗，面积44.3万平方米，成交额1.02亿元。综合产权交易部完成商铺、房屋及土地竞租共25宗项目，总成交额591.42万元，实现增值94.08万元；物品、车辆拍卖共19宗项目，总成交额2521.91万元，实现增值1432.86万元。政府采购部完成公开招标21宗，项目预算金额为1.18亿元，中标金额1.15亿元，节约资金313万元，资金节约率为2.65%。中介超市成交906宗项目，新注册14个单位，入驻中介机构3家。

（李惠萍）

2022年10月12日，佛冈县公共资源交易中心工作人员在商讨农村集体经营性建设用地入市交易工作 （县公共资源交易中心 供图）

代建项目管理

【代建项目管理概况】2022年，佛冈县代建项目管理中心负责代建项目有10个，其中竣工验收项目5个，正在建设项目4个，处于前期筹建项目1个。

【竣工验收项目】人民医院内科综合大楼建设项目 该项目总投资为17 599万元，是县重点工作及十大行动方案项目。已完成建设并已全部交付使用，投入使用后将增加床位450张。

佛冈县社会救助中心项目 该项目新建总建筑面积1572.99平方米，设置床位为70张，正在组织竣工验收。

佛冈县城东中学新建教学楼项目 该项目于2022年8月竣工交付使用，增加中学学位共1000个，可缓解全县中学学位紧缺的状况。

佛冈县城北中学新建教学楼项目 该项目于2022年8月竣工交付使用，增加中学学位共750个，可缓解全县中学学位紧缺的状况。

佛冈县社会福利院老人公寓改建项目 该项目主要包括松鹤楼建设和食堂改造，包含建筑物周边道路、绿化等，新建松鹤楼建筑面积4834.6平方米，食堂装修改造面积202平方米。食堂改造已完成，并交付使用。新建松鹤楼已完成工程建设，正在进行室外工程收尾，力争2023年1月中旬投入使用。

【正在建设项目】龙凤大道项目 该

2022 年 12 月 30 日，新建成的佛冈县体育馆内景 （钟盛祺 摄）

项目总投资为 49 921.8 万元，是县重点工作及十大行动方案项目。该段道路基本完成管道铺设、车道沥青摊铺，已完成车道水稳层施工；龙凤大桥已完成桥梁主体建设及桥拱安装，计划 2023 年 3 月底前完成龙凤大道（含龙凤大桥）由环城东路以北至省道 252 线路段的建设。

体育中心项目 该项目总投资为 16 322.81 万元，是县重点工作及十大行动方案项目。体育馆和游泳场已完成建设，目前正处于体育馆和游泳场的质量验收和竣工联合验收阶段。

佛冈县城乡“菜篮子”工程建设项目（全县农贸市场新建项目） 该项目已完成用地、规划、设计及预算等工作，完成施工、监理的招标工作。2022 年 12 月中旬，完成施工许可证办理并动工建设，正进行地下室土方分层开挖的基础工程施工。

佛冈县水头镇卫生院异地新建项目 该项目包括卫生院、医养楼两大部分，其中卫生院主体框架结构已封顶，计划 2023 年 4 月底完成竣工交付。

【前期筹建项目】 佛冈县职业技术学校建设项目完成勘察、初步设计服务招标及校园规划方案设计工作。佛冈县第一中学和佛冈中学配套设施工程项目第一期已完成初步设计、概算编制工作，初步设计和概算已经县政府审议通过。2022 年 12 月已组织设计、施工（EPC）招投标工作。计划于 2023 年 1 月 10 日前完成招投标工作，力争 2023 年 3 月底动工建设。

（欧阳雪梅）

市场开发服务

【市场开发服务概况】 2022 年，佛冈县市场开发服务中心（简称“县市场中心”）进一步规范农贸市场经营秩序和环境秩序，加强市场管理，做好市场服务管理和市场综合开发利用及市场安全生产工作。县市场中心所辖的农贸市场，有石角中心市场、小商品市场、城东市场、德星市场、农贸批发市场 5 大市场。全年各市场设施费收入 491.24 万元，税后上缴财政 506.27 万元（其中 4 月份补缴财政：城东市场 2020 年 1 月至 2021 年 7 月设施费共 21.36 万元、德星市场 2018 年 12 月至 2019 年 8 月设施费共 22 万元）。

【市场服务管理】 **市场服务** 2022 年，县市场中心以实现市场管理有序、市场设施完善、环境卫生整洁、市面整齐规范、经营文明有序、服务功能齐全的市场营商环境为目的，牢固树立以“诚信服务，以人为本”的服务理念，营造“重商、亲商、护商”的良好氛围。坚持公平、公开、公正的市场摊位投标（抽签）定位，实行诚信租赁，为经营户提供“零障碍，高服务”的经营环境。做到文明管市、热情服务，给广大人民群众创造舒适、整洁的购物环境。

市场管理 2022 年，县市场中心严格按照《佛冈县农贸市场管理实施办法》关于经营管理机构责任要求，制定各市场档位卫生管理工作制度，并将各市场卫生“门前三包”制度上墙公开；规范经营行为，实行划行归市，分区经营，做到各类商品上台摆放，水产入池，熟食带罩，净菜上市；严把市场准入关，监督入场经营者亮证经营；各市场每天实时对市场档位采样检测，并利用电子显示屏公示检测结果。

市场设施维护 2022 年，县市场中心定期对所辖市场的消防设施以及供水、供电等设施安全隐患进行排查，及时维护维修市场设施，确保国家财产的安全和人民群众的生命安全。

食品安全管理 2022 年，县市场中心严把市场准入关，建立市场食品安全长效监管机制，确保所辖市场内的食品安全卫生。监督入场经营者依法向县市场监督管理局申请登记注册，领取营业执照，并在经营场地明显处悬挂营业执照。

安全生产 2022 年，县市场中心成立市场织网巡防队伍，进一步完善治安防控体系，对所辖各大市场实施安全防范管理，为经营者和消费者提供良好的市场环境，确保市场国有资产及个人生命财产不受损害。县市场中心所辖市场全年安全运营，未发生一起安全事故。

投诉机制 2022 年，县市场中心对所辖农贸市场建立完善的举报投诉制度。统一设置投诉箱并放在市场显眼位置，张贴投诉件处理流程，指定专人负责收集投诉件，做好登记、交办、答复、归档等工作。

2022 年 8 月 20 日，升级改造后的城东市场重新开业　（张辉　摄）

市场及周边整治　2022 年，县市场中心进一步规范集贸市场经营秩序和环境秩序，加强日常管理：做到文明管市、热情服务，服务意识和服务水平不断提高，并积极配合联合执法队引导占道经营的临时档位入场经营；县城各农贸市场全面禁止活禽交易，进一步加强源头防控，督促市场周边活禽经营者落实“1110”制度（一日一清洗、一周一消毒、一月一休市、过夜零存栏）；按卫生防疫要求对交易场所、设施设备抓好市场“大扫除”“大清洗”“大消毒”工作落实；严格排查价格违法行为，积极处理消费者关于疫情防控相关商品价格上涨投诉举报，严禁借疫情防控捏造散布涨价信息、哄抬物价等扰乱市场价格秩序的违法行为。按照县创文办要求，做好市场周边、网格地段巡查及文明劝导工作。

【市场文明建设】 2022 年，县市场中心高度重视精神文明建设，确保公益广告主题精准、内容规范、制作优良、融入环境、品位自然、干净整洁，画面无破损脱落并及时更新。每天利用市场滚动屏宣传行业规范标语、安全信息提示以及快速快检数据等信息，为广大市民创造良好的购物环境、提供优质服务。

【疫情防控】 2022 年，县市场中心将市场疫情防控工作纳入常态化管理，压实责任，各市场入口处安排专人劝导进入市场戴口罩、测体温、扫粤康码，各市场配置智能测温仪，进入市场测温仪直接播报体温，语音提示需佩戴口罩、扫码，并利用音箱、音响播放劝导群众做好疫情防控有关措施；及时登记做好市场固定档位从业人员信息台账，配合组织做好经营者核酸检测及疫苗接种工作。

【市场设施利用】 2022 年，县市场中心所辖 5 大农贸市场（其中，石角镇中心市场为现代化自选式生鲜市场）共设置 334 个档位，利用 199 档，空置 135 档，利用率为 60%。

【市场改造与开发】 2022 年，县市场中心根据县委、县政府关于创文创卫工作要求，利用专项债券资金，按要求落实佛冈县城乡“菜篮子”工程项目建设要求，升级改造城乡农贸市场 3 个（石角镇的城东市场、小商品市场和汤塘镇的四九市场），新建一大型肉菜市场（南港路原酒厂地块）。城东市场、四九市场于 8 月 19 升级改造完毕并交付使用，8 月 20 日复市；小商品市场于 9 月 15 日升级改造完毕交付使用，9 月 20 日复市；新建农贸市场于 12 月开工建设，预计 2024 年初可完成建设并投入使用。新市场建成后，将可以实现市场增容提质，满足城市发展要求。内部建设做到布局合理、环境优良、配套完善、设施先进，全面提升市场服务水平，为广大市民营造更加健康、文明、安全、舒适的市场消费环境，并解决部分村民农产品自产自销问题，不断提升广大人民群众的满意度和幸福感，助力推动佛冈县乡村振兴工作。

（张　辉）

自然资源管理

【自然资源管理概况】 2022 年，佛冈县自然资源管理工作围绕县经济社会发展目标和省、市自然资源部门工作部署，认真履行职责，严格规范管理，依法行政，切实解决涉及群众利益的难点热点问题。在保护资源、保障发展、维护权益、服务社会等方面取得明显成效。根据土地变更调查成果，2021 年末佛冈县土地总面积 129 516.29 公顷，其中国有土地面积 10 291.89 公顷，集体土地面积 119 224.4 公顷。全年批准供应土地总面积 253.18 公顷，出让价款收入 8.48 亿元。全县有效采矿权总数 5 个，探矿权总数 1 个，有 3 个项目列入市年度采矿权挂牌出让计划，已成功挂牌出让采矿权 2 宗，成交价共 5.76 亿元。

【建设用地管理】 项目用地报批　2022 年，佛冈县组织 16 个城镇建设用地批次 62.43 公顷和 1 个单独选址项目 1.17 公顷（华润风电）的报批材料。使用省指标 12.08 公顷、市指标 34.11 公顷、点状供地指标 0.55 公顷、县增减挂钩指标 16.85 公顷。2022 年上报并获批 4 个批次共 25.4 公顷；已上报待批复的有 5 个批次共 6.64 公顷；同时加快开展 8 个批次 31.55 公顷的报批组卷工作。

保障重点项目土地供应　2022 年，佛冈县供应土地 93 宗，总面积 253.18 公顷，出让价款收入 8.48 亿元，同比减少 45.64%。其中，划拨土地 39 宗，面积 134.33 公顷；出让土地 54 宗，面积 118.85 公顷。其中

2022年8月30日，县自然资源局召开英德市盘龙围村小组与佛冈县围肚村小组争议林地协调会 （县自然资源局 供图）

出让工业用地42宗、商服用地5宗、城镇住宅用地6宗、社会福利用地1宗。出让用地包括县重点项目大湾区生命科技园项目19.33公顷、协鑫燃气分布式能源站项目2.11公顷等。

用地审核 2022年，佛冈县自然资源局完成22宗用地审核，总面积35公顷，包括备案设施农用地13宗28.13公顷，集体建设用地4宗0.22公顷；审批临时用地5宗6.65公顷。

清理闲置土地 2022年，佛冈县自然资源局依托省土地市场动态监测与监管系统加强土地利用巡查。全年开展土地批后监管动态巡查271次，涉及交地巡查93次、出让金巡查93次、开工巡查40次、竣工巡查45次。全年处置闲置土地2宗，面积6.27公顷，完成市下达的去闲置土地处置任务。

批而未供土地清理 2022年为确保完成“去库存”任务，印发《佛冈县2022年批而未供土地“去库存”工作实施方案》，召开专题工作会议，逐宗研究并列出未供土地台账。全年消化库存未供土地160.33公顷，超额完成本年度市下达的去库存任务。

三旧改造工作推进 2022年，佛冈县制定“三旧”改造年度计划，有3个项目列入本年度的改造计划，占地面积7.39公顷。

【土地所有权管理】房地一体确权登记 2022年，佛冈县自然资源局继续深入开展对全县范围内的宅基地使用权及其地上房屋所有权和集体建设用地使用权及地上建筑物、构筑物所有权的全面调查登记工作。佛冈县房地一体涉及全县6个镇78个行政村1个林场。根据省级全覆盖抽查后补充的房屋数据统计，全县符合“房地一体”调查要求的有18.18万宗，其中宅基地17.86万宗，集体建设用地0.32万宗。以上项目已全部完成外业测量、权属调查及成果公示，数据库于10月上中旬通过省厅抽查，并在年底前完成数据汇交工作。经初步材料审核，其中符合颁发“房地一体”不动产权证宗地数8.5万宗，登记中心已制证1632宗。

集体土地所有权确权 2022年，县自然资源局通过主动对接各镇政府，积极联系各村委，完成全县范围内5个集体土地地块的民事协调及权属工作，顺利颁发5本不动产权证书，发证地块面积22.63公顷。

自然资源纠纷调处 2022年，县自然资源局处理的案件共9宗，涉及面积119.74公顷，其中林木林地权属纠纷案件4宗，土地权属纠纷案件2宗，法院撤销裁决需重新做出裁决的土地权属争议1宗，市人民政府行政复议决定撤销裁决的林木林地权属争议2宗。

（朱雪雯）

【矿政管理】矿产资源开发管理 2022年，佛冈县自然资源局开展矿山巡查67次，出动人员235人次，填写巡查表67份；公示矿业权11个（其中有效期采矿权5个、过期采矿权5个、探矿权1个）；完成矿山治理复绿任务6.74公顷，超额完成市下达佛冈县4.52公顷复绿任务；完成2021年度矿山储量年报核查工作；通过填报矿山年报和储量统计报表及对矿山企业实行信息公示、埋设界桩等措施，建立矿产资源动态监察管理体系，基本实现对矿产资源从勘探开发直至闭坑的全程动态监督管理。

建设用地开挖砂石土处置 2022年，佛冈县自然资源局加强对全县建设项目施工范围内开挖出来的砂石土的监管，允许建设单位因工程需要将开挖出的砂石土用于本工程建设，多余砂石土由县自然资源局聘请第三方进行储量核算和价值评估。全年开展4宗砂石土拍卖出让工作，矿产资源收益累计2400.53万元。

【地质灾害防治管理】巡查监测 佛冈县原有在册地质灾害隐患点59处，其中威胁百人以上地质灾害隐患点3处。2022年，全年核销地质灾害隐患点1处，全县在册地质灾害隐患点58处，具体包括3处大型隐患点和55处中小型隐患点，受威胁人员总计1193人，受威胁财产2593万元。县自然资源局健全地质灾害汛期24小时值班制度、巡查制度、灾情速报和气象预报制度，落实地质灾害隐患点责任人、管理员、专管员，更新地质灾害隐患点警示牌，编制地质灾害防治方案，开展地质灾害应急演练、地质灾害防治业务知识培训、进村入户科普宣传。全面排查登记在册的59处地质灾害隐患点，聘请39名地质灾害监测员（专管员）对全县地质灾害隐患点进行巡查排查。通过巡查排查有效防治，在“5·11”龙山镇清水迳村山体崩塌来临前，提前撤离受威胁人员，保护了坡脚3户10人的生命安全。全年未出现在册地质灾害隐患点人员伤亡情况。

地灾防治 2022年，佛冈县自然资源局扎实推进地质灾害点综合治理工程。通过专业监测、工程治理及自然消亡方式，完成 1 处大型地质灾害隐患点和 46 处中小型地质灾害隐患点综合治理工作。

（陈振锋）

【耕地保护】 落实耕地保护责任制 2022 年，佛冈县严格落实耕地保护目标责任制，完成本年度耕地保护目标任务。

推进垦造水田项目 截至 2022 年，佛冈县实施垦造水田项目 13 个（2017 年度项目 6 个，2018 年度项目 4 个，2020 年度项目 1 个，2021 年度项目 2 个），建设总规模 294.80 公顷，新增水田面积 249.51 公顷，全部为自行垦造项目。其中，已完工并通过竣工验收 2017—2018 年度垦造水田项目 10 个，有 9 个项目已通过部级审核并入库备案，形成水田指标 174.15 公顷，为全县重大基础设施建设提供水田指标支撑。2020—2021 年度在建垦造水田项目 3 个，预计新增水田面积 65.33 公顷，有 1 个项目已通过市级竣工验收，有 2 个项目已通过县级初步验收。2022 年度全县垦造水田任务面积 33.33 公顷，已初步选定实施主体，正在进行项目踏勘选址和可行性研究报告编制等前期工作。

补充耕地核查整改 2022 年，佛冈县有 86 个补充耕地整改项目通过市级验收，整改面积 355.07 公顷，核定整改耕地面积 298.73 公顷，有 277.60 公顷耕地指标已按程序入库，归还欠账指标。

基本农田补偿金使用 2022 年度省下达佛冈县永久基本农田补偿资金 300 万元，已全部下达各镇政府，由各镇政府统筹使用、专款专用，确保资金发挥最佳效益。据各镇反馈，至年底，300 万元补偿资金已悉数用完，主要用于耕地保护宣传、基本农田后续管护、农村土地整治、农田水利建设等，包括排水渠工程、水圳建设、损毁农田复垦等项目。

矿山石场治理复绿任务完成 2022 年，上级下达佛冈县本年度矿山石场治理复绿任务 2.77 公顷，县自然资源局结合实际选定汤塘镇大埔上凼石场作为重点治理复绿对象，已完工并通过竣工验收，实际完成复绿面积 8.58 公顷，任务完成率达 310%，超计划完成矿山石场治理复绿任务。市下达佛冈县本年度历史遗留矿山治理任务 13.8 公顷，县自然资源局安排迳头镇社坪村实施稀土矿治理复绿（部分区域）项目，已完工并通过竣工验收，实际完成复绿面积 14.7 公顷，任务完成率达 107%，超计划完成历史遗留矿山生态修复任务。

（朱雪雯）

【执法监察】 自然资源动态巡查 2022 年，县自然资源局积极开展违法用地、非法采矿巡查，对新发现的违法行为现场制止，并及时通过在线巡查系统上报。全年全县在线执法巡查平均上线率为 95.22%，上线时间 22 497.18 小时，巡查距离 439 263.83 千米。全年上报土地事件 434 宗，其中已结束事件 79 宗，待结束事件 355 宗。

违法行为查处 2022 年，县自然资源局在打击整治中查处违法用地案件 1 宗，已出处罚决定 1 宗，处罚 1 人，罚款 61.94 万元，涉案面积 5.19 万平方米；查处矿产资源领域违法案件 2 宗，已出处罚决定 2 宗，已缴交罚款 1 宗 12 万元；对各类违法建筑下达责令改正通知书 163 份，立案查处 4 宗，依法作出处罚决定 4 宗，依法申请县政府强制拆除 43 宗。

土地卫片执法 2021 年全县土地卫片新增违法用地总面积 28.79 公顷（其中耕地 4.4 公顷），已整改 24.12 公顷（其中耕地 3.47 公顷），整改率为 83.78%；尚未整改 4.67 公顷。2022 年国家下发佛冈县土地卫片新增违法用地 46.16 公顷，其中非农化违法用地 33.17 公顷（其中耕地 4.73 公顷），已整改 19.76 公顷（其中耕地 3.65 公顷），整改率 59.57%；非粮化违法用地 12.98 公顷（其中耕地 5.67 公顷），已整改 7.3 公顷（其中耕地 3.99 公顷），整改率 56.24%。

矿产资源违法行为查处 2022 年，县自然资源局严格落实巡查打击职责，联合县联合执法队出动 960 人次，组织打击非法采矿巡查 240 次，制停或捣毁非法采矿点 34 个，清理灌药水管、浸泡池、收矿池等设施若干个，所有盗采点已按“三不留、一毁闭”标准打击。扎实开展矿产卫片整改工作，本年度收到矿产卫片图斑 5 宗，经核实已上报属合法图斑 2 宗，伪片化图斑 2 宗，违法图斑 1 宗，其中违法图斑已由市局立案查处；收到稀土专项第二期疑似违法图斑 9 宗，已全部按照有关标准落实打击整治工作。

扫黑除恶专项斗争 2022 年，佛冈县自然资源局积极开展扫黑除恶

2022 年 4 月 1 日，县自然资源局对高岗镇三江村现有耕地提质改造项目进行外业检查

（县自然资源局 供图）

专项斗争行动，全年收到关于自然资源领域的扫黑除恶有关线索 11 条，其中工作摸排 2 条，其他部门移交 1 条，县扫黑办交办 8 条；已办结 11 条。

占用耕地建房整治　2022 年，佛冈县加大对占用耕地建房整治力度，坚持以“零容忍”的态度细化措施，坚决拆除并复耕到位，严守耕地保护红线。当年，省市下发并认定全县新增农村乱占耕地建房图斑 194 宗，已拆除 167 宗，剩余 27 宗未拆除，拆除率 86.08%。

（范玉艳）

【信访综治维稳】 做好信访工作　2022 年，佛冈县自然资源领域无相关社会重大涉稳风险矛盾个案发生，在信访平台收到的信访类案件 760 宗均已结案（含重复件）。其中包括 12345 平台信访举报案件 543 宗、县信访局转办案件 59 宗、群众来信来访登记 68 宗、省一体化信访信息平台信访案件 70 宗、省自然资源部信访案件 20 宗，已全部办结。在处理信访案件中，做到逐个问题逐个处理，不推诿，不扯皮，不上交矛盾，确保群众反映的问题能够得到及时、合法、有效解决。

行政应诉　2022 年，佛冈县自然资源局受理行政诉讼案件 39 宗，行政复议案件 8 宗；协助县政府处理行政诉讼案件 15 宗，行政复议案件 5 宗。

普法宣传　根据县委《关于实行国家机关“谁执法谁普法”普法责任制的实施意见》《2022 年佛冈县普法依法治理工作要点》和佛冈县“宪法宣传周”工作要求，佛冈县自然资源局组织开展 2022 年“12·4”国家宪法日和“宪法宣传周”活动，开展“美好生活·民法典相伴”主题宣传活动，在“4·15”国家安全教育日开展国家安全宣传教育，结合“6·25”全国土地日开展普法宣传活动，通过 LED 电子屏幕投放宣传标语向群众宣传等方式进行普法宣传，主要围绕自然资源管理、安全生产、自然资源法律法规等知识，进行广泛宣传。全年开展普法宣传 6 次，使法律知识深入人心，切实提高公众关注自然资源的意识。

（黄丽芳）

土地开发与储备

【土地开发与储备概况】 2022 年，佛冈县土地开发储备局做好土地开发整理、储备工作，扎实推进重点项目土地收储，依法依规做好土地供应，取得良好成效。全年成功出让土地 92 宗，成交面积 249.46 公顷，成交金额 7.198 亿元。

【土地开发整理】 2022 年，佛冈县土地开发储备局做好土地生态修复工作。土地生态修复项目有：佛冈县迳头镇社坪村稀土矿治理复绿项目（总面积约 14 公顷，总投资约 303 万元），于 12 月 7 日下达工程验收意见书并评定为合格；佛冈县汤塘镇田心村黄竹田原陶瓷矿区生态修复工程（总面积约 53.84 公顷，总投资约 6693 万元），计划分两期进行生态修复治理，项目一期于是年立项。

【土地储备】 土地储备规划　2022 年，佛冈县土地开发储备局为优化土地资源配置，科学谋划、及时制订《佛冈县 2022 年储备土地供应计划》《佛冈县 2022 年土地储备计划》《佛冈县 2022 年土地储备资金计划》；实施《佛冈县 2020 年至 2022 年土地储备三年滚动计划》；向清远市自然资源局上报《佛冈县征收地上附着物和青苗补偿标准表》。

土地收储　2022 年，佛冈县土地开发储备局扎实推进重点项目土地收储工作：龙凤新区项目一期 166.67 公顷用地已基本完成征地 150 公顷，完成地上物补偿约 95%；广佛（佛冈）产业园项目完成征地 653.912 公顷；龙山新动力智造城项目首期已取得用地批文 27.21 公顷，已报待批 24.01 公顷；城西科技园项目已完成征地 34.6 公顷，取得用地批文 17.67 公顷，完成供地约 13.10 公顷；大湾区生命科技园项目已完成土地收储 49.73 公顷，落实用地指标并供应土地 19.33 公顷；城建学院项目已完成 48 公顷征地工作，成功供地 22 公顷；聚宝工业小区 B 区项目已基本完成土地的征收及地上物补偿工作，取得用地批文 44.35 公顷，成功供地 42.90 公顷。

土地供应　2022 年，佛冈县土地开发储备局抓住时机，适时向市场推出成熟地块，有效调节土地开发市场。全年成功组织出让土地 92 宗，总面积 249.46 公顷，成交总金额 7.198 亿元。

（张剑青）

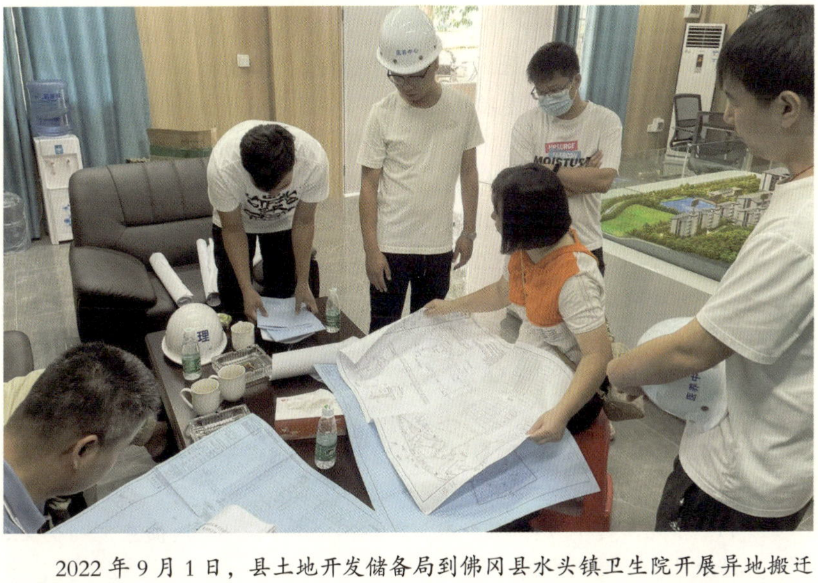

2022 年 9 月 1 日，县土地开发储备局到佛冈县水头镇卫生院开展异地搬迁及挡土墙项目现场验收工作　（县土地开发储备局　供图）

财政·税务

任责任编辑：郑中勇

财　政

【财政收支概况】 一般公共预算收支 2022年，佛冈县一般公共预算总收入446 339万元（决算预计数，下同），比2021年决算（下同）增长0.34%。其中：本级收入127 658万元，完成调整预算101.26%，增长9.98%；返还性、一般性转移支付和专项转移支付等上级补助收入204 352万元，增长12.59%；调入预算稳定调节基金18 225万元；调入资金47 245万元；债券转贷收入5250万元；上年结转结余43 609万元。一般公共预算总支出412 644万元，增长2.84%。其中：本级支出381 372万元，完成调整预算96.38%，增长4.26%；上解支出12 032万元；债务还本支出252万元；安排预算稳定调节基金18 988万元。收支相抵后，结转下年支出33 695万元。其中：上级转移支付结转23 263万元，县级结转10 432万元。

政府性基金预算收支 2022年，佛冈县政府性基金预算总收入233 974万元，增长20.62%，主要原因是专项债券转贷收入增加95 300万元。其中：本级收入107 568万元，完成调整预算104.43%，下降33.87%；上级补助收入2069万元；专项债券转贷收入115 040万元；上年结转结余9297万元。政府性基金预算总支出219 712万元，增长18.97%。其中：本级支出167 853万元，完成调整预算94.61%，增长42.26%；上解支出42万元；债务还本支出5042万元；调出资金46 775万元，调入一般公共预算统筹。收支相抵后，结转下年支出14 262万元。其中：上级转移支付结转522万元，县级结转13 740万元。

社会保障基金预算收支 2022年，佛冈县社会保险基金总收入36 745万元，完成调整预算100.76%，同比下降1.14%。其中保险费收入27 527万元，完成调整预算102.64%，同比增长1.09%。社会保险基金总支出41 369万元，完成调整预算96.96%，同比增长28.28%。其中待遇支出24 200万元，完成调整预算98.34%，同比增长4.54%。收支相抵后，社会保险基金当期超支4624万元。年末累计结余1704万元。

国有资本经营预算收支 2022年，佛冈县国有资本经营预算总收入510万元，同比下降6.25%。其中：本级收入448万元，完成预算106.41%，同比增长6.92%。主要原因是利润收入增加；上级补助收入19万元；上年结余43万元。国有资本经营预算总支出470万元，同比下降6.19%，全部为调出资金，调入一般公共预算统筹。收支相抵后，结转下年支出40万元。

地方政府债务情况 2022年，佛冈县地方政府债务年末余额385 382万元，比2021年增加114 996万元。其中：一般债务45 124万元，专项债务340 258万元，均控制在债务限额以内。全年偿还政府债务5294万元，其中：偿还一般债务252万元，专项债务5042万元。政府债务利息支出10 982万元，其中：一般债务利息1277万元、专项债务利息9705万元。

【财政收入管理】 财政总量做大 2022年，佛冈县加大向上争取资金力度，抢抓政策机遇，紧盯国家、省、市支持的重点领域和项目，谋划做好项目储备，争取纳入项目库，争取上级的资金倾斜。加大存量资金盘活力度，对于符合统筹条件的存量资金，及时收回财政统筹，用于经济社会发展亟需支持领域，充分发挥资金效益。全年盘活存量资金3717万元。同时加快土地出让，及时将土地出让收入上缴国库，为全县财政平稳运行提供有力的保障。

财源渠道培植 2022年，佛冈县依法依规拓宽收入来源渠道，着力加强财源培植力度，围绕“3+1”主导产业大力支持开展精准招商，充分涵养税源基础。积极争资引项，压实招商引资目标任务，大力推进第二、第三产业发展，培植更多财源增长点。持续抓好传统税源，重点扶持企业落户开工、复工复产，加快推进园区建设，着重支持产业园区发展，努力实现财源税源新突破。

征管力度强化 2022年，佛冈县充分发挥财税部门牵头抓总作用，强化部门协税护税调度协调，充分利用综合治税信息平台，加强对重点税源监控，积极挖潜堵漏，强化征管，确保税收颗粒归仓。是年，全县一般公共预算收入127 658万元，完成调整预算101.26%，增长9.98%；政府性基金预算收入107 568万元，完成调整预算104.43%，较好地保障财政平稳运行。

【财政支出管理】 “三保”支出保障 2022年，佛冈县合理安排支出顺序，优先保障“三保”支出。采取尽量压减“三公经费”和一般性支出等措施，优先保障重点支出，为“三保”支出腾出有限的财力空间。进一步优化财政支出结构，财政支出进一步向民生领域倾斜，根据经济社会发展规划和财力可能，按“以事定钱、钱随事走”原则，科学安排资金，严格控制支出规模，压减非急需、非刚性支出，用政府的“紧日子”换取群众的“好日子”。是年，全县“三保”预算编制数为145 690万元，其中：保基本民生预算编制数为58 890万元，保工资预算编制数为80 142万元，保运转预算编制数为6658万元。资金重点向文化教育、医疗卫生、社会保障以及乡村振兴等民生领域倾斜，“三公经费”保持只减不增，着力调整财政支出结构，确保财政资金用在刀刃上。

债券资金用好 2022年，县财政局协助职能部门加快项目申报，积极向上级争取新增地方政府债券。全年全县发行专项债项目19个、一般债项目1个，下达债券资金共11.5亿元（其中专项债券11亿元、一般债券0.5亿元）。是年，已全部完成拨付，拨付进度为100%。资金投向范围涵盖交通、农林水利、社会事业和产业园区基础设施等领域，为进一步稳住全县经济发展“基本盘”提供重要支撑。

增值税留抵退税调库 2022年，佛冈县增值税留抵退税调库8276万元，较上年同期6112万元增加2164万元，增长35.40%。此外，拨付2627万元专项资金，用于支持佛冈县工业企业开展技术改造、民营经济及中小微企业发展。通过技术改造奖补、小微企业上规模奖补、绿色发展和产业共建等方式扶持企业扩大生产规模。

【财政政策落实】 民生兜底保障落实 2022年，全县持续加大教育、卫生、文化方面投入，切实保障困难群众基本生活，稳步提高社会保障水平。是年，全县各民生类支出323 527万元，占一般公共预算支出84.83%，同比增长4.29%。全县“十件民生实事”投入24 932万元，实现“小切口”建设推动民生“大变化”，提高人民群众获得感和幸福感。

“三农”投入力度加大 2022年，佛冈县贯彻执行乡村振兴战略，严格落实乡村振兴及惠农补助政策资金，加大“三农”投入力度。是年，拨付各类支农专项资金63 550万元；省级涉农资金支出15 025万元。提前谋划2023年全县涉农项目入库项目102个，申请省补助48 690万元，确保乡村振兴全面深入开展。

农村财务管理加强 2022年，佛冈县财政局重新制定并落实《佛冈县农村集体经济组织资金管理办法》，同时联合县民政局、县农业农村局制定并落实《佛冈县行政村工作用餐管理规定（试行）》，进一步规范农村财务管理和行政村用餐管理。着力推进“组账镇代管”工作，是年，全县有1778个村民小组和镇签订“组账镇代管”协议，有78个村民小组的账在镇代理记账。

救灾、防疫资金保障 2022年，佛冈县上半年遭遇历史最强“龙舟水”，县财政部门迅速落实防汛抗洪应急救灾资金3608万元，用于保障受灾群众生活，以及开展灾后复建复工复产。为最大限度减少疫情对经济社会发展的影响，做好疫情防控工作，佛冈县按照特事特办、急事急办原则，开通“绿色通道”，及时拨付防控资金，全县共投入疫情防控经费3977万元。

【财政管理效能】 预算绩效管理实施 2022年，佛冈县基本实现事前有目标、事中有跟踪、事后有评价、结果有运用的全过程预算绩效管理体系，着力提高财政资源配置效率和使用效益，为经济社会发展提供有力保障。事前开展县级项目及部门和单位整体预算绩效目标申报，并通过组织项目资金绩效目标联合评审，对部分项目申请金额进行核减，全年核减金额合计2274万元，实现结果的运用。对全县一级预算单位实施绩效监控，开展事中跟踪。事后对2021年度佛冈县县级财政支出项目开展重点绩效评价15个，到位金额1980万元，涉及13个单位，优良率为80%。

涉农资金整合强化 全年下达佛冈县2022年省级涉农统筹整合

2022年9月30日，县财政局党组书记、局长邓武军（正面左三）带领局党组成员到清远南玻石英材料有限公司调研 （县财政局 供图）

转移支付资金 17 716 万元，实现支出 15 025 万元，支出进度为 84.80%。其中，安排考核事项、大事要事等重点项目的省级涉农统筹整合转移支付资金 9135 万元（占省级已下达资金比例 51.56%），实际支出 8079 万元，支出进度为 88.44%。

国有资产管理深化 2022 年，佛冈县加强全县各部门闲置国有资产的管理，盘活并统筹处置利用，坚持以市场为导向，建立和完善职责明确、流程清晰、规范有序的经营机制，逐步建立国有资本经营预算体系，提高国有资产管理水平。是年，全县租赁总收入 2741.09 万元，土地租赁年收入 309.75 万元，房屋租赁年收入 2423.35 万元，其他收入 7.99 万元。

政府采购管理 2022 年，佛冈县认真落实深化“放管服”改革和优化营商环境，助推政府采购工作提质增效。是年，全县通过政府采购招标项目预算 23 972 万元，实际采购 23 354 万元，节约资金 618 万元。

政府投资项目审核 2022 年，佛冈县以“节约政府建设成本、提高资金使用效益”为目标，把好政府投资项目工程预决算评审关。是年，全县完成各类预决算评审项目 1041 个，送审金额 42.62 亿元，审减金额 1.9 亿元。其中，实行双审已定案的结算 14 个，结算送审金额 1.48 亿元，审定金额 1.40 亿元，核减金额 0.08 亿元，核减率为 5.53%。

“数字财政”平稳运行 2022 年，根据省市深入推进“数字财政”系统工作部署，佛冈县“数字财政”专班加强对预算单位业务培训和指导，全面深化推进预算单位在“数字财政”预算域、执行域、核算域的业务流程，确保全县财政业务平稳有序。

智慧财政建设稳步推进 2022 年，佛冈县根据财政电子票据全面推广使用要求，全县全年有 232 家行政事业单位开户并使用财政电子票据，基本覆盖所有财政票据使用单位；不断优化系统功能，推动全县财政工作提速增效，稳步推进智慧财政建设。

（吴　胜）

国有资产管理

【国有资产管理概况】 2022 年，佛冈县公共资产管理中心对全县行政事业单位和国有企业经营性资产及闲置资产进行全面调查摸底，加强对行政事业性资产、国有企业等国有资产管理，对部分闲置办公用房进行调查和调配。为摸清固定资产家底，公共资产管理中心开展对全县行政事业单位和国有企业进行大清查，同时加强对县级国有资本经营预决算的编报和调查。做好县政府向县人大常委会报告国有资产管理情况制度的工作。落实疫情期间承租县直行政事业单位及其下属全资、控股和实际控制国有企业国有资产类经营性用房的服务业、制造业、小微企业和个体工商户（非国有企业和非行政事业单位）租金减免审核工作。进一步推进佛冈县公益三类及经营服务类事业单位改革。完善佛冈县国资国企在线监管系统建设，并按期完成系统建设和数据报送工作。健全国有资产报告制度，是年，全县行政事业单位资产和县属企业国有资产合计为 686 929.00 万元，其中行政单位资产总额为 187 675.58 万元，事业单位资产总额为 320 606.04 万元，县属企业资产总额为 178 647.38 万元。

【资产存量调查】 佛冈县国有资产按其经营形式分为经营性资产和非经营性资产两大类。对实行企业化管理并执行企业财务会计制度的事业单位，按企业国有资产有关规定实施管理。随着国有企业改制工作全面深化，佛冈县除少数公益性企业持续经营外，大部分国有企业通过有偿转让等方式对国有资产进行处置，完成改制工作。经营性资产在全县国有资产总量中所占份额不大，国有资产分布重点在行政事业单位。2022 年，佛冈县公共资产管理中心按照财政部工作部署，对全县行政事业性存量资产及出租情况开展调查和摸底，为建立资产信息实时动态监控系统提供管理依据，并做好 2022 年度行政事业单位国有资产和县属国有企业报告统计工作。佛冈县纳入此次统计的行政事业单位 183 家，县属国有企业 20 家。通过对全县国有资产的摸底调查，夯实政府对资产管理基础，对防止国有资产流失、推进政府资产管理与预算管理、推动国企改革、加强地方政府性债务管理有着积极意义，为县政府进一步优化、整合资源提供依据。

【国有资产管理工作】 2022 年，佛冈县公共资产管理中心根据上级《行政事业性国有资产管理条例》《关于进一步推进国有企业贯彻落实“三重一大”决策制度的意见》等文件精神，进一步加强国有企业管理，指导相关企业结合实际制定“三重一大”议事决策制度。为依法履行出资人职责，规范县属国有企业投资和融资行为，提高投资和融资决策的科学性、规范性，有效防范投资和融资风险，确保国有资产保值增值，特制定《佛冈县属国有企业投资和融资监督管理办法（试行）》。加强国有企业反腐倡廉建设，进一步促进国有企业领导人员廉洁从业，规范决策行为，提高决策水平，防范决策风险，保证国有企业科学发展。通过完善相关管理制度，使国有资产管理做到有章可依，有制可循，责任明确，规范运行。从根本上改变“重采购、轻管理”思想观念，优化资产配置，推进资产管理与预算管理相结合，提升国有资产管理治理能力和治理水平。加强对各单位国有资产监管，明确管理责任，规范使用流程，加强产权保护，推动资产安全有效使用。同时明确资产使用人和管理人的职责，进一步完善国有资产管理制度，加强国有资产管理，发挥国有资产效益，确保国有资产安全。

资产信息系统管理 2022 年，

佛冈县公共资产管理中心根据国务院、广东省及清远市文件精神，贯彻落实国企改革三年行动有关任务要求，落实国资国企监管数字智能化提升专项行动部署任务，建成国资国企在线监管系统，实现全国国资国企在线监管系统全面升级，建立横向到边，纵向到底，形成全面协同的数字化、智能化监管体系。同时通过行政事业资产管理信息系统，对国有资产实行动态管理，随时掌握国有资产变动信息，为编制资产预算打牢基础，为资产预算和财政部门预算相结合创造有利条件，实现资产管理系统与其他上下级单位及同级各部门之间各系统对接预留接口，加强上级与下级单位以及三级财政中数据连接，便于对国有资产监督和管理。同时各系统之间可在同一平台之下有机衔接，实现数据资源共享，为进一步深化行政事业资产管理改革和促进财政管理打下坚实基础，从而使国有资产保值增值。

固定资产租赁管理 2022 年，佛冈县公共资产管理中心为全面掌握全县行政事业单位以及有关国有企业经营性资产和闲置资产情况，通过印发文件、召开动员大会等形式，对全县行政事业单位及国有企业等单位固定资产租赁情况开展调查。

减免租金工作管理 2022 年，佛冈县公共资产管理中心根据《广东省人民政府办公厅关于印发广东省促进服务业领域困难行业恢复发展若干措施的通知》《广东省财政厅关于进一步明确 2022 年疫情中高风险地区减免租金工作事宜的函》及《关于 2022 年减免租金工作事宜的通知》文件有关精神，截至 2022 年 9 月 30 日，对符合减租政策承租县直行政事业单位及其下属全资、控股和实际控制国有企业国有资产类经营性用房的服务业、制造业、小微企业和个体工商户（非国有企业和非行政事业单位）共 248 户，减免租金 528.30 万元。

【国有资本经营预决算】 2022 年，佛冈县公共资产管理中心为做好县级国有企业资本金预决算编报，开展本年度县级国有资本金经营预决算编报和调查工作，以依法依规、量入为出、收支平衡、编制科学、体例规范、相对独立和相互衔接等原则进行。通过对县属国有企业相关报表进行分析和测算，合理编制当年国有资本经营预算。是年，全县国有资本经营预算总收入为 510 万元，其中，国有资本经营预算本级收入为 448 万元（企业利润收入 53 万元、股权股息收入 395 万元），上级补助收入 19 万元，上年结余收入 43 万元。

【国有资产报告制度】 2022 年，佛冈县公共资产管理中心为贯彻落实中央、省、市决策部署，加快建立健全全面规范的政府报告国有资产情况制度，加强人大和全社会对国有资产管理的监督，推进国有资产公开透明，为国有资产管理和治理体系建设奠定基础，使国有资产更好服务于佛冈高质量发展格局，为佛冈全面“融湾”迈入新阶段提供保障。同时，建立健全全县各类国有资产管理报告制度，明确责任主体，采取有力措施，编制佛冈县 2021 年国有资产管理情况综合报告。向县人大报告佛冈县 2021 年国有自然资源资产管理情况专项报告和佛冈县 2021 年国有资产管理情况综合报告。至 2021 年底，全县企业国有资产、行政事业性国有资产两大类国有资产总额为 593 192.96 万元。本次统计不包含金融类企业。统计依据是从《行政事业资产管理系统》汇总当年全县各单位上报数据，国有自然资源只统计实物量，暂不统计价值量。在国有资产总额中，企业国有资产总额 129 757.02 万元，占比 22%；行政事业性国有资产总额 463 435.94 万元，占比 78%。负债总额合计 240 604.05 万元。其中，企业负债总额 74 023.16 万元，占比 31%；行政事业性负债总额 166 580.89 万元，占比 69%。净资产（所有者权益）总额合计 352 588.91 万元。其中，企业所有者权益总额 55 733.86 万元，占比 16%；行政事业性净资产总额 296 855.05 万元，占比 84%。

（曾宪跃）

住房公积金管理

【住房公积金概况】 2022 年，佛冈县住房公积金参缴单位 419 个，参缴职工 20 807 人，全县归集住房公积金 41 291 万元。全县职工因购买、归还住房贷款、离退休、离退职及重大疾病等原因，提取使用住房公积金 13 905 笔共 32 483 万元。发放住房公积金贷款 324 笔共 12 613 万元。

【归集面扩大】 2022 年，清远市住房公积金佛冈管理部不断创新归集扩面方式方法，积极拓宽归集渠道，稳步提高归集率和覆盖面。通过各方共同努力，是年全县新增佛冈县奇趣少年拓展活动有限公司、佛冈县公共资产管理中心、佛冈县民政事务服务中心、佛冈县应急事务中心、佛冈县票据监管中心、佛冈巨辉建筑劳务有限公司和佛冈县通州劳务工程有限公司等 56 家单位共 3618 人落实住房公积金政策。

【信息化改革】 2022 年，清远市住房公积金佛冈管理部以推进政务服务工作向基层延伸，打通便民服务“最后一公里”工作为重点，将住房公积金业务接入“粤智助”政府服务自助机，覆盖全县所有行政村和社区，为基层群众提供公积金业务查询和免费打印服务。职工通过“粤智助”政府服务自助机，可办理“贷款职工住房公积金缴存使用证明”“异地贷款证明”“公积金缴存明细”“公积金个人住房贷款全部还清证明”等免费打印业务，减少职工少跑腿时间，方便办事群众。

【服务质量优化】 服务体系完善 2022 年，清远市住房公积金佛冈管理部围绕“惠民公积金、服务暖人心”服务提升三年行动工作重点，通过印发《“惠民公积金、服务暖人心”清远公积金服务提升三年行动实施计划（2022—2024年）》，在全县公积金系统开展服务提升三年行动工作，并制定当年清远公积金服务提升工作任务清单，进一步落实服务大厅建设、信息化、宣传、行政执法等16项细化工作任务，明确责任部门和时间节点，确保年度任务落地落实落细。

业务办理优化 2022年，清远市住房公积金佛冈管理部通过创新公积金基数调整业务办理模式，大力推行公积金基数调整业务“网上办”工作，进一步减轻缴存单位办理业务时间成本。同时在原有6家受理住房公积金个人提取结算业务商业银行基础上，再增加广发银行、邮储银行、东莞银行、招商银行等4家银行，方便缴存人办理提取业务，持续提升服务效能。

“跨省通办”实施 2022年，清远市住房公积金佛冈管理部按照住房和城乡建设部工作部署，稳步推进实施“跨省通办”服务事项。全县实现省内住房公积金14个高频事项“跨省通办、省内通办”全覆盖。

【政策调整执行】“助企纾困”政策 2022年，受新冠疫情影响，清远市住房公积金佛冈管理部按照上级相关政策精神，执行阶段性缓缴住房公积金政策。对缴存住房公积金确有困难的企业，可按规定申请缓缴2022年6月至12月的住房公积金，不影响缴存职工正常提取和申请住房公积金贷款，缓缴期满进行补缴，并恢复正常缴存。阶段性调整贷款逾期处理条件。对受新冠疫情影响的缴存职工，在2022年12月31日前不能正常偿还住房公积金贷款的，经申请不作逾期处理，不进行罚息，不作为逾期记录报送征信部门。阶段性提高租房提取限额。对缴存职工因无房租赁提取住房公积金，在2022年6月至12月期间，租房所在地为高新区、清城区、清新区的，提取限额由1800元/月提高到2300元/月；租房所在地为英德市、连州市、连南县、连山县、佛冈县及阳山县的，提取限额由1000元/月提高到1300元/月。

缴存基数调整 2022年，清远市住房公积金佛冈管理部从7月起，缴存住房公积金的月缴存基数按职工本人2021年度的月平均工资总额核定（实行年薪制的按月均分），月缴存基数不得低于清远市现行的最低月工资标准（1620元），不得超过清远市统计部门公布的上一年度非私营单位在职职工月平均工资的3倍，即24 028元（最高缴存额5766元）。

贷款额度提高 2022年，清远市住房公积金佛冈管理部自2022年7月1日至12月31日，单缴存职工个人住房贷款最高额度由40万元提高至50万元，双缴存职工个人住房贷款最高额度由50万元提高至60万元。

贷款利率下调 2022年，清远市住房公积金佛冈管理部根据《中国人民银行决定下调首套个人住房公积金贷款利率》的通知，2022年10月1日起，首套个人住房公积金贷款利率下调0.15个百分点，贷款期限5年以下（含5年）公积金贷款利率由10月1日前的2.75%下调至2.6%，5年以上的，由10月1日前的3.25%下调至3.1%。

（邓智晔）

税　务

【税务概况】 2022年，佛冈县税务局全年累计组织税费收入50.05亿元，同比增加14.75亿元，增长41.79%，组织税费收入首次超过50亿元，费金收入首次超越税收收入。其中国内税收收入22.09亿元，比上年同期23.94亿元减收1.85亿元，同比下降7.7%，可比下降1.7%；费金收入27.9亿元，同比增加16.6亿元，增长146.13%；市县级收入8.05亿元，同比下降0.12%，降幅低于全市平均水平（-17.18%）17.06个百分点，增速在清远市9家征收单位中排列第1名。办理出口产品退（免）税8.74亿元。是年，相关税收调研分析报告及工作性报告获县委、县政府主要领导肯定性批示4次。

【特色党建品牌】 2022年，佛冈县税务局结合税费征管方式转型升级，调整优化支部结构，将县局机关委员会下设的4个支部以业务条块为单位调整为7个支部，选优配强支委班子，充分发挥基层党支部先锋堡垒作用，助力税收改革平稳推进。打造“税海红帆”党建品牌，作为城东社区“大党委”成员单位之一，积极开展党员干部“双报到、双服务”活动，服务纳税人、缴费人和社区群众，为群众办好事、办实事，先后组织党员志愿者共800多人次下沉一线配合开展志愿服务。

【税费征管治理】 税收执法 2022年，佛冈县税务局全面推行行政执法公示制度、执法全过程记录制度和重大执法决定法制审核制度，提升自身执法水平。是年，公开行政处罚、行政许可、欠税公告等信息655份，更新权责清单4份18项。严格执行《广东省税务系统规范税务行政处罚裁量权实施办法》和落实《税务行政处罚“首违不罚”事项清单》，有效运用说服教育、约谈警示等非强制性执法方式，做到宽严相济、法理相融。全年共处理“首违不罚”事项201户次。

减税降费 2022年，佛冈县税务局坚决把党中央、国务院关于实施新的组合式税费支持政策重大部署落到实处，通过抓宣传、优服务、防风险，确保政策红利直达企业。是年，累计新增退税减税降费及缓税缓费超4.68亿元，其中增值税留抵退税2.6亿元；积极提升出口退税管理质效，累计办理出口退税3.74亿元，退税办理平均时间压缩至1.47个工作日，实现政策红利快速从“纸上”落到

2022年9月28日，国家税务总局佛冈县税务局党委与佛冈工业园管理委员会党支部党建翼联签约仪式 （县税务局 供图）

"账上"，成为市场主体的"及时雨"、经济发展的"助推器"，为稳住经济大盘提供坚实支撑。

【纳税服务】 便民服务 2022年，佛冈县税务局持续深化税务领域"放管服"改革，深入开展"我为纳税人缴费人办实事暨便民办税春风行动"，落实好智慧税务建设、提升办税缴费便利度等改革举措。是年，佛冈县税务局大力推行"非接触式"税费服务，大力支持地方政府"一门式""一网式"政务服务改革，拓展"税务＋党群服务中心""税务＋涉税中介"等多元服务网络节点，建立25个V-tax基层布点，覆盖全县各大涉税中介及6个乡镇，为企业和基层群众提供更加优质高效便捷的税收服务，最大限度满足辖区纳税人在"家门口"办税需求。建立集约处理中心，充分整合各类线上办税渠道和咨询热线，采用"智能咨询＋远程办税＋线上服务"架构，自集约处理中心运行以来，服务纳税人、缴费人人数同比增加1.6倍，实现除特殊事项外线上业务当天"即时"审核审批、后台业务"限时"快速处理，"非接触式"事项平均办理时长压缩至0.5天以内，"非接触式"办税率96.78%，位列清远市第一。同时精心推出"青年助企团"走访问需实践活动，由局领导带队前往辖区内160家重点企业、重大项目问计问需，为企业解决问题12个；建立税收工作回访制度，由县局领导分片包干，对被立案的、被处罚的、有投诉的、留抵退税被阻断或要求退回的纳税人逐一回访，化解潜在矛盾和风险。

服务经济 2022年，佛冈县税务局与检察院建立"税检协作"机制，加强检察机关与税务机关协作配合，共应对涉税公益诉讼16宗，追缴税款及滞纳金合计707万元，进一步推动税收共治格局；加强与法院部门信息共享和沟通协作，积极主张税收优先权，成功在企业破产清算程序中获得税收债权优先清偿，共入库187万元。是年，把"税园惠企服务站"全覆盖至各大产业园区，优化"首席联络员＋专业团队"工作模式和"诉求响应＋高效辅导"服务模式，成立服务专家团队，编印《支持产业园区发展税费政策指引》宣传资料，设计开发"佛冈县工业园涉税数据监测中心"数据应用平台，对项目谈判、建设、投产、开票等环节提供"全过程服务"。

（赵丽芬）

金融业

责任编辑：范金来

金融业综述

【金融业运行概况】2022年，佛冈县金融系统学习贯彻党的二十大精神和上级行工作会议精神、中央经济工作会议以及2022年中国人民银行工作会议精神，坚持党对金融工作的集中统一领导，坚持稳中求进工作总基调，完整、准确、全面贯彻新发展理念，落实高质量发展要求，认真贯彻执行稳健的货币政策，加大金融支持实体经济的力度，创新推动绿色发展，积极稳妥防范化解金融风险，全县全年金融运行良好。2022年末，全县本外币存贷款继续保持增长，贷款增速高出存款增速5.20个百分点。本币存贷比为83.08%，在全市8个县（市、区）中排名第三，仅次于清城（高新）区和清新区；在全市六个县市中排名第一。

各项存款　2022年12月末，佛冈县人民币各项存款余额227.82亿元，较上年同期增加15.15亿元，同比增长7.4%，其中，住户存款155.97亿元，同比增长11.95%，拉动存款总额增长7.89个百分点。存款余额增长速度低于全市平均水平1.12个百分点。从总量看，人民币各项存款在全市8个县（市、区）中排名第六。

各项贷款　2022年末，佛冈县人民币各项贷款余额188.64亿元，较年初增加6.95亿元，同比增长12.6%。增长的主要原因：住户贷款的中长期消费贷款余额为105.17亿元，同比增长11.54%，拉动贷款余额总额增长6.53个百分点；非金融企业及机关团体的中长期贷款余额为53.08亿元，同比增长26.12%，拉动贷款余额总额增长6.60个百分点。从增速看，人民币各项贷款同比增速在全市8个县（市、区）中排名第四。从总量看，人民币各项贷款余额在全市8个县（市、区）中排名第四。

国库资金　2022年，佛冈县国库收入33.67亿元，同比减少4.19%。其中，一般公共预算收入12.77亿元，同比增长9.98%；基金预算收入10.76亿元，同比减少33.86%。国库支出57.23亿元，同比增长22.99%。2022年末，佛冈县国库库存4.38亿元，国库资金总体运行平稳。

人民币银行结算账户　2022年，开立人民币银行结算账户171户，变更658户，销户59户，退还23户。

外汇业务　2022年，佛冈县银行结汇收入3.69亿美元，银行售汇支出0.05亿美元，结售汇顺差3.64亿美元。进口货物总值2.11亿美元，出口货物总值7.70亿美元。

保险业务　2022年，佛冈辖区保险公司机构网点数25间，保费总收入3.16亿元，同比增长11.85%。其中，产险保费收入1.53亿元，同比增长12.14%；寿险保费收入1.63亿元，同比减少26.61%。

证券业务　2022年，安信证券股份有限公司清远佛冈证券营业部有客户托管资产2.07亿元，同比增加0.8亿元，同比增长4%。2022年股票交易37.028 7亿元，同比增加7.3亿元，同比上升24.57%。

【金融服务】融资服务平台　2022年，佛冈县银行业机构通过“粤信融”平台发放贷款6笔，金额4265万元；通过“中征应收账款融资服务平台”完成应收账款质押贷款28笔，金额3.02亿元。

城乡金融基础设施建设　2022年，人行佛冈县支行继续组织推进佛冈县移动支付便民工程建设，汤塘镇是一个在建移动支付示范镇。佛冈农行在全县设有120个标准化“金穗惠农通”服务点；佛冈农商行参与建设的金融服务站共有90个，覆盖全县78个行政村（片区）、12个居委（社区）；佛冈建行布设“裕农通”117个，实现对所有乡镇行政村和定点扶贫村的全覆盖。

外贸金融服务　2022年，国家外汇管理局佛冈县支局继续推动深化外汇领域改革开放，促进贸易自由化便利化，强化外汇业务监管，支持辖区涉外经济健康平稳发展。联合辖区银行业机构到有资金需求的企业实地调研，推进“企局银”三方面对面交流，实施“线上＋线下”双线并行的方式，切实为企业解决资金周转难题。

普惠金融村村通　2022年，人行佛冈县支行引导银行机构做好涉农网点下沉规划，全县下辖6个镇共设立银行网点36个，确保每个镇至少有1个综合服务银行网点。推动金融服务村级全覆盖，全县共设助农取款点194个。开展“金融助理”“金融特派员”工程，补齐金融服务乡村振兴的人才短板，如省农行、佛山农行与佛冈农行派出6名驻镇“金融助理”到佛冈县各镇域开展乡村振兴金融服务，佛冈农商行配备129名“金融特派员”到全县村（居），提供“融资+融智”服务。

加大涉农支持　2022年12月末，全县涉农贷款余额115.71亿元，较去年同期增加20亿元，同比增长19.87%。其中：农户贷款余额45.34亿元，较年初增加2.85亿元，同比增长17.91%；农村企业及各类组织贷款余额56.99亿元，较年初增加4.05亿元，同比增长20.89%。2022年，全县银行机构对清远广生元、佛冈温氏、佛冈双凤公司、乐果悠园等重点农业企业及农民专业合作社、家庭农场等新型农业经营主体加大扶持力度，贷款余额3.04亿元，支持蛋鸡、生猪、柑橘、无花果、益肾子、澳洲坚果等养殖业、特色水果产业发展，助推大湾区“菜篮子”“果盘子”生产基地建设，支持粤字号农业知名品牌发展。

助力乡村创业创新　2022年，佛冈县金融机构加大对“粤菜师傅”“广东技工”“南粤家政”三项工程扶持，支持三项工程的技能人才创新创业。用好用足农村党员红色贷款、农户小额信用贷款、创业担保贷款、助学贷款、妇女创业贴息贷款等扶持政策，精准服务农村党员、妇女、高校毕业生、返乡农民工等重点人群创业就业。截至2022年末，全县银行机构累计发放乡村创业创新贷款375笔，金额合计4300万元；累计发放脱贫人口小额信贷609户，金额共2080万元。

支持乡村绿色发展　2022年，各支行加大对农村污染防治、清洁能源、节水、生态保护、绿色农业等绿色领域的金融支持。截至2022年12月末，佛冈农商行绿色贷款余额7.11亿元，占比8.19%，较11月末上升0.21个百分点，较年初上升4.74个百分点，在通报中排名靠前。绿色金融创新情况方面，佛冈农商行成为广东省首家签署联合国《负责任银行原则》的银行；是年，佛冈农行向中核汇能公司光伏发电项目授信3.5亿元，累计发放绿色信贷1.8亿元；佛冈工行联合工行广州分行，对佛冈县5个镇及373个村的生活污水处理和200个整洁村的创建项目进行重点贷款支持，提款额达2.42亿元。

整村授信　2022年，人行佛冈县支行扎实开展整村授信“双百工程”，全县18个省级“一村一品”专业村全部建立为信用村，实现100%整村批量授信，构建“信用+产业”链接机制的农村普惠金融模式。2022年末，信用村“整村授信”数量78个，“整村授信”金额19.33亿元，实际用信笔数2596笔，实际用信金额1.66亿元，惠及涉农主体2591个。

2022年8月3日，人行清远支行到人行佛冈县支行召开绿色信贷督导座谈会
（人行佛冈县支行　供图）

征信体系建设　2022年，人行佛冈县支行优化升级征信系统，提高运行和服务效率。做好疫情防控期间征信查询服务工作，引导社会公众通过互联网足不出户查询信用报告，科学分配查询服务点人流量，进一步提高征信服务水平。全年，共办理12 589笔征信查询。

服务旅游产业　围绕佛冈县创建全域旅游示范区，全县银行机构2020年以来累计对聚龙湾景区、森波拉景区、田野绿世界、温泉民宿等相关市场主体发放贷款7.44亿元，促进旅游业提升竞争力。

金融工作会议　2022年1月10日，人行佛冈县支行组织辖区银行业机构召开佛冈县2022年金融综合工作会议。会议强调各银行要践行金融为民理念，不断提升金融服务水平，巩固拓展脱贫攻坚成果，积极推进乡村振兴，加大对实体经济的金融支持力度，助力地方经济社会持续稳健发展，牢牢守住金融风险的底线，统筹好发展和安全两件大事。

移动支付示范镇建设　2022年，人行佛冈县支行致力于提升农村地区移动支付服务水平，指导佛冈农商行探索出“移动支付+融资贷款服务”项目，通过线上短信、微信等渠道，线下网点宣传、客户经理现场走访等方式，开展“三农易”“小微易”移动营销及无纸化办贷新模式。

【金融法治环境】金融风险防控　2022年，人行佛冈县支行继续做好处置重大金融风险专项工作，加强扫黑除恶、禁毒、防范打击洗钱、非法集资、新型电信网络诈骗犯罪、跨境赌博犯罪、人民币反假等的宣传和打击力度，落实做好金融风险防控措施，巩固拓展疫情防控和经济社会发展成果，更好统筹发展和安全，防范化解金融风险，切实维护辖区金融稳定。

金融督导工作　2022年，人行佛冈县支行督导辖区银行业机构打击治理电信网络新型违法犯罪工作；对

2022 年 9 月 21 日，佛冈县金融消费权益保护宣教示范基地揭牌

（人行佛冈县支行　供图）

佛冈农商行开展再贷款业务现场核查和个人征信异常查询核查，并对该行绿色金融、“中征”平台、“粤信融”平台、“双百工程”整村授信等业务开展督导。

金融消费维权　2022 年，清远市金融消费权益保护联合会佛冈县工作站，通过开展金融消费保护行业评价、非诉调解、宣传教育和舆论引导等工作，推动和谐金融生态环境建设，合作共建佛冈县金融消费者权益保护宣教示范基地，强化金融服务保障，保护消费者合法权益。全年无重大投诉事件、无重大侵权案件发生。

金融法治宣传　2022 年，人行佛冈县支行以“3·15”金融消费者权益日、金融宣传月等为契机，组织银行业机构开展金融知识暨扫黑除恶、禁毒、移动支付示范街、打击治理电信网络新型犯罪、人民币反假等综合金融知识宣传活动，进一步推动金融消费者教育和金融知识宣传工作，引导广大群众提高风险防范意识和金融素养。

“治乱补短 全民反诈”　2022 年 5 月 7 日，人行佛冈县支行组织辖区银行业机构召开 2022 年佛冈县银行业“治乱补短 全民反诈”风险分析会。会议要求各银行机构高度重视防范和打击治理电信诈骗工作，持续加大风险管控力度，进一步提升存量账户涉诈风险排查清理工作成效，筑牢金融防范“防火墙”，守住群众“钱袋子”，增强人民群众的安全感、获得感和幸福感。

（邓梓培）

金融改革创新

【农村金融改革】　2022 年，在省、市政府指导关心下，佛冈县人民政府高度重视和积极推进各项农村金融工作部署。11 月 3 日，调整由县长为组长、县相关部门主要负责人为成员的农村金融改革创新综合试点工作领导小组，办公室设在县财政局，由县财政局副局长朱江兼任办公室主任。

【扶持企业上市】　加大企业上市扶持力度　2022 年 11 月，为切实推动企业借助多层次资本市场实现高质量发展，持续挖掘和培育上市后备企业，佛冈县调整了由县委副书记、县长江红平同志为组长，县相关部门负责人为成员的佛冈县扶持企业上市工作领导小组成员。并根据《清远市人民政府关于印发清远市扶持企业上市办法（修订）的通知》（清府〔2021〕33 号）、《关于申报清远市上市企业资源库入库的通知》等文件精神，加大对拟上市企业的宣传力度，为企业上市开辟绿色通道。同时落实解决重点企业反映的问题和建议，联合各相关单位定期召开县重点企业反映问题和建议落实工作会议，协调解决企业发展中遇到的问题，着力解决企业发展中的痛点难点。组织企业积极参加省、市企业上市工作培训会，学习资本市场理论知识，加强中小企业孵化、培育、融资及资本市场对接服务，促进多层次资本市场发展。是年，佛冈县有 2 家企业被认定为上市后备企业，分别为广东中科天机医疗装备有限公司和广东鑫源恒业电子线路器材有限公司。

搭建“信用桥梁”　2022 年，佛冈县加大宣传工作，引导金融机构

2022 年 6 月 20 日，县处非办组织各成员单位召开防范非法集资宣传月工作部署会议

（县财政局金改办　供图）

和相关企业了解省中小企业融资政策，积极对接入驻省中小融平台，加强银企合作，破解中小企业融资难、融资贵、融资慢、信息不对称等问题。截至12月，全县在省中小融平台注册企业有331家，其中20家企业授信12 519万元，17家企业放款9560.2万元。

【防范和处置非法集资】 健全架构 2022年11月3日，佛冈县调整了由县委常委、副县长张邦正为组长，县相关部门负责人为成员的处置非法集资工作领导小组和金融风险应急处置工作领导小组，办公室设在县财政局，由财政局副局长兼任办公室主任。同时，各镇相应调整防范和处置非法集资工作领导小组，切实做到思想认识到位，组织领导到位，工作落实到位，形成齐抓共管的工作格局和强劲的工作合力，扎实推进防范和处置非法集资工作。

强化保障 2022年，佛冈县相继出台了《关于开展佛冈县2022年防范非法集资宣传月活动的通知》《关于召开2022年防范非法集资宣传月工作部署会议的通知》《关于印发〈2022年佛冈县涉非涉稳风险专项排查整治工作细则〉的通知》《关于组织参加清远市"防范非法集资"原创短视频征集活动的通知》等政策文件，并建立处理突发事件工作机制和投诉举报制度，设立投诉举报电话。

贯彻落实法规 2022年是《防范和处置非法集资条例》(国务院令第737号)(简称《条例》)实施的第二年，佛冈县始终把抓好《条例》的学习贯彻作为当前工作的重中之重来抓。为全面贯彻落实《条例》及进一步提升防范与处置非法集资人员的工作能力和业务水平，佛冈县组织各镇政府、各相关职能单位分管领导及具体经办人员参加《非法集资行政案件办理程序业务培训会》和《2022年佛冈县防范和处置非法集资工作会议》等业务培训会，向县处非各成员单位的干部职工讲解防范和处置非法集资、谨防非法集资向农村集体经济蔓延等知识。

宣传教育 2022年，佛冈县印发《关于开展佛冈县2022年防范非法集资宣传月活动的通知》《佛冈县非法集资举报奖励办法》等文件，要求全县各防非处非成员单位通过开展贯彻《条例》宣传活动，进一步增强群众风险防范意识和法律意识。发动各成员单位积极参与防范非法集资知识答题赛活动和全国防范非法集资知识答题赛活动(参加人数达5958人次)。并在佛冈通APP、融媒佛冈微信视频号、佛冈政务网等主流媒体，推出"守住钱袋子、护好幸福家"防范非法集资的专题报道。同时，积极推动防范非法集资宣传教育工作"进网点、进家庭、进村屯、进社区、进机关、进学校、进工厂"，提高广大人民群众对非法集资的甄别能力和防范意识。全县共开展"七进"活动785次(参与群众5.5万余人次)，发放宣传资料7万多份。

2022年6月15日，县处非办在县城核心商圈大屏幕投放防范非法集资宣传标语"守住钱袋子 护好幸福家"
(县财政局金政办　供图)

创新亮点 2022年，县处非办克服新冠疫情影响，坚持创新宣传方式和工作方法，精准有效深化宣传教育："创新模式"，增强宣传效果。打造线上线下宣传阵地；聚焦打击整治养老领域诈骗等专项行动；将特色鲜明、群众喜闻乐见的宣传活动制作成"守住钱袋子、护好幸福家，广东清远佛冈在行动"短视频，该视频被纳入市处非办在网易新闻特设的防非专栏，并被省金融局推送到全国防非宣传教育群；制作"以养老投资之名、行非法集资之实"的案例视频宣传片，进一步向社会公众宣传普及《条例》，引导社会公众学习、了解当下非法集资各种伪装手法，提高广大群众的风险防范意识，维护经济金融秩序稳健运行，该案例视频在佛冈县点击及转发量达1万多次，并成功荣获清远市"防范非法集资"原创短视频十佳优秀作品。创新工作方法，开展特殊时期便民服务。疫情防控期间，广大群众居家时间较多，人员流动相对较少，也是非法集资、高利贷、电信诈骗等案件的高发期。为此，县处非办巧妙运用核酸检测间隙和上门检查排查有利时机，向受检群众，积极普及非法集资的类型、作案手法和防范知识，尽最大努力"织好群众心防网，守好群众钱袋子"，切实提高群众的安全防范意识。

(张晓婷)

银行业机构选介

【中国工商银行股份有限公司佛冈支行】 中国工商银行股份有限公司佛

2022年2月21日，工行佛冈支行召开2月份案件防范、内控管理、风险分析、反洗钱工作会议 （工行佛冈支行 供图）

冈支行（简称“工行佛冈支行”）位于清远市佛冈县石角镇振兴中路120号，是中国工商银行清远分行辖属一级支行。下设行长室、办公室、市场信贷部，下辖营业部、汤塘支行2个营业网点。自助银行服务覆盖县城、汤塘、龙山等地区，服务渠道覆盖面广。

经营业务 2022年末，工行佛冈支行各项存款余额46.8亿元，在四行市场中排名第一，其中储蓄存款余额为23.97亿元，对公存款余额22.83亿元。各项贷款余额27.37亿元，其中个人贷款余额17.19亿元，公司贷款余额10.18亿元。

党建工作 2022年，工行佛冈支行分别与佛冈人民政府办公室、中国移动佛冈分公司、广佛园管委会、佛冈县人民医院等政府单位、公司企业开展党建共建活动。通过将个性化的金融服务融入党建活动中，既强化了银政、银企的党建联系，又提高了工行的服务水平。

普惠金融 2022年，工行佛冈支行贯彻落实国家关于大力发展普惠金融，全面建成小康社会的方针政策，提供多种普惠金融贷款产品，包括法人e抵快贷、e企快贷、税易通、经营快贷、粤农e贷、购建贷、跨境贷、线上供应链融资、个人网贷通、尊享贷等，满足各行业的贷款需求，促进普惠金融发展。2022年末，工行佛冈支行普惠金融贷款余额为1.5亿元。

内控案防管理 2022年，工行佛冈支行无重大事故和案件发生，实现安全运营。支行领导班子通过每月召开内控案防工作分析会议，对存在问题进行分析、研究，深化风险防控管理，提高全行的风险意识和自我保护意识。同时加强全行员工的合规意识的教育，牢固树立底线思维，确保实现依法合规经营。

金融知识宣传 2022年，工行佛冈支行在营业网点摆放反电信诈骗等宣传资料，同时通过电子设备展示金融知识内容，并由网点人员宣讲，发挥阵地宣传优势。此外，通过进驻社区及企业，把宣传渗透入民众。工行佛冈支行积极作为，发挥国有大行责任担当，向大众普及各类金融知识，创造良好安全的社会金融环境。

特色家园文化建设 2022年，为增强员工抗击疫情的信心，调动工作积极性和主动性，工行佛冈支行组织员工参加各类活动，如庆祝建党百年文艺比赛、户外亲子活动、“玫瑰书香”女职工主题阅读等，进一步丰富员工业余文化生活，营造“共创共建共享”和谐家园文化气氛，从而进一步激励员工爱岗敬业、追求进步正能量。

（潘 慧）

【中国农业银行股份有限公司佛冈县支行】 2022年，中国农业银行股份有限公司佛冈县支行（简称“农行佛冈支行”）在职人员69人，内设综合管理部/运营财会部/风险管理部、乡村振兴金融部/个人金融部/农户金融部、公司业务部/“三农”对公业务部，下辖县城支行营业部、石城支行、石角支行以及汤塘支行4个营业网点。自助银行服务覆盖县城、迳头、汤塘、龙山等区域；金穗惠农通自助服务点120个，覆盖全县所有行政村，为广大客户提供便捷金融服务。

经营业绩 2022年末，农行佛

2022年2月16日，农行佛冈支行与县人行、县反诈中心开展“反诈”宣传活动 （农行佛冈支行 供图）

冈支行各项存款余额 33.22 亿元，比年初增加 3.9 亿元，其中：个人存款余额 23.39 亿元，比年初增加 2.89 亿元；对公存款余额 9.83 亿元，比年初增加 1.01 亿元。本外币各项贷款余额 32.48 亿元，比年初增加 6.33 亿元，其中：法人贷款 11.67 亿元，比年初增加 3.08 亿元；个人贷款 20.81 亿元，比年初增加 3.25 亿元。不良贷款余额 730.74 万元，不良率 0.28%。

跨境业务 农行佛冈支行坚持以市场导向，按照互惠让利、保本经营原则吸客活客，满足跨境金融服务需求。跨境业务产品种类齐全、办理方便快捷。2022 年，跨境业务用信量 2.04 亿元，完成率 185.81%；跨境人民币量 12.3 亿元，完成率 153%，中收 274 万元，完成率 88%；贸易融资客户新增 6 户，完成率 150%；跨境人民币客户新增 13 户，完成率 100%。

普惠金融 农行佛冈支行服务实体经济，加快贷款投放。2022 年末，本外币各项贷款余额 32.48 亿元，其中农户贷款余额 2.92 亿元，比年初增加 7352 万元。信贷资金主要投向县域旅游、玩具制造、家具制造、农产品种植、生态养殖、水果种植等地方特色产业，有效满足小微企业、个体工商户、资金需求，支农支小、服务民营小微实体经济、普惠金融成效显著。

场景建设 农行佛冈支行加快推进便民惠民智慧场景服务，致力为广大客户提供无感、零接触、有温度的金融服务。2022 年积极对接佛冈县殡仪馆“慈孝通”业务、佛冈县人民医院三期和佛冈县妇幼保健院“智慧医院”银医通项目，推进汤塘中学、骏达玩具、华联、红苹果家具公司“智慧场景”建设项目，持续深化政银企合作关系，实现与实体单位企业“线上 + 线下”深度融合，不断提升金融服务质效。

旅游 + 金融 2022 年，农行佛冈支行发挥“旅游 + 金融”综合带动功能，推动区域资源有机整合和产业

2022 年 1 月 27 日，农行佛冈支行到石角镇二七村委开展“春联送福暨金融知识进村”活动

（农行佛冈支行 供图）

深度融合，发挥“一业兴、百业兴”的牵引辐射作用。农行佛冈支行加大对旅游特色商品开发的支持力度，加强文旅消费的金融服务与旅游产业融合发展；联合森波拉景区发行联名信用卡“名企卡”，宣传本县特色文化和旅游产业，是年共开立森波拉景区联名信用卡“名企卡”675 户，提供理财、个人消费类贷款等一站式个性化服务。

加快信贷产品创新 2022 年，农行佛冈支行为满足县域差异化融资需求，加快服务创新，根据广佛产业园区实施主体信贷需求，以民宿贷、小水电贷为创新经验，因地制宜，探索服务实施主体的新思路和新路径，服务好中小微企业和当地政府群众，切实提升金融服务质效。

助力乡村振兴 2022 年初，农行佛冈支行成功拓展 6 个乡镇的驻镇帮镇扶村专户，实现辖内乡镇驻镇帮镇扶村专户全覆盖；积极探索乡村振兴专项资金管理新模式，实现专项资金通过“县财政局—县农业农村局专户—各乡镇专户—实施主体”闭环运作模式新路径，有效加强对专项资金的监督管理，成为广东省首个探索乡村振兴专项资金闭环运作管理模式的支行，为乡村振兴资金使用监管探索“佛冈模式”。同时，紧抓佛冈作为城乡融合试验区的契机，利用差异化政策作为乡村振兴的重要支撑，以佛冈县水头镇为试点，全力做好康养项目和魔芋种植项目的信贷支持，助推佛冈县乡村振兴发展。

深化民生领域合作 2022 年，农行佛冈支行紧跟政策导向，深化民生领域合作：一是运用人民银行设备更新改造专项再贷款，成功向清远市德圣健康职业技术学校有限公司发放全国首笔学校类设备购置和更新改造贷款 200 万元，成功授信 2000 万元，全年共投放 739 万元。二是精准把握政府大力发展现代产业园的战略机遇，精准对接广佛产业园区各类客户多元化金融需求，为现代产业园建设提供“源头活水”；按照“一户一策”的思路，积极对接广东材料谷（佛冈）、大湾区生命科技园、新动力智造城建设等重点项目。三是利用公安涉案资金系统成功开立佛冈县公安局涉案资金和保证金两个专用账户，是全市农行在公安系统方面的首个开户支行。四是利用小水电站生态流量监测系统建设拓展小水电公司账户 61 户，2022 年底账户存留资金约 500 万元，发放小水电贷款 5 笔 1110 万元。

农户信息建档 2022 年，农行佛冈支行加快农户信息建档放款整村推进工作，分片挂点，整村推进，快

速实现规模效应。支行班子实施分片挂点、解决农户信息建档中存在的困难和问题，提高工作质效。2022年12月末，佛冈支行农户信息建档授信数共1378户，惠农e贷授信户数比年初新增219户；贷款余额29 190万元，比年初新增7352万元。

党建与业务深度融合 2022年，农行佛冈支行坚持以政治建设为统领，推动党建和业务深度融合。支行党委与县水利局、县公安局、中国移动佛冈县分公司签订了党建共建协议，进一步发挥党建引领作用，强化党组织之间沟通交流，为全力推动党建与业务工作双提升打下坚实基础。

强化金融服务 2022年，农行佛冈支行秉承服务宗旨，为群众办实事。2022年开展“金融消费者权益保护宣教基地”“普惠金融伴你行”等系列活动共35场次，扫黑除恶、反洗钱、消防安全、金融知识宣讲等专项活动共4场次；全年累计派发宣传单3500多张；选派6名金融助理开展驻镇金融服务，通过进村入户，定期帮扶困难户，宣讲金融政策，普及金融知识，充分发挥好“联络员”“服务员”“宣传员”的工作职能，帮助村民创业兴业，支持农村优先发展，助力乡村高质量发展；主动走访对接涉农经营主体、线上线下开展融资对接活动情况，为企业提供全方位优质金融服务，畅通企业融资渠道，充分发挥金融赋能支持作用。

防控管理 2022年，农行佛冈支行明确各岗位人员职责分工，业务操作认真贯彻执行各项规章制度和操作规程，员工工作职责履行到位。支行不断提高内部管理水平，落实各项业务规章制度和网格管理责任，严肃处理行内违规违法行为，严格落实员工专项排查和常规排查各项工作，组织开展员工征信和经商办企业核查工作，深入排查消除员工行为风险。加强对案件、重大违规违纪问题、重要信访举报等核查和处理工作领导，建立健全日常监督制度机制，为佛冈农行的业务拓展和规范经营奠定坚实基础。

（周　悦）

【中国建设银行股份有限公司佛冈支行】 2022年，中国建设银行股份有限公司佛冈支行（简称“建行佛冈支行”）内设行长室、综合部，下设营业部、振兴支行。主要经营领域包括公司银行业务、外汇结算业务、个人银行业务和资产业务等，为广大客户提供全面的商业银行产品与服务。

经营业绩 2022年末，建行佛冈支行各项存款余额19.56亿元；各项贷款余额25.5亿元，其中，个人住房贷款余额20.5亿元，其他类贷款余额5亿元（其中小企业贷款余额1.86亿元）。

精细化管理 2022年，建行佛冈支行落实省分行党委“精细化管理年”工作要求，深入推进“1+3+2+2”重点工作，紧扣2021—2023年发展规划目标，保持各项业务快速稳健发展，进一步提升质量效能，推动全分行精细化管理水平再上新台阶。实现“三提升、两确保”目标任务，即提升市场竞争力、提升价值创造力、提升新金融实践能力，确保风险管控有力、确保合规平安。

党建融合业务 2022年，建行佛冈支行抓实党建工作，提升基层党组织“堡垒指数”和党员“先锋指数”，提升党建融合服务业务发展能力水平。在对村委防疫、防洪和反诈、乡村振兴、扫黑除恶等工作中，开展党建结对共建活动。

服务乡村振兴 2022年，建行佛冈支行加强乡村振兴服务工作。一是围绕省分行“十百千万”工程实施方案要求扎实开展各项工作，特别是对照省分行确定的佛冈当地“十百千万”具体项目清单逐项推进落实，探索形成佛冈乡村振兴战略落地实施的路径；二是结合国家城乡融合发展试验区广佛接合片区建设，落实资产业务、平台搭建，切实做实“裕农通”服务品牌；三是全面构建客户联动机制，持续完善领导小组联动机制，全行上下合力开启乡村振兴发展全新阶段。

三大战略 2022年，建行佛冈支行继续加大力度推进乡村振兴战略目标，走访政府部门和企业，深挖当地保障房、长租公寓项目和工业区住房租赁业务需求，建行与佛冈县城乡建设局签订了住房租赁战略协议。将普惠金融业务下沉到营业网点，线上线下两手抓，积极培养扩大信贷客户经理人员。

劳动者港湾工作室 2022年，建行佛冈支行继续利用“劳动者港湾”开展“法制、反诈、扫黑除恶、黄赌毒、反邪教”等宣传工作，得到群众好评。同时为交警、环卫工人、的士司机等劳动者提供休息、手机充电、阅读书刊的场所及饮用水，提供便民药箱、针线、老花镜、毛巾等物品。疫情期间为前来办理业务的客户提供口罩。

内部及安保管理 2022年，建行佛冈支行按照建行总行、人民银行、银保监会、当地政府及有关部门要求，做好内部安保各项工作。内控坚持强合规、保平安、创价值，保障分行新金融实践高质量发展，努力实现“合规分行、平安分行”的管理目标。加强安保常识、医疗卫生、消防安全等知识培训，完善外部侵害案件、火灾事故、地震洪涝灾害、信息技术领域等突发事件应急预案的重检修订、场景设置、应急演练，提升突发事件应急处置能力。加强对内部的审计、安全保卫和会计检查等，发现问题整改落实，从源头上堵塞漏洞，化解防范风险。配合佛冈县反诈中心做好“打击电信网络新型犯罪工作”，得到反诈中心督导组表扬。到2022年末，实现“零案件”。

（范桂松）

【中国银行股份有限公司清远佛冈支行】 2022年，中国银行股份有限公司清远佛冈支行（简称“中行佛冈支

2022年5月25日，人民银行佛冈支行与建行佛冈支行召开“治乱补短、全民反诈”督导会议 （建行佛冈支行 供图）

行”）在职人员19人。内设行长室、业务发展部、营业部。主要经营公司金融业务、个人金融业务、国内结算业务、国际结算业务以及金融代理等业务。自助银行柜员机5台，服务覆盖县城。

经营业绩 2022年末，中行佛冈支行本外币存款6.06亿元，较年初减少4172万元，其中：储蓄存款余额3.99亿元，较年初增长7491万元；企业存款余额2.07亿元，较年初减少1.17亿元。本外币贷款余额11.62亿元，较年初新增3.49亿元，增长43%，其中：公司贷款54 898万元，较年初新增29 362万元，增长115%；零售贷款余额61 327万元，较年初新增5568万元，增长10%。截至11月末，本外币贷款较年初提升2.26%，实现历史性突破。非息收入实现309.42万元，同比增长16%；营业净收入3294万元，同比新增45%。

跨境结算业务 2022年末，中行佛冈支行全年跨境结算业务人民币15.79亿元，较上年增幅13.68%，其中：人民币收入5.2亿元，人民币支出10.58亿元；外汇收入6590万美元，外汇支出7437万美元；结售汇总额5160万美元。

助力实体经济 2022年，中行佛冈支行着重关注中小微企业的经营发展状况，把服务实体经济作为金融工作的出发点和落脚点。对符合条件的小微企业办理无本续贷业务，打通续贷环节的难点，大大减轻企业贷款到期前筹措资金的压力，保证企业经营的稳定性。同时，为降低小微企业融资成本、支持小微企业发展，支行在2022年四季度对普惠小微贷款实施阶段性减息1个百分点（年化）。是年，中行佛冈支行积极响应金融支持地方经济发展政策，持续加大金融创新力度，为广清一体化高质量新材料产业园区（佛冈）一家企业核定超2亿元的授信总量。

柜台延伸，便民利民 2022年，中行佛冈支行组织员工到企业为客户开立银行卡。对于因特殊原因无法亲临银行网点办理业务的客户群体，支行采取特事特办、急事急办的方法，安排双人上门核实，见证客户委托其代理人过来银行办理业务，以高效优质的“柜台延伸服务”打通金融服务“最后一公里”。同时，结合当前社会多发的非法集资、电信诈骗等案例，引导现场客户远离非法金融侵害，增强金融安全意识。

助力抗疫 2022年，面对疫情，中行佛冈支行主动加入社区疫情防控志愿者队伍，担起居民核酸检测秩序维护、防疫宣传等工作，为核酸检测工作的有序进行提供了高效的人员保障。

创新育才 2022年，中行佛冈支行组织员工走进知名高校，开展业余学习，创建学习型组织。绩优青年员工跟着中山大学的导师们参与项目，制定授信方案、策划活动方案、优化业务流程、规划资产配置，并参加业务技能评比、资格认证考试。是年，中行佛冈支行积极培育创新文化，不断激发员工的创造力和主动性；提升员工的业务素质和竞争力，扩展员工的认识广度和深度，实现员工自我价值和社会价值的共同成长。

“断卡”行动 近年来，非法买卖银行账户行为猖獗，已经成为电信网络诈骗案件持续高发的重要原因之一，不仅严重扰乱正常的社会与金融管理秩序，还严重危害人民群众的财产安全和合法权益。中国银行积极承担国家打击治理电信网络诈骗的社会责任，配合各地区工作部署，深化银行卡风险防控，最大化从源头阻断电信网络诈骗“资金链”，保护人民群众的金融信息安全。坚持风险防控和便民服务两手抓。一方面在当前严峻涉诈形势下，做好风险防控工作，另一方面回归银行账户本源，坚决杜绝“一刀切”，为客户提供便民、优质、高效的服务。与此同时，建立风险防控和优化服务的长效机制，根据客户风险特征，为客户提供功能匹配的账户，通过健全银行全生命周期管理能力，运用大数据、生物识别等技术手段实现风险早识别、早发现、早处置，提升整体行业风险防控能力，提升对客服务水平，切实保护广大金融消费者的资金财产安全。

（刘敏萍）

【中国邮政储蓄银行股份有限公司佛冈县支行】 2022年，中国邮政储蓄银行股份有限公司佛冈县支行（简称“邮政储蓄佛冈县支行”）拥有8个营业网点、28自动银行柜员机，依托“自营+代理”的独特模式和资源享赋，定位于服务“三农”、城乡居民

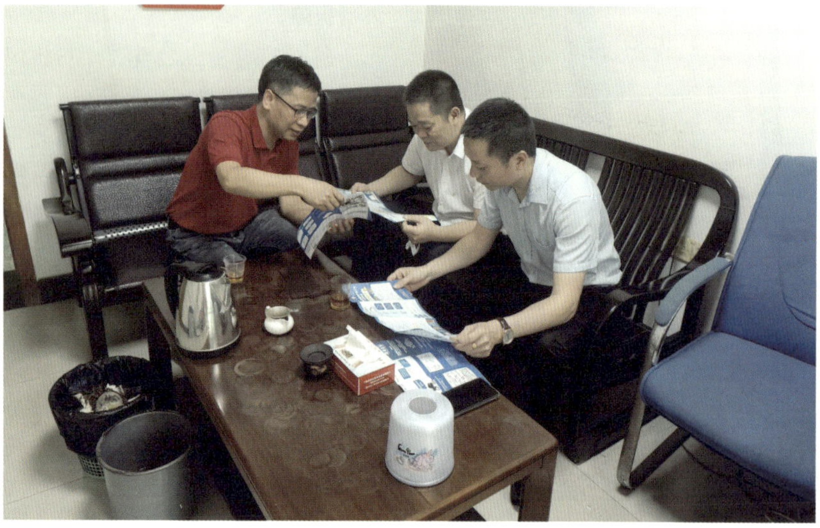

2022年6月14日，邮政储蓄佛冈县支行完成清远市首单商标专用权质押贷款业务
（邮政储蓄佛冈县支行　供图）

和中小企业，坚持服务实体经济，积极履行社会责任。坚持以客户为中心，打造线上和线下互联互通、融合并进的金融服务体系，为广大客户提供优质、便捷、高效的综合化金融服务。

经营业绩　2022年末，邮政储蓄佛冈县支行各项存款结余18.43亿元，其中公司存款结余2.45亿元，个人储蓄存款结余15.98亿元（自营4.92亿元+代理11.06亿元）；各项贷款余额13.34亿元。

金融普惠　2022年底，邮政储蓄佛冈县支行普惠涉农贷款结余789户，金额1.01亿元；不良结余81.37万元，不良率0.81%。累计发放普惠金融919户，金额1.39亿元，贷款年化利率4.61%，较2020年下降77bp。

乡村振兴支持　2022年，邮政储蓄佛冈支行主动对接县农业农村局、农民合作社服务中心等单位，加大对家庭农场、合作社等新型农业经营主体信贷服务；是年5月27日，与县农业农村局签订《乡村振兴驻镇帮镇扶村风险补偿基金合作协议》，结合“一村一品、一镇一业”，以省农担、线上信用户贷款为抓手，推进农村信用体系建设。是年，邮政储蓄佛冈县支行建成信用村81条，采集信用户1605户，授信信用户73户，授信金额646.6万元。在网点层面，利用自营和邮政乡镇代理网点，开展涉农经营主体联动走访，推进涉农经营主体融资对接。

减费让利　2022年，邮政储蓄佛冈支行为贯彻落实国务院关于降低小微企业和个体工商户支付手续费相关工作部署，按照《中国人民银行广州分行、中国银行保险监督委员会广东监管局、广东省发展和改革委员会、广东省市场监管管理局转发关于降低小微企业和个体工商户支付手续费的通知》（广州银发〔2021〕61号）工作要求落实各项工作。给予普惠型涉农贷款75bp的内部转移定价优惠，脱贫人口小额信贷按照1年期贷款FTP价格五折计价。加大涉农贷款信贷额度和资本配置倾斜。适度提高涉农贷款不良容忍度，涉农贷款、普惠型涉农贷款、脱贫人口小额信贷、新型农业经营主体贷款不良率高出各项贷款不良率年度目标3个百分点（含）以内的，不作为考核评价扣分因素，落实相关贷款尽职免责要求。优化和完善乡村振兴授信政策。对乡村振兴重点领域项目，执行一案一策，并给予“绿色通道”等资源倾斜。

适老化配置　2022年，邮政储蓄银行佛冈支行以《银行营业网点适老服务》企业标准为导向，从老年群体最迫切、最直接、最现实的服务需求出发，始终坚守传统服务、延伸服务、温情服务的准则，积极开展营业网点“六个一”适老服务建设工作，不断改进，努力提升本行适老服务整体水平，让金融改革发展成果更好惠及包括老年人在内的广大群众。针对老年客户身体条件的限制，邮政储蓄佛冈县支行保留至少一个现金服务窗口，当老年客户有需求时，能够第一时间给予服务。此外，支行不断完善助老便民设施，设置爱心座椅、无障碍通道，配备老花镜、放大镜、验钞机、便民服务箱等助老服务设施，从细节处入手为老年客户提供暖心服务，为行动不便的老年人提供延伸金融服务，坚持特事特办、急事急办，在合规的前提下，送服务上门，贴心服务老年客户，为特殊群体提供快捷方便的服务。同时，鼓励老年客户尝试使用智能设备，对乐于接受的老年客户做好业务指导和帮助，提升老年客户在体验金融服务时的获得感、幸福感、安全感。另外，营业网点定期组织厅堂沙龙或金融课堂，为老年客户普及金融知识，提供合适的理财规划，每月开展至少一场的厅堂金融知识课堂，重点讲解防范电信诈骗、远离非法集资等，帮助老年客户牢牢守住钱袋子。

优化农村金融生态环境　2022年，邮政储蓄佛冈县支行持续推广“乡村振兴主题卡”“农民丰收卡”等特色支付产品，提升助农取款服务点金融服务保障能力，优化农村支付环境。全年累计发放27张卡，结存卡数231张，卡户存款余额262万元。支行在全县各乡镇共布放助农取款服务点41个，解决部分农村地区在取款缴费、转账汇款方面存在的困难。是年，邮政支行助农取款点全年累计发生取款笔数1.2万笔，取款金额150万元。

防范行业风险　2022年底，邮政储蓄佛冈县支行普惠涉农贷款不良结余81.37万元，不良率0.81%，主要集中在线上信用产品，整体资产质量良好，风险可控。

（赵　军）

【广东佛冈农村商业银行股份有限公司】 2022年，广东佛冈农村商业银行股份有限公司（简称“佛冈农商银行”）在职员工281人，内设19个部室，下设营业部1个、支行18家，自助设备机67台，织就全县城乡金融服务网。

经营业绩 截至2022年末，佛冈农商银行资产总额136.82亿元，比年初增加5.78亿元，增长4.41%；负债总额123.2亿元，比年初增加4.89亿元，增长4.12%。各项存款余额99.7亿元，比年初增加4.15亿元，增长4.34%；各项贷款余额79.29亿元，比年初增加4.01亿元，增长5.32%，其中一般性贷款余额70.14亿元，比年初增加4.01亿元，增长6.06%。存贷款市场份额分别为44.96%和42.20%，继续保持佛冈县银行业金融机构第1位。

服务实体经济 2022年，佛冈农商银行围绕佛冈“工业强县”战略，完善自身金融服务创新体系，推动金融和产业的良性循环。信贷支持佛冈县42家规模以上企业（占全县规模以上企业数量的35%），贷款余额10.5亿元，约占全县规模以上企业贷款余额的30%，支持的规模以上企业中被认定为高新技术企业的有16家，制造业贷款余额突破22亿元。加快自身数字化发展，在省联社银信中心支持下优化普惠“三易”系统（三农易、小微易、消费易），促进无纸化办贷，提升客户和客户经理的体验感，累计发放相关贷款5500多笔，授信金额9.46亿元。

协调发展 2022年，佛冈农商银行坚持系统观念，全面实施“十四五”发展“1+N”规划，注重处理好当前和长远、发展和安全的关系，并克服疫情影响，努力做好自己的事。自觉服从服务于实体经济，累计投放各项贷款1万多笔，合计金额40亿元。统筹发展安全信贷，是年，单户授信1000万元以下的贷款户数1.8万户，比年初增长80%，贷款户均余额22万元，比年初减少50%，牢牢守住了信贷资产质量“生命线”，不良贷款率保持1%以下，高质量发展底盘稳固。

2022年12月12日，佛冈农商银行举办佛冈发展成就书画摄影作品展览

（佛冈农商银行　供图）

助力绿色产业发展 2022年，佛冈农商银行坚决贯彻中央关于生态文明建设的决策部署，不断完善绿色金融产品服务体系，增加对绿色环保行业的资金支持，促进绿色经济发展，守护绿水青山，做负责任的银行，让佛冈更美丽。绿色贷款余额7.11亿元，比年初增长278%，在国际舞台上就绿色金融发展发出“佛冈农商行声音”，签署联合国《负责任银行原则》，加入联合国环境规划署金融倡议组织（UNEP FI），积极参与联合国可持续金融领域的国际交流与合作。

助力外贸业务 2022年，佛冈农商银行主动对接受影响较大的外贸企业经营和续贷等需求，发挥金融在稳外贸中的积极作用，通过融资绿色通道、贷款展期、无还本续贷等，累计对外贸企业发放贷款2.5亿元，帮助外贸企业走出资金困境，并加大对外贸外资企业的上下游企业的融资支

2022年4月19日，佛冈农商银行金融支持迳头镇青竹村竹笋产业

（佛冈农商银行　供图）

持力度，服务国内企业走出去，本地一批外贸型企业在国际竞争中稳住脚跟，业务发展逆势而上。

履行社会责任 2022年，佛冈农商银行把满足人民对美好生活的向往作为出发点和落脚点，不断擦亮金融为民底色。深入推进“户户通”工程，打造“村村通政务+户户通金融”格局，对全县农户、居民、个体工商户及小微企业信息建档33.4万余户，预授信和授信客户数近10万户，出资布设86台“粤智助”政府服务自助机，累计服务群众6万人次，办理13.6万笔业务。2022年纳税6448万元（含代缴代扣）。此外，还成功举办佛冈发展成就书画摄影作品展。

（黎文琪）

保险业机构选介

【中国人寿保险股份有限公司佛冈县支公司】 2022年，中国人寿保险股份有限公司佛冈县支公司（简称“中国人寿佛冈支公司”）在编在职员工16人，保险代理人员185人。公司主要经营人寿保险、健康保险、意外伤害保险等各类人身保险业务，人身保险的再保险业务；国家法律法规允许的或国务院批准的资金运用业务，各类人身保险服务、咨询和代理业务，国家保险监督管理部门批准的其他业务。内设经理室、综合部、营销发展部、收展发展部、机构业务部、客户服务中心，下设汤塘、四九、高岗、龙山、民安等营销服务部。

不忘初心，守护健康 2022年，人保佛冈县支公司在上级公司的指导下，响应中国抗癌协会“全国肿瘤防治宣传周”活动，与国内权威基因健康科技机构合康谱合作，发起癌症检测建档活动，为佛冈地区客户免费开展癌症风险监视。是年累计为佛冈地区300余人提供专业的防癌筛查，为他们评估患癌风险，以发现早期癌症或癌前病变，并积极进行预防和干预，实现癌症筛查预防大于治疗的作用。

2022年11月18日，中国人寿佛冈支公司团体业务部开展老人健康保障业务工作

（中国人寿佛冈支公司 供图）

开展“银龄安康行动” 2022年，人保佛冈支公司团体业务部与佛冈县卫生健康局联合，围绕老有所养、老有所医等目标开展关爱老人健康等保障业务工作。佛冈县60岁以上老人约5.2万人，全覆盖基本保障统保工作，截至年末，加大银龄安康保险自付费1.77万人，覆盖率34%。全县共赔付“银龄安康老人险”逾132万元，惠及1240人次。办理村居、社区“银龄安康防疫保”政策活动30多场，服务800余人。

增设网点，扩大业务 2022年，佛冈支公司通过新增网点、设立服务点、扩大招募代理人等活动助力提升乡村就业率，提升服务质量、打通“最后一公里”。7月，佛冈支公司开设佛冈县支公司第一营业部作为汤塘服务点，为乡镇人员提供就业岗位，加强线上理赔以及更多金融知识的宣传，积极履行“成己为人 成人达己”的企业文化核心理念，高度重视社会责任管理工作，积极服务经济社会发展大局，在实现公司高质量发展的同时，主动承担社会责任，立志成为优秀的企业。

（刘灵峰）

【中国人民财产保险股份有限公司佛冈支公司】 2022年，中国人民财产保险股份有限公司佛冈支公司（简称“人保财险佛冈支公司”）内设部门有经理室、综合部、修理厂业务部、续保业务部、专兼代业务部、商团业务部、直销业务二部，下设汤塘营销服务部、迳头营销服务部、石角营销服务部，共有员工及代理制销售人员33人。支公司认真贯彻落实集团“卓越保险战略”和公司“六大战略服务”，践行“人民保险，服务人民”的使命，牢固树立新发展理念，坚守“诚信、专业、创新、卓越”的企业核心价值观和“担当、协同、清正、奉献”的企业精神，坚持“做有温度的人民保险”，为佛冈县经济社会发展提供全方位的保险保障，业务发展和经营管理取得良好的业绩。

保险业绩 2022年，人保财险佛冈支公司实现保费收入4996.26万元，同比增长15.10%，完成全年计划任务的101%。其中，车险3853.14万元，同比增长10.67%，完成全年计划105.71%；商业非车险保险首次实现超千万元（个人非车险保费399.08万元，同比增长106.94%，计划任务完成率94.12%；商团保费744.04万元，同比增长12.82%，计划任务完成率109.26%）。

赔付业务 2022年，人保财险佛冈支公司累计支付各险种直接赔款1959.99万元，其中，支付车险赔款1834.38万元、个人非车险赔款45.73万元、商业团体非车险赔款79.88万元，发挥保险的经济补偿功能。

加强五级网点建设 2022年，人保财险佛冈支公司汤塘营销服务部实现全险种保费收入1398.67万元，同比增长11.42%，提前两个月实现超千万元计划任务，为全市系统五级网点树立榜样。

服务乡村振兴 2022年，人保财险佛冈支公司承保佛冈县政策性农房保险业务，为67 994户农户提供农房险保障74.79亿元。

防返贫保险 2022年，人保财产佛冈支公司为佛冈县原建档立卡户11 017人提供21.98亿元的防返贫综合风险保障，有效巩固脱贫攻坚成果，助力乡村振兴。

安全生产责任保险 2022年，人保财产佛冈支公司承保27家企业的安全生产责任险，提供风险保障金额3435万元，并提供事故预防服务，有效促进安全生产。

农民工工资支付履约保证保险 2022年，人保财险佛冈支公司为佛冈县55个建筑项目提供6.1亿元的农民工工资支付保障，切实提高建设工程企业风险管理能力和履约能力。

（巫汉辉）

2022年，太平洋佛冈产险营销服务部在高岗镇召开政策性农险早造理赔会议
（太平洋产险佛冈营销部 供图）

【中国太平洋财产保险股份有限公司佛冈营销服务部】 中国太平洋财产保险股份有限公司佛冈营销服务部（简称“太平洋产险佛冈营销服务部”）成立于2004年3月。太平洋产险秉承“诚信天下、稳健一生、追求卓越”的核心价值观，多年来积极为广大的市民提供全方位的风险保障服务，包括各种财产保险、短期健康保险和意外伤害保险业务，承保范围涉及电力能源、石油化工、基础建设、金融贸易、船舶汽车、机械设备、电子通信、仓储物流、纺织烟草、科技创新等各行各业、各个领域。

太平洋产险佛冈营销服务部办公地址位于广东省佛冈县石角镇环城东路378号、380号锦绣江南花园1栋1号、1栋2号2楼，营业面积350平方米。公司建立新的标准化职场，设有前台大厅、会议功能室、个人业务功能室、保险业务咨询室以及培训室。2022年底在职人员共13人。

业务经营 2022年，太平洋产险佛冈营销服务部保费收入5000万元，同比增长37.8%，在佛冈县域产险行业市场排名第一（该数据为清远市保险行业协会公布数据）。其中车险保费收入1948万元，农险保费收入2659万元，其他保费收入393万元。

理赔服务 2022年，太平洋产险佛冈营销服务部继续做好索赔咨询、现场查勘、资料收集、赔付反馈等工作，全年综合赔付金额为3135万元，综合成本率为93.3%，同比上升6.6%。

产寿互动，创新发展 2022年，太平洋产险佛冈营业部与佛冈寿险营业部联合推行“产代寿”业务，双方确定了寿销车、寿销非车以及产代寿的具体举措，在“少儿超能宝，守护尊享，少儿金福”的业务上突破业务瓶颈，开展新的协同模式。在个险业务、政保业务、产寿险业务等方面实现新突破。

警保合作 2022年，太平洋产险佛冈营业部以迳头农村交通安全劝导站为起点，不断加强警保合作的深度和广度，扩大佛冈营销服务部在市场上的影响力，提升公司品牌形象和打假反欺诈能力。2022年6月，太平洋产险公司向佛冈县公安局交通警察大队捐赠210顶共价值8000元的头盔。同年12月，公司向佛冈县公安局交通警察大队捐赠价值5000元的抗疫物资。

助力乡村振兴 2022年，太平洋产险佛冈营销服务部认真贯彻集团公司农村保险发展战略，抓住国家强农惠农政策，扎实推进农业保险高质量发展，严格按照分公司精准施策、精准经营、精准管理的路径开展工作，不断提高部门运营服务能力，与公司共面挑战、助推经营发展。至年底，政策性农业保险保费收入2659万元，顺利完成各项考核任务。

（刘新梅）

农 业

责任编辑：钟少军

农业综述

【农业概况】 2022年，佛冈县贯彻落实省委“1+1+9”工作部署，实施农业产业发展“五大一深化”提升行动，推进现代农业转型升级高质量发展，乡村产业振兴跑出“加速度”。按佛冈县统计局公布数据，是年，全县实现农林牧渔业总产值40.24亿元，同比增长10.4%。农村常住居民人均可支配收入20 684元，同比增长5%。全县粮食作物播种面积11 814公顷，蔬菜播种面积12 521公顷，水果种植面积10 880公顷。建设“一村一品”项目27个，配合全市打造清远鸡、丝苗米两个百亿级农业产业，初步形成以柑橘、佛冈益肾子、粉葛、澳洲坚果为特色的优势农业产业体系。做深做实“佛冈有礼”公用区域品牌，培育农产品子品牌27个。培育省市级农业龙头企业22家、农民专业合作社373家、家庭农场401家；入选省级“菜篮子”基地1家、粤港澳大湾区“菜篮子”生产基地3家。

（郑建棕）

【涉农资金项目库建设】 2022年，佛冈县农业农村部门开展涉农资金统筹整合工作，加快农业产业发展类、农村人居环境整治类、精准扶贫精准脱贫类项目库建设。是年，省下达佛冈县农业农村局涉农资金1.1588亿元，安排涉农项目60个（调整后为67个）；已使用涉农资金1.0020亿元，使用率86.47%。

（范艺璇）

【农村集体经济试点工作】 2022年，佛冈县农业农村局根据《关于做好2022年扶持村级集体经济试点工作的通知》（清农农函〔2022〕85号）文件精神，确定2022年村级集体经济发展项目13个，分别为：高岗镇宝山村、高岗村，迳头镇龙冈村，水头镇莲瑶村、潭洞村、桂田村、铜溪村，石角镇诚迳村，汤塘镇暖坑村、官山村，龙山镇清水迳村、关前村、门楼富村。10个项目已完成，其余正在实施中，每个项目资金50万元，其中中央划拨资金30万元。

（赖海燕）

【推进美丽乡村建设】 2022年，佛冈县持续推进农村人居环境综合整治、建设生态宜居和美乡村工作。是年，全县78个行政村完成村规民约，785个自然村完成“三清三拆三整治”，785个自然村实现村道、村内干路硬底化，785个自然村实现集中供水；785个自然村建有生活垃圾处理收集点，配有保洁员1166人；758个自然村实行生活污水收集，719个自然村生活污水得到治理。是年，成功通过清远市验收的自然村（含村民小组）53个，其中，整洁村25个、示范村16个、特色村11个、生态村1个。

（陈晶莹）

【土地流转】 2022年，佛冈县整合流转耕地总面积2553公顷。流转形式以出租为主，承包流转耕地用途主要是种植水果和粮食，占承包流转耕

2022年3月9日，佛冈县农业农村局执法人员在辖区农资店开展春耕农资专项执法检查 （李俊 摄）

地 51%；承包流转耕地规模以 1 ～ 20 公顷为主，流转期限多在 20 年以下；流向多为一般农户、专业合作社。

（冯秋凌）

【农业执法】 农资打假专项整治 2022 年，佛冈县农业农村局全面开展农资打假行动，重点围绕种子、农药、肥料、兽药等农资产品经营主体，对各农资经营门店未按规定出具票据、建立购销台账进行检查。是年，共出动执法人员 352 人次，检查生产经营主体 264 间次，检查市场 65 个次，农药产品执法抽样 11 个，饲料产品执法抽样 2 个，合格率 100%。依法查处两宗销售未取得登记证号肥料产品案件，移交并指导属地乡镇办理，共没收不符合要求的肥料 2.88 吨，罚没款共 7500 元；依法查处一宗销售标签残缺不清及擅自修改标签内容的肥料产品案，共没收不符合要求的肥料 4.7 吨，罚没款共 13 800 元，成功阻止一批不符合要求的肥料产品流入市场。

拖拉机道路交通安全专项整治 2022 年，佛冈县农业农村局大力开展全县农用车辆道路交通安全整治，分别印发《关于加强农机安全管理的通知》《关于进一步加强农用拖拉机车辆交通安全管理工作的通知》《关于印发佛冈县农用拖拉机交通违法联合整治行动方案的通知》，加强与公安、交通、安监、保险等部门协调配合，集中整治一批上路行驶“三无”拖拉机。是年，开展农用车辆交通违法整治行动 22 次，共出动执法人员 76 人次；检查上路拖拉机 98 辆，查处违法拖拉机 17 辆，其中非法改装 9 起；查处驾驶农用车辆牌证不齐、无证驾驶、准驾车型不符等违法行为 6 起；查处农用车辆未按规定进行安全技术检验、未购买第三者责任险的交通违法行为 2 起；受教育人员 17 人次。

禁渔专项执法 2022 年，佛冈县农业农村局建立健全渔业监督管理长效机制，印发《关于组建禁渔期间重点江河流域巡河执法工作小组的通知》，组建禁渔期间重点江河流域执法工作小组，开展不定期巡河检查。是年，共出动工作、执法人员 198 人次，抓获违法捕捞嫌疑人两名，共罚款 500 元；移交在禁渔期间使用渔具破坏渔业资源案 3 宗，共罚款 1500 元。做好禁渔宣传工作，在微信公众号“佛冈发布”平台推送禁渔期公告，宣传禁渔相关法律法规，制作横幅 14 条、派发“禁渔宣传小册子”《致全县人民群众的公开信》等禁渔宣传资料 1 万份。

农产品质量安全监督 2022 年，佛冈县农业农村局加大农产品质量安全监督力度。制定《佛冈县 2022 年县级农产品质量安全监督抽查工作方案》《2022 年佛冈县农产品质量安全例行监测（风险监测）工作方案》《佛冈县基层农产品质量安全网格化监管工作手册》等，加强与各镇政府上下联动，落实工作责任，逐步开展农产品质量安全监管工作。实行产地农产品质量安全监督抽查和风险监测，全县共抽检各类农产品 4901 批次，其中开展快速检测 4424 批次，合格率为 100%；监督抽查和例行监测共 496 批次，合格率为 99.79%；完成年度农产品千人 1.5 批次抽样任务。推进承诺达标合格证制度，是年，开证主体 122 家，开具承诺达标合格证 7832 张，附带合格证上市农产品 907 吨。选取佛冈县石角中学和佛冈悦尚贸易有限公司（银座超市）在省农产品追溯平台开展农产品全程追溯试点工作，年内生成全程可追溯 272 批次。开展“治违禁、控药残、促提升”三年行动。由县农业农村局、市场监督等部门负责人组成工作领导小组，围绕蔬菜、畜禽、水产三大类 11 个重点治理品种，建立农药、兽药等监管名录，及时监督抽检。是年，对 11 个重点治理品种共抽查 43 批次，其中豇豆 3 批次、鸡蛋 27 批次、羊肉 3 批次、牛肉 7 批次、大口黑鲈 2 批次、乌鳢 1 批次，占全年抽样数量的 9.3%，未发现不合格产品。推行乡镇农产品质量安全网格化智慧监管，推动基层农产品质量安全监管网格化、规范化、精准化，其中“治违禁 控药残 促提升”三年行动中 11 个重点品种全部入网监管，有效夯实农产品质量安全监管“最后一公里”。5 月 27 日，县农业农村局在汤塘镇开展农产品质量安全主题宣传活动，现场发放宣传单、宣传册 600 余份，张贴宣传挂图 6 幅，悬挂横幅 10 余条，进一步提高基层群众“学法、懂法、守法、用法”意识。

2022 年 9 月 19 日，佛冈县农业技术推广中心利用无人机免费为农户喷洒农药

（朱慧燕　摄）

【扫黑除恶】 2022 年，佛冈县农业

农村局把扫黑除恶与创建全国文明城市、脱贫攻坚、本单位本系统业务等工作有机结合起来，充分发挥工作团队作用，深入居委、乡镇、村组与群众面对面交流沟通和宣传发动，鼓励、动员广大群众积极举报涉黑涉恶犯罪线索。是年，共摸排线索 1 条，其中有效线索 1 条；办理县级交办案件 3 宗。

（李俊）

【新型职业农民培育】 2022 年，佛冈县农业农村局开展省级高素质农民培育工作，项目资金 37.7 万元，培训人数 132 人，培训学时 48 学时。组织参训农民到省级电商基地、现代农业产业园、创业孵化基地等实训交流，帮助其开阔视野、更新观念，了解农业新品种、新技术及农业产业发展趋势，促进农业转型升级、农村持续进步、农民全面发展，提高农业生产经营管理水平。

【农业安全生产】 2022 年，佛冈县农业农村局切实做好农业安全生产工作，制定《佛冈县农业农村局领导班子成员安全生产职责清单》《佛冈县农业农村局关于印发农业安全生产责任清单的通知》，坚持“党政同责、一岗双责、齐抓共管、失职追责”的原则，按照职责分工，把安全生产责任落实到人。同时，制订年度执法计划，聚焦执法主业，强化部门联合执法，形成强大执法合力；依法查办涉农案件，多措并举提高执法办案水平。全面开展农业领域安全生产排查，督促农业生产经营主体落实新冠疫情防控要求，督促企业法定代表人和实际控制人履行第一责任人责任。是年，累计出动检查人员 1099 人次，共排查种植业生产经营主体 287 家次，检查畜禽规模养殖场 51 家次，水产养殖场 32 家次，屠宰企业 18 家次，兽药店 58 家次、宠物店 14 家次。

（黄洁雯）

农业经济工作

【农业经济工作概况】 2022 年，佛冈县农业农村局根据省市《关于做好 2022 年度农村政策与改革统计年报和农村集体资产清查工作的通知》要求，开展 2022 年度农村政策与改革统计年报和农村集体资产清查工作。据统计，2022 年度全县农村集体经济组织资产总计为 12.11 亿元，同比增量 0.76 亿元，增幅 6.7%；其中，流动资产 4 亿元，长期投资 0.96 亿元，固定资产 6.8 亿元，其他资产 0.35 亿元。

【集体产权制度改革】 2022 年，佛冈县农业农村局根据《清远市关于探索推进农村集体经济组织股份合作制改革的工作方案》要求，印发《关于明确 2022 年农村集体经济组织股份改革工作任务的通知》，明确股份合作制改革工作目标任务及完成任务的时间节点，积极探索推进农村集体经济组织股份合作制改革工作。是年，全县农村集体经济组织 1991 个，其中经济联合社（村）78 个，经济社（组）1913 个；完成股份合作制改革的农村集体经济组织 435 个，占总数 21.85%，量化资产 4314.43 万元。全面完成市下达 20% 的目标任务。

（何道迎）

【农业经营主体发展】 2022 年，佛冈县重点构建现代新型经营主体，大力发展农业龙头企业、家庭农场和农民专业合作社。是年，全县有省级重点农业龙头企业 3 家、市重点农业龙头企业 4 家、县级重点农业龙头企业 15 家；录入全国家庭农场名录系统共 401 家，其中，市级示范家庭农场 7 家，省级示范家庭农场 6 家。全县有农民合作社 373 家，其中，省级合作社示范社 5 家、市级合作社示范社 18 家、县级合作社示范社 5 家。

（张振杭）

【农村人居环境整治】 2022 年，佛冈县农业农村局全力推进“厕所革命”。全县完成改造农村户厕 6.64 万户，累计按需建成农村卫生公厕 786 座（含农村文化室内公厕）。推进农村污水治理，全县有 758 个自然村雨污分流（含污水管网化）收集率达 96.56%；719 个自然村污水处理率达 91.59%。健全农村生活垃圾收运处理体系，全县建成农村生活垃圾分类收集点 2572 个，

2022 年 2 月 23 日，佛冈县水头镇红星村经过人居环境整治，成为一个生态宜居的美丽乡村 （钟盛祺 摄）

配备保洁员1166人，村庄保洁覆盖面达100%；农村生活垃圾做到日产日清，生活垃圾无害化处理率达100%。充分利用村头巷尾荒地、废墟、边角地和房前屋后闲置土地，因地制宜建设“四小园”累计8457个，农村人居环境得到进一步改善。

（陈晶莹）

种植业

【种植业概况】2022年，佛冈县在稳定粮食生产面积基础上，调整农业产业结构，扩大经济作物种植比例。全年农作物播种面积2.75万公顷，产量34.2万吨。粮食作物播种面积1.18万公顷，总产量5.78万吨，其中水稻播种面积1.11万公顷，产量5.53万吨；豆类等粮食作物播种面积155.3公顷，产量540吨。经济作物播种面积1.57万公顷，其中花生播种面积0.3万公顷，产量1.26万吨；蔬菜播种面积1.25万公顷，产量26.44万吨；其他经济作物播种面积150公顷。是年，全县水果种植面积1.09万公顷，产量15.43万吨。

（黄昶成）

【落实粮食生产补贴政策】2022年，佛冈县农业农村局全面落实粮食生产补贴政策。经过各级政府及有关部门努力，全县完成中央财政耕地地力保护补贴面积1.1万公顷，发放补贴资金1413.01万元；发放实际种粮农民一次性补贴资金（共三批）558.22万元；发放省级实际种粮农民一次性补贴资金153.82万元；开展政策性水稻（粮食）种植保险工作，全年完成投保面积1.09万公顷。

（朱秀珍）

【农业技术推广服务】“科技下乡支农”志愿服务　2022年，佛冈县农业技术推广中心开展“科技下乡支农”志愿服务活动，组织“科技下乡支农”志愿服务活动15次，解答群众咨询400余人次；开展《农药管理条例》、农作物病虫害防治、农作物统防统治等的宣传活动20余场，发放农业科技宣传指导资料4万余份；指导做好病虫害防治工作，结合历年农作物主要病虫害发生程度、发生面积、农作物病虫冬后基数调查数据和日常监测调查数据，预测病虫害情况，编发《农作物病虫情报》19期，预报准确率达92%以上。举办粮油作物种植管理技术、果树种植技术及蔬菜病虫害绿色防控技术等培训的29场次，培训1100人次；派出农业技术人员1800余人次，深入田间地头，一对一开展农技指导。

2022年5月17日，佛冈县农业技术推广中心主任邓伟林（右）到石角镇科旺村惠文优质种养专业合作社开展蔬菜种植病虫害防控工作指导

（县农业农村局　供图）

引进推广农作物新品种　2022年，佛冈县农业技术推广中心全力做好花生新品种“粤油43号”、水稻新品种“粤香430”、禾广丝苗和大豆的推广种植工作。

（朱沛军）

【水果产业园建设】“一核四区”总体布局　2022年，佛冈县实施水果产业园项目建设。产业园以柑橘等水果特色产业为主导产业，以迳头、高岗、石角、汤塘和龙山等5镇为核心，按照“一核四区”总体布局建设。一核即综合服务中心（物流电商交易示范区），四区为科技创新示范区、现代化种植示范区、农旅休闲区、特色农产品加工示范区。

重点建设“六大板块”　产业园项目重点建设“六大板块”：科技创新与示范功能板块、加工物流与品牌培育功能板块、农旅融合功能板块、新型经营主体培育与土地流转功能板块、人才振兴与“双创”孵化功能板块、联农带农扶贫示范功能板块。以“六大板块”带动农业特色产业按“生产研发＋加工冷藏＋冷链配送＋品牌营销”全产业链高质量发展，形成集聚科研创新、生产示范、加工流通、休闲旅游等综合功能于一体的省级现代农业产业园。

项目建设有序推进　2022年，产业园27个建设项目全面动工。项目计划投资2亿元，项目总资金使用率90.01%。其中：省级财政资金支出5000万元，使用率100%；县级涉农统筹资金到位5000万元，到位率为100%；企业自筹资金到位8002.97万元，到位率80.03%。

（李　娇）

畜牧与水产

【畜牧与水产概况】 2022年，佛冈县肉类总产量1.84万吨，禽蛋产量9990吨。其中：生猪出栏量21.64万头，存栏量13.35万头，肉产量1.62万吨；肉牛出栏量1595头，存栏量3842头，肉产量199吨；羊出栏量7385头，存栏量8518头，肉产量140吨；鸡出栏量1065.8万只，存栏量335.36万只，肉产量1.6万吨；鹅出栏量43.41万只，存栏量14.47万只，肉产量1302吨；鸭出栏量116.05万只，存栏量21.53万只，肉产量2553吨；奶牛存栏量879头，母奶牛存栏量454头，后备及犊母牛量425头，产鲜奶量3824吨。全县有可用于水产养殖的淡水水面1020.8公顷，养殖品种以四大家鱼、罗非鱼为主，年产量为7182吨。

【动物疫病防控】 2022年，佛冈县实施畜禽春秋两防免疫，全年通过政府采购疫苗，猪口蹄疫O型疫苗免疫生猪3.75万头、高致病性禽流感疫苗免疫家禽221万羽、禽流感新城疫疫苗免疫家禽398万羽、小反刍兽疫疫苗免疫山羊2.7万头、牛疫苗3.2万头份。加强动物疫病防控队伍建设，配备官方兽医24名，执业兽医注册备案3人，村级动物防治员47名，安排7名屠宰协检员协助官方兽医开展屠宰检疫。进一步加强非洲猪瘟等重大动物疫病防控和广东省从化无规定马属动物疫病区维护工作。全年无重大动物疫病发生，广东从化无规定马属动物疫病佛冈维护区维持无疫状态。

【生猪和家禽屠宰管理】 2022年，佛冈县加强定点屠宰、冷链配送和定点屠宰企业（佛冈锦汇食品贸易有限公司）生猪屠宰监管。石角镇人民政府按属地管理原则向屠宰企业派驻官方兽医5人、协检员7人，开展屠宰场检疫监管工作，对入厂生猪进行非洲猪瘟PCR等检测，落实企业责任。是年，佛冈康隆家禽屠宰有限公司家禽屠宰项目建成并投产，进一步落实家禽集中屠宰，确保生鲜肉品安全稳定供应。

2022年3月20日，佛冈锦汇食品贸易有限公司生产线（县农业农村局 供图）

【水产养殖】 2022年，按照《佛冈县养殖水域滩涂规划（2018—2030年）》（佛府办〔2019〕5号），科学划定水产养殖禁养区、限养区、适养区，在全县辖区范围内开展佛冈县水域滩涂发证登记工作，完成水域滩涂发证登记7例。严格执行禁渔期制度，按时完成渔业统计月报、季报和半年报统计工作。全县范围可用于水产养殖的淡水水面1020.8公顷，养殖品种以四大家鱼、罗非鱼为主，年产量7182吨；引进桂花鱼、加州鲈鱼、观赏鱼蝴蝶鲤、水生野生动物黄喉拟水龟等水产养殖新品种。是年，完成全县范围内373家水产养殖场首次水产养殖种质普查工作，并将水产种质资源普查资料录入系统，已通过县级审核，上报市级。

【清远鸡产业发展】 2022年，佛冈县积极落实市委、市政府百亿产业清远鸡发展，制订清远鸡创百亿产业行动计划，积极促进各养鸡企业入驻，采取多种措施调动发挥农业龙头企业、农民专业合作社、养殖大户的辐射带动作用；探索建立企业牵头、农民养殖、利益共享、风险共担的新模式，多主体、多元化建设高标准、适度规模的生产基地。天龙、叁皇、立华等公司，以公司加农户的形式进驻佛冈发展清远鸡产业，在培优品种、提升品质的前提下，努力扩大清远鸡养殖规模。是年，全县有肉鸡养殖场324家，其中，清远鸡出栏1027.93万只，存栏310.08万只；清远市广生元畜牧发展有限公司获“2021年广东省畜禽养殖标准化示范企业”荣誉称号。

【生猪稳产保供】 2022年，佛冈县大力发展生猪养殖业，推广生猪标准化养殖示范场，落实生猪产能调控政策，持续推进生猪产业转型升级高质量发展。根据《清远市生猪产能调控实施方案（暂行）》要求，结合全县实际，2022—2023年确保全县能繁母猪保有量1.12万～1.24万头，规模猪场保有量42个。是年，全县生猪养殖场（户）482家，生猪存栏13.35万头，累计出栏21.64万头，能繁母猪保有量1.21万头，规模以上猪场保有量98个。佛冈县温氏畜牧有限公司高岗猪场、龙南猪场成功申报2022年省级生猪产能调控基地。

【畜禽养殖废弃物资源化利用】 2022年，佛冈县开展畜禽养殖废弃物资源化利用工作，通过转变畜牧业发展方

2022 年 1 月 27 日，佛冈县农业农村局工作人员（左）开展农机购置补贴农机核查现场 （林景鸿 摄）

式、健全制度、落实养殖场主体责任、加大扶持力度，促进畜禽养殖废弃物资源化利用有效开展。将各畜禽养殖规模场（专业户）基本信息录入直联直报信息系统，已完成录入 458 户。是年，全县直联直报信息系统中配套任务数为规模养殖场 140 家，已完成配套数 140 家，配套率达 100%。直联直报信息系统对全县 98 户生猪养殖场畜禽粪污综合利用实行每月监测，规模养殖场畜禽粪污综合利用率为 82.64%。

（李思涣）

农业机械化

【农业机械化概况】 2022 年，佛冈县完成机耕面积 2.67 万公顷。其中：水稻机耕面积 1.11 万公顷（占水稻种植面积 99.6%），机插面积 0.25 万公顷（占水稻种植面积 22.5%），机收面积 1.09 万公顷（占水稻种植面积 98.4%），水稻耕种收机械化综合水平达到 76.11%。下田作业拖拉机 1213 台，全县联合收割机拥有量为 61 台，水稻插秧机 17 台，无人植保飞机 9 架。拖拉机累计注册登记 3297 台，完成年审 735 台，驾驶证申请 67 人，驾驶证换发 174 人。是年，农机“三率”有所提高，拖拉机年审率、持证率、上牌率达到 80% 以上。

【农业机械购置补贴】 2022 年，佛冈县受理农户申请农业机械购置补贴的农机（具）67 台（套），其中，耕整地机械 61 台，拖拉机 5 台，碾米机 1 台；发放指标确认书 67 份，受益农户 62 户。是年，完成农机购置补贴资金 15.87 万元。

【农机安全监督管理】 2022 年，佛冈县农业农村局组织县、镇农机监理员开展农机“送检下乡”便民活动。便民服务活动范围遍及 6 个镇 21 个村委会，活动期间累计出动农机监理车辆 29 辆次、监理工作人员 102 人次，共检验拖拉机 604 台。全年未发生农机安全生产事故。

（曹伟权）

林业

【林业概况】 2022 年，佛冈县林业局严格贯彻执行《中华人民共和国森林法》《中华人民共和国森林法实施条例》，实施以生态建设为核心的林业发展战略，大力推进生态文明建设、全面推行林长制、持续加强森林防火、推进森林资源保护监管、林业生态保护与修复等工作。是年，全县林地面积 9.04 万公顷，森林面积 9.01 万公顷，森林蓄积 579.66 万立方米，森林覆盖率 69.58%。

【生态公益林管护】 2022 年，县林业局严格落实生态公益林补偿制度，认真编制生态公益林效益补偿分配计划，严格按计划要求拨付使用，确保资金落实到位。是年，下达生态公益林补偿资金 1536.57 万元，每亩补偿标准比上年增加 2 元，全县生态公益林补偿资金发放率 97%，全市排名第一。

【林木采伐】 2022 年，县林业局严格执行林木采伐限额，优化林木采伐办证程序和林地审批手续，切实为林农服务。全年核发林木采伐许可证 3587 宗，林木蓄积 29.95 万立方米。

【全面推行林长制】 建立“林长＋检察长”协调机制　2022 年，县林业局建立“林长＋检察长”协调机制，实现检察监督与行政履职同向发力的生态保护新格局。签发《关于开展林长制督查考核、落实林长制重点工作的令》和《佛冈县 2022 年度林长制考核实施细则》，激励各级林长担当作为，高位推动林长制。在清明节、植树节、森林防火特别防护期等重要时间节点，县、镇、村级林长分别开展调研巡林 22 次、344 次、2486 次。

强化体系建设　2022 年，县林业局建立健全县、镇、村三级林长组织体系，设置县级林长 8 名、镇级林长 86 名、村级林长 181 名；建立以林长、执法员、监管员和护林员为主体的“一长三员”森林资源源头管理架构，实行网格化管理，定员定责定岗，设立护林员 221 名、监管员 119 名、执法员 103 名；开启“人巡＋机

2022 年 3 月 8 日，县林业局组织干部职工到羊角山林场开展植树活动

（朱慧玲　摄）

巡”智慧巡林新模式，提高森林管护效率；启用“广东省智慧林长综合管理平台”，进行线上统筹监督管理，为森林管护提供信息化手段。同时，大力推广水头“三网三员三资整合”护林新模式。

强化宣传引导　2022 年，县林业局制作 87 个林长制公示牌，设置在各镇村显眼位置，确保每个片区专人专管；编写林长制工作简报 60 期，扩大林长制宣传影响范围；在佛冈人民政府网、“佛冈发布”微信公众号等媒体发布林长制工作新闻 60 余条，及时报道林长制工作动态。

【自然保护地整合优化】 2022 年，县林业局坚持“保护面积不减少、保护强度不降低、保护性质不改变”的总体要求，全面推进自然保护地体系建设，优化功能分区，明确管护措施，对 5 个自然保护地开展勘界立标、科学考察和总体规划编制等工作，确保自然保护地得到有效保护和恢复。是年，自然保护地边界矢量化、科学考察、总体规划编制均完成 60%。

【林地审核审批】 2022 年，县林业局严格落实建设项目使用林地规定，保障项目使用林地。规范项目使用林地审核审批流程，加快推进服务保障项目使用林地落地见效，切实提升营商大环境。是年，全县报批征占用林地手续 26 宗，使用林地面积 129.97 公顷。其中报批行政许可永久使用林地的建设项目 12 个，使用林地面积 129.97 公顷；报批行政许可临时占用林地的建设项目 14 个，使用林地面积 51.1 公顷。

【林业有害生物防治】 2022 年，县林业局坚持“预防为主，综合治理”方针，松材线虫病监测面积 4480 公顷，监测率 100%；完成松材线虫病死树清理除治作业面积 403 公顷，清理病死树 4062 株；开展飞机喷洒噻虫林防治松材线虫病作业面积 1000 公顷，压减松材线虫病发生面积 125 公顷。积极探索松树林分改造新路子，改造乡土树种，改造松材线虫病染病松树林分 118 公顷。是年，全县松材线虫病发生面积控制在 524 公顷，松材线虫病成灾率 5.8‰，比市下达 9‰ 的指标任务低 3.2‰。开展检疫执法保护森林资源专项行动，出动 108 人次对 27 家涉木涉苗企业展开全面检查，未发现松材线虫病疫木非法加工和林业检疫性病害等情况。

【野生动物保护】 **建立部门联动长效机制**　2022 年，县林业局切实做好野生动物保护工作，制定《佛冈县打击野生动植物非法贸易部门间联席会议制度》，发挥各部门职能，形成合力，打击非法出售野生动物活动。是年，全面排查集贸市场、饭店餐饮行业等经营利用野生动物情况，共排查野生动物人工驯养繁育场所 3 家，检查经营利用场所 20 家次。

专题宣传和监管　2022 年，县林业局结合每年“爱鸟节”“爱鸟周”“保护野生动物宣传月”等重要时间节点，开展专题宣传和监管工作 182 次，发放各类宣传资料 3.6 万份，张贴野生动物绘画图覆盖率达 85%，有效加强群众生态环境保护和野生动物保护意识。

开展野生动物救护　2022 年，县林业局有效开展野生动物救护行动，购买行政补偿保险，制作一批野生动物公示牌和野猪出没警示牌；全年接收群众或其他执法部门请求协助救助野生动物情况 4 宗，其中有斑林狸、小鸦鹃等一批国家二级、三级保护动物。统筹做好野生动物疫源病源监测预警工作，强化隐患排查，加强野生动物疫源疫病监测防控，有效维护社会稳定。

【依法治林】 2022 年，县林业局严厉打击各类破坏森林资源违法犯罪行为，全年办理林业行政案件 15 宗，其中擅自改变林地用途案 7 宗、毁坏林地案 8 宗；处理违法单位 3 个、违法行为人员 12 人次，给予行政处罚 219.33 万元。移送公安机关案件 5 宗，行政诉讼案 2 宗，均已出裁定结果。进一步深化乡镇体制改革，建立健全基层行政执法体系，组织执法人员到各镇开展执法指导 12 次。抓好涉林信访工作，加大涉林社会矛盾纠纷调处力度，把矛盾纠纷化解在基层，维护全县林区治安稳定。是年，受理涉林信访案件 10 宗，回复 12345 政府服务热线工单 33 宗，没有发生赴省进京信访事件。

【森林督查】 2022年，县林业局深入开展森林资源“一张图”更新和森林督查整改工作。完成2022年森林督查国家下发991个图斑的外业核查任务；加大对违法图斑打击力度，继续收集整理有关佐证材料，确保违法图斑查处工作落到实处。开展森林资源“一张图”年度更新资料收集和外业核查，按时按质完成数据更新。

【森林防火】 强化宣传，提高森林防火意识 2022年，县林业局在清明、中秋、国庆等重点节假日、森林防火特别防护期、党的二十大期间，对森林防火工作再安排、再部署。利用新媒体平台发布森林防火安全通告和森林防火禁火令，通过派发宣传小册子、张贴警示案例，利用乡村大喇叭、移动宣传车等方式和渠道开展森林防火宣传活动。派发清明扫墓森林防火安全通告、森林防火禁火令、典型案例及森林火情举报奖励制度等宣传单5000份及其他宣传单30万份，提高全民森林防火意识。定制森林防火环保袋2万条、围裙2万条、纸杯2.5万个，横幅100条，分派至各镇、村。

2022年7月26日，县林业局利用无人机开展森林资源管护巡查工作

（朱慧玲 摄）

加强检查，严防森林火灾 2022年，县林业局领导班子带队深入各村、山头地块等重点区域，开展地毯式火灾隐患排查，消除森林火灾隐患。于森林防火特别防护期、重点节假日，在重点地段、入山路口设置森林防火临时检查站，严控火源，从源头上遏制森林火灾的发生。层层签订森林防火责任书，严格落实护林员网格化管理，包片包点责任到人，实现全县森林“零火灾”目标。

严厉打击森林违法用火行为 2022年，县林业局与县公安局、县应急管理局协同联动，结合“猎火”专项行动，加大火案查处力度，严肃查处野外违规用火行为，依法对当事人进行顶格处理。是年，教育、劝阻群众688人次，全县未发生违法用火刑事案件。

（朱慧玲）

水利·气象

责任编辑：钟少军

水 利

【水利概况】 2022年，佛冈县水利局完成5宗小型病险水库除险加固工程；完成2宗治理中小河流项目；完成12宗小型水库安全运行管理标准化、2宗小型水库雨水情报设施和4宗安全监测设施建设；农村供水保障工程逐步推进；继续推进县城冈田水综合整治工程等污水管网建设项目；全面深化河长制，确保全县河湖生态健康发展；创新推进碧道工程建设；加大水资源管理宣传和水行政执法力度；有序推进水库移民后期扶持等工作。

【中小河流治理】 2022年，佛冈县中小河流综合治理以“清障、清违、清淤、护岸固堤”为主要内容。全年治理项目共2宗，分别为：水头镇滘江河（西田新联新村至潭洞村段）治理工程、高岗镇东坑水治理工程。是年，已完成治理河长9.2千米。

【小型病险水库除险加固工程】 2022年，佛冈县5宗小型病险水库除险加固工程已竣工验收，分别为佛冈县平坦水库除险加固工程、梧塘水库除险加固工程、三叉塘水库除险加固工程、莲花塘水库除险加固工程、牛栏塘水库除险加固工程，立项概算总投资1989.47万元。是年，佛冈县全面完成“十四五”期间小型水库除险加固任务。

【小型水库安全运行管理】 2022年，佛冈县继续加强小型水库安全运行标准化管理，完成12宗小型水库安全运行管理标准化建设工作。至此，全县31宗小型水库安全运行管理标准化建设工作已全面完成。

2022年7月6日，水利部减灾中心副主任杨昆（右四）带队到佛冈县开展珠江流域性较大洪水防御调查评估和防汛工作指导 （县水利局 供图）

【水利设施工程】 2022年，佛冈县水利局加强小型水库雨水情报设施和安全监测设施建设，全县雨水情报设施目标任务为2宗，已完成2宗；安全监测设施目标任务为3宗，已完成4宗，超额完成年度目标任务。

【农村供水工程】 2022年，佛冈县落实专项债券资金900万元，用于完善部分村级小型水厂提升改造项目，主要建设内容为：新建小型集中供水工程1宗、现有水厂提质改造工程2宗、扩网供水工程1宗，安装一体化净水设备3套，受益人口为9127人。

【农业水价综合改革】 2022年，佛冈县完成灌区供水成本核算。安排20万元做好斗口以上计量设施建设，在龙山镇占果陂灌区完成安装412个水尺简易计量设施安装，基本覆盖中心灌区斗口以上计量安装。

【中型灌区管理】 2022年，佛冈县始终坚持“节水优先、空间均衡、系统治理、两手发力”治水方针，建立科学高效灌区标准化规范化管理体系，不断提升灌区管理能力和服务水平。建立健全灌区工程日常管理、巡查、观测及维护制度，落实工程设施及设备管理与维护责任主体，筹措落实管护经费。投资43.2万元完成占果陂灌区干渠清淤工作，有效保障灌溉用水。

【城市排涝】 2022年，佛冈县共清疏县城主要街道31.44千米，管道清淤259吨，更换市政井盖83座，应急执勤252人次，确保县城排水设施正常运作。

【污水设施建设】 2022年，佛冈县

城新建污水管网 2.93 千米、改造污水管网 18.15 千米、新建雨水管网 3.86 千米；镇级新建污水管网 11.26 千米、新建雨水管网 2.12 千米。全县污水处理能力合计 4.3 万吨 / 天，排水管道长 175.26 千米，其中：县城污水管道长 23.27 千米，雨水管道 4.66 千米，雨污合流管道 94.56 千米，检查井超过 4000 座；镇级污水管道 50.65 千米，雨水管道 2.12 千米。

【石角镇冈田水综合整治工程】 2022 年，佛冈县继续对石角镇冈田进行水综合整治，沿河截污铺设排污管道 2.2 公里。该项目总投资 1630.43 万元，已建成 0.9 千米排污管网。

【镇级污水处理设施】 2022 年，佛冈县启动镇级污水处理设施“查漏补缺、提质增效”工作，其中包括水头镇乡村振兴圩镇管网提升工程，迳头镇乡村振兴项目（一期），佛冈县乡村振兴样板区、国家城乡融合发展试验区广清接合片区基础配套设施示范项目，高岗镇圩镇基础设施改造项目。是年，共新建镇级污水管网 11.68 千米，雨水管道 3.47 千米。镇级污水管网进一步完善，进水浓度逐步提升，镇级污水处理厂减排效益得到提高。

【启动河道采砂工作】 2022 年，佛冈县启动 2021 年度烟岭河高山村段、烟岭河前所村段河砂开采工作。2022 年开采 2 个采区，控制采区长约 4.48 千米，开采总量为 20.48 立方米，其中，烟岭河高山村段可采区 12.06 万立方米，烟岭河前所村段可采区 8.42 万立方米。河砂以合理价格，面向社会公开销售。

【推行河长制】 2022 年，佛冈县水利局全面深化河长制，县、镇、村三级河长巡河达 8048 次，人均 68 次以上。利用主流媒体、微信公众号全方位抓好宣传引导工作，县河湖保护志愿服务队、“民间河长”及无人机进行不定期巡视，有效制止不当行为。采用河长制“互联网 +”模式，实行信息化管理，加强宣传，接受群众监督及建议，确保全县河湖生态健康发展。

【碧道建设】 2022 年，清远市河长办下达佛冈县 3.8 千米碧道建设任务。佛冈县政府综合考量，结合佛冈经济发展规划，将碧道工程与水头镇绿道建设有机结合，围绕“碧道 + 绿道”实施创新探索，完成碧道建设 4.2 千米。

【河湖“清四乱”】 2022 年，佛冈县 7 宗河湖“四乱”问题已完成销号；111 宗遥感疑似“四乱”问题完成图斑复核或销号；共出动近百人及 16 台机械，对龙山镇四乱点约 6 公顷的鱼塘进行清理整治行动，依法依规恢复河滩面积约 6 公顷。

2022 年 8 月 30 日，佛冈县委书记潘国标（左四）到高岗镇东坑水开展巡河工作　（县水利局　供图）

【“清漂”行动】 2022 年，佛冈县完成第二轮“清漂”专项工作，共投入资金 94 万多元，清理河流长达 208 千米，清理水面漂浮物约 108 吨，基本实现河道内无成片漂浮物目标。

【河道管护】 2022 年，佛冈县制定了《佛冈县河道网格化管护方案》，进一步加强河湖管理保护工作，压实属地责任，健全河道网格化管护机制。县拨付河道管护经费共 202.24 万元，用于各镇辖区河道网格化管护工作，推动河道管护工机制落地实施。

【水行政执法】 2022 年，佛冈县始终坚持高压态势，加大对全县河道巡查力度，集中执法力量，重拳出击，联合执法，依法查处各类水事违法案件。全年共派出 1749 人次、537 车次执法巡查；查处案件 4 宗，查扣违法作业自卸车 1 台、挖掘机 2 台、拖拉机 2 台；发布强拆公告 3 个；办理群众投诉 30 宗。

【水资源管理】 2022 年，佛冈县已完成小型农村集中供水工程和农业灌溉取水工程水资源论证工作；为辖内 44 家用水单位办理新增、延续、变更取水许可手续；对 40 余家发证取水户和 10 家公共供水管网重点用水单位下达用水计划，下达率 100%。

【节水型灌区建设】 2022 年，佛冈县完成管理系统建设，在占果灌区 6 条干渠渠道、22 条重要渠分水口各安装一套水量计量设施，提高用水计量率，实现灌区用水全过程计量。

【水土保持监督管理】 2022 年，佛冈县严肃查处生产建设项目水土保持违法违规行为。共下达责令整改决定书 21 份。

【水库移民后期扶持】 2022 年，佛冈县水库移民后期扶持项目共 8 个，总投资 521.62 万元。分别为：石角镇观山村大坝饮用水引水工程、石角镇

2022 年 9 月 29 日，珠江水利委员会政法处二级调研员肖桂秋（左四）带队赴佛冈县，开展防汛保安及侵占河湖行为专项执法行动案件抽查复核工作

（县水利局 供图）

观山村井前坑仔底三面光工程、石角镇观山村移民安置区水毁修复工程、石角镇观山村西元村人居环境整治工程、石角镇井前村人居环境整治工程、高岗镇高岗村新建村民小组文化室建设项目、汤塘镇竹山村新屋村民小组文化室建设项目和龙山镇新香粉村村庄宜居生活环境建设工程。以上项目已完工 7 个。

【工程质量监督】 2022 年，佛冈县水利局以安全生产作为工作底线，严把工程质量关。是年，接受工程质量监督的水利工程有：灌区改造工程、饮水安全工程、中小河流治理项目等共 25 宗。有 7 宗水利工程完成竣工验收工作，其中小（二）水库除险加固工程 3 宗、佛冈县省级小型农田水利重点县建设工程 4 宗。

（徐耀辉）

气象事业

【气象事业概况】 2022 年，佛冈县气象局推进气象高质量发展，建成清远市首个县级气象科普基地，有效发挥科普宣传作用。高效开展气象监测预报预警服务，利用电视、报纸、短信、网站、电子显示屏、农村大喇叭、微信、微博等渠道和平台及时发送天气预报、预警以及各类气象专报。汛期预报服务及时准确，充分发挥气象防灾减灾第一道防线作用。是年，佛冈县气象局荣获“广东省气象局 2022 年度重大气象服务先进集体”“2022 年度清远市气象部门综合考评特别优秀单位”称号；佛冈县预警信息发布中心获得广东省气象局嘉奖。

【气候特点】 2022 年，佛冈县平均气温 21.5℃，与历年平均值（21.3℃）相比偏高 0.2℃。县气象观测站录得极端最高气温 38.0℃，出现在 7 月 25 日和 7 月 29 日；极端最低气温 2.8℃，出现在 12 月 20 日。年降雨量 3021.7 毫米，比历年平均降雨量（2173.6 毫米）偏多 39%。全年日降雨量≥ 0.1 毫米的降雨日数为 180 天，日降雨量≥ 50.0 毫米的暴雨日数为 15 天；最大日降雨量 242.5 毫米，出现在 5 月 11 日；最大 24 小时降雨量 343.1 毫米（5 月 10 日 16 时至 11 日 16 时），打破建站以来气象记录。年日照时数 1751.7 小时，比历年平均偏多 79.6 小时。年蒸发量 1185.3 毫米。无霜期 365 天。

【灾害天气】 暴雨 2022 年 5 月 10 日 08 时至 13 日 20 时，佛冈县普降暴雨。全县平均降雨量 380.2 毫米，汤塘暖坑录得最大雨量 510.0 毫米；有 2 个站点雨量超过 500 毫米（汤塘暖坑、龙山门楼富），有 10 个站点雨量超过 400 毫米，有 12 个站点 24 小时累计雨量达特大暴雨量级［10 日 16 时至 11 日 16 时，全县平均雨量 305.5 毫米，最大累计雨量 446.1 毫米（龙山民安）］。佛冈国家气象观测站测得 5 月 11 日最大 24 小时雨量 343.1 毫米，打破 1956 年建站以来历史记录。龙山镇民安、石角镇龙南、放牛洞水库和迳头镇湖洋等 4 个站点 24 小时雨量打破本站历史记录。另外，龙山镇 3 个区域站最大 6 小时雨量均打破本站历史记录，超过 2020 年 6 月 7 日特大暴雨降水过程。5 月 11 日 6 时至 15 时，龙山镇、汤塘镇出现 9 小时连续强降水过程，平均雨量分别达 309.6 毫米和 250.9 毫米；最大降雨量出现在龙山门楼富 327.8 毫米，最大小时降雨量出现在汤塘 80.3 毫米（5 月 11 日 11 时至 12 时）。5 月 21 日至 6 月 21 日，出现历史最强“龙舟水”过程，县气象观测站录得累计雨量 999.4 毫米，较常年同期（467.4 毫米）偏多约 1.1 倍，打破 2020 年创下的极值记录（877.3 毫米），同时高岗长江气象观测站录得最大累计雨量 1604.2 毫米（排清远市第二）。受台风“暹芭”外围环流和季风影响，7 月 2 日 20 时至 7 日 20 时，佛冈县出现极端强降水，全县平均雨量 355.4 毫米。雨量为 250 毫米以上的站点有 17 个，400 毫米以上的站点有 2 个，各站雨量分别为（单位：毫米）：高岗长江 458.3、汤塘暖坑 424.4、迳头 398.7、广佛产业园 392.3、迳头烟岭 389.7、石角龙南 389.6、高岗 386.3、县观测站 379.0、龙山门楼富 375.5、汤塘 368.3、龙山 367.6、石角黄花 357.1、气象局 346.9、龙山民安 333.5、放牛洞 323.2、汤塘四九 313.5、迳头湖洋 300.5、水头 247.0、水头潭洞 202.1。最大小时雨量 65.7 毫米，出现在迳头烟岭（7 月 5 日 10 时）。

高温 2022 年，佛冈县高温天气出现在 6 ～ 10 月，达到 35℃高温天气 33 天，与 2021 年 36 天相比少 3 天，为历史第二多年份。其中，7 月 21 日至 8 月 2 日，持续 13 天出现高温天气；7 月 25 日和 7 月 29 日，均录得年极端最高气温 38.0℃。

低温 2022 年为佛冈县全年低温灾害偏少年份，低温天数 6 天，主要集中在 2 月和 12 月，均出现 3 天。

受冷空气和辐射降温影响，12月20日，县城录得年极端最低气温2.8℃；12月19日，迳头湖洋录得最低气温-1.4℃，山区有霜冻或冰冻。

干旱　2022年10月，佛冈全县降水偏少，县气象观测站录得累积降雨量仅为6毫米，较常年（53.1毫米）少88.7%。10月7日至11月1日，县气象观测站连续26天未录得降水。10月18日开始，佛冈县出现中等强度以上气象干旱；10月29日至11月2日，出现重等强度气象干旱。

【气象观测】2022年，佛冈县国家气象观测站全年共观测、发送148万份地面气象观测报文、1492万个观测数据。22个区域气象站每5分钟发送一次观测数据。无人值守业务运行稳定，观测、月报表全年无差错，自动站业务可用性99.99%。是年，县气象局加强数据统计分析，为县有关部门招商引资、乡村振兴提供气象监测统计资料和业务数据支撑。

【天气预报预警】2022年，佛冈县气象局坚持“你的冷暖，在我心中”“你若安好，便是晴天”服务理念，全力做好低温冰冻、暴雨、台风、高温等气象监测预报预警服务，利用电视、报纸、短信、网站、电子显示屏、农村大喇叭、微信、微博等渠道和平台及时发送天气预报和预警信息。全年“佛冈天气”微博、微信公众号分别发布天气信息3310条、365条，所提供的稿件在电视新闻播出51次，发布各类天气预警信号151次、重大气象信息快报38期、重大气象信息专报22期、天气报告39期、广佛产业园气象服务专报28期、省第十六届运动会气象服务专报6期、省第九届残疾人运动会气象服务专报5期、佛冈农情气象预报6期、手机决策短信914条共333.1万人次。

【气象行政许可】2022年，佛冈县气象局坚持落实优化建设工程防雷行政许可工作，重点落实加油站、加气站、烟花爆竹仓库、厂矿企业等场所防雷装置定期检测制度。严格按照规定，加强新建、改建项目防雷审批工作，确保符合防雷规范要求。全年审核防雷设计项目1个，验收项目1个，发放防雷装置设计审核意见书1份、防雷装置竣工验收意见书1份。

2022年9月23日，县气象局业务员到石角镇诚迳村南楼仔开展山洪灾害隐患点实地调查　　（县气象局　供图）

【气象安全生产】联合开展气象安全检查执法　2022年，佛冈县气象局联合县应急部门开展气象灾害防御重点单位、危化品场所的监督检查，推动企业全面落实安全生产主体责任，消除安全生产事故隐患。全年共出动74人次，检查企业24家。

落实气象灾害防御与防雷安全监管职责　2022年10月，佛冈县气象局完成佛冈县气象灾害防御重点单位更新调整工作，由县政府公布清远南玻节能新材料有限公司等19家第三批气象灾害防御重点单位。

【气象科普宣传】2022年，佛冈县气象局大力开展气象科普宣传活动。3月9日，派出气象专家为全县159名三防责任人授课，使学员清晰了解气象灾害防御常识和措施；6月16日，组织人员到科惠（佛冈）电路有限公司开展安全生产咨询日宣传活动，向企业员工讲解气象防灾科普、雷电灾害防御、气象灾害预警信号等相关知识，并派发气象科普资料100多份；10月28日，县气象局与县应急局到圣菲康城小区联合开展防灾减灾宣传活动，进一步增强社区居民气象防灾减灾意识；12月16日，县气象科普基地正式启用，科普基地科技感十足的展项、新颖的科普形式、深入浅出的讲解，赢得参观群众一致好评。

【气象高质量发展】发挥预警信息发布中心效用　2022年，佛冈县气象局切实做好县预警信息发布平台维护保养工作，保障其稳定运行。用好突发公共事件预警信息综合发布系统，发挥气象预警中心业务平台功能，拓宽预警信息发布渠道；利用农村气象预警广播系统、气象信息电子屏等多个发布分平台，将突发预警信息发至社会公众。

发挥X波段双极化相控阵天气雷达优势　2022年，佛冈县气象局充分发挥X波段双极化相控阵天气雷达探测精度高、扫描速度快、探测盲区少的优势，为佛冈高质量发展提供精密、精准、精细的气象服务，有力保障人民群众生命财产安全。

气象设施管理　2022年，佛冈县气象局继续做好各种气象设施管理工作，逐一落实22个区域自动气象站，1个GNSS/MET（基于全球卫星定位系统）水汽观测站，1个特色农业（柑橘）气象观测站和回南天观测站，以及能见度仪、降水现象仪、天气现象视频智能观测仪、生物舒适度仪、雨滴谱仪、闪电定位仪等仪器设施的管理，确保气象观测的准确性。是年，新安装臭氧观测仪、视程障碍现象仪等观测设备。

（周国明）

工 业

责任编辑：钟少军

工业综述

【工业概况】 2022年，佛冈县规模以上工业企业119家，规模以上工业企业总产值331.09亿元，同比下降4%；规模以上工业企业增加值63.46亿元，同比下降6.7%；规模以上工业企业销售产值319.55亿元，同比下降7.4%；规模以上工业企业利润总额15.27亿元，同比下降40%；规模以上工业企业产值达到5亿元以上企业12家，超10亿元以上8家。

【产业结构优化】 2022年，佛冈县根据中央、省、市经济高质量发展要求，利用综合标准依法依规推动落后产能退出工作，引导优势传统产业主动淘汰落后产能，力促产业结构优化。是年，重工业总产值205.32亿元，同比下降10.3%；轻工业总产值125.76亿元，同比增长8.6%。是年，继续贯彻执行国家去产能政策，化解钢铁产能过剩难题，加强对涉钢企业常态化监管，巩固淘汰落后钢铁成果，全县无“地条钢”死灰复燃。

【传统产业转型升级】 2022年，佛冈县继续加大工业企业转型升级工作力度，围绕扩产增效、智能化改造、设备更新和绿色发展目标，抓好新一轮工业企业技术创新、技术改造工作，加快产业转型升级进程。是年，全县有51个技术改造项目，实际投资完成6.2亿元。（郑敏超）

工业主要产业

【工业主要产业概况】 2022年，佛冈县主要有电子、空调及配件、玩具、电动车及配件、钢铁铸造等五大支柱产业，总产值239.23亿元，占全县总产值的72.27%。

【电子产业】 2022年，佛冈县电子产业总产值67.44亿元，占全县规模以上工业企业总产值20.37%，同比下降17.7%。电子产业主要以建滔集团为龙头。

【空调及配件产业】 2022年，佛冈县空调及配件产业总产值39.05亿元，占全县工业总产值11.78%，同比下降3.9%。重点企业主要是约克广州空调冷冻设备有限公司、广东亿利达风机有限公司等。

【玩具产业】 2022年，佛冈县玩具产业总产值23.26亿元，占全县工业总产值7%，同比增长3%。重点企业主要是佛冈万兴电子塑胶制品公司、华联（佛冈）机械制造有限公司和骏达（佛冈）玩具有限公司等。

【电动车及配件产业】 2022年，佛冈县电动车及配件产业总产值61.9亿元，占全县工业总产值18.7%，同比增长11.3%。重点企业主要是广东雅迪机车有限公司、广东松峰机械有限公司、清远市拓达车辆配件有限公司等企业。

【钢铁、铸造产业】 2022年，佛冈县钢铁、铸造产业总产值47.59亿元，占全县工业总产值14.4%。随着钢铁去产能成果的巩固，进一步支持钢铁

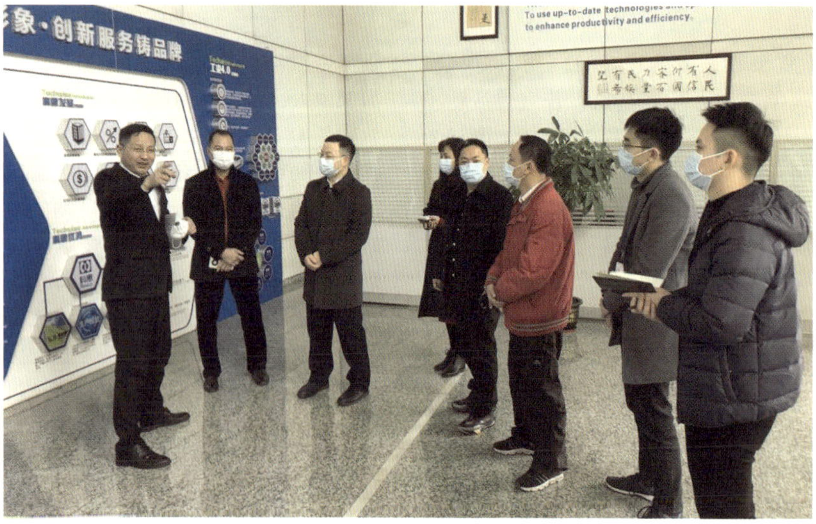

2022年2月4日，县委副书记、县长江红平（左三）到科惠白井了解节后复工复产情况（张凤萍 摄）

企业做大做强，钢铁产业逐步成为佛冈县支柱产业。重点企业主要是佛冈达味特钢有限公司、广东省佛冈金城金属制品有限公司等。

（郑敏超）

企业技术创新·技术改造·品牌建设

【企业技术创新、技术改造和品牌建设概况】 2022年，佛冈县持续开展以技术创新、技术改造为抓手的工业转型升级。企业以推进产品结构调整，提高企业核心竞争力为重点，实施新一轮技术改造，加快促进全县五大支柱产业的形成，优化投资结构，推动重点产业优化升级，增强企业发展后劲。

【技术创新】 2022年，佛冈县工业企业不断发展壮大，企业技术装备和工艺水平有较大提升，自主技术创新能力逐步形成和加强，科技进步和科技创新成效显著，企业竞争力得到提高。是年，县工信部门着力从三方面帮助企业提升核心竞争力：一是将科惠电路、科惠白井、吉多宝、南玻等企业的技改项目列为重点跟踪服务项目，协调项目推进遇到的各种问题，确保项目顺利完成，提升企业技术创新能力；二是积极贯彻落实促进技术进步和技术创新政策；三是提高企业在研发投入方面的积极性，不断强化企业技术创新主体地位。

【技术改造】 2022年，佛冈县工业投资26.24亿元，同比增长20.3%，完成市级下达指标23.57亿元的111.34%。在省、市、县技改政策支持下，全县工业企业掀起新的技术改造高潮。其中，全县新增约克、科惠电路、科惠白井等39家企业51个技改项目，累计完成投资6.2亿元，同比下降38.6%，完成市年初下达任务的26.3%。其中，万兴电子、约克、

2022年8月5日，县委副书记、县长江红平（左五）率队走访广东（佛冈）万洋众创城，面对面协调解决企业的困难和问题　　（张凤萍　摄）

亿利达风机等3家企业获得省技术改造专项资金178万元，科惠电路、科惠白井、万兴电子等3家企业技术改造完工项目，获得事后奖补资金共733万元。

【品牌建设】 2022年，佛冈县工信部门结合全县产业优势，围绕重点企业重点产品的资源条件、产品竞争力、市场影响力、品牌发展潜力和对同行业及相关产业的带动作用，积极发动企业提高争创名牌产品意识。其中，清远南玻节能新材料有限公司切实提升产品质量与品牌价值，其产品技术指标达到国际一流水平，走在同行业前列。是年，该企业积极申报广东省省级企业技术中心称号。

【绿色发展】 指导企业申报国家级、省级绿色制造项目 2022年，佛冈县工信部门指导辖区内工业企业申报国家级、省级绿色制造项目，经上级审核批准，全县有2家企业进入国家绿色制造体系名单。其中，佛冈县盈泰染整有限公司获“2020年产品绿色设计”称号；约克广州空调冷冻设备有限公司获“2021年绿色供应链”称号。同时，培育和指导约克广州空调冷冻设备有限公司申报2023年绿色体系建设项目国家绿色工厂。

争取企业绿色发展专项资金 2022年，佛冈县有2家企业获得清远市工业企业绿色发展专项资金支持。其中，建滔（佛冈）积层板有限公司煤改气超低排放技术改造项目获得100万元；建滔（佛冈）积层纸板有限公司一期燃气锅炉节能技术改造项目获得100万元。

（郑敏超）

工业节能减排

【开展节能监察】 2022年，佛冈县坚决贯彻落实国家“碳达峰碳中和”战略决策，对29家用能企业开展专项节能监察，节约用能，提升能效水平。稳步提高能源清洁化水平，推动陆上风电实现跨越式发展。是年，全县新增在建陆上风电项目1个，新增装机4.99万千瓦；装机容量20万千瓦，中核汇能乡村振兴农光互补发电项目(一期)已投产并网；天然气发电、抽水蓄能、电化学储能等项目正开展各项前期工作。为加快新能源汽车推广，2022年全县共投入营运电动出租车106台，电动公共汽车116台，实现城镇公共交通零排放。

（宋振华）

【开展清洁生产审核】2022年，佛冈县积极推进清洁生产审核工作，对照审核要求，认真筛选2022年度需开展清洁生产审核的企业，认真做好清洁生产审核报告初审工作，提高清洁生产审核报告编写质量，确保清洁生产审核任务按时完成。是年，完成清洁生产审核企业初审14家。

（黄燕春）

工业主要企业

2022年7月7日，约克广州空调冷冻设备有限公司员工在生产车间作业

（朱家佑 摄）

【约克广州空调冷冻设备有限公司】约克广州空调冷冻设备有限公司成立于1995年，公司坐落于广东省清远市佛冈县龙山镇，占地面积9公顷，有员工750多名。公司主要设计及制造中央空调、末端产品、商用及家用空调、IAQ改善室内空气品质系列产品。2022年产值30亿元人民币，年纳税超1.3亿人民币。该公司1997年通过ISO 9002质量体系认证，2002年通过ISO 9001质量体系认证，2005年通过ISO 9001、ISO 14001、OHSAS 18001一体化管理体系认证；曾先后获评“第四届制冷学会推荐产品”“全国制冷行业质量领先品牌”“全国质量服务消费者满意企业”“全国质量信得过产品”“全国机械制造500强”“中央空调10强”等殊荣和企业信用等级证书3A，被评定为广东省高新技术企业、广东省省级企业技术中心、广东省工程技术研究中心、世界技能大赛制冷与空调项目中国集训基地、广东省第一批建设培育产教融合型企业、国家两化融合试点示范、广东省智能制造试点示范、广东省健康促进示范企业、广东省博士站、国家绿色供应链管理企业和绿色领跑企业等。

【清远南玻节能新材料有限公司】清远南玻节能新材料有限公司成立于2011年5月，坐落于广东省清远市佛冈县迳头镇，占地30公顷。该公司是中国南玻集团股份有限公司全资子公司、国家高新技术企业、广东省高成长型中小企业、清远制造十大名片企业、全球7家高铝玻璃生产厂商之一。公司注册资本10.55亿元人民币，主营研发、生产、销售超薄电子玻璃，是广东省唯一生产高铝超薄电子玻璃的企业。产品主要应用于手机、平板电脑等消费电子玻璃盖板。公司于2015年建成一条高铝超薄电子玻璃生产线；2020年投资7.85亿元的二期生产线已建成投产，其中包括一条年产20万吨超薄电子玻璃生产线和一条相配套的年产12万吨超白特种玻璃生产线；投资2000万元，按高于广东省重点实验室标准建设的高规格光电玻璃新材料研发中心建成并投入使用。该公司开发出多种新型高性能铝硅酸玻璃配方和超白超薄电子玻璃系列新产品，质量处于国内领先地位，畅销国内外，在华为、中兴、三星等终端厂商得到广泛应用。该公司的高性能铝硅酸盐超薄电子玻璃关键技术及产业化获2018年度广东省科技进步二等奖，发明专利“锆质铝硅酸盐玻璃及其制备方法”获2019年广东省第六届专利奖优秀奖。

公司被评为国家知识产权优势企业及广东省知识产权示范企业，并获评广东省高性能铝硅酸盐玻璃（南玻）工程技术研究中心、广东省省级企业技术中心及广东省博士工作站。

【广东雅迪机车有限公司】广东雅迪机车有限公司成立于2015年7月，占地13.3公顷，注册资金3398万元，拥有员工1700多名。公司现已发展成为集电动自行车、电动摩托车研发、生产与销售于一体的高端电动车制造基地。公司拥有15条全自动化流水线，单线8小时每天产能700台。2022年产销量222万台，产值54亿元，纳税1.3亿元；截至2022年，共投入立项93个研发项目，拥有自主研发专利共36项，高新技术产品11个。公司获得国家高新技术企业、省级工程技术研究中心、十佳纳税企业、高成长中小企业、广东省名牌企业等多项荣誉称号。

【建滔（佛冈）积层板有限公司】建滔（佛冈）积层板有限公司是建滔集团旗下全资子公司，位于广东省清远市佛冈县石角镇建滔工业园，占地面积3.7公顷。公司于2002年注册成立，注册资金2900万美元，固定资产投资超过3.6亿元；2003年12月正式投产；2016年开始，公司被评为“高新技术企业”；2022年公司营业收入20亿元。公司拥有一支高学

2022年7月7日，广东雅迪机车有限公司员工在对电动摩托车进行出厂前的检测（朱家佑　摄）

历研发队伍、一个高标准实验室、一个省级工程中心，注重产品研发，积极开发新产品，优化产品工艺，保证产品适应不同客户需求。公司主要产品为布基及复合基覆铜板，是电子及电器产品的基础原材料，广泛应用于家电、手机、电脑、汽车等领域。产品远销欧洲、北美、澳洲、东南亚等二十多个国家和地区，多个国内外知名品牌为公司下游及终端客户，如奔驰、宝马、三星、惠普、联想、美的等。是年，公司已通过ISO 9000、IATF 16969质量体系及ISO 14001环境管理体系认证，并通过国家“清洁生产”验收。

【清远加多宝草本植物科技有限公司】 清远加多宝草本植物科技有限公司是加多宝集团旗下唯一一家荣获高新技术企业称号的全资子公司，坐落于清远市佛冈县汤塘镇，始建于2008年8月，注册资金达1.6985亿美元；2011年3月正式投产，是目前全国最大的凉茶浓缩汁生产基地。公司主要产品“加多宝凉茶浓缩汁”，依据正宗配方，优选草本植物原料，采用自主研发的凉茶浓缩汁工艺技术浓缩而成。公司依托凉茶浓缩汁工艺技术，率先开创“集中提取、分散灌装”的凉茶工业化生产模式，保证了产品质量和口味的一致性，为凉茶全球化发展提供了技术保证。公司的凉茶浓缩汁生产线主体设备均进口自美国、意大利等国家，拥有全自动中央智能控制系统；应用ISO 9001:2000、ISO 22000、HACCP（危害分析和关键控制点）等一系列管理体系，对产品质量和食品安全进行规范管理，确保产品品质如一。公司拥有国家级检测实验室（经CNAS认证），产品已获得QS质量安全认证。

【佛冈达味特钢有限公司】 佛冈达味特钢有限公司，成立于2011年11月，位于佛冈县石角镇建滔工业园区，占地面积11公顷，注册资金1.3亿元，主营生产、加工、销售HRB400E及HRB500E高强度热轧带肋钢筋等建筑用钢材。公司集冶炼、轧制全流程于一体，年产量60万吨。公司有员工480人，其中管理和技术人员占68%，高级技术人员占职工总数比重31%。公司坚持“质量第一、科技兴厂”理念，建立科学的质量管理体系，不断提升企业管理水平。2020年工业总产值20亿元，纳税1500万元；2021年工业总产值33亿元，纳税3800万元；2022年工业总产值29亿元，纳税5700万元。公司被评为佛冈县2020年度先进纳税企业、佛冈县2021年度十佳纳税企业、佛冈县2022年度十佳纳税企业。

【广东兆联纺织有限公司】 广东兆联纺织有限公司位于佛冈县汤塘镇，由兆升针织（香港）有限公司于2003年独资兴建，员工约700人。该公司是一家化纤面料织造印染企业，主要研究、设计、开发、生产用于高档内衣、泳衣、运动服、鞋材等的高档面料，于中国香港，美国纽约、加州，英国曼彻斯特等地设立销售办事处。公司注重可持续发展战略，大力支持使用可循环再生纱线，产品获得由瑞士纺织品检测研究所颁发的“OEKO-TEX Standard 100”环保证书和GRS全球回收标准认证，并获得由美国Unifil颁发的回收利用塑料瓶使用冠军称号。公司产品立足国内，拓展海外，行销欧美、澳洲、中北美洲、亚洲等地区。

【广东合诚实业有限公司】 广东合诚实业有限公司创建于1996年，由合诚技术股份有限公司投资建设，注册资金3.6亿元。公司专注于高分子新材料（含精细化学品）、食品配料和添加剂及医药辅料的发展，主导产品包括绿色环保PPR管道材料、特种工程塑料、功能聚烯烃、高性能透气膜专用料和生物医用高分子材料、塑料助剂以及各类食品配料和添加剂、医药原辅料，是一家集科研、生产、销售于一体的民营高新技术企业。公司拥有国家授权发明专利81件，建有广东省改性高分子材料工程技术研究开发中心、广东省食品添加剂及配料工程技术研究开发中心、广州市改性高分子材料重点工程技术研究开发中心、广州市功能性食品添加剂及配料工程技术研究开发中心；荣获广东省省级企业技术中心、广州市市级企业技术中心称号。公司与华南理工大学、中山大学、中国科学院广州化学研究所等多所知名院校、科研机构建立长期良好合作关系，其中与华南理工大学合作共建的“改性高分子材料技术产业化基地”被广东省科技厅认定为“省部产学研结合示范基地”。公司先后被评为广州市创新型企业、广东省创新型企业、广东省自主创新百强企业、广州市优秀民营企业。

【广东鑫统仕集团有限公司】 广东鑫统仕集团有限公司成立于2004年，是中国汽车散热器行业中一家能够自主开发、来图来样设计及制造生产的汽车制冷系统产品制造商，在成都、清远（两家）、广州、江苏等地有多家贸易子公司，并在阿联酋、老挝、越南、马来西亚注册四家子公司；在广东、江苏、湖南等省份拥有四大生产基地，通过自主生产总成产品与零配件产品，精准把控产品质量。集团产品共有58个种类系列，包括铜铝轿车散热器、卡车散热器、发电机水箱、工程机械车水箱、暖风散热器、冷凝器、中冷器、油散、蒸发器等11 000多个产品规格。主营产品主要销往北美、中东、东南亚、欧洲等100多个国家及地区，深得客户赞誉。鑫统仕集团创新管理，引入阿米巴管理模式，深入实施创新驱动发展战略，持续强化科研人才引进培养、研发平台建设等，获得国家知识产权局颁发的实用新型专利48项、发明专利2项、外观设计专利5项，拥有软件著作权2项；先后获得年度先进纳税企业、清远市先进基层党组织、清远市先进集体、广东省五一劳动奖状、广东省博士工作站、广东省高新技术企业等多项荣誉。

【洛科威防火保温材料（广东）有限公司】 洛科威防火保温材料（广东）有限公司是国际知名岩棉生产商洛科威集团的第51座生产基地。该生产基地占地面积0.65公顷，投资总额4.8亿元人民币。洛科威集团是全球最大的岩棉制品生产商，致力于为当代建筑及工业领域提供成熟的岩棉防火保温隔热产品服务和系统解决方案。洛科威岩棉具有“防火安全、保温隔热、吸音降噪、耐久稳定”等优点，被广泛应用于建筑外墙、屋面、隔墙及工业隔热等，能有效地提升居住舒适度，提高能源效率，减少建筑和工业设施产生的碳足迹，促进社会的可持续发展。洛科威防火保温材料（广东）有限公司（清远生产基地）已正式投产，预计年产值3亿，年纳税5000万。公司引进国际领先的低碳电熔融技术和新一代生产工艺，实施洛科威全球统一的质量标准和严格的环保要求，是洛科威集团近年来加大中国市场投资、引领岩棉行业发展并推动当地节能减排、绿色发展的一项关键举措。

（郑敏超）

2022年9月27日，广佛（佛冈）产业园洛科威项目

[广佛（佛冈）产业园管委会供图]

中小企业和民营经济

【中小企业和民营经济概况】 2022年，佛冈县中小企业和个体工商户比2021年有所增加。是年，全县民营企业3137家，比2021年增加275家；全县个体工商户18 665户，比2021年增加1302户。规模以上民营企业96家，比2021年增加26家，占全县工业企业81%，继续成为全县经济增长的生力军。

【中小微企业帮扶】 下沉企业助力提档升级 2022年，佛冈县工业和信息化局派出干部下沉企业2500多人次，助力企业解决堵点问题181个，推动22家企业实现提档升级，依法淘汰、清退低效企业39家（规模以上企业10家、规模以下企业29家），盘活整治闲置工业厂房38.43万平方米、低效工业用地0.9公顷，有效推动工业企业土地集约高效利用，促进全县经济实现高质量发展。

清理拖欠中小企业账 2022年，佛冈县工业和信息化局高度重视清理拖欠民营企业中小企业账款工作，协助中小企业收回款项39.86万元，为企业发展壮大和持续发展营造良好环境。

助力中小企业用好惠企政策 2022年，佛冈县工业和信息化局组织企业60多人参加清远市中小企业惠企政策宣讲会、9人参加清远市中小企业经营管理人员培训，提高企业对政策的知晓度，确保企业用足、用活、用好惠企政策。

加强中小企业品牌培育 2022年，佛冈县工业和信息化局加强企业品牌培育工作，进一步提升企业竞争力。协助广东鑫统仕集团有限公司成功申报2022年清远市“扶优计划”试点企业（第三批）；推荐约克广州空调冷冻设备有限公司、佛冈建滔实业有限公司等18家企业成功申报2022年广东省创新型中小企业；帮助清远南玻节能新材料有限公司、广东鑫统仕集团有限公司等 17 家企业成功申报“广东省 2022 年专精特新中小企业”。

有效开展“小升规”工作 2022 年，佛冈县工业和信息化局制定《2022 年佛冈县促进小微工业企业上规模行动计划》，建立“小升规”重点企业培育库，鼓励和引导小微企业上规模，进一步激发小微企业活力，促进全县经济提质增效。是年，全县有 18 家企业完成“小升规”，其中新建投产并上规企业 7 家。

（朱淑玲）

2022 年 12 月 8 日，佛冈供电局用电营商环境联席办公室在广佛（佛冈）产业园举行揭牌仪式 （林永光 摄）

电力工业

【电力工业概况】 佛冈供电局是广东电网有限责任公司清远供电局直属县级供电分公司，主要负责佛冈县 10 千伏及以下供用电业务管理工作。2022 年，用电客户约 18.6 万户；辖区共有 110 千伏及以上变电站 8 座，基本形成以 220 千伏湛江变电站、汤塘变电站为中心，以 110 千伏线路为主干，以 10 千伏线路为基础的佛冈电网。是年，全县用电量 25.01 亿千瓦时，全市排第四，最高负荷 55.86 万千瓦，电网连续安全稳定运行超过 15 年。

【安全生产】 深入开展安全隐患整治 2022 年，佛冈供电局认真贯彻落实国务院安全生产委员会“十五条”“广东 65 条”和“清远 72 条”具体措施，完成隐患整治 2036 项，实现党的二十大前重大隐患“见底清零”目标。

有效提升电力保供水平 2022 年，佛冈供电局迅速打赢百年一遇的超强“龙舟水”复电战，获得“广东省 2022 年三防工作表现突出集体”称号；圆满完成党的二十大、省运会等 32 项保供电任务，荣获“广东电网公司党的二十大安全保障工作先进集体”称号。

【电网建设】 完善电网建设协调机制 2022 年，佛冈供电局成立由分管副县长担任组长的项目领导小组，建立联席会议机制，县、镇、企、村紧密联动，顺利完成粤港澳大湾区 500 千伏外环中段、110 千伏文昌输变电工程等一批重点项目投产。

推进重点项目建设 2022 年，佛冈供电局为全力助推佛冈县高质量发展和县域提质扩容，如期完成配网建设项目 42 项、园区电网配套工程 3 项，有效解决区域负荷增长接入问题；完成省运会场馆、县中医院等 4 项重大民生电力工程；完成省道 252 线、高岗镇卫生院等 4 项电力线路迁改任务。

【电力供应】 持续优化电力营商环境 2022 年，佛冈供电局认真落实《清远市对标先进优化电力接入提升营商环境实施方案》，联合广佛（佛冈）产业园管委会、县发改局成立全市首个用电营商环境联席办公室，成功办理全市首宗“信用办电”。园区内企业供电方案实现 100% 极速答复，15 家企业实现早接电、早用电目标，

2022 年 5 月 13 日，清远市供电局总经理江伟斌（前左二）到佛冈指导抢修工作 （林永光 摄）

为企业节省办电成本540万元。

实现电力有序可靠供应　2022年，佛冈供电局坚决落实“保经济增长、保社会稳定、保民生用电、保电网安全”相关措施，解决三相不平衡台区64个，低电压台区75个，实现存量低电压台区全面清零，治理完成率100%，全市排名第一。是年，佛冈县低、中压客户平均停电时间分别下降22.7%、60.4%，用户重复停电率降幅达36.51%，全市排名第二。

（黄　蕾）

工业园区建设

佛冈县产业转移工业园

【佛冈县产业转移工业园概况】佛冈县产业转移工业园（简称“产业转移园”）是经省及国家认定的省级工业园区。产业转移园重点承接和发展珠三角地区装备制造、电子信息、新材料及生物医药与健康“3+1”等主导产业，致力于打造为专业化程度高、特色优势突出、发展潜力大的工业园区。2022年，园区规模以上企业38家，产值201.6亿元，同比下降4.7%；增加值41.55亿元，同比下降8.7%；完成固定投资37.13亿元，其中工业固定投资26.24亿元；规模以上企业税收9亿元，同比下降8.74%；新上规模以上企业4家，新纳统企业4家。

【“以申促建”创建省级高新区】2022年，工业园区管委会根据县委、县政府工作部署，主动谋划“以申促建”创建省级高新区，以争创省级高新区工作专班为抓手，综合园区发展实际；征求市科技局及有关专家意见，以广东佛冈县产业转移工业园为主体，整合广佛（佛冈）产业园，以“一区两园”申报省级高新区。已以市政府名义请示上报省政府，待确认后由省科技厅将其列入下一批考察名单。

【产业共建扶持资金】2022年，工业园区管委会积极协助企业申报政策奖励，其中，协助广佛（佛冈）产业园万洋和中创项目成功申报2022年度市鼓励建设和使用标准厂房专项资金共240.01万元；协助雅迪获得2022年产业共建资金700.75万元。

【招商引资】2022年，工业园区管委会大力推进招商引资工作，召开招商引资项目入园评审会五批次，有26个项目通过评审，计划总投资97.36亿元，达产产值154.92亿元，年纳税4.12亿元。已签约项目17个，计划总投资66.81亿元，达产产值92.17亿元，年纳税2.2亿元；其中，亿元以上项目5个，3亿元以上项目2个。

【佛冈正源环保材料有限公司项目】该项目位于龙山智造城，占地面积8公顷，投资总额8亿元，预计年产值30亿元，年纳税5000万元。计划一期供地4公顷。佛冈正源环保材料有限公司成立于2017年，位于佛冈县石角镇大坪山，注册资本1080万元，主要经营范围为处理铝锭熔化浇铸厂、铝型材厂、铝棒厂等熔融工序产生的铝灰渣。公司计划在龙山智造城新建年产10万吨无害化处理生产线和20万吨综合利用深加工铝灰渣项目生产线。

【广东材料谷·未来科技园项目】该项目落户于龙山智造城，由广东材料谷高新产业孵化器股份有限公司投资建设。项目一、二期占地面积30公顷，投资总额48.8亿元，预计年产值41.22亿元，年纳税1.15亿元。主要建设涵盖生产、研发、实验、办公等共性需求的专业空间载体，在电子信息材料、生物医用材料和新能源材料产业领域拥有精准落地的产业招商能力和专业高效的产业生态构建能力。

【园区重点项目建设】城西科技园项目建设　2022年，工业园区管委会积极推进城西科技园项目建设。城西万洋科技众创城约6公顷首期用地已完成招拍挂程序，其中项目G地块已进入规划方案报批阶段；E地块正在进行土方平整；城西纵一路一期工程前期工作已全面铺开。

龙山智造城项目建设　2022年，工业园区管委会积极推进龙山智造城落地建设。智造城智动优谷项目占地13公顷，首期用地已完成土地招拍挂程序，其中项目A区约4.5公顷用地已启动施工。

大湾区生命科技园项目建设　2022年，大湾区生命科技园项目建设进展顺利，基本完成约13公顷首期用地地上物清表，全面开展钻探和土方平整工作。

聚宝工业园项目建设　2022年，工业园区管委会加速推动聚宝工业园A、B区项目建设。其中，聚宝A区10家企业已全部完成主体建设，聚宝B区基础设施建设已完成93%以上，4家企业已进场施工。

（工业园区管委会）

广佛（佛冈）产业园

【广佛（佛冈）产业园概况】广清经济特别合作区广佛（佛冈）产业园由广州开发区和佛冈县采取“共商共建共享共赢”合作开发模式共建，是深入推进广清一体化发展的重要举措。园区借鉴广州开发区开发建设的先进经验与佛冈的区位优势，打造生物医药、高端智能装备制造、高分子新材料、美妆日化四大产业。2022年共签约企业17家，计划投资总额约24.47亿元，年产值约69亿元，达产税收约2.01亿元。完成年度投资额约17.71亿元（工业固定投资13.8亿元），上年同比增长32.96%。新上规模以上企业2家。

【基础设施建设】路网建设　2022年，广佛（佛冈）产业园初步构建与

2022 年 1 月 7 日，广佛（佛冈）产业园广东材料谷二期工程封顶（朱慧燕　摄）

周边京珠高速、汕湛高速、国道 106 线的立体交通网络，园区主干道黄埔大道实现与省道 355 线连接。

基础配套　2022 年，广佛（佛冈）产业园对标广州开发区，加快推进创服中心、邻里中心、污水处理厂等基础配套项目建设。是年，园区建成约 15 公里路网，平整土地约 5000 亩，污水处理厂已进入设备安装阶段，协鑫冷热电三联供项目实现供热，110 千伏文昌（四九）输变电站投产运行。临时供电、临时供水、通信网络已覆盖园区。

【招商引资】 **产业定位**　2022 年，广佛（佛冈）产业园依托广州开发区品牌，以生物医药、新材料为主导产业，抓好产业集群和产业链配套发展，园区生物医药、高新材料、智能制造、美妆日化等四大产业板块稳步协调发展。

招商选资　2022 年，广佛（佛冈）产业园共签约企业 17 家，计划投资总额约 24.47 亿元，年产值约 69 亿元，达产税收约 2.01 亿元。完成年度投资额约 17.71 亿元（工业固定投资 13.8 亿元），上年同比增长 32.96%。

【营商环境】 **优化审批**　2022 年，广佛（佛冈）产业园承接清远市授权 44 项审批权限和佛冈县授权 48 项审批权限，采取“充分授权、高效运行”的管理模式，实行“容缺 + 承诺制”审批、并联审批机制，分批分阶段进行审批，极大缩短审批流程，逐步实现企业办事不出园。

企业筹建　2022 年，广佛（佛冈）产业园动工企业 17 家，试投产企业 18 家，39 家企业完成了工商注册登记，29 家企业完成投资备案。

企业服务　2022 年，广佛（佛冈）产业园 CSO 首席服务官工作常态化，解决企业生活配套问题。联合县人社局和县融媒体中心举办云端引才招聘会广佛园专场活动，全年协助 17 家企业完成 8 场次人才招聘会。协调园区企业员工随迁子女入学 13 人。优化园区网络布局，设立基站，实现园区网络信号全覆盖。对接县交通运输局、公交公司开通广佛园公交路线。协助合诚、天赐等 10 个项目完成永久用电报装，为企业达产增效，提供有力保障。佛冈县公安局广佛产业园派出所进驻园区。

【经济社会发展情况】 园区总规划面积约 26 平方千米，首期用地 11.53 平方千米，规划建设用地规模约 8.81 平方千米（13 215 亩）。2022 年用地规模约 4.4 平方千米（6600 亩），已取得用地指标约 3.02 平方千米（4535.4 亩），截至 2022 年底，土地已供应 2.71 平方千米（4063.39 亩），供地率已达 90%。是年，园区常住人口达 3400 人，全口径税收 9971.15 万元，财政收入累计 114 974.86 万元（其中土地出让收入 97 026 万元）。

［广佛（佛冈）产业园管委会］

2022 年 9 月 27 日，广佛（佛冈）产业园创服中心项目

［广佛（佛冈）产业园管委会供图］

交通·邮政·通信

责任编辑：范金来

交通综述

【交通概况】 2022年，佛冈县交通运输局有2个下属事业单位，分别为佛冈县公路事务中心、佛冈县交通运输服务中心。全县公路通车总里程1627.09千米，其中高速公路97.34千米，国道64.95千米、省道142.93千米、县道150.85千米、乡道336.07千米、村道834.95千米。国道省道管养桥梁96座，县乡村道路管养桥梁332座。全年完成客运量22.52万人次，客运周转量1605.15万人千米；城镇公交车共完成客运量330万人次，客运周转量3763万人千米。

【交通基础设施建设】 2022年，佛冈县交通运输局全力抓好重大交通基础设施建设，重大交通项目有序推进。

京港澳高速佛冈县城至广州段十车道扩建工程 2022年，京港澳高速公路粤境清远佛冈至广州太和段改扩建工程项目，向南经佛冈县、从化区、花都区、白云区，终点为与北二环高速公路相交的太和枢纽，枢纽与华南快速路相接。道路全长约71.78千米，其中佛冈段途经石角镇、汤塘镇、龙山镇，长约19.78千米。全线按双向十车道技术标准进行改扩建，路基宽度49米，设计速度采用每小时100千米。项目总投资约36.5亿元。截至2022年12月底，项目正在开展初步设计和土地预审工作。

国道106线佛冈县城至龙山段改建工程 该工程起点位于石角镇沙田村省道252线，与省道252线佛冈县城段改建路段终点对接，路线沿英佛公路西面1.2千米南下，过低缓丘陵山包，从元山村东面经科旺村西面跨过龙南河，经过店前村边东侧，在兆联纺织厂东北面跨过滘江，经岐安村西面山坡脚。路线沿西南方向走向，在汤塘镇西面和南面跨越汕湛高速和滘江，于龙山镇东面接国道106线，路线全长21.18千米，采用双向六车道一级公路技术标准，设计速度80千米/小时，路基宽33米，路面结构为沥青混凝土，桥涵设计汽车荷载等级采用公路Ⅰ级，投资总额约19.78亿元。根据佛冈县经济社会发展需要，拟将正在施工的省道252线县城段改建工程纳入国道106线佛冈县城至龙山段改线工程总体项目打包，以争取更多上级补助资金。截至2022年12月底，工程可行性研究报告已修编完成，已按程序上报市公路事务中心，同时办理社会稳定风险评估、用地预审和规划选址意见和资金来源证明等立项前置工作，争取早日获广东省发展和改革委员会立项建设。

2022年8月23日，广东省人大常委会机关乡村振兴驻镇帮扶工作组到佛冈县调研交通基础设施项目 （县交通运输局 供图）

汕湛高速龙山互通出口至国道106线龙山路段公路改建工程 2022年，佛冈县已完成该工程施工单位及监理单位的招投标工作，进入施工图设计阶段。项目起点位于汕湛高速龙山互通出口处，路线沿县道376线自西北向东南走向，经过黄塱村和凤洲大桥后沿龙山镇规划道路走向，终点与国道106线相交，路线全长4.6千米，工程总造价为12 743.04万元。

省道252线佛冈县城段改建工程 项目起点位于佛冈县石角镇三八片区，接国道106线，路线沿佛冈县城北面群山山脚布线，经大

2022 年 8 月 19 日，县交通运输局陪同县领导视察省道 252 线和篁胜连接线（县交通运输局 供图）

墩、马山、杨群、高围等地，终点位于县农科所附近，路线全长 9.44 千米。采用一级公路结合城市道路技术标准，双向六车道，设计行车速度每小时 80 千米，路基宽 32 米，路面结构为沥青混凝土。项目概算总投资 5.58 亿元。工程采用 PPP 模式，由中铁一局集团有限公司和中交第一公路勘察设计研究院有限公司实行施工设计总承包，北京华路顺工程咨询有限公司负责项目监理，于 2019 年 6 月正式进入施工阶段。截至 2022 年 12 月，已完成总工程量的 91.54%，累计完成投资 50 801 万元。除 K8+586 ～ K9+438（英佛公路—农科所）路段约 0.85 千米外的路段工程，项目其余建设内容已全部完成。

国道 106 线佛冈大庙峡 2 桥危桥改造工程 该工程于 2022 年 3 月 11 日开工，于 2022 年 9 月 28 日完工。项目位于佛冈县汤塘镇国道 106 线，主要建设规模及内容：更换上部结构和部分利用下部结构，桥宽采用 23.6 米。桥梁全长 161.03 米，项目总投资 1764.83 万元，其中建安工程费为 1463.24 万元。

国道 106 线佛冈红光桥危桥改造工程 项目位于佛冈县汤塘镇国道 106 线 K2344+237 段，主要建设规模及内容：红光桥采用分离式桥梁断面，分左、右幅，桥梁全长 26.4 米，跨径总体布置为（1×20）预应力混凝土 Z 简支小箱梁。项目总投资 430.84 万元，其中建安费为 357.78 万元。该工程于 2022 年 3 月 9 日开工，于 2022 年 7 月 19 日完工。

省道 252 线佛冈横江桥危桥改造工程 项目位于佛冈县高岗镇省道 252 线 K59+443 段，主要建设规模及内容：在原位拆除旧桥后重建，新建横江桥桥长 48.8m，桥宽 12 米。采用二级公路技术标准进行改建，项目总投资 469.82 万元，其中建安工程费为 384.62 万元。该工程于 2021 年 11 月 29 日开工，于 2022 年 5 月 30 日完工。

国道 106 线佛冈 K2341+841 至 K2353+700 路域整治工程 项目位于佛冈县国道 106 线，起点桩号 K2341+841，终点桩号 K2353+700，全长 11.86 千米。主要建设内容为：以现种各种时花为主，草皮为辅。栽植大红花 4230 株、栽植非洲茉莉柱 220 株、栽植紫荆 2155 株、栽植秋枫 251 株、铺种草皮约 40 平方米、余土外运 1505.21 立方米、种植土回填 3105.9 立方米。施工图预算总造价为 287.21 万元。该工程于 2022 年 3 月 11 日开工，于 2022 年 9 月 28 日完工。

2022 年佛冈农村公路水毁桥梁重建工程 2022 年，佛冈县各镇均遭受了不同程度的洪涝灾害袭击，石角镇、汤塘镇 5 座桥梁被冲毁，严重影响当地村民生产生活以及交通出行安全。为尽快修复水毁桥梁，恢复交通安全畅通和正常的生产生活秩序，佛冈县对农村公路水毁桥梁进行重建。重建桥梁分别为：①上黎六队桥（长 14 米，宽 6.5 米）；②霞蕉冚桥（长 14 米，宽 6.5 米）；③大坝水圳桥（长 13 米，宽 4.5 米）；④低村桥（长 44 米，宽 4.5 米）；⑤坑尾桥（长 37.04 米，宽 6.5 米）。项目总投资合计为 467.39 万元，该工程于 2022 年 11 月 30 日开工，截至 2022 年 12 月底已完成总进度的 85%。

省道 252 线佛冈县城段改建附属工程（路灯照明设施建设工程及监控设施建设工程） 2022 年 12 月 10 日，该工程开工。项目位于佛冈县，主要建设规模及内容：①省道 252 线佛冈县城段路灯照明设施建设工程，项目起点位于佛冈县石角镇三八村，接国道 106 线，路线走向自东向西，终点与省道 292 线平交。主要建设内容：路线全长 8.585 千米，设置箱式变压器 6 套、照明配电箱 6 套、路灯（LED）288 套和手孔井 60 座等。②省道 252 线佛冈县城段监控设施建设工程，项目位于省道 252 线佛冈县城段。主要建设内容：信号控制系统 2 套、交通监控系统 4 套、闯红灯电子警察系统 4 套。项目概算总投资 2206.37 万元，其中，建安费为 1841.65 万元。

国道 106 线佛冈 K2311+000 ～ K2361+000 段修复养护工程及佛冈车角大桥、杨名韶桥、联和桥加固养护工程 项目具体如下：①国道 106 线佛冈 K2311+000 ～ K2361+000 段修复养护工程，南北走向，全长 50 公里。②国道 106 线佛冈车角大桥、杨名韶桥、联和桥加固养护工程，项目位于国道 106 线佛冈 K2311+000 ～ K2361+000 段内。根据近期的桥梁检测报告显示，该三座桥梁技术状况等级均为 3 类桥。项目概算总投资合计为

370.68 万元，建安费 302.49 万元。其中清远市佛冈县国道 106 线佛冈 K2311+000 ～ K2361+000 段修复养护工程施工图总投资为 312.18 万元，建安费为 259.5 万元；佛冈车角大桥、杨名韶桥、联和桥加固养护工程施工图总投资为 58.5 万元，建安费为 42.99 万元。该工程于 2022 年 11 月 10 日开工，计划于 2023 年 1 月 7 日完工。

省道 292 线佛冈 K124+140 ～ K124+300 段重点水毁修复工程 项目位于佛冈县西北侧省道 S292 线 K124+140 ～ K124+300 段。主要建设规模及内容：采用护脚墙对原边坡三处垮塌处进行进行修复，建设长度为 60 米，护脚墙上部边坡最大高度 10 米，坡率采用 1∶1.25，坡面采用客土喷播植草防护；挡墙外露高为 4.5 米；在护脚墙基坑开挖前，在坡面施打一排 12 米长拉森钢板桩，作为临时防护。项目总投资 230.63 万元，其中建安费 198.63 万元。该工程于 2022 年 12 月 9 日开工。

【“四好农村路”建设】 2022 年，佛冈县完成农村公路通建制村单改双及路网联结工程 27.16 千米、农村公路安全生命防护工程 21.03 千米、农村公路危（旧）桥改造工程 5 座、农村村内道路未硬化主干路里程 3.36 千米。

通建制村单改双及路网联结工程 2022 年，建设总里程为 27.16 千米。其中，17.19 千米由县公路事务中心负责实施，9.97 千米由清远市公路事务中心总承包实施，共 17 条线路。由佛冈县组织实施的项目建设里程 17.19 千米，共 10 条线路，原则上按路面宽度不低于 6 米、水泥路面厚度 18 厘米的标准实施建设。项目估算总投资 2066.42 万元。工程于 2022 年 10 月 19 日开工，于 2022 年 12 月 7 日完工。

农村公路安全生命防护工程 2022 年，佛冈县农村公路安全生命防护工程建设里程为 21.04 千米（其中 19.27 千米是原计划任务里程，1.77 千米是根据清远市交通运输局调整建设任务后增加的项目里程），共 15 条线路。项目估算总投资 489.64 万元。工程于 2022 年 11 月 5 日开工，于 2022 年 12 月 4 日完工。

农村公路危（旧）桥改造工程 2022 年，佛冈县完成晒禾冈桥、仙子坑桥、咸水桥、下格桥、高坪春桥共 5 座危（旧）桥改造工程，总投资约 818.4 万元。

交通行政管理

【交通行政管理概况】 2022 年，佛冈县交通运输局对运输行政许可的发放严格按照《中华人民共和国行政许可法》审批流程，作出行政许可 29 宗。其中，2 宗新增货运企业经营许可审批，1 宗延续货运企业经营许可审批，1 宗新增道路客运站经营许可审批，25 宗涉路施工许可审批。全年完成客货营运车辆年审共 2319 辆，其中客车 336 辆，货车 1983 辆；新增货车 218 辆，新增客车 10 辆；注销货车 227 辆，客车 29 辆。全县运力结构均衡发展，满足运输市场需求。

【出租车行业管理】 2022 年，佛冈县继续加强出租车行业监管。①着力提升公交车安全行驶水平，积极推进公交车驾驶区防护隔离设施改造安装工作，进一步保障驾驶员安全驾驶环境，确保公共汽车行车安全和乘客人身安全。②建立关键岗位从业人员筛查机制。对“两客一危”、公交运营企业严格落实从业人员职业健康管理制度，对驾驶员开展年度体检、入职体检，建立“一人一档”职业健康档案。严格落实上岗前谈话谈心制度，严防心理不健康、情绪不稳定、身体不适应的驾驶员上岗。③加强落实营运客车驾乘人员安全带使用。县交通运输局结合日常安全生产监管检查工作，加强落实营运客车驾乘人员安全带使用，组织人员实地对客运企业进行检查，重点检查客运场站是否落实“三不进站、六不出站”，特别是驾乘人员不系安全带不得出站要求，督促客运企业加强从业人员教育培训，严格执行客运安全告知制度。④强化路检路查执法工作，以出租车乱要价、拒载、强行拼客为打击重点，全面整治营运秩序，不定期派出流动巡查执法人员，对振兴客运站、县妇幼保健院、人民医院、银座大厦等重点区域进行全方位布控和巡查，共查处出租汽车违规经营案件 4 宗。

是年，全县共检查公交、出租车、客运企业 42 家次，发出整改通知书 23 份，发现问题隐患 42 项，完成整改企业 23 家次，完成整改 42 项。

【机动车维修行业管理】 2022 年，佛冈县交通运输局通过现场检查和以往许可审批数据资料整合，对辖区范围内机动车经营业户的底数进行全面摸排并建立台账，确保底数清、情况明，同时结合本地区的实际情况和日常执法管理工作，到维修业户经营场所加强政策宣传，对未向县交通运输部门进行备案的维修业户，耐心做好解析说服工作，通知其尽快完成经营备案。是年，全县共 446 家维修经营企业，共备案 430 家，备案率为 96.41%。其中，二类汽车维修企业 11 家，二类摩托车维修企业 104 家，三类汽车维修企业 315 家。另外，强化对摩托车维修依法经营宣传力度，深入辖区内各摩托车维修店派发《关于禁止对无牌证和未配备安全头盔的摩托车、电动自行车提供维修服务的通告》，要求摩托车维修经营业户守法经营，禁止对无牌证和未配备安全头盔的摩托车、电动自行车提供维修服务。共派发张贴《关于禁止对无牌证和未配备安全头盔的摩托车、电动自行车提供维修服务的通告》100 余份。是年，县交通运输局到维修业户经营场所加强政策宣传，明确要求各维修企业杜绝非法经营、违反商事登记、经营业务不符合标准、非法拼装改装、制售使用假冒伪劣零配件、承修报废车等行为。是年共检查维修企业169家次，发出整改通知书21份，发现问题隐患27项，完成整改企业21家次，完成整改27项，查处维修企业违章案件17宗。

【机动车驾培行业管理】 2022年，佛冈县交通运输局为更好地贯彻落实机动车驾驶培训考试大纲，规范驾驶员培训学时审核，强化驾培行为监管，维护市场安全稳定，结合实际工作中发现的问题，制定措施、规范。针对培训中出现的不符合要求的现象和问题，逐个数据给予删除，责令驾培机构重新对该学员进行培训，维护学员权益。严格驾驶员培训机构管理。督促驾培机构全面落实安全生产主体责任，法人为安全生产管理的第一责任人。建立健全驾培学校安全生产管理机构，明晰安全生产管理责任人；按照驾培机构资格条件和教练场技术要求等国家标准，结合驾校质量信誉考核工作要求，对驾培机构落实各项管理工作的情况进行检查。对复核中发现经营条件不达标的，责令驾校限期整改；对逾期整改不合格的，依法进行处理，督促辖区驾校按纲施训，规范教学，不断提升教学服务质量，稳步推进驾培管理工作。截至12月，检查驾培企业18家次，发出整改通知书6份，发现问题隐患15项，完成整改企业6家，完成整改15项。

【城市公共交通行业管理】 2022年，佛冈县按照省市对“公交优先”战略的统一部署，积极落实公交优先政策，加大力度调整优化公交线网，着力推进基础设施建设，完善公交场站候车环境和接驳系统。截至2022年12月，县公交运营企业佛冈县永通公共汽车有限公司共有公交车辆116辆，已全部安装驾驶区防护隔离设施。

交通安全管理

【交通安全生产管理】 *安全生产宣传活动* 2022年5月12日是中国第14个全国防灾减灾日，主题是“减轻灾害风险 守护美好家园”。佛冈县交通运输局多渠道组织开展“防灾减灾日”集中宣传活动和开展防汛救灾工作。5月12日，佛冈县交通运输局领导率队到清远市粤运汽车运输有限公司佛冈振兴汽车客运站、佛冈县安利通运输有限公司、佛冈县顺万通小汽车出租有限公司开展防灾减灾日宣传活动。本次活动累计向乘客发放预防道路交通事故等应急知识宣传单张800份，向运输企业派发防灾减灾宣传画8幅，插播防灾减灾宣传标语10条。开展交通系统内部宣传，在局机关大楼LED屏滚动播放防灾减灾宣传标语、在单位大堂醒目位置宣传科学减灾知识，并通过各种途径向干部职工派发宣传小册子等方式大力宣传防灾减灾知识。此次系统内部宣传共有78人次参与学习，摆放防灾减灾宣传架4个，派发宣传单张200份。6月16日，佛冈县交通运输局在佛冈振兴客运站举办“6·16安全宣传咨询日”活动。活动中以设置展板、发放宣传资料、现场咨询等多种形式向广大市民宣传交通出行、道路交通、运输市场管理等方面的安全知识，共设置展板4块、发放宣传单张以及新安全生产法宣传资料250余份，接受市民咨询80余次。

安全法规宣传班 2022年，佛冈县交通运输局共举办3场专题培训班，参与人数约200人，对全局干部职工开展培训宣传，普及交通安全法律法规；通报了省、市、县上半年发生的安全事故案例；组织观看安全生产事故警示教育片。此外，佛冈县交通运输局组织57人参加2022年全国安全生产竞赛活动，学习积分累计474分。

安全宣传“五进”活动 2022年，佛冈县交通运输局开展6场安全宣传“进企业”活动，参与群众人数180人次；开展安全宣传“进家庭”活动25场，参与群众人数75人次；结合帮扶村驻村工作志愿服务，在重要节假日联合村委干部开展安全宣传“进农村”活动，参与群众人数约100人次。

“安全宣传南粤行”活动 2022年，佛冈县交通运输局在客运站、治超站、高速出口等重点交通运输场所，通过发放宣传资料、展出宣传展板和现场答疑等形式，宣传道路交通安全生产法律法规及安全知识。累计开展“专题行”活动4次，开展各类安全宣传活动8场，参与群众人数约200人次。

安全应急演练 2022年7月8日上午9时，佛冈县交通运输局在省道252线县城段开展佛冈县交通运输行业2022年道路旅客运输综合应急演练。佛冈县应急、消防、公安交警、交通运输、卫健等部门和运输公司、路安维修厂的12台车辆，30人参与本次演练活动。佛冈县交通运输局、佛冈县应急局、佛冈县消防大队、佛冈县公安局交警大队等部门有关领导以及各运输企业的代表约60人到达现场观摩了本次演练活动。本次应急演练模拟场景为县安利通运输有限公司一辆营运车辆，在行驶途中与其他社会车辆发生碰撞起火交通事故。演练内容设置了发现火情、报告火情、初次灭火、设置警戒、灭火救援、旅客转运、事故车辆拖离现场等环节。通过这次演练，进一步加强道路旅客运输安全生产管理工作，牢固树立“安全第一、预防为主、综合治理”的安全生产工作方针，切实提高各级管理人员和从业人员的安全生产意识，提高道路运输企业对突发事件的应急反应速度和应急抢险能力，维护人民群众的生命和财产安全。

开展消防安全整治工作 2022年，佛冈县交通运输局对局机关场所开展消防大排查以及消防车通道集中治理。累计共派出工作人员120人次，车辆24台次，完成3个宿舍小区楼道杂物清理和乱拉电线拆除。

“扫街破网封墙”行动 2022年，佛冈县交通运输局切实加强消防安全防控工作，对本单位所在办公室

楼层及下属各养护所办公场所和住宿场所进行全面排查。已全部拆除存在隐患的248.7平方米防盗网。

【交通运输专项治理】2022年，佛冈县交通运输局专项治理工作，一是组织开展全面消防安全大排查，全面排查国省、县道公路用地范围控制线森林防火以及交通运输企业等场所消防安全条件存在的问题和薄弱环节，重点加强对“两客一危”车辆、客运站、在建工程临时用电情况，以及人员密集场所等交通运输行业消防安全重点单位、部门的消防检查。针对排查发现问题，逐个建立问题清单和档案台账，推动落实整改。二是持续开展机动车维修行业消防安全专项检查行动，督促机动车维修行业对无牌无证、未配备头盔的摩托车拒绝提供维修服务，压减违规摩托车生存空间。同步做好宣传引导工作，在维修点醒目位置张贴悬挂相关公示，做好政策宣传和解释工作。累计检查机动车维修企业（含个体户）143家，发出整改通知65份，已全部整改完成。

普通货运行业管理 2022年，佛冈县交通运输局严格依照国家有关法律、法规、国家标准和行业标准，加强货运企业安全生产检查，共检查企业41家次，发出整改通知书14份，发现问题隐患57项，完成整改企业11家，完成整改57项。另外，切实抓好并落实重点货运企业隐患清零主体责任工作。协调组织拥有50辆及以上重型载货汽车或牵引车的道路货物运输企业在岗从业人员、企业主要负责人、安全生产管理人员开展安全培训，推动从业人员认真落实岗位安全生产责任，打通安全生产监管“最后一公里”。落实中高风险企业挂点、约谈机制。每月根据道路货运经营业户“红黑榜”，对中高风险经营业户开展联合安全约谈。

【危险货物运输专项治理】2022年，为切实做好道路危险化学品运输安全专项排查整治工作，确保危险化学品

2022年5月12日，县交通运输局组织人员开展公路防汛救灾工作

（县交通运输局 供图）

运输安全生产形势持续稳定，县交通运输局共检查危运企业13家次，发出整改通知书2份，发现问题隐患8项，完成整改8项。

【汛期安全生产】2022年5月，佛冈县遭遇持续强降雨天气，县域公路出现不同程度的边坡塌方、路树倒伏、水浸公路、桥梁冲毁等险情，部分道路交通受阻。其中国省道干线公路主要边坡塌方60处（条），共1.78万立方米；路基掏空230米约2257.5立方米；冲毁涵洞3座，冲毁护坡挡墙6处约5490立方米。农村公路边坡塌方20处，共约9495立方米；路基掏空约3650米2万多立方米；水泥路面损毁980米4907.55平方米；冲毁桥梁8座，冲毁护坡和挡墙11处4215立方米。累计损失11591万元。针对险情，佛冈县交通运输局累计派出检查指导工作组123个664人次，检查点位320处，发现隐患问题39处，整改39处，整改率达100%。组建了2支应急队伍：一是公路抢险队伍，配备公路抢险人员109人，应急指挥车、自卸货车、专项作业车、装载机、挖掘机等应急抢险机械设备29辆，提前储备砂石188立方米，沥青22吨，编织袋1220个，增加购置交通锥2000个、水马250个等公路应急抢险物资；二是运输保障队伍，配备20名司机、10台大型客车、10台重型货车，随时应对汛期出现的险情。汛期间，共出动抢险机械1392台次，人员3724人次，清理塌方144处1.16万立方米，清理泥沙353处628立方米、泥浆3300米、倒伏路树1294处，疏通水沟8350米，打沙包1716个，涉险路段按规定设置标志牌、示警桩、安全桶等设施一批。在上级支持下，完成龙山镇浮良村委乡道388线木桥头桥、龙山镇下岳村委CA79线七页车桥、迳头镇迳头村委乡道282线樟树陂桥等3座钢便桥的架设。

【交通疫情防控】客运疫情防控 2022年，佛冈县加强交通客运疫情防控工作。一是强化疫情防控检查力度，压实企业主体责任，在客运站、服务区等严格落实旅客测温、查验健康码、佩戴口罩三个100%，站场和交通运输工具清洁、消毒、通风，隔离留观室设置，发热和红黄码旅客管控移交等防疫措施。二是严格落实从业人员健康监测和个人防护工作，全县客运、公交、出租车一线从业人员400人，已接种第二针新冠疫苗人数396人，符合接种第三针新冠疫苗条件387人，已接种第三针新冠疫苗387人。

货运疫情防控 2022年，佛冈县交通运输局加强监管和督促货运企业严格按照《道路货运车辆、从业人员及场站新冠肺炎疫情防控工作指南（第四版）》《广东省新冠肺炎防控指挥办交通运输疫情防控工作专班关于加强入粤货车司机疫情防控工作的通告（第1号）》的要求，落实车辆消毒、从业驾驶员健康监测和安全防护、信息报备和核酸检测等疫情防控措施。是年，全县货运企业39家，经排查涉及跨省货物运输企业1家，跨省货物运输车辆17辆，驾驶员17人。在县内设置了9个货车司机免费抗原与核酸检测点；从10月8日起，在8个高速公路服务区分别增设8个便民核酸检测服务点，为过往旅客提供免费核酸检测服务。11月陆续在6个高速收费站出口、2个国道省道交界处增设8个核酸检测服务点，按照“自愿、免费、即采即走、不限制流动”原则，为入粤（或入清远）旅客和货车司机提供“落地检”核酸检测服务。是年，共完成核酸检测33.47万人次，抗原检测1.5万人次，其中完成货车司机核酸检测25.17万人次。12月9日，佛冈境内国道、省道、高速公路收费站出口和服务区等核酸检测服务点全部撤销。

疫情应急响应 2022年，佛冈县交通运输局牵头负责涉疫风险人员转运和交通管控等相关工作，全力开展“7·12”“10·02”“10·25”等疫情处置工作，共调派运送核酸样本出租车174辆次，接送核酸采样人员大巴车辆108辆次，大规模人员转运车辆72辆次，引导车辆36辆次，有力地保障了对疫情的迅速处置。

入境人员集中闭环转运 2022年1—11月，共调派入境人员集中隔离后闭环转运车辆117辆次，接转133人次，有效落实疫情防控各项措施。

【交通运输责任事故】 2022年，佛冈县交通运输行业发生1宗按规定上报的安全生产责任事故，事故率、死亡率与同期相比上升100%。无火灾责任事故、职工工伤亡事故、集体急性中毒责任事故，无重大公务、工程用车责任事故发生，无因公路管理不善、安全设施不符合有关要求而造成的道路交通事故发生，安全生产形势比较稳定。

交通行政综合执法

【交通行政综合执法概况】 2022年，佛冈县交通运输局依法履行交通执法职能，全年共查处各类违章案件595宗，包括运政案件114宗，路政案件52宗，其他案件429宗。其中网约车违章案件11宗，非法营运（巡游）案件7宗，小型客车非法营运案件18宗，客运班车违规经营案件1宗，客运包车案件2宗，营运证失效案件3宗，出租汽车违规经营案件4宗，驾驶员培训机构违章案件5宗，普通公路非现场执法案件20宗，扬撒案件24宗，非法货运案件（含危险品货物运输案件）4宗，无从业资格证案件8宗，未做好车辆维护记录案件1宗，未建立车辆技术档案案件1宗，对驾驶员交通违法处理率低于90%案件1宗，工程质量案件1宗，安全生产案件2宗，维修企业违章案件17宗，砍伐护路林案件1宗，货运源头案件30宗，企业停业整顿5家次。联合公安交警查处非法改装车辆232辆次，均依法对其进行处罚，并责令改正、恢复原貌；查处违法超限超载车辆565辆次（其中首违免罚371辆次），卸载货物2577.64吨，予以交通违章交警扣分762分。

打击普通小型客车非法营运 2022年，佛冈县交通运输局执法人员在洪发酒店、银座购物中心等人流集中点以定点蹲守和流动巡查相结合的方式开展集中整治，并利用“广东交通执法”APP推送重点车辆稽查布控预警信息；到高速收费站出入口、各乡镇主要路段着力查处普通小型客车非法营运等各类违法行为，共查处普通小型客车非法营运案件18宗。针对普通小型客车非法营运行为处罚难的问题，向清新区人民法院提交普通小型客车非法营运案件申请强制执行3宗，其中交由清新区人民法院受理中1宗，被清新区人民法院裁定准予强制执行、交由佛冈县人民法院强制执行2宗。

网约车违法违规经营整治 2022年，佛冈县交通运输局采取定点检查与流动巡查相结合等方式，在周末、五一国庆假期等重点时段，对高速公路出入口、英佛公路路口、碧桂园、聚龙湾温泉度假村等重点区域的私人小客车进行检查。严厉查处未取得经营许可从事出租汽车经营活动、线上信息与线下车辆及驾驶员信息不一致的情况和以私人小客车合乘名义非法营运等行为，共查处网约车违章案件11宗。

打击客车违规从事校车业务 2022年，佛冈县交通运输局联合公安交警部门以县域内学校的分布特点为抓手，在上下课时段安排执法人员在重点路段开展执法检查，将客运车辆从事校车业务列为检查对象，重点检查包车合同、道路运输经营许可等证件。截至年底，全县暂未发现交通运输企业从事校车业务的行为。

道路客运市场专项整治 2022年，佛冈县交通运输局与交警部门联合在高速路口、旅游景点等重点区域设卡，重点打击客运班车不按站点上下客、站外揽客、客运包车和旅游包车违规经营等违法行为。共查处客运班车违规经营案件1宗，客运包车案件2宗，营运证失效案件3宗。

强化危险品运输车辆检查 2022年，佛冈县交通运输局结合日常巡查、危险货物运输专项整治、成品油专项整治、道路交通安全专项整治等行动，加强对危险品货物运输车辆相关证件的检查力度，同时对路面可疑的车辆进行检查，依法查处未取得道路危险

2022年9月26日，县交通运输局开展在建项目安全生产检查

（县交通运输局 供图）

货物运输许可擅自从事成品油运输、危险货物运输的车辆，共查处危险品货物运输案件2宗。

整治非法改装 2022年，佛冈县交通运输局联合相关部门排查露天停车场，严禁非法改装货车停放。同时开展打击货车非法改装专项行动，在国省道主干线、货运源头周边、货车停车场等重点路段和重点场所部署执法人员采取不定期、错峰执法等方式，加大对非法改装货运车辆的打击力度，从严从重处罚，消除道路交通安全隐患。

非法成品油查处 2022年，佛冈县交通运输局联合公安机关、发改部门对进出本县交通要道的运输车辆进行分析摸查，查处非法车辆运输走私物品违法行为。对县城国道周边开展日常巡查行动，针对可能继续出现的“黑油站”加大检查力度。全年共出动执法人员900多人次，执法车辆256辆次，检查车辆801辆次，未发现非法从事成品油道路运输案件。

依法治超 2022年，佛冈县交通运输局加强依法治超工作。一是常态化联合治超，依托石角镇超限检测点，执法人员联合公安交警部门通过定点检查、流动巡查、源头治理、数据共享等方式，对查处的违法超限超载行为，严格落实“一超四罚”制度，同时加大路面非法改装车辆查处力度。交通运输、交警部门联合查处非法改装车辆232辆次，均依法进行处罚，并责令改正、恢复原貌。查处违法超限超载车辆565辆次，卸载货物2577.64吨，予以交通违章扣分762分。二是货运源头治理，佛冈县治超联合检查小组每月对县域18家源头企业明察暗访不少于2次，并通过治超监控平台实时监控货运源头企业的地磅数据和货物运输情况。安排2名人员专门对该18家企业实行24小时视频监控。建设7个治超非现场执法监测点。组织成员单位扎实开展相关工作。全年在入场、装载、计重、运单填写、放行等环节检查车辆22 451辆次，指导7家企业完善制度；路面治超工作中共查处18辆超限渣土车及砂石运输车辆。三是开展“夜查”行动。联合公安交警部门持续开展货运车辆超限超载行为“夜查”行动，在全县范围内每周至少开展一次，每次不少于4小时。成功查获一批违法超限超载车辆。同时，对流动治超采取点（靶向打击）面（网络监控）结合的执法模式，将传统现场执法模式转变为非现场与现场执法相结合的“科技治超”模式，靶向打击货运车辆超限超载违法行为，形成强大震慑作用。

（县交通运输局）

公路养护管理

【公路养护概况】 2022年，佛冈县公路事务中心管养公路里程共371.191千米，其中国道2条64.954千米，省道5条142.931千米，县道11条150.852千米，乡道1条3.1千米，非库道路9.354千米。

【路政管理】 2022年，佛冈县交通运输局以国道106线路域环境综合整治为契机，每天保持对管养公路的常态化巡查，坚决维护公路路产路权，进一步加大依法行政力度。加强与公路沿线镇村、公安交警和城综执法等部门的沟通联系，坚持“齐抓共管、联合执法”，对侵占路产路权、占道经营、非法开设公路开口等行为及时进行制止，对公路路障、非公路标志标牌、违章广告等及时进行清理，同时配合做好车辆超限超载、撒漏扬尘和违章搭建的处理。全年累计收缴损坏公路赔（补）偿费累计33 653.77元；发现和纠正违章路政案件4宗，结案率100%；联合县交通执法中队，对道路沿线污染公路行为进行整治约141次；协助拆除违章建筑物52处、违章广告牌276块、清理横幅268条、非公路标志牌180块。

【路政服务】 **路政宣传** 2022年，佛冈县公路事务中心利用路政宣传月等重要时间节点到各镇村委、红绿灯路口、车站、货车停车区等向过往司机和群众派发公路路政宣传手册及学党史手册，宣讲公路路政管理政策法规。同时在国道、省道沿线显眼位置以及县城多个人群聚集点悬挂路政宣传横幅，在各村居委及惠爱亭公路旅游服务区公告栏上张贴公路路政相关宣传海报，营造路政宣传月的浓厚氛围。累计出动200人次，派发路政宣传资料1000多份、疫情防护口罩1000多个，悬挂路政宣传横幅约20条，张贴路政宣传海报约30张，电

2022 年 5 月 13 日，县交通公路部门对塌方公路实施抢修抢通

（县公路事务中心　供图）

子滚动显示屏幕宣传公路法律法规 10 多条，接受群众公路法律咨询 60 余人次。

公路服务区　2022 年，县惠爱亭公路旅游服务区、横江和民安停车区对外开放运营，为过往司乘人员提供停车、如厕、饮用水饮用、汽车充电（仅惠爱亭）等服务，每月累计服务车辆 2800 车次，累计服务人群 9000 人次。

【公路养护】 2022 年，县交通公路部门全力做好国省县道公路的小修保养、公路清障、绿化维护、桥梁养护、公路附属设施维修、路域环境综合整治和公路应急抢险等工作，累计完成公路路面机械清扫和冲洗约 7.1 万千米，修补路面坑槽约 4344 平方米，清理公路路障、边坡塌方和路边堆积物约 1.77 万立方米，清理水沟约 269 公里。确保公路沿线设施、标志、标牌、标线、减速设施完好清晰；公路桥涵外观整洁，桥面铺装坚实平整、横坡适度，桥头连接顺利、排水畅通、结构完好无损，标志、标线等附属设施齐全完好，营造“畅、安、舒、美”的公路通行条件。

【公路安全生产】 2022 年，佛冈县公路事务中心严格落实安全生产管理责任，积极防范化解道路交通安全风险。

道路交通安全隐患排查整治　2022 年，佛冈县公路事务中心采取常态化排查与重要时期、专项行动相结合的方式，对辖区公路全面开展交通安全隐患排查整治。共排查出隐患点 213 处，年底前已完成整治 128 处，剩余 85 处正在按最新“九类”特殊路段交通安全隐患整治进行修编施工图设计；排查辖区国省道公路沿线遮挡绿化、存在隐患标志等安全隐患 853 处，已全部完成整治。

公路安全设施精细化提升工程　2022 年，完成省道 292 线 K115+600 ～ K121+850 路段（长度 6.25 公里）交通安全文明示范路创建工作，完成国道 106 线佛冈县城段穿村过镇限速牌设置及城西小学门口路段中央隔离带开口调整，完成 2019 年至 2021 年存在严重安全隐患路段、事故多发路段和亡人交通事故路段整治 31 处，完成 2022 年道路交通安全隐患路段及亡人交通事故路段整治 68 处，完成省督办的佛冈县国道 106 线 2353km+650m（汤塘三十米大街）和佛冈县省道 252 线 K54—K56 两个路口路段治理及市委政法委督办的“2021 年高岗镇道路交通安全事故路段”18 处。全县所有一级公路均设置中央分隔带护栏或隔离设施，累计更新设置交通安全警示标志 872 块，修复及增设波形钢护栏约 228 米。

提升农村公路安全防护能力
2022 年，佛冈县全面实施农村公路“路长制”，落实县、镇、村三级责任体系，排查农村公路急弯、临水、临涯等路段安全防护设施、安全警示标志和标线缺失等风险隐患点 65 处，截至年底全部完成；完成整治 54 处；完成农村道路平交路口减速标线建设 30 处、农村道路“平安村口”建设 10 处。

（县公路事务中心）

交通运输管理

【交通运输概况】 2022 年，佛冈交通运输主要以公路货运和客运为主。客运经营企业有清远市粤运汽车运输有限公司佛冈分公司、佛冈县安利通运输有限公司、佛冈县永通公共汽车有限公司以及佛冈县顺万通小汽车出租有限公司等 4 家客运企业，长途客运车辆 51 辆，座位 2501 个，长途客运班线 8 条。

【春运工作】 2022 年春运，全县共投入长途客车 63 辆，累计发车 2636 班次，运送旅客约 1.7 万人次；投入公交车 98 辆，累计发车 21 142 班次，运送旅客约 42.45 万人次，全县交通运输行业没有发生道路运输安全生产责任事故，顺利完成了春运保安全保畅通保服务工作任务。

（县公路事务中心）

【清远市粤运汽车运输有限公司佛冈分公司】 清远市粤运汽车运输有限公司佛冈分公司（简称“粤运佛冈分公司”），是一家国有控股运输企业。2022 年，粤运佛冈分公司共投入营运车辆 12 辆，全部为旅游车包车；总载客座位为 508 座，车辆完好率为 99.6%。粤运佛冈分公司坚持“以人为本、安全第一”“以客为主、优质

2022年6月，佛冈县安利通运输有限公司转移龙山镇灾区群众

（佛冈县安利通运输有限公司 供图）

服务”的原则和“安全有序、舒适便捷、优质高效”的整体要求，在春运和清明、五一、国庆等各大节假日期间，无旅客运输安全事故和旅客投诉的服务质量事件发生，无旅客滞留的现象出现，无站场治安消防事故发生，取得了较好的社会和经济效益。

安全生产 2022年初，佛冈分公司相继设立年度安全生产、安全消防、春运安全生产、安全生产月、道路客运隐患专项行动、集中整治“三超一疲劳”专项行动等安全生产工作领导小组，由主要负责人亲自挂帅，分管负责人直接负责，切实加强企业的安全生产和党政领导干部“一岗双责”的制度。制定安全工作目标责任书，层层签订和落实安全生产责任，明确安全生产岗位职责；加大对安全生产宣传管理力度，利用横额、墙报、电子显示屏等举办各类安全知识操作技能专题培训，开展安全月、“安全服务咨询日”活动，对驾驶员实行严格的管理制度，严把车辆安全技术状况关；严格执行“回场必检、合格放行”的制度和车辆维护保养制度的落实；严格执行检出安全隐患的车辆全部修复，复核合格运行的规定，较好地保障了车辆运营安全技术素质。是年，佛冈分公司客运营运车辆安全三指数低于省定考核标准（百万车公里事故率为0，百万车公里事故死亡率为0，百万车公里事故伤人率为0）。

【清远市粤运汽车运输有限公司佛冈振兴汽车客运站】 清远市粤运汽车运输有限公司佛冈振兴汽车客运站（简称“佛冈振兴汽车客运站”）于2013年12月1日投入使用，2022年6月停止经营。

（何高宽）

【佛冈县安利通运输有限公司】 佛冈县安利通运输有限公司成立于2007年4月，是一家以市际班车、县际班车和县市际包车客运为主要经营项目的客运公司。2022年，在册员工49人，其中管理人员6人，驾驶员43人。公司拥有大中型客运车辆56辆，其中客运班车39辆，旅游包车17辆，总客座位1993个。设有佛冈至广州东站（天河）、省站、广州芳村（滘口）站、花都、深圳、东莞、韶关、清远、英德、连州共10条线路。

营运情况 2022年，佛冈县安利通运输有限公司客运总量为22.52万人次，客运周转量为1605.14万人千米，比上年减少明显。

成立便捷客运站 2022年6月，清远粤运佛冈振兴汽车客运站关停，清远粤运佛冈分公司全部客运班线车停运，佛冈县安利通运输有限公司承担了全县全部客运班线车运营业务，为此投入资金建设佛冈县便捷客运站，于2022年11月1日起运营。

车辆卫星定位监控 2022年，佛冈县安利通运输有限公司继续与第三方广东新时空科技公司签订道路运输车辆第三方安全风控服务协议，全天候对公司车辆和驾驶员进行动态监控；及时提醒和纠正违法违规行为，防止事故发生，大大确保了公司安全形势稳定。

隐患排查 2022年，佛冈县安利通运输有限公司积极开展安全隐患排查工作，全年开展专项、月度检查活动共39次，发现安全生产隐患4次，即时整改4次，整改合格率达100%。另外，进行风险点危险源排查2次，确定风险点危险源，制定管控清单，制定管控措施，提高风险防范能力。

安全培训教育 2022年，佛冈县安利通运输有限公司坚持安全学习教育制度，根据年初制定的培训计划，每月组织驾驶人员参加学习安全生产相关知识，充分认识交通安全生产工作新形势、新任务、新要求，推动增强安全生产意识教育形成常态教育形式。本年度，一共召开驾驶人员学习培训12次，参会率达83%，补课率达100%。

应急演练 为提高事故灾难和疫情防控应急能力，熟练应急处置程序，最大可能减少突发事故所造成的损失，保障人民生命和财产安全，佛冈县安利通运输有限公司于2022年1月27日和3月15日，分别开展火灾事故现场处置和车辆交通事故专项应急演练；7月8日，参加由佛冈县交通运输局组织开展的道路旅客运输交通事故综合应急演练。

转移灾区群众 2022年6月和7月，粤北地区受强降雨影响，北江出现超五十年一遇洪水，江水向佛冈县倒灌，滘江龙山（河田）出现超二十年一遇洪峰水位。佛冈县安利通运输有限公司相关负责人接收到县交

佛冈县永通公共汽车有限公司车辆（佛冈县永通公共汽车有限公司　供图）

通主管部门的转移群众指令，迅速启动应急预案，集合应急运力，配合龙山镇政府及三防指挥部转移群众。汛期间（6月、7月），公司累计投入运输保障车辆共100辆次，其中应急转运群众车辆64辆次、应急备勤车辆15辆次、志愿者接送车辆21辆次，共转移运送群众1000余人次。

助力抗疫　2022年，佛冈县安利通运输有限公司在县政府的正确领导和指导下，强化指挥调度，周密组织部署，切实做好入境人员集中隔离后闭环接转、本地大规模人群转运及支援广州和清远的防疫人员转运工作，为全县打赢疫情防控阻击战贡献了重要运输力量。公司累计投入医护及工作人员接送车辆90辆次、入境人员集中隔离后闭环接转及本地大规模人群转运车辆共130辆次、志愿者接送车辆65辆次。

【佛冈县永通公共汽车有限公司】　佛冈县永通公共汽车有限公司成立于2003年4月，是佛冈县一家大型的公交客运企业。2022年拥有客运车辆122辆，其中公交客运车辆116辆，农村客运车辆6辆，核定总载客人数为6192人。

运营情况　2022年，佛冈县永通公共汽车有限公司车辆运营线路总长度达506.3千米，完成客运量336万人次，客运周转量3763万人千米。全县公交线路21条，每天共发518班次；其中县城至各乡镇公交线路16条，每天发往各镇328班次；县城公交线路5条，每天运行班次约为190班次。全县农村客运线路6条，每天共发送30班次。

新能源车公交占比　2022年，佛冈县永通公共汽车有限公司公交车辆共116辆，新能源纯电动公交车占比100%。

纯电动公交配套　2022年3月，除英佛路永通充电站和园山街永通充电站外，在高岗镇新增建设了1个直流充电桩，作为高岗线公交车辆补电之用。晚间继续对社会电动汽车开放充电，缓解佛冈县电动汽车充电设施不足、电动汽车充电难的问题。

线上支付　2022年，佛冈县永通公共汽车有限公司开展支付多元化，利用微信、支付宝、银联闪付、清远市民卡等多种线上支付方式，方便乘客购票乘坐公交。

消防应急演练　2022年，佛冈县永通公共汽车有限公司开展火灾事故现场处置演练。县交通运输局领导、县交警大队领导现场参与指导消防演练，整个演练过程紧凑有序，让每位参演人员切身感受到“消防安全无小事”，进一步增强了职工的消防安全意识，提高了面对突发火情的应急救援能力。

应急救援演练　2022年，佛冈县永通公共汽车有限公司在县交通运输局组织下，联合佛冈县宏泰爆破工程有限公司开展交通运输综合应急救援演练，确保以最快速度、最大能效，有序地实施救援，将事故危害降到最低限度，提高应急处置能力。

公交优抚　2022年，佛冈县永通公共汽车有限公司继续实施“全县重点优抚对象和残疾人免费乘坐县内公交车”政策，全年免费乘坐县内公交车的重点优抚对象和残疾人达21.9万人次。

爱心送考　2022年6月，佛冈县永通公共汽车有限公司在佛冈县交通运输局、县教育局牵头下，组建高

2022年6月，佛冈县永通公共汽车有限公司组建高考爱心送考公交车队，免费接送考生　（佛冈县永通公共汽车有限公司　供图）

考爱心送考公交车队，免费接送考生抵达佛冈一中考场。送考活动为期3.5天，共派出爱心送考纯电动公交车120辆次。

安全生产　2022年，佛冈县永通公共汽车有限公司参与营运车辆122辆，安全运送乘客336万人次，安全行驶里程796.68万千米。公司严抓“安全第一，预防为主，综合治理”的安全生产方针，加强驾驶员安全培训教育和GPS平台监控，使安全形势稳定，全年无重大安全生产事故发生。

驾驶员家访工作　2022年，为强化安全工作，佛冈县永通公共汽车有限公司开展对驾驶员家访工作。这可进一步了解驾驶员的思想和生活情况，从中总结经验和方法，面对不同的驾驶员制定不同的教育方式，借助家庭成员的力量督促驾驶员安全驾驶，降低疲劳驾驶、酒驾等不安全的驾驶行为。

转移灾区群众　2022年6月、7月，粤北地区发生强降雨，北江出现超五十年一遇洪水，江水倒灌，佛冈县潖江龙山（河田）出现超二十年一遇洪峰水位。佛冈县永通公共汽车有限公司相关负责人接收到佛冈县交通主管部门的转移群众指令，迅速启动应急预案，集合应急运力，配合龙山镇政府及三防指挥部转移群众。汛期间（6月、7月），公司累计投入运输保障车辆共40辆次。

（郑海强　周　欣）

邮政业

【邮政业概况】2022年，中国邮政集团有限公司广东省佛冈县分公司（以下简称“邮政佛冈县分公司”）共设16个部门机构，其中职能部门4个，分别是综合办公室、市场经营部、代理金融中心、寄递运营部；生产班组4个，分别是环城中邮政支局、振兴路营业所、文明路营业所、环城揽投营业部；非生产班组2个，分别是大客户中心、技术组；邮政支局4个，分别是龙山邮政支局、高岗邮政支局、水头邮政支局、迳头邮政支局；邮政委托代办网点2个，分别是汤塘邮政代办所、民安邮政代办所。共设投递邮路33条，其中县城邮路20条（含15条揽投合一邮路和5条普邮专投邮路），乡镇邮路13条（含11条揽投合一邮路和2条普邮专投邮路）。2022年末，佛冈县分公司在册员工共88人，其中合同用工A类26人、合同用工B类34人、劳务用工12人、劳务承揽用工16人。

2022年3月8日，邮政佛冈县分公司党员突击队上门支撑客户女神节业务大单快递包装工作（邮政佛冈县分公司　供图）

【邮政业务】邮政业绩　2022年，邮政佛冈县分公司完成账面收入3946.92万元（含专业收入3729.93万元和结算收入216.99万元），完成市公司下达年计划3720万元的106.09%，同比增长14.89%。其中，代理金融业务完成2094.03万元，完成进度101.92%；寄递业务完成1399.31万元（含结算收入216.99万元），完成进度111.65%；邮务类业务108.88万元，完成进度42.91%；其他收入214.23万元（其中出租收入183.09万元）。2022年完成考核利润合计（含普服补贴，不含营业外收支）463.18万元，同比增长-9.22%，完成市公司目标的51.71%。

金融类业务　2022年，邮政佛冈县分公司完成收入2094.03万元，完成进度为101.92%，超目标任务39.03万元，增幅11.15%。金融总资产持续提升，新增11 477万元，完成

2022年6月21日，邮政佛冈县分公司应急突击队在龙山镇下岳村涉洪灾区转移安置群众（邮政佛冈县分公司　供图）

全年目标进度 77.55%；时点余额新增 12 816 万元，完成全年目标进度 67.81%；保费规模新增 2072 万元（其中中邮期交保费规模新增 706.8 万，完成全年目标进度 104%）；保险收入 335.96 万元，完成全年保险收入目标进度 8.41%。当年，佛冈县分公司利用省公司商户收单政策，挖掘合作存量商户潜力，以“网点 + 商圈”为牵引，按照“做透 500 米、做精一公里、覆盖三公里”的网点周边特色金融消费生态圈，全县累计新增 1087 户微邮付商户，累计存量商户 3487 户，累计总资产增长 15 474 万元。内控合规方面，对县分公司 6 家代理金融网点进行每季度常规检查。全年无金融安全事故、案件发生。

邮务类业务　2022 年，邮政佛冈县分公司以服务质量体检排名为抓手，综合重点指标的完成情况，抓重点，重点抓，强化弱项指标的管控，真正实现“向服务质量要效益”。服务质量月度体检得分（普服 + 包快）多次综合排名在全市排名第一。制订阶梯计价，合理压降各项成本支出，降本增效明显，下半年同比人工成本每月下降约 10 600 元。函件收入全年完成 45.66 万元，完成年进度的 108.72%；报刊收入完成 114.51 万元，完成全年进度的 99.58%，其中，《习近平谈治国理政》第四卷共销售 2958 本，合计 23.66 万元；集邮收入完成 18.28 万元，完成全年进度的 60.95%。

寄递类业务　2022 年，邮政佛冈县分公司完成收入 1182.32 万元，同比增长 31.38%。一是国内特快业务持平行业发展。特快业务完成收入 519.80 万元，同比增长 12.91%。二是快递包裹业务实现质效提升。快递包裹完成业务收入 600.07 万元，同比增长 32.27%，完成年计划的 123.22%。三是国际业务发展取得突破。完成收入 11.01 万元，完成进度 110.12%，同比增长 1337%。

深化监督执纪　2022 年，邮政佛冈县分公司阶段性完成 2021 年省内巡察市分公司党委整改任务 34 项，完成率 100%，纳入持续整改 1 条；完成 2022 年 6 月市分公司巡检整改任务 28 项的 34 个具体问题中的 26 个问题，制订整改措施 52 条，纳入年终前整改 8 条。加强对“一把手”和领导班子监督和推动“9+N”专项治理；紧盯“关键少数”，深化监督，推动政治监督具体化、日常监督常态化、重大事项监督全程化；全年开展日常廉洁谈话共 38 人次。切实发挥“监督保障执行，促进完善发展”作用，督促领导干部担当作为，处置问题线索 1 件，问责 2 人次；运用“第一种形态”批评教育帮助 4 人次。坚持求真务实作风，工作开展要求“凡事三问”，实施销号式督办会议决议 14 次和一把手督办 8 项，班子深入开展调研 24 次、解决问题 6 个。

【邮政服务】 打造三级物流体系佛冈模式　2022 年，邮政佛冈县分公司全力服务乡村振兴战略，全力打造三级物流体系佛冈模式，以提速扩能、降本增效为目标，以“物流网络规划、运营能力建设、营销服务扩展、农村电商支持”为指引，实现扩增佛冈县农村电商物流仓储配送中心（面积约 4500 平方米）；改造物流配送中心仓储功能，实现日分拣能力从原 10 000 票 / 天提升到 40 000 票 / 天；提升佛冈县、镇、村三级物流配送体系运营效能，保障物流服务站“最后一公里”配送畅通。全面建成村级站点 78 个，利用自有物业，打造 9 个镇（村）特色电商服务示范站点建设，实现“一网多用，一店多用”。

【惠农专班业务】 2022 年，邮政佛冈县分公司整合金融、邮务、寄递营销力量，组建“惠农专班统筹 + 县域专班管理 + 片区专班网格化营销”的惠农专班营销体系，健全中心镇，南、北营销片区 3 个，搭建网格 7 个，有网格专职营销人员 11 人。

普遍服务提质　2022 年，邮政佛冈县分公司以“三个视角”找差距、立标杆，以“三大规律”促改革、求创新，以“三把尺子”抓降本、提效益。积极践行“人民邮政为人民”的服务宗旨，全面完成“五达标、两提升、两压降、两管控”要求，实现“向服务质量要效益”。

【推进资源配置市场化】 落实“赛马制”　2022 年，邮政佛冈县分公司发展落实“赛马制”机制，鼓励快跑加速跑，推动三级物流体系建设、代理金融、寄递业务、邮快合作等重点项目取得成效，寄递五大环节降本增效达标。

树立“三保”理念　2022 年，充分围绕“保超收、保利润、保绩效经营考核 A 级”三保目标，进行补缺创收、增收超收；紧盯六项重点指标，分解细化进度目标，建立健全实时推送、每日日报、每周复盘等机制。

助力乡村振兴　2022 年，邮政佛冈县分公司结合《清远邮政服务乡村振兴战略三年行动方案（2021—2023）》，成为地方乡村振兴战略建设重要成员单位；积极对接国家级电子商务进农村、产业强镇、便民服务站建设等项目，获得三级物流财政补贴 761.2 万元。乡村振兴联系点下岳村对口帮扶的 95 户贫困户已全部脱贫，没有出现返贫的现象。全年无重大金融风险事故发生。

【邮政抗疫】 2022 年，邮政佛冈县分公司继续落实“四不中断、四免费办”服务承诺，主动承接地方抗疫任务 10 余项，确保全县邮政服务顺畅有序。“双十一”期间，既是生产旺季，又是疫情管控期，公司各部室、支局、班组陆续多人居家办公，最高峰值有 40 多人无法正常当班。为克服困难，公司工会联合党政部门共组织 20 人次成立支撑应急工作小组，一组前往当地政府部门组织的疫情防控区支援外围封控工作，另一组参与环城中揽投部支援邮件分拣和清投工作。国庆疫情防控期间，公司配合政府部门组织支撑送餐约 60 人次，派员到社区入户防疫宣传、支撑“两站一园一馆一服务区核酸检测志愿服务、联系点下岳村疫苗接种工作”约 110 人次等。

【邮政抗洪】 2022 年，清远遭受“百年一遇”洪灾和多轮疫情的影响，在洪灾、疫情严重期间，佛冈邮政工会想员工之所想、急员工之所急，组织“突击队”强支撑、挑重担。公司工会联合党政部门组织两个由20人组成的应急小组，一个小组到县政府部门组织的疫情防控区外围开展支援工作，另一个小组参与环城中路揽投部邮件的分拣和清投工作。

【平安邮政】2022年，邮政佛冈县分公司深化“平安邮政”建设，全面开展安全生产大检查大整治活动，圆满完成党的二十大等重大会议期间安全保障工作，全年安全生产零事故。

（陈瑞康）

2022年12月19日，电信佛冈分公司与佛冈县工信局举行工业匹配监测平台签约仪式 （电信佛冈分公司 供图）

通信业

【中国电信股份有限公司佛冈分公司】2022年，中国电信股份有限公司佛冈分公司（简称“电信佛冈分公司”）下设综合部、销售部、客户响应维护部、政企客户服务中心和5个营销服务中心，在册员工71人、邮电人才员工73人，为全县近16万客户提供固话、移动通信、互联网接入及应用、数据通信等综合信息服务。作为地方主体电信运营企业，电信佛冈分公司一直承担着电信普遍服务、党政专网通信、应急通信、战备通信和抗洪抢险通信保障任务。

市场经营 2022年，电信佛冈分公司立足新发展阶段、贯彻新发展理念、构建新发展格局、推动高质量发展，坚定实施云改数转战略，坚持党建统领，改革创新战略部署，围绕企业重大专项任务执行和关键能力提升，积极推进落实各项重点任务指标，通过全员的努力，超任务完成年度利润预算目标，主营业务同比双位数增长，取得全市排名第二的成绩，基本面持续向好，产业数字化收入增幅明显。

网络运营 2022年，电信佛冈分公司网络运营管理有效性评价全市排行第一。一是夯实“双千兆”基础底座，实现全市机房均有XGPON全面覆盖，发挥效能最大化实现重点区域资源精准投放，牵引城市营服的商业楼宇、小区社区千兆用户迁转万兆网络。二是加固网络基础底座，提升网络健壮性。通过工程建设及维护优化改造，移动网质量持续提升，2022年全县20户以上自然村5G信号覆盖率达100%。三是制定本地应急保障方案，建立应急物资管理台账。落实例行开展巡检与隐患整治工作，加强对干线及重要本地骨干环网重要路由、重要地段、重要客户实施重点盯防，圆满完成中高考、数字乡村全域覆盖交接暨“数字运营官千人驻村”会议、省运会等各项重点工作的通信保障，实现各项通信保障“零”事故发生。

基础管理 2022年，电信佛冈分公司进一步夯实基础管理，助力企业发展。一是坚持党建统领，以高质量党建引领保障高质量发展。学习宣传贯彻党的二十大精神，坚持和加强党的全面领导。强化基层导向，深化组织建设，提升基层组织战斗力、凝聚力。二是遵循业绩和基层导向，持续优化人才队伍结构，实现企业价值和员工价值双提升。三是落实职代会制度，铸造“四小”品牌。分公司通过开展一系列慰问活动，提高员工的幸福感和获得感。2022年慰问费用共15.23万元。分公司不断完善“四小”管理、巩固“四小”成果、实施常态化运作，持续改善员工工作生活环境，按各营销中心需求，及时更新和添置“四小”设施，为员工提供一个便捷、舒适的用餐环境，2022年投入更新和改造“四小”设施费用共5.2万元。为提升企业价值观和员工价值，分公司工会投入21万元建设一个小型足球场，进一步增强员工对企业的向心力、凝聚力，激发员工的工作热情。四是围绕重要工作，保障企业有序高效运营。分公司坚持以“防”字在先、“严”字把关、“细”字为本的方针，坚决履行安全生产政治责任，进一步坚持底线意识、落实安全生产责任制，2022年开展教育培训和应急演练活动6场次。在“龙舟水”、台风防汛期间，党员干部深入救灾抢险，连续奋战，尽职尽责，夜以继日，快速恢复通信“生命线”畅通，共出动应急通信保障车辆50台次，应急发电设备25台次（基站及机房发电），应急通信抢修人员490人次。五是主动监督，发挥监督保障执行作用，服务大局，紧跟党委有关改革发展的谋划，在监督上下功夫，大力实施“五督五促”工作，营造风清气正的企业氛围。

“数字乡村”建设 2022年4月12日，电信佛冈分公司与佛冈县政法委、公安局召开“数字乡村”智慧平台建设推进会议，分公司与佛冈县6个镇签订了数字乡村智慧屏交接确认书，向6个镇共提供了100台数

2022年11月25日，移动佛冈分公司与佛冈县公安局开展"警企联动·全民反诈"系列宣传活动启动仪式（移动佛冈分公司 供图）

字乡村智慧屏和102个"云广播"音柱。"数字乡村"智慧平台实现了综合治理智慧化、村务数据可视化、信息传播数字化、联防联控智能化，推动5G+千兆光网、云计算、大数据等新型技术在数字乡村的应用，加强县、镇、村三级联动，形成电信与政府常态化沟通机制。2022年，佛冈县实现"数字乡村"全域覆盖。91个数字运营官全面进驻行政村（居）委，专人专职专责全面支撑农村基层信息化建设，协助村委开展"数字乡村"应用运营、平安建设、反诈、综治维稳等工作，助力建设"网格化+信息化""网格员+信息员"基层社会治理体系，推动乡村产业数智化、乡村治理现代化、乡村生活智慧化发展，打通便民服务"最后一公里"。

助学活动 2022年7月，中国电信佛冈分公司资助了龙山镇6名贫困学生，资助金额107 952元，为学生解决未来三年的学费、教材费和生活费等实际困难，助力品学兼优的贫困学子顺利完成学业。

（郭慧芳）

【中国移动通信集团广东有限公司佛冈分公司】 2022年，中国移动通信集团广东有限公司佛冈分公司（简称"移动佛冈分公司"），内设综合部、政企客户部、网络部3个部门、3个分局（县城分局、南部分局、北部分局）；拥有一支近200人的本地服务团队，为全县用户提供移动通信、互联网接入、5G+信息化服务等信息服务。2022年，移动佛冈分公司以习近平新时代中国特色社会主义思想为指导，全面贯彻落实党的二十大和历次全会及中央经济工作会议精神，坚持以人民为中心，围绕县委、县政府中心工作，为政府、企事业单位等提供信息化解决方案和优质通信服务。

网络管理 2022年，全年累计投资五千万元，强化网络基础设施建设，补强和优化网络覆盖、提升网络质量，助力佛冈经济社会高质量发展。一是加快网络覆盖建设。通过加大5G建设投产，补强4G覆盖，加强有线宽带资源覆盖，全年新建5G基站97个，4G基站112个，开通商务楼宇、自然村以及国标小区家企宽项目合计106个站点，新增宽带端口超6000户，率先完成全县所有行政村5G覆盖，全面支撑佛冈人民通信需求。二是支撑能力显著提升。2022年，自维队伍综合能力增强，全员通过家集客业务工程师认证，通过流程穿越、随工督导、民事协调、投诉攻坚、网络优化、网络保障等，自维支撑能力得到各界面好评；家集客装维服务项目支撑水平不断提升，宽带开通效率较2021年提升10%。三是网络运维能力不断提升。基站退服率下降至0.5%以下，故障平均处理时长较2021年缩短2.3小时，故障处理及时率较2021年提升18%。

业务经营 2022年，移动佛冈分公司坚持党建引领，积极发挥通信企业的战略性、基础性、先导性作用，践行做网络强国、数字中国和智慧社会主力军的责任，充分运用信息化能力，助力佛冈建设"三区一城"总目标达成。

"智慧医疗"建设 2022年，为深入贯彻县委县政府"推进医疗卫生服务一体化，建立紧密型'医共体'"，移动佛冈分公司发挥5G技术应用、信息化系统搭建等方面的优势与佛冈县人民医院签订《关于共建5G+智慧医院及医共体的战略合作协议》，助力县域医共体信息化建设，让佛冈县域百姓就诊"更智慧、更便捷、更放心"，全面推进"健康佛冈"建设高质量发展。

"智慧消防"建设 2022年，移动佛冈分公司进一步推动"智慧消防"战略合作项目落实，提供智慧消防云平台服务，部署超10 000个无线智能烟/气感，大大提高消防安全预警防控能力。

"智慧教育"建设 2022年，移动佛冈分公司利用专业的信息化产品和平台，提供初中学业水平考试理化生实验操作考试标准化考点服务，实现初中学业水平理化生实验操作考试、评价及实验过程监控和记录等数字化、智能化，保障实验操作考试公平、公正、可靠进行，加快推进教育数字化进程。

"智慧防疫"建设 2022年，移动佛冈分公司提供大数据服务、防疫闸机、云哨兵、和对讲、AI智慧触达、10086短信服务等信息化手段，助力政府部门高效开展疫情防控工作，践行人民至上、生命至上的发展理念。

"平安佛冈"建设 2022年移动佛冈分公司充分运用5G网络、物联网、大数据、人工智能、云计算等技术，围绕"数智佛冈，智慧城市"建设，与县委平安办签订"网格化+信息化"项目战略合作协议，推动战略协议逐一落地，打造平安街区新型

2022年6月13日，移动佛冈分公司与佛冈县人民医院签订《关于共建5G+智慧医院及医共体的战略合作协议》　（移动佛冈分公司　供图）

基层社会“智”理体系，以“人防+技防”织密社会平安网。一是提供和对讲，配合完成最小应急单元建设，提升社会面治安防控能力和应急处置水平；二是以“摄像头+值守报警杆+云喇叭”打造协同高效立体化防控体系，筑牢信息化联动机制；三是依托智慧触达协助佛冈公安开展“平安+”满意度回访和反诈宣传工作；四是充分运用蜂巢大数据系统实时监控，为平安街区创建、环保固废倾倒治理提供有效支撑，提高工作效率；五是签订佛冈县“警企联动·全民反诈”系列宣传活动合作协议，开启警企合作新模式，为佛冈建设更高水平“平安佛冈”作出新的更大贡献。

践行社会责任　2022年，移动佛冈分公司结合县文明办及社会发展需求积极开展志愿活动100场，406人次参加，服务总时长共1906.5小时。一是开展春运服务保障志愿活动。组织春运保障党员志愿者，分别负责通信保障和服务区现场驻点开展禁、反诈宣传志愿活动，提前开通高速沿线佛冈路段7个站点，同时为来往旅客进行反诈、禁毒宣传及提供业务咨询服务等，有效保障春运期间网络畅通和驻点暖心服务。二是开展乡村振兴志愿服务。响应政府号召，根据驻点村实际需求，结合疫苗接种、核酸检测、节假日驻点、抗洪等工作重点，开展驻村服务共27次共80人次；为帮扶对象开展助学捐款，促进企村和谐发展，助力乡村全面振兴。三是开展抗洪抢险志愿活动。2022年5—6月，佛冈遭遇百年一遇的洪灾，移动佛冈分公司组织党员突击队和党员志愿者，全力开展通信保障、转移受灾群众、灾后卫生清理等工作，有效保障受灾群众生命财产安全。四是开展“警企联动·全民反诈”千场宣传活动，提供人力、物力配合深入各企业、厂区、校园、社区（村居）开展宣传活动，同时结合移动大数据、AI智慧触达、5G消息等技术手段，积极配合公安机关精准推广“国家反诈中心”APP和“小七反诈”微信小程序，提升反诈拦截的技防水平。五是开展省运会及各大活动保障志愿活动。

（林月媚）

信息化建设

【信息化建设概况】　随着佛冈经济和社会的快速发展，信息化作为城市现代化重要引擎的带动作用日益增强。2022年，佛冈县信息化进入快速发展阶段，在信息基础设施、电子政务、社会信息化、企业信息化和电子商务、电子信息产业等方面取得明显成效。

【信息基础设施】　信息基础设施与“互联网+”、智慧城市、乡村振兴等发展需要相适应。信息基础设施建设方面，截至2022年12月，全县移动通信用户35.48万户，全县光纤入户用户18.91万户，光纤入户率97.85%，4G基站建成2149个，5G基站建成1106个（其中5G宏基站1038个，5G室内分布站68个），实现佛冈县县城内5G信号普遍覆盖，全域千兆光纤网络全部开通。

乡村网络和光网建设　2022年，全县六镇、78条行政村实现千兆光纤、4G和5G手机信号全覆盖。纳入省全域规划清单20户以上自然村已实现100%光纤网络覆盖，并实现行政村一级的千兆光纤网络100%覆盖。全县1080条自然村4G手机信号普遍覆盖，同时具备升级5G和千兆光纤的基本条件。2022年，佛冈县工信局根据本县实际情况制定了相关措施和工作计划，进一步加快推进了乡村4G、5G网络和光网建设向自然村延伸，提高农村宽带网络接入速率，利用农村电商、“互联网+”现代农业、智慧乡村特色旅游等信息化应用项目带动农村无线网络用户发展，实现全县行政村村委会、农业生产基地、农村电子商务集聚区等无线网络信号全覆盖。

“5G+智慧园区”建设　“5G+智慧园区”的示范应用有序推进，广佛（佛冈）产业园区及聚宝工业园区共建成4G基站35个、5G基站25个，同时实现万兆光纤信号覆盖至产业园区各企业、高速手机传输通信信号和万兆光纤的开通全覆盖，助力佛冈县实现高质量发展新征程。

加快推进5G网络信号覆盖　2022年，佛冈县工信局根据省、市、县政府相关文件的精神和要求，无条件免费开放政府机关、事业单位、国有企业、公共建筑或物业，以便为信息基础设施建设提供条件。重点推进三大基础电信运营商5G及无线宽带城市建设工程、公共区域无线局域网络、超高速无线局域网等项目。截至2022年12月，5G基站年度建设任务199个，实际完成199个，实际投入运营各类高速传输信号基站3255

个，实现县城区域5G手机信号全覆盖，同类指标位于全市乃至全省前列。

企业数字化转型升级、“上云上平台” 2022年，佛冈县工信局大力支持企业数字化转型升级、“上云上平台”项目实施，实施数字化、网络化、智能化升级，推动中小企业围绕研发设计、生产管控、经营管理、售后服务等环节，依托工业互联网平台商和服务商，采用低成本、快部署、易运维的应用服务产品，实施核心业务系统“数字化转型升级”和“上云上平台”，进一步降低经营成本、提升生产效率、提高产品质量、降低能耗排放、优化产业协同。支持制造业龙头企业应用工业互联网新技术实现内部管理和生产数字化管控，打造企业级平台。

下沉“三线”，力保信号畅通 2022年5月10日至12日，佛冈县发生持续性强降水过程，全县受损通信线路10.6千米，光缆中断20处，杆路倒塌34处，信号设备损失3台，发生基站中断运行情况73起。5月13日，佛冈县工信局会同电信佛冈分公司、移动佛冈分公司、联通佛冈分公司等迅速组织200人次应急抢修，出动卫星通信车辆4台次，其他通信保障车辆45台次，卫星电话8台次，应急发电设备63台次。当天64个基站恢复正常运行。

（县工信局）

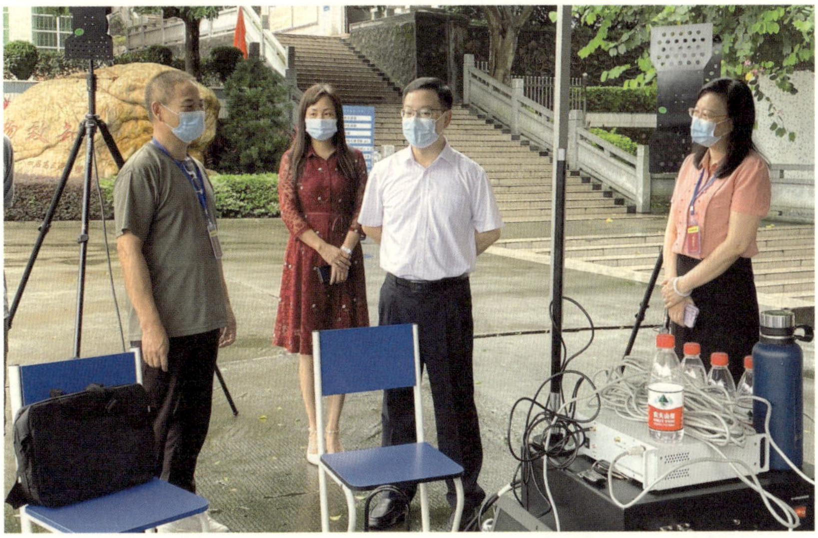

2022年6月7日，县无线电管理办公室工作人员在佛冈县高考考点佛冈一中进行无线电安全保障任务，县长江红平（右二）到现场指导工作

（县无线电管理办公室　供图）

无线电管理

【无线电管理概况】 2022年，佛冈县无线电管理办公室由清远市工业和信息化局和佛冈县人民政府办公室双重领导公益一类事业单位，共有工作人员4人，为维护全县无线电波秩序，合理规划、有效利用和保护无线电频谱资源，促进无线电事业发展，根据省、市相关要求，其主要职责是贯彻执行《中华人民共和国无线电管理条例》和《广东省无线电管理条例》及有关法律、法规；负责辖区内京广航线以及三防重要频点的监听、监测；进行电磁环境测试、分析，为无线电主管部门进行频谱规划、频率指配和审批无线电台（站）提供技术依据；查找无线电干扰源和未经批准使用无线电台（站），并进行协调、处理。

【无线电管理措施】 2022年，佛冈县无线电管理办公室在清远市无线电管理科具体帮助和指导下，以做好县无线电管理工作为己任，认真贯彻执行《中华人民共和国无线电管理条例》《广东省无线电管理条例》，紧紧围绕抓好全县频率资源管理，维护好空中电波正常秩序等中心任务，加强无线电的监听、监测、监管工作，结合全县无线电管理工作的任务和特点，维护好空中电波正常秩序等中心任务，确保无线电波正常秩序。

【无线电日常监测】 2022年，佛冈县无线电管理办公室通过行政管理与科学技术相结合手段，对无线电频率资源实施科学、有效的管理，既保证合法无线电通信设备不受有害干扰，保证有效工作和服务，又能合理利用和开发频谱资源，提高其使用效率。无线电监测是无线电管理基础，是保障空中电波秩序的重要手段，主要是监测预支配频率可用性，监测指配频率的利用率，监测解决无线电干扰和阻塞等申诉。全年共监测频率1600余小时，按时完成监测月报，有效地维护空中电波秩序。

【重要期间保障监测】 2022年，佛冈县无线电管理办公室全力以赴做好中国共产党第二十次全国代表大会、广东省第十六届运动会暨第九届残疾人运动会期间无线电安全保障工作，扛牢政治责任，制定保障工作应急预案。加强值班，实行24小时值班制度；加强与相关单位的联系，听取、了解防范和打击利用无线电设备进行无线电传播、干扰等不法行为的工作和意见；加强辖区内电磁频谱监听、监测，维护空中电波秩序，防止有害干扰，净化电磁环境安全。遇有特殊情况立即上报，做到防范周密、处置迅速，确保重要部门、重要业务、重点频段无线电通信安全。

【考试保障监测】 2022年，佛冈县无线电管理办公室确保全国普通高校招生考试、佛冈县2022年公开招聘“广东兜底民生服务社会工作双百工程”乡镇（街道）社会工作服务站社工笔试和面试、广佛园招聘员工笔试等考试现场的无线电安全，有效防止和遏制利用无线电技术进行考试作弊行为。

2022年8月20日，县无线电管理办公室在县少年宫为佛冈县公开招聘乡镇（街道）社会工作服务站社工笔试进行无线电安全保障

（县无线电管理办公室 供图）

【无线电监管、监听、监测】2022年，佛冈县无线电管理办公室加强监管、监听、监测，确保电波安全。佛冈毗邻广州机场，京广航线途经佛冈上空，而且随着佛冈县招商引资不断发展，无线电台使用数量不断增加，加强全县无线电管理工作十分重要。保证最少有一人坚守在监听设备旁，合理安排好轮值时间，工作人员之间保持密切的工作联系，做到相互沟通、互助，共同抓好无线电管理工作。重点加强民航、公安以及三防等重要部门频点的监听、监管，加强民航专用频率的保护，对监测数据进行采集分析，做好日常监听、监测情况的记录工作，发现问题及时向上级汇报并给予迅速解决，切实保障重点频率的使用安全，确保民用航空的通信畅通，维护空中电波秩序。

【专用频率监测】2022年，佛冈县无线电管理办公室认真履行职责，做好重要频点监听、监测工作和警报遥控专用频率监测监管，清理核实相关频段内合法信号，查实查清非法不明信号，保障重要无线电通信的正常运转，为民航、公安、交通、三防等重要部门工作正常开展，提供良好无线电通信保障环境。

【汛期无线电通信保障】2022年，佛冈县无线电管理办公室与县防汛相关部门联系，确保汛期无线电通信畅通。佛冈作为广东省三大暴雨中心之一，防汛工作面临很大压力。佛冈县无线电管理办公室在县政府领导下，在防洪救灾抢险期间，主动与三防部门取得联系，重点做好三防频点监听、监测工作，落实好值班制度，做好应急处理方案，确保防洪工作中通信正常使用，为汛期防洪工作提供无线电通信畅通必要保障。

【无线电通信设备管理】2022年，佛冈县无线电管理办公室对无线电通信设备（对讲机）申请及使用管理工作，做好无线电法规的宣传工作，让使用单位按正常手续办理无线电设备（对讲机）申请，遵循无线电法律、法规合法使用。对发现有违规使用企业单位及个人，通过电话和上门相结合方式，宣传无线电法律、法规，让使用者了解无线电管理重要性、正常使用频率必要性，让其进行必要申请和报批手续。在办理电台申请手续过程中，对预批频点认真进行磁场检测，发现不符合现使用频段或造成干扰的，一律要求使用者停止使用。

【无线电通信设备查处】2022年，佛冈县无线电管理办公室对某些单位设电台时使用450～470MHz频段无线电设备（对讲机），不是在规定频段使用，经发现一律要求使用者停止使用，并调至正常审批频点，或重新购置新机按照所批频点来使用。对非法设台、擅自使用频率的行为进行依法查处，保证国家频率资源合理有序分配，从而规范管理全县无电线对讲设备的正常使用。

【无线电法律法规宣传】2022年，佛冈县无线电管理办公室加大无线电法律法规宣传力度，营造遵纪守法良好氛围，贯彻落实《广东省无线电管理条例》，并根据条例有关规定和清远市无线电管理科要求开展无线电管理宣传月活动。通过佛冈县人民政府门户网站、电子政务办公网、政务QQ群、微信群和广播电视等宣传形式以及召开座谈会等多种方式，广泛向全社会宣传《中华人民共和国无线电管理条例》《广东省无线电管理条例》和涉及无线电管理的法律、法规、公文、业务资料等。通过这些措施，使无线电管理各项法规深入广大人民群众，营造管理者依法管理、依法行政，被管理者自觉遵纪守法的良好氛围。

【打击非法电台“黑广播”】2022年，佛冈县无线电管理办公室加大打击“黑广播”“伪基站”违法犯罪行为查处力度。使用无线电监测车70余次、监测定位设备100余次，出动监测人员100余人次，监测时长100小时以上。自从无线电管理部门成立以来，查处“黑广播”违法犯罪案件4起，其中干扰民航就有5起，缴获“黑广播”非法电台设备4台（套）。全年，联合相关部门对打击“黑广播”保持高压态势，实现零案例发生，有效维护空中电波秩序。

（蔡金河）

城建·房产·环保

责任编辑：郑中扬

重点建设项目

【重点项目建设概况】 2022年，佛冈县发展和改革局精准领会疫情防控要求，高位推进重点项目建设。全年纳入省、市重点项目19项，计划总投资184.15亿元。2022年计划投资28.70亿元，实际完成投资42.53亿元，完成年度投资计划的148.20%，完成投资比例位列全市第一。

【重点项目责任制度】 2022年，佛冈县印发《2022年全县重点工作和重点项目责任分工方案》，明确责任县领导和牵头部门的目标任务。一年内，各个项目责任县领导采取现场办公、召开协调会议等方式，有力推动项目建设。其中，县委、县政府主要领导多次到广佛（佛冈）产业园、中核汇能乡村振兴农光互补光伏电站（一期）、大湾区生命科技园、城建学院等项目现场指导协调推进事项。

【优化项目管理】 2022年，佛冈县加强重点项目分类管理，做好项目协调服务工作。重点强化政府主导类项目计划管理和建设督导力度，对建设进度滞后的项目，加强约谈、督导力度，成功推动大湾区生命科技园、中核汇能乡村振兴农光互补光伏电站（一期）等项目加快实施；通过召开协调会，成功推动佛冈协鑫燃气分布式能源站、大湾区生命科技园、华润清远佛冈福音风电场等项目完成年度投资计划。其中，中核汇能乡村振兴农光互补光伏电站（一期）项目从建设到并网发电，仅用时一年，展现佛冈速度。

（曾德政）

城乡规划

【城乡规划概况】 2022年，佛冈县自然资源局做好国土空间总体规划、土地利用总体规划以及重点项目详细规划编制，做好国土空间规划的行政审批工作。

【国土空间总体规划编制】 2022年，佛冈县自然资源局持续推进《佛冈县国土空间总体规划（2021—2035年）》编制工作，规划已形成草案并公开征求公众意见；佛冈县“三区三线”划定成果于10月14日已获自然资源部批准正式启用，成果同步融合至国土空间总体规划成果中。

【土地利用总体规划调整方案编制】 2022年，佛冈县自然资源局根据县委、县政府工作安排，组织编制预留规模方案、有条件建设区使用方案、规划修改共6项，其中已完成省厅审批备案4项，待优化完善方案2项。共调整城乡建设用地142.26公顷，切实保障大湾区生命科技园、城西科技园、广佛（佛冈）产业园、龙山智造城、华润清远佛冈福音风电场项目升压站等重点项目用地规模。

【重点项目详细规划编制】 2022年，佛冈县自然资源局组织编制《佛冈县龙凤新区控制性详细规划》（修编）《佛冈县龙山智造城控制性详细规划》和《佛冈县城西科技园控制性详细规划》等重点项目控制性详细规划。

【国土空间规划行政审批】 2022年，佛冈县自然资源局组织召开6次县专业技术委员会会议，共审议69个项目，落实办理96项规划设计条件（总用地面积509.23公顷），批准核发“建设用地规划许可证”29项（总用地面积67.17公顷）、“建设工程规划许可证”119项（总建筑面积87.96公顷）、“规划条件核实”21项（总建筑面积34.48公顷），切实做好国土空间规划行政审批工作。

（袁紫珊）

镇村建设与管理

【镇村建设与管理概况】 2022年，佛冈县住房和城乡建设局（简称“县住房和城乡建设局”）加强农村住房安全保障，强化村庄建设项目管理，保护传承乡村历史文化，促进农村人居环境改善。

【加强农村住房安全保障】 2022年，县住房和城乡建设局持续加强农村住房安全保障，助力乡村振兴。全面完成农村房屋安全隐患排查整治工作。经排查，全县78个行政村共排查录入总户数77 750户，初步判断存在安全隐患的212户，经委托第三方进行鉴定，结果为C、D级的共有20户，通过拆除、修缮加固、安全管控等措施，全县20户C、D级整治任务已完成。当年市下达佛冈县农村危房改造任务11户，通过改造新建、维修加固等举措已完成改造任务。佛冈县削坡建房整治任务数为151户，其中石角镇56户、汤塘镇5户、龙山镇75户、高岗镇1户、迳头镇14户，截至年底，农村削坡建房整治任务已全部完成。持续实行农房质量安全标准，继续推广《农村自建房质量安全一张图》，将宣传小册发放给村委会、农村工匠和有建房的自然村村民，切实提高建房户和工匠队伍的质量安全意识和风险防范意识。

【强化村庄建设项目管理】 2022年，县住房和城乡建设局加强农房建设管控、统筹推进城乡协调发展、规范农房建设秩序，强化村庄建设管理。加强农村建设工程施工报建管理，根据清远市住房城乡建设局印发的《关于加强农村建设工程项目管理的通知》和《关于进一步加强农村住房建设管理的通知》，明确农村建设工程施工报建管理的要求，规范农村建设项目管理。贯彻落实《清远市村庄规划建设管理条例》，县住房和城乡建设局明确全县村庄建设管理实施范围、各单位职能权限、建设要求、审批流程等内容，简化村庄建设项目审批程序；同时加强宣传，推进基层普法执法，提升基层依法治理水平。持续推广使用《清远市农村住房设计通用图集》，通过图集的推广使用，引导农民建设安全、适用、美观住宅，加强农房外立面改造工作，提升农村建筑风貌。

【乡村历史文化保护】 2022年，县住房和城乡建设局为加强历史文化保护，弘扬优秀传统文化，建设精神文明家园、凝聚社会主义核心价值观，切实做好历史文化保护传承各项工作。坚持规划先行，推进传统村落整体保护，全县有国家及省级历史文化名村1个（龙山镇上岳古围村），中国传统村落4个（龙山镇上岳古围村、高岗镇社岗下村、汤塘镇汤塘村、迳头镇土仓下村），广东省传统村落1个（高岗镇社岗下村）。中国传统村落和广东省传统村落的保护规划编制已基本完成。“中国历史文化名村”“广东省历史文化名村”佛冈县龙山镇上岳古围村的保护规划编制已由县城乡规划委员会审议通过，下一步将按照审批流程及有关要求加大力度推进规划编制和报批工作。延续历史文脉，加强历史建筑的保护及修复，全县列为历史建筑的有17处，总建筑面积3250平方米，其中，16处为砖木结构，1处为毛石砌体，建筑年代以明、清为主。截至年底，17处历史建筑已全部完成测绘、建档、挂牌及安全性鉴定等工作，有效保护历史建筑，延续历史文脉；经鉴定，C级危房有4处（迳头镇大陂大夫第、汤塘镇田心石板馆、汤塘镇罗氏祠堂、石角镇二七象山祠堂），D级危房有1处（石角镇云从社学），已对安全性鉴定为C级的建筑采取管控措施；对D级的“云从社学”建筑进行修缮加固，工程已竣工。

（陆雯静 温美怡）

2022年12月26日，县自然资源局召开关于国土空间总体规划专家评审会

（县自然资源局 供图）

城市管理

【城市管理概况】 2022年，佛冈县城市管理和综合执法局（简称“县城市管理综合执法局”）紧紧围绕全县中心工作和经济社会发展大局，进一步强化城市管理和综合执法工作能力，切实提升履职能力和服务质量，不断开创新时代城市管理工作新局面。

（何秀限 邓洁钦）

【市政工程管理】 2022年，根据县委、县政府部署安排，县城市管理综合执法局组织实施的市政工程项目有佛冈县城老旧小区提质改造工程、佛冈县城智慧停车及充电桩工程、佛冈县湾区北“菜篮子”物流园基础设施配套工程第一期、佛冈县城老旧小区基础设施配套及环境整治工程一期、清远市佛冈县汤塘镇全域推进乡村振兴综合整治项目之佛冈县生活垃圾卫生填埋场治理工程第一期、佛冈县智慧城市建设项目等，是年共投资约7.8亿元。其中，老旧小区提质改造项目累计开展24个小区及周边道路和56栋外立面升级改造，并利用微改造模式“见缝插绿”打造街角公园，提升宜居舒适度；对振兴花园老旧小区引入专业物业管理，开启老旧小区治理新模式；在老旧小区周边设

2022 年 9 月 28 日，县城市管理综合执法局邀请广东省古树名木专家到龙溪村开展古树名木保护工作　　（县城市管理综合执法局　供图）

置 773 个电动自行车充电位，切实解决电动自行车乱停放、充电难的突出问题。智慧停车项目已基本完成路内停车设施建设，正处于试运营阶段；全年修补人行道和沥青路面 7865 平方米，维修、新建、更换护栏合计 957.8 米，增设安全标志牌 122 套；加划小车停车位 105 个、摩托车位 860 个、禁停位 35 个，在公园、广场及人行道等地设置、更换止车柱 185 条。

（黄建涛）

【城市园林绿化】 2022 年，县城市管理综合执法局稳步推进市政绿化建设，打造生态宜居绿色城市。

绿地系统规划编制　2022 年，县城市管理综合执法局加快推进城市绿地系统规划编制工作，秉承生态优先、绿色发展的理念，整合县域绿色资源。结合山水格局，构建“县级—片区级—社区级”城市绿地系统，并将绿地系统专项规划纳入在编的国土空间总体规划成果和“一张图”，已形成初步成果。

绿化品质提升　2022 年，县城市管理综合执法局大力实施城市绿化品质提升工程，结合老旧小区提质改造工作，加大增绿建园力度，进一步改善城市人居环境，提升老旧小区片区活力。全年完成旧农委小区、旧政府小区、旧税局小区和农业局小区的绿地升级改造工作，新建广源路街角口袋公园；结合省运会沿线环境整治和湾区北“菜篮子”物流园基础设施配套工程，完成国道 106 线路段绿化工程，并对沿线节点和城区主干道绿化带的花草进行补植，对国道 106 线、振兴路等补种乔木、灌木 4616 棵，补植更换时花 3.58 万株；加大“市花”勒杜鹃的运用比重，持续推进市花规模化、普及化进程。

绿化养护管理　2022 年，县城市管理综合执法局建立健全绿化后期养护管理制度和投入机制，全力做好城市绿化精细化管理。结合创文创卫、省运会、交通安全整治、红火蚁防控等工作，开展城市绿化树木隐患排查工作，对影响到交通、管线、房屋和人身安全的城市树木进行修剪，共修剪市政绿化树 2000 多棵，修剪公路绿化带 450 多千米；处理因暴雨致折枝、倾斜和倒伏树木 56 棵。联合县住房和城乡建设局共同开展城市树木保护工作，发放《关于加强城市绿化树木安全管理保护工作的通知》《清远市城市树木修剪技术指引》给各物业服务企业和业主委员会，指导各物业企业按规范修剪树木和维护小区绿化环境，不断提升居住小区的绿化环境。开展 2022 年清远市园林式居住区（单位）评选工作，鼓励全县多个居住小区（单位）参加评选工作，并以此为契机，提高县城居住小区（单位）绿化的设计建设管理水平，营造良好人居环境。加大对古树名木保护力度，对古树名木建档立册，录入“广东省古树名木信息管理系统”，制定“一树一策”修复措施，守住“活”文化根脉。按照省林业局分发的古树名木保护牌样式及二维码，制作完成古树名木新保护牌的悬挂工作。

（黄　懿）

【城市管理执法监督】 深化“门前三包”　2022 年，为切实提高商户对“门前三包”的认知度以及践行意识，县城市管理综合执法局每月对部分企业、商户的“门前三包”落实情况进行实地检查考核，对县城建成区域 12 个路段商户进行评选，共选出 60 户优秀商户并给予相关奖励。同时，做好“门前三包”宣传工作，印制“门前三包”责任书 9000 余份，县城有大小门店约 3450 间，已签订责任书总户数 3382 间，签约覆盖率为 98%。制作“门前三包”责任牌 5000 个，基本实现商户“门前三包”责任牌上墙。

整治占道经营　2022 年，县城市管理综合执法局对占道经营、乱摆乱卖等现象进行专项整治，坚持教育与处罚相结合的方式，引导流动摊贩入市、入店经营。实施人岗定责，强化网格化管理，加强日常巡查频次和处罚力度，对县城各大市场和各大街道实行错时管理的弹性工作制，不定期开展专项整治大行动。同时，在节假日期间，坚持“干部在岗、群众过节”，提前谋划、严密部署节假日执法巡查工作。实行疏堵结合，引导为主。在努力街、气象局旁、钱隆天下对面、佛冈华府旁共设置 4 个疏导区，强化疏导区日常管理，有效解决各大市场周边脏乱差现象。全年对占道经营行为发出《责令改正通知书》104

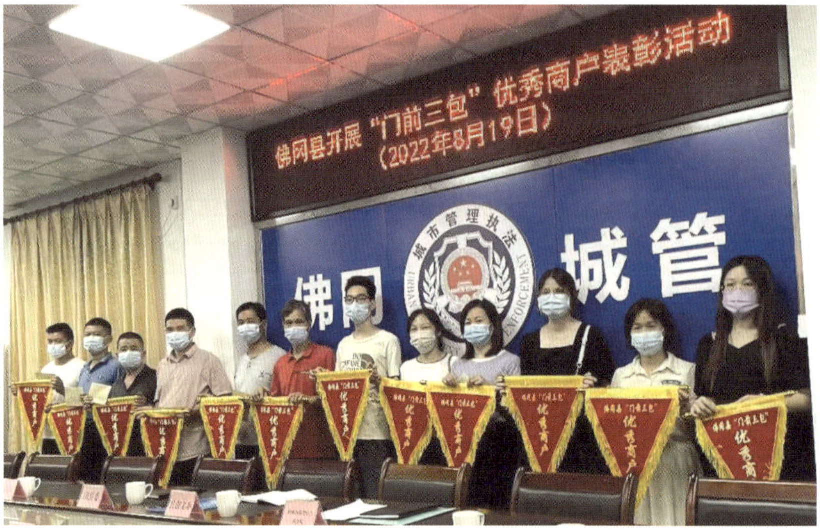

2022年8月19日，县城市管理综合执法局开展“门前三包”优秀商户颁奖仪式
（县城市管理综合执法局　供图）

份，立案处罚33宗，处罚金额合计12130元，进一步规范县城摆卖秩序。

违法建设治理　2022年，县城市管理综合执法局进一步优化市容环境，全面开展全县违法建设治理工作，建立县、镇、村三级管控网络，压实各镇及相关单位主体责任，确保整治成效，全年拆除违法建设34宗，拆违面积1660平方米。在全市违法建设治理中序时进度达到101.37%。同时，组织力量对户外广告设施安全隐患及防护措施安装情况进行全面排查和整改，检查、排查出违规、残旧、破损、无主户外广告牌348个，面积16 750平方米。

城镇燃气管理　2022年，县城市管理综合执法局强化城镇燃气安全管理，加强燃气企业行业监管，督促燃气企业对燃气设施设备开展安全隐患排查和整治工作，编制《佛冈县燃气突发事件应急预案》，指导燃气企业做好应急演练。全年对2家燃气企业开展安全检查25次，共发现城镇燃气场站和供应站问题隐患139项，下达整改通知书4份，对发现的问题隐患均已完成整改。常态化开展燃气安全整治，结合《佛冈县城镇燃气安全整治“百日行动”实施方案》，对城镇燃气各环节开展全覆盖的安全生产风险隐患排查，对发现的问题依法依规进行处理，推动城镇燃气安全整治工作落实到位。全年全县各镇各单位已完成对使用燃气餐饮场所的摸底排查，累计排查使用燃气餐饮场所1400个，督促餐饮场所按规范安装可燃气体报警器，并持续开展检查，确保设备正常运行。推进天然气管网稳步健康发展，完善天然气基础设施建设，促进点供站改造升级工作，完成城市春天小区天然气升级改造工程，成功撤除小区内瓶组气化站内液化石油气瓶，消除点供站及老旧燃气管道隐患；佛冈华润燃气有限公司累计敷设中压市政管网约200多千米，通气居民用户1.6万户、工商业124户。多措并举开展燃气安全宣传工作，深入开展燃气安全知识“五进”活动，广泛普及城镇燃气安全常识，切实提高市民燃气安全意识，有效防范遏制燃气事故的发生。全年举办燃气安全进校园活动2场，燃气安全进社区活动5场，设置公交车身、商业屏幕公益广告2处，开展入户宣传200余次，派发宣传单张2000余张。

推进生活垃圾分类　2022年，县城市管理综合执法局制定印发方案，明确工作任务，将垃圾分类工作纳入县年度党建考核工作，实施日自查、月巡查、季考核、年汇总评价的考评办法。规范收集容器，提升收运管理，各机关单位、大型商场、生活小区等区域加大资金投入，不断提升基础设施建设，各场所均设有生活垃圾分类集中统一收集点，增设配置分类垃圾亭10个、四分类垃圾桶50套、两分类垃圾箱300套、小区示范定时投放点1个，并在县城区建有2座生活垃圾转运站，分别设置可回收物、有害垃圾暂存点。加大宣传力度，县委宣传部、县分类办联合制定宣传方案，定期组织志愿者开展垃圾分类主题宣传活动，全年组织开展垃圾分类主题宣传活动62场次，发放宣传资料65 000余份，参与活动志愿者1150余人次。推进县城区域垃圾分

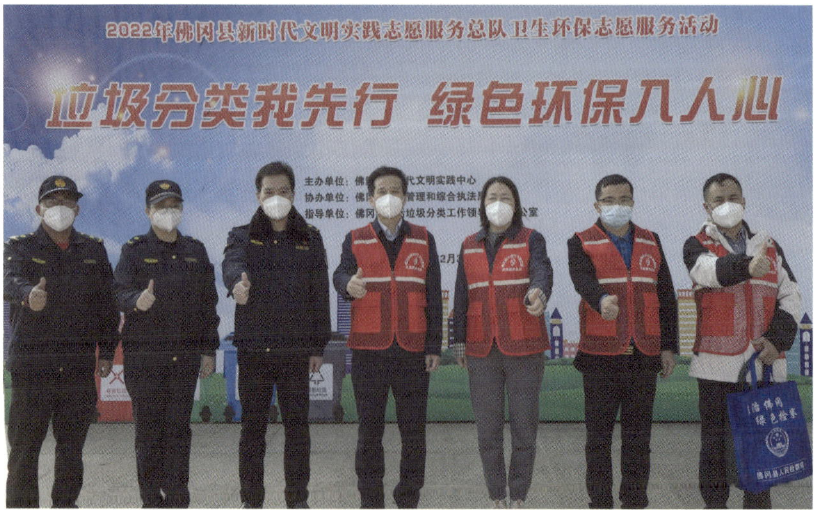

2022年12月30日，佛冈县在篁胜广场举办“垃圾分类我先行，绿色环保入人心”主题宣传活动
（县城市管理综合执法局　供图）

类示范创建工作，以湛江郦都、钱隆天下为试点小区，通过示范点形成可参照、可复制的样板，全力推动全县垃圾分类工作迈上新台阶。是年，全县公共机构、农贸市场等公共场所垃圾分类覆盖范围为100%，已开展垃圾分类的城区居民小区覆盖率达90%以上。

整治“牛皮癣” 2022年，县城市管理综合执法局本着“不留死角”的原则，大力开展“牛皮癣”专项整治行动，着力提升城市精细化管理水平。在各大主干道合理设置宣传栏，引导群众到信息宣传栏张贴合法广告，有效遏制乱张贴行为。在主次干道门店前建设4000多个便民信息栏，解决门店小广告乱张贴的现象。强化日常清理，成立“牛皮癣”整治工作小组，在日常巡查中发现一处及时清理一处，保持县城干净整洁面貌。实行网格化管理，网格化单位对所辖路段出现的宣传小广告进行全面清理，禁止在各管线、线杆上挂设、张贴小广告。全年共清理小广告131处。

餐饮油烟治理 2022年，根据餐饮经营时段特殊性，安排餐饮油烟专项整治队伍采用错时工作制，下午及夜间不定时检查县城范围内餐饮店面油烟排放情况，对油烟净化器安装、使用、维护等情况进行专项检查，严厉查处餐饮业油烟污染等违法行为，同时引导餐饮店注册使用清远市智慧城管小程序，督促其按要求至少每季度上传一次清洗维护油烟净化装置和异味处理设施记录。全年出动执法人员687人次，车辆329车次，检查餐饮店591户，对存在向地下排水管道排放油烟行为的餐饮店下发《责令改正通知书》44份。

建立食品安全管理机制 2022年，县城市管理综合执法局从城市管理工作实际出发，建立健全定期检查和日常防范相结合的食品安全管理长效机制。联合县市场监督管理局携手“小城管”志愿者组织开展多形式的宣传活动，通过进社区、进家庭派发食品安全、垃圾分类知识宣传册，耐心宣讲有关法律法规知识，提高群众食品安全和垃圾分类意识，积极抵制食品流动摊贩，做好生活垃圾分类，助推餐厨垃圾处理规范化。针对学校周边食品经营单位、流动摊贩占道经营的乱象开展专项整治行动，在学生上学、放学时段，对影响食品安全和交通秩序的流动摊贩进行及时清理，坚决取缔占道经营、店外经营。开展元旦、春节、“五一”等节假日食品安全保障工作，加大力度在县城各市场周边、人民公园广场、银座等区域，开展打击食品流动摊贩占道经营违法行为的专项执法行动，保障节假日期间人民群众食品安全。

（县城市管理综合执法局）

【城市供水】 2022年，佛冈县城乡饮用水服务中心（简称“县城乡饮用水中心”）管辖的水厂有县城水厂、县三八自来水有限公司（合股联营）、汤塘水厂（原县嘉仁自来水有限公司）、县清泉自来水有限公司和水头镇西田水厂。县城乡饮用水中心大力推进城乡供水一体化建设，加强对全县供水单位的监督、指导，保障全县城乡居民生活用水和机关、企事业单位用水需求，全年实现县城及汤塘镇供水总量1835万立方米（含高峰期三八自来水有限公司补充供水151万立方米），完成代收上缴污水处理费1251万元、卫生费和垃圾处理费632万元。

县城供水建设 2022年，县城乡饮用水中心推进县城水厂改扩建工程建设，工程含扩建工程、改建工程与原水工程，新建给水厂规模4.8万立方米/日，其中原水泵房、送水泵房及污泥处理系统规模为9.8万立方米/日，新建DN1400原水管1116米，以及对水厂现状设备维修和更换等。该项目于2020年10月动工，并于2022年7月全部竣工。项目使县城水厂最大供水规模接近翻倍，日生产能力从原来的5万立方米增至9.8万立方米，有效解决佛冈县近期、中期需水量缺口的问题，保障和助推全县经济社会的可持续发展。推进佛冈县城部分旧管网改造及汤塘供水管复线工程，项目包括改造县城6条街道旧管网，总长8.16千米；新建县城至汤塘供水管复线，总长21.98千米，项目概算总投资10 668.46万元。工程已纳入政策性开发性金融工具，由佛冈县德城投资开发有限公司下属子公司光明发展有限公司负责实施。工程于2022年11月动工，预计2023年9月竣工。项目投入使用后，将有效降低公共管网漏损率，确保县城及汤塘镇的供水量及水质，提升区域供水安全，同时保障汤塘镇区群众、广佛（佛冈）产业园、涉外学院以及勤天、恒大、时代房地产等用水需求。推进

2022年7月29日，佛冈县城水厂改扩建工程竣工并投产供水。图为水厂一角

（县城乡饮用水中心 供图）

2022年8月22日，佛冈县城乡饮用水服务中心上线“行风热线”，与网友互动答疑（县城乡饮用水中心 供图）

佛冈县道292线县城段及振兴路等主干道消防栓查漏补缺安装工程，新建消防栓64组，整改维修消防栓4组，项目于2022年11月进场，同年12月已完成安装。

乡镇水厂建设 2022年，县城乡饮用水中心大力推进城乡供水一体化建设，先后实施佛冈县清泉自来水有限公司（龙山水厂）扩建项目、迳头镇仓迳自来水厂供水工程（一期）和湛江水生环境综合整治——佛冈县水头镇西田水厂升级改造工程等，着力破除城乡二元供水格局，实现城乡供水同质同服务。推进佛冈县清泉自来水有限公司（龙山水厂）扩建项目，新建1万立方米/日规模的给水处理工艺，对现状1万立方米/日规模的给水处理进行改造，另对龙山水厂和汤塘水厂供水管网进行新建和改造，项目概算总投资7444.68万元。项目于2021年12月底进场，预计于2023年4月竣工。扩建完成后，水厂日生产能力可达到2万立方米/日，基本解决佛冈南部龙山、汤塘2个镇城乡用水，受益群众达5万人。迳头镇仓迳自来水厂供水工程于2022年7月进场，项目设计首期供水规模为1万立方米/日，远期（2030年）设计供水规模为2万立方米/日；新建仓迳自来水厂，并铺设管网至仓前村、迳头村、大陂村、大村村、楼下村、龙冈村、社坪村、井冈村和迳头社区共9个行政村（社区），实现集中供水，保障镇区及周边村委居民生活及工业企业用水需求，供水范围涉及99个自然村，共6480户、28 940人。湛江水生环境综合整治——佛冈县水头镇西田水厂升级改造工程于2022年7月进场，项目概算总投资5203.49万元，包括新建提水泵房1座，新建净水厂区包括一体化净水设备1套（500立方米/时）、清水池1座、管理房1座、取水口1座等。输水主管总长3430米，为DN400供水管；配水主管总长8405米，其中水头镇区管网改造管长2455米。在原潭洞、石潭、桂田、新联片供水基础上增加莲瑶、新坐、王田村、水头镇区附近及大学城、红苹果等企业，有效保障水头镇区、周边村民及大学城、红苹果等企业的用水需求。

优质供水服务 2022年1月，县城乡饮用水中心完成安装位于汤塘镇广清经济特别合作区广佛（佛冈）产业园的一体化加压泵站，此前因产业园地势较高，与市政供水主管线落差较大，造成园区供水不足、水压偏低等现象。安装一体化加压泵站实现加压供水，能有效解决产业园用水难题，保障企业用水正常。3月，水头镇西田水厂接入县城水厂抄表、收费系统，建立水表档案，为水头镇用水户提供线上线下等多渠道办理供水报装及缴费业务。8月22日，县城乡饮用水中心进入“行风热线”节目直播间，实时与网友互动答疑。在1个小时的直播节目中，中心为网友现场解答关于供水价格、水质、水压、用水报装和缴费等18个问题。通过参加“行风热线”节目，进一步拉近与群众之间的距离，对改善服务质量、提升单位形象起到积极的作用。

（黄扬锋 黄石娴 罗晓丹）

【市政路灯】 2022年，佛冈县路灯管理所管辖的路灯设备主要有县城街道、内街小巷、城中村、国道106线佛冈段、省道佛冈段、县道和各乡镇街道的各类型路灯1.4万余盏（包括县城景观灯、桥梁亮化灯饰、路灯），路灯建设长度360千米，路灯专用变压器40台，路灯控制箱196个，三遥终端91套。

路灯管理 2022年，佛冈县路灯管理所实行路灯设施分区域管理，根据路灯分布情况，将全县的路灯设施分为2大片区管理，设有两个维修班，落实责任，明确职责。坚持路灯巡检制度，日班维修维护，晚班巡视并登记故障设备。充分利用照明监控系统和漏电监测终端的作用，通过终端反馈设备运行情况，对大面积路灯停电或其他故障进行及时抢修，提高工作效率。通过深化和完善管理措施，进一步提高工作积极性和主动性，有力推动城市照明设施维护工作。

路灯维护 2022年，为确保全县路灯设备完好率达95%以上、亮灯率达98%以上，佛冈县路灯管理所加强路灯维护巡查，全年出动4503人次、1756车次，分别对县城、乡镇的国道、省道、县道等城市道路照明设施进行巡修。全年累计完成196台控制箱电流电压检测登记入档，拆除灯杆56基和路灯线路1430多米（交通事故撞毁和道路改造），完成40台

2022 年 7 月 14 日，佛冈县路灯所技术人员对沿江路景观灯进行维护检修
（县城市管理综合执法局　供图）

路灯专用变压器巡视和 156 处树障清理；更换控制箱交流接触器 16 个，修复各类型 LED 灯 1176 盏、灯杆 51 条，更换中国结灯饰 36 套，排查及修复路灯设施故障隐患点 126 处，维修更换线路 7750 米。完成佛冈县全民健身中心 6 基 LED 路灯加装及线路敷设并投入运行；修复国道 106 线大庙峡二桥桥灯 12 基，完成对县城 14 基高杆灯的维护、保养、改造工作。全县共安装并投入运行漏电保护开关 90 个，漏电监测终端 119 套。

（县路灯所）

【市容卫生】 佛冈县县城市容环境卫生管理所（简称“县环卫所”）为县城市管理综合执法局管理的公益一类副科级事业单位，负责辖区内道路清扫保洁、生活垃圾收运市场一体化和佛冈县生活垃圾卫生填埋场运营监管、指导、考核工作，负责县城生活垃圾处理费和清洁卫生服务费征收、管理工作，负责市政公益服务、管理维护工作，承担县委、县政府及县城市管理综合执法局交办的其他工作任务。全年清扫县城保洁面积达 217.73 万平方米，清运处理生活垃圾 8.5 万吨，其中转运至焚烧发电厂作无害化处理 7.7 万吨。全年县城征收城市生活垃圾处理费 164.72 万元，县城清洁卫生服务费 524.26 万元，两费全额上缴县级财政，实行收支两条线管理。

市容卫生综合整治　2022 年，县环卫所认真贯彻落实县委、县政府的各项工作部署，加强县城环境卫生综合整治，做好环卫领域安全生产工作，推进环卫工作更加扎实有效开展。加强日常清扫保洁、垃圾转运、道路清洗力度，规范生活垃圾收运监管，做到生活垃圾“日产日清”。结合环卫工作实际，新增 100 个生活垃圾分类收集点，进一步满足市民垃圾投放需求，解决垃圾乱堆放问题。积极推进佛冈县生活垃圾转运项目对接工作，2 月初，深能环保发展集团有限公司中标佛冈县生活垃圾转运项目；2 月 23 日，佛冈县生活垃圾转运项目正式启动运营，项目运营至今进展良好，原县生活垃圾填埋场已实现零填埋。

（唐海桃）

建筑业管理

【建筑业管理概况】 2022 年，佛冈县住房和城乡建设局（以下简称“县住房和城乡建设局”）强化建筑行业管理与监督，有效整治建筑市场秩序，抓好安全生产、质量监督和工程造价管理工作，深化工程建设项目审批制度改革工作，履职尽责，推进各项工作的协调发展，全面提升建筑行业监管水平。全年办理施工许可 69 宗，建筑面积 96.78 万平方米，投资金额 25.65 亿元；办理工程竣工验收备案 34 宗，竣工验收备案面积 69.74 万平方米；完成设计项目 51 个。

（谢雨彤）

【勘察设计管理】 2022 年，县住房和城乡建设局加强对建设工程勘察、

2022 年 10 月 25 日，设置在振兴北路的生活垃圾分类收集亭
（县城市管理综合执法局　供图）

设计活动的监督管理，保证建设工程勘察、设计质量。

专业培训 2022年，县住房和城乡建设局积极组织专业技术人员参加省厅各类培训，特别是关于装配式建筑和海绵城市工程设计的相关知识的培训。按照国家和省关于各类注册人员和专业人员继续教育的规定，定期组织全体人员参加培训，进一步完善知识结构，提升专业技术水平。

执行绿色建设标准 2022年，县住房和城乡建设局加强施工图设计文件的内部质量管理，严格执行绿色建设标准，保证设计和审查质量。

信誉建设 2022年，县住房和城乡建设局加强企业行政管理，推进企业“诚信为本、操守为重”的信誉建设。多方参与、多方监督，共同维护市场秩序，实现行业自律。

工程设计质量回访 2022年，县住房和城乡建设局开展工程勘察设计质量回访试点工作。定期对有代表性或重点的工程设计项目进行回访，总结设计工作经验和存在的问题，不断改进设计工作，提高设计质量。是年，佛冈县建筑工程设计室有限公司完成设计项目51个。

（吴志君）

【建筑工程审批】 **项目审批改革** 2022年，佛冈县住房和城乡建设局持续推进工程建设项目审批制度改革，把提升工程建设项目审批效能作为打造一流营商环境的着力点和突破口，持续优化营商环境。

推行施工许可证告知承诺制 2022年7月起，佛冈县全面推行施工许可证告知承诺制办理，企业申领施工许可证资料由9份精简至4份。对于符合告知承诺制办理条件的项目，审批部门在收到告知承诺书和相关资料当天审查完毕并核发施工许可证，实现“当天受理，当天办结”，让企业申报“省事省时省力”。

创新“验收即备案”模式 2022年9月，佛冈县创新验收审批机制，申报单位同时提交联合验收和竣工备案两个环节的审批资料，对通过联合验收的项目当日即可出具竣工联合验收意见书，真正做到“验收即备案”，实现“只进一扇门、只交一套表、最多跑一次”，为项目竣工备案节约15个工作日，大力促进工程建设项目早日投入使用、创造效益。

【建筑工程施工管理】 **建筑工程专项检查** 2022年，县住房和城乡建设局以整顿建筑市场为主线开展建筑市场管理工作，定期对县建筑市场开展多次专项检查，及时掌握建设领域建设行为的最新动态。重点对建筑工程建筑市场违法发包分包、挂靠行为、农民工工资专用账户制度和实名制管理制度等方面开展综合执法检查，全年检查项目50多个，出动人员120人次，进行项目交底15次，要求各责任主体切实履行好各自职责，确保在建工程落实好工人工资的发放工作。

工程审查 2022年，县住房和城乡建设局办理工程施工许可69宗，建筑面积96.78万平方米，投资金额25.65亿元；办理在建工程主体责任人员变更102宗；组织联合验收20宗；办理工程竣工验收备案34宗，竣工备案面积69.74万平方米；完成房屋建筑和市政基础设施建设工程公开招（投）标备案38宗。为优化营商环境，进一步减少企业办事跑动次数，继续全面推行施工许可证电子证照签发，全年签发施工许可电子证照69张。

（潘　旋）

2022年2月6日，县住房和城乡建设局领导到龙凤大道建设工程项目开展建筑施工安全生产检查（崔伟峰　摄）

【建筑节能】 2022年，全县完成建筑节能工程竣工验收备案面积38.85万平方米，新建建筑面积设计阶段节能强制性标准实施率达到100%，施工阶段建筑节能强制性标准实施率达到98%以上。

（张　颖）

【建设工程质量监督】 **工程质量监督** 2022年，县住房和城乡建设局加大工程质量的巡查、抽查力度，着重查处工程重点部位及质量控制点，加大对建筑材料、构配件、砼质量的抽检力度，严格见证取样制度，加大对质量通病的预防工作。全县新增报建工程项目69项，建筑面积96.78万平方米；监督基础验收35项，主体验收34项，竣工验收46项，办理工程质量监督报告46份，竣工验收合格率100%。

建筑材料检查 2022年，县住房和城乡建设局开展建材产品执法打假专项行动，专项整治行动共监督检查工地46个，商品混凝土搅拌站

3个；监督抽检77批次建筑原材料，合格率100%。

日常监督　2022年，县住房和城乡建设局在抓好对工程实体质量监督检查的同时，逐步加强重要环节建设各方责任主体质量行为的监督工作，并取得一定的效果。全年发出质量隐患整改通知书22份，暂停施工通知书3份，实施质量动态扣分16份共96分；处理房屋建筑工程质量投诉523宗（含12345投诉及信访件），无任何建筑工程质量事故发生。

消防监督　2022年，县住房和城乡建设局根据年初工作计划，开展在建工程消防安全检查，重点检查施工单位消防安全管理制度、建筑工地消防水源和器材配备情况。对检查中存在安全隐患的企业，责令限时整改完成。通过检查，排查整治火灾隐患，确保在建工程消防安全形势保持稳定，进一步规范佛冈县区域在建工程的消防安全管理，强化工程施工人员的消防安全意识。全年办理消防验收备案18项，特殊工程消防验收10项，合计28项，其中不合格1项，合格率96.4%。

（温金峰）

【安全生产文明施工管理】 2022年，县住房和城乡建设局办理建设工程安全备案登记项目69个，备案房屋建筑面积95.25万平方米，监督31场危险性较大的分部分项工程的专家论证会，出具51份《建筑施工项目安全生产标准化评定结果告知书》。实现全年安全事故零死亡。

安全生产　2022年，县住房和城乡建设局狠抓关键节点和特殊天气的安全工作。抓好春节、“两会”“十一”黄金周等重要时期和汛期、台风等灾害天气期间的安全生产工作。加大检查和巡查力度，做好建筑工地安全生产和疫情防控工作，将落实疫情防控措施纳入建筑工地日常监督检查工作中，严格落实疫情防控常态化管理。加强建筑工地文明施工管理，督促企业落实洒水压尘、路面硬地化、现场围蔽、砂土覆盖、出入车辆冲洗、暂不开发场地绿化等六个“100%”防尘措施。监督指导企业开展“安全生产月”和“安全生产万里行”活动，全县共计开展安全生产学习培训50场，参与人员2000多人，开展应急演练50多场，制作宣传标语110多条。组织开展线上培训，线下演练活动，在线观摩佛冈县社会福利院老人公寓改建项目，学习推广安全生产和文明施工管理先进经验。加强城市环境美化管理，进一步提升房屋市政工程围挡品质与水平，要求各建设工地严格按照围挡标准和指引设置施工围挡，确保施工围挡整洁、美观、规范，切实维护佛冈县城市文明形象，助力全国县级文明城市创建工作。

安全检查　2022年，县住房和城乡建设局以日常检查及专项行动为抓手，大力开展安全隐患检查。全年开展安全综合大检查2次，开展专项整治活动6次，检查在建项目426宗次，出动检查人员1278人次，下发安全隐患限期整改通知书230份，下发暂停施工整改通知书106份，抽查记录表73份，约谈企业4个。根据《广东省房屋建筑和市政基础设施工程施工质量安全动态扣分管理办法》，对14家企业和114人次实施动态扣分，立案查处1宗。

（崔伟峰）

【建设工程造价管理】 2022年，佛冈县住房和城乡建设局认真指导全县造价从业人员执行营改增后的计价依据，确保本县建设工程造价活动有序进行。为深化工程造价制度改革，加强工程造价信息平台建设，县住房和城乡建设局在县政务网公开发布每个季度的佛冈县县城主要建筑材料综合价，全年发布人工、材料综合价4份。全年受理经县财政审核的政府性投资项目结算价备案1项，备案金额235.95万元；额度在5万元以上至10万元以下（含10万元）的政府性投资项目结算价审核及备案2项，审核备案金额17.34万元；非政府投资项目工程招标控制价审核备案42项，建设规模47.77万平方米，投资金额11.1亿元，其中主要包括鹤鸣洲温泉度假村项目、龙凤·山语和溪住宅小区、和信凤凰花园、佛冈（聚宝）万洋众创城项目一区、城春汇悦台项目等。

（邓凯鹏）

【散装水泥管理】 2022年，县住房和城乡建设局认真落实国家、省、市关于发展散装水泥、禁止现场搅拌混凝土的有关规定，进一步加强对散装水泥、预拌混凝土市场的监督管理，使全县散装水泥、预拌混凝土市场健康有序发展。县住房和城乡建设局采取定期、不定期突击检查的方式对全县3家预拌商品混凝土企业的生产资料、生产原材料及试验室等进行全方位检查，确保出厂混凝土质量合格，避免发生质量安全问题。严格落实国家“禁止现场搅拌混凝土”政策，进一步加强对全县建设工程使用预拌混凝土的监督管理，加大对在建项目的巡查和日常监管力度，全年组织规模检查5次，未发现现场搅拌混凝土行为，规范各在建项目使用预拌混凝土行为。2022年全县3家预拌商品混凝土企业生产销售预拌混凝土49.29万立方米，消耗散装水泥15.05万吨，预拌混凝土销售总额2.64亿元。

（张　颖）

【城建档案管理】 2022年，县住房和城乡建设局继续加强档案综合管理和建设工程档案归集管理，发挥档案为城市建设服务的作用。全年整理各类城建档案13 104卷，其中综合类档案63卷，城市勘察类档案214卷，城市规划类档案452卷，城市建设管理类档案1074卷，市政工程类档案41卷，公用设施类档案180卷，交通运输工程类档案51卷，工业建筑类档案1573卷，民用建筑类档案9182卷，名胜古迹、园林绿化类档案1卷，环境保护类档案29卷，县（村）镇建设类档案2卷，水利、防灾类档案2卷，工程设计类档案171卷，地下管线类档案66卷，声像类档案3卷。为行政、企事业单位及群众提供档案查询服务219卷，服务群众219人次。

（朱燕伶）

住宅与房地产业

2022年2月10日，县住房和城乡建设局召开粤安居系统培训会

（蓝茵莹 摄）

【住宅与房地产业概况】2022年，佛冈县住房和城乡建设局通过加强对房地产开发企业经营行为的管理，全面落实市场监管与调控。严格执行商品房预售制度，加强商品房预售资金监管，强化商品房预（销）售行为监管，完善房地产市场监管机制，促进房地产市场健康、有序、稳定地发展。

【房地产开发投资】2022年，县住房和城乡建设局办理房地产工程项目报建17宗，商品房新开工面积29.17万平方米，投资金额26.53亿元，竣工面积52.29万平方米。

【商品房预售管理】2022年，县住房和城乡建设局严格执行商品房预售制度，进一步加强商品房预售资金监管，预售资金全部纳入监管账户，并通过广东省数字住房（粤安居）一体化平台审批管理，实现专款专用，准确掌握每个项目的监管帐户资金情况，确保资金安全且能留有足够资金保证项目竣工交付使用，确保预售资金用于商品住房项目建设，保障买受人的购房权益。全年办理商品房预售许可14宗，预售面积25.43万平方米，共2470套（其中住宅面积24.52万平方米，2322套；商业面积0.91万平方米，148套）。

【房地产市场行为监管】2022年，县住房和城乡建设局强化商品房预（销）售行为监管，坚持日常执法检查制度，采取抽查、普查与巡查相结合，定期检查与不定期检查相结合，对开发企业宣传环节、销售环节、资金监管环节实行重点监督，并在楼盘销售中心张贴《购买预售商品房的温馨提示》《广东省商品房交易风险提示》，提高购房人对购买预售商品房的认识和保障购房人合法知情权。1月26日，县住房和城乡建设局制定《佛冈县商品房预售资金监管专项整治工作方案》，并对全县房地产开发企业开展为期五个月的房地产市场专项整治行动，督促企业依法依规收存商品房预售资金，自觉维护房地产市场经营秩序。3月22日起，佛冈县新建商品房交易、预售资金监管、存量房交易等原系统相关业务统一在“粤安居”平台办理，标志着佛冈县住房管理信息化和数字化建设工作迈上新的台阶。进一步加快推动佛冈县“数字住房（粤安居）”建设，实现对房屋全生命周期的监管和服务，提升精细化和流程化管理效率，推进住房领域治理体系和治理能力现代化，提高住房管埋和服务水平。12月6日，县住房和城乡建设局结合实际印发《2022年佛冈县房地产市场秩序专项整治工作方案》，对全县房地产开发企业开展房地产市场秩序专项整治检查，切实强化房地产市场的监督管理，进一步加大房地产市场监管力度，维护房地产市场秩序，加强房地产开发建设全过程的监管，防范和化解房地产市场风险。

【便民服务】2022年，县住房和城乡建设局为进一步优化营商环境，提升佛冈县商品房交易、税收征缴、不动产登记等办事便利度和服务效率，于9月16日转发《清远市住房和城乡建设局 清远市自然资源局 国家税务总局清远市税务局 清远市政务服务数据管理局关于印发〈清远市关于加快推进“交房即发证”工作的实施方案〉的通知》到各有关单位和企业，全县正式开展“交房即发证”工作。目前龙凤·山语和溪住宅小区项目和佛冈勤天里项目已落实“交房即发证”工作。

（蓝茵莹）

【物业管理】2022年，佛冈县有备案的物业管理服务企业37家。各物业管理服务企业认真落实新型冠状病毒疫情联防联控工作，有效切断病毒传播路径，坚决遏制疫情蔓延。为消除消防安全隐患，营造安全、文明、和谐的小区环境，县住房和城乡建设局下发《关于开展物业小区“僵尸车”集中整治行动的通知》，对长期占用小区公共停车资源、严重影响消防安全的汽车、电动车、摩托车等“僵尸车”进行集中清理整治，全年共对10个物业小区的“僵尸车”开展清理工作。为推进物业小区垃圾分类工作，县住房和城乡建设局于8月18日召

2022年8月18日，县住房和城乡建设局组织全县物业服务企业召开物业小区生活垃圾分类工作推进会（朱志豪 摄）

开佛冈县物业小区生活垃圾分类工作推进会议，制定了包含垃圾分类制度、台账、学习活动等六大方面13项重点内容的《物业小区推进生活垃圾分类指引》《关于进一步加强生活垃圾分类七类场所台账管理工作的通知》，现场对各物业小区的垃圾分类制度建立、清运台账登记、宣传活动策划等方面进行培训、指导、答疑。县住房和城乡建设局加强住宅专项维修资金使用程序的监管，完善专项维修资金的归集、管理、使用制度。2022年，全县住宅专项维修资金的本金和利息21 800.71万元，商品住宅维修资金使用数额为301.97万元。

（朱志豪）

【房地产开发重点项目】 2022年，佛冈县住房和城乡建设局围绕“房住不炒”的发展定位，以减弱疫情防控对房地产市场的干扰为目标，凝心聚力，监督协调，加快推进名汇·景盛苑、佛冈篁胜新城商住区四期、龙凤·山语和溪住宅小区等多个重点房地产开发项目的建设工作，使全县房地产行业健康、持续地发展。

名汇·景盛苑 项目由清远市天耀发展有限公司开发建设，位于佛冈县石角镇奄美大道19号。项目以振兴南路与振兴中路为主干道，临近高速路口和国道106线，交通便利，区位较好。项目占地面积8454.8平方米，总建筑面积76 418.65平方米，包括4栋高层住宅和1栋综合楼，总户数648户，配套车位374个。项目主要按两梯五户、两梯六户设计，有两房两厅、三房两厅、四房两厅等户型。小区建有首层架空园林、景观跌水区、环跑步道、儿童乐园、户外康体区、阳光草坪等休闲娱乐设施。

佛冈篁胜新城商住区四期 项目由佛冈煌盛房地产开发有限公司开发建设，位于佛冈县石角镇莲溪村。项目占地面积41 974.30平方米，总建筑面积90 264.19平方米，其中住宅面积59 753.9平方米、商业面积5496.21平方米、地下车库面积24 110.24平方米。项目包括2层地下室、6栋高层住宅及商业楼，总户数550户，提供630个车位，1200平方米大型社区游泳池及69.24平方米更衣室、物业用房、养老服务中心、母婴室等配套设施。

龙凤·山语和溪住宅小区 项目由广东恒智富房地产开发有限公司开发建设，位于佛冈县石角镇建业路99号。项目占地面积26.67万平方米，总建筑面积60万平方米，配套4万平方米商业综合体和九年制学校，是佛冈县城内体量较大的项目，其中项目一期总占地面积51 545.42平方米，总建筑面积151 018.48平方米。项目择址在龙凤新区核心位置，紧邻龙凤大道，交通便利；背靠九龙山公园、马山公园两大山体公园和麓湖湿地公园，面朝潖江河，是佛冈县城内适宜居住的区域。项目创新纯板式建筑设计，户型为99～138平方米一梯一户，每种户型都采取大面宽、短进深的设计手法，采光、通风效果好，全面提升居住体验和品质。

（蓝茵莹）

不动产管理

【不动产管理概况】 2022年，佛冈县不动产登记中心采取积极措施不断深化不动产政务服务体系改革，进一步优化财产登记，提升群众办事效率和满意度。

【深化政务服务体系】 2022年，县不动产登记中心深化政务服务体系，与公安、民政、税务、卫健、司法等部门完成业务系统终端对接，实现线上共享利用信息及使用；实现不动产登记“跨城通办”，不动产交易、登记、缴税（费）“一个窗口办理”；实现不动产登记受理、缴费、审批、发证一个流程办结。优化审批流程，压缩办结时限，一般登记实现3个工作日办结，抵押登记实现1个工作日办结，查封、解封、注销登记实现即时办结。加强大厅导服人员职业道德培训，以便于使用档案查询终端机、不动产登记线上申请办理自助电脑、自助打证机等提供服务。

【化解历史遗留问题】 2022年，县不动产登记中心针对全县摸查出不动产登记历史遗留问题60个项目，按照县政府《县常务会议决定事项》制定《佛冈县不动产登记中心解决不动产登记历史遗留问题工作方案》，对经核查申请房屋类型符合历史遗留办理条件的，协助申请人完善相关材料，保障县城内不动产登记历史遗留问题的有效化解。

【不动产登记管理】 2022年，全县

发出不动产权证书及不动产登记证明书 36 197 本（份），业务量与去年同期相比有所提高。为特殊人群和企业开通绿色通道及提供上门服务 50 多次。为企事业单位及群众提供档案查询服务 5085 次，出具查询证明 13 988 份，保障全县人民群众不动产登记服务需要。

（郑兆棉）

生态环境保护

2022 年 6 月 2 日，清远市生态环境局佛冈分局在县人民公园开展“世界环境日”宣传活动（清远市生态环境局佛冈分局 供图）

【生态环境保护概况】2022 年，佛冈县环境质量总体良好。全县空气质量优良天数比例为 91.5%，$PM_{2.5}$ 平均浓度 23 微克每立方米，PM_{10} 平均浓度 31 微克每立方米，达到国家二级标准；对饮用水源坚持每月监测，县级和乡镇集中式饮用水源水质控制在国家Ⅱ类标准，达标率 100%；地表水、饮用水源环境质量稳定达标，其中，省考段潖江良塘断面水质达到国家Ⅲ类标准，市考段烟岭河文昌阁断面水质达到国家Ⅱ类标准，放牛洞水库和坝仔坑（新取水口）饮用水源地水质达到国家Ⅱ类标准。土壤污染治理工作稳步推进，全年处理群众投诉 783 件，处理率 100%。

【大气污染防治】不良天气预警管控 2022 年，清远市生态环境局佛冈分局积极应对气候变化，落实污染天气应对措施，实施差异化管理，按照《佛冈县不良天气应急工作指引》要求，在应急管控期间，严格督促涉 VOCs 企业落实错峰生产，要求厂区内严禁使用冒黑烟机械，暂停露天烧焊切割等作业；相关职能部门按照职责分工督促施工工地加强抑尘措施，实施湿法作业，禁止使用冒黑烟机械和黑烟柴油发电机，暂停沥青铺设、道路划线、喷漆喷涂和电焊等工序，限时禁止取土运土作业；加大力度在重点时段、重点区域开展洒水和加冰喷淋，全力降低臭氧等大气污染物浓度。全年累计启动 46 次不良天气应急管控，期间相关企业和单位均能按要求落实管控措施。

工业炉窑分级管控 2022 年，清远市生态环境局佛冈分局为深化工业炉窑大气污染综合治理，推进工业炉窑全面达标排放，促进产业高质量发展。全县开展新一轮工业炉窑分级管控工作，有 5 家涉工业炉窑企业被纳入分级管控清单，经反复动员和深入督导指导，各相关企业均按要求完成整改任务。其中，广东联塑日利门业有限公司拆除工业炉窑，清远南玻节能新材料有限公司被定为 B 级工业炉窑企业。

挥发性有机物治理 2022 年，清远市生态环境局佛冈分局推进涉 VOCs 排放企业分级管控和深度治理，按要求完成第一批清远市挥发性有机物（VOCs）重点监管企业的深度治理任务，完成第二批重点监管企业的分级管理并逐步推进深度治理。第一批企业名单中，佛冈县的翔鸿塑胶、科惠、强丰、科惠白井、吉多宝制罐、建滔（佛冈）特种树脂、建滔（佛冈）积层纸板和建滔（佛冈）积层板公司等 8 家企业纳入 VOCs 深度治理任务，均已完成深度治理管理手册编制并通过专家评审和湾区（广州）生态环保研究院验收。第二批企业清单中，佛冈县有 10 家企业被纳入 VOCs 分级管理任务，各单位已配合湾区（广州）生态环保研究院现场核查，进行深度治理工作，分级管控定级结果待清远市生态环境局公布。加强加油站 VOCs 排放治理，督促全县 26 家加油站提交油气回收密闭性检测年度报告，完善油气回收日常检查台账，其中延长壳牌加油站已安装油气回收自动监控系统。

推动减污降碳协同治理 2022 年，清远市生态环境局佛冈分局加强碳排放管理和交易企业的管理，推进减污降碳协同增效，确保“双碳”目标落地，按省、市工作要求，已监督广东省金城金属制品有限公司完成报告提交、核查及配额清缴等工作；广东博华陶瓷有限公司、佛冈盈泰纺织品染整有限公司、佛冈顺亚纺织染整有限公司和广东兆联纺织有限公司等 4 家公司已按时完成报告提交并配合省厅委托的第三方完成核查工作。推进钢铁行业企业超低排放改造，进一步治理大气污染，降低工业污染排放，佛冈达味特钢有限公司和广东省金城金属制品有限公司已按要求报送超低排放改造计划，并按计划启动超低排放改造工作。

【水污染防治】饮用水源水质整治 2022 年，清远市生态环境局佛冈分局定期组织到全县镇级以上集中式饮用水水源保护区进行巡查，重点关注保护区是否存在违规违章建筑、堆积垃圾或规范化设施损坏等现象。完成县级集中式饮用水源地环境状况评估和农村集中式饮用水源地环境基础信息调查，将2个县级饮用水源地信息录入县级集中式饮用水水源保护区评估系统，将43个（包括36个村级和7个镇级）农村集中式饮用水源地信息录入全国农村集中式饮用水水源保护区划定情况统计系统。全县9个镇级及以上饮用水水源保护区均已建设规范化设施；针对坝仔坑（新取水口）、良洞水库、大陂水和上坪饮用水水源保护区内存在的围网等设施受损问题，及时进行全面维护修复。

入河排污口排查整治　2022年，清远市生态环境局佛冈分局开展流域面积100平方千米以下河流的排污口排查启动工作，协调县水利部门整理出流域面积100平方千米以下重点河流名单，并组织第三方技术单位提供入河排污口排查报价方案，解决项目资金来源问题。同时，加强现有重点监管排污口管理，已将2020—2021年排查出的9个重点监管入河排污口纳入“双随机、一公开”系统监管，定期对排污口责任单位开展现场检查和监测。分类逐步实施入河排污口规范整治，按照2022—2023年度排查结果，动态更新拟整治排污口清单，分类施策，全面完成问题排污口的清理整治。

农村污水治理　2022年，清远市生态环境局佛冈分局印发《关于加快农村生活污水问题设施整改销号的通知》，对2021年省生态环境厅全面摸查反馈的384个问题实行销号管理，进一步加强运维管理，提高设施正常运行率。出台《佛冈县农村生活污水处理设施运维管理工作方案（试行）》，加强运维管理，保障农村生活污水处理设施的正常运行，进一步提升农村水环境质量，改善农村生活环境；出台《佛冈县农村生活污水治理专项规划（2021—2025）》，全面推进农村生活污水治理攻坚行动，科学精准优化治理模式、提升改造低效设施、修复完善问题管网，切实提高全县农村生活污水治理成效。通过县级财政直接支付涉农资金200万元到6个乡镇用于农村生活污水日常运维，进一步提高农村生活污水治理率、设施正常运行率和村民满意率，确保农村污染治理长期取得成效；据清远市2022年第三季度农村生活污水处理设施运行情况抽查结果，佛冈县的设施正常运行率为75%，排全市同项指标第二。推进农村黑臭水体治理，本年度全县涉及省级监管农村黑臭水体整治任务有1个，为迳头镇仓前村委瑶村池塘黑臭水体，现该村池塘黑臭水体已整改完成，通过县级自评、市级评估，下一步省级将对该水体进行现场评估和审核。完成农村民生实事任务，本年度全县涉及农村省级民生实事有4个任务村，分别是水头镇铜溪村委中间村、迳头镇龙冈村委王屋村、高岗镇三江村委梧塘村和汤塘镇菱塘村委群丰村，现4个任务村的农村生活污水处理设施已完工。

水功能区调整　2022年，清远市生态环境局佛冈分局深化四九河综合治理，消除环境问题隐患，协调有关部门开展汤塘镇四九河水功能区调整工作。指导广佛（佛冈）产业园管委会组织编制《清远市佛冈县四九河水功能区划优化调整可行性研究报告》，并征求有关单位部门和公众意见，完成部门内部和县司法机关的法制审查，通过县政府审定后依程序向市政府提请审定调整方案。市政府原则同意调整方案，下一步将加强与省生态环境厅沟通协调，争取尽快完成省级层面对水功能区的相关调整。

【土壤污染防治】推进土壤和地下水污染防治　2022年，清远市生态环境局佛冈分局根据国家和省市关于开展水龙尾铅锌矿地下水治理试点工作的有关要求，积极推动水头镇水龙尾铅锌矿矿山开采区防渗改造项目建设工作，9月底，项目完成全部示范工程任务，编制《广东省清远市佛冈水头镇水龙尾铅锌矿矿山开采区防渗改造及废弃矿井封井回填项目2022年总结报告》。12月底，项目最终完成验收。下一步将督促实施单位抓好项目后续运行维护，保障治理效果持续稳定。

“双源”地下水调查　2022年，清远市生态环境局佛冈分局根据《关于开展清远市典型“双源”地下水环境状况调查评估的通知》精神，积极开展全县“双源”地下水环境状况调查评估工作，当年完成广东佛冈县产业转移工业园区、水头镇水龙尾铅锌矿、水头铜溪褐铁矿和佛冈县生活垃圾卫生填埋场“双源”清单信息填报，暂无项目纳入2022年“双源”调查评估工作。

土壤污染重点监控　2022年，清远市生态环境局佛冈分局按照省市生态环境局的有关要求，督促清远新力化机有限公司和佛冈县水头镇铜溪褐铁矿有限公司开展隐患排查、自行监测、周边土壤监测并公开结果。上述两个企业已开展隐患排查，完成隐患排查报告编写和形式审查，并通过市生态环境局组织的专家评审。下一步将按照市生态环境局的工作要求，督促企业开展土壤自行监测、周边土壤监测并公开结果。

【环评审批】2022年，清远市生态环境局佛冈分局主动服务，严格审批，强化用途管控，推动“三线一单”落地应用。严把项目选址关、环评关、验收关，从源头上控制新污染源的产生。主动对接重点项目，做好环保前期调研，压缩审批期限，提高审批效率，助力经济社会高质量发展。全年，审批建设环评项目26项，其中，环评报告表26项，已全部录入广东省建设项目环评管理电子信息系统；建设单位环评备案登记64家，复核环评登记备案表64份；完成建设项目自主竣工验收33项，其中报告书5项、报告表28项。

【排污许可】2022年，清远市生态

环境局佛冈分局推进排污许可提质增效工作，严格审核生态环境行政许可，强化排污许可与环境影响评价、监测、执法联动，推进排污许可“一站式”管理。全年核发排污许可证 70 个，完成建设单位排污登记 97 家，复核排污证执行报告 105 份。

【污染减排】 2022 年，清远市生态环境局佛冈分局做好主要污染物总量减排工作，根据《清远市生态环境局关于做好 2022 年主要污染物总量减排工作的通知》的要求，全县本年度主要污染物总量减排任务为：化学需氧量 10 吨、氨氮 1 吨，氮氧化物 0 吨、挥发性有机物 140 吨。全年通过科惠（佛冈）电路有限公司、科惠白井电路有限公司、清远新力化机有限公司、强丰（佛冈）制鞋有限公司 VOCs 深度治理项目和尊福（佛冈）竹木有限公司含 VOCs 原辅材料替代项目实现 VOCs 削减 149 吨。通过佛冈县志伟家具制造有限公司淘汰 8 蒸吨天然气锅炉和佛冈县天壤生物工程技术有限公司淘汰 1 蒸吨天然气锅炉项目，实现氮氧化物削减 0.2 吨。通过黄序恒和邝华叶养殖场异位高效发酵床治理设施，实现化学需氧量削减 1.9 吨。

【环境信访】 2022 年，清远市生态环境局佛冈分局积极处理生态环境信访投诉，统筹管理各渠道的来信来访投诉，认真处理县委办、县府办以及 12345、12369 服务热线等投诉平台转办的环保投诉事项，努力化解群众关心的热点、难点问题，维护群众环境权益，确保有效信访投诉“问题有人接、案件及时办、效果有监督、办结有回应”。全年共受理各类污染纠纷和投诉事件 579 件。其中，废水污染 45 件、废气污染 218 件、噪声污染 289 件、固废 10 件、危废 4 件、咨询 2 件、其他 11 件。对投诉案件能做到迅速、认真、依法调查处理并回复投诉人，做到件件有落实，事事有回音。

【环境执法】 日常监管 2022 年，清远市生态环境局佛冈分局遵循“全面覆盖、依法实施、公开透明、协同推进”的原则，按照双随机抽查事项清单要求，积极开展“双随机、一公开”日常监管工作，督促污染源企业提高精细化管理水平。加强环境行政执法力度，对各种环境违法行为严格按照法定程序、条件、种类、幅度实施行政处罚，确保违法必究，提高处罚震慑力，全年出动执法人员 2476 人次，检查企业 868 家次，发出责令改正通知书 31 家；立案 15 宗，发出行政处罚决定书 15 宗，处罚金额 183.62 万元。针对危险废物重点监管单位名单，开展危险废物环境安全排查，杜绝环境风险隐患的产生，全年出动执法人员 423 人次，检查涉危险废物企业 140 家次，其中，排查风险点 3 处，责令整改 3 家次，均已完成整改。

辐射安全监管 2022 年，清远市生态环境局佛冈分局根据上级部门的要求，对全县辖区内放射源单位、生产量为 10 万吨 / 年以上废旧金属回收熔炼单位和射线装置工作场所进行核查，确保辐射安全利用。全年对 8 家受检单位开展现场检查 12 次，做好《现场监督检查表》和问题记录台账，并督促有关单位落实问题整改。

扫黑除恶 2022 年，清远市生态环境局佛冈分局聚焦生态环境领域涉黑涉恶问题突出的重点行业、重点领域，对准群众反映强烈、破坏生态环境严重的违法行为，加大打击力度，保持严打高压态势，打赢扫黑除恶专项斗争。将扫黑除恶纳入常态化工作，持续开展线索摸排、深入行业清源，持续做好宣传发动工作，及时反馈工作情况，做到“清到底、清干净”。全年摸排到 1 条新线索，收到 2 条县扫黑办交办线索，已办结。

生态损害赔偿 2022 年，清远市生态环境局佛冈分局积极组织推动生态环境损害赔偿，不断完善生态文明制度体系。全年，向县公安局移送涉生态环境案件线索 1 条；涉生态环境刑事犯罪案件 1 宗；对涉及水、土、气等方面的 13 宗案件进行认真梳理筛查，均建议不启动生态环境损害赔偿磋商。主动协助公安、检察、法院等部门开展调查侦查、应急处置、损害鉴定评估和刑事诉讼等工作，加强专业指导，推动案件破案。其中，佛冈县汤塘镇升平村刀排坑口、石陂头（高塱仔）涉嫌非法处置固体废物案件，佛冈县水头镇煤矿路边（头菜场）非法倾倒外来固体废物案件（两宗案件并案处理），经清远市中级人民法院终审判决，被执行人承担刑事

2022 年 4 月 20 日，清远市生态环境局佛冈分局到县文化馆开展“4·22 世界地球日”宣传活动

（清远市生态环境局佛冈分局 供图）

附带民事责任，佛冈县汤塘镇升平村委会环境污染造成生态资源损失总金额1821.395万元、佛冈县水头镇供销社头菜场非法倾倒有害物质损失总金额108.4万元。已执行到佛冈县汤塘镇升平村委会环境污染生态资源损失金117万元。

【固体废物管理】 废物登记 2022年，清远市生态环境局佛冈分局严格执行固体废物申报登记制度，组织危险废物产生单位和经营单位，按要求在省平台上完成年度危险废物申报登记、管理计划备案。全县2021年危险废物申报登记（2022年的数据申报要求2023年3月前完成）和2022年管理计划备案均已全部完成。全县已在监管信息平台上注册的产废单位818家，其中危险废物产生单位394家（2022年新增危废单位91家），已完成危险废物管理计划备案394家，完成率100%。

废物处置 佛冈县在2021年成功打掉一个以试验种植药材为幌子进行固废处置的案件，为防止该公司对环境造成二次污染，保护全县生态环境，清远市生态环境局佛冈分局及时指导石角镇政府对牧宏公司外来非法倾倒的固废进行清运处置。2022年3月2日，石角镇政府正式启动牧宏公司固废应急清运处置工作，截至4月9日，已清运568车次，重量达17 202.96吨。按测绘得出的预计重量1.69万吨计算，清运进度为101.79%。清运后，按照有关规范要求进行彻底的环境整治。

废物监管 2022年，清远市生态环境局佛冈分局开展以废铅蓄电池、废矿物油、废酸、废弃危险化学品等危险废物为重点的专项整治行动，现场检查相关企业和场所危险废物环境管理措施情况，对发现的问题督促落实整改。全年排查重点涉废铅蓄电池企业2家、涉废矿物油企业16家、涉废酸企业2家、涉废弃危险化学品企业1家，对检查发现的环境管理问题进行跟踪落实，相关企业已全部按要求完成整改。另外，切实加强危险废物全过程规范化监管，对纳入危险废物重点监管单位实行全流程规范化监督指导，提高其环境管理水平；并加强对企业的培训和指导，组织14家危险废物产生企业参加西尔云危险废物规范化环境工作线上培训。

【噪声防治】 声环境监测 2022年，佛冈县开展建成区域声环境监测点位优化布设和声环境功能区监测点位设置工作。声环境功能区内设置有区域声环境监测点位107个，昼间达标率79.4%、夜间达标率68.2%；设置有道路交通监测点位21个，监测数据显示昼间达标率71.4%、夜间达标率61.9%；设置有功能区监测点位7个，昼、夜间达标率均为100%。

噪声查处 2022年，清远市生态环境局佛冈分局制定《高考期间环境噪声整治工作方案》，严格落实环境监管责任，做好绿色护考工作。强化源头管控，实行夜间建筑施工作业审批制度，全面加强建筑工地文明施工监督管理，加大施工噪声扰民管控力度。全年出具11份夜间施工审批意见，检查建筑施工单位24家次，向1个建筑施工单位发出《责令改正通知书》。开展行业噪声扰民问题专项治理工作，加强源头治理，切实解决环境噪声污染问题。市生态环境局佛冈分局与县公安、文化等部门多次开展联合执法行动，分片区（城东、城南、沿江）对县城范围的酒吧进行噪声监测巡查，对市民反映投诉多的24家酒吧进行噪声监测，对3家存在噪声超标问题的酒吧作出行政处罚。

【污染源监测】 2022年，清远市生态环境局佛冈分局强化环境监测，对全县污染源企业开展监督性监测、执法监测和调查监测。全年出具执法性监测报告291份，有效掌握工业企业排污状况，为环境执法提供有效的数据支撑；出具调查性监测报告4份，为信访投诉提供技术支持。加强水环境质量监测，对潖江、烟岭河6个断面进行水质监测，采集水质样本59个，共获水质监测数据1749个。对饮用水源地放牛洞水库、山田水库、大窝水库进行水质监测，采集水质样本32个，共获水质监测数据996个；协助第三方机构对2个县级饮用水源地和7个乡镇饮用水源地进行水质监测，采集水质样本38个。监测数据显示县城及乡镇集中式饮用水源和地表水水质稳定达标。加强环境统计工作，将12家工业源企业纳入环境统计季年报系统，并配合市生态环境局进行数据现场审核，提高环境统计数据质量，为实施总量控制、环境决策和编制环境规划提供重要依据。

【重点项目整改】 推进县生活垃圾填埋场整改 2022年，清远市生态环境局佛冈分局做好县生活垃圾填埋场整改工作，有序推进存在可疑污染点二区存量垃圾的开挖工作，并将生活垃圾转运至清远市生活垃圾焚烧发电厂进行处置，全年已转运生活垃圾39 064吨。待二区生活垃圾清运完成后，开展地下水治理工作，从根源上解决地下水污染问题。增加设备投入，加快县生活垃圾填埋场现有积存液的处置，现有处理设备的日处理能力达到300立方米，不仅能处理每天新产生的地下水和渗滤液（合计200立方米），实现日产日清，还有富余能力处理积存的地下水和渗滤液，力争2023年1月上旬处理完毕。

固体废物综合利用项目建设 2022年，佛冈正源环保材料有限公司20万吨铝灰渣综合利用项目已确定选址位于龙山镇新动力智造城。11月2日，县招商引资领导小组相关成员单位集体经研究讨论，原则上同意该项目入园。县政府同意后按市遴选办法向市商务局报备，待审核同意后正式签约。

督办案件整改 2022年，清远市生态环境局佛冈分局抓好对上级督察交办的22宗案件整改，已办结21

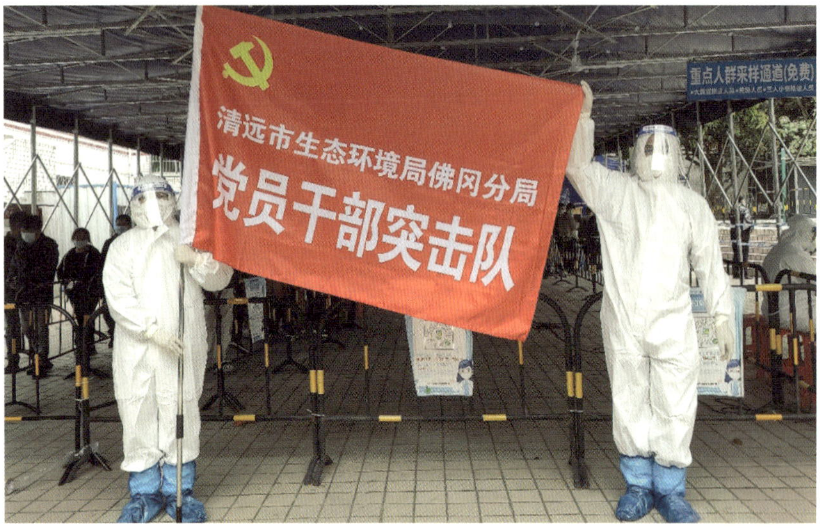

2022 年 3 月 29 日，清远市生态环境局佛冈分局对石角镇临时核酸采样点开展医疗垃圾收纳和处置监督检查　（清远市生态环境局佛冈分局　供图）

宗(实为 15 个问题)，阶段性办结 1 宗(实为 1 个问题)。其中：中意置业有限公司生态环境问题，已完成河道清淤、3 千米环山沟、截水沟、沉沙池修建、25 万平方米撒草籽面积；种植 13 万棵桉树苗，覆盖 15 万平方米；完成 20 万平方米覆盖建筑安全绿网面积；全面清理农田、耕地的污染，近期内可根据整改方案进行验收。针对高岗镇“团伙”盗挖矿产和砂石、破坏生态环境问题，已将存在的重点地质灾害治理工程纳入年度地质灾害治理范围；完成项目勘察设计和概算编制工作。

【综合治理】 应急管理　2022 年，清远市生态环境局佛冈分局在坝仔坑集中式饮用水保护区组织开展饮用水水源保护区应急演练，提高环境应急管理工作水平，加强部门协作。加强突出问题整治，落实汛期、敏感时期、重大节日应急工作。制定应急预案，实行 24 小时 2 人在岗值班制，防止涉环境问题的突发事件发生。

疫情防控　2022 年，清远市生态环境局佛冈分局根据市、县疫情防控指挥部的工作要求，做好隔离点涉疫医疗垃圾和生活污水的管控工作，协调督促指导英德市伟洁医疗废物处理有限公司落实对佛冈县隔离点涉疫医疗垃圾的规范、安全转运和处理处置。积极参与主管部门开展对相关隔离点联合督导检查工作，重点核查隔离点涉疫医疗垃圾收集暂存、污水收集处理等措施落实情况，针对检查发现的问题，立即向运营方提出整改要求，并持续跟踪、督促整改到位。经监测，相关场所污水实现余氯等各项指标达标排放。积极组织干部职工做好疫情防控值班值守及志愿服务等工作，派出 8 人次参加服务区疫情防控工作，对入粤货车司机人员进行测温、查验健康码及通信行程卡，协助采样工作人员抗原快检及核酸采样、信息登记；并在国庆假期全力配合做好疫情防控工作，派出 28 人次参加核酸检测点志愿服务，派出 22 人次对石角镇临时核酸采样点开展医疗垃圾收纳和处置监督检查，随机抽查 98 个临时核酸采样点。对县城内 220 个临时核酸采样点和 22 个黄码核酸检测服务点共产生医疗垃圾 5.599 吨，均已按规范运走处置。

安全生产　2022 年，清远市生态环境局佛冈分局全面落实省、市、县关于安全生产和消防安全的各项工作部署，牢固树立安全发展理念，大力弘扬生命至上、安全第一的思想。结合汛期防汛防风、消防安全、危险化学品、危险废物等专项检查，全面开展生态环境风险隐患排查工作，重点排查陶瓷、化工、印染、污水处理、配套电镀等行业企业污染防治设施运行情况、污染物达标排放情况、固体废物和危险废物处理处置情况，将安全主体责任压实到各企业。全年无环境安全事故发生，切实保障全县环境安全。

（林嘉敏）

商贸流通

责任编辑：郑中勇

商贸流通综述

【商贸概况】2022年，佛冈县认真执行中央和省、市出台各项政策，积极应对疫情影响造成国内外经济形势发展变化，推动商贸流通业持续健康发展，商贸流通呈现稳中向好、稳中提质良好态势。推进服务消费发展，开展质量提升行动，持续释放消费潜力，汽车销售、装修装饰、旅游消费、大宗家电消费加快增长。加大促销力度，积极扩大消费，通过政府搭台、企业唱戏、市场化运作模式，开展内容丰富、形式多样促消费活动。深入推进“互联网＋流通”行动计划，引导内贸企业开展线上线下融合发展，推动城乡流通网络建设，促进商贸流通市场繁荣。加强市场监测，健全市场调控机制，保障供给的能力进一步得到增强。积极配合清远市做好消费券宣传工作，鼓励市民消费。是年，全县商贸销售总额192.96亿元，其中，社会商品销售总额154.04亿元，社会消费品零售总额38.92亿元。

【社会消费品零售总额】2022年，消费市场运行总体稳定。是年，实现社会消费品零售总额38.92亿元，同比下降0.7%。

【社会商品销售总额】2022年，佛冈县批发零售、住宿餐饮业受疫情等多方面因素影响，销售额有所下降，全年社会商品销售总额154.04亿元，同比下降24.66%。其中，批发零售业商品销售143.43亿元，住宿餐饮销售10.61亿元。

【批发零售业】2022年，佛冈县批发业社会商品销售总额143.44亿元，同比下降31.57%。零售业社会商品销售总额33.57亿元，同比增长2.72%。

行业发展特点　2022年，批发零售业仍是佛冈县消费品市场发展主导力量。限额以下经营单位是批发零售业主体，是佛冈县批发零售业稳步增长主导力量。个体经营和私营经营占主要地位。汽车、住房、餐饮、旅游等消费是佛冈县消费市场热点。随着批发、零售行业不断发展，连锁经营、加盟经营，专卖、超市、物流配送等新业态、新型流通方式逐步建立。批发、零售等市场货足价稳、市场活跃，但是受疫情影响，批发业规模不断缩小，零售业消费品零售总额有小幅增长。

行业面临困难　2022年，批发零售业融资难，租金、原材料、人工成本高，经营成本不断上涨，特别是受新冠疫情影响，批发业下降幅度较大。电子商务的加快发展对批发零售业冲击进一步扩大，越来越多城镇和农村消费者在网上购物，对经营服装、鞋类、食品、电子产品、家电产品等零售业实体店冲击越来越大。淘宝、天猫、京东等商城线下体验店进入佛冈，对全县家电零售业冲击进一步扩大。受交通条件和运输成本制约，全县零售业实体店开展线上线下相结合电子商务业务面临很大困难。

【住宿餐饮业】2022年，佛冈县住宿业社会商品销售总额2.92亿元，同比下降9.04%；餐饮业社会商品销售总额7.69亿元，同比下降4.5%。

行业发展态势　2022年，受新冠疫情的影响，佛冈县住宿业、餐饮业销售总额出现下降趋势。限额以下经营单位所占比重较大，成为住宿餐饮业发展主导力量。大众化餐饮经营将不断延伸，特色餐饮将更加突出。旅游餐饮、养生餐饮主导餐饮新趋势。旅游业发展继续推动餐饮业和住宿业发展。住宿餐饮业线上线下融合发展趋明显，网上订房、网上订餐业务开展较为活跃，网上支付、微信支付等新支付方式成为消费者首选。随着佛冈县成功创建全域旅游示范区，县域旅游推介力度不断加强，住宿餐饮消费有升温趋势，住宿餐饮市场日渐活跃，成为佛冈县节假日消费一大亮点。

行业面临困难　2022年，佛冈县受疫情影响，住宿餐饮业发展势头受阻，对县域经济贡献有限。随着市场竞争加剧，税费、原材料价格、人力房租支出上涨较快，住宿餐饮业经营成本进一步提高，经济效益明显下降。

（郭庆文）

粮食储备管理

【粮油储备概况】2022年，佛冈县储备县级储备粮（原粮）9029.41吨、县级储备成品粮1000吨，县级储备食用植物油储备规模从40吨增加至55吨，其中小包装油5吨；轮换县级成品粮 1000 吨，轮换县级储备油 55 吨。

【粮油储备管理】2022 年，佛冈县贯彻实施国家《粮食流通管理条例》《广东省粮食安全保障条例》，制订《佛冈县县级储备粮管理办法》《佛冈县县级储备食用油管理实施细则（试行）》《佛冈县县级储备粮油轮换管理办法》等管理制度。佛冈县发展和改革局在粮油储备管理过程中，严格执行县级储备粮油有关规定，实行仓储“专人、专账、专仓”管理，没有发生县级储备粮油管理违法、违规行为。

储备粮油轮换 2022 年，佛冈县发展和改革局严格按照《关于下达 2022 年县级储备粮油轮换计划的通知》要求，轮换县级储备成品粮 1000 吨，县级储备油 55 吨；县级储备粮油实行静态轮换，轮空期不超过 4 个月，顺利完成县级储备粮油轮换任务。

粮食质量监测 2022 年，佛冈县进一步加强储备粮食质量安全保障能力，强化日常粮食质量安全监测。佛冈县粮食和物资储备有限公司严格执行国家粮食质量、卫生标准，认真落实国家粮食收购政策，加强质量检验把关，严格执行入库、出库检验和出证、索证制度，健全质量档案，切实履行粮食食品质量安全责任和义务。加强对库存粮食政策性购销粮食质量安全检验，严格粮食入库、销售出库质量检验，依法对出库和政策性购销粮食设定必检项目并实行检验。11 月，佛冈县发展和改革局委托有资质的检验机构进行检验。经查，县级储备粮库存稻谷 9029.41 吨、县级储备成品粮 1000 吨、县级储备食用油 55 吨符合国家粮油质量和卫生标准规定，检验结果合格，宜存率达到 100%，粮油质量安全。县级储备粮油数量真实、质量良好、储备安全。

【应急物资储备】救灾物资收储 2022 年，佛冈县累计采购救灾物资（含上级调拨）价值 164.87 万元，累计发放物资价值 98.93 万元。至年底，县救灾物资仓库储备实物有雨衣、雨靴、棉裤等库存储备数量 16 522 件，库存价值 151.07 万元。

防控物资收储 2022 年疫情防控期间，佛冈县发展和改革局多方寻找采购渠道，对接联络企业，积极采购应急疫情防控物资防护服、隔离衣、口罩、消毒液、测温器、空气消毒机等 182.17 万件（套），价值 470.31 万元；发放防控物资 150.57 万件（套），价值 226.69 元。年底，佛冈疫情防控物资防护服、隔离衣、口罩、消毒液、测温器、空气消毒机等防控物资 104.28 万件（套），库存价值 301.73 万元。

（何仲明）

供销合作

【供销概况】2022 年，佛冈县供销合作社（简称“县供销社”）下属单位有佛冈县土产公司、佛冈县供联公司、佛冈县供销社再生资源回收公司、佛冈县供销嘉鑫农贸有限公司、佛冈县基层供销合作社 5 家企业，从业人员有 31 人。是年，县供销系统经营总额为 4.67 亿元，同比增加 0.17 亿元；商品销售总额 2.53 亿元，销售额同比持平，实现利润 49.6 万元；缴纳税费 5.5 万元，同比增加 4.17 万元。

【供销社综合改革】2022 年，县供销社按照省、市供销社综合业绩考核工作布署，以推进新型乡村助农服务示范体系建设抓手，进一步深化综合改革，服务三农，富民兴村，基本完成市供销社下达的综合业绩考核指标。全年，举办各类农资农技培训 10 班次，参与培训 200 多人；新成立庄稼医院 3 间；改造升级薄弱基层社 2 家，新增基层社社员 500 人；新增土地托管 6.67 公顷，新增农化服务面积 666.67 公顷；建设村级供销社 3 家，建设农业产业化联合体 3 个，打造具备 3 项以上服务功能的镇级供销合作社 2 个，建设完善社区综合服务站点 1 个，新增农民专业合作社 4 家；申报立项 1 家县级助农综合服务平台改造升级，累计投入 51.3 万元。

【烟花爆竹经营管理】2022 年，县供销社严格落实烟花爆竹运输、仓储、消防、销售等安全生产“一岗双责”制度，成立安全生产领导小组，层层签订安全生产责任书，落实岗位职责。全年选派 9 名企业员工参加广东省安全知识培训，做到从业人员持证上岗。公司内部制定安全生产应急预案和各项安全管理制度，召开各种安全

2022 年 4 月，县供销社党组成员、副主任赵维带领工作人员到农资专卖店开展农资化肥专项检查

（县供销社 供图）

2022年9月19日，省供销社党组成员、理事会副主任林少俊到佛冈县水头镇魔芋种植基地调研　（县供销社　供图）

会议14次，配合省、市、县有关职能部门进行各种安全检查19次，开展模拟安全生产事故演练3次。加强对烟花爆竹仓库及经营门市安全监管，每月组织相关人员成立检查组，对烟花爆竹仓库、经营门市部进行检查，发现安全隐患，及时消除，及时整改，把安全隐患消灭在萌芽状态。确保春节、元宵、清明节等重点隐患节日安全，实现全年无安全事故目标。是年，全县烟花爆竹销售额190.97万元，比上年增加6.97万元。

【农业生产资料管理】 2022年，县供销社农资流通协会配合农业、工商等相关职能部门，开展对全县农资经营单位、批发市场、销售门店等专项检查。全年出动专项检查85人次，检查农资经营门店60间。农资流通协会严格要求经营门店按照有关部门规定，做到市场流通产品“三证”齐全，亮证经营，做到台账清楚、规范。农资流通协会设立举报电话，以方便群众监督，维护农资市场经营秩序。是年，全县农业生产资料商品总购进2.15亿元，总销售2.53亿元，其中，化学肥料销售1.67亿元、同比增加0.07万元，销售量6.41万吨、同比增加0.01万吨；化学农药销售额3168万元，同比增加295万元；销售量880吨，同比增加74吨；农用薄膜销售34万元，与上年持平；中小农具销售15.5万元，同比增加10.95万元。

【再生资源回收管理】 2022年，县供销社再生资源回收公司进一步推进生活垃圾分类及再生资源回收“两网融合”工作，按照“覆盖城乡、因地制宜、高效规范”要求，建立回收网点及再生资源分拣中心，配置回收运输车辆。是年，再生资源回收公司总收益为8万，实现利润5万元。

【农副产品购销】 2022年，县供销社系统农副产品购销整体良好，全年实现销售额3750万元，其中，干果干菜类2.55万元，粮油类44万元，鲜果类1514万元，鲜菜类330万元，肉禽蛋类400万元。

（罗　曦）

烟草专卖

【烟草专卖概况】 2022年，佛冈县烟草专卖局（分公司）紧扣“卓‘粤’创一流”战略目标，围绕“平安、活力、文明”三个清烟建设，全力推动高质量发展，并取得一定成绩。全年销售卷烟约64 000万支；实现税利约11 000万元，同比增长1.65%。

【卷烟经营管理】 营销队伍建设　2022年，佛冈县烟草专卖局（分公司）以“兴趣+技能”为导向，鼓励个人兴趣与行业发展相结合，全力支持员工通过培训、竞赛及考试等方式提升自己。全年自主开发RPA机器人2个；参加省公司课题组1人，参与市公司业务攻关组3人次；1篇营销类论文获全省表扬奖；制作多媒体视频，并获2022年厚工坊“最佳

2022年3月15日，佛冈县烟草专卖局（分公司）在县文化馆前开展普法宣传。图为专卖执法人员向群众派发普法宣传小册子　（钟丽丽　摄）

创意奖”。

零售客户服务 2022年，佛冈县烟草专卖局（分公司）结合实际制定《“622”分类服务手册》，明确客户分类、服务、评价和监督标准，让客户走访“有章可循”；进一步理顺重点工作和岗位职责，打破惯性思维，做到因事设岗、因才分工、动态调整，更加契合数字化转型发展需要；探索私域流量运营，为70户零售户打造“微信群+小商店”，让零售客户拓宽经营思路，创新多元化经营方式。

农网建设 2022年，佛冈县烟草专卖局（分公司）主动对接“佛冈有礼”区域公共品牌，打造“20支+佛冈有礼”农特货架，“强强联合”助推优质农特产品“上行”。精挑细选农网经营能手，发掘推荐“致富能手”冯镜基作为新农网创业带头人，实现带动一方、辐射一片。引导8户农网客户加入现代终端，通过“一对一”“多对一”指导，增强“易灵通”系统操作能力，为数据驱动农网建设添加“硬实力”。

卷烟物流配送 2022年，佛冈县烟草专卖局（分公司）充分考量卷烟销量、行车路程、安全风险等因素，经多次调研论证，建成物流对接点，开启配送新模式。通过优化配送线路和对接流程，有效实现“车辆和人员双减、安全和效率双升”目标。

【烟草专卖管理】 **卷烟市场监管** 2022年，佛冈县烟草专卖局（分公司）全面强化打假打私重大案件侦办和市场监管联合执法协作。全年查处各类涉烟违法案件64宗，查获违法卷烟296.82万支，总案值约339.87万元。强化违法违规大户治理，查处违法违规大户5户次，取消经营资格3户，纳入“黑名单”管理3户。定期与公安、市监等开展联合执法行动，强化辖区电子烟市场清理整顿，开展中小学周边环境检查4次，联合执法7次，出动105人次。3月，联合公安破获一宗流窜调包卷烟案件，成功打掉一个调包卷烟诈骗团伙，抓捕嫌疑人7人。9月，联合市局、公安等查获一起涉嫌中转分销假烟大要案（“国标”三级重大案件），当场抓获涉案人员4人。

零售许可证件管理 2022年，佛冈县烟草专卖局（分公司）按《清远市烟草制品零售点合理布局规定（修订）》相关规定，有序推进合理布局相关工作，辖区全年许可证退出数量（100户）大于新办数量（83户），辖区排队总数208户，核发总数61户，核发数占本地区全年累计排队轮候数量的29.33%。全面排查零售户许可证使用情况，依法依规对“空挂户”、存在“证照不符”“证址不符”“人证不符”等异常情况的零售户、涉嫌大户控制的零售户开展清理整顿，“空挂户”清理率100%，清理整顿“证照不符”“证址不符”“人证不符”等异常零售户15户。

烟草专卖法治宣传 2022年，佛冈县烟草专卖局（分公司）广泛宣传打假打私工作成效，努力展现执法队伍良好风貌，卷烟打假打私行动战报在“佛冈通”“佛冈新闻News”“清远头条”等多个新闻媒体刊登，有效传播佛冈烟草打假打私工作好声音。3月15日，佛冈县烟草专卖局围绕国际消费者权益日活动主题“共促消费公平”，以“线上+线下”方式扎实开展主题普法宣传活动。线上通过微信群、视频号等向市民群众分享自制宣传小视频《警惕！卷烟调包又出新花招》，引导广大群众，特别是卷烟零售客户，在规范经营的同时，也要提高警惕，谨防上当受骗，维护自身合法权益。线下通过摆摊、市场走访、进村入户等，向群众派发“一本小绿书”等宣传小册子，现场讲解消费维权方法途径、真假烟鉴别等群众最关心、最需要的内容。

（朱惠媛）

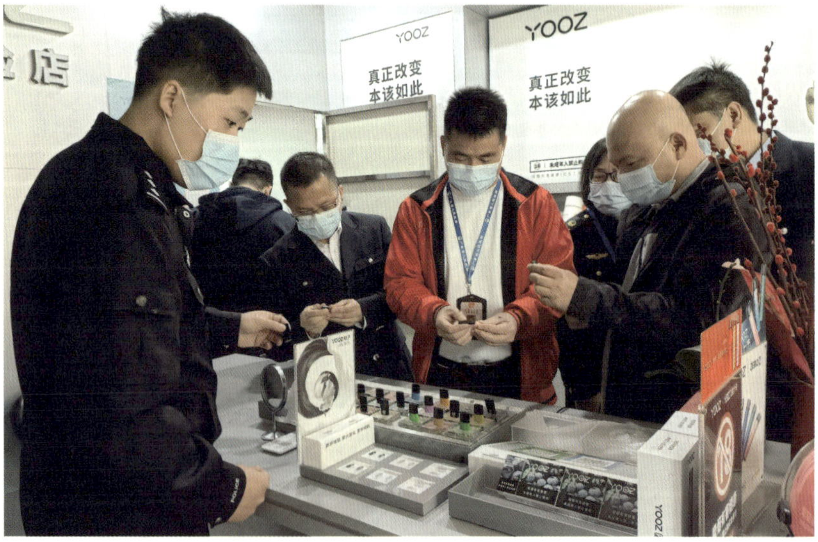

2022年4月19日，佛冈县烟草专卖局联合县公安局、市场监督管理局、教育局开展电子烟市场清理整治专项行动（钟丽丽 摄）

食盐专卖

【盐业专卖概况】 2022年，佛冈县盐业分公司加强市场供应，保持食盐市场基本稳定。全县销售各类盐品895.09吨，其中小包装食盐销售669.84吨，食品加工用盐销售77.55吨，工业用盐销售147.7吨；年度销售量同比减少147.25吨，其中小包装食盐销售量同比减少180.4吨，食品加工用盐销售量同比减少23.95吨，工业用盐销售量同比增长57.1吨。

【食盐销售管理】2022年，佛冈县域内食盐配送商缩减至39家，造成业绩下滑，食盐配送商缩减主要原因有以下两点：一是外区域品牌盐进入数量有所增加，如中盐、长舟、益盐堂等品牌盐；二是因新冠疫情催生了很多网上购物平台，对配送商食盐销售造成冲击。为了保障市场食盐的供应，公司与39家食盐配送商签订协议书——《食盐代储代配代收款服务协议》，加强监督和规范经营管理。佛冈盐业分公司本着自愿、公平、互惠、诚信原则，落实客户经理负责制，促使企业客户经理对县域食盐配送经营网络、经营状况、历年销售情况、信誉程度、配送情况进行巡访监管，明确权、利、责，加强对客户售后服务；对外公布经营服务规程，让食盐配送商自觉接受监督。同时，盐业分公司还定期到销售门店巡访，听取意见，注重收集客户投诉，把所收集的意见及时反馈给食盐配送商。

【市场巡查巡访】2022年，佛冈盐业分公司继续以国有企业品牌在防疫期间努力做好食盐储备保障供应和应急措施工作，认真贯彻落实省、市、县和市集团公司有关防控通告，抓好食盐宣传和客户拜访工作，加强区域食盐市场安全管理，协助和参与县政府及各职能部门联合食品安全打假活动。通过节假日重点联合检查和平常拜访相结合方式，不定期对商场、酒店、学校、工厂食堂等食用盐情况巡查巡访，引导他们自觉抵制外区盐，主动购买使用“粤盐”，杜绝假冒伪劣产品，保障民众健康安全。强化区域食盐市场安全管理，并在巡查中给食盐销售店铺发放食盐展柜和摆放箱，既能为销售客户食盐摆放提供方便，又能起到宣传“粤盐”品牌作用。全年出动市场巡查人员1060人次，巡查巡访食盐零售网点、单位（含学校）食堂、餐饮店铺等780余个（间）次，确保人民群众能吃上安全、放心的食用盐。

2022年12月4日，佛冈盐业分公司工作人员在县城鸿兴商场向顾客宣传食盐产品（县盐业分公司 供图）

【食盐安全宣传】2022年，佛冈盐业分公司为提升广大市民对食用碘盐认识，在鸿兴超市重点商店量身定做“粤盐”专柜，为宣传“粤盐”产品起到良好效果。为配送商、零售商发放“粤盐”专柜及盐箱，让“粤盐”产品有个“家”，方便商户摆放，实用美观，在做好商户服务的同时也能起到宣传“粤盐”作用。为让“粤盐”更深入人心，在“3.15”消费者权益日，在县人民公园悬挂横幅开展食用盐宣传并派出人员设立咨询处，解答群众疑问；在第二十九届“5.15”消除碘缺乏病宣传日，围绕“智慧人生健康路，科学补碘第一步”宣传主题，在商超、农贸市场开展地推、导购和宣传活动，其间派发宣传资料1050份，赠送碘盐罐42个，环保袋120个；同时宣传普及食用碘盐和低钠盐知识，提高群众分辨真假食盐意识，让群众自觉选购合格食用盐。

【小工业盐供应】2022年，佛冈盐业分公司在食盐市场安全营销管理工作中，把握企业小工业用盐需求，保证对小工业用盐企业正常供应并做好服务跟踪工作。

（莫峭辉）

开放型经济

责任编辑：钟少军

开放型经济综述

【开放型经济概况】 2022年，新冠疫情蔓延，外部环境不稳定性因素增多，国际贸易市场存在很大挑战性，影响部分增资项目进展。佛冈县工信局为助力企业抢抓国内市场，扩大进出口规模，积极支持企业参加“粤贸全球”线上线下展会、2022粤澳名优商品展、第22届投洽会等重点展会，协调解决企业在外贸进出口方面遇到的困难。

【引进外资项目】 2022年，佛冈县引进外资企业1家：安博·启朗（佛冈）智慧物流及跨境电商产业园，该项目落户于龙山新动力智造城，占地面积10公顷。

【外资增资项目】 2022年，佛冈县增资外资企业5家，分别为华润新能源（清远佛冈）有限公司、佛冈蓝猫均达文化科技有限公司、骏达（佛冈）玩具有限公司、清远惠豪科技有限公司、保成佛冈机械有限公司。

【外资利用】 2022年，佛冈县继续做好招商引资、利用外资工作，引进外资企业1家，增资外资企业5家；实际利用外资1.86亿元，同比增长5.28%。

（郭庆文　黄如蔼）

招商引资

【招商引资】 2022年，佛冈县工业和信息化局继续做好招商引资工作，成功引进吉田环保新材料项目、健力智能项目、冠源环保项目、森品鑫环保项目，合同投资金额约为1.5亿元。

2022年3月14日，建设中的广佛（佛冈）产业园　（钟盛祺　摄）

【中小企业融资】 2022年，佛冈县工业和信息化局协调县农商行、建行、中行等机构增加贷款额度，向全县中小企业发放融资贷款累计超24亿元。

（吴富程　朱淑玲）

对外贸易

【外贸概况】 2022年，佛冈县对外贸易进出口总额55.57亿元人民币，同比下降11%，其中出口总额42.25亿元人民币，同比下降10.9%；进口总额13.33亿元人民币，同比下降6.7%。

【稳住外贸基本盘】 2022年，新冠疫情蔓延，国际贸易市场存在很大挑战性。佛冈县工信局积极服务企业，帮助企业参加“粤贸全球”线上线下展会、2022粤澳名优商品展、第22届投洽会等重点展会；与建滔实业、万兴电子、科惠白井、科惠电路、美雅迪、骏达玩具、约克空调、建滔绝缘材料、兆联纺织、华联机械、爱克威、建滔特种树脂等排名全市前100名的进出口重点企业建立联系服务，及时掌握重点企业经营运行动态，协调解决企业在外贸进出口方面的困难，全力稳住外贸基本盘，推动外贸进出口工作。

【支柱出口企业】 2022年，佛冈县对外贸易进出口企业48家，主要支柱企业有：佛冈县万兴电子塑胶制品有限公司、佛冈建滔实业有限公司、科惠（佛冈）电路有限公司、科惠白

2022年1月13日，副县长解晟（右一）到粤港跨境货运作业点建滔积层板厂检查跨境疫情防控工作　（张凤萍　摄）

井（佛冈）电路有限公司、建滔（佛冈）绝缘材料有限公司、美雅迪（佛冈）家具制造有限公司，约克广州空调冷冻设备有限公司、骏达（佛冈）玩具有限公司、广东兆联纺织有限公司、华联（佛冈）机械制造有限公司、清远南玻节能新材料有限公司、建滔（佛冈）积层板有限公司、强丰（佛冈）制鞋有限公司、广东爱克威贸易有限公司、建滔（佛冈）积层纸板有限公司、建滔（佛冈）特种树脂有限公司、洛科威防火保温材料（广东）有限公司。其中，约克空调、建滔实业、万兴电子、建滔（佛冈）积层板、加多宝草本、加多宝饮料、建滔（佛冈）特种树脂、科惠电路等10家纳税大户，占全县前20名纳税大户的50%；万兴电子、建滔集团、约克空调、科惠白井、科惠电路等16家企业进出口总额进入清远市前100名。主要大宗出口产品类别有：玩具、铜箔、积层板、纸板；电子线路板、纺织品；鞋类、户外家具、空调及配件、饮料等。产品主要销往欧美、日韩、东南亚、非洲等国家和地区。

（郭庆文　黄如蔼）

旅游业

责任编辑：郭治国

旅游业综述

【旅游业概况】 佛冈县是广东省文化和旅游厅认定的清远市首批、广东省第二批省级全域旅游示范区，已纳入粤港澳大湾区北部生态文旅合作区，并签署合作联盟协议。2022年，全县拥有国家4A级旅游景区2家、国家3A级旅游景区2家，省级乡村旅游精品线路2条、广东省历史文化游径1条、广东省工业游精品路线1条和省级文化和旅游特色村2个。佛冈县圆满承办广东省第十六届运动会自行车（公路）赛和群众体育组乒乓球比赛及第九届残疾人运动会自行车（公路）赛；荣获“2022年全国县域旅游发展潜力百佳县”荣誉称号，被文化和旅游部中国旅游出版社推荐为“美丽中国文旅融合品牌典范”行业优质品牌；完成森波拉森林剧场全新升级改造。是年，全县共接待游客87.55万人次，实现旅游综合总收入7.82亿元，按可比口径分别同比减少25.33%、23.71%。其中一日游46.70万人次，过夜游40.85万人次。

【重大旅游活动】 2022年，佛冈县文化广电旅游体育局（以下简称“县文广旅体局”）组织参加第二届全国旅游公益广告作品遴选暨展播活动，举办“5·19”中国旅游日主题活动暨短视频大赛启动仪式；8月8日，在县全民健身中心开展“喜迎二十大，助力省运会”2022全民健身日活动启动仪式。森波拉度假森林景区推出六一节、端午节期间专场童话杂技剧《森林英雄》，首次将“波比羊”IP应用于舞台剧表演。

【旅游综合接待能力】 2022年，佛冈县有高档次酒店13家，总床位数超1万个，旅行社及营业部12家，特色农家乐超60家，已登记在册的民宿91家，新增31家。特产购物商场逐步完善，基本形成以“食、住、行、游、娱、购”等要素为主体、其他产业为支撑、具有一定规模和水平的旅游产业体系。

（邓 波）

2022年6月20日，佛冈县石角镇森波拉度假森林景区全貌

（朱慧燕 摄）

旅游行业管理

【旅游行业管理概况】 2022年，在新冠疫情影响之下，全县旅游市场像全国其他地方一样陷入经营低谷。县文广旅体局树立守住红线意识，确立底线思维，把旅游业安全发展作为旅游行业管理的抓手，全力以赴抓好旅游市场安全发展。全年旅游市场没有出现各类安全生产事故、消防安全事故、疫情防控风险事故。

【旅游疫情防控】 2022年，县文广旅体局在旅游行业疫情防控工作中，进一步高度重视、积极作为，按照文化和旅游部疫情防控指南，以严格的措施从严从紧、从细从实抓好疫情防控工作，严防疫情通过文化和旅游途径传播扩散，确保人民群众生命安全和身体健康。

全力抓好县内旅游景区的疫情防控工作 2022年，县文广旅体局认真指导全县旅游景区严格落实“限量、预约、错峰”要求，严格控制游客接待上限；严格落实门票预约制度，确保游客信息可查询、可追踪；严格落实游客进入景区景点前扫码登记、测量体温等要求，督促游客执行好“一米线”、佩戴口罩等防控措施；严格落实景区演艺区等重点场所强化防控要求，对容易形成人员聚集的项目和场所，强化局部卫生管理和防控措施；严格落实人流引导和疏导措施，防止人员瞬时聚集。

加强旅游企业疫情防控检查督导　2022年，县文广旅体局根据国家各时期的旅游市场疫情防控措施新要求，及时指导全县旅游经营企业调整防控工作措施。全年对县内4个A级旅游景区及其他景区共计开展疫情防控专项检查54次，累计出动人员620人次，检查旅游景区155家次，整改疫情防控问题93个。

抓好重点景区的防控服务　2022年，在县防控指挥部统一协调下，县文广旅体局于2022年4—10月，在聚龙湾天然温泉度假村、森波拉度假森林、熹乐谷温泉度假区等3个旅游景区设立核酸检测点，每天为景区员工及入住游客进行核酸检测，有效加强“外防输入”能力，优化营商环境，减轻景区工作量和防控压力，受到景区和游客的好评。

【旅游服务质量建设】2022年，县文广旅体局认真对照“清远市2022年度工作质量考核实施方案”，加强旅游服务质量标准化、规范化建设，促进全县旅游市场的高质量发展。

积极培育企业质量文化　2022年，县文广旅体局大力弘扬企业家精神和工匠精神，增强和提高管理人员和从业人员质量意识和质量素养。制定《佛冈县旅游协会行业诚信自律公约》，充分发挥旅游行业协会监督、自律作用，建立“公平、规范、健康、有序”的市场秩序；表彰先进，弘扬企业家精神、工匠精神，树立典型，鼓舞干劲，促进全县旅游业持续健康较快发展；发布《佛冈县旅游企业提升旅游服务质量的四点总体要求的通知》，努力提高旅游管理和服务水平，树立佛冈旅游整体良好形象；鼓励景区企业开展员工优质服务良性竞争；开展文旅市场“质量月”宣传活动，全面压实旅游服务质量主体责任。

不断促进旅游企业服务创新　2022年，县文广旅体局促进旅游企业线上线下融合，推动旅游企业数字化发展。组织“佛冈民宿登记”小程序操作使用培训，指导登录设置和实际操作小程序民宿信息录入，进一步推广旅游企业数字化发展，加快推进民宿科学规范化管理；积极鼓励县域景区开发使用线上平台服务，为旅游提供线上购票、旅游评价等便利服务，进一步加快旅游服务线上线下融合，提升旅游服务数字化质量水平。

提高旅游民宿服务质量　2022年，县文广旅体局积极开展民宿等级申报工作，推选红崩岗村尚纯山村客栈、黄花村陶谷民宿申报乙级民宿。指导开展民宿经营管理和服务技能业务培训，联合县总工会组织举办民宿经营培训班，提高全县民宿安全防范意识、应急处置能力和整体经营管理服务水平。

打造文明旅游示范单位　2022年，佛冈县成功当选“2022年全国县域旅游发展潜力百佳县”，聚龙湾天然温泉度假村、佛冈县文化馆顺利被评为“2022年清远市文化旅游示范单位”，佛冈县成功入选2022—2023美丽中国经典线路，“佛冈温泉养生之旅”入选省100条乡村旅游精品线路，“上岳古村落历史文化游径”入选省历史文化游径建设线路，“佛冈工业科技体验之旅”成功申报省工业旅游精品路线等。

2022年1月4日，佛冈县持续加强旅游景区疫情防控。图为田野绿世界工作人员检查游客的粤康码　（朱慧燕　摄）

【旅游安全生产】2022年，县文广旅体局认真学习贯彻习近平总书记关于安全生产的重要讲话精神，牢固底线思维，压实旅游景区安全生产主体责任。

压实景区安全生产和疫情防控主体责任　2022年3月10日，县文广旅体局召开文化旅游行业安全生产和疫情防控会议，强调全县的文化旅游行业都要把安全生产和疫情防控放在首位，企业负责人、法人要亲自抓好安全生产和疫情防控。

加强节假日旅游景区管理　2022年春节、五一、国庆节期间，县文广旅体局组织人员分别到各个旅游景区进行安全生产检查，督促景区及时整改存在问题。节假日期间，派出巡察组，每天抽查2个旅游景区的安全生产管理情况。

抓好日常安全生产检查　2022年，县文广旅体局牢记习近平总书记“疫情要防住，经济要稳定，发展要安全”的指示要求，对县内旅游景区进行全方位安全管理，常抓不懈。全年，对森波拉度假森林、聚龙湾天然温泉度假村、熹乐谷温泉度假村、田野绿世界、观音山王山寺等5家景区累计开展安全生产、消防安全、森林防火等监督检查96家次，责令整改消防安全隐患12个，立行立改安全生产问题34个。

加强旅游景区“三防”工作　2022年，县文广旅体局根据域内旅游景区涉山涉水、户外活动项目多的特点，认真抓好防汛防风工作。4月，下发《关于县内旅游景区全力抓好防汛抢险工作的通知》，全面落实省市县三级“三防办”的指示精神，要求各旅游景区增强山洪、地质灾害防范意识，强化责任落实、应急处置，切实做到防汛责任落实到位、抢险队伍组建到位、抢险物资准备到位、险情排查到位、监测预警到位，切实防范因天气影响造成的大范围滞留游客及人员伤亡等旅游突发事件。全年开展防汛工作检查共计5次。

抓好景区森林防火工作　2022年，县文广旅体局根据县森防办要求，加强森林火险隐患排查。对田野绿世界、森波拉度假森林、观音山王山寺、熹乐谷温泉度假村等景区分阶段、按步骤开展“五清”和隐患排查工作，要求4个涉山涉林景区建立每个季度排查整治台账。是年，各旅游景区整治森林防火问题4个。加强清明节期间旅游景区森林防火。严格落实县人民政府安全通告和各项野外用火规定，要求各旅游景区在各路口设置检查哨卡，严控火种进山。县文广旅体局自8月起开展“森林防火大宣传大排查活动”，9月份组织各景区参加全省森防灭火宣传月活动，利用广告牌、横幅、电子屏等开展“严防森林火险，守护绿水青山”主题宣传。

【旅行社经营监管】 2022年，县文广旅体局认真开展旅行社守法经营执法检查。

春季检查　2022年2月，县文广旅体局对县内3家旅行社、5家旅行社营业部开展春季检查。检查是否存在不合理低价游、手续不齐全等问题和旅游合同签订情况等，确保维护旅客合法权益，提升服务品质；检查旅游车辆租用是否严格遵守“五不租”要求，确保旅游交通安全；检查疫情防控工作落实情况，重点检查从业人员健康监测管理以及是否严格落实测温、验码、戴口罩、场所消杀，是否配备消杀用品，是否停止接待来自中高风险地区的旅游团队或游客等多项内容。经检查，各旅行社都能够较好地按照国家相关法律法规要求规范经营。

冬季检查　2022年11月，县文广旅体局开展旅行社业务检查。主要检查内容为旅游合同签订、旅游租车合同规范、是否存在虚假旅游宣传、是否存在不合理低价格旅游线路等。检查中未发现违规问题。

【旅游信用体系建设】 2022年，县文广旅体局加强信用管理工作组织领导，成立佛冈县文化旅游市场信用管理工作领导小组并确定相关职责，明确职责分工；推进信用分级分类监管工作，制定《佛冈县文化广电旅游体育局市场主体信用监管分级分类制度（试行）》，把旅游市场主体分为A级信用良好主体、B级轻微失信主体、C级严重失信主体，并进行区分监管，进一步增强文化和旅游行业经营单位诚信经营观念，不断提高文旅市场诚信服务质量；制定《旅游领域严重失信相关责任主体实施联合惩戒工作方案（试行）》，加大旅游领域严重失信行为惩戒力度，促进旅游领域社会信用体系建设及旅游诚信体系建设。

【旅游投诉处理情况】 2022年，县文广旅体局共处理旅游投诉21宗，所有投诉处理均在规定时间内处理完毕。反馈非常满意1宗，基本满意20宗。主要投诉问题为线上预订产生的服务不到位、民宿管理差、景区设施损坏导致客人受伤、景区安全隐患等。

（刘建新）

旅游宣传

【旅游宣传概况】 2022年，“中国旅游日”广东主会场设在清远，是宣传推广清远各地区旅游形象的有利契机，开启了2022年第一波文化旅游工作宣传热点。全场同时启动省运会摄影大赛等各类旅游节庆和推介活动，吸引了数十家省内外主流媒体宣传报道。县文广旅体局用好“红色、古色、特色、绿色”佛冈“四色”资源打好“旅游+”组合拳，让良好生态、文化底蕴和特色温泉旅游成为乡村振兴的助推剂，提高佛冈旅游知名度和美誉度，强化佛冈全域旅游宣传氛围营造，有效打造“佛卧山冈，温泉之城”品牌形象。

【旅游节庆活动】 2022年5月19日，县文广旅体局在熹乐谷温泉旅游区举办2022“中国旅游日”活动暨“乐游佛冈”主题短视频大赛启动仪式，擦亮佛冈旅游品牌，助力旅游企业共渡疫情低谷。5月17日至18日，在环城北省道252线举办“广东省第十六届运动会自行车（公路）测试赛”。8月8日，在县全民健身中心开展“喜迎二十大，助力省运会”2022全民健身日活动启动仪式。

【旅游形象宣传】 2022年，佛冈县大力开展各类旅游形象宣传推介活动，圆满承办广东省第十六届运动会自行车（公路）赛和群众体育组乒乓球比赛及第九届残疾人运动会自行车（公路）赛；荣获“2022年全国县域旅游发展潜力百佳县”荣誉称号，被文化和旅游部中国旅游出版社推荐为“美丽中国文旅融合品牌典范”行业优质品牌；完成森波拉森林剧场全新升级改造，推出六一节、端午节期间专场童话杂技剧《森林英雄》，首次将“波比羊”IP应用于舞台剧表演；推动品牌创建，打造存久洞陶谷民宿、汤塘暖居民宿等精品民宿，完成上岳古村耳机导览、历史还原及VR等智慧旅游项目建设；完成《佛冈黄花湖温泉旅游度假区发展规划》修订及黄花湖温泉旅游度假区创建省级旅游度假区、熹乐谷创4A申报工作，协助石角镇黄花存久洞村申报省级文化和旅游特色村；印发佛冈全域旅游省运会宣传画册3000份；有序推进佛冈旅游吉祥物系列宣传，完成旅游吉祥物商标注册工作。

【旅游服务品牌推广】 2022年，县文广旅体局经过充分调研，编制旅游行业“2022年度优质服务商目录”，引导旅游景区开展促销活动，加强旅游品牌推广。勤天熹乐谷度假村举办主题活动5次，有效吸引大量游客参与；组织开展红色讲解员培训活动，通过学习《佛冈县红色追忆——佛冈县革命人物回忆录》《湛江纪实》等，进一步强化“红色文化金牌讲解员”队伍建设，助力党史学习教育，弘扬红色传统文化，传承红色基因。

（邓　波）

旅游资源开发和景区（点）建设

【旅游景区开发】 2022年，佛冈县多个大型景区推出全新旅游项目，推进旅游厕所革命，不断提质升级。森波拉度假森林完成森林剧场全新升级改造，推出六一节、端午节期间专场童话杂技剧《森林英雄》，首次将“波比羊”IP应用于舞台剧表演；熹乐谷温泉度假区推出300间不同主题的亲子网红客房、亲子餐厅，让游客以“开盲盒”形式体验酒店打卡；聚龙湾天然温泉度假区积极筹建省实验学校。禾田温泉二期、汤塘原生态旅游度假区田园综合体被列入市2022年重点建设前期预备项目。推进旅游厕所革命，建设森波拉售票处、森波拉小剧场旅游厕所2座，其中售票处厕所打造为示范旅游厕所。

【景区景点建设】 *聚龙湾天然温泉度假村* 佛冈首家国家4A级旅游景区，位于佛冈县汤塘镇，是以温泉旅游为主题，集旅游度假、温泉养生、商务会议、餐饮住宿、健身拓展、水上乐园、汽车特技为一体的大型综合性度假区。度假村由香港东洋集团东新（佛冈）温泉开发有限公司投资10亿元人民币打造，地理位置优越，距京港澳高速汤塘出口1公里。聚龙湾温泉取自地底200多米深处自涌而出的“氡”温泉。度假村拥有不同类型客房1189间；设中餐厅、宴会厅、西餐厅、自助餐厅，可容纳近千人同时用餐；各类大中小型会议室20余间，可接待各种层次的会议、培训、论坛；温泉区设有功能各异的温泉池68个；还设有丰富的康体娱乐项目及专业户外拓展项目等，为四海宾客提供极致贴心的配套设施与服务。度假村将温泉文化与健康养生结合，独具特色的东南亚园林建筑风格，再现汤塘“千年古温泉”的灵气与秀美，开办至今屡获殊荣，被评为“中国十佳温泉度假酒店”“中国温泉度假村十佳影响力品牌”“中国最具风情温泉”“中国最佳天然园林式温泉”。

森波拉度假森林 国家4A级旅游景区，位于佛冈县石角镇，位属广州1小时经济圈，占地133公顷，坐拥数万亩羊角山森林公园，是集主题公园、度假酒店、火山温泉、冰川水谷等项目于一体的“一站式”旅游王国，致力于打造中国山地旅游、温泉疗养和森林度假的又一张旅游王牌。火山温泉分为花香温泉区、火山动感区、竹林药浴区三大区域，拥有50多个原生态温泉浴池，随地形变化而呈梯级分布，还有88米高的仿真火山复原史前火山喷发奇景。皇宫酒店拥有300余间主楼客房、30余栋温泉别墅、24间独具特色的森林驿站，大量运用了古船木、火山石、桫椤等远古元素和材料，被誉为“远古森林里的皇宫”。在2008年中国酒店星光奖中被评为“中国十佳主题酒店”，依山环湖建有多个丛林餐厅、宴会厅、露天餐厅、观湖阁等私房会所和山地会议中心，能同时接待1000余人的用餐和会议。冰川水谷是广东首个以冰川文化为主题的亲水乐园，分为冰川海啸冲浪区、冰臼漩涡飚水区、冰河历险漂流区、冰空彩虹滑道区、冰岛迷城欢乐区、冰花水寨休闲区、冰湖广场文化区、室内更衣休息区八大区域，拥有冲浪海、游泳池、漂流河、太空碗、浪摆滑梯、旋转滑梯、竞赛滑梯、欢乐岛、儿童池、能量冰石等20多种惊险刺激的水上游乐项目和10多种水力冲击按摩SPA休闲设施。奇妙世界拥有巨无霸仿真恐龙群、华南最大桫椤雨林和惊险刺激的森波拉古道、远古神秘的森波拉部落、热闹欢快的森波拉墟镇，设有5D影院、摩天轮、海盗船、长臂大摆锤、滑翔飞翼、自控飞机、欢乐海洋、冒险城堡、摩天环车等30余组大型机动游乐项目，以及波波球、碰碰船、恐龙船、水上滚筒、湖中游船等10余种水上游乐项目，更有木制滑梯、木制秋千、木制摆锤、木制跷跷板以及植物废墟主题迷宫群等，让游客在欢乐刺激、百转千回的互动娱乐项目中，深刻品味浓郁厚重的远古森林文化韵味。此外，景区还拥有森波拉湖、奇妙湿地岛、石斛幽兰园、浪漫金铃山、有机农场等生态休闲项目，使游客充分体验一段“远古森林”的奇妙旅程。

熹乐谷温泉度假区 国家3A级旅游景区，位于佛冈县汤塘镇，是集度假酒店、温泉及水上乐园、亲子乡野旅游、民俗文化体验村、婚庆及会议、养生旅居养老、休闲度假地产等七大业态于一体的温泉度假综合体，是珠三角地区市民的度假胜地。度假区拥有凤凰温泉、熹村民俗文化村、商务会议场地、婚庆广场、儿童乐园、迷你高尔夫、七彩花田、青青农场、豌豆迷宫、萌宠乐园、熹谷健康养生馆、特色拓展基地等度假游乐配套项目，全方位满足游客各种度假所需。度假区融合中国大唐和东南亚建筑形态，打造独特的“唐风泰韵”

2022 年 10 月 11 日，佛冈县汤塘镇熹乐谷慕野清风山谷营地

（朱慧燕 摄）

建筑风格，大明宫式的酒店大堂中空 31 米，恢宏大气，是整个酒店的点睛之作。熹乐谷凤凰温泉作为度假区主打项目，占地面积 2.5 万平方米，是依泉脉而打造的温泉养生公园，遵循凤凰呈祥造型独特规划了 9 大特色温泉区，景观温泉区、花形屋温泉区、星座温泉区、星空温泉区、半坡温泉区、动感水疗区、水上乐园区、私密温泉区及贵宾 SPA 汤屋区错落有致地分布在半山坡地区内，各类温泉汤池多达 65 个，为游客提供多种多样的温泉养生疗养体验，让游客在天然珍稀的“氡”温泉中放松疲惫的身心。熹乐谷温泉度假酒店，由白天鹅酒店管理公司管理，拥有主楼客房 500 套，悦泉苑客房 600 套，纯独栋别墅 80 多套，适合夏天避暑、冬泡温泉。

田野绿世界 国家 3A 级旅游景区，位于佛冈县石角镇龙南社会主义新农村建设试验区，占地 358.67 公顷，由宝泰集团于 1998 年投资兴建、于 2013 年升级改造，总投资达 8 亿元，是集度假休闲、运动养生、生态花海、婚纱摄影、水果农场、教育培训、会议住宿美食、购物游乐、风情表演等为一体的综合性旅游度假区。景区内种植樱花树 20 多万棵、枫树 6 万多棵，另有 100 公顷果园。主要景点有田野乐园、日月潭、昆虫馆、台湾植物园、世界樱花园、树上兰花园、古道兰花园、梦幻蘑菇森林、动物园、台湾水果园、莲花生态区、水生植物园、台湾枫叶观赏区、台湾民宿区、台湾美食园、台湾兰花咖啡屋、阿里山茶艺馆、露营野炊园、十二生肖雕塑园、田野乡村大舞台、徒步健身养生区等。

鹤鸣洲樱花温泉度假村 度假村坐落于佛冈县汤塘镇黄花湖畔，紧靠京港澳高速汤塘出口和国道 106 线，由中毅房地产开发有限公司投资，占地 7.33 公顷，总投资 8 亿元，是以养生温泉、商务度假、康体娱乐为主题的一站式综合度假项目。度假村项目以赏湖光山色、私享花卉樱花温泉为主题，整体设计以东南亚风格为主，每户别墅设有 3 ～ 4 个氡温泉泡池。配套有会所、西餐厅，还设有 7 公顷樱花主题公园、1.5 千米亲水栈道、黄花湖湿地公园等。

观音山王山寺 观音山王山寺是佛家宝地，位于佛冈县观音山南麓山脚，距县城 8 千米，是集生态旅游、休闲度假、佛教文化于一体的风景名胜区。寺院背靠观音山，观音山海拔 1219 米，远观似观音菩萨仰卧，筋肉逼真，神态安详，夙夜仰天为民祈福。景区占地面积 240 公顷，左为清溪，形如青龙；右有群山环抱，形如白虎扑击。山路观赏点无数，最著名的有瀑布群、龙宫、龙床、伯公树、灵水湖、会仙台、玉皇大帝御玺等。观音山王山寺历史悠久，自唐朝以来就香火鼎盛。而今的观音山王山寺，重新修复了大雄宝殿、天王殿、舍利殿、五观堂等，开阔宽敞的朝圣广场面积达 1 万多平方米。朝圣广场种有一株树龄达千年以上的菩提树，吸引各方来客前来参拜。观音山王山寺终年云雾缭绕，晨有静心之钟，暮有养性之鼓。景区美景密布，天然自成，无人工修饰，保持原始森林生态；周围山势蜿蜒、流水清幽，山中更有无数嶙峋怪石，无愧佛家之胜地。景区住宿配套设施完善，楼群依山傍水，如清雅幽静的弘法楼、禅修风格的罗汉堂、亲民温馨的湖边楼、原生态的木屋别墅等，各种特色房型皆达三、四星级标准，能满足不同游客的住宿需求。

篁胜国际温泉花园酒店 酒店位于佛冈县城北山公园，由永盛实业有限公司投资打造，占地 50 余公顷，地理位置优越，交通便利，以商务度假、SPA 温泉理疗、饮食、康体、娱乐为主题。酒店秉承商务会议与休闲度假相融合的经营方针，欧式装修风格豪华典雅，设施齐全，拥有各具特色且温馨舒适的商务客房、设备完善的多功能国际会议中心、风味独特的中餐大厅、环境优雅的圣保罗西餐厅、贵宾房和可容纳 1000 人同时进餐的高级宴会厅，还拥有可容纳 1200 人的多功能国际会议中心及大、中、小多规格会议室等。

利鑫国际酒店 利鑫国际酒店地处佛冈县城振兴南路、京珠高速佛冈出入口，国道 106 线附近，位属广州、白云机场 1 小时经济圈，地理位置优越，交通便利。酒店总建筑面积 3.6 万平方米，有各种不同主题的客房 380 余间（套）。酒店地下一层为极具特色的大型温矿泉水疗馆。酒店设有雍容华丽的中式贵宾房、高级宴会厅，可同时容纳 1000 人用餐，多个大、中、小型会议室可接待各类高档会议，配设休闲网吧、羽毛球、乒乓球、桌球、网球、健身房及大型体感游戏馆等，为宾客提供丰富的娱乐活动项目，致力于打造为佛冈首家集五星级酒店住宿、水疗养生、娱乐健身、餐饮会议、休闲购物为一体的综合型商务主题酒店。

碧桂园假日温泉酒店 酒店位于佛冈县水头镇，地处羊角山山脚，联合碧桂园清泉城别墅区、英伦小镇等项目，整个片区形成以统一的欧陆式风格设计的休闲度假旅游区。酒店配套完善的设备、简洁大气的客房、宽敞明亮的中餐厅和各类 VIP 包房、多功能会议室、大型室外天然温泉，集商务和度假为一体，为游客提供五星级的服务和旅游体验。酒店背山面湖，清新的空气和休闲的氛围让游客感受到城市所不能体验的悠闲舒适，让心灵回归大自然，更好地感受生活的乐趣。

黄花湖温泉旅游度假区 度假区位于佛冈县汤塘镇黄花湖畔，黄花湖温泉历史悠久，其泉水具有矿化度低、温度高等特点，最特别的是含有氡元素。多家度假酒店临湖而建，风格各异的温泉池，让游客体验“温泉水滑洗凝脂”“静看湖水飞鸟，远看青山碧水”的舒适感。

金龟泉生态度假村 度假村位于佛冈县汤塘镇，是独具苏州山水园林特色的生态旅游度假目的地。度假村专注于生态旅游和中华养生，以金龟山溪、金龟林泉、金龟灵石为三绝，集天然、古淡、精灵、独辟于四美，精心打造山水林泉综合配置的旅游文化胜地。

龙潭小寨 小寨位于佛冈县高岗镇，是以休闲养生、野外拓展、科普教育、生态农场等为主的旅游景点。小寨群山环绕、风景秀丽、流水清幽，主要项目包含餐饮、露营、野炊烧烤、垂钓、树上云梯、竹排、农事体验等。

通天蜡烛 此山位于佛冈县迳头镇荆竹园村，总面积 167 公顷，海拔 1047 米，横跨清远市佛冈县、广州市从化区和韶关市新丰县。每年 4 月、5 月，山上杜鹃花盛放，如一片花海，远远看去，像无数点燃的蜡烛，因而得此美名。

长盛谷 该景区坐落于汤塘镇黄花湖畔，酒店客房、木屋别墅依山而建。其遵循“医易同源”“药食同源”养生理念，提供健康的绿色食品、优美的环境，是一个综合性乡村休闲养生、娱乐旅游景区。

上岳古村落 村落位于佛冈县龙山镇，始建于南宋，盛于明清，距今已有 720 多年历史，是省内规模最大、保存完整的古建筑群之一，其“镬耳楼”极具岭南建筑特色，代表着典型的广府文化，为省级文物保护单位、“中国历史文化名村”。

陂角村 村落坐落于汤塘镇、潖江与四九河交汇处，始建于明末，现存有围屋群、爱莲书室，附近有濂溪书院、古温泉。出生于该村的中国人民解放军海军上校周奋的故居坐落在围屋群中。增建有百亩花海、“濂溪大道”、农家乐、游客接待中心等，供游客观光游玩和体验乡村风情，为“佛冈温泉养生之旅”线路首站，获评“清远市十大美丽旅游乡村”“广东省文化和旅游特色村”。

汤塘围 汤塘围是历史悠久的古村落，因珍稀温泉而闻名，获评“广东省古村落”“中国传统村落”。汤塘温泉是广东省有文字记载最早的温泉之一，是全国唯一出水温度达到 87℃高温的氡温泉，水质晶莹、无色无味，富有养生价值。

（邓　波）

旅游商品

【竹山粉葛】 该产品产于佛冈县汤塘镇竹山村，是该村的支柱经济作物，具有清甜无渣、皮薄肉香等特点，属广东特色名优农产品，被列入全省“一乡一品”项目，并通过无公害产品认证，成为国家地理标志保护产品。竹山粉葛茎粗块大、味鲜无渣，常用于煲汤、炆肉，还可制成葛粉用沸水冲饮。由于品质卓越、声誉好，竹山粉葛和精装葛粉已成为佛冈的主要旅游商品，畅销清远、广州等地。一年一度的“粉葛节”不仅欢庆丰收，更吸引了众多游客和市民朋友到现场直接采购。

【广生园牌初生蛋】 广生园牌初生鸡蛋是广东省特色名优农产品，是由玉米喂养的雏鸡生出的新鲜鸡蛋，由位于汤塘镇高岭村的清远市佛冈县广生园畜牧发展有限公司出品。其特点是蛋体较小、蛋壳坚硬、营养价值高，所含蛋白质、卵磷脂、维生素、氨基酸和人体所需的各种微量元素含量均超过普通鸡蛋，是老少皆宜的理想营养佳品，特别适合孕妇、产妇和儿童食用。

【金鲜美大米】 该产品由广东省佛冈县金鲜美粮油食品有限公司生产，是广东省特色名优农产品。该公司集种植、加工、销售一体化，是清远市人民政府授予的第一批重点农业龙头企业。公司自有优质稻种植基地 45.73 公顷，采用先进设备精选加工，生产优质丝苗米、香米、油粘米等系列产品，质量达国家优质标准。

【水头芦笋】 芦笋作为深具岭南特质的水乡菜，在江南一带被普遍食用，其味鲜甜带爽、柔嫩可口。芦笋具降压降脂、促消化的作用，适合各种人群食用。佛冈的芦笋生产主要分布在水头镇一带，是该镇“一乡一品”项目，该镇的莲瑶村、王田村均有种植。此外，石角镇小梅村等地也有大面积种植。水头芦笋质地鲜嫩，炒、煮皆鲜美可口，是游客争相购买的佛冈土特产之一。

【迳头竹笋】 迳头镇地处佛冈与新丰交汇处，群山环抱，污染源少，盛产竹笋。其所产竹笋有壳薄、肉厚、质嫩、鲜中带甜的特点。当地鲜笋采之不尽，深加工产业不断发展，已形成特色产业，满足人们四季皆可食用鲜美竹笋的需求。竹笋具益气和胃、消毒利尿等功效，人们惯常以竹笋入菜，亦用以制作笋干、酸笋等美味佳肴。

【双凤葛粉】 该产品由广东省佛冈县双凤食品有限公司加工制作。该公司

2022年1月17日，佛冈县举办汤塘镇产业振兴推进会暨第十八届竹山粉葛节 （朱慧燕 摄）

采用种植基地当季新鲜粉葛，自然风干后精细打磨成粉，避免营养流失，锁住粉葛原始鲜味。产品具有清香甘甜、滋补清润等特质。

【高岗红薯】 该产品产于佛冈县高岗镇三联村，是该村的支柱经济作物，在富硒多砂、纯天然原生态环境下生长，具有香软糯甜、营养丰富、老少咸宜等特点，有“长寿食品”之誉。

【草莓】 草莓采摘是近年来深受游客喜爱的一项游乐体验，有较高的市场价值。佛冈县石角镇小潭村、三八花水潭村、大墩村（森波拉附近）等都有连片草莓种植。每逢果期，周边市民及往来游客前来观光、采摘。石角镇龙南小潭村的格林现代农业发展有限公司与广东省（佛冈）新农村试验区签约，建设格林草莓大棚种植基地，亩产达2吨，发展田园旅游观光，经济效益俱佳。

【鹰嘴桃】 鹰嘴桃因其青绿带红、鹰嘴微翘而得名，主产于佛冈县水头镇，种植面积130多公顷，总产量超750多吨，主要分布在莲瑶、王田、独王山、潭洞等地。近年经过技术改良，其产量更稳定，果肉更爽、更脆、更香甜，已成为水头镇重要的农业生态旅游品牌，成为增加农民收入的重要途径。

【台湾杨桃】 该品种由佛冈县石角镇田野农牧有限公司从中国台湾引进，种植面积约10公顷，年产量可达90吨。其特点是果大、汁多、无核、清甜。台湾杨桃比一般市场上的杨桃果形大，色泽鲜艳、形状匀称。杨桃横切片呈五角状，透明包装极为精致，撒少量酸梅粉可令风味更佳，是深受游客喜爱的旅游佳品。

【台湾番石榴】 该品种近年由佛冈县石角镇田野农牧有限公司从中国台湾引进，果皮为绿色，果肉奶黄色，形状奇特，具有速生、丰产、稳产的特性。产品无核、爽脆、肉质嫩、口感好，耐贮运，市场竞争力强，经济效益高。台湾番石榴周年开花结果，5—9月产量最多。公司种植面积1.3公顷，并带动周边农户种植此果增加收入，产量不断提高，成为常年有售的旅游产品。

【凤梨释迦】 该水果品种是释迦与凤梨杂交的后代，外形酷似凤梨，但与凤梨的酸脆味道不同。该品种由佛冈县石角镇田野农牧有限公司自中国台湾引进，种植面积6.67公顷，总产量达15吨。凤梨释迦果肉甜酸适中，口感滑爽，风味甚佳，经济价值高，发展潜力大，已成为公司主打的特色水果产品。

【佛冈益肾子】 益肾子俗称马牯叠，又名风流果、龟头子，是佛冈乡间的一大土特产。羊角山、观音山等均有大量野生益肾子，其因“强筋健骨，去除风湿骨痛，补肾，壮阳滋阴”的功效而驰名。近年石角镇开展人工种植益肾子，经济效益显著。当地人也有用益肾子泡酒饮用，功效极佳。

【澳洲坚果】 “冈冈”的澳洲坚果产于佛冈县石角镇龙塘村，其营养丰富、经济价值高，具有补脑益智、预防动脉硬化等保健功能，素有“世界坚果之王”美誉。

【四九牛肉】 佛冈县汤塘镇四九村民在霜降时节吃牛肉的习俗已有数百年历史。一年一度的霜降时节，汤塘镇四九片区就会举办热闹喜庆的牛肉节。当地牛肉因质地嫩滑，味道鲜美，已成为声名远扬、深受广大市民和游客朋友大力追捧的旅游食品。

【乌鬃鹅】 乌鬃鹅主要产于佛冈县汤塘、龙山等地。其特点是头细、肉瘤黄色、眼大小适中、虹彩棕色、嘴黑，颈长17～28厘米，上缘鬃毛自头顶至最后颈椎有一条约2厘米长的黑色羽毛带，颈左边两侧为白色，躯体宽短而矮，腰稍长平。乌鬃鹅形体适中、肉质鲜美，在全省乃至全国享有盛誉，用其制作的美食佳肴深得市民和游客喜爱。

【百香果】 百香果，又名鸡蛋果、西番莲，在水头镇王田村、高岗镇三江村、石角镇龙南片区等多处推广种植，逐渐成为全县农业生态旅游的主打农产品。百香果是一种蔓藤果树，适合棚架式栽培，亩植100株左右，其果汁富含人体必需的17种氨基酸及多种维生素和微量元素，具有帮助消除疲劳、提神醒酒、降脂降压、促进代谢等多重功效，拥有“果汁之王”的美誉。近年来，因其较易种植管理、当年种植当年产出，年亩产量达1000～1500千克，高产的达2000千克以上，具有较高的经济价值。

（邓　波）

教育·科学

责任编辑：朱家佑

教育综述

【教育概况】2022年，全县有幼儿园69所（含分园），在园幼儿11 875人，学前教育毛入园率98.10%，教职工1608人，其中专任教师802人；高中及以上学历专任教师所占比例为100%。小学42所，在校生31 996人，当年招生4658人，学龄人口入学率100%，教职工1804人，其中专任教师1782人，专任教师学历达标率100%。初中12所，在校生16 397人，当年招生5620人，学龄人口入学率100%；教职工926人，其中专任教师905人，专任教师学历达标率100%。普通高中2所，在校生6004人，当年招生2154人，教职工493人，其中专任教师476人，专任教师学历达标率100%。中等职业技术学校2所，全日制在校生3503人，当年招生1425人；教职工376人，其中专任教师270人，本科及以上学历专任教师所占比例为97.78%。特殊教育学校1所，在校生67人，当年招生9人，教职工27人，其中专任教师27人。

2022年1月10日，佛冈县教师发展中心大楼建成并投入使用

（朱慧燕　摄）

【创强促优】2022年，全县有1所学校创建为清远市文明校园，2所学校创建为广东省文明校园先进学校，7所幼儿园通过广东省规范化幼儿园复评验收，2所幼儿园创建为广东省规范化幼儿园，3所完全小学和3个教学点被认定为广东省义务教育标准化学校，2所学校被评为“清远市无烟单位”，14所学校创建为“广东省健康促进学校”，20所学校被评定为清远市“生命健康安全学校”。

【党建工作】2022年，中共佛冈县教育系统委员会稳妥推进中小学校党组织领导的校长负责制，结合全县各学校党员队伍和学校工作实际，通过“单独组建、联合组建、就近挂靠”等方式，优化调整设置学校党组织83个，其中，党委8个，党总支3个，党支部72个。增设党组织领导职数33名，科学设立学校党小组121个，构建起“设置合理、体系完善、作用发挥”的学校党组织体系，实现全县中小学校（园）党组织覆盖率100%。2022年教育系统党委共515名党员被县直机关工委评为“六优”党员；19名党员在疫情防控、防汛救灾、安全生产等工作中表现突出，获得县委组织部通报表扬。

【普及教育】2022年，佛冈县全面完成各阶段招生任务和“普九”“普高”任务。其中，小学一年级招生4658人，学龄人口入学率100%，毕业生升学率100%，小学6年保留率100%；初中七年级招生5620人，学龄人口入学率100%，毕业生升学率99.37%。九年义务教育完成率98.6%，县内普通高中招生2154人，中职招生1425人，高中阶段毛入学率100.55%。

【校园安全】安全宣传与应急演练　2022年，佛冈县教育局坚持安全知识进校园、进课堂，不断拓宽和创新安全教育的途径，结合学生年龄特点，开展不同形式的安全宣传教育活动。各校园依托“3·29”全国中小学生安全教育日、“4·15”全民国家安全教育日、“5·12”防灾减灾日、“11·9”全国消防日、“12·2”全

2022 年 9 月 1 日，佛冈县城南小学举行开学典礼。图为升旗仪式现场
（黄超贤　摄）

国交通安全日等重要时段，通过邀请法治副校长进校园、主题班会、国旗下的讲话、电子显示屏、黑板报、手抄报等宣传方式和渠道，以交通安全、食品安全、防火、防电、防踩踏、防溺水、防食物中毒等为重点，对师生进行安全常识宣传教育。加强全县教育系统应急管理工作，全县教育系统共修编应急演练预案 385 个，实现应急预案全覆盖；开展各类应急疏散演练 730 次，全面提高教育系统应急管理水平，增强处置突发事件及保障师生生命财产安全能力。全县学校重点区域应急防御联系人共 208 人，为各项应急工作的深入开展提供有力的组织保障。

校车安全管理　2022 年春季学期，佛冈县校园新增 14 台校车分别到全县各乡镇小学运行。各乡镇小学校园专线校车接送服务项目分一期、二期实施，校车类型分别为 52 座、43 座、19 座。乡镇小学校园专线校车接送服务项目一期覆盖县城 21 间学校，开通 37 条线 35 辆校车，服务学生约 1500 人；二期启动后，投入 14 辆校车运营。全县共有校车 49 辆，开通专线线路 51 条，服务学生 2057 人。

建立“家校安全网络”　2022 年，佛冈县教育局利用寒暑假、春节、清明节、“五一”及国庆等节假日，加强家校联系，通过“小手牵大手”等形式，督促学生家长落实安全教育责任。全县中小学、幼儿园组织召开家长会 250 多场次，发放《致家长的一封信》12 万多份，通过手机微信、短信、校讯通等方式向学生及学生家长发送各类安全提示信息 7.5 万多条，有效提高全县学生安全防范意识。

校园食品安全管理　2022 年，为加强学校食品安全管理，营造学校平安、食品安全环境，全县各校园加强学校食品安全工作管理，加大食堂、厨房等监督检查力度。在各学校多次进行自查基础上，县教育局多次派出由局领导带队、各股室干部参与的校园安全工作检查小组，开展全县学校（幼儿园）食品安全隐患排查，发现问题立即向校方指出，并责令整改。强化联防联控，县教育局主动联合县市场监管等相关职能部门对全县中小学校的食堂安全卫生、饮水设施、日常监督管理进行督导检查，重点围绕组织制度建设、许可证照审查、从业人员管理、场所环境卫生、索证索票和台账管理、食堂及厨房的清洗消毒保洁、食品加工操作、食品留样、陪餐制度落实等方面进行检查。通过检查，对存在问题现场进行反馈，提出整改意见和建议，推动各学校（幼儿园）提高食品安全管理能力和水平。全县学校食堂共 96 个，其中 A 级饭堂 20 个、B 级饭堂 76 个。

加大消防安全隐患整改力度　2022 年，佛冈县教育系统严格按照上级文件要求，对全县中小学、幼儿园、校外培训机构和托管机构开展“清剿火患百日攻坚”“拆违、破网、开窗、治电、建桩”“落实城镇燃气安全整治百日行动”“消防安全大宣传大培训”“节假日夜查”等消防安全专项整治行动。全县教育系统共出动检查人员 5576 人次，检查场所 295 个，重点整治石角镇辖区火灾隐患场所 112 个。教育系统负责的石角镇辖区的 112 个火灾隐患场所的场所整改率为 94.59%，隐患整改率为 99.25%。

2022 年 10 月 26 日，佛冈县幼儿园开展秋季消防安全演练（朱慧燕　摄）

防溺水安全宣传教育　2022年，佛冈县教育系统结合防溺水宣传教育月活动主题以及全国各地学生溺水事故典型案例，进行防溺水宣传教育。通过LED屏幕滚动播放宣传标语、播放防溺水宣传知识短片、召开主题班会、国旗下的讲话、关工委到学校开展防溺水安全知识讲座等形式，宣传防溺水知识，严格落实防溺水“十二项必须”，要求学生做到“六不两会”，增强全县学生防范意识，提高学生防范能力，加强防范协同保障，落实学校、家长和学生责任，避免学生溺水事故的发生。全年，县教育系统通过LED屏幕滚动播放防溺水安全警示标语400多条，防溺水安全警示短片收看人数6万多人。各校园开展防溺水安全知识竞赛20多场，通过佛冈通发放《致家长的一封信》8封，回收率100%。暑假期间，全县各中小学校干部教师有4000多人次参与“万名教师访万家”家访活动，访问家庭5万多个，开展线上家长会200多场。召开防溺水联席会议2次，开展防溺水督导检查78次，通过佛冈通发送《致家长的一封信》8封，发放防溺水安全知识挂图共1120张。全县学校校园周边溺水危险点86个，已全部加装安全标语警示牌，加装安全防护栏75个，悬挂防溺水安全知识横额200多条。

校园安保人员管理　2022年，佛冈县各学校（园）不定期组织校园安保人员进行培训演练，强化安保人员的应急处置能力和防恐防暴能力。在新聘用安保人员时，严格人员身份审查制度，并要求持安保证上岗，在限期内不能取得安保证的一律不得聘用。用人单位贯彻落实县政府常务会议上关于清退超龄（65岁及以上）涉军校园安保人员的决定，采取多种方式稳步推进，维护校园安全稳定，全年共辞退65岁及以上超龄安保人员22人。

【教育督导】2022年，佛冈县教育督导室加强义务教育质量监测，树立科学的教育质量观。5—6月分别组织20所学校的600名学生，以及样本校校长、学科教师、班主任参加国家义务教育质量监测、广东省义务教育质量监测，促进义务教育质量提升。重视学校“五项管理”，落实教育“双减”工作，重视督学责任区建设，将全县义务教育学校和幼儿园划分为南北2个督学责任区，完成对全县139所中小学校、幼儿园综合性的常规工作督导，强化督学责任区工作实效。按照省市要求，完成县级政府履行教育职责评价工作，引导政府对教育科学履职，坚持把教育放在社会发展的重要位置，推动佛冈县教育发展取得显著成效。

【教育投入】2022年，佛冈县教育财政经费投入年初预算78 503万元，其中一般公共财政预算安排教育经费78 503万元；实际投入教育经费95 864万元，其中公共财政预算安排的教育经费为84 689万元。国家财政性教育经费占地方生产总值的比例为5.25%，同比减少0.45%；一般公共预算教育经费占一般公共预算支出的比例为22.21%，同比减少0.04%；一般公共预算教育支出84 689万元，同比增加4.04%。

【师资队伍建设】2022年，全县教育系统公开竞聘中小学副校长19人。通过绿色人才通道引进研究生3人、高级职称人才1人，面向社会公开招聘教师272人；安排公费定向培养师范毕业生上岗56人，其中10人为研究生学历。教师参加广东省中小学正高级教师职称评审顺利通过评审1名；中小学（幼儿园）教师通过清远市高级职称评审获得高级教师专业技术资格37名，通过率为97.37%，该通过率是历年来最高；中等职业学校教师通过清远市中等职业学校职称评审3名，通过率为75%。被评为“清远市优秀校长”3名，被推选为清远市最美教师2名。9月开展教育系统新一轮中小学教职员岗位聘用工作，本次聘期为5年。

【科研立项】省级课题　2022年，佛冈县教育发展中心推荐4个项目参加广东省2022年新强师工程教育教学科研规划课题评审，共有3个成功立项，其中佛冈县第三小学的李启芬老师主持的课题被列为重点课题。

市级课题　2022年，佛冈县教育系统有11项课题列为市级课题，其中城南小学黄彩宜主持的课题被立项为重点课题。

县级课题　2022年3月，2022年县级课题评审工作完成，共有29个课题获得立项。

2022年4月24日，佛冈县举行第一批名班主任工作室授牌仪式

（朱慧燕　摄）

【教研成果】2022年，佛冈县组织参加广东省小学各学科优秀论文、优秀教学设计、优秀录像课例等评选活动，获一等奖15人，二等奖18人，三等奖25人。全县中小学（园）组织11场县级学科教学基本功比赛，派出28位选手参加市级各学段学科教师教学基本功决赛，获一等奖5人，获二等奖23人。其中，城东中学的黄明好、张静怡，石角中学的高焕容，佛冈中学的冯丹平、郑慧仪等获市一等奖，冯丹平还获得两个单项最佳奖。省、市基础教育精品课评比中，全县提交81节精品课，其中68节获县优秀奖，28节获市优秀奖。组织参加2022年清远市第二届创意机器人赛，小学组获三等奖1名，中学组获一等奖1名、二等奖7名、三等奖2名。组织参加2022年清远市农村小学教师信息化教学能力比赛，全县有3位教师获市一等奖。在清远市第三届名教师、名校长、名班主任评选活动暨清远市第三批名教师、名校长、名班主任评选中，全县4人获评市名教师（主持人），2人获评市名班主任（工作室主持人），1人获评市名校长（工作室主持人）。

【高考中考】2022年，佛冈县参加高考考生2089人。普通高考报考人数1677人，其中，一中804人、佛中811人、社青62人；3+证书报考人数354人，其中，县职212人、德圣74人、社青68人；单考单招58人，其中，德圣43人、社青15人。上特控线57人，其中，一中30人、佛中27人，上特控线率3.5%；上本科线（含特控线）总数496人，其中，一中240人、佛中240人、社青16人，上本科线率29.6%；上专科总数1163人，其中，一中563人、佛中568人、社青32人，上专科线率69.4%；上专科以上人数1659人，其中，一中803人、佛中808人、社青8人，专科以上上线率99%。全县参加中考有4367人，总平均分512.84分，其中700分以上356人，600分以上1314人，普通高中投档最低分数518.65分。

【教育收费督查】2022年，佛冈县教育局做好治理乱收费工作，督促各学校严格执行收费法规，做好依法收费、亮证收费，按照“综合治理、标本兼治、严格标准、强化监督、从严查处、狠抓落实”的方针，把治理中小学乱收费作为纠风工作的重中之重来抓，每学期开学初对全县各学校收费工作进行检查、指导。全县无一例教育乱收费行为发生。

【德育教育】2022年，佛冈县中小学校围绕立德树人根本任务，深化思想政治课改革创新，推进“三全育人”体制机制建设，全面落实德育教育，深入开展核心价值观教育、“新时代好少年”、中华优秀传统文化教育、法治教育、公民意识教育、感恩励志教育、心理健康教育、网络道德教育等一系列教育活动，深入开展“扣好人生第一粒扣子”系列教育活动，引导学生养成良好的责任意识和行为习惯。组织学生参加各种比赛活动，初中组获广东省“学宪法 讲宪法”知识竞赛三等奖；参加清远市深化文明校园创建系列活动各类比赛，90人获奖；参加清远市2022年践行社会主义核心价值观演讲比赛，获一等奖3人、三等奖3人；参加2022年清远市中小学生“雏凤献华章 礼赞新时代”主题征文比赛，获一等奖6人、二等奖9人、三等奖9人；参加清远市第三届“红色日记”作品大赛，获二等奖1人、三等奖8人、优秀奖10人；参加清远市“致敬清远舰”作品比赛，获二等奖1人、三等奖3人、优秀奖2人；参加清远市中华经典诵读比赛，获一等奖1人、二等奖1人、三等奖1人；参加清远市“扣好人生第一粒扣子·劳动美”比赛，获一等奖9人、二等奖16人、三等奖17人。在评优评先活动中，获评广东省“优秀学生”称号1人、获评清远市“三好学生”称号38人、获评清远市“优秀学生干部”称号33人。全县评选出佛冈县“三好学生”411人，“优秀学生干部”328人。7人评为清远市“新时代好少年”，30人评为佛冈县“新时代好少年”。

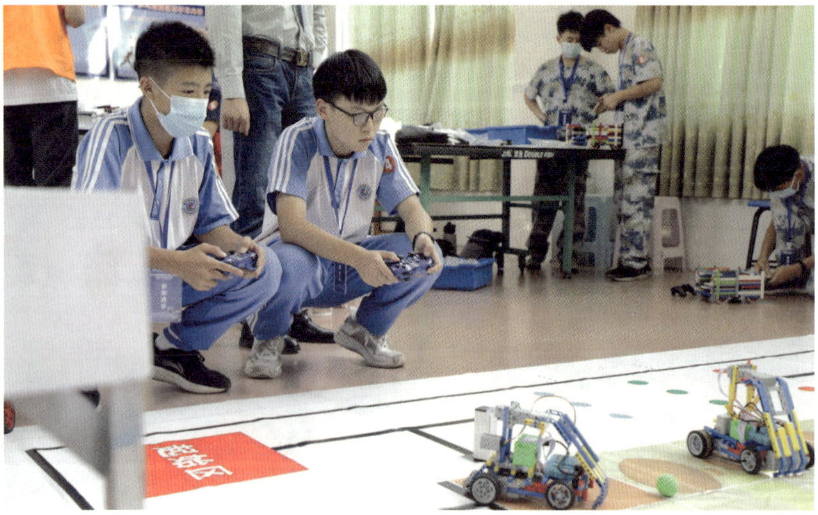

2022年10月28日，佛冈县举办2022年中小学生、幼儿园机器人挑战比赛 （朱慧燕　摄）

【教育装备建设】2022年，全县中小学共投入资金1200多万元，对中小学校的常规教育技术装备和信息技术装备进行配备更新。新增计算机室2间、购置教师使用电脑160多台、电教平台100多个，更新改造理化生实验室6间。推进劳动场所改造及工具添置、更新购置中学教学仪器设备和新购置中小学图书一批。

【扶困助学】2022年，佛冈县划拨

资助资金2768.78万元，受惠学生2.41万人次，资助对象覆盖面从学前教育到高等教育。其中划拨学前教育资助资金133.05万元，资助2661人次；城乡义务教育困难学生寄宿生活费补助资金149.93元，资助2441人次；农村义务教育家庭经济困难非寄宿制学生生活费补助149.78万元，资助5529人次；普通高中国家助学金183.3万元，资助1833人次；普通高中建档立卡等家庭经济困难学生免学费补助53.57万元，资助421人次；中职学生国家助学金68万元，资助680人次；中职免学费补助金额1018.40万元，补助5817人次；中职国家奖学金资助0.6万元，资助1人次；农村义务教育阶段住宿生伙食补助198.85万元，资助3977人次；帮助735名贫困大学生完成助学贷款共800.79万元；向家庭经济困难大学新生资助3.72万元，资助7人次。

（郑常圣）

基础教育

【基础教育概况】 2022年，佛冈县共有各级各类学校128所，其中普通高中2所、中等职业技术学校2所、初级中学12所、完全小学42所、幼儿园69所、特殊教育学校1所。专任教师4262人（含民办幼儿园专任教师）。在校学生69 842人，其中，普通高中6004人、中等职业技术学校3503人、初级中学16 397人、小学31 996人、特殊教育67人、幼儿11 875人。在普通教育中，有广东省教育强镇6个，广东省国家级示范性普通高中2所，义务教育标准化学校51所，广东省一级幼儿园1所，清远市一级幼儿园6所，广东省规范化幼儿园64所。另有清远市重点中等职业学校1所，清远市示范性乡镇成人文化技术学校6所。

【学前教育】 保育教育 2022年，

2022年4月11日，佛冈县县长江红平（中）到全县民办幼儿园进行疫情防控工作督查

（县教育局 供图）

佛冈县教育局根据《幼儿园工作规程》《广东省幼儿园一日生活指引》《3～6岁儿童学习与发展指南》等文件精神，通过层级管理、以点带面的工作模式，规范幼儿园一日常规活动，倡导科学保教，明确幼儿园保育教育工作内容和要求，把教育理念和教育方法落实到幼儿园一日活动中的各个环节，牢固树立幼儿教育质量观，进一步提高幼儿园科学保教水平。通过推动《佛冈县推进幼儿园与小学科学衔接攻坚行动实施方案》《佛冈县学前教育城乡手拉手帮扶工作方案》，遵循儿童身心发展规律和教育规律，促进儿童德智体美劳全面发展和身心健康成长。

帮扶活动 2022年，佛冈县教育局通过加大城乡手拉手帮扶工作力度，切实发挥群体智慧，改善和提高全县学前教育质量。通过开展送教下乡、片区教研、帮扶工作研讨会等，引导乡镇幼儿园依法依规办园，确保办园水平、保教质量、师资水平、幼儿素质、社会满意度等方面的提升。

农村小学附设幼儿班建设 2022年，佛冈县有汤塘中心小学联和教学点、汤塘中心小学石门教学点、龙山黄塱小学车步教学点、石角中心小学东二教学点4所农村小学附设幼儿班，完成清远市农村小学附设幼儿班规范化建设任务。通过新一轮的建设，极大改善全县农村小学附设幼儿班办学条件及教学质量，让更多农村孩子在家门口享有优质的幼儿教育资源。

民办幼儿园审批管理 2022年，佛冈县教育局履行管理民办教育机构的职能，并委托各镇中心小学对辖区内民办幼儿园进行管理和初步审批。全县有普惠性民办幼儿园24所，普惠性学位6412个。2022年，受理民办教育申办业务25件。其中民办学校到期换证13件，变更举办1件，民办幼儿园变更名称4件，终止办学3件，更换章程1件，普惠性民办幼儿园期满认定1件，终止民办义务学校筹设1件，变更民办义务学校办学层次1件。截至2022年年底，全县共有民办幼儿园37所，托儿所5所。

【义务教育】 基建项目 2022年，佛冈县教育系统新动工基建项目2项：佛冈县城西时代小学新建项目，总投资12 000万元，占地面积1666.68平方米，建筑面积9322.6平方米；佛冈县民安中学新建教学楼项目，总投资682万元，总建筑面积1888平方米。

学校管理 2022年，佛冈县教育局落实行政执法责任制，强化行政负责人法治观念，推进法治型学校建设。落实管党治党的主体责任，层层

2022年11月15日，佛冈县振兴小学把足球作为体育课的必修内容，全面推广普及足球教学 （朱慧燕 摄）

签订综治维稳责任书，抓好教育系统意识形态安全工作。推进依法治教，实施阳光招生，严肃招生纪律，稳妥完成各阶段教育招生入学工作。开展教育系统内部审计，完成经济责任审计13项，负债调查报告1项，提出审计建议49条；全年对13所学校的13名学校校长进行离任审计。

体、艺、卫、信息技术教育 2022年，佛冈县教育局举办全县中小学的篮球等赛事，提高各项体育运动技战术水平。组织县代表队参加清远市中小学生篮球赛、足球赛，小学足球男子组获清远市第一名，高中足球女子组获清远市第四名。为提高全县体育教师教学理论水平，组织体育与健康课程论文评选，涌现一批优质教学教育论文，推送至清远市体育与健康课程论文评选，获得二等奖论文3篇。为提高全县体育教师教学能力、发掘人才，举行体育教师技能比赛，挑选优秀教师代表参加清远市教师基本功比赛。在清远市体育教师基本功比赛中，小学组获一等奖和二等奖，高中组获二等奖和最佳基本功展示奖。是年，佛冈县参加清远市教育局国家体质健康标准抽测，测试成绩总体优良率54.95%，达到上级要求标准。县教育局组织学生参加2022年清远市“音你而美”学生网络音乐比赛活动，获一等奖1项，二等奖3项，三等奖5项。组织学生参加清远市第四届中小学生美育节，获优秀组织奖；艺术节目获一等奖4项、二等奖5项、三等奖4项，艺术作品获一等奖29人、二等奖48人、三等奖13人；教师优秀美育案例获得二等级和三等奖各1项，获优秀学生艺术实践工作坊一等奖1项。组织参加省市中小学粤韵操展示交流评比活动，获省二等奖2项、省三等奖1项，获市一等奖3项、市二等奖2项。组织参加粤东粤西粤北合唱比赛获二等奖2项。组织参加第五届粤港澳大湾区学校美术作品展，获一等奖。完成2021年国家学生体质健康标准测试工作，合格率97.65%，优良率42.09%。开展健康教育，中小学生健康知识知晓率≥95%，健康生活方式与行为形成率≥90%。新增2所学校被评为“清远市无烟单位”，新增14所学校创建为“广东省健康促进学校”，新增20所学校被评定为清远市“生命健康安全学校”。59所学校和32所幼儿园均聘请兼职卫生健康副校长和卫生健康联络员，有效补充学校幼儿园专业卫生力量。

【广清教育帮扶】 2022年，佛冈县教育局深入贯彻落实广东省教育厅关于做好全口径全方位融入式帮扶粤东粤西粤北地区基础教育高质量发展工作，在黄埔区（广州开发区）驻佛冈工作队及广州市黄埔区教育局的全口径、全方位、融入式的帮扶下，通过教学、教研、师资建设、人才培养、信息化培训等全方位的支持，全面提高佛冈基础教育质量，着力改进教育治理能力，切实加强校长、教师队伍建设，健全完善教育保障机制，构建更加协调、更加均衡、更加优质、更加开放的教育新格局。

建立结对帮扶机制 2022年1月，广州市黄埔区教育局、广州航海学院、广州华南商贸职业学院、广东碧桂园职业学院、广州涉外经济职业技术学院先后与佛冈县教育局签订基

2022年8月26日，广州市第六中学与佛冈县合办的“六中班”在佛冈一中举行2022年秋季学期开学典礼 （县教育局 供图）

2022年9月1日，佛冈县城西时代小学建成开办。图为教学大楼内景

（县教育局　供图）

础教育帮扶结对协议，建立全口径、全方位、融入式结对帮扶机制，明确帮扶事项，为佛冈教育提供教学、教研、师资建设、人才培养、信息化培训、管理效率提升等全方位支持，推动佛冈基础教育高质量发展。

推进支教帮扶、跟岗锻炼交流　2022年春季学期，广州市黄埔区教育局继续派出优秀教师到佛冈县开展支教帮扶工作。其中，广东省教研院黄埔实验学校李幸宝、李娜先后在佛冈县水头中学挂职一学年副校长，黄荫西、曾丽容、邢其龙分别到佛冈县两所高中学校任教。佛冈县继续派出6名初中骨干教师分别到黄埔区玉泉学校、黄埔军校中学进行“一对一”跟岗学习，全方位、全过程参与跟岗学校的教育、教学、教研等活动。从2022年秋季学期开始，黄埔—佛冈教育结对帮扶全面升级为基础教育全口径全方位融入式支教跟岗帮扶。佛冈县从12所学校中派出15名教师到广州市黄埔区参加为期半年的跟岗学习；广州市黄埔区从10所学校派出15名教师到佛冈县参加为期一年的支教帮扶。至今已开展四期交流活动，累计互派52名骨干教师参与交流。广佛两地结对学校在办学理念、发展规划、学校管理、队伍建设等方面开展交流29次，开展公开课、示范课交流10次，开展骨干教师培训5000多人次；开展教师信息技术应用能力培训30人次。“名教师、名校长、名班主任工作室”培养项目指导人数110人次，组织名教师、名校长、名班主任到佛冈县乡镇中心学校开展宣教讲学5次，开展教研指导讲学活动8次；开展教研员培训17人次，与广州市黄埔区教师发展中心联合举办教研员跟岗学习活动，选派李彩新和朱春花两位学科教研员前往黄埔区教育研究院开展为期9天的跟岗学习。

【佛冈县城西时代小学建成开办】　2022年9月1日，佛冈县城西时代小学建成开办。学校位于佛冈县城西面，坐落于佛冈大道西旁边，是佛冈县首个由房产企业出资承建，无偿交付政府使用的县直属公办学校。校园占地面积1.76万平方米，建筑面积9322.6万平方米，办学规模为24个教学班，提供1080个学位。学校按照广东省标准化学校设置和配备，建有二幢教学楼、一幢综合楼，除了拥有多功能电教室、舞蹈室、美术室、电脑室、藏书室、电子阅览室、计算机室、录播室等一大批专用场所外，还有一个200米田径运动场。学校办学理念为融汇百川，向尚生长；校训为融德尚学，求索图强；校风为融和致远，唯实尚行；教风为融教守正，尚真立新；学风为融学坚韧，尚思笃行。

（郑常圣）

县城中学简介

【佛冈县第一中学】　2022年，佛冈县第一中学（简称“佛冈一中”）有58个教学班，学生2984人；教职工219人，其中专任教师199人，硕士研究生13人，取得在职硕士研究生学位6人，拥有高级技术职称69人，拥有中级技术职称129人。学校教师中，被评为市教坛标兵1人、市优秀思想政治理论课教师1人、佛冈县优秀教师2人。

德育工作　2022年，学校德育工作取得可喜成绩：杨炎仙同学获第十四届广东省宋庆龄奖学金；郑仕怡、邓炜娟两位同学被评为清远市“三好学生”，黄榕霞、李丹妮、谭雪樱3位同学被评为清远市“优秀学生干部”，范文宇等25位同学被评为佛冈县“三好学生”，黄锦宜等19位同学被评为佛冈县“优秀学生干部”；林燕群、朱巧娟两位同学作品获省教育厅主办的“从小学党史，永远跟党走”主题教育活动二等奖，学校被评为优秀组织单位；黄婉婷、吴锦祥同学获佛冈县“喜迎二十大 永远跟党走 奋进新征程”主题书信活动一等奖，李淑慧等5位同学获二等奖，黄司婷同学获县教育系统国防教育征文比赛一等奖，章鹏同学获二等奖；学校舞蹈队节目获粤韵操交流展示活动一等奖；学校团委获“佛冈县五四红旗团委”称号，团委书记李雯怡获“清远市共青团表现突出个人”称号，27名团员获“县优秀团员”称号，5名学生团干获“县优秀团干”称号；叶思韵老师获县第三届班主任专业能力大赛一等奖，杨翠霞、董全英老师获二等奖，谢有金老师获三等奖。为陶冶学生精神情操，学校团

2022年8月25日，佛冈第一中学高中一年级新生进行军训

（县一中 供图）

委举行校园英语歌唱、经典诵读、红歌校歌演唱、班际篮球、足球、拔河、乒乓球、羽毛球、书画摄影、棋类、灯笼制作、环保制作等各类比赛，并开展“我们的节日”系列活动，如猜灯谜、投壶、包粽子、汉服展示等传统文化特色活动；举行“青春心向党 逐梦新时代”成人礼活动，“喜迎二十大，红歌颂祖国”红歌校歌合唱比赛、“庆祝国庆节 喜迎二十大”经典诵读比赛。为丰富学生课余文化生活，学校社团开创汉服社“花朝节”“传译佛冈”各式品牌活动，促进学生健康成长；广播站“青听佛冈”校园节目，醒狮社、合唱队、舞蹈队社团为高三学生送上高考祝福。

教学教研 2022年，学校教学教研工作以“和谐”教育理念为指导，规范教学常规管理，深化“五育融合”研究，打造“和谐”教学特色品牌。依托广清帮扶，选送三名优秀学子到广州市第六中学跟班学习，并与广州市第六中学在校联办“六中班”，广州市第六中学派出骨干教师与佛冈一中教师组成任课团队，并实行“五同”教学，提升学校教学品质。学校借助网络教研扩大学科专业培训，各学科累计参加省市县级教研活动403人次，其中，省级培训50人次，市级培训353人次；校本培训365人次，其中，线下182人次，线上181人次，培训效果显著。成功创建杨丽平名班主任工作室，促进学校班主任工作进步；李毅和朱振华两位名师工作室教研辐射引领显成效。学校省级课题通过中期检查2项，市级课题成功立项2项，县级课题成功立项5项、结题1项。学校教师参加各类竞赛，获省级奖3人次、市级奖25人次、县级奖125人次。

设施建设 2022年，学校坚持以学生为本，加大教育教学投入和完善校园安全设施建设，改善学生住宿条件。全年新购置教师教学笔记本电脑20台，办公用空调14台，改善办公教学条件。购置实验室仪器药品，为教学实践提供实验用品保证。建设党员活动室，扎实推进学校党建工作。此外，全年累计投入257万元用于完善运动场监控设备和校园监控设备、高三学生宿舍空调安装、配电工程、教学资源系统（学科网、e卷通）、校园安保服务费、高考用电脑室主机、高考巡考系统增容存储设备、交互式智能平板电教平台、电子阅卷系统、70套实物投影仪等，为学校教育教学工作提供保障。

办学成果 2022年，学校被评为清远市第二批基础教育党建工作示范学校，被共青团清远市委员会授予“清远市青年文明号”称号；志愿服务队被共青团佛冈县委员会、佛冈县志愿者联合会评为“2022年度佛冈县最佳志愿服务组织”；学校团委获“佛冈县五四红旗团委”称号。

（何灶娣）

【佛冈中学】 2022年，佛冈中学有教学班58个，在校学生3019人，教职工233人，其中专任教师219人、拥有硕士学历18人、中学高级教师55人、一级教师122人。学校拥有市级名教师工作室2个，县级名教师工作室3个。获清远市优秀班主任和教坛标兵荣誉称号2人，被评为“市防汛抗疫安全工作先进个人”6人次，被评为县优秀校长和优秀教师5人。

德育工作 2022年，学校认真落实“立德树人”根本任务，启动“积极德育”德育模式，按照《佛冈中学积极德育实施方案》，完善学生评价机制，变单一评价为多元评价，变结果评价为过程评价。完善“佛冈中学学生心路历程记录卡”，建立一人一档心理健康档案，成立心理健康教育专家团队，对学生进行心理诊断和筛查，破解学生心理问题增多难题。学校教师中，有心理健康教育A证10人、B证52人、C证132人。学校涌现出一批品学兼优学生：获广东省宋庆龄奖学金1人，获广东省优秀学生骨干荣誉称号1人；获评清远市“智慧好少年”1人，市“三好学生”3人，市“优秀学生干部”2人；获评县“优秀学生干部”19人，获评县“三好学生”25人。组织学生参加市、县级举办的各种主题活动比赛，获一等奖9项14人次、获二等奖11项16人次、获三等奖7项18人次。

教学教研 2022年，佛冈中学开展教师各类培训，全员参与专业课、公需课、选修课培训，每人合计90学时以上。先后安排骨干教师84人次，参加各级各类教学研讨培训会、高考复习备考会、省级骨干教师新教材培训、教师专业发展等18项培训。是年，学校课题研究结题3个，在研课题共16个，其中省级课题3个、市级4个、县级课题9个。教师积极撰写论文，发表论文核心期刊1篇、省级刊物4篇，获省级奖13篇，获市级奖1篇。成立四校联盟，通过四校联考联研联评活动促进教师发展。教师参加市、县级教学基本功比赛，实现“以赛促进步，以赛促成长”教师培养目标，获市一等奖3人次，市二等奖6人次；获县一等奖14人次，二等奖21人次，三等奖9人次。

办学成果 2022年，学校组织学生参加各类竞赛获佳绩，参加县举办的社会主义核心价值观故事演讲比赛，获高中组第一名1人；参加2022年中国教育国际交流协会组织的“中外青少年绿色创新活动”获国际金奖1人、铜奖2人；在2022年佛冈县中小学生美育节活动中，获一等奖2人次、二等奖17人次、三等奖7人次；参加清远市第二届创意机器人大赛，获市一等奖2人、获市二等奖6人、获市三等奖2人；参加广东省第十一届创意机器人大赛，获一等奖4人；参加省中小学科技劳动教育实践活动，获一等奖2人。学校参加“从小学党史 永远跟党走”主题活动，被广东省教育厅评为“优秀组织单位”；清远市普通高中2020级学生通用技术学科毕业设计作品展示中，获市优秀组织奖；2022年度宣传工作中，被评为“佛冈县教育系统宣传工作先进集体”；佛冈县中华优秀传统教育活动太极拳比赛中，获中学组一等奖；作品《心的天空，让我们帮你点亮》获县中小学优秀校园心理情景剧中学组二等奖；节目《红烛》在县“扣好人生第一粒扣子·中华优秀传统文化教育”之“中华经典诵读”比赛中获二等奖；《中国话》获县中小学生“大雅传承 经典浸润人生”朗诵比赛中学组二等奖；节目《走进新时代，奋进新征程》获“新思路 新梦想 新征程”演讲比赛中学组二等奖；参加县中小学粤韵操交流展示活动，获中学组二等奖；节目《我们的心愿》在佛冈县中小学青少年毒品预防暨“扫黄打非”“扫黑除恶”进校园文艺汇演中获三等奖。

2022年10月28日，佛冈县举行2022年中小学生、幼儿园机器人挑战赛。图为佛冈中学获中学组一等奖 （佛冈中学 供图）

设施建设 2022年，学校投入248.6万元，用于改善师生办公、学习、生活条件，完成人才公寓改造；课室灯光改造47间，教师办公室改建3间、新建7间，新购教师办公电脑60台和办公桌椅81套，采购教师办公室空调7台，高一级课室安装空调40台，学生宿舍安装空调80台，采购学生升降桌椅960套。先后投入291.9万元，用于优化教育教学设备，完成化学、物理实验室改造各1间，拟改造化学、生物实验室各1间，更换英语口语高考计算机108套及设备一批，在吉清楼二楼新建1间录播室，采购图书1496册。添置名师、名班主任工作室设施设备，投入187.8万元，用于新建教学楼、宿舍楼用地规控设计、校舍鉴定、10kV增容配电设备、学校篮球场改造、建成应急安全教育体验馆、吉河楼阶梯室改造、党建阵地建设等。接受社会捐资30多万元，在蔡悦礼教学楼二楼至六楼两侧走廊建设9个开放式的阅读角。

（黄素英）

【佛冈县城北中学】 2022年，佛冈县城北中学有教学班66个，在校学生3231人，教职工221人，其中专任教师188人、高级教师22人、中学一级教师136人、学科骨干教师28人。佛冈县名班主任工作室1个，清远市“最美教师”称号1人，清远市“优秀班主任”称号1人，佛冈县“优秀班主任”称号2人，佛冈县“优秀教师”称号2人。

德育工作 2022年，学校为有效应对新冠疫情各种心理危机，指导学生正确面对疫情，开展“阳光心态、快乐同行”为主题的心理健康教育活动，成立“校级心理危机干预领导小组+班心理委员会+学生之家”三级管理模式，开展心理危机预防与干预班主任队伍专题培训。开展“守护孩子心灵健康那盏灯”“做同学心灵成长陪伴者”“心理绘画活动”“个人名片设计比赛”等专题活动，缓解学生心理压力。建立一生一卡，发挥“学生之家”力量，排查重点学生，对重点人群进行及早干预、及时疏导，防止学生心理健康危机事件发生。开展爱国主义系列主题教育活动，在“国防教育日”“烈士纪念日”“国庆”“国家公祭日”“澳门回归纪念日”等，对学生进行爱国主义教育。

安全工作 2022年，安全工作是学校的重点工作，安全工作常抓不懈。为保障校园安全，确保校园良好的教育教学秩序，严格落实外来人员来访登记制度。建立“总值—级值”值日制度，全面监督学校教育教学。利用国旗下讲话、班会课、校园广播，做好各种知识宣传与教育。成立“交

2022年5月11日，城北中学演出舞台剧《琼崖英雄》 （郑庆奖 摄）

通安全”护送队，维持交通秩序。提高学校应对各类突发事件的能力，防患于未然。学校开展安全系列演练：2月，举行疫情防控应急演练；4月，举行地质自然灾害撤离演练；10月，举行消防安全撤离演练；11月，开展“全民反诈，你我同心”宣讲活动；12月，举行自然灾害安全撤离演练。通过活动，提高师生应对各类突发自然灾害的能力和增强自我防护意识。

教育教学 2022年，学校加大常规检查力度，对教师上课、早晚自习情况，实行校长抽查、教导处巡查、值日行政检查“三线管理”措施，发现存在问题及时整改。对于教师作业批改情况，教导处实行平时抽查、期中期末大检查，及时反馈，抓好常规制度落实。坚持向课堂要效益，努力备好每一节课，注重启发学生思维，注意讲练结合，贯彻以教师为主导、以学生为主体原则，开展师生双边活动，调动学生学习的积极性和主动性。在重视基础知识和基本技能教学同时，关注学生情感态度观培养。优化课后作业设计，让作业与学生生活实际相结合，减少重复性、机械性作业。教导处每月召开教研组长会议，研究交流工作，分析学校教学现状，总结执行课程标准、教学计划、资料使用、常规落实等方面的情况，解决在课程改革中的难点、热点问题。学校组织各类公开课100余节，已结题县级课题3个，在研市级课题3个、县级课题2个。

设施建设 2022年，学校投入255万元完善各项基础设施建设及设备添置，充实办学条件。其中，投入18万元添置新教学楼里的学生和教师办公桌椅，投入约50万元购置及安装电教平台，投入26万元采购及安装壁挂空调，投入37万元采购及安装窗帘，投入4万元安装直饮水机；投入28万元改造课室电教平台设备，投入6万多元购置用于课堂教学的手提电脑；投入约50万元采购及安装英语、音乐中考电脑室设备，投入12万多元购买体育电子计时设备，投入24万元购置一批图书。

办学成果 2022年，教师获得县级奖项78人次，获得市级奖项65人次，获得省级奖项32人次。中小学主题教育活动“扣好人生第一粒扣子”中获优秀指导老师奖5人次；广东省第七届中小学生在艺术展演活动艺术表演声乐类和艺术作品类（绘画类）中学组获省三等奖“优秀指导教师奖”5人次。学生获省级奖10人次（10个同学在广东省第八届中小学生汉字书写大会中，获书写小达人奖），获市级奖18人次，获县级奖77人次。其中，《唱支山歌给党听》《赶摆路上》节目荣获广东省第七届中小学生艺术展演活动艺术表演声乐类中学甲组三等奖，《琼崖英雄》节目荣获清远市第四届中小学生美育节舞台（城市学校专场）中学甲组二等奖；获清远市“强国复兴有我”演讲比赛一等奖，获2022年县社会主义核心价值观故事演讲比赛二等奖。集体获县级奖励7项，其中较为突出的是在2022年11月佛冈县中小学生篮球比赛中，获初中男子组冠军、初中女子组冠军。

（罗春会）

【佛冈县城东中学】 2022年，佛冈县城东中学有教学班85个，学生4127人，教职工252人，专任教师251人。拥有本科学历236人、专科学历16人，中学高级教师26人，中学一级教师177人，中学二级教师24人。学校被认定为清远市科学教育优秀示范学校、清远市阅读示范校、佛冈县教育系统宣传工作先进集体。

德育工作 2022年，学校紧扣“立德树人”目标，以“尚进”文化为抓手，通过“文明实践站”活动，强化社会主义核心价值观教育，开展“扣好人生第一粒扣子”等系列主题活动，推进“尚进德育小组”建设。开展“尚进班级”“尚进教师”“尚进学子”“新时代好少年”“三好学生”“优秀班干部”等评比活动，传承优良传统文化，把学科课程与社会实践相结合，在学科教学中渗透德育教育。重视心理健康教育，提高心理疏导水平，学校教师获心理辅导A证7人、B证30人、C证184人。关注留守儿童与特殊儿童，注重“扶智先扶志”，通过结对帮扶促其健康成长。实现家校融合，定期召开家长会和家长委员会会议，通过携手共育提高学生思想道德素养。学生德育优良率达85%，后进生转化率达99%，师生违法犯罪率为零，全年无安全责任事故发生。

教学教研 2022年，学校有在研省级课题1个、市级课题5个、县级课题4个，其中3个市级课题，2个县级课题在进行中期检查；2个县级课题已经顺利结题。学校重视骨干教师、学科带头人和名师的培养，建立清远市名班主任工作室1个、名教师工作室1个、佛冈县名教师工作室2个，拥有广东省名班主任1人，清远市名校长1人、清远市学科教研中心组成员4人、佛冈县学科带头人13人，佛冈县兼职教研员1人。通过名师、骨干教师示范引领，打造一支优秀教师团队。

业务培训 2022年，在选派培训方面，学校分科、分批、分时段派出教师参加国家级培训8人次、省级培训150人次、市级培训185人次、县级培训200人次、校级培训250人次。其中，选派1名校长参加新时代中小学校长管理能力提升网络专题培训，选派8名教师参加教育信息化素养与教育数字化能力提升网络专题培训，选派2名教师参加新技术赋能教学新思路与信息化技术应用网络培训，选派1名教师参加中小学教研能力提升网络专题培训，选派14名教师参加粤东西北中小学骨干教师课后作业设计与命题能力培训，选派1名教师参加2022年广东省普通学校随班就读资源教师示范培训，选派1名教师参加2022年广东省新强师工程中小学骨干教师高级研修（初中英语）省级示范培训，选派6名教师参加2022年佛冈县事业单位新录用人员岗前培训，选派2名教师参加2022年“点亮心空、爱在佛冈”校园心理健康——教师心理技能培训，选派8名教师参加佛冈县中小学心理健康B证培训。在全员培训方面，学校全体教师参加2022年广东省专业技术人员公需课、选修课培训，清远市师德师风专题教育培训，教师信息技术2.0提升能力培训，广州航海学院和清远市佛冈县教育局基础教育帮扶项目——推动高等教育反哺基础教育，暑期教师研修。全体行政人员参加广东省干部培训、2022年佛冈县事业单位管理岗位人员培训暨新时代基层干部主题培训班学习、《习近平谈治国理政》第四卷导读专栏学习、党的十九届六中全会精神网络专题学习。

设施建设 2022年，学校更换崇德楼、笃学楼、励志楼、致用楼室外地下消防管道工程，投入41.51万元。新建教学楼工程，投入1200多万元。建设消防水池工程，投入110多万元。采购56个课室书柜，投入9.98万元。广播室装修，投入4.48万元。安装电脑室可升降电脑桌27套（54位），投入9.61万元。采购新教师30台手提电脑，投入19.20万元。改造4个篮球场工程，投入21.15万元。古筝室装修项目，投入4.87万元。购买励志楼和致用楼化学室8套电教平台，投入30.92万元。购买尚进楼（新教学楼）的广播系统、监控系统，投入14万元；22套多媒体电教平台，投入81.29万元；课室不锈钢收纳柜，投入3.7万元；学生课桌椅，投入6.6万元；教师办公室办公桌椅，投入4.56万元；教室、办公室空调，投入23.92万元。购买致用楼功能室8套电教平台，投入25.36万元；新建致用楼门楼造型，投入4.01万元；致用楼电脑室升级改造（云课堂），投入42.69万元。

2022年4月29日，城东中学举行“扣好人生第一粒扣子 中华优秀传统文化传承教育”经典诵读比赛（城东中学 供图）

办学成果 2022年，学校获省级奖1个、市级奖5个、县级奖12个。其中，2022年全省中小学粤韵操培训及交流展示活动中，获二等奖；暑假中学生“盛夏留声”英语线上活动中，集体获“优秀组织奖”；佛冈县中小学生美育节艺术表演类节目中，中学组获二等奖；佛冈县“扣好人生第一粒扣子 中华优秀传统文化传承教育”之“中华经典诵读”比赛中，获二等奖；佛冈县中小学“童心喜迎二十大·唱支心歌给党听”活动中，中学组获二等奖；佛冈县中小学青少年毒品预防暨“扫黄打非”“扫黑除恶”进校园文艺汇演中，获三等奖等。学校被认定为清远市科学教育优秀示范学校、清远市阅读示范校，被评为“佛冈县教育系统宣传工作先进集体”。

师生荣誉 2022年，学校教师获省级奖6人次。在华南师范大学外国语言文化学院主办的中学英语教师命题比赛中获三等奖，“一师一优课”优秀教研成果评选活动中获一等奖；在“从小学党史 永远跟党走”中小学主题教育中，3位教师荣获“扣好人生第一粒扣子”征文展示优秀指导老师。获市级奖56人次，在清远市义务教育阶段初中英语七年级书面作业设计中获一等奖、清远市义务教育阶段初中英语八年级书面作业设计中获一等奖、清远市义务教育阶段初中语文七年级书面作业设计中获一等奖、清远市义务教育阶段初中道德与法治七年级书面作业设计中获一等奖。获县级奖132人次，获评佛冈县优秀少先队辅导员1人，获评佛冈县第一届名教师工作室主持人1人，获评佛冈县优秀班主任1人，获评佛冈县优秀教师3人；1名教师在佛冈县创建“无诈校园”中被评为“优秀个人”。学生荣誉方面，获省级奖19人次。在“从小学党史 永远跟党走”中小学主题教育中，获“扣好人生第一粒扣子”征文展示二等奖1人、三等奖1人。暑假举行的中小学生“盛夏留声”英语线上活动中，获七年级组三等奖3人。获市级奖82人次，在清远市第二届“小小科学家”中小学生科学实验展示交流活动中，获初中组机器人一等奖3人、获初中组生物一等奖4人。获县级奖129人次，佛冈县中小学生美育节中获艺术作品类书法初中组一等奖，佛冈县中小学生“学宪法 讲宪法”知识中获竞赛中学组一等奖，中学生“盛夏留声”英语线上活动中获佛冈县七年级组特等奖。

（陈志懂）

成人教育

【成人教育概况】 2022年，学校业余大专班84人，网络本科140人。全年招生共91人，其中网络本科46人，开放专科45人。本科阶段开设法学、公共事业管理、会计学、金融学、数学与应用数学（师范）、行政管理、英语（师范）、人力资源管理、计算机科学与技术、汉语言文学（师范）、学前教育等16个专业；开放专科阶段开设会计、行政管理、学前教育、小学教育、工商企业管理、法律事务等6个专业。专科学历教育采用业余制办学，是由开放大学举办；本科学历教育采用网络教育办学，是由县职业技术学校和华南师范大学网络教育学院联办。

【社区培训】 2022年，为丰富社区居民精神生活、提高市民人文素养，秉持“资源共享、服务社会”理念，扎实开展“我为群众办实事”，学校继续面向石角镇附城、城南、站前、振兴、城东、沿江等6个社区居民举办免费培训班2期，开设羽毛球、吉他、无人机、3D打印、计算机、钢琴、美食、摄影、绘画共9个项目，参加培训169人，为佛冈创建全国文明县城作出贡献。

【企业培训】 2022年，为丰富企业员工业余生活，秉持“资源共享、服务社会”理念，学校面向广州奥马冰箱有限公司、广州天马动力机械有限公司、佛山顺德矢崎汽车配件有限公司、清远熹乐谷温泉度假酒店、江门海信集团等企业部分新生代员工，通过线上线下培训方式，免费举办无人机项目培训班2期，参加培训487人。

（何东艺）

2022年11月3日，佛冈县职业技术学校与佛山顺德矢崎汽车配件有限公司和广东奥马冰箱有限公司举行校企合作签约仪式 （佛冈县职业技术学校 供图）

职业教育

【佛冈县职业技术学校】 2022年，学校在职在编教职工98人（含2名县教师发展中心编教师），外聘教师12人，临聘职员（含厨卫工）27人。专任教师95人，本科学历教师92人，研究生学历（含结业）教师25人，高级职称教师10人，中级职称教师34人，“双师型”教师56人。全校学生1666人，其中，中职学生1442人、华师网络本科学生140人、开放大学本科学生10人、开放大学专科学生74人。

设备设施 2022年，学校购置电子电工实训设备9.8万元，改造16间教室灯光照明12.1万元；更新学生宿舍门4.73万元；新增700套学生课桌椅9.45万元、500张学生铁床75万元；新添图书一批32万元；升级学校阶梯教室电教平台8.6万元；安装校园监控4.5万元。为确保校园消防安全，将不符合消防安全的泡沫铁皮顶棚更换为防火阻燃的树脂瓦，投入25万元。同时，在两栋男生宿舍楼之间，加建安全疏散通道，投入30万元。

教师获奖 2022年，学校组织教师参加各级各类竞赛，共有75人次获奖。其中，陆社培、范桂立、黄秋萍等16位教师参加清远市第四届教师教学能力大赛获得三等奖3项、优秀奖1项，其中范桂立教师团队代表清远市参加广东省教师教学能力比赛。李文裕、范秀凯、黄天明、郑忠诚4位教师参加2022年清远市中等职业教育青年教师基本功比赛均获得二等奖。何东艺、范秀凯老师参加2022年佛冈县开展社会主义核心价值观“进教材、进课堂、进头脑”活动分别获得社会主义核心价值观微课堂视频制作三等奖与社会主义核心价值观故事演讲比赛教师组三等奖。校级教学能力比赛与微课设计比赛中，朱彩蝶、陆社培、罗月休等44名教师获奖。

学生获奖 2022年，学校组织学生参加各级各类竞赛，共有443人次获奖。其中，6名学生参加2021—2022年度广东省职业院校学生技能大赛，获三等奖1项、优秀奖5项。5月，组织学生参加“技能成就人才 才艺展示风采”第十五届学生技能艺

2022 年 1 月 15 日，佛冈县职业技术学校学生在广州奥马冰箱有限公司进行制冷空调专业实习 （佛冈县职业技术学校　供图）

术节暨职业教育活动周竞赛，竞赛设 28 个技能比赛项目，获奖学生 382 人次，其中文艺表演 13 个节目获奖，山歌比赛 14 个班级获奖。黄凯维同学参加 2022 年佛冈县开展社会主义核心价值观“进教材、进课堂、进头脑”活动，获中学组故事演讲二等奖；范秀凯获优秀指导教师奖。左麋洁等 15 名同学参加佛冈县中小学生粤韵操比赛，获二等奖；李诗韵，柏定安获优秀指导教师奖。7 位学生参加 2022 年佛冈县中小学生“童心喜迎二十大，唱支心歌给党听”比赛，获三等奖；陆社培、黄淑玲获优秀指导教师奖。参加 2022 年佛冈县中华传统美德教育之“喜迎二十大永远跟党走 奋进新征程”主题书信活动，朱伊琪、欧阳晓慧、林彩霞、黄远程的作品获得二等奖 2 项、三等奖 2 项。参加广东省“从小学党史，永远跟党走”中小学主题教育活动，易嘉敏获得“扣好人生第一粒扣子”征文展示中学组三等奖，叶世其被评为“优秀指导教师”。

高考成绩　2022 年，佛冈职业技术学校高考班学生 253 人参考，253 人上省专科线，上线率为 100%；其中 47 人上省本科线，上线率为 18.6%。

创新教学模式　2022 年，学校以“李倩名师工作室”与“黄坚强名师工作室”为引领，实施课程改革，创新教学方法与教学模式，促进教师素质与教学质量的提高，营造浓厚的教研、教改氛围。公共基础课中，以“有用、实用”教学理念，结合专业特点重组教材、教法、教学目标，采用“问题式”“案例式”“讨论式”等多种教学方法进行课堂教学，运用微课等现代信息技术手段辅助教学。专业技能课实行模块式教学模式，有效提升教育教学效果，推进理论与实践一体化。丰富教学手段，专业主干课程实行多媒体教学，积极实践项目教学、小组合作学习和利用 UMU、超星等移动教学平台开展教学，提高原创性研究和启发式思维能力。通过师资培养方式，把理论型教师转型为能适应理论与实践一体化教学的“双师型”教师。

课题研究　2022 年，学校鼓励教师积极参与课题研究，树立“时时教研，处处教研”的校本教研意识。学校有李倩老师主持的“基于 STEM 理念下的山区县中职学校的项目式教学研究”及张小涛老师主持的“山区中职学校教育教学质量多元评价体系研究与实践”省级课题 2 个；朱彩碟老师主持的“基于新课标的山区县中职〈信息技术〉课程项目化教学的实践研究”及黄坚强老师主持的“山区县中职教师信息技术应用能力提升行动研究”市级课题 2 个；此外，县级课题申报 2 项，校级课题申报 1 项。李倩名师工作室开始正常运行，并开展线上培训活动。8 月，何东艺老师的县级思政课题“思想政治课程在我校中职学生就业创业中的重要作用的研究”顺利通过佛冈县哲学社会科学 2021 年度规划课题结题。黄坚强名师工作室在清远市第二届中小学“三名”工作室考核中被评定为“优秀”等级，黄坚强老师在清远市第二届中小学“三名”工作室主持人考核中被评定为“优秀”等级。邓凤仪、招翠娇在清远市第二届中小学“三名”工作室考核中被评为“优秀”工作室

2022 年 8 月 13 日，佛冈县职业技术学校李倩老师主持的《基于 STEM 理念下的山区县中职学校的项目式教学研究》课题在广东工贸职业技术学院开展课题研讨活动 （佛冈县职业技术学校　供图）

成员。

教师进修培训 2022年，学校加强骨干教师和“双师型”教师培养，优化师资队伍结构。学校高度重视师资队伍培训，上半年组织中青年教师李红梅、朱振兴等12人次参加各类教学培训及专项业务能力提升培训。下半年组织陈焕彩、黄红旭老师参加广东省“基于三教改革”中职专业课教师课程实施能力提升培训。组织全体教师参加全员段网络培训学习，提升教师教学水平与教学管理能力。

教育扶贫 2022年，学校为保障学生顺利完成学业，采取多种途径给予学生经济补助，为在校家庭经济困难学生申请国家助学金和学校困难学生生活补助金。申请学校国家助学金1人，奖金6000元。申请国家助学金201人，奖金1000元/人。学校困难学生生活补助金发放26人，奖金1000元/人。佛冈县教育慈善会捐款从11月开始，按500元/（人·月）标准发放生活补助金，共8名学生受惠。推行勤工俭学，组织2020级208名学生到对口企业和幼儿园进行社会实践，让学生既能学习知识，又能增加收入，有效减轻部分困难家庭经济负担。

（何东艺）

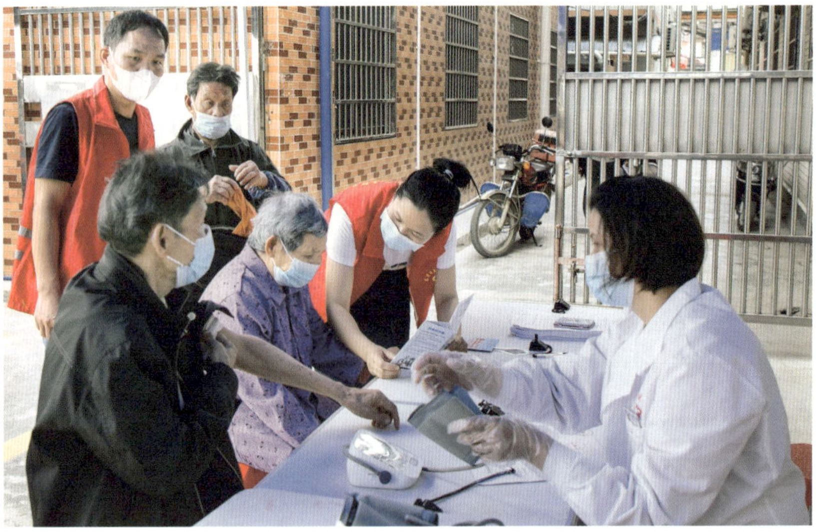

2022年9月8日，清远市德圣健康职业技术学校志愿者为群众接种新冠病毒疫苗 （钟盛祺 摄）

【清远市德圣健康职业技术学校】 清远市德圣健康职业技术学校于2018年7月创办，是一所按省级重点中职学校规划建设的卫生类普通中等职业学校。学校位于佛冈县城西面，校园占地面积8.67万平方米，校舍建筑面积4.89万平方米，有实验实训室26间、多媒体综合电教室59间、图书馆藏书8.5万册，设有舞蹈室、健身房、语音室等功能场室。学校有教职工196人，专任教师148人，高级教师34人，双师型教师34人。学校开设护理、药剂、中药、中医康复技术、口腔修复工艺、美容美体艺术等13个专业，在校学生2180人。

德育工作 2022年，学校贯彻新的职业教育法和落实习近平总书记关于职业教育工作的重要指示，聚焦“提高质量、提升形象”两大任务，确定德技并举的培养目标，以素质教育、技能教育为抓手，培育新时代“四有”技术技能人才。树立“德技并修”育人理念，将尚德、精技的校训教育融入教学中，强化学生知识、能力与素质的和谐发展。学校建立“学校+军事化”管理模式，以军事素养教育为抓手，形成军事教官参与学校管理的机制，培养学生的行为习惯。优化育人模式，制定专业课程，开辟多样化育人渠道，以案例、活动与课堂教学融合等方式，开展健康直通车、疫情防控、反诈讲座、技能活动周、技能大赛等活动，全面提高学生思想觉悟和政治素养。

教学科研 2022年，学校遵循现代职业教育理念，不断提高教师教学质量。学校确立“教研强师”培养方略，制定《清远市德圣健康职业技术学校教科研工作管理办法》，规范常规教科研工作和课题管理，深入开展经验交流、课题研究、优秀论文评比、开发编写校本教材等多种形式的教科研活动，强化教师科研兴教意识，提高教师科研能力，实现教师技能可持续发展。全年，学校教师在省级期刊发表论文共16篇；学校青年教师参加清远市教师基本功比赛，获二等奖3人。

专业课程开设 2022年，学校高度重视专业课程体系构建与课程内容改革，结合学校实际情况和市场人才需求制定专业。学校聘请行业专家参与课程建设，制定可行性强的人才培养方案，构建各专业课程体系，设置和开发基于工作过程和岗位能力要求的专业课程，制定专业课程标准，优化课程教学内容，并取得较好的成效。2021—2022学年，校企共同开发知行合一、工学结合的专业核心课程3门，开设校级在线精品课程2门。

教师培训 2022年，为提升教师队伍专业技能和水平，学校全方位多渠道开展师资培训工作，形成良好教师培训机制。学校组织教师参加省、市、县教育行政部门以及省市职教学会组织的线上线下教师培训、学术会议、教师竞赛等活动，提升教师专业水平。实施以老带新校内教师培训工程，通过老教师一对一指导，提高新教师在教学文件编写、教学内容组织、讲课技巧等方面的专业知识技能。开展校内培训活动，实施全员培训，提升教师队伍整体水平。2022年，学校教师参加县级以上培训153人次（含线上培训）；校内组织培训18次，共计1642人次参加。

志愿服务 2022年，学校发挥专业优势，以卫生健康服务为主，开展医药知识培训和技术下乡服务活动。针对乡镇中学师生进行健康知识讲座培训，并以摆摊形式在乡镇圩市开展义诊送药惠民服务。学校与县疾控中心联合开设疫苗接种及核酸检测常态化社会实践服务岗位，组织护理专业师生向接受疫苗接种和核酸检测的群众宣传疫情防控相关知识，协助医护人员开展疫苗接种和核酸检测工作。一年内，学校为社会开展“健康知识”培训15场次，接受培训人数2500多人次，累计筛查脊柱侧弯、先天性心脏病、唇腭裂以及视力障碍和口腔疾病等青少年患者4300余人，提前为50人对接治疗。全年开展疫苗接种及核酸检测常态化社会实践服务活动132批次，服务人员超过5.5万人次，服务时长超过5324小时。

教育扶贫 2022年，学校执行国家为贫困学生免收学费和提供助学金政策，认真落实县级以下城镇户籍、农村户籍学生享受免收学费待遇举措，对家庭经济困难的学生，统一按要求申报国家助学金。全年，学校享受免学费学生1395人，享受助学金学生109人。为减轻贫困学生家庭经济负担，学校从办学经费中提取5%作为奖励助学金经费，奖励表现突出、成绩优秀的学生和资助不符合国家助学金标准但家庭经济又确实困难的学生。2021—2022学年，学校共资助45名学生，资助金额6.15万元。

获奖荣誉 2022年，学校在办学中取得较好成绩，获得多项荣誉。曾柳娟老师荣获2022年清远市职业教育学会先进个人称号。黄洁敏同学在2022年佛冈县第37个国际志愿者日交流展示活动中，荣获最美志愿者称号。李启凤、梁坚强老师获2022年度佛冈县防汛抗疫安全工作先进个人称号。在2021—2022学年度佛冈县“三好学生”“优秀学生干部”评选中，获评“三好学生”13人、“优秀学生干部”10人。

（张结芷）

2022年9月1日，清远市南方技工学校正式开办，图为学校全景

（清远市南方技工学校　供图）

【清远市南方技工学校】 清远市南方技工学校位于佛冈县汤塘镇国道106北侧，校园占地面积6.23万平方米，建筑面积6.79万平方米。2021年8月，学校经清远市人力资源和社会保障局批准设立，是经广东省人力资源和社会保障厅备案设立的非营利民办技工学校，隶属中国涉外教育集团。学校于2022年开始面向社会招生，在校生828人。学校有教职员工43人，其中专任教师25人，拥有高级职称3人、中级职称5人。

办学理念和定位 学校以“明德、博学、励志、尚行”为校训，秉持“德技兼修，人人出彩”的办学理念，以“六进”育人（进教室、进实训室、进图书馆、进饭堂、进运动场、进社会）为抓手，通过产教融合、产学合作，培养同市场需求相适应、同地方产业结构相匹配的实用型、复合型技能人才。

设备设施 2022年，学校馆藏图书10万册，电子图书容量1600GB，校内实训室27个，计算机700套，多媒体课室27间1808个座位。学校建有基础护理、母婴护理、美容美体护理、化妆美甲、中式面点、西式面点、中式烹饪、钢琴、幼儿环创、奥尔夫音乐、电商直播、跨境电商、大数据应用、新媒体应用及企业经营模拟沙盘等15个实训室。食堂建筑面积1730.8平方米；学校有学术报告厅1个、室内运动馆1个、健身房1个、形体训练室1个、塑胶运动场1个、足球场1个、篮球场4个、网球场1个、排球场1个、羽毛球场2个。校内所有建筑均装配电梯，学生宿舍为4人间，配备中央空调、中央热水、洗衣机、饮水机、智能网络和智能门锁。学生管理、后勤保障、毕业升学和就业服务体系完整，学习生活环境良好。

师资队伍 2022年，学校各专业组建有专家顾问团队，在专业建设、课程指导、竞赛辅导全程提供指导。学校聘请中国厨艺大师、中国粤菜十大名厨黄炽华作为客座教授，聘请中山大学、华南理工大学和澳门科技大学等著名高校的一大批硕士、博士研究生作为学生的导师，对学生的学习生活、职业生涯规划、高考辅导、竞赛和发明创造等提供全方位、全过程指导和帮助。

专业特色 2022年，学校开设电子商务、计算机网络应用、会计、酒店管理（烹饪方向）、幼儿教育、护理等6个专业。中高职贯通三二分段联合培养，对接的院校是国家示范性高等职业院校——广东轻工职业技术学院、国家教育改革创新示范院校——广州涉外经济职业技术学院。“3+证书”高考班是学校特色和拳头产品，学生参加“3+证书”高考上线率高。

校企合作 2022年，学校与50多家企业建立深度校企合作关系，合作企业有广州美轮汽车有限公司、广东欧亚制冷设备制造有限公司、中国联通清远公司、清远加多宝饮料有限公司、广东雅迪机车有限公司、广州缔纳集团、清远加多宝草本植物科技

2022年9月17日，佛冈县金博士职业培训学校在水头镇举办“南粤家政 母婴服务”技能培训班（佛冈县金博士职业学校 供图）

有限公司、聚龙湾温泉旅游度假酒店、熹乐谷温泉度假酒店、广州汇龙国际电商产业园、佛冈县国家级电商产业园、广佛（佛冈）产业园、广州晴美国际等，为学生实习就业奠定坚实基础。

（黄海连）

【佛冈县金博士职业培训学校】 佛冈县金博士职业培训学校创办于1999年，是佛冈县第一所民办职业培训学校。学校集技能培训、考证、就业服务及学历进修为一体，是佛冈县人社局劳动力技能提升定点培训机构、清远市安全生产资格考试点、佛冈县扶贫开发办公室技能培训业务定点对接单位、广东技术师范大学成人继续教育学院校外教学点。2022年，学校开设电工、焊工、高级月嫂、广式点心制作、保育师等培训项目，培训学员3202人。

办学理念和宗旨 佛冈县金博士职业培训学校秉承“培训为就业，就业促培训”的办学理念，坚持“便民、利民、安民”的服务原则，提供培训、考证和就业推荐一系列服务。学校坚持教学为乡村服务的原则，致力广大农村劳动力职业技能培训教育，以提升农村劳动力职业技能和就业能力为使命，推动农村劳动力技能提升和转移就业。

设施设备 2022年，学校配有电脑电教中心有电脑100台、多功能电教平台6个；茶艺实训室有茶艺设备6套；烹调实训室有冰箱、炒锅、烤炉、瓦煲、微波炉等实训设备；面点实训室有压面机、发酵箱、蒸笼、醒发机等设备；中医推拿实训室、养老护理实训室有模型人、护理床、轮椅、吸痰器、洗头器等设备；母婴护理实训室有婴儿软硬公仔、婴儿游泳池、婴儿衣裤、恒温器、奶瓶等设备；美容实训室有美容床、模型人、消毒柜、美容推车、暖炉、红外线灯、足浴粉、按摩膏、玻璃拔火罐等设备一批；特种作业安全考试各科目实训室有电子仪表、护目眼镜、心肺复苏模拟人、心肺复苏适配器、各种灭火器、排除安全隐患电柜（照明电柜）、判断安全隐患电柜（动力柜）等。学校教学设施设备丰富，能满足各种职业培训需求。

技能培训 2022年，学校得到佛冈县人社局、佛冈县各镇政府各级各部门支持，开设广式点心制作、保育师、企业新型学徒制等培训班、特种作业操作证培训班，培训学员3202人。8月，学校参加广东省第二届“南粤家政”技能大赛总决赛。9月17日，学校在水头镇举办“南粤家政（母婴服务）”技能培训班，收到良好社会效益。

办学模式和亮点 2022年，学校为保障培训就业服务，开创“4+1+1”工作模式（即4大办学特色、1大服务亮点、1大就业奖励）。4大办学特色为“送教下乡”，把课堂搬到村民的家门口，利用村委会议室、文化室和学校，村民可自由选择就近上课；“时间自由”，学员可根据自己的农闲时间，晚上、中午或周末空余时间上课学习；“订单式培训”，在企业用工和人力资源市场需求的前提下，按照“订单式”培养；“真材实教”，根据学员实际，课程以实践操作为主、理论为辅，始终坚持把实训放在首位。办学亮点为“五星级就业服务”，实行就业奖励，做到培训一人、就业一人、脱贫一户、带动一片。

（张雪芳）

科学技术与知识产权

【科技计划项目申报和立项】 **省级科技项目立项** 2022年，佛冈县工业和信息化局协同高岗镇、石角镇、汤塘镇、龙山镇驻镇帮镇扶村农村科技特派员团队联合申报清远市2022年省科技创新战略专项（“大专项+任务清单”）项目中专题十一：驻镇帮镇扶村农村科技特派员团队对接服务，并通过项目评定，获支持资金40万元。新菱空调（佛冈）有限公司、广东雅迪机车有限公司申报清远市2023年省科技创新战略专项（“大专项+任务清单”）项目。

申报市级科技计划项目 2022年，佛冈县组织广东盖特奇新材料科技有限公司等3家企业3个项目申报2023年清远市科技计划项目。佛冈县人民医院及佛冈县中医院共5个项目获2022年度清远市社会发展领域自筹经费科技计划项目立项。

【R&D研发经费支出占GDP比重】 2022年，佛冈县规模以上企业R&D研发经费支出37 977.2万元，全年佛冈县GDP为161.34亿元。全年R&D研发经费支出占GDP比重为2.35%，

2022 年 9 月 12 日，县应急局在县人民公园举行突发事件和应急避险自救互救宣传　（钟盛祺　摄）

位居全市第一。

【申报省农业科技园区】 2022 年，佛冈县以佛冈县人民政府为申报单位、清远振为生物科技有限公司为实施单位，成功申报第八批广东省农业科技园区。

【高新技术企业认定】 2022 年，佛冈县科技部门加强高新技术企业认定工作，组织企业人员参加省、市高新技术企业认定、研发经费归集、研发经费加计扣除等培训班学习培训。开展高新技术企业认定工作，清远南玻节能新材料有限公司等 13 家企业成功认定 2022 年高新技术企业。全县有效期内的高新技术企业达 48 家。

【高新技术产品认定】 2022 年，佛冈县科技部门组织建滔（佛冈）实业有限公司等 7 家企业 17 个项目成功认定 2022 年名优高新技术产品。

【工程技术研发中心】 2022 年，佛冈县科技部门推进规模以上工业企业研发机构建设。组织开展广东省工程技术研究中心的申报认定，建滔（佛冈）积层纸板有限公司、清远加多宝草本植物科技有限公司通过 2022 年度广东省工程技术研究中心认定，全县累计认定广东省工程技术研究中心 15 家。组织开展清远市工程技术研究开发中心的申报认定，广东联塑日利门业有限公司等 4 家企业通过 2022 年度清远市工程技术研究开发中心认定，全县认定清远市工程技术研究开发中心 39 家。

【开展“一区多园”工作】 2022 年，佛冈县发挥清远高新区品牌效应和高新技术企业产业集聚效应，全县有 10 家高新技术企业纳入“一区多园”管理，接受园区的管理、政策引导和指导、资金奖补引导等。

【科技创新奖励项目】 2022 年，佛冈县组织建滔（佛冈）实业有限公司等 18 家企业 20 个项目，申报 2022 年度《清远市加快科技创新发展的若干政策》有关奖励项目，共申请兑现奖励 217 万元。

（黎秀霞　黄金玉）

【知识产权标准化工作】 2022 年，佛冈县深化商标品牌、标准化战略，提升品牌附加值，着力拓宽企业融资渠道。新增 6 笔知识产权质押融资贷款共 1716.4 万元，全县 4 家企业共获得知识产权质押融资贴息补助 37.97 万元，有效降低企业融资成本。一年内，全县企业共获得知识产权专项资金 87.20 万元，惠及 19 家企业。全县有效商标注册量 2041 件，同比增长 23.55%；专利授权量 403 件，其中发明专利 47 件，同比增长 67.86%。广东省魔芋高效种植标准化试点获批省立项；佛冈县电商智慧管理与公共服务标准化试点获批立项，成为清远市唯一的国家级社会管理和服务综合标准化试点项目，擦亮佛冈县电商区域品牌。

（黄绮萍）

【防震减灾工作】 预警系统建设　2022 年，佛冈县应急部门持续做好全县密集场所“紧急地震信息接收终端”维护运行工作，让广大市民及时了解国家地震局等发布的地震信息等内容，全面提升市民应对地震突发事件和应急避险自救互救技能。及时完善县、镇、村三级灾害信息员信息收集并录入“国家自然灾害灾情报送系统”工作和镇、村灾害信息员统一安装“广东应急一键通”移动客户端工作，提高灾情报送时效，打通应急管理“最后一公里”。维护预警台站和预警信息终端系统正常工作，协助广东省地震局做好“广东数字强震动台网—观测站”的日常维护，确保全县地震监测可靠运行。

防震减灾宣传　2022 年，佛冈县应急部门深入减灾示范社区开展发放宣传资料和现场咨询讲解等活动，向社会普及防震减灾知识，让广大市民了解和学习相关避震知识，增强公众防震减灾意识和自救能力，提高全民防震减灾科学素质。通过电视台、电台、乡村大喇叭、短信息、微信、广告牌、手册、电子横幅、标语等多种媒介，深入宣传《广东省防震减灾条例》、地震知识、农村建房抗震知识指南、城市防震要点等防震减灾科普知识，提高全民灾害风险防范意识。

（刘伟燕）

文化·传媒

责任编辑：朱家佑

文化综述

【文化概况】2022年，佛冈县文化广电旅游体育局（简称“县文广旅体局”），有文化馆1个，镇综合文化站6个，综合性文化服务中心90个；县级公共图书馆1个，镇级公共图书分馆6个，自助图书馆3个；县城电影院3家。因疫情原因，全县通过线上为主、线下为辅，全年举办文艺演出、展览等活动共120多场次，线上线下观众达30多万人次。县文学艺术工作者联合会创作的文学作品和县文化馆创作的歌舞、书画、摄影，在省市开展的各项评选活动中均获佳绩。

【文化馆（站）建设】2022年，县文化馆不断夯实公共文化服务体系建设，顺利通过全国第五次文化馆（站）评估定级。县文化馆被评为国家一级馆，全县6个镇综合文化站均被评为省二级站以上。利用省、市级专项资金，做好县文化馆、镇综合文化站、村综合性文化服务中心的提质增效工作。县文广旅体局指导各镇对行政村（社区）综合性文化服务中心基础建设、配套设施、场所管理、公共服务等进行提升完善，71个综合性文化服务中心完成提质增效，达到全县的79%，超额完成省下达的50%任务。

【图书馆建设】2022年，佛冈县图书馆接待读者13.68万人次，外借图书31.82万册，办图书证0.1万个。全县建有10间分馆20个流通服务点，

2021年10月30日，佛冈县图书馆举办“21天阅读挑战活动颁奖典礼”

（县图书馆　供图）

24小时开放的自助图书馆3间，粤书吧2间。县图书馆对图书借阅系统进行转换工作，实现全市一卡通借阅，继续提升数字图书馆、购置书籍、升级免费借阅等各项服务功能，不断完善提升镇级公共图书馆服务效能。

【博物馆建设】2022年，佛冈县博物馆被省市县相关单位定为“广东省科普教育基地”“清远市科普教育基地”“清远市少先队校外实践教育营地（基地）”“佛冈县爱国主义教育基地”。县博物馆在提升综合管理和业务水平，确保文物安全、场馆建设等工作的同时，为市民群众提供更多更好公共文化服务项目。佛冈县馆藏文物有可移动文物335件（套）文物，实际数量2525件。其中国家一级文物1件（套），国家二级文物2件（套），国家三级文物35件（套），其他文物（文物标本、资料）297件（套）。

【基层综合性文化服务中心建设】2022年，佛冈县共有90个基层综合性文化服务中心，覆盖率达100%。全部中心点均实行标准化建设，设有文化广场、篮球场、简易舞台、图书室、电子阅览室、文娱活动室、培训室等场所，配备场所标识、乒乓球台、音响和广播器材等设施，设置宣传栏、阅报栏等宣传阵地。

（黄　敏）

群众文化

【群众文化概况】2022年，佛冈县举办文艺演出、培训、线上展览、送

2022 年 1 月 28 日，佛冈县举行全国“村晚”示范展示活动（张春兰 摄）

戏下乡共 120 多场次，观众达 8 万多人次。开展“我要上春晚”“佛冈好声音”“新苗杯”“狮王争霸”等佛冈文化品牌活动 10 多场，举办全国乡村春晚示范展示活动，受到好评。

【节日系列活动】 2022 年，佛冈县文广旅体局着力打造特色文化品牌，在高岗镇社冈下村举办以“欢乐过大年·喜迎冬奥会——我们的美好生活”为主题的全国乡村春晚示范展示活动，吸引 130 万全国观众线上观看；举办线上春节文艺晚会、优秀美术作品展览等活动，好评如潮；在 4·23 世界读书日、图书馆服务宣传周期间，举办“品味书香，享阅读之乐”共读半小时活动，覆盖面广，活动效果好；博物馆举办“迎春接虎，贺岁迎祥”过大年系列活动，为春节增添喜悦气氛。

【基层文化活动】 2022 年，佛冈县深入推进文化惠民活动，继续巩固创建国家公共文化服务体系示范区建设成果。一年内，星级惠民演出团队送戏下乡 120 多场，足迹遍布 6 镇 100 多个村，表演歌舞、小品、相声等群众喜闻乐见、形式多样节目，为全县 80% 的群众送上丰富精神食粮，不断扩大公共文化服务覆盖面，提升文化活动群众参与度，满足群众文化需求。

【文化展演活动】 2022 年，佛冈县开展戏剧曲艺培训 12 次，声乐培训活动 2 场；组织优秀作品参加清远市第七届“艺术百花·少儿艺术花会”活动，选送的节目、作品获得 5 金、11 银、9 铜、19 项百花之星奖的好成绩。

【“全国乡村春晚联盟”广东佛冈分会场启动仪式】 2022 年，全国“村晚”示范展示广东佛冈分会场活动在国家公共文化云平台正式上线，开春舞春牛、南狮拜新年、龙南武术、舞鲤鱼灯等佛冈传统民俗节目轮番上演，凸显出浓浓的岭南春节年味，吸引全国各地 130 余万观众线上“围观”。

（黄 敏）

文化市场

【文化市场概况】 2022 年，佛冈县具有合法经营资格文化市场经营（包括新闻出版行业）单位共 103 家，其中，歌舞娱乐场所 19 间、电子游戏室 1 间、网吧 4 间、电影院 3 家、书店 58 间、印刷厂 16 家、广播电台 1 家、电视台 1 家。全县从业人员 1800 多人。是年，县文化广电旅游体育局履职尽责，加强市场综合监管，全力抓好文化市场平安发展，全年没有发生意识形态安全事故、安全生产事故、火灾事故、疫情风险事故。

【文化市场管理】 强化安全生产观念 2022 年，县文广旅体局深入学习贯彻习近平总书记安全生产重要指示批示精神，不断增强“人民至上，生命至上”观念，学习贯彻习近平总书记关于安全生产重要论述。把强化安全生产工作纳入局班子会、干部职工大会等的重要内容，按照“党政同责、一岗双责、齐抓共管”要求，及时传达上级关于安全生产工作会议精神，做到每季一研究、每月一部署，确保全县文广旅体市场安全。全年局领导班子召开安全生产专题研究会议 4 次，召开全局干部职工安全生产会议 4 次。吸取“1·23”事故教训，压实文化经营单位消防工作责任。根据县消防安全委员会精神，分别在文化市场开展拆窗、破网、拆违行动，开展经营性房屋建筑结构排查工作，组织娱乐场所、网吧、电影院等开展消防演练培训 28 次，开展文化旅游企业消防安全培训活动 1 次。压实企业主体责任，全年召开文化旅游企业安全生产会议 3 次。向文化旅游经营单位传达贯彻国务院安全生产工作 15 条措施和省安全生产 65 条硬措施，强化经营企业“三线一排”工作。

安全生产日常监管 2022 年，县文广旅体局为防控文化市场安全生产事故、火灾事故和疫情风险，开展高频次安全生产综合检查工作，排查、整治各种安全生产风险隐患，全力筑牢全县文化市场安全生产防线。在春节、五一节、端午节、中秋节、国庆节、两会期间等重点时期，全面开展文旅行业安全生产和消防安全活动，开展常态化安全生产、消防安全检查，治理风险隐患。一年内，开展文化企业安全生产和消防安全检查 121 次，检查单位 458 家，书面责令 4 家文化市场整治消防安全隐患问题 9 个，立行立改普通问题 95 个。认真完成县分配的“石角镇挂牌整治消防隐患专项工作”任务，专门成立工作小组，由分管安全生产领导专门抓，对分配的 20 个督促整改单位做到逐个建立

2022年5月25日，县文化广电旅游体育局开展文化市场联合专项检查行动 （县文广旅体局 供图）

整改台账、逐个指导进行整改，按时保质完成整改工作。

疫情防控常态化工作 2022年，县文广旅体局按规定成立领导小组，加强文化广电旅游体育行业疫情防控领导，制定并下发《佛冈县文化广电旅游体育行业新型冠状病毒感染的肺炎疫情防控工作方案》《关于进一步抓好文化旅游市场疫情防控工作的紧急通知》，加强对文化广电旅游体育行业防控工作指导，严格落实疫情防控工作措施。一年内，开展文化旅游企业疫情防控检查121次，检查单位458次，因疫情防控存在问题责令停业整改的文化市场企业累计5家，书面责令6家文化企业整改疫情防控问题24项，现场立行立改疫情防控问题171项，按照上级防控要求暂停室内文化场所经营2次，坚持按要求组织好文化市场人员核酸“三天一检”工作。

广播电视安全播出管理 2022年，县文广旅体局根据上级精神，强化县内广播电台、电视台安全播出工作。全力抓好党的二十大安全播出工作，制定《佛冈县文化广电旅游体育局迎接中国共产党二十大广电安全播出工作方案》，提前抓好重要时期安全播出保障工作的准备，督促广播电台、电视台制定《二十大广电安全播出工作方案和应急预案》，从技术和管理方面强化安全播出工作。除2次到2家电视台进行二十大前安全播出准备情况检查外，局主要领导在二十大期间，亲自到电视台进行值班值守和开展每日播出情况检查。加强常规检查，对广播电视安全播出、安全生产、消防设施、应急管理、安全播出风险隐患治理台账、安全播出应急预案等进行4次检查。抓好非法安装和使用卫星电视地面接收设施整治工作，一年内，开展打击非法卫星接收器检查行动6次，检查城中村2个，检查各镇重点村庄12个，检查县城及各镇杂货店、五金店、超市等家电经营户21家，检查较大住宅小区4个，检查旅游景区2个，检查县城酒店1家，检查别墅小区2个。在县扫黄打非办组织下，县文化广电旅游体育局与市场监管局、公安局等相关部门开展联合执法检查1次，主要检查乡镇集市的五金店、百货店等家电市场。全年共出动执法人员88人次，检查中没有发现有群众、旅游景区、酒店等非法安装卫星电视地面接收设施现象。

【文化市场专项工作】 **依法严管** 2022年，县文广旅体局坚持对文化市场进行依法严管，根据行业特点依法治理各种乱象。是年，开展文化市场执法检查25次，检查文化市场经营单位252家，出动检查人员941人次。办结行政案件7宗，其中，未经批准举办艺术考级活动案1宗、侵权盗版案件2宗、擅自进行营业性演出案2宗、擅自经营高危体育场所案1宗、娱乐场所违反规定改变结构案1宗，予以行政处罚金额9.81万元。

“双随机”监管 2022年，县文广旅体局开展“双随机”抽查19次，抽查经营单位48家，抽查结果及时在政务网进行公示。抽查范围涵盖网吧、娱乐、旅行社、旅游景区、印刷企业、出版物经营单位、电影院、文物保护单位等场所。

校园周边整治 2022年，县文广旅体局高度重视重要时间节点的校园周边专项整治，制定《2022年开展校园周边环境专项整治工作实施方案》，利用重要时间节点常态化开展寒暑假期间专项执法行动，通过明察暗访、交叉检查、联合执法等形式，确保关键时间节点校园周边文化市场稳定，以保护未成年人身心健康发展，营造和谐良好的文化市场环境。重点检查娱乐场所是否存在接纳未成年人行为，书店文具店等是否销售非法出版物、侵犯知识产权的出版物，是否存在销售或出租涉黄、涉邪、涉毒等非法出版物和光碟的情况；重点检查网吧是否有接纳未成年人行为。全年进行校园周边整治检查18次，检查书店、电影院、复印店、文具店、文化娱乐场所、网吧等单位195家，出动检查人员792人次。

文化市场监管 2022年，县文广旅体局开展2次对县广播电视台的安全播出检查，提出工作目标、任务和措施，全力抓好广播电视安全播出工作。开展网络文化安全专项整治行动。根据省文化旅游厅《广东省文化和旅游厅关于开展网络文化市场集中执法检查的通知》精神，为确保网络文化市场安全，对佛冈县网络文化市场进行专项检查3次，检查县内注册网站、微信公众号共

36 家，全面加强网络文化市场整治工作，规范网络文化经营秩序，维护网络意识形态安全。县文化广电旅游体育局联合县公安局、县市场监督管理局，开展对娱乐场所禁毒专项整治行动，对全县辖区范围内 15 家取得娱乐经营许可证并且没有停业的歌舞娱乐场所进行禁毒宣传、娱乐场所场内巡查制度执行情况，对包房是否有“低音炮”“打碟机”等设施进行检查。

酒吧综合治理工作 2022 年，根据县政府常务会议精神，为整肃餐饮服务业、酒吧中存在的违规擅自从事娱乐服务、违法擅自举办营业性演出活动等问题，县文广旅体局全年参加由县公安局组织的酒吧综合整治行动 5 次，参与酒吧综合整治 5 次，检查酒吧 53 家，发出责令整改通知书 6 份，行政立案 2 宗。通过参与酒吧综合整治，有效防范因擅自举办营业性演出活动引发的意识形态安全问题。

（刘建新）

新闻出版

【出版物管理范围】 2022 年，佛冈县新闻出版物零售业 71 家，从业人员 108 人；印刷企业 18 家，从业人员 652；农家书屋 83 家，书屋管理人员 83 人。

（莫慧文）

【出版物监管】 2022 年，县文广旅体局根据市、县扫黄打非办的精神及省、市局的部署，在扫黄打非工作中，重点整治青少年读物及著作权保护。一年来，开展不良读物专项整治行动 3 次，检查书店 21 家，检查青少年读物 178 册，出动检查人员 84 人次。在检查中未发现持证书店在售书籍含有《出版管理条例》第二十五条禁止内容的书籍，未发现有宣扬邪教、迷信、淫秽、赌博、暴力、教唆犯罪的插图。办理侵犯著作权案件 2 宗，收缴涉侵犯北京冬奥会吉祥物知识产权钥匙扣 26 个，予以行政处罚 100 元。

（刘建新）

2022 年 3 月 8 日，升级改造后的《清远日报》佛冈记者站办公室

（钟盛祺 摄）

【《清远日报》佛冈记者站】 2022 年，是清远日报社与佛冈县委县政府合作的第九年。《清远日报·佛冈新闻》于 2014 年 1 月创刊，是清远日报社与佛冈县委、县政府合作开办的地方版。《清远日报·佛冈新闻》紧紧围绕佛冈的中心工作，恪守党报职责，牢牢把握正确舆论导向，对佛冈的政治大事、疫情防控、工业产业园建设、广清一体化、文明城市创建、平安建设、全域旅游发展、人居环境建设、乡镇形象营造等方面进行长期跟踪报道。

拓展合作广度深度 2022 年，清远日报社与佛冈县委、县政府大力拓宽合作的广度和深度，不断健全合作机制，积极探索合作新模式、新途径。这一年，《清远日报》佛冈新闻部更名为《清远日报》佛冈记者站，清远日报社派出 3 名资深记者驻扎佛冈。同时，对办公场所进行升级改造，拓宽办公区、会议室、休憩洽谈区；对办公室墙面进行整修，对房门、门套及地面色调进行调整，并配套风格统一的新办公桌椅。升级后的《清远日报》佛冈记者站办公室与佛冈文明网办公场所相邻，办公环境更加宽敞、舒适。

新闻质量提升 2022 年，《清远日报·佛冈新闻》坚持新闻工作党性原则，牢牢把握正确舆论导向，坚持主动发声、及时发声，讲述好故事，及时反映佛冈人民在全面建成小康社会征程中的伟大实践和精神风貌。注重发挥行业媒体优势，多做政经要闻解读性报道，使版面内容更加专业化、社区化，其“接地气”的新闻报道风格能帮助读者快速获取信息、掌握精髓、把握要义。在实际工作中，坚持深入基层汲取养分，顺应时代需求创新方法手段，不断增强新闻舆论传播力、引导力。5—6 月，佛冈遭遇超百年一遇特大洪水和多轮强降雨袭击，面对灾情，全县上下众志成城，最终取得抗洪抢险救灾胜利。在这次艰苦卓绝的抗洪救灾斗争中，险情灾情、群众呼唤在哪里，记者的声音就出现和发出在哪里，他们第一时间把群众的需求、干部的精气神、干群的密切关系、党对群众的关怀以最鲜活的形式展现出来，推出了《同舟共济、众志成城防汛救灾》《两天三夜 佛冈完成了一场罕见的万余群众大转移》等大型专题报道，凝聚抗洪救灾强大合力，为佛冈抗洪抢险胜利做出重要贡献。一年内，《清远日报·佛冈新闻》由于其版面活泼、内容丰富、触角敏锐、可读性强等特点，成功办成佛冈广大干部群众喜欢看的报纸。2022年全年共出版《清远日报·佛冈新闻》47期，采写各类新闻稿件约76万字。

外宣工作发展 2022年,《清远日报》佛冈记者站立足新闻时效性的特质，根据佛冈县委县政府中心工作需要，按照“市县互动、政媒合作”的理念，加强对政经要闻的深度挖掘，努力写出精品文章并及时刊发。除了每周三固定出版4版《清远日报·佛冈新闻》，记者站还不定时在《清远日报》主要版面、区域新闻版面，刊发有关佛冈的政经要闻深度报道、专题报道，及时准确向全市人民传递佛冈县委县政府的声音，展现佛冈改革发展的生动实践和成效。全年在《清远日报》主要版面、区域新闻版面出版各类新闻稿件、专题超40条，新闻稿件总字数约20万。

报网端全媒体融合 2022年是《清远日报》佛冈新闻部报网互动、报网融合事业迈出重大步伐、取得重大成果之年。《清远日报》佛冈新闻部借助清远日报合作政务新媒体矩阵，围绕“疫情防控”“佛冈两会”“乡村振兴”“创建全国文明城市”“平安建设”“民生保障”等全县中心工作，在“清远+”手机客户端、清远日报微信公众号等平台推出400多篇新媒体作品，树立《清远日报》新媒体矩阵在佛冈地区的舆论影响力。“清远+佛冈频道”作为佛冈的一个市级移动端新媒体平台，已经成为佛冈新媒体政经主流平台。

（钟盛祺）

文艺创作

【文艺创作概况】 2022年，佛冈县文学艺术界联合会发动、组织属下十大文艺协会会员，开展各艺术门类创作，发行《湛江文艺》两期2000本，举办以“喜迎二十大 强国复兴有我”“传统文化进校园”“深入生活，扎根人民”等为主题的文艺创作交流活动20余场次，推荐优秀文艺作品参加省市评选、展演、展览等，获市级以上奖励作品近200个，其中省级奖励作品近50个。

2022年10月25日，县文联开展“深入生活、扎根人民”主题实践活动

（张春兰 摄）

【文化名家引领】 2022年，佛冈县文化名人发挥名家示范引领作用，带徒授艺，带领文艺工作者在服务基层、服务群众，汲取创作源泉，创作出优秀文学艺术作品，为文化事业发展提供人才保障，推动佛冈文化大发展、大繁荣。张春兰文艺创作工作室作品获市级以上奖励11项、发表文学作品30篇，公众号“春兰文艺”发表推文近50篇；创作歌曲8首，摄制纪录片12集，微视频40条，其中在视频号发表30个，发表学术论文10篇。罗小娟文学创作工作室创作的诗歌获国家级奖9项，获省级奖33项；在国家级刊物发表69篇，在省级刊物发表65篇，在市级刊物发表10篇，开展“优秀传统文化进校园”10多场。黄曙华书法创作工作室作品获市级以上奖励23项，开展书法培训3次。黄梦权粤曲传承工作室参与送戏下乡10多场，开展“粤曲进校园”活动5场。黄焜文民间文艺创作工作室开展田野调查1项、采风5次。

【戏剧、文学创作】 **戏剧曲艺保持优势** 2022年，县文学艺术界联合会组织表演骨干参加县检察院、县卫健局等单位的“民法典”等公益宣传片拍摄、情景剧排练、文艺交流5次；协助县文化馆《节气诗歌赏析》视频拍摄；组织会员排练原创粤曲小戏《暖心小米粥》；一年来，县文学艺术界联合会获省市奖励16项，其中张春兰创作的话剧《龙凤茶楼》获第五届广东省“戏剧文学·剧本”三等奖；张春兰创作的小戏《刘伯的旧手机》、黄清梅创作的曲艺《抢时间》分别获省二、三等奖。佛冈群众文艺创作连续10年在清远市群众文艺作品评选活动中排名第一。

文学创作日渐繁荣 2022年，县作家协会开展第27个“世界读书日”等活动5项；开展采写系列工作，结合佛冈县创文需求，主动承担社会责任，开展“佛冈好人”“红色·一人一物一景”征文活动等系列活动；以湛江诗社为主要阵地，在线上开展诗歌点评、主题创作、作品交流等活动。一年来，县作家协会作品获奖76项，发表100多篇（首）。

【音乐、舞蹈创作】 2022年，县音乐协会组织协会会员参加县春晚、乡村村晚、下乡送教活动、中老年声乐培训等文艺活动10多场，组织协会会员参与少儿花会比赛、童声歌唱比赛、村歌大赛等的评委工作，辅导节目参加清远市少儿艺术花会比赛、2022“我最OK”广东全民才艺大比拼比赛，协会会员参加县中秋晚会、国庆晚会表演节目等。会员作品获市以上奖励8项，其中《神奇的画笔》获广东省群众文艺作品评选三等奖。舞蹈协会排演10个节目参加“乡村村晚”活动，活动观看人数1000人次；组织专业人员面向全县100支广场舞队开展群众艺术广场舞培训工作，培训人数1500人次。组织优秀歌舞队开展“送非遗节目进校园”活动，开展“深入生活，扎根人民”主题实践活动等。会员编导节目获市以上奖励5项，其中刘彩霞等编导的《鱼·跃》《胖妞妞与大公鸡》在广东省群众文艺作品评选中，分别获一等奖、三等奖，佛冈县原创舞蹈编创得到重大突破。

【摄影、书法、美术、民间工艺创作】 **摄影创作活动** 2022年，县摄影协会开展摄影活动4次，协助组织开展摄影比赛4项，开展摄影培训2次。摄影作品获市级以上奖励80项。

书法创作活动 2022年，县书法协会邀请清远市书法协会副主席张芳炜、广东书法院书法名家等为县书法协会会员进行授课和培训。先后组织会员到英德、清远等地参观书法展。组织会员外出参加学习交流活动，在高岗镇凉水井村“泥巴文字”朝阳工作室——佛冈县书法家协会活动基地，进行畅谈、雅集、创作等交流活动。在县人民公园、文化馆展览大厅、各镇文化站等地，结合节庆举办书法作品展览近10场。组织书法骨干参加县“2021年中小学中华优秀传统文化（书法）进校园”活动。会员作品获市级以上奖励80项。

美术创作活动 2022年，县美术协会邀请广东第二师范学院美术教授到佛冈开展水彩画创作构图和木刻版画的创作培训及采风，选送作品参加省、市、县级美术作品征集。廖楚雄的中国画《南国暖冬》入选2022年“岭南艺象——新时代美术创作作品展”；廖楚雄的中国画《南国暖冬之二》、莫小彬的中国画《家乡盛事》分别入选2022年“中国砚都　雄才故里——中国画作品双年展”；莫小彬中国画《上岳古村》《相依》《英西峰林》入选清远市美术展。

民间工艺创作活动 2022年，县民间文艺协会分别到高岗镇社岗下村、迳头镇楼下村、石角镇存久洞村、汤塘镇田心村、观音山王山寺等地，开展采风交流活动。选送梁锦常的根雕作品、巢伟东的铝丝编织作品、宋慧明的绘画作品，参加由省民间工艺协会举办的中国（广东）民间工艺博览会暨广东省民间工艺精品展。选送黄丽珍的刺绣作品参加清远市精神文明办和市文联联合主办的《喜迎二十大，礼赞新时代——清远市“强国复兴有我”刺绣艺术展》暨第四届民间艺术精品展。尝试通过展销结合的市场化运作方式，拓宽民间工艺的展示平台，为民间工艺市场化、产业化发展探索道路。开设公众号“滘江源”，线上展现佛冈民间工艺文旅融合成果。

【作品展播】 2022年，佛冈县文学艺术界联合会举办佛冈县“喜迎二十大，强国复兴有我”——2022年佛冈县优秀文学艺术作品展，并在县文化馆等地进行巡展，展出书法作品36幅、美术作品18幅、摄影作品23幅；在县农商大厦举办“喜迎二十大　奋进新征程”——佛冈发展成就书画摄影作品展，展出书法作品18幅、美术作品25幅、摄影作品20幅。

【人才建设】 2022年，佛冈县文学艺术界联合会注重人才建设，组织召开2021年度文艺工作总结表彰会，激发全县文艺工作者、爱好者创作热情，活跃全县文学艺术创作氛围，会上表彰69人次。2022年度，张春兰任广东省戏剧家协会理事、广东省曲艺家协会理事；黄曙华任清远市第五届书法家协会副主席；罗小娟任清远市作家协会副秘书长；何文钦加入广东省传记文学学会，被广州市青年作家协会评为2021年度“优秀会员”；陈万洲团队被评为2021年广东省“推普助力乡村振兴”大学生社会实践志愿服务优秀团队。一年内，佛冈县文学艺术界联合会成员中，加入中华诗词学会8人、加入广东省中华诗词学会11人、加入清远诗社8人、加入清远市诗书画院13人、签约《清远日报》诗人6人、担任清远市作家协会诗歌创作委员会委员1人。县民间文艺协会发展新会员5人；作家协会第六届委员会进行届中调整，增选何文钦、黄国仓、黄剑文（黄易）为副主席，黄剑文（黄易）兼任秘书长，主席团成员充实至7名，同时设置秘书6名。摄影协会组织推荐4名优秀会员参加中国摄影函授学院广东分院函授专业课学习。黄灵辉参加中国摄影家协会第五期中青年摄影人才培养工程培训班线下学习。

（张春兰）

图书发行

【新华书店概况】 广东新华发行集团佛冈新华书店有限公司（以下简称“佛冈公司”）设有总经理室、综合管理部、教材发行部、中心门市部4个部门；自有实体门店一间，面积256.82平方米，年营业时间4296小时，图书品种5123种。2022年，佛冈公司贯彻落实广东新华发行集团股份有限公司和中共佛冈县委宣传部的工作部署，发挥书店的主渠道和精神文明建设的阵地作用，抓好疫情防控和生产经营工作，稳中求进，在推动传统业务提质增效同时，坚持多元经营，创新发展工作思路，全力推进公司业务发展。全年营业收入同比增长4.82%；实现利润同比增长11.81%。

【读物征订发行】 2022年，佛冈公司

2022年10月25日，佛冈新华书店在迳头镇中心市场举办“阅读无限 书香满城”流动书展

（佛冈新华书店 供图）

做好党的创新理论著作及党和国家重要文件文献发行工作，在门店显眼位置设立专柜专架，陈列和宣传征订发行政治读物样本。全年征订发行《习近平谈治国理政》（第四卷）9176册，《中共中央关于党的百年奋斗重大成就和历史经验的决议》594册，《中国共产党第十九届中央委员会第六次全体会议文件汇编》591册，《中共中央关于党的百年奋斗重大成就和历史经验的决议》辅导读本（普通本）588册，《党的十九届六中全会〈决议〉学习辅导百问》524册，《百年大党面对面》（理论热点面对面2022）425册，《习近平经济思想学习纲要》419册，《总体国家安全观学习纲要》440册，《习近平生态文明思想学习纲要》383册，《在中国共产党第二十次全国代表大会上的报告》200册，《中国共产党第二十次全国代表大会文件汇编》100册。全年征订发行政治理论读物及学习资料1.6万册。

【教材征订发行】 2022年，中、小学教材征订发行工作是佛冈公司的工作重点，佛冈公司遵守国家和广东省对教材发行的有关规定，加强教材征订发行管理。切实做好佛冈县中、小学教材的征订发行工作，做到“课前到书，人手一册”，确保全县5.4万名学生使用的课本按时按质按量配送到校。

【文化惠民活动】 2022年，佛冈公司在门店开展文化惠民读书活动14场，惠及群众154人。8月，公司举办一年一度为期10天的“南国书香节”佛冈分会场活动，购书优惠促销活动惠及400多人，图书销售收入0.6万元。为解决偏远乡村群众、学生买书难、读书难的问题，公司主动走进乡镇，开展流动售书活动5次，覆盖5个无实体网点的乡镇，实现流动售书全覆盖。

（吴春葆）

融媒体中心

【融媒体中心概况】 佛冈县融媒体中心在2018年12月26日挂牌成立，先挂牌后建设。佛冈县融媒体中心由县广播电视台、县新闻信息中心和县广播电视台广告中心进行整合，组建加挂“佛冈县广播电视台”牌子，为中共佛冈县委宣传部管理的公益一类事业单位、正科级。佛冈县融媒体中心事业编制人员有52名，其中，主任1名、副主任3名，股级职数13名（正股级6名、副股级7名），人员经费按财政补助一类拨付。内设机构五个，分别为办公室、总编室、采访室、制作室和播出室，内设机构为正股级。

【运营情况】 佛冈县融媒体中心于2020年9月底顺利通过省验收并投入运营使用。融媒体中心负责运营的平台主要有“佛冈通”App、“佛冈发布”和“佛冈融媒”（原“佛冈新闻News”）微信公众号、“佛冈融媒”抖音号、“融媒佛冈”视频号以及佛冈新闻综合频道、佛冈电台FM98等，构筑成县级融媒体传播矩阵，覆盖全县30多万用户，是佛冈发布信息最多、影响力最大、服务群众最广、产生流量最多的矩阵平台。2022年，“佛冈通”App下载量超10万，注册媒体号含部门机构、学校、乡村新闻官234个，其影响力、活跃用户量多次排名全省第一，被清远市委宣传部《App客户端推广经验介绍专刊》推广；佛冈发布微信公众号长期位列清远市各县（市、区）公众号政务微信影响力排行榜前三，多次位列第一，多年被评为“清远市十大政务公众号”；“佛冈融媒”（佛冈新闻News）微信公众号长期位列清远市时事新闻公众号政务微信影响力排行榜前三，在县级公众号中排名第一；“佛冈融媒”抖音号粉丝近9万，粉丝量、影响力在全市官方抖音号中排名前列。

【宣传工作】 2022年，佛冈县融媒体中心拍摄制作新闻报道1800多条，被市级媒体采用305条，省级媒体采用68条，中央媒体采用4条，上级用稿率排名全市前列。

党建引领，做好主题宣传 2022年5—6月，佛冈县遭遇罕见连续强降雨，6个镇不同程度受灾。县融媒体中心立即启动宣传应急预案，全体干部职工取消休假，记者在第一时间深入受灾最严重的地方进行采访报道，着重对基层党组织、广大党员、群众在防汛救灾中发挥作用进

2022 年 1 月 26 日，佛冈县融媒体中心主办 2022 年迎春网络年货节

（县融媒体中心　供图）

行挖掘报道。强降雨过后，及时报道各镇复产重建工作。系列宣传报道为凝聚人心、鼓舞士气、赢取抗洪救灾工作取得阶段性胜利提供强大精神动力和良好舆论氛围。其间，共有 32 条新闻被广东广播电视台选用，3 条被中央电视台选用。迅速及时的通联上传工作获得省台记者站和清远市广播电视台通联部门的表扬。

省运会比赛报道工作　2022 年 7 月至 8 月，广东省第十六届运动会自行车（公路）赛以及第九届残疾人运动会自行车（公路）赛在佛冈县环城北省道 252 线举行。佛冈县融媒体中心着重对佛冈完善后勤保障、赛事的顺利举行，以及省运会正式赛事其他筹备工作进行全方位报道，2 条相关报道被省台选用。

疫情防控工作报道　2022 年，佛冈县融媒体中心围绕“疫情要防住、经济要稳住、发展要安全”总要求，做好常态化疫情防控宣传报道，并策划多篇专题报道，深入剖析全县疫情防控和经济发展情况。推送抗疫新闻 200 多条，让广大人民群众第一时间了解全县疫情防控最新情况，全面、系统的报道工作获得县委宣传部肯定。

安全生产报道　2022 年，佛冈县融媒体中心配合相关部门，对安全生产、消防安全专项整治、非标电动自行车淘汰置换、农村自建房隐患排查整治等方面进行宣传报道，发布相关新闻 300 多条。

党的二十大专题报道　2022 年，佛冈县融媒体中心在党的二十大召开前，通过策划《奋进新征程　建功新时代·非凡十年》专题，回顾各镇各部门十年来工作重点、工作成效等，以优异成绩迎接党的二十大顺利召开。党的二十大召开期间，做好“二十大时光”专栏，对全县各级学习贯彻党的二十大报告精神进行报道。党的二十大会议结束后，全方位、多角度深入宣传党的二十大的重大意义，在全县掀起学习党的二十大精神热潮，发布相关新闻 300 多条。

【助农解困】　2022 年 3 月，佛冈县融媒体中心《着数时刻》栏目了解到高岗镇有村民饲养的鸭子滞销，马上通过拍摄视频以及利用电台节目等多形式进行宣传，成功帮助农户将滞销的鸭子售出。4 月份，佛冈县融媒体中心收到高岗镇三联村村民求助，当地农场养殖的大扇鸡到了成熟期，但约定的购买商家因不可抗因素未能来到现场收购，《着数时刻》节目组再次通过多形式宣传，帮助农户卖出大扇鸡 1000 只。4 月还收到了绿湖蜂农赠予的“疫中帮扶心系老百姓　滞销解围助推农产品”的感谢锦旗。7 月份收到抖音粉丝求助，位于汤塘背底海火龙果场由于天气和不可抗因素导致果实提早成熟，出现滞销问题，亟待解决。通过《着数时刻》栏目的帮助，该农户成功将滞销的 5000 公斤火龙果售出。

【结对共建】　2022 年 9 月 9 日，佛冈县融媒体中心党支部与中国电信佛冈分公司综合部党支部举办“党建翼联”活动签约仪式，以“党建翼联”主题实践活动为平台，构建“共促、共享、共建”的党建工作新格局，在

2022 年 3 月 22 日，佛冈县融媒体中心记者采访报道龙凤新区体育馆建设进度

（佛冈县融媒体中心　供图）

党员联学、品牌联创、资源联享、服务联动等方面开展全面合作，在深化思想共建上求深入，在促进资源共享上求融合，在实现合作共赢上求突破，构建结对帮带、不断探索党建与业务融合创新模式，达到双向促进、共同提高的党建工作新局面。

【技术投入】 2022年，佛冈县融媒体中心投入10万元，更新中央无线覆盖系统4台卫星接收机；投入15万元，更新一批高清拍摄采编装备；投入30万元，对三楼指挥调度中心进行升级改造，使其功能室配置更加健全，消除安全播出隐患。

【经营创收】 2022年，佛冈县融媒体中心在市场大环境不景气情况下，克服没有专业市场运营团队和传统广播电视渠道影响力下降等不利因素，依托新媒体平台，创新模式、挖掘市场经营业务，加强政务服务，积极与其他单位合作，广开门路开拓市场，努力“造血”，增加经营收入。开展线上线下合作宣传活动15场次，与16家市场客户展开全方位合作，与13个单位进行专题片制作合作。同时，承办“升学之路”“干部保健大讲堂”“佛冈好人”“新时代好少年”“你点我检”“税务微课堂”等直播活动，累计观看用户超10万人次。这些直播既能提高融媒体中心社会效益，也能产生较好的经济效益。

（蓝远晶）

电影放映

【电影放映概况】 2022年，佛冈县的电影放映主要由商业性质的大地院线（佛冈店）、城春国际影城、佛冈银座影城的商业放映和公益性质的新佛电影传播中心的放映四部分组成。

【大地院线（佛冈店）】 大地院线（佛冈店）位于佛冈县石角镇法政路233号之一，于2011年5月建成，场地面积约1650平方米，拥有4间数字高清影厅，共844个座位；放映设备全部为巴可牌，音响设备全部为飞达牌，让观众享受顶级视听效果。影城有标准的视听观赏空间，设有宽敞休闲大厅，营造环境优雅影院文化氛围。影院自2011年10月加盟大地院线开始营业至今。

【佛冈银座影城】 佛冈银座影城位于佛冈县石角镇环城中路209号骏业银座大厦4楼401、402室，于2017年5月14日正式营业，场地面积1387平方米，有5间全数字高清现代化放映厅，共355个软座，是集电影放映、休闲、会议、娱乐于一体的综合性文化场所。各影厅配置全球最流行数字放映机、杜比数字解码器、SR.D数字立体环音系统、JBL专业音响等设备，采用高坡度、宽排距、无遮挡座席设计，配合整墙式超亮银幕，让观众感受逼真而震撼的视听效果。

【城春国际影城】 城春国际影城位于佛冈县石角镇振兴北路130号商业楼层，于2016年6月建成，场地面积约1469平方米。影城秉承国际影院时尚风格，装修豪华、高雅大方，拥有6个视听效果一流、温馨舒适的观映厅，共设640个豪华舒适座椅。各映厅配置科视激光放映机，为观众提供安全、舒适、高质量的观影环境和专业贴心服务。

【农村公益电影】 公益电影放映工程是党和国家实施文化惠民系列工程之一，通过公益电影放映提高群众爱国热情，引导广大群众感党恩、听党话、跟党走，为培育文明乡风、良好家风、淳朴民风，改善村民精神面貌，提高乡村社会文明程度打下坚实基础，把农村公益电影真正融入老百姓文化生活。佛冈县农村公益电影放映由佛冈县石角镇新佛电影传播中心农村公益电影队组成并实施放映，有工作人员6人。2022年，全县78个行政村每月放映农村公益电影一次，全年放映936场，观众人数达6万余人次，圆满地完成全年放映任务。佛冈农村放映工作不断优化升级，放映影片不仅有满足村民精神需求的优质片源，还有惠农惠民的科教专题片，为村民们幸福“加码”，为乡村振兴贡献力量。

（莫慧文）

非物质文化遗产·博物

【非物质文化遗产概况】 2022年，佛冈县有21个项目纳入县级非物质文化遗产保护名录，其中民俗类有8项：“豆腐节”“舞被狮”“鲤鱼灯”“抢花炮”“接送三王”“啤夹狮（康哈狮）”“做牛潮”“撞彩门”；杂技与竞技类1项：“龙南武术”；传统舞蹈类3项：“舞春牛”“舞火龙”“舞鸡公狮”；传统技艺类9项：“围镇古砖瓦制作技艺”“黄氏秘制牛蹄制作技艺”“高岗客家酿豆腐制作技艺”“高岗客家脸肉制作技艺”“汤塘糯米糍制作技艺”“汤塘臭屁醋制作技艺”“龙山农家碌鹅制作技艺”“存久洞腌酸菜制作技艺”“佛冈黄花竹编制作技艺”。高岗镇社冈下村的民俗“豆腐节”、汤塘镇围镇村的民俗“舞被狮”被列为广东省第二批非物质文化遗产保护名录。“豆腐节”“舞被狮”“鲤鱼灯”“抢花炮”“龙南武术”“接送三王”“舞鸡公狮”“围镇古砖瓦制作技艺”“黄氏秘制牛蹄制作技艺”“佛冈黄花竹编制作技艺”10个项目被列入清远市级非物质文化遗产保护名录。

【非物质文化遗产保护】 发放补贴 2022年，佛冈县按省、市级非物质文化遗产代表性传承人补贴标准，下拨津贴补贴。全年下拨补贴6万元，其中省级下拨4万元，市级下

2022 年 1 月 20 日，汤塘镇围镇村“舞被狮”亮相村晚舞台（钟盛祺　摄）

拨 2 万元。

举办非遗图片巡回展、非遗推介会　2022 年，佛冈县文化馆组织工作人员进校园、进社区、进农村举行非遗图片展 6 场。

传统戏曲保护　2022 年，佛冈县文化馆组织佛冈县戏剧曲艺协会演职人员，将粤剧推向基层、社会，送戏曲进农村、进学校、进厂矿。全年粤剧进校园培训 30 次，进校园演出 5 场，送戏曲下乡演出 9 场。

（李子良）

【博物馆概况】　佛冈县博物馆是县财政全额拨款的公益性一类事业单位，级别为股级，隶属于佛冈县文化广电旅游体育局，博物馆大楼设在石角镇环城东路 61 号。2022 年，佛冈县博物馆在编在职人员 3 人，其中管理编 2 人，均为九级管理岗；技术编 1 人，为初级职称技术人员。县博物馆被省、市、县相关单位定为广东省科普教育基地、清远市科普教育基地、清远市少先队校外实践教育营地（基地）、佛冈县爱国主义教育基地。全年服务约 2.2 万人次，其中未成年人 1.4 人次。

【文化资源】　**馆藏文物**　2022 年，佛冈县馆藏文物有可移动文物 335 件（套）文物，实际数量 2525 件。其中国家一级文物 1 件（套）、国家二级文物 2 件（套）、国家三级文物 35 件（套）、其他文物（文物标本、资料）297 件（套）。

不可移动文物　2022 年，佛冈县现有不可移动文物 127 处，其中古遗址 7 处、古墓葬 15 处、古建筑 86 处、石窟寺及石刻 1 处、近现代重要史迹及代表性建筑 18 处。现有各级文物保护单位共 16 处，其中省级文保单位 3 处、县级文保单位 13 处。

【强化文物保护工作】　**场馆建设**　2022 年，县博物馆取得省市资金支持，完成三楼佛冈县考古挖掘展厅（临时展厅）建设工作。博物馆面向市民群众开放大楼一、二、三层展厅，其中一层为接待大厅及流动展览厅，二层为佛冈县革命历史陈列展览厅。

馆藏文物工作　2022 年，县博物馆利用各种宣传平台，向广大人民群众宣传文物征集工作情况和成果，鼓励广大人民群众投身文物保护事业。通过接受捐赠、到古村落收集等方式，征集民俗类、革命类、历史类藏品 96 件（套），不断扩充馆藏物品数量，为充实博物馆陈列展览和提高佛冈县历史文化研究深度广度打下坚实基础。

不可移动文物工作　2022 年，县博物馆继续配合县文广旅体局做好对不可移动文物保护利用工作，加强对文物安全隐患排查，确保文物安全。

【展览宣传活动】　**馆内展览**　2022 年，县博物馆与广东省流动博物馆、肇庆市博物馆、潮州博物馆联系交流，合作举办“砚都藏珍——端砚文化艺术”“铸朱壶丹心，颂富强中华——当代潮州手拉朱泥壶”临时实物展览，展现传统文化魅力；与团县委合作，举办“永远跟党走、奋进新征程——佛冈县庆祝建团 100 周年团史专题展”及书法、艺术类展览，展现县共青团奋斗历程，开展爱国主义教育。

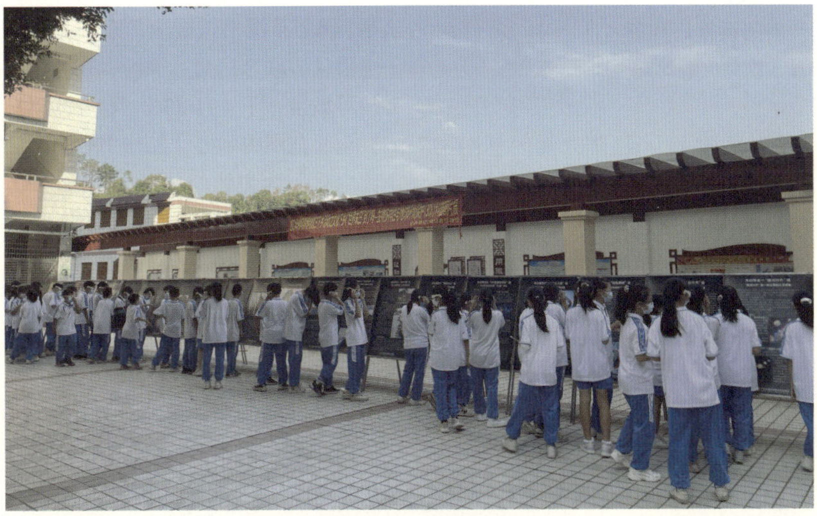

2022 年 5 月，佛冈县博物馆开展“送展下乡、送展入校”巡展活动

（县博物馆　供图）

主题活动 2022年，县博物馆与县科协、县民间文艺协会、县图书馆等部门合作，结合春节、元旦“双节”，举办“手绘团扇”亲子活动；结合端午佳节，举办“强国复兴有我——我们的节日·端午”主题活动，传播中华传统节日文化，传递家国情怀。

巡展宣传 2022年，县博物馆拓宽宣传教育广度，结合“5·18”国际博物馆日和县博物馆“广东省科普教育基地”的挂牌揭幕仪式等宣传活动，与省流动博物馆和县科协合作举办科普图片展览《“世界末日”到了吗——生物多样性与地球环境保护（3D）》“送展下乡、送展入校”巡展活动。

（谷晓晴）

2022年1月23日，佛冈县图书馆举办“迎春话年俗”春节主题活动

（县图书馆　供图）

图书馆

【图书馆概况】 2022年，佛冈县图书馆是国家三级图书馆，总面积2868平方米。馆内共设少儿借阅室、亲子阅读室、综合书库外借室、省流动图书室、报刊阅览室、多媒体电子阅览室、视障盲人室、报告厅及自带书学习室共9室1厅10个功能室。全年接待读者约13.68万人次，外借图书31.82万册；举办展览9期，6500人次观展；举办讲座3场，130人次参加；开设培训6场，280人次参加；开展阅读推广和读者活动31场，1.09万人次参加活动。

【图书采购】 2022年，佛冈县图书馆为丰富馆藏资源，满足广大读者阅读需求，征订报纸38种54份，刊物201种228份；采购新书9118册，馆藏图书达19.59万册，接受读者赠书800多册。

【展览及讲座】 举办展览 2022年，佛冈县图书馆举办“佛冈县抗疫一线先进人物、佛冈好人事迹展”“爱国主义教育宣传挂图”“中国传统节日”“学习新党章”“学习贯彻党的二十大精神”“红色丰碑——佛冈县革命历史”图片展和常展“珍爱生命，远离毒品”等共9场展览，共有6500人次观展。

举办讲座培训 2022年，佛冈县图书馆举办专业培训6场、知识讲座3场。专业培训有图书馆新系统培训、疫情防控应急处理培训、第七次全国公共图书馆评估培训、图书馆志愿者业务培训等；知识讲座有文物保护与管理讲座、消防安全讲座等。通过专业培训和知识讲座，提高职工图书专业管理能力和水平。

【读书活动】 节日读书活动 2022年，佛冈县图书馆响应广东图书馆学会倡议，联合广州、深圳、东莞、澳门等城市，于4月23日世界读书日，在全县范围内举办“品味书香·享阅读之乐”为主题的共读半小时活动。活动围绕“4·23”共读半小时、党的二十大、建团100周年三大主题，开展有奖抢答小游戏，让读者在快乐轻松氛围中学习更多与党和共青团有关的知识内容，增强读者爱党、爱国情怀。佛冈县中医院、佛冈一中、佛冈中学、森波拉森林书吧等单位共2250人参与此次活动。在2022年佛冈县图书馆全民阅读推广系列活动中，先后举办“迎春话年俗”“小手牵大手、垃圾分类主题活动”“诚信伴我成长”“清明节由来亲子活动”“书香伴我行”“童心阅读　书香伴成长”“弘扬好家风　传承好家训”“劳动最光荣　我是劳动小能手”“喜迎二十大，奋进新征程”“我们的节日·七夕”等主题读书活动31场，吸引1800多人参加。全民阅读推广系列活动，有效激发少年儿童阅读热情，助力少年儿童健康快乐成长。

亲子阅读活动 2022年，佛冈县图书馆为进一步推广亲子阅读活动，激发孩子们阅读兴趣，专门开辟亲子阅读专区，设立绘本专柜，并面向2岁至6岁少年儿童开展亲子阅读推广系列活动。通过与明礼早教中心、幼儿园等单位合作，以快乐阅读体验、亲子共读为目的，为全县儿童和家庭创设亲子阅读环境。在组织阅读推广活动中，力求内容精品化、趣味化，形式多样化。阅读形式有知识讲座、讲故事、小游戏、小手工等，且每次活动控制在2个小时内，让孩子们在活动中寓教于乐。

【评估定级】 2022年，佛冈县图书馆把评估定级作为全馆核心工作，严格按照《县市级图书馆评估标准》及评估细则、《广东省公共图书馆第四次评估初评指标说明》等规定的考核

2022年4月29日，佛冈县档案馆开展消防安全知识培训（县档案馆　供图）

标准，认真开展创级达标工作，多次召开评估迎检专题会议，坚持以“评”促建，评建结合。以提高图书馆服务质量和办馆水平为目标，对照《县市级图书馆评估标准》，联系实际认真查找存在问题，并以评估为契机，进一步完善建设内容、功能布局和设备配置，加强馆内图书资料收集整理，规范管理制度，提高服务质量。专门组织5名工作人员负责评估填报工作。工作人员精心组织工作施行方案，缜密部署，目标明确、责任到人，确保每项工作按时、按质、按量顺利完成，充分体现工作人员团结协作精神，较好地完成了评估填报工作。

【疫情防控】2022年，佛冈县图书馆根据上级文件要求和新冠病毒防控工作的需要，严格落实图书馆的各项疫情防控措施，做好馆内全面消毒，做好读者体温检测登记工作。读者须佩戴口罩，持健康绿码才能进入图书馆。购买电子哨兵防疫一体机、图书消毒机等防疫设备，做好疫情防控。县图书馆利用微信公众号，及时向读者发布与新冠肺炎有关的防疫科普知识，严守疫情防控底线，坚决做好疫情常态化防控，严格落实“外防输入、内防反弹”工作要求，有效控制和降低新冠病毒传播风险，保障读者生命健康安全。

（何伟东）

档案工作

【档案资源建设】2022年，佛冈县档案馆依法接收各类档案32卷、3137件。开展档案信息资源利用服务工作，共接待利用档案470人次，利用档案资料1068份，充分发挥档案的社会效益和经济效益。

【档案信息化建设】2022年，佛冈县档案馆建立数字化工作室，加快对本年度接收档案的分类、归档、整理、入库及数字化管理工作。馆藏档案目录数字化比例达100%。全年，馆藏档案全文数字化文件实体扫描380.8万页，占馆藏档案比例52.6%。

【档案治理体系建设】2022年，佛冈县档案馆重新制定并完善档案接收、保管、利用等相关制度29项，理顺档案治理体系，规范工作，明确职责。

【档案安全管理】2022年，佛冈县档案馆完善档案安全管理责任制度，定期开展“一周一小查，一月一大查”安全检查。经常性组织开展档案安全保密教育，扎实做好档案数字资源备份工作，实现馆藏档案数字资源完整备份，切实保障档案数字资源安全。档案库房实行专人保管、专人查阅，集中归档、执行档案管理相关制度，并对案卷数量、质量、霉变等情况进行定期检查，确保档案管理安全责任制落到实处。全馆共配备视频监控头23个，远红外视频感应器16个，门禁指纹机4个，烟感探测器52个，温感探测器52个，消防报警按钮7处，消防栓12个，灭火器16个，中央空调系统1套，智能抽湿机5台，七氟丙烷气体自动灭火和自动报警消防系统3套；并定期检查设备运转情况和开展消防安全培训。

【鉴定、开放档案】2022年，佛冈县档案馆稳步推进档案开放、鉴定工作，实现档案开放审核工作规范化、常态化。全年鉴定33个全宗3522卷。开展档案编研工作，编写《2022年佛冈县大事记》。

（黄丹丹）

方志、年鉴编修

【地方志编纂工作概况】2022年，佛冈县地方志资源开发利用持续发力，服务功能不断拓展。2月，广东省地方志办公室召开地方志工作视频会议，佛冈县史志办公室代表全省县级史志单位，在会议上作经验发言；7月，组织开展“读史用志　送书基层”活动，为全县基层文化室送上《佛冈县志》《佛冈厅志》《佛冈百年印记》《佛冈革命老区发展史》《佛冈年鉴》《红色追忆》等史志书籍；8月，开展“多彩乡村　弘扬岭南文化”主题教育实践行动和“精品年鉴品读”活动；11月，《佛冈县志》（1995—2020）编纂和地方志资料年报征集工作有序推进；12月，县史志办公室在县文化馆小剧场举行《佛冈简史》《佛冈年鉴·2022》新书发布会。

【《佛冈年鉴·2022》编纂出版】2022年，佛冈县史志办公室按照《地方志工作条例》和《广东省地方志工作规

2022 年 10 月 18 日，佛冈县史志办公室与广州市从化区档案馆进行工作经验交流 （朱家佑 摄）

定》要求，开展《佛冈年鉴·2022》编纂工作。做好类目调整，草拟年鉴编纂计划和实施方案，呈报县委、县政府办公室同意后，发文至各镇、各部门，并要求认真贯彻落实。同时，做好年鉴编辑分工安排，检查指导各单位组稿。通过电话联系、上门服务等方式，与各组稿单位撰稿人联系，指导组稿工作，各组稿单位按时按质上送稿件，确保高质量完成年鉴编辑任务。12 月，《佛冈年鉴·2022》出版发行。

【《佛冈简史》出版发行】 2022 年，佛冈县史志办公室与广东近代文化学会共同编纂的《佛冈简史》于 9 月由广东人民出版社出版发行。《佛冈简史》记述时限从佛冈地域史前起至 2013 年（佛冈建置 200 年），编撰采用通史体，分为史前至建厅、厅治时代、民国时期、社会主义革命和建设时期、改革开放时期五个阶段。各历史阶段相对成篇，以体现时代特征、区域特色与社会风貌。《佛冈简史》出版发行，开启清远市编修地方通史先河，走在全省编修地方通史前列。

【《佛冈县志》编纂工作】 2022 年，佛冈县史志办公室志书编修工作稳步推进，《佛冈县志》（1995—2020）编纂工作有条不紊地进行。在补充完善县志资料同时，广泛征求县有关部门意见，组织县志编委会单位进行初审工作，对县志初稿进行最后审定。初稿形成后，由主要领导严格把关，然后交由县志编辑部修改完善。截至年底，初审工作已完成，形成送审稿。

【地方志资源开发利用】 *史志轻量化产品开发* 2022 年，佛冈县史志办公室根据上级部署，开发史志轻量化产品，拍摄《史苑耕耘》微视频，展示佛冈史志人潜心方志、勤于笔耕、不忘初心、砥砺前行的精神面貌。协助县融媒体中心拍摄《佛冈故事》，以主播讲述访谈形式，带观众走入佛冈经济社会发展记忆洪流中。配合省电视台拍摄《史志寻根·薪火相传》宣传片，共同打造佛冈史志工作宣传推介活动。

参与省、市史志理论研讨 2022 年，佛冈县史志办公室高度重视全市史志理论研讨，组织人员积极参与，撰写史志论文 10 篇，论文参加省、市论文评选，有 5 篇获奖，其中，获省三等奖 1 篇、市三等奖 1 篇、市优秀奖 3 篇。为市史志办编纂的方志系列丛书《清远名村》，收集历史文化名村、红色文化名村稿件 31 篇，并全部录用。全方位推介佛冈的历史地理民俗文化资源和经济发展成就，所撰写推文由佛冈发布、佛冈新闻 News、清远史志等微信公众号转载，其中，介绍民俗“舞鲤鱼灯”的推文在学习强国上发布仅 3 天，阅读人数已超 2.5 万人次。

地方志资源开发利用 2022 年，佛冈县史志办公室为助力乡村振兴，开展《佛冈脱贫奔康》资料编印工作，协助县博物馆、团县委开展革命历史展览和百年团建展览。指导汤塘、石角、水头等镇对红色资源的开发利用，积极参与展馆设计、史料提供、文字校对等工作。在全县文化服务中心内设置了 3 个方志驿站，让更多市民了解佛冈的地方历史文化。

【送书下基层】 2022 年，佛冈县史志办公室继续开展“读史用志　送书基层”活动，先后为迳头镇青竹村、高岗镇宝山村、水头镇桂田村、石角镇黄花村、汤塘镇菱塘村等送去县史志办编写的书籍。通过“读史用志　送书基层”活动，为基层提供党史教育和文化扶贫服务，让基层群众借助志书史料开阔视野，熟悉地情，了解乡情，提高文化自觉，增进文化自信，助力乡村振兴。

（朱家佑）

卫生·医疗·保健·体育

责任编辑：黄欣

卫生综述

【卫生概况】 2022年，佛冈县有各类医疗卫生机构218家：县人民医院（综合医院）、中医院、妇幼保健计划生育服务中心、卫生监督所、慢性病防治医院各1家，镇卫生院11家，医疗机构附设门诊2家，部门设置医疗机构7家、社区卫生服务机构4家，民营医疗机构21家，个体诊所48家，村级卫生站117家，中医备案诊所2家、门诊部1家。医院、卫生院编制床位数1172张。全县有卫生工作人员2337人，医院、卫生院卫生技术人员1581人。其中注册执业（助理）医师655人，注册护士861人；高级专业职称92人，中级专业职称428人；研究生学历16人，本科学历598人，大专学历830人。2022年，全县医疗卫生服务收入6.79亿元，比上年同期增长0.27亿元，增长率为4.14%；其中医疗单位业务收入4.65亿元，比上年同期增长1.42%。全县门诊163.63万人次，比上年同期减少3.42万人次，下降率为2.13%；住院3.03万人次，比上年同期增加0.15万人次，增长5.21%。

【基层医疗卫生服务】 2022年，全县卫健系统建设项目合计7个，总投资14.81亿元；在建项目5个，总投资4.8亿元；组织申报项目2个，总投资10.01亿元。2022年6月，县人民医院内科综合大楼建设项目已投入使用；广佛（佛冈）产业园公共医疗配套项目一期建设已完工，逐步推动二期建设；县妇幼保健计划生育服务中心综合楼和县中医院新院发热门诊大楼已于2022年下半年动工建设；水头镇卫生院异地新建已完成主体结构封顶，安装工程及部分装修装饰工程，计划2023年6月试运行；建设佛冈医疗卫生服务能力提升项目，推动项目前期相关手续办理；县人民医院新旧院区连接廊桥建设工程已完工并投入使用。

2022年8月19日，佛冈县召开2022年中国医师节庆祝大会

（县卫健局 供图）

【县域医共体建设】 根据《关于优化整合县域医疗卫生共同体建设工作的通知》，2022年11月29日撤销佛冈县人民医院医共体、佛冈县中医院医共体及总院、分院，组建佛冈县医疗卫生共同体及总院、分院，佛冈县医疗卫生共同体总院设在县人民医院。

【医疗人才队伍建设】 2022年，佛冈县卫生健康局（以下简称“县卫健局”）充实卫生技术人才队伍，开展基层卫生人才专场招聘，组织开展2022年佛冈县医疗卫生机构公开招聘事业单位工作人员，共招聘123人，90人体检合格进入政审阶段，政审合格第一批待公示人员25人。组织开展广东省事业单位2022年集中公开招聘高校毕业生，其中卫生系统共招聘87人，48人体检合格进入政审阶段，政审合格第一批待公示人员36人。组织开展2022年广东省清远市佛冈县公开招聘高学历和高级职称人才，其中卫生系统共招聘2人，2人体检合格进入政审阶段，1人放弃报到，1人已录取。设立4个县级特设岗位和5个名医工作室，落实年度订单定向培训计划，共签订5名订单定向培养学生。加强卫生技术人员培

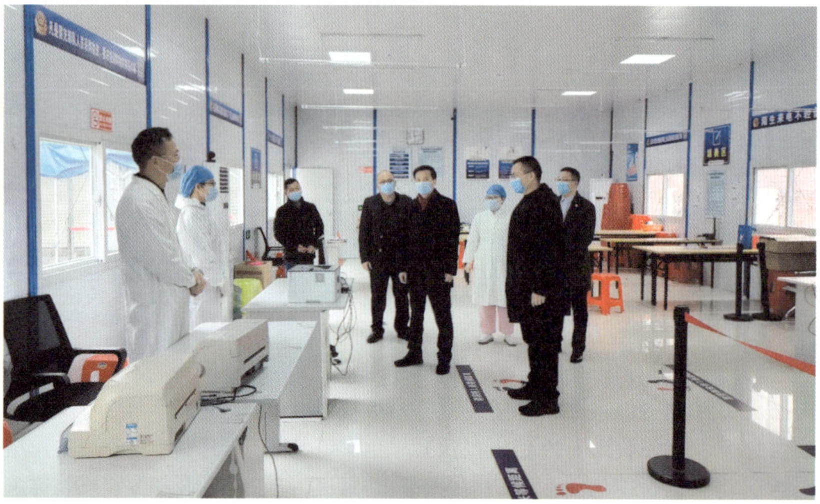

2022年2月3日，县委书记潘国标（右四），县委常委、常务副县长王卓越（右二），县卫健局局长欧阳炽荣（左四）到疫苗接种点开展督查

（县卫健局　供图）

训，落实年度全科医生培训计划，招收助理全科医生15名、转岗培训学员10名、岗位培训学员26名，共计招收51人。落实镇卫生院公益一类设置实行二类管理制度，明确有结余的镇卫生院可从上年度收支结余中提取60%用于增发奖励性绩效，探索实行高层次人才或急需紧缺人才市场化薪酬分配方式。加强县、镇医疗卫生机构领导班子配备，按程序提拔任用医疗卫生单位正职7名，副职5名。

【医药卫生体制改革】 县级服务能力提升　2022年，自省人民医院对县人民医院开展组团式紧密型帮扶以来，省人民医院派驻院长全面管理。一是县人民医院通过“国家标准版胸痛中心”“国家卒中防治中心”认证，成为“中国创伤救治联盟创伤救治中心建设单位”，共救治创伤患者871例。心血管内科、急诊、妇科、骨科成为市重点专科，普外科、检验科、麻醉科、消化内科成为市重点建设专科，积极参与省人民医院主导的肾脏疾病、乳腺疾病、肺部肿瘤、妇科肿瘤、呼吸与危重症等专业方向“诊疗一体化”项目。二是省第二中医院帮扶县中医院，开设康复科二区，累计开展新技术、新项目12项；开设“内科名医工作室”“康复科名医工作室”“骨科名医工作室”；建设周新明基层名老中医传承工作室，推动中医药人才培养及重点学科发展，整体提升中医院中医药服务的影响力。三是推进分级诊疗制度实施，积极与省、市三甲医院开展帮扶合作，借助三甲医院的人才、技术优势，提升县级医院综合服务能力。

“互联网＋医疗健康”　2022年，佛冈县通过发行政府专项债券资金，投资5000万元实施县域医共体信息化建设项目。项目主要围绕深化医共体内医药卫生体制改革，适应人民群众日益增长的医疗卫生需求，推进医疗信息系统建设与应用，实践“医疗＋互联网”新型模式。系统建设符合2022年电子病历四级建设标准，符合2022年互联互通四级乙等建设标准，符合三级等保建设要求。

【公共卫生服务】 2022年，佛冈县坚持“以基本公共卫生促基本医疗，以基本医疗促机构发展”的理念，转变服务模式，加强医防融合。2022年国家基本公共卫生服务项目人均补助标准为84元。

国家基本公共卫生服务　2022年，佛冈县居民电子健康档案累计297 448份，建档率94.28%；规范化电子健康档案274 416份，规范化电子健康档案覆盖率86.98%。65岁以上老年人规范管理服务17 888人；已管理高血压患者13 670人，已管理糖尿病患者5033人。老年人中医药管理20 766人，0～3岁儿童中医药管理6874人。早孕建册2216人，产后访视产妇及新生儿2311对，0～6岁儿童健康管理25 996人；规范管理严重精神障碍患者1846人，已管理肺结核患者88人。

疾病筛查　2022年，佛冈县为2401名妇女进行了免费“两癌”筛查，接受免费婚前医学检查1228人，接受免费孕前优生健康检查1543人。出生缺陷筛查项目总体完成率为100%，分别为3077、1788和1990名孕妇进行地中海贫血筛查、唐氏综合征筛查和严重致死致残结构畸形筛查；为2006名新生儿进行遗传代谢性疾病筛查和2006名新生儿进行听力筛查；一孕妇经羊水穿刺诊断为重型α地贫，已对其进行引产，有效地减轻了家庭和社会负担。

【突发公共卫生事件应急处理】 2022年6月，佛冈遭遇百年一遇的洪涝灾害，卫健系统立即成立灾后防疫工作领导小组，从各医疗卫生单位抽调48名人员组成16个卫生防疫消杀、健康宣传工作小组。共指导16个自然村环境、家居和生活饮用水消毒与卫生监测、食品安全等工作。对潖江中心和民安中学等临时安置点实行环境消杀和生活饮用水卫生监测，共消毒约1.6万平方米。其中，潖江中学3000平方米，民安中学2000平方米，高家庄村3000平方米，下岳小学2000平方米，下岳村坑口村6000平方米。生活饮用水监测采样64份，其中，临时安置点4份，灾区60份。2022年7月1日报告龙山镇首例乙脑病例事件。接报后，县卫生健康局立即组织专业人员对事件开展流行病学调查；爱卫部门对龙山镇加强环境卫生整治，广泛开展乙脑防治防病科普知识宣传，增强广大群众预防意识。

【新冠病毒肺炎疫情防控】 落实

2022年6月14日，县卫健局在县人民公园广场举行2022年世界献血日宣传咨询暨义诊活动　　（县卫健局　供图）

集中隔离医学观察场所管理工作　佛冈县按照“管理六个保障、工作人员十个必须、隔离人员九个落实、消毒管理四个务必”，落实隔离场所管理工作。2022年，全县共启用5个隔离酒店，接收2945人。其中境外人员80人，本地涉疫风险人员1551人，广州涉疫风险人员1007人，清城区涉疫风险人员202人，阳山县涉疫风险人员105人，英德市涉疫风险人员62人。发现阳性初筛个案114人，本地涉疫风险人员32人，广州涉疫风险人员82人；除2人转居家隔离外，其余均转出治疗。经点对点闭环分流接转入境人员中解除集中隔离回佛冈人员共148人。

疫情应急处置情况　2022年，佛冈县共处置11起新冠病毒感染疫情，合计发现17 771例新冠病毒感染阳性个案，共判定密接1748人，次密624人；共协查10名阳性病例的阳性轨迹，甄别密接372人，次密151人；共收到外地协查至佛冈的密接有323人，次密有224人，以上风险人员均按规范落实分级分类管控措施。针对11起公共卫生事件作出快速反应、规范处置，迅速控制疫情的发展，未造成佛冈县疫情的传播。是年，佛冈县派出148名流调人员、卫生技术人员支援广州市、阳山县、英德市、清城区、深圳市等，并取得圆满胜利，得到了当地政府部门的认可。

推进新冠病毒疫苗接种　2022年，佛冈县严格落实属地组织实施主体责任，强化组织领导、保障人力物力，全面发动镇、村（居）委、志愿者等多方力量参与，在13家新冠病毒疫苗接种单位的基础上，增设1个临时接种点、1支接种机动队伍和2辆移动接种大巴，针对学生、60岁及以上人群开展专场服务，提升全县接种服务能力，切实提高全人群接种率。截至2022年12月31日24时，全县累计接种777 530剂次，第一剂次接种294 571人，完成率为93.37%；完成全程286 687人，完成率为90.87%；18岁以上人群加强免疫累计接种193 791剂次。

分类分级救治　2022年，佛冈县组建两级新冠病毒感染者转运梯队，对新冠肺炎阳性病例及时上报并启用负压救护车开展转运救治。全县共配置负压救护车5辆，转运新冠病毒感染者累计206人次。设立入境隔离人员罹患其他疾病转运队伍，启用负压救护车转运非新冠隔离人员至指定医院救治；对中高风险地区人员，由居住地卫生院提供基层医疗服务；对危急重症患者，由负压救护车转运至佛冈县人民医院及时开展救治。

哨点监测　2022年，全县设立发热门诊2间，发热诊室13间，实行院感分片包干工作制，定期组织院感专家、卫生监督执法人员、疾控专业人员等加强对基层医疗卫生机构督查，共督查医疗机构964间次，派出执法监督人员1921人次。通过督查，进一步落实基层医疗卫生机构首诊负责制，提高基层医疗卫生机构哨点作用，确保在疫情防控中做到“早发现、早诊断、早隔离、早治疗”。

统筹调配核酸检测资源　佛冈县分别在县人民医院、县中医院和县疾病预防控制中心建有核酸检测实验室，单日最大核酸检测能力7000管。加强核酸筛查的组织实施，于2022年7月13日至7月15日开展区域核酸采样检测，三轮累计采样896 346人次，结果均为阴性；10月3日至10月9日，完成七轮区域核酸检测工作，累计采样645 916人次，结果均为阴性；11月10日—11月11日，在汤塘镇、龙山镇、石角镇等为居民群众提供免费核酸检测，累计采样242 627人次，结果均为阴性。

【无偿献血】2022年，佛冈县受疫情的影响，献血人数减少，通过多渠道加强宣传和动员，无偿献血工作取得了显著成效，高效完成市血站下达的任务。全县全年共有2342人次献血，无偿献血总量为656 700毫升。其中，开展团体无偿献血活动16场，共1310人参加，无偿献血量为321 100毫升；献血屋共完成1032名献血者的采血工作，采集血液335 600毫升。确保全县的医疗临床用血。是年，共招募中华骨髓库志愿者46人，成功捐献造血干细胞1人；分别到企业和学校开展无偿献血宣传讲座活动6场，培训人员约3000人，发放无偿献血资料5000份、无偿献血宣传品约200份。6月14日“世界献血日”在佛冈县人民公园开展第十九届主题为“献血是一种团结行为，加入我们，拯救生命”的世界献血日宣传咨询义诊活动，共发放无偿献血宣传资料约1000份、无偿献血宣传纪念品约300份，咨询义诊约200人，成功参与无偿献血8人；委托第三方科技有限公司开展“世界献血者日”微信小程序线上答题活动；结合高中学校的成人礼活动开展无偿献血及宣传活动，发放无偿献血礼品150份及宣传资料800份；落实献血屋面对面宣传，献血屋工作人员对前来咨询人员和无偿献血者发放无偿献血资料2000份。同时，落实报销待遇，2022年全县共有4人次报销输血费，报销输血费11 493.57元，有效减轻病人家庭的医疗费用负担。

【常态化扫黑除恶斗争】 2022年，县卫健局围绕常态化扫黑除恶斗争工作，联合医疗卫生单位深入开展形式多样的宣传活动共12场次。根据佛冈县扫黑除恶斗争工作任务清单，并结合行业治理特点，部署以开展中小学周边医疗服务环境专项整治和医疗卫生机构违规违法行为排查整治为重点的行业治乱工作，着力维护全县正常医疗秩序，净化医疗服务环境。全年共监督医疗机构442间次，行政处罚案件13宗，给予罚款24.55万元。

【禁毒宣传】 2022年，调整卫健系统禁毒工作领导小组，全县医疗卫生机构共举办宣传活动18场、义诊活动8场，共发放禁毒宣传小册子2400多份；接受群众咨询550人次，接受宣传教育群众30 000多人。全年卫健系统干部职工中无吸毒、贩毒、种毒、制毒人员。

【职业卫生管理】 2022年，县卫健局深入开展职业病危害专项治理工作，全县确认纳入治理对象116家，24家企业已进行专项治理填报并通过审核，其余企业正在针对超标岗位进行整改。通过督查，全县1家发生职业病企业已进行定期检测、在岗期间职业健康检查、职业卫生培训并在职业病危害项目申报系统申报。组织卫生执法人员和卫生监督协管人员，对纳入职业病危害隐患排查治理范围的7家重点企业进行全面检查，共发出卫生监督意见书5份，发放职业健康宣传海报28张。对4家粉尘危害超标矿山企业进行现场监督执法检查，发出卫生监督意见书2份，并开展“回头看”工作。检查工矿企业86间次，发放职业病防治宣传小册子600多份；出动执法人员344人次，下达执法文书43份；行政处罚企业4家，其中简易程序3家、一般程序1家，罚款0.5万元。

（刘敏靖）

疾病预防控制

【疾病预防控制概况】 佛冈县疾病预防控制中心（简称“县疾控中心”）是副科级公益一类卫生事业单位，承担全县疾病预防控制、儿童计划免疫、突发公共卫生事件应急处置、信息管理、健康危害因素监测与干预、实验室检测检验与评价、国家基本公共卫生项目（部分）培训与督导等工作。2022年，县疾控中心以新冠疫情防控工作为重点，开展应急处置工作，包括流行病学调查、消杀、采样、检测等；同时抓好常规疾病预防控制工作，开展全县儿童的计划免疫、疾病预防与控制工作，以消灭脊髓灰质炎、控制甲流、H7N9、乙肝、麻疹为重点，做好脊灰零病例报告和法定传染病报告工作；积极开展各项卫生监测和实验室检验工作。

【免疫规划】 基础免疫情况 2022年，全县共接种卡介苗1979人，接种率100.00%；脊灰疫苗3412人，接种率99.94%；百白破2537人，接种率100.00%；含麻疹成分疫苗2963人，接种率99.93%；乙肝2587人，接种率100.00%；乙肝第一针接种及时率95.10%；乙脑3222人，接种率99.97%；A群流脑4702人，接种率99.98%；甲肝接种3773人，接种率100.00%。

加强免疫情况 2022年，县内4岁脊灰疫苗共加强免疫3390人，接种率99.97%。1岁半加强：百白破3134人，接种率100.00%；含麻疹成分疫苗3670人，接种率99.95%。乙脑2岁加强4209人，接种率99.98%。白破6岁加强5495人，接种率99.93%。A+C群流脑第1剂4702人，接种率99.98%；A+C群流脑第2剂5427人，接种率99.96%。

【法定传染病报告】 2022年，全县无

2022年4月25日，县疾控中心开展预防接种日宣传活动

（县疾控中心 供图）

甲类传染病报告；累计报告乙类、丙类法定传染病 20 种共 1934 例。2021 年同期累计报告 2595 例，报告发病数同比下降 661 例，下降 25.47%。报告乙类传染病 13 种，发病 1013 例，发病率 321.08/10 万，死亡 5 例（艾滋病 3 例、乙肝 1 例、乙脑 1 例），报告发病数居前五位的病种依次为：乙肝、梅毒、新型冠状病毒感染、肺结核、丙肝。报告丙类传染病 7 种，发病 921 例，发病率 291.92/10 万，无死亡病例，报告发病数居前三位的病种依次为：其他感染性腹泻、手足口病、流行性感冒。

【不明原因肺炎监测】 2022 年，县人民医院共报告发热肺炎病例监测门诊病例累计总数 445 117 例，其中流感样病例数 2640 例，均无发热肺炎病例和不明原因肺炎病例；监测入院病例总数 20 612 例，发热肺炎病例 102 例，无不明原因肺炎病例。

【疾病监测】 登革热传播媒介伊蚊监测 2022 年，全县每月选取 5 个监测点进行登革热传播媒介伊蚊密度监测，监测时间为 2022 年的 3—11 月，每月 15 日前和 30 日前将上半月和下半月的布雷图指数监测、伊蚊诱蚊诱卵指数核实汇总并上报给病媒监测系统；每月将当月监测情况和风险评估形成汇报报告县卫健局，建议根据风险分级采取灭蚊灭虫措施。2022 年 3 月至 11 月，全县布雷图指数监测汇总结果有 9 次符合防控要求；6 个乡镇共有 14 次监测为低风险范围，1 次为中高风险范围。

禽流感病毒污染监测 2022 年，做好外环境禽流感病毒污染监测样品采集、防控禽流感休市行动及外环境禽流感病毒污染监测等工作，对全县禽类市场监测共 4 次（2 月、4 月、11 月、12 月），累计采集市场外环境样本 40 份，其中发现 H5 阳性样本 1 份，未发现 H7 阳性结果样本。

【死亡病例监测】 2022 年，全县 18 家医疗机构死因监测系统运行正常。按报告地区 + 死亡时间统计（死因顺位），2022 年，全县共有终审死亡个案 2654 例，其中心脑血管疾病居死亡顺位之首，死亡 1464 例，占 55.16%；其次是恶性肿瘤，死亡 465 例，占 17.52%；第三是呼吸系统疾病，死亡 236 例，占 8.89%；继而是伤害，死亡 213 例，占 8.03%；消化系统疾病，死亡 94 例，占 3.54%；内分泌营养代谢疾病，死亡 75 例，占 2.83%。

2022 年 12 月 5 日，县疾控中心召开流调专班疫情风险研判工作会议

（县疾控中心 供图）

【防控新型冠状病毒肺炎工作】 2022 年，佛冈县应急处置工作有序开展，成功处置了多起新冠疫情应急处置工作，共发现 12 090 例阳性个案，判定密接 1748 人，次密 624 人；收到阳性轨迹协查 10 人，共甄别密接 372 人，次密 151 人；收到外地协查至佛冈的密接 323 人，次密 224 人。以上风险人员均落实分级分类管控措施。

流调队伍建设 2022 年，在全县各医疗机构遴选 89 名流调队员，其中公共卫生专业人员 20 名，进行四级梯队管理，确保发生疫情时流调队员能快速应急响应。依托县疾控中心加强流调队员技术培训，2022 年共组织业务培训 7 次、桌面演练 1 次，培训约 500 人次，演练约 50 人次。同时，定期抽调部分流调业务骨干到市疾控中心进行轮训，截至 12 月共派出支援流调队员 143 人次支援各地市及清远市各县市区疫情应急处置。

重点场所监测 2022 年，县疾控中心采集监测全县重点场所污水水样 184 份；冷冻食品批发、经营等重点场所样本 8975 份（其中环境 4043 份，食品 4932 份）；县人民医院、县中医院医疗环境样本 403 份（其中环境物表 348 份，医务人员手 55 份）；集中隔离医学观察点环境监测采样及终末消杀后的环境监测采样共 3230 份；跨境司机作业点环境监测采样共 200 份；公共汽车客运站环境监测采样共 75 份。以上监测样本检验结果全部阴性。

新冠疫情处置及督导工作 2022 年，县疾控中心为做好新冠疫情处置工作，多次组织消杀队伍进行技能培训、指导，提高消杀人员消杀技能。是年，组织消杀队伍对密接涉疫场所、阳性个案涉疫场所进行了终末消杀共 112 次，消杀面积约 23 435 平方米。定期对全县隔离酒店开展督导工作，对隔离酒店的工作人员进行岗前培训；参与学校疫情防控督导，指导学校做好疫情防控工作；开展佛冈县医疗机构的疫情防控督导工作，对发热门诊、发热哨点进行督导，及时发现问题并督促整改；参与跨境司机作业点、交通运输等疫情防控督导及省运会疫情防控驻点和指导工作。

疾控实验室改建　2022年，县疾控中心通过改建疾控实验室、配置核酸检测设备、充实疾控人员队伍、提高县疾控中心核酸检测能力等措施，筹建了二级生物安全实验室，将每日核酸检测人次数从800人次/天提升至1200人次/天。2022年病原微生物实验室检测标本68 383份，环境检测结果阳性491份，人员检测结果阳性235份。

【突发公共卫生事件处置】 2022年，佛冈县报告龙山镇首例乙脑病例事件；共处置11起新冠病毒感染突发公共卫生事件。其中，佛冈县首例聚集性新冠病毒感染疫情1起、外省输入佛冈新冠病毒感染疫情8起、佛冈县本土新冠病毒感染疫情1起、“1201”佛冈县关联外市输入新冠病毒感染疫情1起。针对以上突发公共卫生事件，县疾控中心作出快速反应、规范处置，迅速控制疫情的发展，未造成佛冈县疫情的传播。

【艾滋病防控监测】 高危人群筛查　2022年，全县各医疗机构HIV初筛实验室/检测点共检测样本60 019份，检测结果HIV感染待确定77人，检测标本主要来源于术前检测、受血前检测、无偿献血人员检测、性病门诊、孕产期检查、其他就诊者检测、婚前检查、自愿咨询检测、新兵体检、戒毒人员监测（戒毒所）、扩大检测（老年人）等。77份感染待确定样本中22人既往阳性，7人拒绝做确证，1人失访（死亡）；其余47份感染待确定样本均上送广州市华银医学检验中心进行确证检测，其中27人确证检测结果阳性，18人结果阴性排除，2人结果不确定，确证阳性的27人已实行网络报告。

哨点监测情况　按照省的要求，从2016年开始，佛冈县哨点监测工作与阳山县合并开展，佛冈县设置的哨点监测场所为佛冈县强制戒毒所，为国家级哨点；同时对县看守所羁押人员进行监测。2022年6月30日县疾控中心到县慢病院开展住院戒毒人员艾滋病哨点监测工作，共抽血11人、收集调查问卷11份，无人拒访。2022年7月28日由县强制戒毒所工作人员代为开展戒毒所艾滋病哨点监测工作（因疫情原因，戒毒所实行封闭管理，无法进入），共抽血19人，收集调查问卷19份，无人拒访。全县共调查监测30人，完成率15.00%。所有样本在县疾控中心艾滋病初筛实验室进行初筛检测，检测HIV抗体、梅毒抗体及丙肝抗体。

高危人群干预活动　2022年6月30日，县疾控中心到县慢病院开展住院吸毒人员高危行为干预工作，共有11名吸毒者接受了艾滋病高危行为干预；共发放《戒毒人员保健手册》30本，提高吸毒者对艾滋病、性病的认识，有效降低吸毒人群在艾滋病中的传播。

自愿检测咨询工作　2022年，县疾控中心共有4人次接受了艾滋病自愿检测咨询，检测结果HIV抗体全部阴性。县人民医院自愿检测咨询共14人，检测结果HIV感染待确定3人。所有数据均已录入“艾滋病检测咨询信息管理系统”。

随访关怀　2022年，对现住址为佛冈县的HIV/AIDS病例随访318人次，及时了解病例的病情，并提供必要的心理咨询服务，共发放宣传资料60份、安全套180只。

“世界艾滋病日”宣传活动　2022年是第35个“世界艾滋病日”。12月1日，县卫健局联合县疾控中心、县红十字会等部门在教育路健康教育主题公园健康大讲台开展“共抗艾滋，共享健康”主题宣传活动，向群众普及艾滋病的预防、治疗、咨询检测和国家相关政策等知识，接受群众对艾滋病、性病等相关知识的咨询。此次活动发放艾滋病防治宣传折页和小册子共100多份/本、小礼品50份。通过宣传活动，提高广大群众对艾滋病的认识，引导群众正确认识艾滋病，倡导群众增强防病意识和个人健康意识，减少社会对艾滋病人的歧视，推动全民参与防艾、抗艾工作，为实现防治目标、终结艾滋病、终结疾病大流行而努力。

【碘缺乏病防治工作】 盐碘和尿碘监测情况　2022年，佛冈县共监测碘盐300份，合格295份，合格率98.33%。其中，学生碘盐200份，合格197份，合格率98.50%，盐碘中位数23.62mg/kg；孕妇碘盐100份，合格98份，合格率98.00%，盐碘中位数为23.66mg/kg。监测尿碘300份，其中，学生200份，尿碘中位数为241.80μg/L；孕妇100份，尿碘中位数为196.20μg/L。

水碘监测情况　根据《广东省生活饮用水水碘含量调查方案（2021—2023年）》的通知要求以及省、市的安排，2022年5月28日完成水碘样本抽样工作，并于6月1日将样本送市疾控中心检验。全县共采送水碘样本640份，检验结果显示水碘中位数为3.5μg/L（全省水碘中位数5.0μg/L），低于全省平均水平，其中有6份小于0.2μg/L。没有发现水源性高碘水源，监测数据已完成上报。

【重点场所卫生监测】 2022年，县疾控中心监测公共场所9间，获取样品156份，合格148份，合格率94.9%（148/156）。监测医疗机构7间，获取样品78份，合格76份，合格率97.4%（76/78）。监测餐具消毒企业1间1次，样品20份，合格20份，合格率100.0%（20/20）；监测餐饮企业1间4次，样品60份，合格60份，合格率100.0%（60/60）。监测游泳池水9间，样品18份，合格4份，合格率22.2%（4/18）。

【食源性疾病监测】 2022年，佛冈县通过“食源性疾病监测报告系统”报告病例共42例，其中佛冈县人民医院10例、佛冈县中医院6例、佛冈县妇幼保健和计划生育中心2例、高岗镇卫生院2例，迳头镇中心卫生院1例、烟岭卫生院1例、水头镇卫生院1例、三八卫生院3例、石角镇卫生院2例、汤塘镇中心卫生院3例、四九卫生院2例、龙南卫生院1例、民安卫生院1例、龙山卫生院1例，县城中社区卫生服务中心4例、浥江医院2例。截至12月31日，全县没有报告食源性疾病聚集性病例。

（朱文欣）

卫生监督管理

2022 年 4 月 29 日，县卫监所在永洁餐具消毒服务部进行监督检查

（县卫监所　供图）

【卫生监督管理概况】 佛冈县卫生监督所（简称“县卫监所”）承担卫生许可证审核，以及全县医疗机构卫生、血液安全卫生、传染病防治、公共场所卫生、职业卫生、放射卫生、学校卫生、生活饮用水卫生、餐（饮）具集中消毒单位卫生监督执法工作。2022 年，县卫监所监管全县医疗卫生机构 217 家。其中二级及以上综合医疗机构 2 家、疾病预防控制中心 1 家、妇幼保健计划生育服务中心 1 家、慢性病防治医院 1 家、社区卫生服务中心（站）4 家、镇卫生院 11 家、个体诊所 50 家、村卫生站（室）87 所、其他医疗机构 60 家。全县公共场所 451 家，全部持有有效卫生许可证，其中住宿场所（部分兼营浴室、温泉浴、卡拉 OK、游泳场等）64 家、沐足场所 18 家、体育场所（游泳场所）12 家、美容美发场所 343 家、文化娱乐场所 11 家、购物场所 2 家、文化交流场所 1 家；中小学校及托幼机构 57 所，其中高级中学 2 所、初级中学 12 所、职业中学 1 所、小学 37 所、托幼机构 5 所；生活饮用水单位 9 家，其中集中式供水单位 4 家，二次供水点 5 个；餐饮具集中消毒单位 2 家。

【卫生行政许可】 2022 年，县卫监所对照县政务服务数据管理局《关于做好佛冈县事项标准化要素相关工作的通知》要求，梳理出公共场所卫生许可、饮用水供水单位卫生许可 11 个事项标准化要素清单（第一批）。全年共受理卫生许可申请 135 件，发放卫生许可证 135 件，其中公共场所卫生许可 132 件、生活饮用水卫生许可 1 件、放射诊疗许可 2 件。

【医疗机构监管】 2022 年，县卫监所深入开展打击“非法行医”“非法医疗美容服务”专项行动，通过监督检查及群众投诉举报，查处非法行医行为 5 宗（非法医疗美容案 3 宗），作出行政处罚 538.96 万元；其中 1 宗处罚 518.71 万元的案件正在行政诉讼程序中，已执行罚款 24.25 万元（含延期分期付款 4 万元），有效形成高压“打非”态势，震慑违法行为。

【血浆安全监管】 2022 年，县卫监所对单采血浆站、临床用血的医疗机构的依法执业、血浆安全管理等内容进行监督检查共 3 次，发出卫生监督意见书 3 份，对检查中发现的问题，发出卫生监督意见书，要求其限期整改。

【公共场所卫生监管】 2022 年，佛冈县现有公共场所 451 家，持有有效卫生许可证 451 家，对符合要求的 437 家住宿、美容美发场所实施量化分级管理，对全县所有公共场所的卫生许可、从业人员健康体检、各项卫生管理制度建立、公共用品用具的更换和清洗、消毒及记录情况、消毒间和布草间设置等方面进行全面监督检查。全年检查公共场所 644 家次，向公共场所经营单位发放推广场所码 356 张；予以行政处罚 2 宗（其中行政警告处罚 1 宗），罚款 4500 元。

【学校及托幼机构卫生监管】 2022 年，县卫监所加强学校、托幼机构的传染病防控、饮用水卫生、教学环境

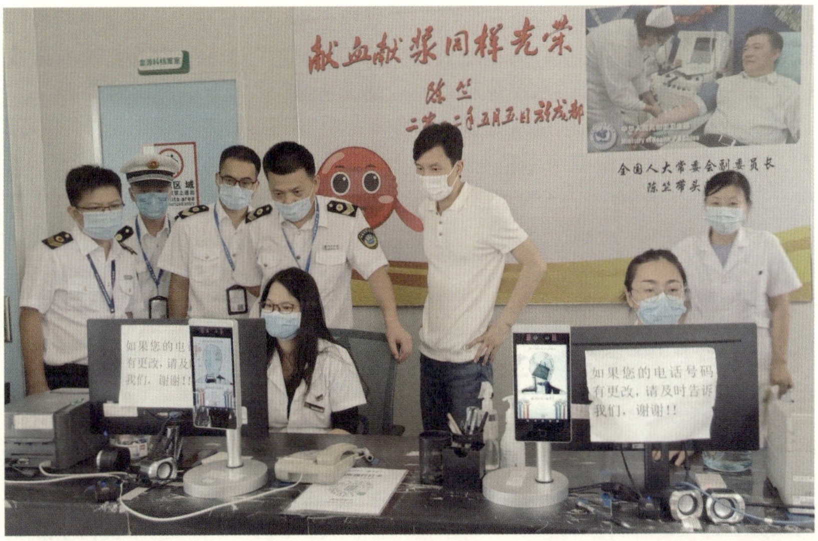

2022 年 7 月 27 日，清远市卫监局与佛冈县卫监所对单采血浆站进行监督执法检查

（县卫监所　供图）

卫生监督检查，开展学校春季传染病防控监督检查以及高（中）考前夕卫生监督检查等，共检查学校（园）392间次，出动卫生监督执法人员和协管员1354人次，发出卫生监督意见书62份，发放课桌椅快速测量尺、学校饮用水卫生挂图112幅，开展线上线下培训学校卫生管理负责人133人次，对5家托幼机构作出行政警告处罚。

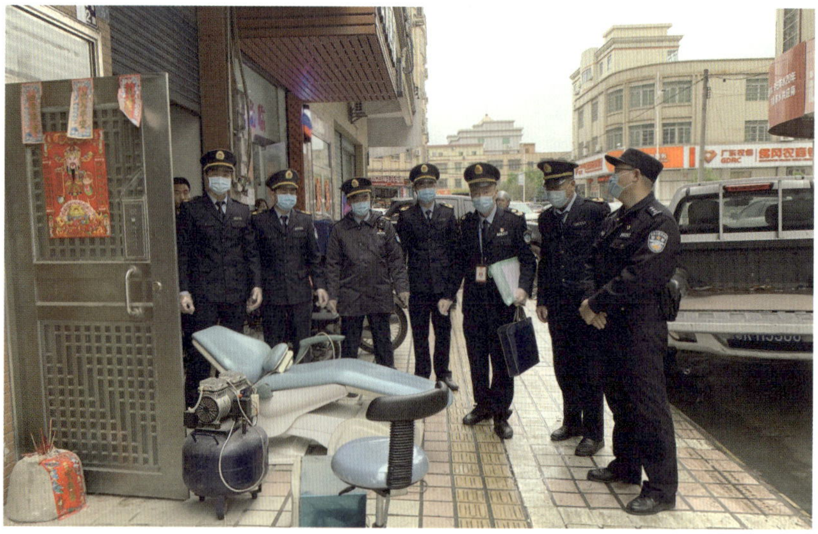

2022年2月18日，县卫监所在汤塘镇联合当地政府、派出所、卫生协管中心，打击一宗牙科非法行医（县卫监所 供图）

【职业卫生、放射卫生监管】2022年，县卫监所以企业职业病危害因素监测及检测评价资料、企业工人健康体检、劳动者防护用品的配置及个人防护用品佩戴情况、人员培训情况及职业病危害项目申报为重点，深入开展职业病危害专项治理。全年共出动执法人员364人次，检查工矿企业84间次，发放职业病防治宣传小册子600多份，下达执法文书45份；予以行政处罚企业4家，其中简易程序3家、一般程序1家，罚款共0.5万元。

【餐饮具集中消毒单位监管】2022年，县卫监所每季度对辖区2家餐饮具集中消毒单位监督检查一次，督促其将餐饮具送清远市食品检验中心进行检验，及时消除存在的卫生安全隐患。2022年共发出卫生监督意见书7份，联合县市场监督管理部门处理1宗消毒产品相关信访事件。

【生活饮用水安全监管】2022年，县卫监所开展生活饮用水巡查和专项监督检查，结合县疾控中心的检测报告结果不定期对集中式供水单位和小区二次供水点开展生活饮用水监督检查，全年监督生活饮用水单位12间次，监督覆盖率100%，全年没有发生生活饮用水污染事故。

【双随机、一公开】2022年，县卫监所科学制定年度实施方案，统筹卫生监督力量，如期完成当年国家和省随机监督抽查计划任务，共监督单位63家，关闭2家，监督完结率达100%。相关信息在县政府门户网站的政务公开栏进行公示。

【宣传培训】2022年，县卫监所落实“谁执法、谁普法”工作职责，深入开展普法宣传教育活动，结合《中华人民共和国职业病防治法》宣传周、“4·15”全民国家安全教育日、“美好生活·民法典相伴”主题宣传活动、保密教育宣传周、“5·31”世界无烟日、反间谍宣传日、国家宪法日向群众宣传普及卫生知识和相关法律法规，进一步提高公众对卫生健康法律的知晓度。举办2022年基层卫生监督协管业务培训班，各卫生协管中心43名协管人员参加了培训。开展乡镇（街道）综合行政执法实施情况调研培训工作，抽调3名业务执法骨干分赴6个镇对县卫健局下放的13项执法事项所涉及法律法规进行解读与培训，进一步提高各镇综合行政执法人员的执法水平。

【新冠肺炎疫情防控】2022年，县卫监所重点对各公共场所是否落实出入人员体温检测及信息登记、公共用品用具清洁消毒、公共区域消毒等新冠肺炎疫情防控措施进行监督检查，组织摸排理发、美容（美甲美体）行业核酸扩面检测520多人。实行专人跟踪、属地协管负责、专场和常态结合，督促相关从业人员按照频次进行常态化核酸检测，最大程度降低疫情隐匿传播风险。开展医疗机构哨点监测“雷霆执法”专项行动，强化医疗机构哨点监测的灵敏性，规范预检分诊、发热门诊管理。累计检查医疗机构442间次，出动卫生监督执法人员、卫生监督协管员1512人次，发出卫生监督意见书63份。开展医疗机构不良执业行为治理，作出停业整顿9间、行政处罚8宗，罚款3000元。做好“7·12”“10·2”疫情处置工作，服从全县工作大局安排，科学调配党员干部到各核酸采样点，统筹调配医务人员和医疗物资，协调核酸采样标本和医疗废物转运以及相关数据报送，全力保障全员核酸采样检测任务顺利完成。

【综合监督执法】2022年，县卫监所以疫情防控、创卫为契机，强化日常监管，不断提升监管和治理能力。全年共出动卫生监督执法人员和协管人员4691人次，检查各类场所（机构）1602间次，查处违法案件24宗，其中一般程序8宗、简易程序警告16宗，作出行政处罚540.21万元。其中1宗处罚518.71万元的案件正在行政诉讼程序中，已执行罚款24.25万元（含延期分期付款4万元）。上述案件中医疗卫生违法案13起、公共场所违法案7起、职业卫生违法案4起。全年未发生行政执法错案。

【应急保障工作】2022年，县卫监所协助做好省运会应急保障准备工作，确保省十六届运动会自行车（公路）测试比赛、群众体育组乒乓球比赛项目在佛冈顺利举行。根据赛程进展，适时组织卫生监督员对竞赛场馆、运动员与裁判员入住酒店的功能布局、集中空调通风系统、场馆微小气候、控烟、消毒措施等进行深入细致的卫生监督及风险评估，及时指出存在问题和指导整改，并对相关场所负责人和从业人员进行卫生知识培训指导，对省运会比赛接待场地进行安全巡回监督及全程跟踪保障。

（杨　乐）

爱国卫生

【爱国卫生概况】 2022年6月，佛冈县“国家卫生县城”通过省级评定。佛冈县紧紧以创建国家卫生县域为契机，以“爱国卫生月”等爱国卫生运动，落实“三个一”环境卫生整治制度；以创建卫生镇村、无烟单位等爱国卫生活动为抓手，狠抓城乡环境卫生和县容县貌的治理工作，不断改善全县卫生环境秩序，切实提高人居环境质量，推动全县爱国卫生运动各项工作开展，巩固佛冈县“创建国家卫生县城”工作成效。

【抓好农村改水、改厕工作】 截至2022年底，全县农村卫生户厕普及率和无害化卫生户厕普及率均达到95%以上。水利部门持续实施“村村通自来水”工程，将以往简陋的引水式自来水进行改建，农村自来水覆盖率、普及率不断提高。

【推进卫生镇（村）创建】 2022年，佛冈县“国家卫生县城”通过省级评定。龙山镇创建“省卫生镇”。高岗村委会月坑村等4个自然村创建“省卫生村”。升平村委会三万村、刀排村等18个自然村被评为“市卫生村”。

【创建“广东省无烟单位”】 2022年，佛冈县组织县直有关单位和医疗卫生单位开展第35个世界无烟日“烟草威胁环境”主题现场宣传咨询活动。全县有41个机关事业单位和2个民营医疗卫生机构创建为“广东省无烟单位”。

【做好病媒生物防制工作】 2022年，佛冈县通过抓好“爱国卫生月”等活动，不断改善环境卫生状况，减少病媒生物的滋生环境。同时聘请第三方专业机构开展专项消杀工作，县城病媒生物密度保持在国家规定的C级范围之内。

【新冠、登革热防控】 2022年，佛冈县通过开展一系列爱国卫生行动，督促指导个别蚊媒密度高危地点的单位进行处理，为严防登革热疫情暴发和新冠疫情防控夯实基础。

（赖宏铮）

健康教育

【健康教育机构概况】 2022年，佛冈县健康教育所（简称“县健教所”）牌子加挂在佛冈县献血委员会办公室，归属县卫生健康局管理。县健教所负责全县健康教育网络，组织开展健康教育和健康促进活动，普及卫生健康知识，预防疾病，提高居民健康素养水平；负责创建广东省健康促进县（区）相关工作。

【健康教育活动】 2022年，县健教所组织全县各医疗卫生单位和社区卫生服务机构通过开展各种“主题卫生日”和健康知识进社区（村）、进学校、进机关、进企业等活动，广泛开展健康知识讲座、健康咨询、义诊等活动。开展健康教育讲座760场次，参加培训人数2.75万人次，发放健康教育印刷资料600种40万份。开展个性化健康教育，参与人数4.58万人次；播放健康教育音像资料463种4.15万小时。全县共设置健康教育宣传栏205个，更新健康教育内容902次。

【健康知识竞赛】 2022年，县健教所精心谋划开展居民健康知识竞赛和健康教育技能竞赛。经过周密筹备县级竞赛，精心选拔市级选拔赛参赛队员。在8月4—5日的第四届全省居民健康素养知识竞赛清远市级选拔赛和2022年全省健康教育技能竞赛清远市级选拔赛比赛中，获得第四届全省居民健康素养知识竞赛清远市级选拔赛优秀组织奖、团体一等奖、情景剧一等奖、知识竞赛二等奖；获2022年全省健康教育技能竞赛中清远市级选拔赛优秀组织奖、团体一等奖、健康教育活动方案设计一等奖、科普演讲比赛一等奖、健康教育需求评估方案撰写二等奖、专业知识竞赛三等奖。

【创建广东省健康县工作】 2022年，佛冈县将创建广东省健康县同创文创卫等工作有机结合，整合各类项目资源，形成健康促进与医疗卫生、疫情防控、文化、体育、教育、环境和食品安全等多领域资源共享的新格局。通过政府统筹，完善政策，创新机制，全面实施“将健康融入所有政策”，大力开展健康知识普及教育和健康场所建设。县健教所与县文化馆联合摄制“二十四节气养生”小视频和开展健康文化下乡活动。摄制“处暑养生”和“寒露养生”小视频并通过各类媒体和学习强国平台播放。县融媒体中心开办“中国公民健康素养66条”专栏节目，通过“佛冈发布”“佛冈新闻News”、佛冈广播电台等平台定期播报健康素养知识。全县居民健康素养水平逐年提高，从2021年的23.65%提高到2022年的25.08%。

健康设施建设　2022年，县健教所已成功创建健康机关36个、健康社区（村）40个、健康学校35所、健康促进医院16间、健康企业14家，评选出了健康家庭21 651户、健康示范家庭100户。在拥军路、文明路、文化馆、交通大厦、银座小区等地方制作张贴创建广东省健康县宣传画，营造浓厚的宣传氛围，提升广东省健康县创建知晓率。

创建技术强化　2022年，县健教所强化创建技术。一是加强创建工作网络和专业网络队伍建设。建立县、镇、村三级健康教育网络和粤政易工作群，加强各成员单位和医疗卫生机构的健康教育和健康促进工作。二是建立分类分级培训机制，选派人员参加由广东省卫生健康宣传教育中心组织的健康教育骨干或专家培训，定期对健康促进网络工作人员和专业技术人员进行分类培训，举办了各类培训班2期。三是开展现场督导指导，深入机关、医院、学校、社区（村）、企业督导检查，指导健康场所创建工作。

创建环境建设　2022年，县健教所加强创建环境建设。一是加强健康场所建设。重点打造教育路健康主题公园和滨江路健康步道，为群众提供更优质的健身休闲学习的健康支持性环境。二是加大无烟环境建设。全面实施控烟行动，开展无烟单位创建活动，是年，共创建无烟单位169家。

（廖监军）

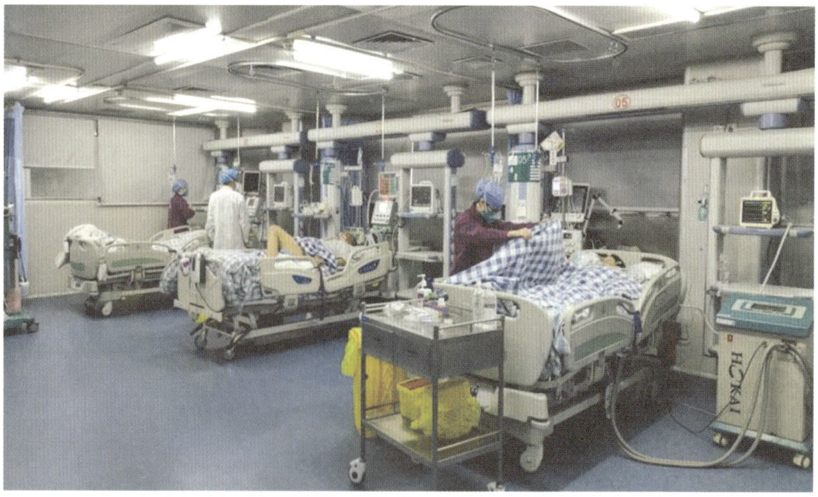

2022年12月，新冠病毒感染患者激增，县人民医院发热门诊、门急诊、各应急区、重症医学科等空前忙碌　（邓睿琳　摄）

县重点医院简介

【佛冈县人民医院】 佛冈县人民医院创建于1949年，是一所集临床、教学、科研、预防为一体的医疗机构，是广东省首批二级甲等综合性医院。医院以环城中路为界，分南、北两个院区，总占地面积2万余平方米，建筑面积7万平方米。医院开设了38个临床医技专科，开放床位600张，现有员工752人，中、高级职称人员占比33.6%，拥有硕士及以上学历11人。2022年门急诊服务56.39万人次，出院2.18万人次；手术占比33.08%，微创手术占比14.87%，三四级手术占比52.43%，介入手术近959台。2020年以来，广东省人民医院进行“组团式”紧密型对口帮扶，成效极为显著。医院被国家卫生健康委办公厅认证为符合“县医院医疗服务能力推荐标准”，获评国家“千县工程”县医院、广东省心血管病防治中心县级中心。根据第三方调查公司数据，2021年年底住院满意度93.03%，门诊满意度94.22%；2022年住院满意度92.04%，门诊满意度93.10%。

疫情防控工作　2022年，县人民医院全面贯彻落实党中央决策部署和国务院联防联控机制各项举措要求，迅速把工作重心转到医疗救治上，快速响应、因地制宜、动态调整，切实做到“保健康、保重症”，确保新冠患者安全救治。完成预检分诊、发热门诊通道的重建，完善发热门诊智能物流系统、住院部门禁系统建设，添置发热门诊专用CT，实现了院内疫情防控闭环管理。

医疗救治工作　2022年12月，县人民医院组织召开新冠病毒感染救治专题会议10次，动态调整医疗救治工作方案；紧急调配各科室医护力量，全员参战，借调乡镇支援护士25人，“阳康”医护人员返岗占比85%，人均病休3.6天；制定发布专项政策、流程、通知35个，压实责任到人。启用应急中心，对重症医学科、儿科、呼吸内科及检验科PCR室等重点科室升级扩容。同时，拆并11个病区，开设应急中心一、二、三区，增开床位169张，总收治床位达700张。是年12月8日至2023年1月19日，全院发热门诊就诊6953人次，同比增加2528人次，增幅57%；住院患者3118人次，同比增加406人次，增幅15%。重症患者救治成功率95%，无一例患者转院。持续加强药品、物资与设备的供应和储备，重点抓好重症床位和相关医疗设备配置，紧急采购制氧机、心电监护仪、注射泵、氧气吸入器及压力表等，共180万元。

2022年9月7日，省人民医院党委书记周琳、副院长卢永刚带队到县人民医院调研，与县委书记潘国标、副县长刘翔飞等领导共同推杆，正式启动妇科、产科、儿科新门诊　（黄芷茵　摄）

核酸检测工作 2022年，县人民医院PCR实验室核酸检测79.2万管，检测359.8万人次，约0.98万人次/天；另共派遣流调及核酸采样人员4934人次，采样284万人次。

技术帮扶 2022年3月，省人民医院—佛冈人医帮扶项目被纳入“广东省医疗卫生人才组团式紧密型帮扶工作”框架，由省委组织部和省卫生健康委监管。9月7日，省人民医院党委书记周琳、副院长卢永刚一行来院调研，充分肯定了帮扶工作、大病救助及龙凤新院区建设的成效，并举办先心病儿童救助义诊。同时，健全“三道防线”机制，筑牢帮扶模式。进一步夯实群众生命健康的三道防线。派驻专家和本地专家积极协作，充分利用地域优势邀请省人民医院专家到佛冈为患者施救。帮扶专家开展新技术、疑难病讨论和危急重症病患者救治工作，实现“大病救助”贫困重症患者的救助3例。

重点帮扶专科建设 2022年，县人民医院利用省人民医院推进五大重点帮扶专科建设，同时补齐神经内科、内分泌专科、呼吸内科等薄弱专科短板。以省人民医院帮扶专家为主积极申报新技术27项。县人民医院所有临床医技和行政科室，均与省人民医院对口处室取得帮扶关系，开展帮扶活动项目，包括学术讲座12次，义诊活动5次，指导手术97次，会诊3次；省人民医院乳腺科、口腔科、耳鼻喉科专家定期坐诊；县人民医院参与省人民医院主导的肾脏疾病、乳腺疾病、肺部肿瘤、妇科肿瘤、呼吸与危重症“诊疗一体化”项目。

医疗运行和医保工作 2022年，受疫情影响，县人民医院门急诊服务56.39万人次，同比下降4.6%；住院服务2.18万人次，同比下降0.1%。收入33.52万元，同比下降5.2%，其中医疗服务收入8.62万元，同比下降8.16%。净资产28.75万元，同比下降0.07%。资产负债率34.14%，同比增长9.73%。门（急）诊与住院医保人次同比增长，普通门诊与住院次均费用同比下降，老百姓就医负担逐年减轻；2022年医保住院统筹同比减亏50%。2021年医保预结算亏损1800万元（较2020年减亏34%），最终清算结余为115万元，实现了扭亏为盈。

2022年7月19日，佛冈县人民医院与广东省人民医院进行远程会诊

（朱慧燕　摄）

医疗服务 2022年，县人民医院新开展临床新技术27项；开展手术操作种类1564种，微创、介入及三四级手术占比提升，其中全年腔镜手术2155台，同比增长48.83%。心血管内科、急诊科、妇科、骨科成为清远市重点专科，普外科、检验科、麻醉科、消化内科成为清远市重点建设专科。医院服务能力、医疗质量核心数据显著提升，在粤北地区影响力不断扩大。打通佛冈县人民医院与广东省人民医院间的双向转诊绿色通道，94%转院患者被转至省医。是年，县人民医院出院2.18万人次，同比下降0.1%；患者平均住院日6.72天，同比减少1天；CD型手术8438例，同比下降11.31%；微创手术1073例，同比增长9.23%；三四级手术3783例，同比增长6.71%。

胸痛中心与卒中中心 2022年，县人民医院稳步推进胸痛中心与卒中中心的建设。其中，全年胸痛中心介入手术治疗608例，同比增长0.99%；出院1832人次，同比增长10.03%。卒中中心介入手术治疗154例，同比增长90.12%；脑血管介入手术76例，同比增长80.95%；出院1784人次，同比增长14.58%。2022年4月通过国家创伤救治联盟审核，成为“中国创伤救治联盟建设单位”。是年8月，举行佛冈县创伤救治中心建设、胸痛救治单元建设启动仪式，省卫生健康委一级巡视员刘冠贤授“中国创伤救治联盟创伤救治中心建设单位”牌匾。9—12月共救治创伤患者871例。

信息化建设 2022年，县人民医院利用政府专项债5000万元，全面提升患者端、医务人员端和管理端的智慧化建设，实现与省人民医院的远程医疗。目前已完成预算2945万元。投入2代自助终端机25台，新门诊搭载候诊一体机25台，以信息化为抓手推动智慧门诊落地。

硬件医疗环境优化 2022年6月，县人民医院启用内科综合大楼，正式结束妇、产、儿科“分居”时代，回迁妇、产、儿科等院外业务至医院本部。康桥、新门诊（中医科，妇、产、儿科，内科，普外科）、外科楼前广场环道、医院新大门、科教楼和学生宿舍等升级改造项目相继投入使用，刷新佛冈百姓就医新印象、新体验，为群众提供更舒适优质的医疗服务。

医院管理 2022年，县人民医院完善质量管理体系，规范医疗行为，持续优化就医流程。全年召开院长办公会53次，审议议题超500项，新建或修订规章制度160个，优化流程78个；发出请示文件29份，下发文件103份；召开中层干部会10次，职能科室会议11次，医疗质量分析会

11次，职代会1次，其他各类协调会367次。院长业务查房43次和行政查房30次，通过“现场办公、责任到人、限期整改、回头看”等机制解决各临床科室发展的瓶颈问题。推进OA协同化办公，2022年OA传达上级文件119份，发布医院公文103份、通知公告1020份；制定审批流程97个，审批8740项，提高医院工作效率。

人才队伍建设 2022年，县人民医院完成干部调整，健全后备人才培养制度，优化人才梯队结构，起用年轻干部。是年，外出进修31人次，其中派出骨干前往省医进修25人次；开展省级继教项目2项，市级继教项目10项，单位自管培训45次，参训12 208人次。发挥内部分配的激励作用，引导学科健康发展。全年，县人民医院人均薪酬增长584.07元/月，其中医生人均薪酬增长568.54元/月，护士人均薪酬增长826.84元/月。

医学教育培训中心 2022年，县人民医院成立“临床教学管理委员会”，以创立“广东省普通高等医学院校教学医院”为目标，打造优良的软硬件环境，做好教学医院迎检准备工作。升级改造科教楼与学生宿舍，投入资金150余万元，教学用地1400平方米，打造完成“医学教育培训中心”，实现县域医学教育、培训和健康管理统一。

（黄芷茵）

【佛冈县中医院】 2022年，佛冈县中医院持续以提升医院管理能力和医疗质量为主线，以改善医疗服务为重点，不断提高医院综合服务能力。全年，门诊服务95000人次，住院服务5700人次，较去年增长28.2%；手术服务2160人次，较去年增长23.8%。开展专家夜诊、康复科夜诊、简易门诊及名医工作室等特色门诊服务，同时各科室设立有微信病友群、咨询群、科普群、养生群、出诊通知群，让更多群众享受到中医服务。全年夜间门诊服务1667人次，专家门诊服务2109人次，名医工作室服务5257人次。

党建引领助推高质量发展 2022年，佛冈县中医院通过创建“用心服务、服务到心”的支部品牌，深入开展党建查房工作和争当“党员先锋”积分活动，充分发挥党员的先锋模范作用。组建应急事件中党员干部志愿服务队和突击队，引领党员在急难险重任务中打头阵、当先锋、做表率，全年派出志愿者服务队员和突击队员共700人次。

专科建设 2022年，佛冈县中医院外科开展首例腹腔镜下膀胱癌根治术+回肠代膀胱术、腹腔镜下肾癌肾局部切除术；影像科新开展MRI检查项目；开设重症医学科，采用“院前急救—院内抢救—重症救治—院内转科”的治疗模式，收治急危重症患者，全年共收治重症患者130名；增设康复二区，设置为疼痛及脑病康复区，科室总床位由30张扩增到71张，开展气管切开患者的肺康复、神经重症患者综合性康复技术项目，尤其在患者语言康复、吞咽康复方面的技术能力得到大幅度的提升。

中医药传承发展 2022年，佛冈县中医院开展中医适宜技术，全年共派153名医疗骨干到各医共体分院，通过授课、坐诊等方式推广中医适宜技术。在抗疫中的防病治病方面发挥中医药独特优势，由名老中医辩证施药，形成有佛冈特色的防感凉茶、防疫雾化液等中医特色方，为抗洪救灾群众、疫情防控人员提供中药汤剂。大力传扬中医药文化，深入乡镇社区开展义诊活动7场及中药香囊科普赠送活动3场；深入企事业机关单位，到县农业农村局、县自然资源局、县团委、县直工委、县统战部等企事业机关单位，结合区域常见病、多发病开展中医药养生知识讲座共26场，让群众进一步了解中医药的特色，为建设健康强县贡献力量。

疫情防控 2022年，佛冈县中医院建立流调队伍，积极参与流调工作，多次外出执行应急任务，派出队员参加支援西藏自治区、中山市等流调工作。积极参与多地核酸采样支援工作，前往广州、清远、东莞、英德等地支援核酸采样约48万人次，并统筹做好县文化馆便民临时采样点、惠清高速汤塘服务区抗原和核酸采样服务。加强核酸检测能力，10月建设完成PCR实验室，为佛冈县疫情防控提供坚实的技术保障。

基础设施 2022年，佛冈县中医院合理布局车辆停放区域，建设摩托车、电动车棚，并安装电动车集中充电设施。不断优化就医环境，安装住院部病房天花、窗帘、Wi-Fi设置，开设职工、患者饭堂，保障就餐需求。

（周振兴）

【佛冈县妇幼保健计划生育服务中心】 佛冈县妇幼保健计划生育服务中心（简称“县妇幼计划中心”）坚持以“医疗保健为中心，以出生缺陷防控为根本，以加强出生缺陷防控力度、提高出生人口素质为目的”的妇幼卫生工作方针，开展妇女、儿童群体保健服务，是集临床医疗、妇幼保健、科研教学、优生优育为一体的专科医院。2022年1—6月，县人民医院的妇科、产科、儿科（新生儿科）等业务科室在县妇幼计划中心开展，6月底迁离县人民医院，并停止使用县人民医院的信息系统。7月起，县妇幼计划中心正式独立运营，并使用新的信息系统。经县卫生行政主管部门批准，是年10月15日重新开设妇产科（妇科、产科）住院部，儿科（新生儿科）住院部和实际开床位数约50张。12月12日重新开设口腔科（儿童口腔保健科）。

2022年，县妇幼计划中心有财政拨款收入666.3万元，业务收入1573.2万元。门诊诊疗85 540人次，体检6812人次，住院306人（2022年10月15日至12月31日）。2022年固定资产同比增长651万元，递增5.65%。

妇幼保健工作 2022年，县妇幼计划中心开展“孕产妇健康、儿童健康管理”管理、新生儿疾病筛查工作、孕产妇保健工作、“三病”（艾滋病、梅毒、乙肝）孕产期检测、儿童保健工作、地贫和出生缺陷防控工作、城乡妇女“宫颈癌”筛查，目标人群增补叶酸预防神经管缺陷项目达成目标任务数。

人才队伍建设 2022年，县妇幼计划中心加大人才招聘力度。招聘妇产科副主任医师、儿科主任医师、麻醉医师各1名，通过招考入编3名临床医生，2名临床护士，1名会计师；招聘妇产科、儿科（新生儿科）住院部、手术室、影像科、检验科、药剂科岗位人员62人。

外联帮扶 2022年，省第二人民医院、广州市越秀区儿童医院分别安排产科、儿科专家定期到县妇幼计划中心坐诊，并举行学习培训，提高县妇幼计划中心医疗技术水平；市妇幼保健院安排妇产科、儿科、放射科的主治医师各1名，支援本院相关科室业务发展。

设备与配置 2022年，县妇幼计划中心添置麻醉视频喉镜、胸腔按压机、除颤仪、心电图机、彩色多普勒超声诊断仪系统、高频电刀、有创呼吸机、便携呼吸机、无创呼吸机、子午流注低频治疗仪、宫腔镜系统、移动病产床、电动子宫切除器神经肌肉刺激治疗仪、超声骨密度检测仪、全自动化学发光免疫分析仪、产后康复治疗仪、儿童智力评估系统、电动产床、听力筛查仪、新生儿有创呼吸机、喷砂洁牙机。

疫情防控 2022年，县妇幼计划中心调整疫情防控工作领导小组，做好预检分诊，做好宣传工作，加强医院感染控制管理，建设儿科发热诊室，安排人员参加支援东莞、广州、清远、阳山地区的核酸采样、疫情流调和方舱医院的疫情防控工作，以及参加本地区的临时封控核酸采样及隔离酒店场所、高速公路服务区、冈田采样点的疫情防控工作任务。

医院管理 2022年，县妇幼计划中心加强医院管理工作。以县卫生健康局为主体，扎实推进新综合大楼建设，确保如期完成建设工程。积极推进安全生产业务，医疗污水处理、医疗废物处理、消防安全、安全保障、电梯维护、除四害等工作，由具有相应资质的第三方负责，制氧中心实行24小时工作人员在岗制，没有发生安全生产事项。扎实开展平安医院建设，健全投诉机制，畅通诉求渠道，及时受理和处置群众反映的问题。落实反诈工作推进，督促落实新入职人员安装“国家反诈骗中心”软件。在安保室建立应急处置单元，为群众营造安全的服务环境。做好创文创卫工作，积极落实网格化清洁卫生工作，加强医疗内部巡查，建立有关工作台账。

城南社区卫生服务站 2022年，县妇幼计划中心稳步推进老年人健康管理工作、慢性病管理工作、0～6岁儿童健康管理工作、孕产妇健康管理工作、严重精神障碍管理工作、传染病及突发公共卫生事件报告和处理，扎实开展中医药服务项目管理工作、结核病患者管理工作、卫生监管协管工作。

（黄文飞）

【佛冈县慢性病防治医院】 佛冈县慢性病防治医院（简称“县慢病医院”）承担全县结核病、精神病、皮肤性病（含麻风病）的防治、康复及老年健康服务和医养结合、社区卫生服务任务；承担病残吸毒人员、严重精神障碍患者、药物维持治疗门诊（美沙酮门诊）患者收治任务；协助卫生行政部门制定本县结核病、精神病、麻风病防治工作的相关政策等提供技术咨询和技术决策，并对全县各医疗卫生机构开展相应业务指导及提供技术支持，承担相应的医疗教学和科研任务；承担对全县精神卫生、结核病突发事件进行调查处理，并做好信息的报告、管理和预测、预报工作。2021年起，县慢病医院从公益二类事业单位转为公益一类事业单位。2022年在职员工65人，门诊服务1.45万人次，比上年增加1396人次，新收住院病人72人次，出院病人81人次，日均住院病人数86人。总收入1925.66万元，比上年增加372.56万元，增长率23.99%。收支结余134.85万元，年末资产总额1153.1万元，负债总额1638.5万元，净资产负485.4万元，资产负债率142.09%。

新冠肺炎疫情防控 2022年，县慢病医院继续做好疫情防控工作，有序推动新冠疫情防控常态化的日常诊疗服务。成立新冠疫情防控领导小组，根据疫情状况结合医院实际，及时修订医院疫情防控方案，抓好工作人员、门诊、住院患者、医院环境、外来人员管理，加强人员培训与演练。收治专区全年4次共148天实行全封闭管理。同时，出色地完成县卫健局下达的流调、核酸采样（62 751人次）、方舱医院支援（2人次）等疫情防控工作。

（张欢喜）

体　育

【体育事业概况】 2022年，全县体

2022年7月13—15日，佛冈县承办公路自行车省运会项目，图为颁奖仪式

（县文广旅体局　供图）

2022 年 7 月 13 日，志愿小组组长为组员们开展赛前现场指导培训

（县文广旅体局　供稿）

育场地面积 100.72 万平方米，人均体育场地面积 3.19 平方米。体育场地数量达到 2025 处（室外运动场地 1981 处，室内运动场地 44 处）。其中，田径场地 41 个，篮球场 692 个，羽毛球场 138 个，乒乓球场 596 个，全民健身路径 421 处，健身房 2 间，游泳池 12 个。经过相关部门审批、合法的体育协会共有 11 个。

【县体育中心】 佛冈县体育中心由佛冈县代建项目管理中心组织实施，2021 年 5 月开始建设，用地总面积 6.99 公顷（104.9 亩），建设有体育馆、游泳场，以及运动场（二期建设），建筑面积 11 952 平方米。佛冈体育馆作为省运会场馆，已于 2022 年 8 月 27 日至 28 日承办群众体育组乒乓球测试赛；于 2022 年 11 月 7 日通过比赛场馆竞赛功能验收并交付使用。

综合体育馆　综合体育馆为省运会乒乓球群众组项目的比赛用馆，建筑面积 10 399 平方米，是一栋楼身为钢筋混凝土结构、楼顶为钢网架金属面结构的建筑。外围包裹金属铝板和玻璃幕墙，内部主要包含有一个运动主馆和一个热身训练馆，以及功能用房、观众席、空调水电机房等。体育馆内有 3000 个座位，地上有 3 层建筑，其中一层建筑面积 4548 平方米，层高 4.2 米；二层建筑面积 1752 平方米，层高 5.4 米；三层建筑面积 2700 平方米，层高 5.4 米。体育馆由运动场地、看台、辅助用房等组成，占地面积 4548 平方米，合计使用面积 6908.6 平方米，对应建筑面积为 9000 平方米，包括运动场地 2714 平方米、看台 3704 平方米、辅助用房 2582 平方米。

室外游泳池　游泳池设置在室外，规格为 50 米 ×25 米 ×2 米（长 × 宽 × 深），设置有 9 条泳道，占地面积 3525.98 平方米，其中游泳池占地面积 1276.16 平方米，场地铺装（石材铺地）2249.82 平方米，室外游泳池四周围网 260 米，室外游泳池灯光照明 1 项。

体育场及配套车位　东侧用地为未来发展用地（二期建设），用地面积 41 967.34 平方米，二期建设简易运动场，拟规划为含 10 000 座观众席位的运动场。配套建设室外停车场、绿化、道路广场、器械健身区等。其中，停车配建指标控制为 4.0 车位 /100 座的标准车位数，15.0 车位 /100 座的自行车车位数；本项目共 3817 个席位，室外可设置 11 个大巴车位、125 个小车车位、573 个自行车车位，总占地面积 4500.1 平方米。

【承办省运会项目】 2022 年，县文广旅体局抓实省运会筹备，加快推动体育基础设施项目实施。协助县代建中心推进县体育中心项目建设。顺利完成佛冈县承办的广东省第十六届运动会自行车（公路）和广东省第九届残疾人运动会自行车（公路）比赛、广东省第十六届运动会乒乓球测试赛，抓紧筹办广东省第十六届运动会群众体育组乒乓球比赛。组织各类媒体平台开展省运会宣传报道，累计发布、刊登有关报道 200 余条；开展省运会摄影作品征集等有关活动，发放省运会宣传画册 3000 本；在重要点位、赛场周边等投放宣传海报、标语 120 余幅，插放彩旗、帆船旗等约 700 面；组织各单位利用电子显示屏等播放省运会有关宣传片，累计播放 4900 余次。

【体育基础设施】 2022 年，县文广旅体局协助推进佛冈县绿道网建设（水头镇）（第一期）项目建设，全力申报全民健身设施补短板工程 2023 年中央预算内投资储备项目 2000 万元。增设镇村篮球架、健身器材。

【体育统计】 完成体育事业统计数据上报工作、广东省公共场所全民健身器材配建管理工作、体育竞赛相关注册工作及体育彩票公益金资助项目使用情况等统计工作，落实体育审计整改工作。此外，完成赛事报名及其他日常体育统计工作，已有 5 名青少年运动员成功注册体育赛事。

【群众体育】 2022 年，县文广旅体局根据群众需求，筹划举办多项群众参与度高的体育赛事，如狮王争霸赛、象棋赛、“山语和溪”杯青年篮球联赛、“喜迎二十大　助力省运会”2022 年全民健身日活动等，让广大市民感受全民健身的魅力。设立宣传、安保维稳组、交通保障组、医疗保障和疫情防控组、志愿服务组等 12 个专项工作组，2022 年 8 月 27 至 28 日，第十六届省运会群众体育组乒乓球完成测试赛，11 月 9 日至 13 日，比赛正式在佛冈体育馆举办。

体育协会　2022 年，县文广旅体局督促 11 个体育协会参加年审工作，并现场走访启航足球俱乐部、围棋象棋协会、游泳协会，认真了解协会情况、检查消防隐患、督促其做好疫情防控工作等。

（邓　波）

社会生活

责任编辑：胡 辉

人口计生

【人口计生概况】 2022年，佛冈县常住人口总人口为313 432人，常住人口当年出生2464人，自然增长率为-0.01‰。户籍人口出生政策生育率为95.38%，政策外多孩率为2.85%，出生人口男女性别比为116.23。

【计划生育依法行政】 2022年，县卫健局全面贯彻《中华人民共和国母婴保健法》，提升妇幼健康工作水平。按照管理规范，有序提供妇幼保健服务，实施新的人口计生法规，落实三孩生育政策及配套支持措施，及时足额兑现各类计划生育奖励扶助。是年，发放各类计划生育奖励扶助金（含一次性奖励）40 632人次，资金454.86万元。

【计划生育奖励扶助】 2022年，县卫健局积极开展慈善慰问活动，为计生独生子女死亡伤残家庭和计划生育困难家庭送上慰问金4.7万元，并投入8.586万元为954户纯一女、纯二女和节育手术并发症家庭购买意外伤害保险。

【老年人工作】 2022年，县卫健局认真落实由省市部署，切实做好老年人工作。是年，为普及老年人健康政策和健康科学知识，增强老年人的健康意识，提高老年人健康素养和健康水平，推动实现健康老龄化，开展相关宣传活动2场，宣传近800人次。各村（社区）在宣传栏张贴了老龄化国情教育宣传单1千余张。同时各村（社区）设立老年文化活动场所，全县共设置70多个老年活动中心，为老年人提供文化服务空间。全县范围积极开展"敬老月"活动，开展6场宣传活动，宣传积极的老龄观，大力弘扬孝亲敬老传统美德。开展银龄安康行动，由县财政出资52.915万元，为全县52 915名60周岁以上老年人购买银龄安康保险，提高他们及其家庭抵御风险能力。

（刘敏靖）

人力资源和社会保障

【人力资源和社会保障概况】 2022年，佛冈县人力资源和社会保障局（简称"县人力资源社会保障局"）紧紧围绕2022年市委"十大行动方案"和省、市人社工作要点，着力稳就业、保民生、聚人才、促和谐，在就业创业、人事人才、劳动关系、社会保障等方面取得明显成效，民生保障力度不断加大，人社事业改革创新步伐不断加快。

【城乡就业创业】 2022年，佛冈县城镇新增就业4830人，完成市下达目标任务数4600人的105%。失业人员实现再就业1891人，完成市下达目标任务数1600人的118%。就业困难人员实现就业173人，完成市下达目标任务数110人的157%。就业专项资金使用682.38万元，发放普惠性贴息24万元，失业保险基金支出就业补贴8.17万元，失业保险基金支出失业保险贴息34.84万元，受理

2022年2月11日，县人力资源社会保障局在县人民公园举办佛冈县2022年"南粤春暖"专场招聘会 （县人力资源社会保障局 供图）

创业担保贷款8笔共2088万元。

就业创业服务 2022年，县人力资源社会保障局采取“线上+线下”招聘模式，为企业和群众搭建沟通桥梁。2022年，共举办145场次专场网络及现场招聘会，参加企业总数2258家次，提供就业岗位共38 887个次。

创业带动就业 2022年，县人力资源社会保障局深化“放管服”改革，落实创业担保贷款及贴息、一次性创业资助等扶持政策，加大小微企业创业担保贷款支持力度。2022年，受理并发放一次性创业资助20人共20万元，受理并发放创业带动就业补贴10家企业共8万元，受理1人创业租金补贴申请0.4万元。已完成审核并发放8笔创业担保贷款共2088万元。

高校毕业生就业扶持 2022年，县人力资源社会保障局发放高校毕业生基层就业补贴99人共49.5万元，发放高校毕业生基层岗位补贴180人次共75.8万元，发放就业见习补贴9人共10.68万元。实施2022年高校毕业生就业创业十大行动和“雁归计划”。全年共开发就业见习岗位550个，落实毕业生到中小微企业就业支持计划。实施广东高校毕业生志愿服务乡村振兴行动，接收山区计划志愿者42名。全年新招募“三支一扶”人员10名，全县在岗23名。深化开展“展翅计划”优进青年就业专项行动，发动全县45个单位提供316个优质实习岗位。举办52场次高校毕业生专场线上及线下招聘会。2022年高校毕业生系统在册人数为438人，全年通过短信推送就业信息518人次，通过电话联系795人次。全县升学深造68人，已就业349人，出国1人，就业率为97.03%，高校毕业生就业服务率为100%。

保障就业困难人员就业 2022年，县人力资源社会保障局加大公益性岗位托底安置，确保零就业家庭动态清零。2022年有7个机关单位通过公益性岗位安置招用10个就业困难人员。

退役军人就业帮扶 2022年，县人力资源社会保障局完善退役军人就业政策，围绕鼓励引导民营企业招用自主就业退役军人、支持退役军人投身乡村振兴等出台文件。

促进残疾人就业 2022年，县人力资源社会保障局开展残疾人就业宣传年活动，推动机关事业单位、国有企业带头安排残疾人就业。2022年共认定2名残疾人为就业困难人员，2人经帮扶实现就业。

【职业技能培训】 2022年，县人力资源社会保障局深入实施“三项工程”技能培训，推进县十件民生实事分项落实落地。开展“粤菜师傅”培训331人次，完成年度任务的110.3%。“广东技工”工程培训2227人次，完成年度任务的111.4%。开展技能人才补贴性培训1801人次，完成年度任务的180.1%。“南粤家政”培训669人次，完成年度任务的223%。

“三项工程”技能培训 一是推动“粤菜师傅”工程高质量发展。配合市人社局做好“清远特色菜”推选活动，立足本地资源，会同县农业农村局、县文广旅体局等部门推荐本地具有传统特色的竹山粉葛等8道菜品申报清远市地方特色菜品。指导技工院校在校内成立烹饪大师工作室，加强师资力量，深化产教融合。二是推进“广东技工”工程落到实处。指导市南方技工学校加强校企合作、产教融合，学校结合市场需求设置8个专业。三是打造“南粤家政”优质品牌。发挥“水头月嫂”家政特色，通过南粤家政培训、技能大赛等，加快培养和选拔一批家政服务高技能人才，促进全县家政人才队伍提质增量，持续擦亮佛冈家政招牌。四是组织高标准农村电商培训。开展农村电商创业专题培训和“一村一品”专题培训等课程，打造一支优秀的农村电商人才队伍。

职业技能等级认定 2022年，广东松峰股份有限公司完成职业技能等级认定720人次，获证699人次。金博士职业培训学校于2022年5月底获批作为市技师学院的分点开展职业技能等级认定，成功开展保育师等级认定，拉开市社会培训评价组职业技能等级认定的序幕。广东雅迪公司分批次开展职业技能等级认定783人。指导企业开展新型学徒制培训并受理4家企业共314人备案。

【人才引育】 2022年，县人力资源社会保障局整合引进培养高精尖稀缺人才政策，落实人才引进实招硬招，着力推动全县人才工作上新台阶。开

2022年5月11日，县职业技术学校举行职业技能等级认定理论考试

（县人力资源社会保障局 供图）

展以“纾困稳岗、人社给力”为主题的送政策、送资金、送服务“三送”活动，走访企业数量108家次，帮助企业和劳动者知晓政策、理解政策、享受政策。

引进企业高层次人才　2022年，县人力资源社会保障局通过到企业开展送政策、送资金、送服务“三送”活动和推进人才公寓建设等方案，建造企业“人才高地”。是年走访企业数量108家次，开展“千名就业服务专员助万家重点企业”活动共计26场次，开展工业企业匹配提升工作调研19次。开展“企业荐才”“技能先锋”“首席技师”等专项人才工作。落实安家费、人才津贴等一系列激励政策留住企业“高、精、尖、缺”人才。截至年底，全县有市第五类高精尖缺人才17人、市第六类高精尖缺人才8人、市技能先锋5人、市首席技师3人、企业引进博士研究生1人，市资助硕士研究生4人。发放人才安家费补助30万元、人才补助4.8万元、市属企业研究生资助3.36万元，发放各项人才补助100.94万元，其中高精尖缺人才安家费补助52.5万元、人才补助4.8万元、新引进硕士研究生和高级职称人才补助30万元、新引进企业人才一次性租房补助8万元、市属企业研究生资助5.64万元。全县24套人才公寓正在稳步建设中，使人才留得住、安下心。指导县内3家博士工作站做好人才引进，其中广东雅迪机车有限公司于2022年5月获省批准设立。

培养高素质专业化事业单位工作人员队伍　2022年，县人力资源社会保障局扎实做好事业单位工作人员招聘、调配、年度考核、培训和信息化建设等工作，优化事业单位人才队伍。是年，组织实施公开招聘高学历和高级职称人才工作、广东省事业单位2022年集中公开招聘高校毕业生、事业单位管理岗位职员等级晋升等工作，其中已有高学历和高级职称人才11人办理入职手续；广东省事业单位2022年集中公开招聘高校毕业生共招聘183名事业单位工作人员，有137人进入体检阶段；全县事业单位管理岗位职员共8人完成首次职员等级晋升。

【劳动保障】2022年，县人力资源社会保障局坚持统筹谋划、联合多部门成立工作领导小组，定期召开会议研判，聚力打赢根治欠薪攻坚战。全年共检查辖区内各类用人单位80多家，对50多家在建项目《保障农民工工资支付条例》落实情况进行全面排查。共处理劳动争议案件209宗，涉及劳动者296人，涉案总金额约3242.73万元。

抓好《保障农民工工资支付条例》贯彻落实　2022年，县人力资源社会保障局成立工作专班，重点处置建筑行业劳资纠纷。是年，共检查各类用人单位80多家，其中通过“双随机、一公开”抽查企业15家，对检查中发现的问题要求企业立行立改，并作出相应的行政指导。共立案6宗，其中行政处罚2宗。成功协调案件130多宗，涉及340多人、金额350多万。结合招聘会、法律宣传日等活动契机大力宣传《保障农民工工资支付条例》，2022年4月21日举办线上《保障农民工工资支付条例》及资料台账整理专项培训会议，参会单位基本覆盖佛冈较大项目承办单位，在线参会人员70多人。通过培训，规范各施工单位用工管理以及督促其自觉履行工资支付法律责任。

劳动争议调解　2022年，县人力资源社会保障局共处理劳动争议案件209宗，涉及劳动者296人，涉案总金额约3242.73万元。未出现疑难争议案件。

服务信访群众　2022年，县人力资源社会保障局耐心引导信访群众，帮助寻求有效解决的途径。及时办理12333、12345热线工单和网络信访，2022年共受理网上咨询、建议、投诉等信件共800多宗，均在规定期限内办结。

征地农民养老保障　2021年7月31日前已获批复项目被征地农民社保留存资金任务总数为8153.34万元。截至2022年底，全县资金分配总进度为99.39%。

失业保险稳岗返还　2022年，全县符合发放条件企业总数为1969家（含大型企业），合计需发放金额710.86万元（含大型企业补差额）。2022年，成功发放企业数1727家、金额为651万元，发放成功率为92%。

实施社会保险基金管理提升年行动　2022年，县人力资源社会保障局印发《佛冈县开展社会保险基金管理提升年行动实施方案》，成立县社会保险管理专项整治工作领导小组，进一步完善社保政策、经办、信息、监督“四位一体”风险防控体系，强化人防、制防、技防、群防“四防”协同，提升基金管理水平，切实维护基金安全。

（谢梦楚）

社会保险

【社会保险概况】2022年，佛冈县社保基金管理局（以下简称“县社保基金管理局”）统筹抓好防风险、优服务、惠民生等各项工作，积极推动社保经办服务高质量发展。

【参保情况】2022年，佛冈县随着社保业务不断发展壮大，社保政策逐步深入人心，养老、职业年金、失业、工伤保险参保情况详见下表。

【社保基金运行】2022年，佛冈县社保基金严格执行“收支两条线”的管理模式，依法依规安全运行。是年，全县参加社会保险33.81万人次，比上年增加12.27%，其中参加企业职工基本养老保险（含离退休）6.68万人，比上年增加5.86%；参加失业保险4.83万人，增长7.33%；参加工伤保险6.01万人，比上年增加21.6%；参加城乡居民基本养老保险14.55万人，比上年增加

2022 年佛冈县社会保险参保情况表

项　目	参保人数（人）	基金总收入（万元）	基金总支出（万元）
企业职工基本养老保险（省级统筹）	66 794	—	—
失业保险（市级统筹）	48 271	—	—
工伤保险（省级统筹）	60 143	—	—
城乡居民基本养老保险（市级统筹）	145 462	—	—
机关事业单位养老保险	10 323	24 374	24 235
机关事业单位职业年金	7105	12 371	17 134

14.93%；参加机关事业单位养老保险（含退休）1.03 万人，比上年增加 3%；参加机关事业单位职业年金 0.71 万人，比上年增加 2.9%。全县核算的机关事业单位养老保险、职业年金总收入 36 745 万元，其中征缴收入 27 527 万元。基金总支出 41 369 万元，其中待遇支出 24 200 万元。基金当期负结余 4624 万元，累计滚存结余 1704 万元。

【养老待遇调整】 2022 年，县社保基金管理局根据上级文件，按时做好待遇调整工作。是年，佛冈县企业职工退休人员养老待遇月人均调资 97.6 元、惠及人数 9792 人；机关养老保险待遇人均调资 216 元、惠及人数 3131 人。城乡居民基础养老待遇最低标准从每人每月 180 元调整到 190 元，惠及人数 42 258 人。

【重点改革落实】 企业职工基本养老保险 2022 年 2 月，县社保基金管理局顺利切换上线企业职工基本养老保险全国统筹信息系统，逐步推进实施企业职工基本养老保险全国统筹。落实企业养老保险费基费率暂缓调整政策，8 月，对 2022 年度企业职工养老保险单位缴费率回调至 14%。

机关事业单位养老保险 2022 年 8 月，县社保基金管理局按职业年金做实三年计划，完成第三期职业年金实账积累任务，三期总做实 1.5 亿元，圆满完成财政全额拨款机关事业单位职业年金实账积累收官工作。

工伤保险 2022 年 7 月正式开展新就业形态从业人员职业伤害保障试点工作。是年，全县 4 家工伤保险服务协议医疗机构（佛冈县人民医院、佛冈县中医院、湛江医院和佛冈县汤塘镇中心卫生院）均已完成工伤省内异地就医联网结算测试工作，可实现工伤职工就医医疗费用直接结算，减少参保人跑腿垫资的情况。

2022 年 9 月，县社保基金管理局召开佛冈县 2022 年度城乡居民养老保险费和 2023 年度城乡居民医疗保险费征缴工作动员大会　（县社保基金管理局　供图）

【社保经办服务】 2022 年，县社保基金管理局深化社保经办数字化转型，推行社保档案数字信息化建设，建设共享电子档案数据库，实现档案共享利用，不断提高档案管理工作效率和服务质量，让群众“最多跑一次、一次不跑”。是年，全县新增社保档案实现 100% 电子化。深入推行社保网办服务，全县 223 个参保单位开通机关事业单位养老保险全流程网办服务，覆盖率 94.8%。

【巩固扶贫成果】 2022 年，县社保基金管理局发挥社保民生保障安全网作用，将低保、特困、返贫致贫、重残对象等困难群体 12 279 人纳入社会保障体系，其中，为 5249 名困难群体人员落实政府代缴城乡养老保险费政策，推动精准扶贫与乡村振兴有效衔接。

【被征地农民养老保障】 2022 年 8 月，佛冈县按照上级工作部署，实现被征地社保金 100% 分配，实际已分配人数为 102 952 人次。

【社保基金安全】 2022 年，县社保基金管理局重点开展 3 项工作：一是摸清问题底数，以“清数”“筑墙”为手段守护好老百姓养老钱、保命钱。筛查清理疑点数据 43 124 条，追回金额 172.64 万元，切实维护社保基金安全。二是清理不符合省集系统平台

2022年7月26日，佛冈县开展“工伤保险伴你同行”现场主题日宣传咨询活动

（县人力资源社会保障局 供图）

要求的待遇项目，对非社保基金类支出项目进行整改，全面取消手工报盘代发业务。是年，完成代发老干部局代管企业离退休待遇、代发企业补充养老保险金等代发非社保基金类支出项目移交工作，全面完成整改，进一步防范资金管理风险。三是建立常态化警示教育和反欺诈宣传工作机制。全年组织开展“打击欺诈骗保，维护基金安全”宣传活动15次，发送警示教育宣传短信十万余条，进一步提升群众法治观念和安全意识。

【社保政策宣传】 2022年，县社保基金管理局组织开展了“社保尊才”“领导干部联系重点企业”“社保首席服务专员”“送政策送资金送服务”等系列社保政策宣传活动，主动为群众、企业送政策、讲法规，解疑释惑，切实为民办实事、办好事、解难事。

【党建与业务融合】 2022年，县社保基金管理局开展“政治判断力、政治领悟力、政治执行力、干部廉洁度、群众满意度”提升专项行动，切实提高社保队伍的服务水平。开展党组织联建共建行动，多次组织党员下沉开展基层党建、乡村振兴、疫情防控、防汛救灾等工作，切实为群众解决实际困难和问题。成立佛冈县社会保险志愿服务队，大力开展养老、工伤、失业和暖企助企社保政策宣传。

（县社保基金管理局）

医疗保障管理

【医保概况】 2022年，佛冈县基本医疗保险参保318 889人，其中职工医疗保险参保70 840人，城乡居民医疗保险参保248 049人。生育保险参保53 973人，特殊人员资助参保20 231人。

【医保待遇支付】 2022年，佛冈县参保人就诊73.96万人次，医疗总费用5.75亿元，统筹基金支付2.84亿元，大病补充保险支付2323万元，大额补充保险支付1362.93万元，医疗救助1813.12万元。困难人员医疗救助“一站式”结算就诊6.92万人次，医疗总费用5621.04万元，统筹基金支付3156.82万元，大额补充保险支付32.92万元，大病补充保险支付577.92万元，医疗救助基金支付1624.75万元。受理审核因病致贫医疗救助13人，核发救助64.88万元。

【医保监管】 *创新监管措施* 2022年，佛冈县医保局全面启用医保住院查房人脸识别智能监管，有效防止挂床住院、冒名就医等违规行为。健全智能监控审核机制，每月及时审核医保智能监管系统申诉数据，将全县19家定点医疗机构和78家村卫生站医保结算纳入智能监管，及时监测并纠正定点医疗机构违规行为。完善智能监控和行政执法衔接机制，完成智能审核违规数据行政检查、二次申诉和违规处理，追回医保基金11.93万元，行政处罚11.16万元，暂停违规定点零售药店医保结算2家。

严格监管 2022年，佛冈县医保局强化医保服务协议管理，完成佛冈县138家定点医药机构医保服务协议签订工作，同步发放两定机构医保铭牌，加强对两定机构的协议管理。全面落实医保监管长效机制，完成定点医药机构全覆盖检查。是年，县医保局检查定点医药机构138家，其中定点医疗机构19家、一般门诊14家、定点零售药店105家。

【药品集团采购】 2022年，佛冈县医保局贯彻落实清远市药品集团采购和国家组织药品集中采购使用管理工作，组织县内17家定点医疗机构参与国家和省联盟组织的口腔种植体系、人工晶状体、人工关节、新型冠状病毒检测试剂等耗材集中带量采购，通过实施带量采购、阳光采购、平台采购，切实减轻群众医疗费用负担。全县定点医疗机构在采购平台采购药品8751.84万元、医用耗材3630.20万元。

【宣传培训】 2022年，佛冈县医保局继续加强基金监管，保持打击欺诈骗保高压态势，开展打击欺诈骗保集中宣传。在“佛冈通”“佛冈发布”等公众号广告栏展示“十严禁”“五不可”系列海报；在“佛冈融媒”、佛冈电台等播放打击欺诈骗保宣传视频和情景音频。同时，联合医保经办机构、定点医药机构，通过播放宣传标语、张贴宣传海报、投放宣传单、曝光典型案例等，持续宣传普及医保政策法规，扩大宣传效应，提升医保惠民的社会形象。是年，合计发放打击欺诈骗保、居民医保征缴动员等宣传海报资料2万份、更新张贴全县30个医保宣传专栏共四期、曝光欺诈骗保典型案例60个。4—10月，组织开展佛冈县县域医共体提升医保服务

2022 年 6 月 29 日，县医保局到迳头镇和龙山镇开展医药机构检查

（县医保局 供图）

能力相关政策培训，切实加强对医共体医疗机构及其工作人员医保政策法规教育培训。

【医保新政策】 2022 年 9 月 1 日起，佛冈县实施《清远市职工基本医疗保险门诊共济保障实施细则》，重点工作有：提高职工医保门诊支付比例，一级医疗机构支付比例从原来的 55% 提高至 85%。二级医疗机构支付比例提高至 70%，三级医疗机构支付比例达到 55%。同时，对退休人员进行倾斜保障，支付比例均相应提高 5%。门诊选点保障范围扩大到 2 家。参保职工可选定 1 家一级或以下普通门诊定点医疗机构（含已开展定点普通门诊业务的二级或以上医疗机构）就诊，不设年度最高支付限额。同时可备选 1 家二级或以上定点医疗机构作为上级就诊机构，每年有 400 元的支付限额。改革职工医保个人账户，调整职工医保个人账户划入结构，同时医保个人账户扩大为“家庭账户”，除了参保职工可以使用个人账户支付本人的医疗费用外，其本人配偶、父母、子女发生的医疗费用、城市定制型商业医疗保险等补充医疗保险缴费均纳入个人账户支付范围。

加强医保政策衔接工作 2022 年，佛冈县医保局贯彻实施《基本医疗保险关系转移接续暂行办法》《广东省基本医疗保险关系省内转移接续暂行办法》、国家和省医疗保障待遇清单制度等医保政策，明确职工医保缴费基数、费率、年限等，加强政策宣传和业务指导，协调做好重复参保清理、医保关系转移接续等工作，保障医保政策平稳有序衔接。

优化门诊特定病种政策 2022 年，佛冈县医保局贯彻《关于调整我市基本医疗保险部分门诊特定病种年度支付限额的通知》要求，单列“耐多药肺结核”门诊特定病种，同时提高肺动脉高压等 10 个病种年度限额。长效针剂纳入精神分裂症门诊特定病种结算范围，棕榈酸帕利哌酮注射液等长效针剂的乙类自付比例降低为 1%，直接计入医保年度最高支付限额，切实减轻严重精神障碍患者医疗费用负担。落实长效针剂采购周转金预拨付工作，进一步提高严重精神障碍患者医疗保障水平。

推进医保信息化标准化建设 2022 年，佛冈县医保局做好个人账户跨市交易两定医药机构信息维护工作，实现职工医保个人账户省内跨市通用。进一步推进医保信息化标准化建设，优化医保编码标准全流程应用、异地就医直接结算服务、规范结算清单上传、电子医保凭证全流程使用等，提升医保信息化水平。

（李纯芬）

社会救济

【城乡最低生活保障】 城乡最低生活保障标准和补差水平提高 2022 年，佛冈县民政局根据省市文件要求，经请示县政府批准，提高佛冈县 2022 年城乡最低生活保障标准和补差水平。城镇最低生活保障标准从 2021 年的每人每月 847 元提高到 877 元，人均补差水平从 2021 年的每人每月 669 元提高到 692 元；农村最低生活保障标准从 2021 年的每人每月 638 元提高到 670 元，人均补差水平从 2021 年的每人每月 331 元提高到 348 元。截至 2022 年 12 月，全县共有农村低保对象 2880 户 6674 人，1—12 月发放补贴 3691.59 万元；共有城镇低保对象 191 户 349 人，1—12 月发放补贴 307.59 万元。

低保工作动态管理 2022 年，

2022 年 9 月 1 日，佛冈县民政局开展“彩虹桥”社区资源库爱心捐赠活动

（陈坚强 摄）

佛冈县民政局对城乡低保工作做到动态化、常态化管理，坚持定期入户制度，坚持逢进必查制度，坚持“两榜三公示”制度。确保操作程序规范化，严把审批关，设立举报电话、举报信箱，接受群众评议、社会监督，全程“阳光”作业。有效杜绝“人情保、关系保”，切实做到“应保尽保、应退尽退”。明确农村低保专项整治工作重点目标，重点查处和整治发生在群众身边、损害群众利益、群众反映强烈的农村低保问题，围绕“突出治理重点，完善工作机制，加强实地核查，提升整改实效”，深入推进农村低保专项治理工作。

【特困供养和养老机构】 城乡特困供养人员基本生活标准提高 2022年，经县人民政府同意，佛冈县城镇特困供养人员基本生活标准从2021年的每人每月1355元提高到每人每月1403元，农村特困供养人员基本生活标准从2021年的每人每月1021元提高到每人每月1072元。截至年底，全县共有特困2336户2336人，1—12月发放补贴2982.21万元。

养老机构消防整改、专项整治 2022年，全县8家养老机构消防升级改造工程取得成效，其中佛冈县社会福利院取得消防验收许可证，6间镇敬老院消防升级改造工程已竣工，等待县住建局对工程进行验收。县民政局为贯彻落实民政部专项工作部署和省、市、县领导批示精神，成立专项检查整治工作领导小组，制定专项检查整治工作方案；会同相关职能部门，反复对全县8间养老机构开展专项整治工作业务指导和专项督查，专项整治成效显著。佛冈县养老机构安全管理工作机制健全，消防安全工作规范有序，管理水平、服务质量有所提高。

（李 泰 周海欣）

社会福利

【农村留守儿童关爱保护和困境儿童保障工作】 2022年，县民政局进一步加强佛冈县未成年人救助保护中心（以下简称“佛冈未保中心”）建设，持续完善佛冈县农村留守儿童关爱保护和困境儿童保障工作体系，截至2022年12月，全县有农村留守儿童45名，困境儿童1581名（含孤儿、事实无人抚养儿童和其他困境儿童）。

完善未成年人保护工作体系 2022年，佛冈县实现6个镇级未成年人保护工作站和90个村（居）未成年人保护工作点全覆盖。佛冈未保中心指导各镇基层儿童督导员、儿童主任为辖区困境儿童、农村留守儿童等未成年人提供相应的服务，及时办理未成年人保护相关事务。

落实未成年人救助保护工作机制 2022年，佛冈未保中心持续落实摸底排查、定期探访、强制报告、个案分级管理、临时监护、多部门协作、残疾儿童关爱保护和保障、“彩虹桥”社区资源库等工作机制，全年共开展困境儿童高风险个案3例、低风险个案15例，通过专业辅导、政策帮扶、资源链接等协助困境儿童及其家庭改善困境。开展关爱保护未成人活动20场，开展集中大型儿童政策宣讲进村居活动10场；协助“彩虹桥”社区资源库链接到各类爱心资源，累计价值101.8万元，受惠留守儿童和困境儿童4000多人次。

实施未成年人救助保护项目 2022年，佛冈未保中心通过实施未成年人救助保护社工服务、“童沐春风”一对一陪伴困境儿童成长计划服务、未成年人心理辅导服务、儿童健康成长服务、少年儿童康复训练服务等5个服务项目加强未成年人救助保护工作，加大对佛冈县农村留守儿童和困境儿童的关爱保护力度，提高佛冈未保中心临时监护困境儿童服务能力。

推进儿童福利机构优化提质和创新转型 2022年，佛冈县民政局根据相关文件要求，初步完成佛冈县社会福利院儿童部和佛冈未保中心相关人员、场所、职责等有效整合，落实儿童福利机构制度建设、人员配置、入离院服务、生活照料及抚养、资金管理、安全管理、档案管理工作。佛冈县社会福利院共有孤儿11名，其中4名家庭寄养孤儿办理收养手续，7名集中供养孤儿按文件规定程序送至清远市社会福利院集中供养。

加强民政信息宣传工作 2022年，佛冈未保中心各类宣传报道在省、市、县级报刊、网站、微信公众号等媒体共刊发48篇，通过褒扬先进典型、介绍推进未成年人保护工作的思路和经验，提升未成年人保护工作社会影响力，让全社会更加了解未成年人保护工作、重视和支持未成年人保护，营造全社会“爱幼助幼”的舆论氛围。

（陈坚强 李 泰）

【困境儿童保障】 孤儿基本生活保障 2022年，佛冈县提高孤儿（含事实无人抚养儿童、艾滋病病毒感染儿童）基本生活最低养育标准，集中供养孤儿保障标准从1883元/（人·月）提高到1949元/（人·月），分散供养孤儿保障标准从1227元/（人·月）提高到1313元/（人·月）。是年，全县共有社会散居孤儿54人，集中供养孤儿10人，1—12月发放补贴118.7057万元。全县共有社会散居事实无人抚养儿童181人，集中供养事实无人抚养儿童5人，1—12月共发放补贴292.54万元。

孤儿助学金发放 2022年，县民政局掌握孤儿就学情况，将申请并符合条件的孤儿纳入“助学工程”发放助学金。孤儿助学金标准为1万元/（人·年）。是年，全县符合“孤儿助学项目”9人，全年发放孤儿助学金10.75万元。

（郑志雄 李 泰）

【福利彩票】 2022年，佛冈县福彩工作以市场为导向，以“安全运行、健康发展”为核心，克服彩票市场政策收紧及疫情带来的销售影响，实现稳步发展。全年全县共计销售福利彩票2640.39万元，销量同比上年增长率6.6%；其中电脑票销售额为2020.94万元，同比上年增长率2.7%；“刮刮乐”即开票销售额为619.45万元，同比上年增长率21%。在“稳渠道，提质量”的基础上再拓展新渠道，全年共新增3个销售新网点。

（李泰 莫杨）

2022年9月5日，县退役军人事务局到广州南站迎接新退役军人退役返乡

（县退役军人事务局 供图）

退役军人事务

【服务保障体系】 2022年，县退役军人事务局聚焦退役军人关切问题，强化服务意识，积极主动作为，不断提高退役军人获得感和幸福感。下拨各镇、村服务站工作经费120万元，推动服务对象100人以上村（社区）级服务站创建全国示范型服务站，指导全县9个村（社区）级服务站提升硬件设施、完善资料台账、营造尊崇退役军人的浓厚氛围。建设县级“退役军人之家”1个、“退役军人健康活动中心”1个。

【就业创业技能】 2022年，县退役军人事务局引导退役士兵参加职业技能培训和学历提升，推荐退役士兵参与报读现代学徒制和高职扩招，印发就业创业政策宣传小册子3千多本，推送就业招聘信息150多条，举办招聘会2场，累计提供就业岗位400多个。协助退役军人办理一次性创业资助，资助金额合计6万元；协助退役军人办理创业担保贷款，发放贷款合计85万元。

【帮扶解困政策】 2022年，佛冈县退役军人事务局为全县退役军人购买“仁军保”人身意外伤害保险。开展“爱心献功臣”活动，为患大病优抚对象送温暖，发放慰问金1.52万元。开展困难退役军人帮扶援助活动，发放救助资金7.02万元。

【走访慰问】 2022年，县退役军人事务局通过开展“六送、六必访、大走访”活动，召开春节、八一退役军人座谈会。是年，发放慰问金278万元。持续开展党员结对帮扶行动，拨付结对帮扶资金7.12万元，助力困难退役军人脱贫解困。

【优待抚恤政策】 2022年，佛冈县退役军人事务局严格落实抚恤优待政策，及时调整发放优抚资金，为优抚对象发放抚恤金和生活补助金1286.4万元。积极发挥帮扶解困作用，发放重点优抚对象医疗补助费46.56万元。做好军休干部生活保障，为退役军人申请困难临时救助，发放救助金7.02万元。为19名烈士后裔开展助学活动，发放助学金11.66万元。实施优待证的制发工作，已制证5459张，完成率94%。

【新时代双拥工作】 2022年，佛冈县四套班子主要领导走访慰问驻清驻佛部队、现役军人家属和各类优抚对象，发放慰问金229万元；编撰277名清远功勋故事，其中二等功臣10名，三等功臣267名。完成烈士英名录编撰整理工作，共收录烈士207名，同时加大红色革命遗址保护工作，投入资金122万元进行

2022年9月30日，县退役军人事务局在县烈士陵园组织开展烈士纪念日活动

（县退役军人事务局 供图）

县级以下烈士纪念设施整修，投入220万元开展县烈士陵园第二期升级改造工程。组织全县机关单位开展930名烈士公祭活动，高质量完成转业士官安置工作。

（县退役军人事务局）

社会事务

【基层民主和社区建设】2022年，佛冈县民政局积极发挥村务监督委员会作用，把村务监督委员会监督“三资”管理、村务公开等职责进行量化。全县村务监督委员会累计审核收入总金额80 584.19万元，审核支出总金额约71 923.35万元；参与决策决议888件、收集社情民意1560件、协商解决1356件，落实集体资产处理98项、重大决策监督216项。开展“一站式”城乡社区综合服务设施示范创建工作。选取高岗镇宝山村作为“一站式”城乡社区综合服务设施示范创建试点村，以服务社区、造福社区、凝聚社区居民为各项工作的出发点和落脚点，积极探索创建工作方法，把宝山村建成“功能全、机制顺、聚人气、群众满意”的示范点，取得一定成效。做好正常离任村干部信息补录、补贴核发工作。继续做好全县正常离任村干部信息补录工作，指导镇村开展补录对象的资料收集、资格认定等工作，并按程序上传系统。共新增补录信息257条，并完成部门联审和市级审核。

（范汉文）

【社会组织管理】2022年，佛冈县社会组织成立登记5家、注销登记12家、变更登记32家、申报行政许可共50宗，行政许可数近三年最高。全县106个社会组织完成年度报告，参报率82.81%，参报率近三年最高。开展分支机构整治和非营利监管专项行动，走访22家社会团体，对8家社会组织开展行政执法检查。开展清理“僵尸型”社会组织专项行动，“僵尸型”社会组织由34家减少到14家，“僵尸型”社会组织比例由24%下降到10%。督导全县社会组织落实安全、疫情防控工作，111家社会组织签署《社会组织安全管理承诺书》。号召全县社会组织参与广东扶贫济困日捐款，共14家社会组织捐款19 265元。

（宫鼎彭）

【婚姻登记】2022年，佛冈县落实婚姻登记“跨省通办”试点和“全城通办”，切实做到便民、利民、为民。全年全县辖区婚姻登记业务办理总数为3974对。深化婚姻家庭关系调适和离婚辅导，设置了婚姻家庭辅导室，在促进家庭幸福和社会稳定方面做出了积极贡献。

（李　泰）

【殡葬管理】2022年，佛冈县进一步推进殡葬事业健康发展，积极开展以推行遗体火化、惠民殡葬、殡葬改革宣传教育为主的殡葬改革工作，加强殡葬经营行为的规范和行风建设，着力维护人民群众切身利益。全年全县火化遗体2607具(其中，本地户籍2479具，外地户籍122具，无名火化遗体6具)，火化率继续保持100%。

落实殡葬基本服务惠民政策　2022年，为进一步推进殡葬基本服务均等化，对佛冈县城乡居民死亡遗体七项殡葬基本服务实行费用减免，直接减免项目有遗体接运、遗体消毒、3天普通冷藏遗体存放费、小型遗体告别租用费、普通火化设备遗体火化费、简易标准型骨灰盒（盅、缸）、1年以内骨灰寄存费；七项殡葬基本服务减免标准合计为1200元/具。是年，全县惠民服务免除殡葬基本服务数2484宗（含无人认领遗体5具），免除费用为340.89万元，将广大人民群众的殡葬权益落到实处。

稳妥有序开展殡葬业专项整治行动　2022年，根据省、市的统一部署，在全县范围内开展对殡葬业价格秩序、安葬（放）设施违规建设经营综合整治行动、巩固和深化“活人墓”等突出问题整治工作行动。同时，成立专项检查整治工作领导小组，制定专项整治工作方案，加强与相关部门的协调协作，取得阶段性成果，完成违规修建墓地整改18例。

强化宣传引导，营造良好氛围　2022年，全县共印发宣传单15 500张，张贴标语529张，悬挂横幅221条，共出动宣传车104车次，开展以“改变殡葬陈规陋习、树立文明新风尚”为主题的移风易俗宣传，提高群众对殡葬改革工作的认识，营造良好的殡改氛围，促进殡葬改革健康持续发展。

（李泰　刘婉琳）

慈善事业

【慈善事业概况】2022年，佛冈县慈善会继续稳步推进慈善事业发展，有效引导社会资源向慈善事业持续投入，慈善帮扶资金共约1405万元。发放大病关爱基金约226万元，救助176人。募集2022年度扶贫济困日资金601.86万元，划拨扶贫济困资金约650万元。开展各种形式公益项目，划拨福利事业建设、助学、救灾复产等公益项目资金287万元。指导佛冈县慈善会、水头镇乡村振兴公益基金发挥公益作用，投入乡村振兴公益基金242万元，持续巩固拓展好脱贫攻坚成果，助力乡村振兴。

（李泰　朱明拥）

关爱老人

【关爱老人概况】2022年，佛冈县扎实开展老年人居家适老化改造工作。全年全县特殊困难老年人家庭适老化改造完成185户，完成率123%，超额完成“十四五”期间2022年度适老化改造任务（其中，完成特殊困难老年人家庭适老化改造户数是77户），进一步改善老年人生活环境，提升老年人生活品质，满足老年人多样化、多层次养老服务需求。

（李　泰）

民族·宗教

【民族宗教概况】 2022年，佛冈县民族宗教事务局落实党的民族宗教工作政策，开展民族团结进步创建活动，铸牢中华民族共同体意识。依法加强民族宗教事务管理，提升宗教工作水平，营造了民族团结、宗教和睦、社会和谐的良好局面。

【民族管理】 开展民族团结进步创建工作 2022年9月，佛冈县民族宗教事务局制定2022年佛冈县民族团结进步创建活动方案，以“立足‘四个共同’、增强‘五个认同’”为活动主题开展民族团结进步宣传，通过宣传进机关、进社区、进企业、在全县中小学开展主题班会等形式，唱响民族团结进步主旋律，营造良好社会氛围。全县中小学开展“民族团结一家亲，共同发展心连心”“中华民族一家亲，同心共筑中国梦”等民族团结教育主题班会30场次。

构建民族事务现代化治理体系 2022年，佛冈县民族宗教事务局完善定期走访制度，细化工作措施。佛冈县民族宗教事务局干部坚持每季度走访，了解少数民族务工人员需求，宣传党的民族政策。全面落实党的民族政策，确保少数民族居民在子女上学、生活就业和社会保障等方面，与本地居民享受同等待遇。坚持齐抓共管，形成工作合力。召开协调会，解决少数民族流动人口的合理诉求。健全处置涉及民族因素突发事件协调机制。佛冈县民族宗教事务局、各镇政府通过接访、走访、巡查等方式，对少数民族人员集中的社区、企业开展矛盾纠纷隐患摸查工作，处理涉及民族因素矛盾纠纷2起。

提升民族事务现代化治理能力 2022年，佛冈县民族宗教事务局认真梳理办事流程，提升服务群众能力。佛冈县民族宗教事务局着力梳理涉及民族宗教的行政许可、公共服务事项54项。是年，协助解决维吾尔族、回族务工人员子女入学等方面诉求2宗（4人）。持续关注重点企业，做实做细互嵌式管理。佛冈县民族宗教事务局以科惠（佛冈）电路有限公司为重点，对新疆籍员工实行互嵌式管理模式，通过党员带头示范、规范工作管理、做好生活服务、组织专业培训、丰富文艺活动等措施，有效巩固和发展平等团结互助和谐的社会主义民族关系，其工作做法和成效受到上级部门的充分肯定。

【宗教管理】 2022年，佛冈县有王山寺、龙牙寺、基督教石角镇聚会点、基督教楼下福音堂4处宗教活动场所。佛冈县依法管理宗教事务，提升宗教工作水平。

建立健全学习制度 2022年7月，佛冈县民族宗教事务局召开宗教活动场所负责人业务培训会议，学习习近平法治思想、习近平总书记关于宗教工作的重要论述、全国宗教工作会议精神，《宗教事务条例》《广东省宗教事务条例》《宗教活动场所财务管理办法》等相关内容。

实行民主管理 2022年，佛冈县民族宗教事务局指导各宗教活动场所建立健全学习制度，包括宗教教职人员管理、财务管理、应急处理等13项制度，推动各宗教活动场所规范管理。完善财务监督管理，规范教职人员购买社保，教职人员社会保障问题得到有效解决。

推进消防安全和疫情防控两件大事 2022年，县民族宗教事务局积极开展消防安全排查，消除安全隐患。佛冈县宗教活动场所落实安全管理责任，积极开展安全隐患自查及整改，将安全责任落实到具体岗位、具体人员，落实好人员疏散、防踩踏应急方案及措施。邀请县消防救援大队教官到寺院检查、指导，组织教职人员及工作人员开展消防应急演练，切实提高场所防灾避险能力。强化疫情防控和管理，确保新冠肺炎疫情防控安全。做好宗教活动场所常态化疫情防控工作，落实日常监督检查制度。是年，参与检查的县镇村干部累计1800多人次，确保疫情防控和安全生产检查到位。4处宗教活动场所全年大部分时间落实“双暂停”措施（宗教活动场所暂停对外开放、暂停集体宗教活动），落实佩戴口罩、扫场所码、查验健康码和行程码、测体温、消毒等防控措施，宗教教职人员和固定义工全员落实核酸检测“七天一检”和全程接种疫苗。全年累计检测宗教教职人员和固定义工600多人次，结果均为阴性。

（黄焕光）

居民生活

【居民收支情况】 据佛冈县住户收支和生活状况调查显示，2022年全体居民人均可支配收入27 196元，比2021年增长4.4％。其中，城镇居民人均可支配收入35 475元，比2021年增长3.2％；农村居民人均可支配收入20 684元，比2021年增长5.0％。2022年全体居民人均消费支出19 052元，比2021年增长2.0％。其中，城镇居民人均消费支出22 210元，比2021年增长1.2％；农村居民人均消费支出16 568元，比2021年增长2.3％。

（罗泽参）

关心下一代

【关工委概况】 2022年，佛冈县关工组织219个，其中关工委144个，配有“五老”人员的108个；有关工小组75个，从事关心下一代工作1533人，其中“五老”队伍920人。是年，各级关工委在全县青少年中开展“老少同声颂党恩，携手喜迎二十大”“传承红色基因，争做时代新人”主题教

2022 年 7 月 8 日，县关工委举行“老少同声颂党恩、携手喜迎二十大”主题教育实践活动暨“党史学习月”暑期系列活动启动仪式 （县关工委 供图）

育实践活动和品牌教育活动，奉献爱心，关爱五老，关爱留守儿童、困境儿童，做好农村创业青年培训跟踪服务工作，奋力谱写佛冈关心下一代事业发展新篇章。

【青少年教育】 **主题教育活动开展** 2022 年，县关工委充分发挥关心下一代党史国史教育基地和国防教育基地在青少年校外教育中的主阵地作用，深入开展“老少同声颂党恩、携手喜迎二十大”等主题教育实践活动和党史、国史、国防教育活动 20 场次，“五老”人员参与 30 人次，受教育青少年 1200 多人次，引导青少年从红色传统、红色文化、红色基因中汲取前行的力量，听党话，跟党走，知史爱党、知史爱国，增强国防观念，激发青少年的爱国热情，传承红色基因，赓续红色血脉。

品牌教育活动 2022 年，县关工委组织“五老”讲师团到学校开展“传承红色基因，争做时代新人”专题讲座 19 场次，受教育学生 1100 多人。“五老”讲师以历史事件、典型事例、真实数据和身边的小故事，用生动语言向学生们讲述中国革命、建设和改革历程，结合佛冈县红色资源，特别是在佛冈县发生过的系列革命事件和英烈事迹进行宣讲，用生动语言讲述共产党的优越性，以家乡人家乡事教育引导青少年扣好人生第一粒扣子，永远听党话、跟党走，持续推进“传承红色基因，争做时代新人”品牌教育活动。

“新苗杯”青少年艺术大赛 2022 年，县关工委联合省文化和旅游厅关工委、县文化广电旅游体育局、县教育局在全县中、小学校和幼儿园在校学生中举办“传承非遗文化·讲好佛冈故事”2022 年度佛冈县第十三届“新苗杯”美术、书法、手工制作大赛。中学组、小学组、幼儿组均设一等奖 1 名、二等奖 2 名、三等奖 3 名，优秀奖若干名，获奖作品将在佛冈县文化馆公开展览。通过“新苗杯”活动，进一步提升学生的综合审美素质和思想道德观念，激发学生的创作热情，展现当代青少年朝气蓬勃的精神风貌。

社会主义核心价值观主题征文活动 2022 年，县关工委、县教育局组织全县各中小学生参与由省关工委、省作家协会、省教育系统关工委联合开展的以“劳动创造幸福”为主题的 2022 年广东省少年儿童践行社会主义核心价值观主题征文活动。全县参与本次征文活动的青少年儿童 1 万多人次，分别评选出小学组 42 篇、中学组 10 篇优秀作品代表佛冈县送市参赛。通过征文活动，引导青少年树立正确的劳动观，激励青少年勇当新时代的奋斗者。

党的二十大精神宣传进校园 2022 年 12 月，县关工委、县教育局联合开展“学习宣传贯彻党的二十大精神进校园巡展活动”。该活动在县城东中学举行启动仪式后，在全县各中小学校巡回进行，通过巡展活动，进一步推动党的二十大精神走进青少年、引领青少年，教育引导广大青少年坚持知行合一、牢记嘱托、为党和人民的事业感恩奋进。

【教育阵地建设】 **升级版校外教育辅导站建设** 2022 年，县关工委对条件较为成熟的迳头镇楼下村官埗围、石角镇观山村和汤塘镇江坳村虎山头 3 个校外教育辅导站完善各项规

2022 年 9 月 29 日，县关工委“五老”讲师团进校园开展“传承红色基因，争做时代新人”专题讲座 （县关工委 供图）

2022年5月16日，佛冈县举行首个关心下一代党史国史教育基地揭牌仪式

（县关工委　供图）

章制度，完成人员架构、活动动态剪影上墙，配备学习用具、书籍等资料，使之在原有的基础上进一步升级，着力打造佛冈县青少年校外教育辅导站示范点。

党史国史教育基地建设　2022年，县关工委充分利用现有的红色教育基地打造成关心下一代党史国史教育基地。5月，佛冈县首个关心下一代党史国史教育基地在迳头镇楼下村官塅围范仲淹勤政文化园揭牌。市关工委常务副主任李雨松、陈新、龚志强、唐成良、蔡玲娜，县委常委、组织部部长黄成灼，县关工委主任袁镜焕，迳头镇党委书记李富等参加了揭牌仪式。

国防教育基地建设　2022年6月，县关工委主任袁镜焕、常务副主任吴琼芳、副主任周有生一行，先后两次到县人武部与部领导座谈交流青少年国防教育和在佛冈国防公园增设佛冈关心下一代国防教育基地工作，得到了县人武部领导的鼎力支持，并于10月31日举行“佛冈县关心下一代国防教育基地”揭牌仪式。县关工委、县人武部将充分发挥好国防教育基地在青少年校外教育中的主阵地作用，共同推进青少年国防教育工作，普及国防知识，增强国防观念，激发青少年的爱国热情。

【160工程活动】2022年，全县各级关工委利用寒暑假和节假日，开展法治宣传、禁毒宣传、交通安全宣传、防溺水宣传、森林防火宣传、预防电信网络诈骗宣传等，积极组织学生开展书法、绘画、唱歌培训比赛等活动，进一步增强孩子们的法治观念、提高安全防范意识，丰富假期文化生活。

【关爱留守困境儿童】2022年，在六一节和暑假期间，全县各级关工委深入到村（社区）慰问、关爱留守儿童和困境儿童，为他们送上慰问金、慰问品和节日问候，鼓励他们要坚定理想信念、努力学习、学好本领，将来做德智体美劳全面发展的社会主义建设者和接班人。据统计，全年共关爱留守儿童923人、困境儿童975人。

【农村创业青年工作】举办主题培训班　2022年，县关工委分别以镇为单位先后在全县6个镇举办以“交流创业经验，促进创新创业，助力乡村振兴”为主题的“2022年佛冈县关工委农村创业青年培训班”，各镇农村创业青年300多人参加。通过培训，鼓励和引导农村青年努力创新创业，积极发挥“双带”作用，助力乡村振兴，进一步推动佛冈经济社会高质量发展。

举办专业技术培训班　2022年，县关工委组织“智多星”农科服务队，联合县农技推广中心、县乡村振兴专家服务队，并专门邀请农业专业技术人员，先后在汤塘镇滋江村、石角镇观山村、迳头镇大陂村、水头镇政府举办4期专业技术培训班，创业青年120多人参加，切实为创业青年解决急难愁盼的问题。

慰问受灾创业青年　2022年6月，佛冈县遭受持续强降雨天气影响，部分农村创业青年的项目受灾严重。县关工委分别深入高岗镇长江村和龙山镇下岳村，慰问受本次洪涝灾害影响比较严重、经济损失较大的农村创业青年何道福和朱海柱，鼓励他们振作精神，克服困难，积极开展灾后生产自救工作。

【宣传工作】2022年，县关工委坚持办好《关心下一代工作通讯》，定期更新室内外两个宣传栏内容，把全县各级关工委开展青少年教育活动和创业青年培训跟踪服务工作最新情况展现给广大群众。通过市、县、镇、机关等关工委微信群汇报分享工作情况，交流工作经验，让大家相互鼓励，攻坚克难，共同营造积极向上的关心下一代工作氛围。抓好《中国火炬》《秋光·关心下一代》杂志征订工作，全县征订2023年《中国火炬》244份、《秋光·关心下一代》241份。积极向“中国火炬”“广东关心下一代”微信公众号和《秋光·关心下一代》杂志等媒体投稿。是年，微信公众号“中国火炬”“广东关心下一代”“清远关心下一代”分别报道佛冈县简讯96篇、72篇、13篇，《秋光·关心下一代》杂志刊载佛冈县简讯5篇，《清远日报》刊载佛冈县简讯1篇。县融媒体中心通过《佛冈新闻》播放县关工委工作7次。县关工委被《中国火炬》杂志社评为“2022年《中国火炬》宣传工作先进单位”，县关工委办公室陈伟胜被《中国火炬》杂志社评为“2022年《中国火炬》宣传工作优秀通讯员”。

【自身建设】学习型关工委创建　2022年，佛冈县各级关工委注重利用办公学习会、座谈会、参观学习、举办培训班、下发学习通知和自学等形式，组织全县关工委系统“五老”开展理论和业务学习，及时传达学习贯彻上级有关会议、文件精神和业务知识，不断提高关工委干部队伍的政治理论和工作业务水平。

村级关工委建设 2022年，县关工委分别指导迳头镇楼下村、石角镇观山村和汤塘镇江坳村完善村级关工委组织建设。村关工委由村党总支部书记或副书记兼任主任，由“五老”人员任常务副主任并负责村关工委的日常工作，同时设立村关工委办公室，使关工委有组织、有队伍、有阵地、有制度、有活动、有效果，逐步推进全县村级关工委组织工作正常化、规范化。

“五好”关工委评选 2022年，县关工委召开“五好”关工委评选工作会议，根据各镇、村（社区）和各单位自评得分，并结合平时工作开展情况，一是综合评出6个镇关工委和15个县直机关单位关工委为2022年度“五好”基层关工委；二是综合评选出2017—2022年（每年一小评五年一总评，2020年因疫情缓评一年）“五好”基层关工委，6个镇关工委和10个县直机关单位关工委获评“五好”基层关工委。

（陈伟胜）

老区建设

【老区建设促进会概况】 2022年，佛冈县老区建设促进会（简称“县老促会”）驻会人员4人，由退休干部组成。主要工作任务是对老区开展调查研究，做好各级党委、政府的参谋助手，促进老区各项建设事业发展。是年，开展推进的“光亮工程”和“国奶养育工程”两个公益项目成绩突出，分别被省老促会评为先进单位一等奖和三等奖。

【深入调查，建言献策】 2022年，县老促会根据广东省、清远市老促会的部署并结合全县的实际情况，加强对红色革命遗址保护管理和合理利用开展专题调研。引进“光亮工程”和“国奶养育工程”两项公益项目，促进和加快全县乡村振兴事业发展。是年，全县在春夏期间，遇到多次特大洪水袭击，包括老区村在内，不少地方的道路、水利、住房等民生设施都受到不同程度的毁坏、损失。县老促会根据平时到各老区村调研所掌握的实际情况形成文字报告，及时向县委、县政府作出汇报反映并得到采纳，为工作决策提供参考。

【两项公益项目】 2022年，积极发挥老促会的桥梁纽带作用，引进、推进两个公益项目，切实推动公共服务下乡，补齐乡村建设短板，全面推进全县老区乡村振兴事业发展。

“关爱老区乡村振兴光亮工程”公益项目 2022年，县老促会把握广东容升公司捐赠高杆太阳能光伏路灯的良好契机，并经积极联系，取得广东省、清远市老促会的支持指导。县委、县政府高度重视，县乡村振兴局制定《“光亮工程”公益项目实施方案》，县政府投资支持809万元安装经费，确保广东容升公司对口捐赠11 480套高杆太阳能光伏路灯公益项目的实施。实现老区40个行政村、306个自然村全覆盖，辐射带动全县92.8%的自然村达到省级干净整洁村标准，78.8%的自然村达到省级美丽宜居村标准，为老区人民创建干净美丽、安全可靠的生活环境。

“关爱老区妇幼健康（国奶养育）工程”公益项目 2022年，县老促会贯彻落实《国务院关于新时代支持革命老区振兴发展的意见》和《国民营养计划（2017—2030）》精神，做好脱贫攻坚成果同乡村振兴有效衔接，实施健康佛冈战略，切实推进全县妇幼健康促进行动，推动《中国妇女发展纲要》《中国儿童发展纲要》在“十四五”期间落细落实。县老促会通过省、市老促会支持、指导和穿针引线，联合北京联慈健康扶贫基金会，在辖区内开展为期五年的国奶养育工程公益项目。为使项目得到迅速推进，北京联慈健康扶贫基金会、省和市老促会相关领导来到佛冈亲临指导。县委、县政府高度重视，县卫生系统、镇、村各级积极配合，举办项目培训会3场，参加培训150多人，建起微信群9个，实现干部、群众及受助受赠对象得到快捷方便服务，实现服务“一条龙”。自是年5月至年底，全县完成奶粉申领累计理性消费人数2569人（次），理性消费9816桶，捐赠人数578人（次）。国奶养育工程公益项目的引进和实施，惠及全县老区人民。

【保护利用红色革命遗址】 2022年，县老促会加强对红色革命遗址的保护管理和合理利用，弘扬革命精神，赓续红色血脉，以促进全县革命老区振兴发展，更好地开展爱国主义和革命传统教育，培育和践行社会主义核心价值观。是年，县老促会得到县史志办的密切配合，按省、市老促会关于开展革命老区红色革命遗址保护利用情况专题调研的通知要求，开展对本县革命老区红色革命遗址保护利用情况的专题调研。

全县革命遗址总体情况 调研和普查的结果显示，全县史迹单位遗址127处，分别为重要历史事件和重要机构旧址61处，重要历史事件发生地和人物活动纪念地21处，革命领导人故居、旧居16处，各类纪念设施14处，其他遗址15处。其中，入选《广东省革命遗址名录》34处，2022年经调整初步入选《清远市革命遗址总目录》112处。

修缮革命遗址 2022年，县政府通过听取县老促会调研实时反映，对革命遗址拨款修缮。其中，拨款20万元用于新建“田心村革命活动纪念馆”；拨款20万元对宝山村的东纵北江支队司令部旧址——钟氏宗祠进行修缮；拨款65万元对迳头镇青竹老区的“佛冈县抗日义勇中队”、原中共佛冈县委旧址——朱氏祠堂进行修缮。

【老区宣传工作】 **摄制《老区换新颜》视频短片** 2022年国庆节前，

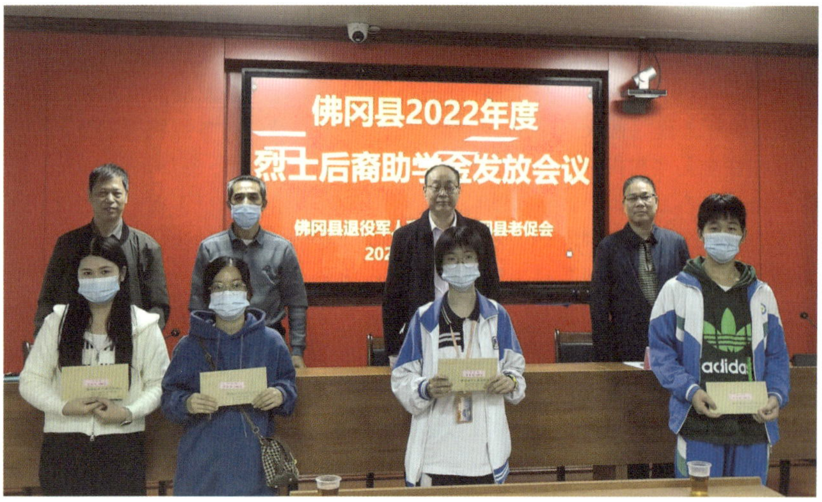

2022年11月25日，县老促会举行佛冈县2022年度烈士后裔助学金发放会议（朱然凯 摄）

县老促会在办公费用中拨款1.5万元，与县融媒体中心联合摄制5集《老区换新颜》视频短片，以当年老区的革命故事情节、近期老区人民生产生活、老区村容村貌为内容的画面，描述老区的变化，凸显现代化社会主义新农村的新颜貌。经县电视台播放后，在全县广大观众中引起良好反响，受到省、市老促会充分肯定和表扬。

征订杂志　2022年征订《中国老区建设》115份、《源流》230份，其中《源流》比上年增加10份。每月杂志都能及时分发到有关单位和人员，让征订单位和人员能较及时地看到国家机关的相关信息。

写好红色征文　2022年，为配合省、市老促会征集红色文稿要求，县老促会与县教育局、县文联协作，征集第四届“红色日记”稿件77篇、“致敬清远舰”稿件45篇、美术稿件74幅，并有9篇“红色日记”选登在《源流》杂志上。征稿和选登数量居全市中上水平。

【烈士后裔助学工程】2022年，烈士后裔助学工作按市退役军人事务局、市老区建设促进会文件（清退役军人发〔2022〕27号）精神，做好工作布置、调查摸底、严核档案等系列工作。全县助学对象19人，与2021年持平；发放助学金11.66万元，其中省级0.76万元、市级8.3万元、县级2.6万元。

（何东树）

应急管理

【应急管理概况】2022年，佛冈县应急管理局（简称“县应急局”）按照机构改革后新的职能要求，以强化安全生产监管执法和落实企业主体责任为抓手，以杜绝较大安全事故、预防和减少一般安全事故为目标，统筹办好发展和安全两件大事，不断深化安全生产领域改革创新，扎实做好安全生产、防灾减灾等各项应急管理工作，实现全县安全生产形势的总体稳定和持续好转。

安全生产工作　2022年，全县发生各类生产安全事故15起（同比减少5起，下降25%）、死亡18人（减少2人，下降10%），其中较大事故1起、死亡5人；其余14起为一般事故，属生产经营性道路交通事故。

三防工作　2022年的汛期具有“开汛早、降雨日数多、累积雨量大、多种灾害叠加”的特点。年累计降雨量2406.8毫米，较常年偏多32.7%。县观测站“龙舟水”累计雨量999.4毫米，打破2020年创下的极值记录（877.3毫米），同时高岗长江录得最大累计雨量1604.2毫米（清远排第二）。月最大降雨量1468.1毫米（高岗6月）。24小时最大雨量441毫米（民安5月10日15时～11日15时）。受“五月最强降雨”、历史最强“龙舟水”叠加北江超100年一遇特大洪水和台风“暹芭”等影响，致全县1宗中型水库、2宗小（一）型水库、4宗小（二）型水库超汛限水位，其中，汤塘香粉厂水库超汛限水位1.3米。潖江中上游、烟岭河干流没有超警戒水位，大庙峡最高水位49.62米，对应流量943立方米/秒（接近十年一遇洪水）。6月18—26日，潖江蓄滞洪区受北江上游地区持续强降雨和百年一遇洪水影响，6月22日5时龙山荷田水位21.78米，超警戒水位（21.00米）0.78米，下岳堤决堤150米，龙山潖江蓄滞洪区被倒灌顶托8天。另7月4—9日受台风“暹芭”外围环流和西南季风影响，龙山潖江蓄滞洪区再次受北江洪水倒灌顶托6天，洪峰水位19.69米。县应急局牢固树立人民至上、生命至上理念，从严从细从实抓好防汛抢险救灾各项工作，成功交出2022年防汛抗洪救灾满意“答卷”。两天三夜，组织上万群众安全大转移，三轮强降雨过后，佛冈大水“无大灾”，实现“零伤亡”。

森林防灭火　2022年，全县共发生森林火情9宗（其中违规炼山4宗、烧杂5宗，没有发生森林火灾），与去年同期相比（17宗）下降47.1%，春节、元宵、清明、中秋、国庆、重阳、冬至等传统民俗拜祭节日及春耕备耕、秋收冬种等森林火灾高发时段实现“零山火”，总体形势平稳。

【安全生产监督管理】危险化学品和烟花爆竹监管　2022年，县应急局加强安全生产监督管理工作。印发《佛冈县危险化学品安全监管部门联席会议制度》，健全县危险化学品生产安全事故应急处置联动机制，推动协同监管。开展危险化学品安全风险集中治理工作，督促危化品生产企业完成老旧设备升级改造，指导重大危险源企业完成安全风险辨识评估和编制“两个清单”及双重预防机制数字化建设，实现风险管控数据接入政府端系统上线运行。完成重大危险源企业、危险化学品经营企业全覆盖检查，全年共开展执法检查企业54家次，发出责令限期整改指令书16份，立案查处1起，罚款6.9万元。组织醇基燃料专项整治，排查涉及使用醇基燃料经营场所74家（处），查扣醇基燃料4000升，未发现重大安全隐患。

非煤矿山监管 2022年，县应急局推进矿山安全监管分类分级，包保责任制全面落实。配合省、市开展安全生产专家会诊指导服务。组织开展节后复工复产、汛期、外包工程等专项整治检查工作。督促3家非煤矿山企业开展安全生产标准化建设工作。全年开展安全生产执法检查13家次，发出责令限期整改指令书8份。立案查处违法行为1宗，处罚金额2万元。

工贸行业监管 2022年，围绕全县安全生产中心工作和具体任务，编制实施了佛冈县应急管理局2022年度安全生产监督检查工作计划，2022年度重点检查企业58家，一般检查企业40家，完成率100%。同时，扎实推进“三年行动”整治，推动企业落实主体责任，开展金属冶金、粉尘涉爆专项大检查、“百日清零”整治行动以及开展“厂中厂”安全生产大排查大整治。强化隐患整改跟踪督办，系统防范化解工贸行业领域安全风险。聘请专家对重点企业开展执法检查，精准执法，狠抓平安清远建设三项攻坚任务“最后一公里”工作，持续开展《中华人民共和国安全生产法》宣传贯彻，扎实推进建立“一企一册”台账工作。

安全生产行政执法 2022年，围绕全县安全生产中心工作和具体任务，严厉打击安全生产违法行为，杜绝执法宽、松、软现象。全县应急系统出动执法人员707人次，累计检查企业356家（次），发现隐患问题591处，开具检查记录220份，下达责令限期整改指令书114份、现场处理措施决定书14份，查办了一批典型案件，切实做到整改一批、处罚一批、警示一批。2022年立案查处安全生产违法案件23宗，收缴处罚金额98.46万元。查处案件均及时在公示平台公示，按要求上报典型案例6宗，完成率100%，合格率100%。

【防灾减灾救灾】 2022年，县应急局以“基层党建＋应急管理标准化”为抓手，不断完善村（社区）“十个有”。落实防汛行政首长负责制，及时调整完善县、镇、村“三级”防指组织机构，建立2960人灾害防御信息接收报送员工作台账。紧盯重点，狠抓风险隐患排查整治工作，及时发现全县存在的138个防汛工作短板和问题，列出问题清单，限期完成整改，对4宗水利工程、39处山洪地质灾害隐患点、68处削坡建房点落实整改，对37宗水利工程完善防汛应急预案。落实前置物资、队伍到镇到村，同时洪灾过后，及时采购补充100多万元应急物资，保障抢险救援及时，最大限度保障群众生命财产安全。坚持人民至上、生命至上，坚持“应转尽转、应转早转”原则，是年防汛期间，全县共提前转移危险区域群众42 513人次，启动集中安置点22个，集中安置群众1258名。全县上下一盘棋，应急响应启动时，县主要领导坐镇县应急指挥中心，统筹指挥全县防汛抗洪抢险工作，落实联合值守工作机制。县四套班子成员全部下沉镇村一线督导检查，镇村干部驻守在防汛工作最前线，全县共组织3600党员、干部、志愿者等下沉镇村基层，把党旗插在防汛救灾一线，以“时时放心不下”责任感，合力抗击“龙舟水”，成功抵御5—6月持续的3轮强降雨和7月1轮台风袭击，实现了“零死亡，少损失”的目标。

【森林防灭火】 2022年，县应急局紧扣春节、元宵、清明、中秋、国庆、重阳等重点时间节点，及早部署工作，加强重点时节森林防灭火的宣传教育和督导检查。开展“五清”“猎火”等专项行动，强化森林火灾隐患排查整治，全县共排查整治各类森林火灾隐患点279个。强化森林火险监测预警，利用林火视频监控系统和林火卫星监测技术，及时监测发现火情。全面推进“包山头、守路口、盯重点、签责任、打早小”的“阳山经验”。是年，完成2个镇7个行政村示范创建。森林消防装备在原有的基础上实施广清一体化森林火灾应急能力建设项目，投入资金722.7万元，增加一批以水灭火装备，为应对森林火灾提供有力保障。

【宣传教育培训】 2022年，县应急局加强应急宣传教育培训工作。印发《佛冈县2022年“安全生产月”和“安全宣传佛冈行”活动工作方案》，在鸿兴银座城户外广告大屏幕、50辆公交车、5个社区、1个大型商场、2家客运站等推送播出全国“安全生产月”宣传片，张贴横幅和主题海报至25台邮政快递车、各公共宣传栏、企业宣传栏等，宣传受众5万多人次。广泛发动参加《中华人民共和国安全生产法》宣传活动，组织企业参加“新安法知多少”、普法和安全知识竞赛等活动，累计组织186场，参与1.15万人次。组织参与广东应急普法“线上马拉松”活动，截至2022年底，全县建立队伍1106支，参与人数7202人，涵盖全县机关和企事业单位。印发《佛冈县2022年安全生产月执法警示活动方案》，深入推进隐患排查治理，依法严厉查处违反安全生产法律法规的行为，充分发挥执法处罚的警示和震慑作用，推动“第一责任人”守法履责。围绕全国防灾减灾日重要节点，深入村（社区）开展防灾减灾宣传，增强广大群众的防灾减灾意识和自救互救能力。全县各镇各三防成员单位共开展防汛应急和灾害防御培训7次共930人，预案演练26次共4230人，有效提高群众的应急避难能力。强化防汛抗洪正面宣传和正确积极舆论舆情引导。通过电视、广播广泛开展公益科普宣传，播报气象最新天气信息，派出记者直击防汛一线报道抗洪抢险先进事例，多角度开展防汛抗洪救灾和灾后复工复产工作宣传，切实增强公众防灾避险意识。

（刘伟燕）

建制镇

责任编辑：黄　欣

高岗镇

【高岗镇概况】 高岗镇位于佛冈县的北部，东经113° 3′，北纬24° 1′。西南紧靠观音山省级自然保护区，西北与英德市东华镇相接，东与佛冈县迳头镇为邻，南连佛冈县石角镇。高岗镇辖区面积为174.03平方千米，其中耕地1237.5公顷、林地14 077.9公顷。2022年，高岗镇下辖长江、墩下、宝山、高岗、新联、高镇、三江、三联8个村委会，1个社区，105个自然村，241个村民小组，7个居民小组。年末户籍总人口3.33万人，以客家人为主，其中常住人口1.52万人，当年出生人口326人。

清嘉庆十八年（1813），尚未建立佛冈厅，高岗镇地域原为英德县大陂都的独石乡、观台乡、高台乡、虎山乡。建立佛冈厅时，从英德县划出以上4个乡，与从英德县划出的其他2乡和从清远市划出的吉河乡，共7个乡组成佛冈厅地域。1914年6月佛冈撤厅改县后，高岗镇地域的4个乡归属二区，1950年4月归属三区。1951年3月，佛冈设立22个乡和1个镇，三区辖内设8个乡，其中之一为高岗乡。

高岗镇地处山区，属南亚带亚季风气候，其特点是高温多雨，气候湿润。观音山脉为境内主要山脉，主峰亚婆髻海拔1219米。境内有萤石、稀土、白石、瓷土等矿产。山猪、穿山甲、狐狸和白鹇等野生动物经常出现。拥有广东罕见的优质山、水、瀑布、石、空气及植被资源，旅游资源丰富，距离广州70分钟车程，距离珠三角主要城市2小时以内车程，是商务旅游、休闲娱乐的理想地方。

【经济发展】 2022年，高岗镇实现固定资产投资11 281万元；完成财政收入6422.31万元，财政支出6194.38万元；完成增值税386.25万元，企业所得税235.17万元。

农业　2022年，高岗镇粮食作物以水稻、旱粮为主。2022年，全镇粮食种植总面积1087.2公顷，生产粮食5450吨，其中稻谷播种面积1079.7公顷、产量5408吨。主要经济作物有大豆、花生等。大豆播种面积58.3公顷，产量194吨；油料作物主要是花生，种植面积375.9公顷，产量1432吨。畜牧业以家禽、大牲畜为主，共有生猪养殖户92家，存栏量36 890头。其中温氏养殖户（企业）18家，存栏量约11 125头；肉牛养殖户共10家，存栏量480头，山羊养殖户共7家，存栏量957头；规模白鸽养殖户1家，存栏量80 000羽；生鸡养殖户共10家，加上其他散养户，生鸡共计存栏量25.5万。

农民专业合作社　高岗镇农民专业合作社共46家。其中长江7个，墩下8个，宝山4个，高岗1个，三联6个，三江5个，新联5个，高镇10个。其中省级示范合作社1家（佛冈县德福种养殖专业合作社）、市级示范农民合作社4家（佛冈县高岗镇佛红果蔬专业合作社、佛冈县顺景种养专业合作社、佛冈县海盛种养专业合作社、佛冈县嘉鑫蔬果专业合作社），县级示范农民专业合作社1家［励枫土茯苓种植基地（佛冈县）专业合作社］。

家庭农场　高岗镇家庭农场共47个，其中长江3个、墩下6个、宝山4个、高岗18个、三联1个、三江8个、新联3个、高镇4个。全镇共有省级示范家庭农场2个（佛冈县高岗镇墩下村下湾村金湾百香果家庭农场、德福生态农场），成功申报3个“一村一品”项目，即墩下村百香果、长江村砂糖桔、三联村红薯。

早稻水稻保险　2022年，高岗镇早造购买水稻保险共3140户，投保面积517.6公顷，投保总费81 727.6元，早造受损面积19.8公顷，保险赔偿金额14 6281.8元；晚造购买水稻保险共3124户，投保面积共513.8公顷，投保总费308 257.2元，保险赔偿金额37 591.9元。农房保险投保6164户，投总保费51 161.2元。

农田水利设施　2022年高岗镇修复高镇村官厅村上段陂、墩下村曹屋陂、高岗村斑鸠陂、墩下村禾坪头黄泥陂、墩下村河唇队高段嘴陂、墩下村下张竹头下陂、新联村高榜陂，农田水利设施总投资169.38万元。

招商引资　2022年，恒大花溪谷项目投资共19 730万元，有序复工复产；宝山村红色文旅乡村发展项目投资500万元，正规划建设；天农项目计划投资10亿元，按期开工建设；汉毅田园综合体项目计划投资10亿元，正在办理项目审批手续；清远市德正矿产资源开发有限公司以2.8亿元成功竞出高镇村塘肚自然村岩矿采矿权。

2022 年 10 月 14 日，高岗镇第二次水面漂浮物清理专项行动

（高岗镇党政办　供图）

【城乡建设】 基础设施建设　2022 年，高岗镇投入约 900 万元，改造圩镇基础设施；投资 689.5 万元，实施佛冈县高岗镇省道 252 线高岗高速路出口至镇政府路段改造提升工程；投入 545.91 万元完成高岗圩、樟树坑、曹世召、上湾、赵屋养猪场、长江村 6 个崩塌地质灾害应急治理工程；投资 8458.48 万元，着力谋划建成乡村精品段风貌提升项目。

人居环境整治　2022 年，高岗镇累计投入 5494.99 万元建设了 102 个美丽乡村，创建率 97.1%；2022 年，新建污水处理池 11 个，整改污水处理池 4 个；新建公厕 8 个，整改公厕 3 个；93 个自然村实现雨污分流，镇、村生活污水处理率达 87.6%；农村生活垃圾保洁率和处理率达到 100%。全镇 26 家一般工业固废企业和 4 家危险废物企业已完成申报登记。

【社会事业发展】 教育　2022 年，高岗镇有幼儿园 2 所，在园幼儿 311 人；完全小学 4 所，在校生 1054 人，专任教师 59 人，小学适龄儿童入学率 100%，4 所完全小学均为标准化学校；初级中学 1 所，在校生 676 人，专任教师 43 人，初中适龄儿童入学率 100%；九年义务教育覆盖率达 100%。

文化·体育　2022 年，高岗镇有镇文化站 1 个，公共文化室 70 个，藏书 4.02 万册；文化从业人员 12 人，其中事业单位从业人员 2 人。全年举办道德讲堂 3 场，参加群众 120 人；开展“我爱阅读”系列活动 18 次，“我们的节日”系列活动 6 场次、“扫黄打非”系列活动 9 场次，每周末晚固定开展露天影院放映活动 1 场次，开展“爱国卫生运动”180 余次。全镇体育场地 46 处，有篮球场 36 个；社区和行政村均安装健身器材，经常参加体育活动的人员占常住人口的 50%。地方特色民俗文化活动有豆腐节。

社会保障　2022 年，高岗镇城乡居民医疗保险参保人数 22 294 万人，城乡居民养老保险参保人数 4681 人。全镇“零就业家庭”数动态为零；城镇新增就业人数 55 人，新增转移农村劳动力 594 人，城镇失业人员再就业人数 80 人，就业困难人员再就业人数 7 人，促进创业人数 20 人。适龄女生 HPV 二价疫苗第一针免费接种 106 人，接种率达 100%。

民政工作　2022 年，全镇低保户 314 户 694 人，发放低保金额 378.63 万元。80 周岁以上老人 773 名，共发放高龄补贴 51.67 万元。在册特困人员 142 人，发放特困护理费 172.77 万元，临时救助 36 人，发放救助金 17.62 万元；在册残疾人数 1078 人，其中重度残疾 488 人，发放重度残疾人补贴 148.51 万元，符合发放生活津贴 179 人，发放低保残疾人生活补贴 46.05 万元；在册孤儿 13 人、事实无人抚养儿童 10 人，合计发放 37.20 万元。为改善高岗镇敬老院设置水平，已购置空调、彩电、洗衣机、消毒柜等电器。

基层治理　2022 年，高岗镇全面推进“中心 + 网格化 + 信息化”建设，依托“粤平安”综合治理平台，全镇划分 47 个网格，全镇 11 名专职网格员“入格办事”，配备 42 名兼职网格员；48 个网格账号平均活跃度 100%。累计新增网格事件 1238 件，办结 1235 件，流转 3 件。在册在管精神病患者 168 人，精神病三级以上患者 59 人，住院患者 32 人，送院救治 15 人次。全面推进“治乱补短、全民反诈”宣传活动 50 场次，制作宣传海报 150 张、反诈口罩 5000 个，发放宣传单 18 000 余份。贯彻落实国家禁毒方针、政策，开展禁毒宣传活动 300 余场，发放宣传单张 10 000 余份、禁毒宣传物资（帽子、雨伞、杯子、环保袋、纸巾）10 000 余份，设置村（居）宣传栏共 9 个。开展反邪教宣传教育 14 场，发放宣传单张 1000 余份，设置村（居）宣传栏共 10 个。在法治乡村创建中，新联村被确定为 2022 年广东省“民主法治示范村”创建单位。

【补短板项目建设】 2022 年，高岗镇成功申报 5000 万专项债资金，全面推进补短板项目建设。实施美丽圩镇、省道 252 线高岗高速出口至镇政府段改造提升工程，重建宝山村 6 米宽水面公路桥，整治地质灾害点 6 处，加固危房 2 栋，新建 2 座灌溉陂头；验收补充耕地 18.67 公顷，新增水田 15.1 公顷（226.21 亩），墩下村、三江村 100 公顷（1500 亩）高标农田完成建设并验收完毕，高岗村、长江村、三江村 213.3 公顷（3200 亩）高标农田通过市级部门验收。扎实推进农村安全饮水工程，梁屋、下流、长江、墩下、张屋等村饮水工程实现通水试用。

【巩固脱贫攻坚成果】 2022年，高岗镇制定《高岗镇关于健全防返贫动态监测和帮扶机制的实施方案》，将4户16人纳入脱贫不稳定户帮扶，对419户966人脱贫群众进行常态化监测。驻镇帮镇扶村工作队和镇、村干部进行了4次对全镇脱贫户入户全覆盖核查，将有返贫致贫风险和突发严重困难的全镇共4户农户纳入监测范围，通过驻镇帮镇扶村工作队协调，组团结对帮扶单位和爱心企业捐赠约15.5万元的慰问金和慰问物资，对脱贫户、防返贫监测户、困难群众和困难老党员建档立卡，并对高岗镇中小学相对困难的约50名学生进行关爱慰问。

【党建示范品牌】 2022年，高岗镇将高镇村、高岗村和宝山村作为党建示范点强项品牌进行打造。擦亮高镇村“党员引领，‘茸’易致富”党建工作品牌，由党总支主导成立的华升农业专业合作社，整合6.67公顷的撂荒地种植红松茸；擦亮高岗村“芋见高岗”党建品牌，依托村经联社成立专业运作公司，运营管理荔浦芋种植基地；擦亮宝山村“映山红”党建文化品牌，依托“宝结岭”红色革命历史，修缮东纵北江支队司令部旧址，打造“初心讲堂”红色革命教育基地、宝山村红色文化主题公园、红色历史长廊。

【乡村旅游】 2022年，高岗镇乡村旅游业主要有龙潭小寨、宝山村红色教育基地、墩下百香果种植基地。其中龙潭小寨坐落在广东八大名山之一的佛冈观音山北麓，小寨群山环绕、植物种类繁多，风景秀丽，距京港澳高速佛冈县高岗出入口6千米，距广州城区约1小时车程。宝山村红色教育基地，建有“初心讲堂”及佛冈县红色革命历史长廊，开展党史、革命史教育活动，累计接待省市县镇各级党员10 400余人次。墩下百香果种植基地是以采摘体验为主的新型休闲业态，逐步搭建百香果产业辐射带动平台，致力形成高岗镇可看可学可推广的特色产业。

【高岗镇第十七届人大第二次会议】 高岗镇第十七届人民代表大会第二次会议于2022年5月31日召开，全镇68名人大代表参加会议。大会听取和审议了《2022年高岗镇人民政府工作报告》《2022年高岗镇人大主席团工作报告》《高岗镇2021年民生实事完成情况报告》和《高岗镇2021年财政预算执行情况和2022年财政预算报告》；票决了高岗镇2022年十大民生实事。

（黄家雯）

2022年4月28日，在宝山村举行乡村振兴产业帮扶项目签约、启动仪式

（高岗镇党政办 供图）

迳头镇

【迳头镇概况】 迳头镇位于佛冈县东北部，是县中心城镇之一。地处东经113°40′、北纬24°01′，东面与广州市从化区、韶关市新丰县接壤，南面与水头镇相连，西面与高岗镇相接，北面与英德市接壤。全镇总面积185.04平方千米，其中耕地面积2746公顷。2022年迳头镇下辖青竹、湖洋、仓前、迳头、大陂、楼下、龙冈、大村、井冈、社坪10个行政村，1个社区。全镇有自然村110个，村民小组218个，居民小组7个。2022年末户籍人口3.5万人，户籍总出生人口353人，常住人口2.5万人，户籍人口以客家人为主。

迳头镇因地处山脉（当地人称为“迳”）起端而得名。清嘉庆十八年（1813）建立佛冈厅，原为英德县（今英德市）大陂都的白石乡、迳头乡划入佛冈厅。1914年6月佛冈厅改为佛冈县后，迳头镇地域的2个乡归属佛冈县二区。1950年4月归属佛冈县三区，1955年6月设迳头区。1958年10月，与其他地区合并为跃进人民公社。1961年5月，成立迳头人民公社。1983年12月，撤社改区，改称迳头区公所。1994年1月，改称迳头镇。2004年5月，烟岭镇并入迳头镇。

全镇山地广阔，属低丘陵地区。北部为低坡度山丘，是主要产粮区，南部为高山林地，具有丰富的林木、竹子资源。烟岭河向东北流入英德市后汇入滃江，为滃江一级支流。

迳头镇是佛冈北部片区重要的交通枢纽，交通区位优势突出。2022年，有国道106线从东北至西南通过

2022 年 9 月 23 日，佛冈县庆祝 2022 年农民丰收节线上直播带货现场

（迳头镇党政办　供图）

镇境，有省道 2 条（省道 245 线、省道 382 线）、县道 2 条（县道 374 大旗线、县道 839 河西公路）。镇内行政村、自然村均通硬底化公路。镇中心区距离京港澳高速公路高岗路口仅 6 千米，距离佛冈县城约 20 千米，距离广州北二环 100 千米，交通十分便利。

镇内建有小（二）型水库 3 座，总库容 87 万立方米；有集中供水工程点 12 个，涉及 11 个村（社区），日供水能力 4500 立方米。该镇有 110 千伏迳头变电站，镇内建有 10 千伏电网；建有水电站 12 座，总装机容量 4055 千瓦。邮政电信设施完善，网络信号实现全覆盖。

【经济发展】 工业　2022 年，迳头镇有工业企业 24 家，其中规模以上企业 14 家，规模工业总产值 23 亿元，增速 9.3%；完成规模工业增加值 6.7 亿元，增速达 14.4%。全镇形成以节能材料、机械制造、玩具制造、纺织印染为主导特色工业。新增广东省仟甫新材料有限公司、柏菲化妆品有限公司以及清远市邦泰精密机械设备有限公司三家企业，为迳头镇本地新增产值 4 亿元，新增就业岗位 600 多个。

农业　2022 年，迳头镇粮食生产任务数共有 1651.27 公顷，完成 1660.25 公顷，完成率为 100.54%。其中早稻任务数为 800.2 公顷，完成种植面积 800.2 公顷；晚稻任务数为 745.1 公顷，完成种植 745.1 公顷。迳头镇 2022 年撂荒地复耕任务有 8.6 公顷，至 2022 年底，迳头镇撂荒耕地复耕复种 0.086 平方米（129 亩），完成率为 100%。畜禽出栏产量约 6475 吨，生猪累计出栏 3.5 万头，牛累计出栏 319 头，三鸟累计出栏 186 万只；实施红火蚁防治面积 247.3 公顷。

电子商务　2022 年，迳头镇继续举办推动产业振兴暨农产品产销对接会，借助广州市电视台、南方日报等媒体大力宣传"佛冈有礼"农产品，帮助农户打开农产品销路，实现村级电子商务物流点全覆盖。

【城乡建设】 基础设施建设　2022 年，迳头镇为提升圩镇基础设施（服务设施）建设水平，带动周边村发展，实现城乡互补，实施清远市佛冈县迳头镇乡村振兴项目（一期），项目立项金额 2806.97 万元，改造新集镇区人行道、升级地下雨污管网系统和对地上道路进行硬底化。此项目于 2022 年 8 月 3 日正式进场施工，于 2022 年底全部完工。

文明乡镇创建　2022 年，迳头镇强力推进创文拆违工作，全力打造宜居和谐的人居环境。对新集镇违搭违建进行集中清拆，全年集中清拆违搭乱建 97 处共 3520 平方米，整治乱摆卖、车辆乱停放行为 875 宗；排查户外广告设施 23 个，拆除存在安全隐患的户外广告和违法设置户外广告设施共 220 平方米。通过宣传栏、文化墙、电子屏等宣传平台，广泛开展社会主义核心价值观和文明礼仪常识宣传普及活动，营造良好的创文氛围。

美丽乡村建设　2022 年，迳头镇为进一步改善农村人居环境，建设美丽宜居乡村，投资 1540 万元对剩余未创建美丽乡村整洁村的杨岭、井下塘、胡屋等 12 个自然村进行美丽

2022 年 7 月 20 日，迳头镇开展反诈宣传活动　（迳头镇党政办　供图）

乡村整洁村建设。此项目已经完成招标工作，于11月12日开始进场动工。龙冈瓦屋下、胡屋、枫树段、中心村、大陂黄泥塘创建美丽乡村整洁村工程已于2022年底全部完工。

【社会事业发展】 教育 2022年，迳头镇辖区内有初级中学1所，在校学生963人，教职工56人；完全小学3所，在校学生1913人，教职工121人；公办幼儿园、托儿所5家，5家幼儿园均达到了规范化幼儿园的标准，在2022年均通过了清远市复评。在迳头中心小学成立了特殊教育资源点，有8名残疾儿童随班就读。更新改造迳头小学、燕岭小学教学设施设备，总投资375万元。

文化·体育 2022年，迳头镇有镇文化站1个，村级文化服务中心10个，公共（村小组）文化室10个，藏书1.5万多册，公共电子阅览室配有电脑11台。全年开展新时代文明实践活动80余次，积极培育文明乡风，传承鸡公狮、客家山歌等优秀传统文化。

社会保障 2022年，迳头镇城乡居民医疗保险参保22 949人，新农保参保12 481人，社保扩面征缴工作扎实推进。接受“粤菜师傅”“广东技工”“南粤家政”等技能培训219人，新增城镇就业600人，就业形势总体稳定。优抚、低保、特困人员供养、孤儿养育、“两残”补贴全面完成提标任务。迳头小学、燕岭小学学生上下学基本实现校车接送。校内课后服务实现“两个全覆盖”。迳头镇退役军人服务站获评“全国示范型退役军人服务站”和“广东省五星级示范站”。积极做好优抚金发放工作，走访慰问困难退役军人，落实困难退役军人应急救助1宗，8名烈士后裔成功申请助学金。

民政工作 2022年，迳头镇共有低保户315户635人，其中城镇低保户4户7人，农村低保户311户628人，累计发放低保金额338.3407万元；最低生活保障边缘家庭6户21人。持证残疾人共1008人，重度残疾人护理补贴发放6288人次，发放金额1 584 576元。全年困难残疾人生活补贴发放2574人次，发放金额483 912元。“双百工程”项目实现社工站（点）的100%覆盖。

【幸福积分超市】 2022年，迳头镇为调动村民参与乡村治理积极性，大力推广幸福积分制乡村治理新模式。探索在乡村治理中运用“积分制”，把能提升村民幸福感的行为表现量化为积分，设计制定党员争优、志愿服务、文明新风、乡村治理、家庭美德等积分细则，并鼓励各村（社区）因地制宜探索积分制在乡村治理中的新模式，形成“积分制＋党员争优、志愿服务、‘四小园’管护、门前‘三包’、文明商户、禽畜集中圈养、评先评优”等7种特色做法模式。至2022年底，共建成11个村级积分超市，开通积分存折4300多户，党员户开通率100%，基本实现常住人口全覆盖；举办积分集中兑换活动42场次，投入近10万元购置奖品（经费来源于各村每年6.6万元的服务群众经费和社会、单位捐赠资金），吸引12家商家加入“幸福积分＋爱心商家”激励方案，与农商银行达成“积分贷”协议并试行。2022年度，迳头镇在基层治理中运用积分制的经验做法得到清远市政研室的认可、广州市协作办的批示推广，以及广东省乡村振兴局的推介。

【疫情防控】 2022年，迳头镇严格落实新冠疫情网格化防控工作。全年共收到专项推送19722人，完成排查19722人，排查率达100%，其中实际落地7838人，移交异地或相关部门11884人。共收到“一码通”系统推送密接人员112名，已全部按照相关防疫要求落实居家隔离等措施。

【巩固脱贫攻坚成果】 2022年，迳头镇大力开展防返贫监测。印发《迳头镇扶贫资产收益分配实施方案》，通过合理分配扶贫项目收益，广东省乡村振兴驻镇帮镇扶村留存的30万资金及其他资金全部用于巩固拓展脱贫攻坚成果和开展全面推进乡村振兴工作。扶贫资产收益优先用于保障防止返贫动态监测对象的生活水平、设置公益性岗位、设立公益基金，以及用于村内基础设施建设、人居环境整治、农村人才培训、农村基层党组织建设、产业发展等乡村振兴项目。

【助农宣传推广】 2022年9月23日，在迳头镇官塅围村举行以“庆丰收迎盛会”为主题的佛冈县庆祝2022

2022年5月12日，县政协副主席蓝山鹰（右一）深入迳头镇督导防汛和乡村振兴工作

（迳头镇党政办 供图）

年中国农民丰收节活动。通过线下现场参观佛冈有礼农产品，线上直播带货相结合的展销方式，打通了线上、线下活动渠道，助力农民增收。活动期间还举行了清远佛冈迳头拓远建设有限公司揭牌仪式，花城购清远迳头乡村振兴专馆启动仪式，“佛冈有礼”平台采购签约仪式，驻迳头镇驻镇帮镇扶村组团单位消费帮扶采购签约仪式等。

【农村集体产权制度改革】 2022年，迳头镇深化农村集体产权制度改革，其中10个经联社、218个经济社完成农村经济组织成员身份确认，成员身份数33 094人。完成了2021年清产核资工作，集体资产总额为8100.7158万元，其中经营性资产总额2164.0168万元；集体土地总面积为1.562万公顷，农用地总面积为1.555万公顷。已完成农村集体经济组织股份合作制改革的试点为楼下村4个经济合作社和仓前村19个经济合作社。另外为继续推进农村集体经济组织股份合作制改革，迳头镇再选取迳头村和大陂村进行改革，至2022年底，迳头村19个经济合作社改革试点股份量化资产额89.20万元和大陂村17个经济合作社改革试点股份量化资产额69.91万元，已完成股份制改革。全年完成任务数为59个经济合作社，占比为25.88%。已完成年底佛冈县各乡镇农村集体产权制度股份合作制改革工作乡镇任务数。

【乡村振兴人才驿站成立】 2022年，迳头镇坚持以党建为引领，以“一站多元”为目标，成立乡村振兴人才驿站，选址位于迳头镇乡村振兴办公楼，整合镇委党校、人社所、村级乡村振兴服务站等资源，构建全网络驿站，推动人才驿站与相关职能部门和平台阵地深度融合，有效拓展人才驿站的工作格局。另外，还设置了驿站实践基地，将楼下村官塅围、乡村振兴井冈微党校、柑橘大苗基地等适合人才实践锻炼交流的平台、产业基地等纳入驿站的实践基地，进一步完善人才“引、育、留”的工作机制。

【迳头镇第十八届人民代表大会第二次会议】 2022年6月25日，迳头镇第十八届人民代表大会第二次会议胜利召开。来自全镇各条战线的62名人大代表参加会议。会议审议通过了《迳头镇政府工作报告》《迳头镇人大工作报告》《迳头镇财政工作报告》和《迳头镇2021年十件民生实事推进情况的汇报》，依规票决出推行幸福积分制、建设乡村振兴项目（一期）、仓迳自来水厂供水工程、提升消防安全公共基础等2022年十件民生实事项目。

（罗惠珊）

水头镇

【水头镇概况】 水头镇位于佛冈县东部，东经113° 40′、北纬23° 53′，东南与从化市交界，西南与羊角山接壤，北与迳头镇、西北与高岗镇、西与石角镇相邻，距离佛冈县城10千米。全镇面积146.21平方千米，其中山地面积1.16万公顷，耕地总面积为1014.6公顷，其中水田面积774.4公顷。镇政府驻水头圩，下辖潭洞、西田、石潭、桂田、桂元、新联、铜溪、王田、新坐、莲瑶10个行政村，水头1个社区。全镇有127个自然村，196个村民小组；户籍人口3.22万人，其中农业人口3.17万人；常住人口约1.5万人。

该镇为潖江源头，故名水头。水头历史悠久，清嘉庆十八年（1813），属佛冈厅吉河乡，民国期间属佛冈县一区天水乡，1949年10月解放后属佛冈县二区水头乡，1955年设水头区，1957年改乡，1958年10月属从化县佛冈人民公社水头大队，1961年5月属佛冈县水头公社，1983年12月复设水头区，1987年1月撤区建镇，改为水头镇。水头镇居民全部为汉族，以带地方色彩的粤方言佛冈白话为日常交际语言，也有部分自然村居民以客家话为主。

水头镇为低山丘陵区，地势东高西低，多为山地、丘陵。在镇东面的通天蜡烛山海拔1047米，为全县第二高峰。水头镇地域属亚热带气候，年平均气温20.6℃，年平均降雨量2206.8毫米，全年无霜期266天左右。具有较为丰富的地热矿泉水（即温泉），水温常年保持在37～38℃之间，日流量为1500立方米。自然土壤主要为花岗岩发育的赤红壤，土层深厚肥沃。

【经济发展】 农业 2022年，粮食播种面积1400.1公顷，蔬菜播种面积达33.4公顷。撂荒耕地复耕复种98公顷。新增6家家庭农场，家庭农场总数54家，市级示范农场3家；农民专业合作社56家，市级示范社1家。

特色农业产业园项目 2022年，魔芋（一期）种植120公顷，产量5000吨，产值2520万元；加工精粉产值3766万元，总产值约6286万元。7月21日，佛冈县水头镇魔芋产业园项目签约仪式暨二期开工动员会举行。

工业 2022年全镇规模以上工业总产值4.63亿元，同比增长293.8%；规模工业增加值2亿元，同比增长210.3%；完成固定资产投资9.47亿元，同比增长140.5%。城镇居民人均可支配收入为35 475元，增速3.2%；农村居民人均可支配收入为20 684元，增速5.0%。各项主要指标增速稳居全县前列。

【城乡建设】 固定资产投资 2022年，佛冈县中核汇能乡村振兴农光互补光伏电站项目共分三期，总投资10亿元，占地286.67公顷。其中水头镇供地100公顷，迳头镇供地186.7公顷，年均发电量20 204.7万千瓦时。项目投产后，预计每年贡献税收1800万元。2022年12月31日，清远市佛冈县中核汇能乡村振兴农光互

2022年12月31日，佛冈县中核汇能乡村振兴农光互补光伏电站（一期）项目成功并网发电（水头镇党政办　供图）

补光伏电站（一期）项目成功并网发电。该项目在县镇政府专班、驻镇帮镇扶村工作队和中核汇能各方共同努力下，成为2022年以来中核汇能在广东区域首个实现当年立项、当年建设、当年投产的项目。

农村基础设施建设　省道245线横穿水头圩镇，为连接县镇主通道。镇与村、村与村之间的乡道、村道约181条，合计里程约109.756公里，能较好满足镇村居民生产生活出行需求。2022年共养护公路120.99公里，村道硬底化路面467 754平方米，黑底化4条线路共21 557平方米，农村道路单改双23.7千米，巩固堤围及农耕道路1300多米。多方筹措资金6.2亿元，实施包括绿道网、圩镇管网提升、圩镇改造、多功能交易市场等19个基础设施类项目。圩镇管网建设、水利设施修复已完工，圩镇沥青铺设已完成，外立面改造加速推进。新修建水利设施建设项目40个，排查污水处理设施115座，修建污水管1.6千米、雨水管2.6千米、排洪渠4.2千米，改造完善灌渠7200多米。

医疗养生养老基地　依托广州中医药大学技术帮扶和委托管理，与企业合作投资3.1亿元打造面向湾区的集“医疗、养老、体检”为一体的高标准医疗养生养老基地，总占地3.87公顷，总建筑面积4.5万 m^2，可提供养生养老床位约800张。目前该项目主体框架已封顶，转入室内精装修阶段，预计2023年5月底试运营。

【基层社会治理】　2022年，水头镇继续探索网格员专职化推进基层社会治理创新模式，并受上级肯定；配备81名专兼职网格员，实现“小事不出村”。健全扫黑除恶专项斗争、“扫黄打非”、禁毒、反诈等长效机制，市级禁毒重点整治顺利摘帽。投入300多万元改造升级镇级党群服务中心。投入337万元建设行政村党群服务中心。建设垃圾分类投放收集点233个和卫生公厕135座。优化镇村环卫一体化服务。

【“邻里友爱互助站”揭牌】　2022年8月10日，清远首个“邻里友爱互助站”揭牌启动仪式在水头镇新联村举行。项目旨在搭建社会组织助力乡村振兴工作平台，充分发挥民政、村委会和社会组织三方力量，打造社会组织助力乡村振兴公益品牌。

【多功能农贸市场建设工程】　2022年10月10日，水头镇全域推进乡村振兴基础设施建设工程之佛冈县水头镇多功能农贸市场建设工程开工仪式在水头镇举行。该项目建筑面积13 320.38平方米，项目总承包单位为浙江省一建建设集团有限公司。项目用地面积3980平方米，主体建设共有十层，底层占地面积为2788.90平方米，地上面积共10 123.41平方米。其中，一至三层分别为展厅和市场、超市、多功能厅，单层面积均为1857.41平方米，层高5.6米；四至十层为网红电商孵化基地，共4551.17平方米，单层面积均为618.44平方

2022年8月10日，清远首个“邻里友爱互助站”揭牌启动仪式在佛冈县水头镇新联村举行（水头镇党政办　供图）

2022 年 11 月 30 日，水头镇魔芋产学研创新中心建成

（水头镇党政办　供图）

米，层高 3.6 米；另有地下室一层，面积为 2856 平方米，设地下停车位 42 个、地上停车位 20 个，共有机动车位 62 个、非机动车位 94 个。项目计划于 2023 年 10 月竣工。

【魔芋产学研创新中心建成】 2022 年 11 月 30 日，水头镇魔芋产学研创新中心建成。创新中心位于佛冈县水头镇北部新联村内，北邻县道 373 线，规划总用地面积 0.34 公顷。创新中心是水头镇利用已停止办学、处于闲置状态的水头镇丰二小学校舍，盘活利用新联村集体资源，引入院校、企业合作，由清远振为生物科技有限公司出资打造。项目于 2022 年 8 月 15 日动工建设，11 月底建成，12 月 15 日前投入使用。创新中心将突破魔芋产业发展的瓶颈制约，产生具有显著经济效益的成果，包括种业、大田智能设备、生物防治体系、加工环节智能制造、魔芋葡甘聚糖衍生的先进高分子材料、产品加工与质量安全体系等。中心面向魔芋产业发展重要需求，解决涉及魔芋产业发展重要领域、关系产业发展的“卡脖子”问题，包括新品种创制、高产稳产新技术、产业装备升级、魔芋精粉新功能研发等。

（邱伟钊）

石角镇

【石角镇概况】 石角镇位于佛冈县中部，东经 113° 32′、北纬 23° 52′，是县城镇，也是全县的政治、经济、文化活动中心。东面与水头镇相连，东北与观音山自然保护区相邻，北面与英德市毗邻，西面与龙山镇相接，南面与汤塘镇相邻。全镇总面积 347.70 平方千米，其中耕地面积 2672.64 公顷，山林面积 25 000 公顷。2022 年，石角镇下辖科旺、吉田、冈田、凤城、莲溪、观山、黄花、诚迳、二七、三莲、三八、小潭、石铺、里水、龙塘、小梅、山湖 17 个行政村，城东、附城、振兴、站前、城南、沿江、新城 7 个社区，186 个自然村，487 个村民小组，45 个居民小组。2022 年户籍人口 13.04 万人，常住人口 16.5 万人。石角镇共有基层党组织 121 个，其中镇党委 1 个、基层党委 2 个、党总支部 22 个、党支部 96 个，党员 3364 名。2022 年完成辖区内县级文明村（社区）100% 创建工作。

石角镇，因清代时已有石角圩而得名，建于清雍正九年（1731）。1987 年 1 月，改称石角镇。

石角镇商贸活跃，交通四通八达，有京港澳（G4）高速公路、国道 106 线、省道 252 线、省道 292 线（英佛公路）贯穿全镇境内，并设有一个京港澳高速公路出入口；镇内主要河流有潖江及其支流龙南河、诚迳河、黄花水等；镇内主要以汉族为主。石角镇生态资源丰富，森林覆盖率达 69.37%，拥有以温泉养生为主题的森波拉度假森林、碧桂园温泉酒店、篁胜温泉国际花园酒店，以佛教祈福为主题的王山寺风景区，以农旅生态休闲为主题的田野绿世界和山水画龙美丽乡村风情长廊。先后获“全国文明单位”“广东省文明单位”“广东山区十强镇”“广东美食旅游之乡”“广东省宜居示范城镇”等荣誉称号。石角镇自然资源和旅游资源丰富，拥有钨、锡、钼等金属矿产和水泥石灰岩、硅石、瓷砂、稀土矿、地下热水、温泉、矿泉水等资源。观音山、羊角山还有着丰富的风力资源等有待开发利用。

【经济发展】 工业　2022 年，石角镇共有规模以上企业 42 家，实现规模以上工业总产值 130.2 亿元，累计工业增加值 25.6 亿元。坚持调整经济结构，改善招商和营商环境，引进清远惠豪科技有限公司等企业，推进广东鑫源恒业电力线路器材有限公司等重点企业增资扩产。

农业　2022 年 8 月顺利完成全年粮食种植任务，其中水稻 2681 公顷、大豆 36.7 公顷、其他粮食作物 139.2 公顷；完成全年撂荒耕地复耕任务 12.8 公顷；完成旱改水管护任务 83.1 公顷，将集中连片、适宜规模化开垦的地块进行管护，改善农业生产环境，提高耕地质量等级。“一村一品”项目通过县批准实施 7 个；通过县验收 2 个，分别是观山益肾子和龙塘澳洲坚果。科旺村被省农业农村厅认定评审为 2022 年度蔬菜专业村。

畜牧业　2022 年，全镇 14 个高效农场已完成升级改造，一户正在升级中；新建、升级改造的猪场存栏可达 1200 头。截至 12 月底，全镇生猪存栏量 4.53 万头，其中能繁母猪

8060头；生猪出栏量3.21万头（不含温氏出栏）。全年清远鸡出栏量338.2万羽，已完成县下达石角镇2022年清远鸡出栏任务。肉鸽出栏量共76.2万羽，已超额完成2022年肉鸽出栏66万羽的任务。2022年，石角镇屠宰检疫生猪63 007头、牛1480头，屠宰检疫率达100%。对红火蚁疫情及虫鼠蔓延进行有效防控，镇投入资金2.5万元，培训人员2600多人次，发放红火蚁药约1470箱，建立红火蚁监测点20处。全镇累计发生红火蚁面积169公顷，防治面积475.5公顷，发放鼠害防控药物210袋。

【城乡建设】 城市扩容提质 2022年，石角镇城北新区项目、城镇建设用地（弃土场）项目、农业产业科技园项目稳步推进；国道106扩建工程、省道252线县城段改建项目，主路工程已建设完成；凯旋华府项目一期已竣工，二期正在有序推进；华润高山风电场已完成项目施工，11台风机已全部完成并网发电；广州城建学院一期用地已交付使用；佛冈县职业技术学校（三八校区）用地正进行深入调查摸底。结合县级全国文明城市创建工作，累计开展24个小区和54栋楼房外立面及周边道路升级改造。

基础设施建设 扎实推进农田建设管理，2022年投入2500多万推动全镇农村小型水利设施、高标准农田、隐患桥梁建设及全域自来水供水等基础设施提档升级。基本农田省级补助资金72.63万元，已实施10个小型农田灌溉项目。高标准农田建设涉及诚迳、三联等6个村，总投资969.78万元，共266.7公顷。181个自然村完成污水管网建设，全镇建设污水处理设施共计240座，收集户数16 982户。纳入垃圾收运处理体系自然村186个，占比100%。全镇各行政村的环境卫生清洁保洁工作投入234万元，聘请两家专业清运公司负责日常清运保洁。

【生态文明建设】 生态保护 切实做好生态环境保护常态化巡查工作，在镇域范围内每月至少开展两次实地生态环境巡查，累计巡查超过25次，并每天借助“雪亮工程”摄像头进行线上巡查。全面落实入河排污口排查整治工作，完成黄花村杨梅坑和滴水岩自然村生活污水直排入河整治工作。

“河长制”工作 推进河道水环境整治工作，全镇累计清理河道15公里，清理水域面积7千米，清理漂浮物32吨，出动人员约370人次，出动各类机械设备50台次。

“林长制”工作 构建镇、村二级林长体系，构建以镇级林长17名、村级林长34名、基层执法员42名、基层监管员42名与护林员32名为主体的“一长三员”森林资源源头管护机制。安装24个林长制责任牌，压实林长制责任。

美丽乡村建设 2022年，石角镇全面推进“千村示范、万村整治”示范镇建设，按照“整洁村、示范村、特色村、生态村”四个梯度，创建生态宜居美丽乡村。2022年，石角镇186个自然村有485个村民小组，建成整洁村229个、示范村175个、特色村21个、生态村1个。全镇186个自然村“三清三拆三整治”基本完成，无害化卫生户厕完成率为99.99%，建成农村公厕共222座。投入2500多万元推动全镇农村小型水利设施、高标准农田、隐患桥梁建设及全域自来水供水等基础设施提档升级。石角镇“山水画龙”乡村振兴示范带建设有序推进，“示范带”位于石角镇西部，全长17千米，涉及龙塘、石铺、里水、小潭、小梅5个行政村、70个自然村，总投资约1.03亿元，已完成总工程量93%，完成3560户农房微改造。

乡村振兴 管理并审核村委在防返贫系统上的申请和业务，组织在职在编干部对脱贫户进行入户，对扶贫资产进行“回头看”工作，做好防返贫监测帮扶及脱贫攻坚“回头看”工作。紧盯已脱贫的1276户建档立卡贫困人口家庭收入支出，对“两不愁三保障”等方面的困难和问题开展常态化检视。大力推进新型农业经营体系发展，形成以龙头企业为引领、农民专业合作社为支撑的现代农业发展新面貌，全镇共有农业专业合作社120家、家庭农场118家。2022年全镇共申报1个省级扶持村集体经济发展试点项目，项目名称为石角镇诚迳村建设光伏发电项目，预计能给诚迳村带来每年6万元左右的村集体经济收入。

【社会事业发展】 技术 2022年石角镇做好农村劳动力技能培训工作，加大力度培训，让群众学到想学的技能，提高全民文化素质。全年母婴培训60人，居家服务30人，医护服务20人，农村电商20人，粤菜师傅培训121人。

教育 2022年，石角镇户籍适龄儿童、少年数6327人，中小学校数量7个，幼儿园数量30所，全镇在校人数10612人。小学适龄儿童入学率100%；初级中学2所，小升初升学率100%，九年义务教育覆盖率达100%。

文化·体育 2022年，春节前组织指导黄花村、凤城村、附城社区共举办3场乡村春晚；“三八”妇女节指导站前社区开展“巾帼心向党·启航新征程”关爱妇女茶话会；指导站前社区端午节开展“浓浓端午情·慰问进家庭”活动；“三八”期间在凤城村、莲溪村、小潭村、吉田村开展“书香伴成长”暑期儿童阅读活动。有效利用农家书屋，引导儿童爱阅读，营造“以求知为荣，以读书为乐”的学习氛围。举办了石角镇2022年乡村振兴摄影作品线上征集活动，征集作品18幅。指导沿江社区开展“我们的节目·中秋亲子DIY月饼主题趣味活动”。在全镇开展“新时代乡村阅读季”系列活动，以“健康成长”为主题开展青少年爱国主义读书活动，鼓励青

2022年3月12日，石角镇团委和佛冈一中团委组织团员青年们分别到石角镇振兴社区、城东社区和城南社区低保户家中慰问　　（朱慧燕　摄）

少年读好书。开展“戏曲进乡村”文化惠民演出活动。

社会保障　2022年，全年完成农村富余劳动力转移输出约850人，失业登记人数136人，“4050”人员认定134人，核查创业补贴的微型企业10间次，完成辖区内10 752人的城乡居民养老保险待遇领取资格认证工作，养老保险续保10 014人。城乡居民医疗保险参保54 015人，办理约8000人次的医疗保险报销工作；农村房屋保险续保15 810户。全年处理15宗劳资纠纷，追回610万元工人工资。

民政工作　2022年，石角镇全镇共有城镇低保户163户、312人，月发放金额227 797元；农村低保户627户、1569人，月发放金额728 381元。城镇特困户39人，每人每月发放1403元；农村特困户567人，每人每月发放1072元。对全镇68户共88名扶贫兜底对象每月按时足额发放扶贫资金总额33 407元。高龄2350人，发放补助金139 900元。临时救助20户，发放补助金151 500元。困境儿童142名。

武装和民兵工作　2022年6月支援龙山抗洪抢险任务中，全镇基干民兵发扬能吃苦、能坚持的战斗作风，有效完成了抗洪抢险等各项重大任务3次，出动基干民兵106人次，疏散群众800多人。

【新冠疫情防控】　2022年全镇共排查疾控流调8120人次、大数据推送7.82万人次、群众报备7.15万人次等，共15.78万人次；全力做好应急处置准备和应急处置工作，倾全镇之力处置“10·02”疫情；全力推进疫苗接种工作，全镇累计接种疫苗41.96万剂次，占全县接种总数的53.82%。

【综治维稳】　2022年，石角镇共受理信访案件201宗、515人次，办结186宗，办结率为92.5%，未到期限办结15宗。其中上级交办、转办案件共156宗，办结147宗，未到期限办结7宗。受理并办结12345等各类网访案件2111宗，调解办理各类矛盾纠纷案件共158宗。党的二十大召开期间未发生重大群体性事件。

【反诈工作】　2022年，石角镇把打击治理电信网络诈骗犯罪作为中心工作，坚持突出重点、精准施策、群防群治，有效遏制电信网络诈骗案件的发生，全力推动构建“全民反诈、全社会反诈”的工作格局，切实维护好人民群众财产安全。2022年石角镇共发生电信网络诈骗案件222宗，比2021年272宗下降了18.4%。

【退役军人服务】　依法依策落实退役军人春节、八一慰问和“9·30”活动待遇共6533人、6533批次，走访现役军人家属送喜报30人（其中三等功2人、优秀士兵或四有士兵28人）。完成采集对象的光荣牌悬挂工作，全镇已悬挂光荣牌2202块，营造全社会尊崇退役军人的浓厚氛围。相关部门走访烈属、军属和退役军人家庭；家庭

2022年8月13日，石角镇党委书记梁艳文（右二）和副书记黄亦军（右一）带队到县人民公园开展“治乱补短，全民反诈”宣传活动

（石角镇党政办　供图）

2022 年 2 月 11 日，人大代表进联络站接待群众　（石角镇党政办　供图）

因病或生活困难、发生重大变故问题 23 个，临时救助送去党委政府人文关怀 23 个。石角镇退役军人服务站已为 109 人次提供救助。

【构建区域党建共同体】 2022 年，石角镇深化社区“大党委”机制，构建区域党建共同体。制定社区“大党委”机制细则和兼职委员管理办法，强化社区“大党委”在基层各项事务中的核心作用。抓实抓细“双报到双服务”机制落实，指导 6 个社区制定 45 条需求清单；85 个县直副科以上单位、省市直管单位党组织和 3100 多名党员到各社区报到，累计开展活动 285 次，为群众办实事 132 件，提高服务群众效能。

【党员培训教育】 2022 年，石角镇扎实开展党员培训教育，抓实抓细政治理论学习。充分发挥镇委党校培训党员干部主阵地作用，常态化开展教育培训工作。全年镇委党校共举办培训班 18 期，参加培训 3159 人次。24 个村（社区）党组织开展党员培训和党课学习 90 余期，参训 6000 余人次，举办“两支队伍”培训班 4 期，参训 800 余人次。组织广大党员干部收听收看党的二十大报告，镇党委召开传达贯彻党的二十大精神视频会议，在黄花村存久洞红色广场举办“大榕树下的小讲堂”之党的二十大精神宣讲活动，在全镇掀起学习宣传贯彻党的二十大精神的热潮。

【村（社区）干部学历提升】 2022 年，石角镇推动 76 名村“两委”干部及后备干部入读市村官学历提升（大专）班，28 名村“两委”干部及后备干部入读中专层次学历提升班，持续做好参加人员的参学督学工作，逐步解决村（社区）干部学历层次偏低、知识获取途径不畅、乡村振兴人才缺乏等问题。

【人大履职】 2022 年，石角镇人大围绕深入推进爱国卫生工作，结合石角镇实际和疫情防控常态化要求，以镇中心联络站和 23 个村（社区）代表联络站为单位，全镇 159 位省、市、县、镇四级人大代表进站参加“更好发挥人大代表作用”主题活动，深入践行“我为民、我履职、我行动”行动口号。以联络站为单位开展了助力撂荒耕地复耕复种、人居环境整治、防治红火蚁、除四害活动、防范电信网络诈骗等代表性活动 25 次。代表进联络站接待群众 203 人次，走访群众 602 人次，收集群众意见建议 20 条，主题活动全面开花。2022 年 7 月 27 日，石角镇人大组织莲溪、站前选区开展了县、镇两级人大代表向选区选民述职评议会议，12 名县、镇代表获综合评测满意度“满意”分值达 96% 以上。

（石角镇党政办）

汤塘镇

【汤塘镇概况】 汤塘镇位于佛冈县南部，东经 113° 28′、北纬 23° 25′，东接从化区良口镇，南接从化区鳌头镇，西接龙山镇，北接石角镇。全镇面积为 229.37 平方千米，其中耕地面积 3106.67 公顷，山林面积 14 666.67 公顷。2022 年，汤塘镇下辖汤塘、溎江、江坳、石门、四九、竹山、高岭、黎安、菱塘、洛洞、升平、脉塘、暖坑、田心、联和、官山、大埔、围镇、新塘 19 个行政村，汤塘、四九 2 个社区。全镇有 142 个自然村，480 个村民小组，5 个居民小组。2022 年末户籍人口 7.9 万人，户籍人口多讲粤语。

汤塘镇是广东省中心城镇之一，拥有“广东省教育强镇”“广东省宜居示范城镇”“广东旅游特色镇”“广东名镇”等称号，入选为“全国重点镇”“广东省新型城镇化‘2511’综合试点镇”“广东省经济发达镇行政管理体制改革试点镇”。镇内旅游、人文资源丰富，拥有珍稀的地热氡温泉、国家地理标志产品竹山粉葛、省级古村落汤塘村和省非物质文化遗产“舞被狮”。

汤塘镇因辖区内有热水塘（即温泉）而得名，1942 年为清远县汤塘乡。1953 年 2 月，清远县第七区划归佛冈县管辖，列为佛冈县第四区；1955 年 6 月，改称汤塘区。1957 年 3 月，分为汤塘、荣埔、四九 3 个乡。1958 年 10 月，与龙山合并成立潖江人民公社。1959 年 5 月，分出成立汤塘人民公社。1983 年 12 月，撤社改区，改为汤塘区公所。1987 年 1 月，改为汤塘镇。2004 年 5 月，四九镇并入汤塘镇。

汤塘镇地势西高东低，地形属平原地区。属亚热带季风气候，夏季高温多雨，冬季温和少雨。主要河流有滃江及其支流。境内探明地下矿藏有黑色金属矿、稀有金属矿、耐火黏土、花岗岩等，具有丰富的地热矿泉水（即“温泉”）。

汤塘镇境内有京港澳高速公路、汕湛高速、国道106线和省道354线通过，其中京港澳高速公路及汕湛高速设有汤塘互通口，且京港澳高速公路在汤塘设有出口及汕湛高速在汤塘镇四九片区设有出口。全镇县道、乡村公路全部实现硬底化，各村紧密相连，交通区位优势凸显，融入广州市“一小时经济圈”。滃江自北向南转向西面流入龙山镇。

【经济发展】 工业 2022年，汤塘镇规模以上企业有30家，实现规模以上工业总产值69.99亿元（注：含广东雅迪机车有限公司产值在内，汤塘镇产值将达83.26亿元），同比增长–7.6%；规模工业增加值13.67亿元，同比增长–11.5%；社会固定资产投资总额26.22亿元，同比增长4.9%。

广佛（佛冈）产业园累计签约项目107个（其中佛冈万洋众创城61家、中创材料谷14家），总投资241.469亿，预计年产值463.92亿，年税收可达20.034亿。计划投资额在20亿元以上的项目3个，计划投资额在10亿元以上的项目7个，计划投资额在1亿元以上的项目30个。已动工项目38个，投产项目20个。聚宝工业园A区引进优质企业11家，总投资额近9亿元，年产值超12亿元；B区签约企业9家，总投资额近13亿元，年产值超33亿元。

农业 2022年，稻谷播种面积为2460公顷，总产量为11 772吨；水果种植面积为2755公顷，总产量为29 067吨；蔬菜种植面积350公顷，总产量5823吨；全镇建设蔬菜基地3个，合计53公顷。高岭村点（县级粮食生产功能区）划定面积5547公顷，确保了群众“米袋子”生产供应。全镇主要农作物耕种收综合机械化面积1200公顷，机械化率50%以上，其中水稻耕种收综合机械化面积633公顷，机械化率在96%以上。稳定粮食生产，整治撂荒耕地31公顷，粮食种植2000多公顷，粮食供应充足；生猪产能同比增长17.25%。生猪存栏9440头，出栏14 593头；三鸟存栏1 018 805只，出栏2 857 432只。

2022年，汤塘镇共建立现代农业基地2个，在册农民专业合作社57家、家庭农场57家，其中市级示范家庭农场3家，省级示范家庭农场1家；成功创建以广东省佛冈县金鲜美粮油有限公司为主体的粮食生产加工专业镇，拥有金鲜美、广生元、双凤、立阳等省、市、县三级农业龙头企业。推进“一村一品”工程，竹山粉葛、四九柑橘、新塘优质稻、高岭蛋鸡、田心青梅、暖坑砂仁、升平红葱头等已上规模，形成品牌。新塘村、暖坑村、田心村、大埔村、升平村被评定为广东省“一村一品、一镇一业”专业村。其中竹山粉葛种植面积达33.3公顷（500亩），亩产量为1吨。由清远市地礼驿站三农服务有限公司对竹山粉葛进行深加工制作竹山粉葛面，进一步提高竹山粉葛的农产品附加值；通过举办粉葛节加大宣传力度，打响“一村一品”特色牌，对竹山粉葛进行推广销售，助力竹山粉葛产业发展。

旅游 2022年，汤塘镇依托独有的氡温泉和特色传统文化资源，结合地方民俗文化、现代观光农业、农家乐和自驾游等特色旅游项目，围绕古村落群、氡温泉眼、爱莲书室、濂溪书院、精品民宿等特色主题，联通聚龙湾、勤天熹乐谷、黄花湖度假区等高端休闲旅游产业群，打造集温泉养生、民俗观赏、农耕文化体验、国学文化研学于一体的乡村振兴示范带。建立“农民合作社＋乡村民宿管理”发展模式，成立佛冈县汤和泉乡村民宿专业合作社，对村内闲置民房进行整合盘活，实行统一管理，与周边景区、农家乐合作制定民宿住客专属优惠，提升乡村民宿的整体服务质量和水平；由村经济联合社成立民宿公司，在陂头村打造村级民宿，支部发力打造“党员示范民宿”，树立行业标杆、科学引导汤塘镇温泉民宿发展。2022年，汤塘镇登记在册民宿达74家，年营收750万元，带动农民就业150人。汤塘镇被评为“2021年度省级休闲农业与乡村旅游示范镇”，并依托四九牛肉节、围镇舞被狮、田心舞鲤鱼灯、竹山粉葛节等乡村民俗文化活动和资源，发展培育特色民俗节庆旅游品牌。

2022年9月27日，广佛（佛冈）产业园万洋众创城项目

［广佛（佛冈）产业园管委会　供图］

【城乡建设】基础设施建设　2022年，汤塘镇竣工验收农村桥梁4座，分别为凤岭围桥、上坝桥、Y376线滋塱村桥危桥、Y335线沙田冚桥，总投资为2081.087万元。共完成两个水毁桥梁修复工程。佛冈县汤塘镇Y326线下格桥水毁修复工程，桥梁长20.8米，行车道宽2×3.25米，约投入资金97.6万，该桥梁目前已建成通车。K1汤塘镇黎安村上黎六队桥水毁修复工程，长12米，宽3.5米，约投入资金75.1万元，目前已建成通车。6个农村公路安全生命防护工程5.29千米，分别位于滋江村、高岭村，约投入资金132.25万元，目前均已建成投入使用。两个道路拓宽工程，一是汤塘镇Y327新车—大车道路硬底化工程，总长2.011千米，预算投入约123.6万元，已建成通车；二是汤塘镇县道375的高滩—黄花县道联结工程全长3.465千米，预算投入约293.5万元，2022年已完成硬底化拓宽工程。

人居环境整治　2022年，汤塘镇开展了“三清三拆三整治”“三清一改”“清漂”“厕所革命”等专项行动，建立了农村生活垃圾收集处理制度和长效保洁机制，实现农村生活垃圾收集处理“四有”目标，建立起相对稳定的保洁队伍。2022年以来，依法拆除省道354脉塘至四九村路段铁棚、泥砖房共90余处，涉及违建面积6000多平方米；国道石门路口至丰收农庄段铁棚等违建建筑物15处，涉及违建面积1000多平方米。依法拆除耕地上建房22栋，违建面积5500多平方米，复耕复绿5000多平方米。拆除汤塘街、四九街道背街小巷违规搭建各类建筑物（含广告牌）60余处，涉及违建面积4500余平方米。清理河道3千米。行政处罚案件已立案30宗，28宗结案，2宗按程序正调查处理中，已收罚款5.9万余元。全镇累计改造无害化卫生户厕户数18 097户，无害化卫生户厕普及率100%，累计建成农村公厕共163座；142个自然村已完成农村生活污水收集，124个自然村完成农村生活污水治理；共建设污水处理池213个，生活污水治理率达87.32%。建设“四小园”1486处。已完成干路硬化自然村数为142个，占比100%；已完成支路硬化自然村数为139个，占比97.89%；已完成巷路硬化自然村数为128个，占比90.14%；已完成整村道路硬化自然村数为126个，占比88.73%。

2022年4月18日，乡村振兴示范带、温泉之乡——佛冈县汤塘镇汤塘村
（汤塘镇党政办　供图）

美丽乡村建设　2022年，汤塘镇按照“生态美、村庄美、生活美、乡风美”的“四美”要求，围绕建设规划与管理、村容村貌、基础设施、富民兴村、公共服务、乡村治理等方面夯实建设基础，推进“整洁村”“示范村”“特色村”创建工作。截至2022年12月，全镇142条自然村均达到干净整洁村标准，93个自然村达到美丽宜居标准，占65.49%。

全域土地综合整治试点　2022年，汤塘镇聘请广东省城乡规划设计研究院有限责任公司编制汤塘镇城乡融合总体规划（即全域土地综合整治试点方案、乡村振兴专项规划），初步制定全域土地综合整治试点方案，该项目库包含18个子项目，总投资7.2亿元，已开展实施垦造水田、大埔村矿山景观风貌提升、佛冈县生活垃圾卫生填埋场搬迁处置、汤塘镇乡村振兴示范带建设和升平村、暖坑村崩塌治理工程5个项目。同时，聘请华南农业大学专家组建汤塘城乡融合课题专家组，积极推动城乡融合发展项目建设，为引领、指导城乡融合发展项目落实落地提供有力保障。

【社会事业发展】科技　2022年，广佛（佛冈）产业园引进的企业中，高新技术企业达到34家，拥有省级以上科技创新平台18家。全年以佛冈江坳五兴人才服务有限公司为主阵地，以产业园、家庭农场、农民专业合作社、农业企业等新型农业经营主体为分课堂，围绕乡村特色产业、乡村旅游、乡村电商和家庭服务业发展，定期组织开展家政服务、电工、民宿管理、农家乐经营、水果栽培、蔬菜种植等技能培训课程，不断提升乡村人才的综合素质和水平。通过主动对接镇党委、县人社局、县农业农村局等单位，开展各类培训18次，参与培训人员1023人。加强人才与企业的互动，建立资源共享、共赢发展的长效机制，目前已采集企业21家，岗位需求88个，用工人数需求1120人。构建人才储备信息库，通过公开征集、高校推荐、企业举荐等方式，由佛冈江坳五兴人才服务有限公司统一建立全镇农村实用人才档案库。库内建档人才共2736名，收集汇总镇内劳动力40 133名，并按照5大类、30小类和998个职业工种分类，建立起劳动力就业需求清单，促进人力资源的高效配置。

教育　2022年度，全镇有初级中学3所，完全小学13所，教学点4

个，公办幼儿园1所（含5个园区），民办幼儿园6所。中小学教职工548人（其中在编411人），在校中小学生9008人，在读幼儿2103人。适龄儿童入学率100%，小学生毕业率100%；初中生辍学率0.2%，初中生毕业率100%。

医疗卫生　2022年，全镇完成免费孕前优生检查165对；已纳入计划生育家庭补助人数共547人，其中农村部分补助203人、纯二女户结扎节育补助324人、失独特别扶助补助3人、手术并发症补助5人、城镇独生子女补助12人。奖扶对象个案上报率和补助资金发放到位率均达100%。完成汤塘政府健康机关申报，全镇市级卫生自然村94个、省级卫生自然村24个。在物资储备方面，为确保在发生本土疫情时具备长期应对能力、确保疫情防控应急处置各工作组组员在处理疫情防控应急事件中的健康安全，镇防控指挥办2022年度采购了各类疫情防控物资，包括医用防护服、隔离衣、N95口罩、应急照明灯、一次性医用口罩等，采购金额共45万余元，发放疫苗接种经费46万余元，用于各村（社区）开展疫苗接种工作。截至2022年底，全镇累计接种142 437剂次，累计完成第一剂次52 892人，完成接种率89.16%；累计完成第二针剂次54 021人，完成接种率91.33%；累计完成第三针剂次33 268人，完成接种率61.59%；累计完成第四针剂次2256人。

文化·体育　2022年，依托综合镇文化站，面向全镇人民群众，积极组织少儿舞蹈公益培训班20课时。围镇村舞被狮被列入省级非物质文化遗产名录，田心鲤鱼灯被列入市级非物质文化遗产名录，“汤塘糯米糍”“汤塘臭屁醋”项目被列为佛冈县第五批县级非物质文化遗产代表性传承项目。

社会保障　2022年，全镇城乡居民基本养老保险参保总人数37 433人，其中被征地农民参加城乡居民基本养老保险19 748人，领取基本养老保险待遇正常审批通过发放10 316人；城乡居民医疗保险参保总人数56 679人，其中特殊人群参保5075人，新增城乡医疗保险补缴372人。在合作医疗工作中，共受理异地住院零星报销单据734份；特困、低保、建档立卡扶贫对象等特殊人员“一站式”结算15 233人次，统筹基金支付645.25万元，医疗救助支付331.31万元。

民政工作　2022年，汤塘镇政务服务中心设有业务受理区、填表区、自助办税区和24小时智慧政务等区域，共有7个对外办事窗口，包括公安、市场监督两个专窗和5个综合业务窗口，服务汤塘镇区近8万居民。中心占地总面积约300平方米。自运行以来，政务服务中心坚持以“深化改革，全心为民”为导向，本着“高效、专业、优质、便民”的服务宗旨，不断提高政务服务水平。汤塘镇政务服务中心累计受理各类行政许可、公共服务24 493件，其中专窗占44%，综合窗口占56%，按期办结率为100%。24小时智慧政务自助办理区设有6台自助终端机，可自助办理包括身份证换领、港澳通行证续签、违章处理、车船税缴纳、社保查询等高频率业务，打造无人值守的“随到随办”“全天候可办”的24小时自助服务体验，让企业和群众办事更加方便快捷。2022年，汤塘镇城乡低保标准分别达到每人每月877元和670元，特困集中供养标准达到每人每年12 864元，城乡分散供养标准分别达到每人每年16 836元和12 864元。

人民调解　2022年，汤塘镇有人民调解委员会40个，其中乡镇调解委员会1个，村居委调解委员会21个，企业性调解委员会16个，劳动争议调解组织1个，其他调解组织（妇联）1个。人民调解组织覆盖率达100%。全年共接访群众123批262人次，组织各类矛盾纠纷排查528次，共受理矛盾纠纷案件5宗，调解成功5宗，成功率达100%。

【农村综合改革】防返贫监测　2022年，汤塘镇划分为142个网格，配备224名基层网格员，全面开展基层网格员实时监测、行业部门重点监测、报贫热线动态监测“三线监测”，通过分片包干、接听电话和定期走访收集信息，及时掌握脱贫户和防返贫监测对象的“两不愁三保障”和饮水安全等情况，确保及时发现并上报返贫致贫风险，以便相关部门快速响应、精准帮扶。摸查防止返贫监测对象合计25户92人，均已做好台账整理并落实分类施策。根据核查所掌握的资料，分析研判风险点，针对性开展帮扶工作，强化人员、政策、资金等帮扶力量跟进，对有劳动力、有就业意愿的监测对象，实施就业帮扶；对无劳动能力的监测对象，实施综合保障。通过一系列帮扶措施，及时启动风险消除程序，是年11月已完成风险消除3户6人。

乡村振兴示范带　2022年，汤塘镇打造温泉古村乡村振兴示范带。围绕温泉、古村两大独特资源优势，累计投入5700万元，示范带内5个行政村的33个自然村均已达到干净整洁村以上标准，其中达到生态村标准1个、特色精品村标准8个、美丽宜居标准22个、干净整洁村标准2个，示范带建设已顺利通过县级、市级中期验收评估。通过充分盘活城建办、乡村振兴办、交管站等各部门各方面资金，优先向示范带建设倾斜；梳理美丽乡村建设、美丽圩镇建设等项目，与相关储备项目整体打包成“汤塘镇全域推进乡村振兴综合整治项目”，成功申报2022年地方政府专项债券。

【扫黑除恶】2022年，汤塘镇进一步贯彻落实中央、省、市、县对扫黑除恶专项斗争的工作部署，严厉打击各种涉黑涉恶违法犯罪案件。汤塘镇扫黑除恶宣传已深入各村居，在各村居、路口悬挂宣传横额50条，派发扫黑除恶小册子、宣传单、宣传小卡片等一大批宣传资料6000多份，派发宣传环保购物袋3800多个，设立并更新宣传栏内容22个、大型广告牌8块；向群众公布举报电话，公开举报奖励方案，在各村居设立举报箱，宣传覆盖21个村居及各企业单位。2022年，汤塘镇派出所刑事立案133

宗，刑拘22人；行政拘留47人（20人不执行行政拘留）；破获涉毒案件1宗。

【禁毒宣传工作】2022年，汤塘镇禁毒办开展大中型各类宣传活动70余次，发放禁毒宣传资料1万余份，悬挂张贴禁毒横幅标语100余条，设立禁毒宣传栏22个、大型宣传牌4个、移动宣传板12个和仿真模具2个。通过上门走访、电话回访、视频等方式完成平安关爱行动要求，其中走访慰问社区戒毒社区康复35人次；走访辖区内处置强制戒毒3次以上，社会面吸毒人员、因毒致贫致困人员涉及家庭共30户；其他社会面通过电话回访200人次。截至12月31日，汤塘镇户籍在册涉毒人员为414人，汤塘镇禁毒办按分级分类的要求录入系统，建立每人一档一册管理，并将该批吸毒人员划分到全镇各村（居）合计146个网格进行网格化管理。其中服刑、强戒、羁押等人员40人，死亡25人，迁出6人，社会面有吸毒史人员实际为349人。2022年社区戒毒、社区康复顺利解戒5人，截至2022年12月31日，共23人报到。在公安机关的配合下，对其进行社区戒毒、社区康复工作，实行动态化、系统化管理，无一人脱管失管，执行率100%。

【两化两员工作】2022年，为深入贯彻落实党中央关于健全城乡基层治理体系、推进网格化管理和服务等系列部署，佛冈县以汤塘镇为试点，探索建立"网格化+信息化""网格员+信息员"基层综合治理模式，形成"双管齐下、打建结合、疏堵并举、标本兼治"的长效管理机制，全面推进基层综合治理现代化。按照汤塘镇地理空间合理划分出网格102个，并根据网格数量配置兼职网格员106人、专职网格员26人。为建立快速信息收集渠道和反馈机制，汤塘镇制定"粤平安"建设工作信息整合及排查报送、工作运作、信息保密制度等一系列工作制度，确保使用者之间能共享信息，交流沟通经验，网格员能及时上报事件，为"粤平安"建设工作开展提供强有力的支撑。"粤平安"综合网格服务管理服务平台投入使用以来，已上报事件13 615件，已办结13 613件，办结率99.9%，其中，涉及疫情防控事件1304件，涉及农林水事件1438件，涉及精神患者事件518件。

【汤塘镇十八届人民代表大会二次会议】2022年5月26日，汤塘镇召开镇十八届人大二次会议，组织代表会议听取和审议汤塘镇政府、人大工作报告，审查和批准镇2021年预算执行情况和2022年预算草案报告，评议2021年十项民生实事落实情况，以及票决出包括汤塘镇生活垃圾清理清运服务项目、汤泉东路至温泉眼等路段升级改造工程、汤塘镇"粤平安"综合网格管理服务平台试点工作、汤塘镇Y326线下格桥危桥改造工程、佛冈县平坦水库除险加固工程、汤塘镇温泉古村美丽乡村风貌带、提升消防安全公共基础、修缮中共湛从区工委活动中心旧址（旧黄氏宗祠）工程、推进美丽乡村建设、四九中心小学校门前道路扩宽工程的2022年十项民生实事项目。会上代表提出的26件建议均已办理完毕。

（蓝卓敏）

龙山镇

【龙山镇概况】龙山镇位于佛冈县南部，东经113°23′、北纬23°45′。东接汤塘镇，南邻从化区鳌头镇，西南靠清远市清城区飞来峡镇，东北连石角镇。全镇面积160.47平方千米，其中耕地面积1895.6公顷，粮食播种面积1538.49公顷，林地面积8733.33公顷。2022年，龙山镇下辖关前、黄塱、门楼富、浮良、车步、滋镇、官路唇、鹤田、白沙塘、良塘、从化围、下岳、上岳、清水迳14个行政村，龙山1个社区。全镇有115个自然村，293个村民小组，23个居民小组。2022年户籍总人口5.1925万人，其中常住人口约3.4530万人，外来人口约3300人。户籍人口出生457人。

龙山镇因清朝在辖区内有龙山圩而得名。1942年为清远县龙山乡，1953年初改称清远县第六区，1955年9月改称龙山区，1957年9月改称龙山乡。1958年7月清远县龙山乡划归佛冈县管辖。1958年10月，龙山乡与其他乡合并为滙江人民公社；1959年5月，分出成立龙山人民公社；1983年12月，撤社改区，改称龙山区公所；1987年1月，改为龙山镇；2004年5月，民安镇并入龙山镇。

龙山镇地处佛冈县南部，地势北高南低，地形以平原为主，主要山脉为乐格山。属南亚带亚季风气候，高温多雨，气候湿润。境内主要河流为潖江及其支流。地下矿藏有石英砂岩、耐火黏土、叶蜡石等。主要旅游景点有上岳古民居，融创春风岭南。

国道106线贯穿境内，省道354线与国道106线在境内相接；从2020年起，汕湛高速、广连高速北延段相继开通，并在龙山范围内设龙山高速出口、广连龙山服务区，加快融入广州"半小时"经济圈。道路、电力、通信设施完善，发展环境优化。龙山镇是佛冈县的工业重镇，形成空调冷冻设备制造、玩具、机车制造等产业群。特色农业的发展格局初步形成，沃柑、香蕉、晶宝梨等优质水果的种植向基地化发展。岳凤凰鸡、中药材鹅、滋镇萝卜、沙葛等为县内名优特产。

【经济发展】2022年，龙山镇工农业总产值109.73亿元，比上年增长5.8%；完成财政收入22 853.35万元。

工业　2022年，龙山镇累计完成规模工业总产值103.3亿元，全县排名第二，同比增长4.5%，增速全县排名第三；完成工业增加值15.49亿元，增速在全县排名第三。

农业　2022年，龙山镇农林牧渔业产值64 283万元，比上年增长14.4%。粮食种植面积2397公顷，粮食产量1.36万吨。水果种植面积为

2022 年 11 月 1 日，县关工委到下岳村举办农村创业青年培训班

（龙山镇党政办　供图）

2625.4 公顷，总产量为 3.35 万吨；种植无公害蔬菜面积 1983.2 公顷。当年造林 297.2 公顷，林地面积 8733.33 公顷，森林覆盖率 57.54%。生猪饲养量 5.05 万头，累计出栏 2.98 万头；三鸟饲养 195 万只，三鸟累计出栏 117 万只；水产养殖总产量 1728 吨。

【城乡建设】 基础设施建设　2022 年，龙山镇新增镇级污水管网 5.42 公里、雨水管 0.45 公里、污水井 240 座。同时在融创至龙山加油站段增设雨水涵管 0.5 千米，解决该路段“逢雨必淹”的难题。村级环境管理和卫生整治网格化，全镇设置垃圾收集点 395 个，网格化管理区域 115 个，建有保洁队伍 15 支，聘请保洁员 172 人。

人居环境整治　2022 年，全镇 15 个村（居）的垃圾清运已全面实施物业化管理，制定村级垃圾清运考核标准，实施清运车辆物流式调度，一改以往垃圾清运不及时、垃圾废水满村画的不良现象。

美丽乡村建设　2022 年，美丽乡村覆盖标准不断提升。全镇 115 个自然村全部达到省级干净整治村标准，71.43% 的行政村达到省级美丽宜居村标准，5 条自然村达到省级特色精品村标准。高标准打造乡村振兴示范带，围绕“古韵上岳”“活力下岳”“古镇民安”三大主题，以三级景观道、乡村振兴风景线建设、人文历史资源激活为重点，打造 25.2 公里总长的龙山镇“醉美双岳”乡村振兴示范带，串联 5 个行政村 42 个自然村以及民安、龙山 2 个圩镇，覆盖农户 5302 户 22 414 人。该项目景观节点和“彩虹”风景线打造已初见成效。

【社会事业发展】 教育　2022 年，全镇有初级中学 2 所、小学 6 所、幼儿园 9 所。党委政府主动链接县教育部门，优化镇教育系统“头雁”队伍，营造浓厚教育氛围。顺利完成校园配套设施升级改造，由政府牵头、企业赞助，在湴江中学试点安装智威校园监控。成功链接广清帮扶，援建民安中学教学楼一栋。稳步提升教学质量，全镇小学今年以来累计获省级奖项 4 个、市级奖项 38 个、县级奖项 28 个，两所中学九年级联考平均分排名较去年显著提升。

文化·体育　2022 年，龙山镇抓住各种节日和农闲时节开展丰富多彩的文体娱乐活动，丰富干部文化生活。6 月，乘着城乡融合之风，龙山镇政府对龙山镇文化站进行全面升级，设置了文化长廊和文化培训室、少儿活动室、科普宣传室、理论宣讲室、舞蹈排练室、阅览室等功能室，为居民群众提供一个休闲娱乐、提升自我的好去处。

社会保障　2022 年，龙山镇城乡居民医疗保险征收任务为 37 020 人，已缴费 35 835 人，完成率为 96.80%。城乡居民社会养老保险征缴任务为 7560 人，已缴费 7529 人，完成率 99.59%。

龙山镇打造民生服务品牌　2022 年，龙山镇打造“情满龙山·连心工程”民生服务品牌，以满足特殊群体“需求”为导向，建立“项目化”长效关爱模式，着力推进民生保障精细化常态化长效化。是年，数据库内共有全镇弱势群体 2165 户、3198 人。建立数据库后，链接各方资源、统筹各方力量，探索社会救助项目化运作模式，按照“一户一档一策”标准，精准把脉群众需求，精细提供服务内容。至 2022 年底，已实施 28 个连心工程项目，共链接资金近 36 万元，受惠对象达 2800 人。

抚恤救济　2022 年，全镇有低保户 445 户 1031 人，低保边缘家庭 30 户 109 人，特困人员 507 人，全年共发放最低生活保障金 4 804 489 元、特困金 5 762 032 元。2022 年，龙山镇扎实开展走访慰问、帮扶援助、荣誉激励、党员结对帮扶等工作。其中，在春节期间组织退役士兵座谈会、慰问退役士兵等，发放津贴共计 19.17 万元；八一建军节组织退役士兵座谈会、慰问退役士兵等，发放津贴共计 17.15 万元。对特殊困难老年人家庭实施居家适老化改造，在圩镇、湴镇村、上岳村建设养老服务站，为农村老年人提供助餐、日托、文化娱乐等服务，为 1217 名 80 岁以上老人发放高龄老人津贴共 804 150 元。

【农村综合治理】 2022 年，龙山镇在清远市内率先制定《龙山镇完善指挥协调机制促进基层共建共治共享实施方案》，以“三大委员会”为平台（综合治理委员会、公共服务委员会、综合行政执法委员会），整合县镇两级资源，打造互联、互补、互动的多元化基层治理队伍，促进基层治理扁平化、便捷化、高效化。

消防安全长效机制　2022 年，龙山镇消防安全大排查大整治共排查隐患 1038 个，对辖区内“三小场所”建立“一店一档”，跟踪完成销号，整改率99.9%。

高效应急响应机制 在5—7月龙山镇连续遭受极端强降水、历史最强“龙舟水”袭击和台风“暹芭”影响。龙山镇前置指挥，布设9个集中安置点，集结调配供电、交通、公安等抢险救援力量约3000人次。“线上+线下”双保障模式滚动监测预报预警210 60条次，有序撤离滘江蓄滞洪区群众14 152人；紧急加固加高堤防，对蓄滞洪区范围内30千米堤围24小时不间断巡查，确保安全度峰。恢复重建，持续排查堤坝、水库、地质灾害点等重点部位安全隐患，抢修受损公路、桥梁，出动18支党员突击队共1000余名党员开展清淤消杀，推进生活生产恢复，实现了人员零伤亡、财产少损失的目标，并荣获广东省防汛防旱防风总指挥部办公室和广东省应急管理厅颁发的“广东省近20年最强5月暴雨防御表现突出集体”表彰。

网格员队伍打造 将“两代表一委员”、村民小组长、驻村镇干部等纳入信息员，打造一支447人的基层一线“全科医生”队伍。今年以来，录入排查各类网格事件5659宗，办结率100%，森林火险“零发生”、新冠疫情“零病例”、防汛救灾“零伤亡”。

2022年6月21日，龙山镇召开防汛工作会商研判会议

（龙山镇党政办 供图）

【便民服务改革】 2022年9月龙山镇投入约350万元改造镇便民服务中心，同年12月投入使用。便民服务中心建筑面积约1200平方米（共两层），共分为综合业务服务、特色服务和自助服务三个区块，统筹计生、民政、残联、农办等95项业务，打造便民服务综合窗口，优化服务流程。

【乡村振兴帮扶工作】 2022年，龙山镇制定《龙山镇关于健全防止返贫动态监测预警机制实施方案》，做到一户一策、动态监测、精准帮扶。全镇返贫监测对象2户8人，未出现返贫致贫问题。是年，龙山镇帮扶项目入库16个，项目投资总额3130万元，其中滘江巷道建设工程、门楼富村水毁桥梁重建、鹤田村水利防护砌石加固工程等14个项目已全面竣工，镇民生设施、下岳村全兴电排站建设等2个项目已完成主体建设，乡村振兴帮扶工作取得扎实成效。

2022年4月12日，龙山镇召开乡村振兴迎市检工作部署会议

（龙山镇党政办 供图）

【扶贫帮困工作】 2022年1月20日，龙山镇组织走访慰问滘江中学家庭困难学生，为他们送上慰问品和慰问金。在“6.18”特大洪水中，龙山镇商会向龙山镇政府捐赠抗洪物资。6月22日，会长莫利权，书记曹光强等人到下岳村、民安中学及关前村等慰问抗洪抢险一线人员和受灾群众。6月25日，龙山镇商会支部曹光强书记一行5人到良塘（大螺洲）重点重灾区户联益畜牧水产养殖场慰问。6月27日，龙山镇商会联合党支部到民安下岳“佛冈县瑞华种鹅养殖基地”慰问。“6·30广东扶贫济困日”捐款活动中，龙山镇商会收到捐款6.5万元并定向使用，其中3万元捐赠到关前村委“冬种马铃薯”，2万元定向给滘江中学用于更新学校设施设备，1.5万元定向给民安中学用于更新学校设施设备。龙山镇商会在县工商联牵头组织的“与爱同行、圆大学梦”助学活动中捐款1万元。

（陈静芳）

自然保护区・林场

责任编辑：黄　欣

广东佛冈观音山省级自然保护区

【保护区概况】 广东佛冈观音山省级自然保护区成立于1985年，位于佛冈县西北部，东北与高岗镇相接，东南、西南与石角镇相邻，西北与英德市交接，总面积2816.8公顷。

保护区管理处是省财政核拨的公益一类事业单位，核定事业编制10人，现有在编人员7人，聘用护林员13人。下设2个科室（综合科、保护管理科）和4个管理站（上坪、龙潭下、大陂坑、东二）。主要工作职责是保护区域内生物多样性和珍稀自然遗迹，维护生态平衡，包括自然生态系统保护、生物物种保护、遗传基因保护、自然遗迹保护、自然保护科学研究、自然保护宣传教育、自然资源合理开发利用试验示范、自然保护区生态旅游管理。

【疫情防控】 2022年，保护区管理处在保护区的主要路口，实行出入登记以及发放疫情防控宣传资料，积极宣传地方防疫政策措施。所有办公场所设置场所码，严格要求打卡进区。全体干部职工外出严格执行报备手续，积极做好疫情防控工作。

【资源管护】 2022年，保护区管理处积极开展森林资源管护工作，共聘用13名专职护林员，严格巡护管理，科学制定巡护计划，切实有效开展巡护工作，及时制止各类破坏森林资源行为，全年无破坏森林资源行为发生。

2022年10月4日，清远市市长温文星（左五）、清远市人民政府秘书长黄镇生（左四）、佛冈县委书记潘国标（左三）到观音山保护区巡林

（广东佛冈观音山省级自然保护区　供图）

【科研监测】 2022年，保护区开展综合科学考察，考察报告显示保护区维管植物种类增至1518种，陆生野生脊椎动物增至210种。全区新增50台红外监测相机，开展野生动物监测工作。累计监测7264个有效工作日，共监测到野生动物独立有效活动照片1987张。监测到野生动物25种，包括国家二级保护野生动物6种，分别为斑林狸、豹猫、白鹇、白眉山鹧鸪、八仙色鸫、眼镜王蛇；广东省重点保护动物2种，分别为中国豪猪和灰头绿啄木鸟。2022年7月《广东佛冈观音山省级自然保护区植物彩色图鉴》由科学出版社出版。

【宣传教育】 2022年，保护区科普宣教园挂牌为佛冈县自然教育基地，开展了爱鸟周、生物多样性日宣传、森林文化周等活动，增加了自然科普宣传教育受众。

【人员培训】 2022年，保护区管理处组织全体管护人员进行林业法律法规、野生动植物资源、保护区建设管理等业务培训，重点开展管护人员红外监测相机使用技术培训、森林防火

国家二级重点保护植物——苏铁蕨种群

（广东佛冈观音山省级自然保护区 供图）

灭火技能培训活动，强化管护队伍专业技术技能。

（范秀泽 黄清香）

清远市羊角山林场

【林场概况】 清远市羊角山林场原名为国营羊角山林场，成立于1958年，位于佛冈县石角镇三八村五虎擒羊（地名），林场经营总面积2675公顷，属正科级公益二类事业单位，设一个党支部。2022年年末职工人数69人，在职人数21人，退休48人，其中党员23人。林场下设一机关（设办公室、资产财务股、资源管护股、营林科技股）两中心［设护林育林中心（设大白洞管护站1个，下坪管护站1个）、资源综合利用中心］。

【林场主要任务】 2022年，林场的主要任务是：林场主要保护、培育和合理开发利用森林资源，保持森林物种多样性；负责辖区内森林防火、生态公益林管护、区域良种示范、种质资源保存与创新、生态监测、科技示范工作；管理辖区内森林公园；开展科普、宣传工作；协助开展林业有害生物防治，协助完成林业资源规划、保护、科技推广；开展林业特色产业和森林旅游、物业等经营活动。

【营林抚育】 2022年，林场由采伐经营性林场逐步向生态保护性林场转型。近年来已无经营性木材采伐，只有零星的病虫害防治采伐和为保护资源的建设基础设施采伐。林场以封山育林为主。全年综合防治松材线虫病27.1公顷。

【森林建设及资源利用】 近几年来，由于受新冠疫情影响，佛冈同富实业有限公司经营困难，但该公司一直能按合同约定支付相关款项。为盘活林场生态旅游资源、林地林木资源，便于林场今后发展生态旅游、国家储备林、林下经济等林业支柱产业，2022年，经佛冈同富实业有限公司提出申请，林场同意与其解除承租相关合同协议，签订终止合同协议，并与多方联络洽谈，计划再引进外资发展森林旅游。资源出租方面，按时按合同约定收取下坪出租林地404.5公顷（6068亩）租金；重新出租石溪1200平方米地块。

【道路及防火线维修】 2022年，林道维修完成50千米。防火线维修抚育8.8公顷（132亩）。防火通道维修完成2.5千米，占总任务的100%。全面完成全场20.206千米的公路养护任务。

【森林资源开发】 2022年，为推动新能源的开发与利用，促进经济可持续发展，华润新能源（清远佛冈）有限公司在林场与佛冈县交界处的佛冈县属林地上建设高山风电场项目。在建设过程中，需要使用林区主干道及防火通道资源，为体现有偿原则，林场与华润新能源（清远佛冈）有限公司就使用林区主干道及防火通道资源协商达成一致：使用面积为9.9495公顷（149.2435亩），使用时间20年。

【森林防火】 2022年，林场严格执行森林防火灭火有关规定及《清远市羊角山林场森林特别防护期的工作要求》，加强值班值守，严格执行轮值班制度，特别是节假日的值班值守工作。进入森林特别防护期，每天保证场部5个值班小组中有一个小组到山上协助护林员巡逻，并用消防车或摩托车的大喇叭宣传森林防火。在森林高火险期内，全场干部职工取消补休，进入临战状态，加强林地巡查，特别是加强易发生山火的重点地段、重点时段的巡逻，禁止一切野外用火，禁止外来车辆和行人进入林区，切实守住路口、封住山、看住危险人、管住火源，消除一切火灾隐患；做好神坛

2022年11月2日，羊角山林场开展森林火灾扑救演练 （温冬梅 摄）

社庙的防火工作，清扫枯枝落叶，增设消防水桶和自来水。同时，护林站人员、值班人员、管护站人员必须穿迷彩服上班。加强森林防灭火物资仓库的管理，做好森林防灭火设施、设备的维护工作。加强森林防火宣传工作，做好职工防火灭火知识培训和演练。在林场与乡镇交界处全面开设防火应急通道，对易发生山火的危险林地增设防火线，对原有防火线存在危险处进行加宽，确保其起到防火作用。与周边村委建立健全的森林防火联防机制，林场森林防火工作得到上级的充分肯定，林场获佛冈县森林防火灭火指挥部“2022年无山火先进单位”称号。

【治安管理】 2022年，林场为进一步加强林场的治安管理工作，在各管护站安装4个语音视频监控，实时监测出入人员和车辆，限制外来车辆和人员进入林场。年内，林场（包括大白洞村）没有发生治安管理案件。

2022年5月30日，国务院安委会到佛冈开展安全生产和消防安全巡查考核工作 （温冬梅 摄）

【安全生产工作】 2022年，林场定期开展安全隐患排查，做到及时有效的整治。2022年林场领导带领有关人员，对林场辖区内的管护站、民工作业点、佛冈同富实业有限公司、电站、林区主干道路、神坛社庙等进行隐患排查，共排查出大小隐患点35个，并对排查出来的隐患问题进行及时整改，明确整改措施、整改时限、整改责任人，同时，建立隐患排查、整改台账。是年，无任何安全生产事故发生。

【综治信访维稳工作】 2022年，林场坚持每年召开至少四次领导小组会议，研判信访维稳工作，场领导认真听取各股室及管护站的情况汇报，及时研究解决综治维稳工作中的疑难问题和实际困难。坚持定期和不定期排查，按照“早发现，早化解，早处理”的工作要求，对排查出的矛盾纠纷及时解决。一年内，无上访或越级上访情况发生。

【森林保护工作】 2022年，林场加强林地巡查，及时发现及时制止侵占林地行为。林场按照要求和安排，认真配合华润风电项目的施工，做好防火应急通道的管理工作；认真配合佛冈同富实业有限公司对森林公园的经营，确保林场的林地不受非法侵占。全年，羊角山林场无事故、无山火发生，无破坏森林资源和非法占用林地现象发生，森林资源得到有效的保护，林场平安稳定。

（温冬梅）

统计资料

责任编辑：钟榕斌

佛冈县2022年国民经济和社会发展统计公报

2022年是党的二十大胜利召开之年，也是佛冈发展极不平凡的一年，面对疫情多发散发、历史最强“龙舟水”、超预期经济下行压力，佛冈县委、县政府有力应对超预期因素冲击，以超常决心、超常措施攻坚克难、顶压前行，全面落实“疫情要防住、经济要稳住、发展要安全”重要要求，深入贯彻省委、省政府工作部署和市委“十大行动方案”，立足“清远副中心”发展定位，紧扣高质量发展主线，高效统筹推进疫情防控和经济社会发展各项工作，经济发展质量稳步提升，总体经济稳中有进。

一、综合

根据清远市地区生产总值统一核算结果，2022年全县地区生产总值161.34亿元，同比增长1.6%。其中，第一产业增加值25.85亿元，同比增长9.7%，第二产业增加值74.23亿元，同比下降1.9%，第三产业增加值61.26亿元，同比增长2.4%，三次产业比为16.02∶46.01∶37.97。

2022年年末户籍总户数9.57万户，户籍人口36.18万人，增长2.9‰。其中男性人口18.82万人，女性人口17.36万人，性别比(以女性为100，男性对女性的比例)为108.4。全年户籍出生人口0.35万人，出生率9.79‰，死亡人口0.14万人，死亡率3.87‰，自然增长率为5.92‰。据清远市统计部门反馈，2022年末佛冈县常住人口31.66万人，比上年末增加0.02万人，其中城镇人口14.23万人，城镇化率为44.95%。

2022年居民消费价格总指数累计同比增长1.4%，其中，交通和通信类价格上涨3.7%，医疗保健类价格上涨2.8%，教育文化和娱乐类价格上涨2.5%，生活用品及服务类上涨1.7%，居住类价格上涨1.0%，食品烟酒类价格上涨0.9%；其他用品和服务类价格下降0.1%，衣着类价格下降4.9%。

据劳动部门统计，2022年城镇新增就业4830人，完成市下达目标任务的105%；失业人员实现再就业1891人，完成市下达目标任务数的118%；就业困难人员实现就业173人，完成市下达目标任务数110人的157%；扶持320人创业，完成市下达计划100%。全县就业形势总体稳定。

2022年综合能源消费32.9万吨标准煤，同比下降14.2%，全年全社会用电量25.01亿千瓦时，同比下降10.8%。其中工业用电量19.22亿千瓦时，同比下降13.8%。

二、农业

2022年，农林牧渔业总产值40.24亿元，同比增长10.4%。其中，农业产值26.65亿元，同比增长12.9%；林业产值2.42亿元，同比增长2.6%；牧业产值9.06亿元，同比增长7.3%；渔业产值0.77亿元，同比增长0.2%；农林牧渔服务业产值1.33亿元，同比增长8.9%。

粮食作物播种面积17.72万亩，同比增长0.6%。其中，稻谷播种面积16.62万亩，同比增长0.3%。蔬菜种植面积18.78万亩，同比增长2.7%。水果种植面积16.32万亩，同比增长3.2%。花生种植面积4.57万亩，同比增长3.7%。

粮食产量5.77万吨，同比增长0.6%。其中，稻谷产量5.53万吨，同比增长0.3%。蔬菜产量26.44万吨，同比增长9.5%。水果产量15.43万吨，同比增长22.9%。花生产量1.26万吨，同比增长27.5%。

肉类产量1.84万吨，同比增长5.6%。其中，猪肉产量1.37万吨，同比增长5.2%；禽肉产量0.43万吨，同比增长6.4%。生猪全年出栏量17.64万头，同比增长2%；家禽出栏量387.14万只，同比增长18.4%；鸡蛋产量0.94万吨，同比增长0.9%。

农用化肥施用量（折纯）13601吨，同比下降2.3%；农药使用量513吨，同比下降2.6%。

三、工业和建筑业

2022年，全县完成规模以上工业增加值63.46亿元，同比下降6.7%。其中，轻工业增加值22.09亿元，同比增长6.2%，重工业增加值41.37亿元，同比下降12.2%。

分经济类型看，股份制企业实现增加值28.48亿元，同比下降6.7%；外商及港澳台企业实现增加值34.72亿元，同比下降 6.8%；其他经济类型企业实现增加值 0.27 亿元，同比下降 7.3%。私营企业实现增加值 15.19 亿元，同比下降 13.8%。从企业规模看，大中型工业企业完成增加值 44.38 亿元，同比下降 7.5%。

分行业看，全县规模以上工业共涵盖 24 个行业，其中 9 大行业产值超 10 亿元，分别为：计算机通信和其他电子设备制造业，通用设备制造业，铁路、船舶、航空航天和其他运输设备制造业，金属制品业，非金属矿物制品业，文教、工美、体育和娱乐用品制造业，汽车制造业，酒、饮料和精制茶制造业，黑色金属冶炼和压延加工业，九大行业合计产值 281.18 亿元，占全县规模以上工业产值的 84.93%。

在规模以上工业现代产业中，高技术制造业增加值 14.64 亿元，同比下降 19.3%，其中，电子及通信设备制造业同比下降 19.3%，计算机及办公设备制造业同比下降 17%，医疗仪器设备及仪器仪表制造业同比下降 23.1%；先进制造业增加值 26.78 亿元，同比下降 7%，其中，高端电子信息制造业同比下降 19.3%，先进装备制造业同比下降 7.2%，石油化工产业同比下降 43.8%，先进轻纺制造业同比下降 3.6%，新材料制造业同比增长 87.1%；传统优势产业增加值 17.74 亿元，同比下降 12.7%，其中纺织服装业同比下降 8.6%，食品饮料业同比下降 4.9%，家具制造业同比增长 135.5%，建筑材料业同比增长 2.6%，金属制品业同比下降 40.2%。

全年规模以上工业企业的产品产量：饮料 12.69 万吨，同比下降 8.3%；印染布 14661 万米，同比增长 10.4%；塑料制品 2.78 万吨，同比增长 100.1%；水泥产量 49.13 万吨，同比下降 31.8%；商品混凝土产量 49.83 万立方米，同比下降 41.8%；瓷质砖产量 614.66 万平方米，同比增长 28.6%；电动自行车 221.93 万辆，同比下降 0.7%；风机 376 万台，同比下降 21.1%；印刷电路板 1957.58 万平方米，同比下降 17.1%。

年末全县有资质等级以上建筑企业 7 家，比上年新增 1 家；建筑业总产值 3.84 亿元，同比增长 17.9%。

四、固定资产投资

2022 年固定资产完成投资同比增长 0.8%。其中，第一产业投资同比增长 181.9%；第二产业投资同比增长 20.3%；第三产业投资同比下降 6.5%。其中：基础设施投资同比增长 29.3%；制造业完成投资同比增长 17.9%；电力、燃气及水的生产和供应业完成投资同比增长 23.2%。

全年房地产开发投资额 26.53 亿元，同比下降 33%。房屋施工面积 440.94 万平方米，同比增长 11.1%；商品房销售面积 57.42 万平方米，同比下降 8.7%，其中住宅销售面积 23.86 万平方米，同比下降 46.6%。商品房销售 2340 套，同比下降 43.4%，实现销售额 27.67 亿元，同比下降 22.3%。

五、国内贸易和对外经济

全年社会消费品零售总额 38.92 亿元，同比下降 0.7%。全县进出口总额 55.58 亿元，同比下降 11%。其中出口总额 42.25 亿元，同比下降 10.9%；进口额 13.33 亿元，同比下降 11.4%。

引进外资项目 2 个，完成合同外资 37.59 亿元，同比增长 3148.5%；实际利用外资 1.86 亿元，同比增长 5.3%。

六、旅游

2022 年全年旅游总收入 7.82 亿元，同比下降 23.7%。全年各景点接待游客总人数 87.55 万人次，同比下降 25.3%。其中，一天游接待总人数 46.70 万人次，同比下降 17%；过夜游接待总人数 40.85 万人次，同比下降 33 %。全县拥有 A 级景区 4 个。全县县级以上文物保护区单位共 13 个，其中省级文物保护单位 3 个。

七、财政和金融

2022 年佛冈财政总收入 23.57 亿元（包含一般公共预算收入、政府性基金收入、国有资本经营预算收入），同比下降 15.6%。地方公共财政预算收入 12.77 亿元，同比增长 10 %，其中税收收入 7.62 亿元，同比下降 0.1%；公共财政预算支出 38.14 亿元，同比增长 4.3%。

年末全县金融机构本外币存款余额 227.82 亿元，同比增长 7.4%。其中，居民本外币储蓄存款余额 156.11 亿元，同比增长 11.9%。金融机构本外币贷款余额 188.64 亿元，同比增长 12.6%。其中，短期贷款 20.86 亿元，同比下降 4.9%，中长期贷款 158.25 亿元，同比增长 16%。

八、教育、文化科技和卫生

2022 年全县财政一般预算支出中，用于教育支出 8.47 亿元，比上年增加 0.33 亿元，同比增长 4%。2022 年，全县拥有普通中学 14 所，其中高级中学 2 所，初级中学 12 所。按地域分，县镇 11 所，农村 3 所。专任教师 1381 人，招生 7774 人，在校生 22401 人，毕业生 6065 人。高中毕业生升学率达到 98.76%，比上年增加 0.02 个百分点；高中阶段毛入学率 100.55%，比上年增加 4.2 个百分点。小学 42 所，其中县镇 15 所，农村 27 所。专任教师 1765 人，招生 4658 人，在校生 31 996 人，毕业生 5767 人。学龄儿童入学率 100%，小学毕业生升学率 100%，九年义务教育完成率 98.6%。共有幼儿园 69 所，在园幼儿 11 875 人，幼儿人数同比下降 7.2%。

全县共有文化站 6 个，公共图书馆 1 间，藏书 297 431 册，比上年增加 9117 册，其中电子书籍 10 万册。全年出版《清远日报佛冈新闻》45 期，《南方日报佛冈视窗》48 期。广播人口覆盖率 100%，有线数字电视人口覆盖率 98%。

据工信部门统计，全县有高新技术企业 48 家，省级工程技术研究中心 15 家，市级工程技术研究开发中心 39 家。

据市场监督管理部门统计，2022 年全县专利授权量 403 件，同比下降 13.3%。其中发明专利 47 件，实用新型专利 305 件，外观设计专利 51 件。

2022年全县财政用于卫生健康支出4.4亿元，同比增长5.26%。年末全县共有政府办卫生机构104个，其中医院2个，基层医疗卫生机构98个，妇幼保健机构1个，专科疾病防治机构1个，疾病预防控制中心1个，卫生监督检验机构1个。各类卫生机构实有床位1172张，同比下降10.2%。各类卫生技术人员1924人，同比增长5.7%；其中执业医师和执业助理医师655人，同比增长0.5%，注册护士861人，同比增长6.4%。

九、人民生活和社会保障

2022年城乡居民人均可支配收入27 196元，同比增长4.4%，其中城镇居民人均可支配收入35 475元，同比增长3.2%，农村居民人均可支配收入20 684元，同比增长5.0%。

据社保局统计，2022年全县参加职工养老保险（含离退休）77 117人，同比增长5.4%，其中执行企业养老制度（含离退休）66 794人，执行机关养老制度人数（含退休）10 323人；参加机关事业单位职业年金人数7105人，同比增长2.9%；参加城乡居民养老保险人数（含被征地农民）145 462人，同比增长14.9%；失业保险参保人数48 271人，同比增长7.3%；工伤保险参保人数60 143人（含按建设项目参保人数），同比增长21.6%。

据医保局统计，2022年，全县生育保险参保人数53 973人，同比增长8.3%；职工基本医疗保险（含退休）参保人数70 840人，同比增长1.1%；城乡居民医疗保险参保人数248 049人，同比下降5.8%。

据民政局统计：2022年，全县共有各类社会福利单位8个，合计拥有床位601张，供养人数169人。其中县社会福利院1个，床位数168张，供养人数40人；敬老院6个，床位数298张，供养人数104人；民营养老院1个，床位数135张，供养人数25人。2022年全县城镇居民最低生活保障人数191户，合计349人；农村居民最低生活保障人数2880户，合计6674人；农村特困人员供养人数2282人。

十、安全生产与资源

2022年全县共发生各类生产安全事故15起，死亡18人，受伤5人；发生较大生产安全事故1起，死亡5人。分行业看，交通运输和仓储业发生生产经营性事故14起，死亡13人，受伤5人；商贸制造行业发生较大生产安全事故（火灾事故）1起，死亡5人；其他行业未发生事故。

2021年全县年末耕地总资源8762.36公顷。

注：

1. 本公报部分统计数据为年快报数。

2. 生产总值以及各产业增加值、农业总产值的绝对数按现价计算，比上年增长速度按可比价计算。

3. 2022年的交通、邮电数据省暂未反馈。

4. 先进制造业包括高端电子信息制造业、先进装备制造业、石油化工产业、先进轻纺制造业、新材料制造业和生物医药及高性能医疗器械。

资料来源：本公报中城镇新增就业、社会保障数据来自县人社局；对外经济、科技来自县工信局；专利数据来自县市监局；旅游、文化数据来自县文广旅体局；财政数据来自县财政局；金融数据来自人民银行佛冈分行；教育数据来自县教育局；卫生、计生数据来自县卫健局；户籍人口数据来自县公安局；低保、社会福利数据来自县民政局；安全生产与资源数据来自县应急局、自然资源局；其他数据来自市统计局、国家统计局清远调查队及县统计局。

佛冈县国民经济和社会发展情况表

指标名称	单位	2022年
一、资源		
行政区域面积	平方公里	1295.2
其中：建成区面积	平方公里	15.89
森林面积	万公顷	9.01
年末耕地总资源	公顷	8820.4
自然保护区个数	个	1

续表

指标名称	单位	2022 年
自然保护区面积	公顷	2816.8
二、人口		
年末户籍总人口	万人	36.18
其中：非农业人口	万人	15.05
其中：女	万人	17.36
当年出生人口	人	3537
当年死亡人口	人	1399
年末总户数	户	95 698
其中：乡村户数	户	—
年末常住人口	万人	31.66
其中：城镇人口	万人	14.23
全社会从业人员	万人	14.08
其中：第二产业	万人	3.44
第三产业	万人	7.12
三、综合经济		
（一）地区生产总值	万元	1 613 447
第一产业增加值	万元	258 506
第二产业增加值	万元	742 332
其中：工业	万元	696 225
第三产业增加值	万元	612 609
人均生产总值（当年价）	元	50 978
生产总值指数（可比价）	上年 =100	101.6
第一产业	上年 =100	109.7
第二产业	上年 =100	98.1
其中：工业	上年 =100	97.7
第三产业	上年 =100	102.4
人均生产总值指数	上年 =100	101.4
（二）财政、金融		

续表

指标名称	单位	2022 年
公共财政预算收入	万元	127 658
各项税收	万元	76 156
公共财政预算支出	万元	381 372
其中：农林水事务	万元	57 684
科学技术	万元	1662
医疗卫生	万元	43 975
教育	万元	84 688
年末金融机构本外币各项存款余额	万元	2 278 200
其中：城乡居民储蓄存款余额	万元	1 561 130
年末金融机构本外币各项贷款余额	万元	1 886 417
四、农业		
(一)生产情况		
农林牧渔业总产值	万元	402 377
农业产值	万元	266 526
林业产值	万元	24 179
牧业产值	万元	90 604
渔业产值	万元	7726
农林牧渔服务业产值	万元	13 342
(二)农作物总播种面积	公顷	27 528
粮食作物播种面积	公顷	11 814
其中：稻谷	公顷	11 081
油料播种面积	公顷	3047
蔬菜播种面积	公顷	12 521
(三)农产品产量		
粮食总产量	吨	57 770
其中：稻谷	吨	55 324
油料产量	吨	12 610
水果产量	吨	154 259

续表

指标名称	单位	2022 年
肉类总产量	吨	18 419
禽蛋产量	吨	9990
蔬菜产量	吨	264 396
水产品产量	吨	7182
五、工业		
规模以上工业企业单位数	个	119
规模以上工业企业总产值（现价）	万元	3 310 858.61
规模以上工业企业总产值发展指数	上年 =100	96
规模以上工业企业增加值（收入法）	万元	634 640.8556
规模以上工业企业增加值发展指数	上年 =100	93.3
规模以上工业企业从业人员年平均数	万人	3.01
六、固定资产投资		
全社会固定资产投资同比增长	%	0.8
按三次产业分		
第一产业	%	181.9
第二产业	%	20.3
第三产业	%	−6.5
七、交通运输、邮电通信		
境内公路里程	公里	1627.09
其中：高速公路	公里	97.34
民用汽车拥有量	辆	83 430
本地电话年末用户	万户	3.1413
移动电话年末用户数	万户	32.7057
互联网宽带用户数	户	10.8751
全年用电量	万千瓦时	250 144
其中：工业用电量	万千瓦时	192 200

续表

指标名称	单位	2022 年
八、贸易、外经、旅游		
社会消费品零售总额	万元	389 157
批发和零售业商品销售总额	万元	1 434 353
住宿和餐饮业营业额	万元	106 035
出口总额	万美元\万元	422 530
当年实际使用外资金额	万美元	18 617
九、教育、科技、文化、卫生		
普通中学数	所	14
小学数	所	42
普通中学专任教师数	人	1381
小学专任教师数	人	1765
普通中学在校学生数	人	22 401
小学在校学生数	人	31 996
学龄儿童入学率	%	100
初中升学率	%	99.37
高中升学率	%	98.76
全年专利授权	件	403
公共图书馆图书总藏量	千册	297
卫生机构数	所	104
卫生机构床位数	床	1172
卫生技术人员数	人	1924
其中：医生	人	655
十、人民生活		
城乡居民人均可支配收入	元	27 196
城镇常住居民人均可支配收入	元	35 475
农村常住居民人均可支配收入	元	20 684
十一、社会保障		
各种社会福利收养性单位数	个	8

续表

指标名称	单位	2022 年
各种社会福利收养性单位床位数	床	601
参加职工养老保险人数	万人	7.71
参加城乡居民养老保险人数	万人	14.55
参加基本医疗保险职工数	万人	7.08
参加失业保险人数	万人	4.83
参加城乡居民医疗保险人数	万人	24.8
城镇居民最低生活保障人数	人	349
农村居民最低生活保障人数	人	6674

注：森林面积不包括羊角山面积；人社部门 2019 年开始按职工养老保险和居民养老保险分类统计，医保部门 2019 年开始不分开统计城镇、农村居民医保，故 2018 年参加职工养老保险人数、参加城乡居民养老保险人数、参加城乡居民医疗保险人数等 3 项指标无数据。

2022 年佛冈县各镇基本情况统计表

镇名	人口（人）	规模工业增加值		固定资产投资	
		绝对值 / 亿元	同比增长 /%	绝对值 / 亿元	同比增长 /%
石角镇	130 430	25.61	−15.6	—	−0.9
龙山镇	51 925	15.49	−1.6	—	−66.4
汤塘镇	79 045	13.67	−11.5	—	4.9
水头镇	32 171	2	210.3	—	140.5
迳头镇	34 906	6.69	14.4	—	126.9
高岗镇	33 310	0	0	—	−2.6

备注：该表中人口数据来自县公安局；其他数据均为年快报数据。

（黄淑芬）

文献专载

责任编辑：钟榕斌

县委十四届三次全会报告

（2023年2月20日）
潘国标

同志们：

受县委常委会委托，现在由我向全会作报告。

这次全会的主要任务是：以习近平新时代中国特色社会主义思想为指导，深入学习贯彻党的二十大精神，认真贯彻落实省委十三届二次全会、市委八届四次全会决策部署，总结2022年工作，全面部署2023年各项任务，提振发展信心，增强发展动能，推动佛冈高质量发展取得更大成效。

一、全面落实“疫情要防住、经济要稳住、发展要安全”重要要求，2022年佛冈各项事业稳步前行

过去一年，我们认真贯彻落实中央及省、市决策部署，统筹疫情防控和经济社会发展，统筹发展和安全，团结带领全县广大党员干部群众，有力克服新冠疫情、经济下行、超强汛情等超预期因素叠加冲击，推动佛冈改革发展迈出新的坚实步伐。

一年来，我们众志成城、共克时艰，保持社会大局和谐稳定。扎实开展疫情防控，及时处置“7·12”“10·02”等突发疫情。成功抵御5—7月3轮超强降雨和台风“暹芭”袭击，累计转移危险区域群众22000多人，实现“零伤亡、少损失”。持续排查整治消防、道路交通、危化企业等重点领域安全隐患，安全稳定形势持续向好。

一年来，我们抢抓机遇、逆势而上，引领产业发展高质高效。全年完成地区生产总值161.34亿元，同比增长1.6%。“一主两辅、多点支撑”园区发展格局日趋完善，中山大学医学创新园等项目加快推进，天赐、合诚等项目实现“当年动工、当年建成、当年投产”。全年共引进项目35个，计划总投资130多亿元，年产值达240多亿元。

一年来，我们借智借力、示范先行，推动乡村振兴有声有色。谋划并组织实施乡村振兴项目206个，水头镇创建全省乡村振兴先行示范镇取得明显成效。特色农业种植面积不断扩大，水头魔芋产业园成功创建省级农业科技园。石角“山水画龙”、汤塘“温泉古村”乡村振兴示范带初见成效，人居环境取得质的提升。

一年来，我们锐意进取、敢闯敢试，释放深化改革磅礴动能。城乡融合发展试点扎实推进，全国新型城镇化示范县试点成效凸显，电子商务进农村综合示范县年度考核全省第一。县域共青团基层组织改革试点成果被团中央评定为优秀等次，基层治理三大委员会改革经验受到市党政主要领导的充分肯定。

一年来，我们兜牢底线、办好实事，实现民生福祉不断提升。“三项工程”带动新增就业4800多人，新增公办学位2900多个，成功推动与广州六中等学校开展结对帮扶。县中医院新院、县人医内科综合大楼投入使用，省道252线县城段正式通车，县体育中心建成落地，成功承办省运会系列赛事，文明城市创建考核全省前列。

一年来，我们强基固本、宽严相济，促进干事氛围向上向好。全面贯彻新时代党的建设总要求，基层党组织的战斗力明显增强，全县党员干部的信念更加坚定，干事精气神更加高昂，特别是广大医护人员、公安干警、镇村干部日夜兼程、风雨无阻，作出了有力表率！一以贯之严纪律明规矩，全县政治生态更加清朗。

同志们！过去一年，我们有力应对了极不寻常的挑战，也收获了来之不易的成绩。这是习近平总书记、党中央坚强领导的结果，是习近平新时代中国特色社会主义思想科学指引的结果，是全县广大人民在省委、市委正确领导下，在帮扶单位和社会各界关心支持下，感恩奋进、勇毅前行所取得的结果。借此机会，我代表县委常委会，向全县广大党员干部群众，向所有关心支持佛冈发展的同志们、同胞们、朋友们，表示衷心感谢！

同时，我们也要清醒认识到，当前佛冈发展还存在一些问题和不足。主要是，经济总量不大，产业基础不牢，城乡区域协调发展不足，民生事业与群众期盼还有距离，社会治理还存在不少短板弱项，等等。这些问题要在今后工作中着力解决。

二、全面系统深入贯彻党的二十大精神，坚定不移忠诚拥护“两个确立”、坚决做到“两个维护”

党的二十大是一次高举旗帜、凝聚力量、团结奋进的大会。学习宣传贯彻党的二十大精神，是当前和今后一个时期全县首要政治任务和全部工作的重心。召开这次县委全会，就是要对全县学习贯彻工作进行再动员再部署，立足新的历史起点，研究谋划佛冈现代化建设各项工作。

（一）深刻领会“两个确立”的决定性意义，引领全县上下更加坚定自觉做到“两个维护”

党的二十大把坚持“两个确立”贯穿始终。我们要把忠诚拥护“两个确立”作为最高政治原则和根本政治责任，在深学细悟中领会“两个确立”，不断增强政治自觉、思想自觉、行动自觉，推动总书记思想在佛冈落地生根、开花结果；在战略谋划中体现“两个确立”，一步一个脚印把党的二十大描绘的宏伟蓝图转化为佛冈改革发展的生动实践；在狠抓落实中践行“两个确立”，做到总书记有号令、党中央有部署，佛冈有行动，“快准严实”贯彻上级决策部署；在严明纪律中捍卫“两个确立”，坚决按照习近平总书记重要指示要求办，确保党中央政令畅通、令行禁止，把佛冈打造成讲党性、讲政治、讲忠诚、讲担当的发展热土。

（二）深刻领会习近平新时代中国特色社会主义思想的世界观、方法论和贯穿其中的立场观点方法，更加自觉用党的创新理论指导实践、推动工作

党的二十大报告对开辟马克思主义中国化时代化新境界进行了深刻阐述，强调拥有马克思主义科学理论指导是我们党坚定信仰信念、把握历史主动的根本所在。我们要深入学习领会“十个明确”“十四个坚持”“十三个方面成就”主要内容，深刻把握习近平新时代中国特色社会主义思想的世界观和方法论，掌握贯穿其中的立场观点方法，切实用以观察分析形势、谋划推动工作，进一步把党的创新理论贯彻落实到佛冈工作各方面全过程。

（三）深刻领会“三个务必”的伟大号召，引领全县上下更加坚定自觉把握历史主动走好新的赶考之路

“三个务必”的伟大号召，凝结了新时代10年伟大变革的实践经验，全县广大党员务必不忘初心、牢记使命，坚持以人民为中心的发展思想，弘扬伟大建党精神，自信自强、守正创新，踔厉奋发、勇毅前行，在新时代新征程上创造无愧于历史、无愧于人民的业绩；务必谦虚谨慎、艰苦奋斗，弘扬党的光荣传统和优良作风，始终保持昂扬向上的干事状态，发扬百折不挠的斗争精神，努力克服前进道路上的艰难险阻；务必敢于斗争、善于斗争，防范风险、化解矛盾，全力战胜各种困难挑战，依靠顽强拼搏，为佛冈现代化建设打开新天地。

三、深刻把握新时代新任务新要求，聚焦高质量发展，奋力推动佛冈现代化建设开好局起好步

党的二十大报告强调，高质量发展是全面建设社会主义现代化国家的首要任务。省委十三届二次全会、市委八届四次全会锚定高质量发展首要任务，作出了一系列工作部署。特别是1月28日，省委在春节假期后第一个工作日专门召开全省高质量发展大会，释放出全力拼项目、拼经济、拼发展，加快推进高质量发展的强烈信号。

站在新的历史起点，我们要认清佛冈所处历史方位，紧扣高质量发展主题，坚定发展信心，把握工作主动，抢抓战略机遇，增强发展动能。

——佛冈发展有良好基础，离大湾区近、生态环境好、发展潜力大，是我们的底气所在。近年来，我们借助广清一体化机遇，加快完善产业平台，夯实产业基础，为高质量发展注入了强大动能。我们要观大势、谋大局，主动接受广州都市圈的辐射带动，进一步提升园区竞争力，吸引更多优质企业落户，厚植“制造业当家”底蕴优势。

——佛冈发展有宝贵机遇，上级系列有利政策措施的叠加出台，是我们的信心所在。近期，中央及省、市相继出台了“加快新型城镇化建设”“百千万工程”“促进产业转移”等重大利好政策，为做强县域经济、推进新型城镇化提供了历史契机。佛冈作为国家城乡融合发展试验区、全国新型城镇化示范县，要大力提升县域承载力，加快融珠入湾，全方位承接湾区产业转移，争做广东城乡区域协调发展的示范。

——佛冈发展有强大动能，省市领导定点联系、广州黄埔对口帮扶、干部群众凝心聚力，是我们的力量所在。经过去年以来多场大考、硬仗的磨砺，全县广大党员干部的凝聚力、战斗力极大提升。踏上新的赶考之路，我们要始终保持那么一股劲，进一步提振精气神，全面兴起竞标争先、比学赶超热潮，不断增强“比”的劲头、“学”的主动、“赶”的紧迫、“超”的勇气，以更加昂扬奋发的精神状态推动佛冈现代化建设行稳致远。

今年，我们工作的总要求是：以习近平新时代中国特色社会主义思想为指导，深入学习贯彻党的二十大精神，认真贯彻落实省委十三届二次全会、市委八届四次全会决策部署，牢牢把握“百县千镇万村高质量发展工程”、广清一体化发展、珠三角产业转移等重大机遇，围绕“三区一城”“清远副中心”目标任务，紧扣高质量发展主题主线，立足“工业强县”，坚持“制造业当家”，苦干实干、担当作为，竞标争先、比学赶超，为佛冈现代化建设开好局起好步。

综合考虑各方面因素，今年发展的主要预期目标是：地区生产总值增长6.5%以上，固定资产投资增长8.5%，规上工业增加值增长7%以上，社会消费品零售总额增长6%，一般公共预算收入增长6%。为此，我们要重点抓好六方面工作。

（一）加快打造工业强县，展现产业集聚“佛冈新景”

我们要坚持以实体经济为本，坚持“制造业当家”，全力构建现代产业体系，努力跑出佛冈高质量发展“加速度”。

加快建设现代产业园区。紧扣“湾区北现代产业集聚区”目标定位，推动工作力量、资源要素向产业集聚，不断深化“一主两辅、多点支撑”园区发展格局，建设好、配套好、运营好产业发展新空间。做优做强广佛产业园发展主平台，加快完善一纵北路等园区基础配套，进一步巩固拓展产业共建成果。大力推进城西科技园、龙山新动力智造城、大湾区生命科技园建设，完善路网、通信、排污等园区公共基础配套，推动起步区建设取得明显成效。力争将佛冈产业转移工业园创建成省级高新区，积极争取省市在产业政策、土地、资金等方面要素保障，持续巩固提升园区发展的承载力、吸引力、竞争力，努力打造清远承接湾区产业转移的主战场、主平台、首选地。

全面掀起招商引资热潮。深化“大招商”机制，坚持领导干部亲自招、带头招，强化“以商招商”“全民招商”，推动形成“大招商”“招大商”的浓厚氛围。进一步找准产业赛道，聚焦新材料、智能装备制造、电子信息、生物医药与健康等主导产业，全方位承接湾区产业转移，争取落地一批经济效益好、支撑作用大、辐射带动力强的优质项目。深入落实工业产业“十百千”计划，支持雅迪、约克、天赐、黄埔材料院等龙头企业提升产业链、价值链，引导更多行业龙头企业入园发展，构建“大产业集群、大企业集聚、大项目集成”发展格局，打造更多百亿级现代产业集群。

加快提升企业创新水平。深入推进工业企业匹配度提升，坚持以亩产论英雄，推动资源要素向优质企业倾斜和集中，引导规上企业提档升级、规下企业上规发展。主动对接广深科技创新走廊，大力培育发展战略性新兴产业，着力培育一批专精特新“小巨人”。充分发挥中大创新园引领带动作用，培育壮大香雪制药、必贝特等一批医药健康企业，推动生物医药与健康等产业创新发展。引导中创材料谷、万洋众创城创建科技企业孵化器，推动更多科技成果在佛冈产业化落地。

努力打造优质营商环境。认真落实“制造业当家”一把手工程，完善制造业发展体制机制，加快出台坚持以制造业当家推动实体经济高质量发展的若干措施。坚持“大抓项目、抓大项目”，建立健全“夜班车”工作机制，制定县领导联系服务重点项目建设责任清单，推行“拿地即开工”审批服务模式，最大限度缩短项目“建设、投产、达效”周期。主动对标广州营商环境标准，深度对接融入“湾区通”工程，持续提升服务效能。积极构建亲清政商关系，常态化联系服务企业，开展暖企惠企行动，落实各项优惠政策，让企业放心投资、安心发展。

（二）持续深化三农事业，展现乡村振兴“佛冈图景”

我们要以更有为的姿态落实好“百县千镇万村高质量发展工程”，加快城乡融合发展，努力让农村更富裕、生活更幸福、乡村更美丽。

大力发展特色农业产业。全面落实耕地保护和粮食生产党政同责，推动高标准农田建设，扎实推进耕地撂荒整治，全方位夯实粮食安全根基。抓好市“五大百亿产业行动计划”落地落实，壮大丝苗米等农业产业，抓住“粮头食尾”“农头工尾”发展好精深加工业，支持水头镇争创全国首个国家级标准化区域服务与推广平台，办好“国际魔芋节”。发挥好国家级柑橘种苗基地、省级现代农业产业园带动作用，持续培育壮大柑橘、香水柠檬、益肾子、澳洲坚果等特色农业，助推农业产业提质增效。

努力建设美丽宜居镇村。坚持党建引领乡村治理，不断健全自治、法治、德治相结合的乡村治理体系，完善乡镇便民服务中心等设施，把乡镇打造成为乡村治理中心、农村服务中心、乡村经济中心。发挥乡村振兴示范带建设引领作用，全域推进五个梯度美丽乡村建设，推动龙山“醉美双岳”、水头“江源水韵”、迳头“多彩田园”、高岗“康养田园·兜福高岗”等示范带加快见效。深入抓好农村污水、垃圾、厕所专项整治“三大革命”，提升农村人居环境品质，塑造美丽乡村新风貌。

全力打造乡村振兴样板。发挥好帮扶工作队“组团式”帮扶优势，促进农光旅等乡村振兴项目加快落地，推动水头镇高标准创建全省乡村振兴先行示范镇。深化国家城乡融合发展试验区改革，推动“三块地改革”，加快发展新型农村集体经济，全面推进汤塘全域土地综合整治，提升电子商务进农村综合示范县水平，不断激发农村发展内生动力。强化扶贫资产管理，加强防返贫监测，持续巩固拓展脱贫攻坚成果同乡村振兴有效衔接。

（三）扎实推进生态建设，展现山清水秀“佛冈绿景”

我们要深入实施绿美广东生态建设“六大行动”，推动生态优势转化为发展优势，打造人与自然和谐共生的绿美生态佛冈。

坚定不移抓好污染防治。狠抓工业、能源、建筑、交通、生活等领域的大气污染综合防治，切实改善空气环境质量。全面落实“河湖长制”，加大滙江、烟岭河等优良水体保护力度，严厉打击非法采运河砂行为，打造河清岸绿的优美环境。抓好矿产资源管理，坚决惩治非法倾倒固废和盗采稀土行为，推进固废资源化利用、无害化处置，有效防止土壤污染。持续抓好中央生态环保督察反馈问题整改和成果巩固，努力让佛冈蓝天常在、碧水长流、空气常新。

加快提升绿色生态水平。实施城乡一体绿美提升行动，积极创建国家森林城市，持续提升“五边”绿化美化品质，营造“林和城相依、林和人相融”的高品质城乡绿美生态环境。实施森林质量精准提升行动，高质量推进水源林造林建设，调整和优化树种林种结构，持续提升林分林相质量。完善县镇村林长制，切实保护好观音山、羊角山等省级绿色资源。广泛开展全民义务植树，积极推进关注森林活动，营造全民建设绿美佛冈的浓厚氛围。

大力发展绿色低碳经济。稳步推进“双碳”工作，加快华润风电、中核汇能二期等一批清洁能源项目建设。充分利用佛冈独特的红色、绿色、古色、特色“四色”资源，持续深化农文旅融合发展，提升绿色经济效益。依托汤塘“氡”温泉资源，完善以聚龙湾、熹乐谷为龙头的温泉康养产业集群，加快推动森波拉等重点文旅项目建设，支持上岳古村、汤塘温泉古村融入北江生态经济带，努力把佛冈建设成为湾区北生态旅游首选地。

（四）不断优化县域环境，展现宜居宜业“佛冈美景”

我们要以“双区驱动”“广清一体化”为主抓手，加快新型城镇化建设，推动基础设施、公共服务等提档升级，增强县域发展活力。

加快城乡基础设施建设。推动京港澳高速十车道扩建，争取肇清从城际轨道延伸至佛冈、从埔高速经佛冈延伸至广清接合片区，全面对接融入“轨道上的大湾区”。推动汕湛高速龙山出口至国道106线加快建设，力争国道106线县城至龙山段改线工程早日动工。加快实施国省县道干线公路升级改造，不断提升县域交通通达水平。推动北江引水及南部城乡供水一体化工程加快建设，扎实做好今年一季度正式动工各项保障工作。

着力提升城市发展品质。高标准高质量建设龙凤新区、城南新区，推动龙凤大道、龙凤大桥及早通车，打通教育南路、兴业中路等断头路。深入实施城市更新行动，推进老旧小区改造，抓好城中村整治，健全完善城市防洪排涝设施体系。加快智慧城市建设，推进5G、人工智能等新型基础设施建设，提升数字化治理效能。谋划建设一批市民公园、口袋公园，促进北山公园提档升级。支持开发建设商业综合体，打造夜间经济示范街区，培育壮大优质商圈，集聚人气商气，让城市烟火气更足更浓。

持续推进文化强县建设。举全县之力抓好文明城市创建，加快补齐工作短板，力争创建成为全国县级文明城市。丰富高品质文化供给，大力实施文化惠民工程，进一步完善文体设施建设，提升城乡公共文化服务一体化水平。认真办好省运会后半程赛事，大力开展全民健身运动。深入开展精神文明创建活动，广泛评选“佛冈好人”等先进典型，积极推进志愿服务、新时代文明实践活动，培育和弘扬新时期佛冈人文精神。

（五）努力增进民生福祉，展现人民幸福“佛冈愿景”

我们要聚焦群众急难愁盼问题，把就业、教育、医疗、健康、养老、救助、社保、住房等民生实事一件一件办好，让人民群众共享更多改革发展成果。

坚持教育事业优先发展。大力挖潜扩大学位供给，打造紧密型城乡教育共同体，推动佛冈一中、佛冈中学等学校扩建提质。积极引进大湾区名校教育资源，以共建“六中”班、水头中学创建省农村示范性中学为牵引，示范带动全县教育质量不断提升。加快广州涉外学院、广州城建学院建设，推动县职校新校区及早落地，为佛冈高质量发展提供人才支撑。

持续提升医疗卫生水平。深化医药卫生体制改革，狠抓公立医院提质增效，确保县人医新院区、广佛产业园公共医疗配套、水头镇卫生院异地新建等项目落地见效。深化省人民医院和省第二中医院医疗帮扶，加快县域医共体建设，提高全县医疗服务水平。加强公共卫生体系和医疗人才队伍建设，加大医疗卫生救治资源投入和储备。积极创建“国家卫生县”“全国基层中医药先进示范县”和“广东省健康县”，全面提升“健康佛冈”品质。

扎实做好就业人才工作。强化就业优先政策，健全重点群体就业支持体系，不断优化就业服务，促进高质量充分就业。坚持把人才资源开发放在最优先位置，落实大学生“雁归”计划等举措，加大引才育才力度。坚持招才引智与招商引资相统一，围绕产业发展需求，大力引进各类高层次、高素质人才。持续推进博士工作站、专家服务站建设，不断优化人才服务保障，着力营造识才爱才敬才用才的良好环境。

兜牢兜稳民生保障底线。织密扎牢兜底保障制度网，完善覆盖全民的社保体系，稳步提高最低生活保障、特困人员基本生活保障标准。关注关爱孤寡老人、困难儿童、残疾人等特殊群体，扎实开展社会工作服务。积极应对人口老龄化，完善社会养老服务体系，创新探索“医养结合”健康养老专业服务模式。着力防范化解房地产领域风险，支持刚性和改善性住房需求，提升住房保障水平。

（六）切实加强平安建设，展现和谐安宁“佛冈实景”

我们要坚持底线思维、系统思维，统筹发展和安全，加快构建新安全格局，打造更高水平的平安佛冈、法治佛冈。

着力筑牢安全生产底线。严格落实安全生产责任制和党政领导干部安全生产职责清单，抓实抓细安全生产、消防安全、防灾减灾等重点工作。大力开展建筑施工、交通、危化品、燃气、消防、地质灾害、中小型水库等重点领域安全隐患排查整治，坚决消除各类安全风险隐患。加快应急管理体系和能力现代化建设，加强应急物资保障体系建设，健全安全生产、防灾减灾长效机制。加强安全宣传教育，定期开展应急演练，着力构建全民参与、同防共治的安全防线。

全面提升社会治理水平。常态化推进扫黑除恶、治乱补短，统筹做好打击新型网络犯罪、"扫黄打非"、全民禁毒、反诈等工作。加快推进立体化智能化社会治安防控体系建设，进一步提升社会面整体防控能力。学习借鉴新时代"枫桥经验"，注重发挥"网格化+信息化""网格员+信息员"体系作用，完善矛盾纠纷多元化解机制，推动信访事项减存量、控增量，积极构建共建共治共享社会治理新格局。

持续加强法治佛冈建设。推进法治政府建设，完善乡镇基层指挥协调机制，加快行政执法体制改革，全面落实行政执法"三项制度"。深化司法体制综合配套改革，全面准确落实司法责任制，强化对司法活动的制约监督，努力让人民群众在每一个司法案件中感受到公平正义。推进法治社会建设，开展"八五"普法工作，努力营造全社会尊法学法、守法用法的浓厚氛围。

四、坚定不移加强党的全面领导和党的建设，为佛冈高质量发展提供坚强政治保证

我们要深入贯彻新时代党的建设总要求，以强烈的自我革命精神纵深推进全面从严治党，推动全县各级党组织全面进步、全面过硬。

旗帜鲜明加强党的政治建设。全面、系统、整体落实党的领导，完善党中央重大决策部署落实机制，不断提高政治判断力、政治领悟力、政治执行力。坚持不懈用习近平新时代中国特色社会主义思想凝心铸魂，深化拓展"十学讲话""三法十条"等学习机制。严肃党内政治生活，巩固风清气正的政治生态。严格落实意识形态工作责任制，强化各领域阵地管理和网络舆情管控引导，讲好佛冈故事，营造高质量发展的清朗环境。

坚决有力推进党的自我革命。全面落实党的自我革命制度规范体系各项部署要求，坚持制度治党、依规治党，落实好全面从严治党主体责任清单。完善各类监督贯通协调机制，推动惩治、整改、治理相互结合，监督、办案、警示相互贯通，不断增强对一把手和领导班子的监督实效。推动巡察上下联动，深入开展交叉巡察、专项巡察，做好巡察"后半篇文章"，切实发挥政治巡察利剑作用。深化纪检监察体制改革，用好问责利器，压实全面从严治党政治责任。

着力锻造高素质现代化干部队伍。落实干部队伍建设五年规划，加强干部实践锻炼、专业训练，促进增强"八项本领"，提升"七种能力"。注重在经济发展、乡村振兴、招商引资、项目建设等一线，考察提拔一批政治过硬、适应新时代要求、具备领导现代化建设能力的干部。进一步完善干部教育培训办学条件，加快推进县委党校新校区建设。全方位加强干部管理，建立健全激励干部担当作为的保护机制、容错纠错机制和表彰奖励关爱制度，着力营造想干事、能干事、干成事的浓厚氛围。

切实增强党组织政治功能和组织功能。建强上下贯通、执行有力的严密组织体系，统筹推进各层级各领域党组织建设，持续巩固党组织有形有效覆盖。坚持大抓基层鲜明导向，高标准实施新一轮基层党建三年行动计划，以示范县创建为抓手推进抓党建促乡村振兴。深入落实"头雁"工程，办好村级党组织书记擂台赛、"红领英才"专题培训班，建强村（社区）干部队伍。以提升治理效能为重点，加强城市社区党建，做实社区"大党委"工作机制。统筹推进国企、学校及"两新"组织等领域党建工作，抓好广佛产业园、聚宝工业园等园区党建示范点建设。

以有力有效的执纪监督保障高质量发展。持之以恒加固中央八项规定精神堤坝，持续深化纠治"四风"，突出整治形式主义、官僚主义，建立健全为基层减负的长效机制。全面加强作风建设，教育引导党员干部聚焦高质量发展首要任务，扑下身子、沉到一线，把问题一个一个解决掉，把政策一项一项落下去，把项目一个一个建设好。全面加强党的纪律建设，高标准严要求开展好乡镇党政正职党性政德教育。以零容忍的态度反腐惩恶，重点查处政治问题和经济问题交织的腐败，深化整治权力集中、资金密集、资源富集领域的腐败，坚决有效惩治新型腐败和隐性腐败。全力推进两个"一律追责"，一律追责损害营商环境的腐败和作风问题，一律追责不主动、不担当作为的"躺平式干部"，在优化营商环境、保护市场主体、稳定发展预期中更好地发挥监督保障执行、促进完善发展作用。

坚持和加强党的全面领导。坚持人民代表大会制度，支持和保证人大及其常委会依法行使职权，指导和督促"一府一委两院"自觉接受人大监督。坚持和完善中国共产党领导的多党合作和政治协商制度，支持人民政协做好思想引导、汇聚力量、议政建言、服务大局各项工作。坚持和完善大统战工作格局，支持各民主党派、工商联、无党派人士积极发挥作用，扎实做好民族宗教、港澳台侨等工作。加强对群团组织的领导，充分发挥工会、共青团、妇联等人民团体和群众组织作用。坚持党管武装，强化国防动员、军民融合、双拥共建、国防教育等工作。

同志们，高质量发展战鼓隆隆，催人奋进。让我们更加紧密地团结在以习近平同志为核心的党中央周围，以昂扬的斗志、赶超的姿态、必胜的信心和坚韧的意志，苦干实干，笃行不怠，共同开创佛冈现代化建设美好未来！

政府工作报告

——2022年2月25日在佛冈县第十六届人民代表大会第二次会议上

县长　江红平

各位代表：

现在，我代表县人民政府，向大会报告工作，请予审议，并请各位政协委员和列席人员提出意见。

一、2021年工作回顾

2021年是中国共产党成立100周年，也是“十四五”开局之年。县政府坚持以习近平新时代中国特色社会主义思想为指导，全面贯彻落实党的十九大和十九届历次全会精神，深入学习贯彻习近平总书记重要讲话和重要指示批示精神，在上级党委、政府和县委的坚强领导下，在县人大及其常委会、县政协的监督支持下，贯彻新发展理念，推动高质量发展，认真落实省委“1+1+9”工作部署和市委“十大行动方案”，扎实做好“六稳”“六保”工作，统筹疫情防控、安全生产和经济社会发展，推动经济运行稳中有进，主要指标取得较好成绩。

全年实现地区生产总值158.52亿元，同比增长12.8%，排全市第1位。社会消费品零售总额39.19亿元，增长15.2%，排全市第1位。农林牧渔业总产值36.09亿元，增长19.6%，排全市第1位。规上工业增加值79.46亿元，增长23.4%，排全市第2位。19个省市重点项目完成投资41.6亿元，完成年度目标173.7%，排全市第2位。地方一般公共预算收入11.61亿元，增长9.7%。固定资产投资、金融机构本外币贷款余额分别增长5.9%、16.7%。县级财政管理绩效综合评价全国排名靠前，获财政部奖励。

（一）聚焦全方位广清一体化，全面融湾迈入新阶段。交通网络内联外拓。《广东省新型城镇化规划（2021-2035）》明确佛冈纳入广州都市圈范围，“两纵一横”高速路网正式成型，广连高速佛冈段建成通车，京港澳高速广州至佛冈县城段十车道扩建工程前期工作有序推进，汕湛高速龙山出口至国道106线改建工程纳入省重点项目预备库。国道106线佛冈县城北段扩建工程全面完工，省道252线佛冈县城段改建工程全线基本打通。**合作平台加速构建。**“广州研发+广佛智造”产业协同模式持续深化，广佛产业园累计签约项目105个，计划总投资超270亿元，预计年产值超400亿元。在建项目20个，万洋美谷、洛科威建成试产，初步形成“两谷两园两院”产业格局。“一纵一横”主干网基本建成，中创材料谷从打桩到主体封顶仅用时108天，见证“广佛园速度”。聚宝工业园落户企业18家，计划总投资超35.6亿元，预计年产值超60亿元，在建项目8个，试投产项目10个。**营商环境优化提升。**成立广清营商环境工作专班，与黄埔区签订商事登记“湾区通”合作协议。全面深化“放管服”改革、商事制度改革和“数字政府”建设，工程建设项目审批时限压减60%，政务服务事项实现“一网通办”1390项、“免证办”202项。各类市场主体净增2200户。优质资源互通共享。黄埔区（广州开发区）驻佛冈工作队投入5200万元实施帮扶项目11个，汤塘中心卫生院综合楼等5个项目竣工运营。与广州市17所学校建立结对帮扶关系，与省市大医院建立专科联盟7个，省人医、省第二中医院抽调22名专家驻点我县开展紧密型帮扶，举办黄埔·佛冈同城招聘会11场，教育、医疗、就业环境有效改善。

（二）聚焦产业转型提质增效，工业强县实现新突破。产业集聚成效明显。建立“项目大招商+项目要素保障+项目落地协调”齿轮化联动机制，新引进项目32个，其中亿元以上项目17个。以中创、合诚为代表的新材料产业，以中核汇能、华润风电为代表的新能源产业，以中大医学创新园、香雪制药为代表的生物医药产业，以天赐、万洋美谷为代表的日化美妆产业相继落户，智能装备制造产业、金属加工产业不断做大做强，六大产业集群初现雏形。**创新激活发展动能。**全年实施技改企业49家，完成技改投资10.1亿元，增长10.3%。全县高新技术企业数达40家，实现“小升规”企业8家。现有省级以上科技创新平台18家。专利授权量增长21.7%。**制造强县进程加快。**先进制造业、高技术制造业实现增加值32.18亿元和19.35亿元，分别增长39.6%、37.3%。电子信息、空调制冷、高端电动车、智能家具家电等装备制造业势头良好，约克公司获市政府质量奖和企业标准领跑者称号。

（三）聚焦重大平台和项目建设，高质量发展再上新台阶。要素保障更加有力。健全重大项目指挥协调机制，成立总指挥部和7个专项指挥部、7个要素保障组，积极破解资金、用地、征拆等要素制约。处置批而未供、闲置土地和低效工业用地4208亩，超额完成省市下达批而未供土地去库存任务，通过重大产业项目落地“挣”得用地指标1838亩。汤塘镇成为全市唯一省级全域土地综合整治试点。**产业园区加速建设。**佛冈产业转移园在北部生态发展区 47 个参评园区中高质量发展综合评价排名第 3。大湾区生命科技园、城西科技园已进场开展前期工作，龙山新动力智造城征地工作全面启动。雅迪电动车华南基地动工建设，水头红苹果特色功能区建成投产。**重点项目落地提速**。广佛产业园创新服务中心、邻里中心、首期公建配套及生态水利设施等 15 项省市重点项目超时间进度推进，华润高山风电场、广州城建学院佛冈校区等项目超额完成年度投资计划。省运会筹备工作扎实推进，县体育中心完成主体框架建设。

（四）聚焦农业农村发展，乡村振兴结出新硕果。城乡融合纵深推进。27 个城乡融合发展重点项目完成年度投资计划的 158.5%。农村"三块地"改革不断深化，成立股份经济合作社 253 个、土地股份合作部 63 个。迳头官塅围村连片闲置宅基地自愿退还村集体，汤塘四九村集体经营性建设用地成功入市交易。推进农村电商促进创业就业战略，建成省级返乡创业孵化基地，成立全市首个村级人才服务公司，壮大农民专业合作社 366 家、家庭农场 371 家。**富民产业遍地开花**。全县粮食种植面积 17.62 万亩，建成高标准农田 1.15 万亩。水果（柑橘）省级现代农业产业园 27 个项目全部动工建设。佛冈德福、惠文合作社被认定为大湾区"菜篮子"生产基地，湾区北"菜篮子"综合体项目签约落地。澳洲坚果、三联红薯、芦笋等入选全国"名特优新"农产品名录，益肾子、糖冬瓜、糖桔饼等入选"粤字号"农产品名录。**村庄面貌焕发新颜**。785 条自然村有 728 条达到省级干净整洁村标准，619 条达到省级美丽宜居村标准。石角镇山水画龙、汤塘镇温泉古村美丽乡村风貌带基本建成。建好"四好农村路"50.8 公里。生活污水收集率达 92.6%。持续巩固脱贫攻坚成果，扎实做好驻镇帮镇扶村工作，签约乡村振兴项目 38 个。

（五）聚焦生态保护与治理，绿色发展打开新局面。打好污染防治攻坚战。深化企业 VOCs 排放、餐饮油烟等 7 个领域专项行动，空气质量优良率达 98.9%，$PM_{2.5}$、PM_{10}、NO_2 三项指标明显下降。深入开展"母亲河"保护行动，省考断面水质、集中式饮用水水源地水质全部达标。全面推行林长制，完成造林和生态修复 2.85 万亩，县域森林覆盖率达 69.47%。全力推进中央环保督察问题整改，完成观音山茶园非法倾倒固废点生态修复和县垃圾填埋场渗滤液去库存工作，22 宗交办案件全部办结或阶段性办结。**全域旅游加快发展**。荣获全国县域旅游发展潜力百佳县、国际时尚旅游目的地称号。豆腐节入选中国优秀当代节事，古村民俗文化游入选省历史文化游径。稳步推进黄花湖温泉旅游度假区和熹乐谷、森波拉等景区提档升级。湾区北旅游首选目的地知名度不断提升，全年接待游客 117.25 万人次，实现旅游总收入 10.25 亿元。

（六）聚焦补短板强弱项，城市品质实现新提升。扩容提质加快推进。龙凤新区、城南新区建设加速，投入超 10 亿元实施城市更新行动，完成 28 条街道共 11 万平方米道路改造提升，老旧小区改造工程持续推进，基础设施及配套功能不断完善。水气电公交"四个一张网"越织越密。**城市管理更加精细**。启动新一轮"创文"行动，入选第七届全国县级文明城市提名。深入整治"六乱""三线"，治理违法建设 14.18 万平方米，市容市貌显著提升。县城水厂改扩建工程试运行，五个镇级污水处理设施投入运行，新增污水管网 4.94 公里。城市生活垃圾分类工作全面铺开，生活垃圾无害化处理率达 100%。智慧停车项目稳步推进。县镇村三级物流配送体系日臻完善。**社会治理效能增强**。投入 1322 万元完善消防基础建设，持续开展"三合一"场所专项整治。深入开展道路交通、建筑施工、危化品等六大重点行业领域安全生产专项整治行动，全县安全生产、食品药品安全形势总体平稳。全面推进"网格化 + 信息化""网格员 + 信息员"基层社会治理模式，水头镇"三网三员三资整合"模式获市通报表扬并推广。"平安佛冈"更加有力，维稳安保、扫黑除恶、禁毒反诈和科技治超等工作成效显著。

（七）聚焦解决群众"急难愁盼"问题，民生实事取得新成效。兜牢民生保障底线。全年民生投入 31.02 亿元，支出占比 84.8%。城乡居民人均可支配收入增长 10.6%。"三项工程"持续推进，接受技能培训 2449 人次，新增城镇就业 4711 人，失业率为 2.47%。全面完成十件民生实事。城镇住房保障覆盖标准从年人均可支配收入的 70% 提高到 85%。城乡居民基本养老保险、医疗保险基本实现全覆盖，优抚、低保、特困人员供养、孤儿养育、"两残"补贴全面完成提标任务。提前完成全域自然村集中供水攻坚任务，惠及 5872 户共 2.46 万人。投入 2165.22 万元治理全县中小型地质灾害隐患点 48 个。完成削坡建房风险点整治 168 户。**社会事业全面发展**。城南幼儿园、城北篁胜小学等学校建成招生，新增公办优质学位 3060 个。"双减"工作落细落实，实现校内课后服务"两个全覆盖"。乡镇小学生上下学校车接送全面实施，有力保障 2400 名学生交通安全。从严从细落实常态化疫情防控措施，加强哨点监测和院感防控，落实重点人群筛查和重点场所管控，全人群全程接种率 82.7%。县中医院新院全面投入使用，县人医内科大楼、公共卫生应急中心基本完工，基层医疗卫生服务功能逐步健全，基本实现大病不出县。县博物馆、全民健身中心投入使用，佛冈乡村春晚成为省公共文化服务体系示范项目。

（八）聚焦推进作风转变，服务型政府展现新作为。政府作风持续改善。扎实开展党史学习教育，增强"四个意识"、坚定"四个自信"、做到"两个维护"。党风廉政建设不断加强，严格落实中央八项规定及其实施细则精神，驰而不息纠"四风"。积极践行"我为群众办实事"，完成民生项目 202 项。加大督查督办力度，实施书面督查 4115

项次，实地督查98次，确保中央大政方针和省市部署安排不折不扣落到实处。在全省纳税人满意度调查中位列145个参评县区第2名，排名跃升106位。**法治政府走深走实。**坚持向人大及其常委会报告工作，向政协通报情况，自觉接受监督，办理人大议案建议52件、政协提案97件。行政监察和审计监督不断强化。健全依法决策机制，严格公正文明执法。打造“阳光政府”，主动公开各类政务信息3182条。国防动员、人民武装、民族、宗教、外事、侨务、港澳、退役军人、信访、妇女儿童、老龄、残疾人、慈善、科学技术、统计、档案、物价、人防、气象等工作取得新成效。

各位代表，过去一年成绩的取得，是习近平总书记、党中央英明领导的结果，是在省委、省政府、市委、市政府和县委坚强领导下，全县人民同心同德、拼搏奋斗的结果，也是省纪委、黄埔区（广州开发区）等帮扶单位全力支持的结果。在此，我谨代表县人民政府，向全县人民，向各位人大代表、政协委员，向各民主党派、人民团体，向驻佛部队和各驻佛单位，向港澳台同胞、海外侨胞，以及所有关心支持参与佛冈建设发展的各界朋友，致以崇高敬意和衷心感谢！

同时，我们也清醒认识到，发展不平衡不充分仍是我县最大的短板：一是经济基础相对薄弱，产业规模化、集群化水平不高，产业链、创新链还不完善。二是经济发展质量有待提高，土地、环境、能耗等要素制约日益趋紧，绿色、安全发展底线仍需进一步筑牢。三是城市规划建设管理水平有待提高，城镇承载能力、辐射带动能力较弱，城乡公共服务均等化发展任重道远。四是优质教育、医疗、文化资源供给不足，养老托幼等服务与群众日益增长的美好生活需要还不匹配。五是政府自身建设仍需加强，营商环境仍需优化，干部干事创业精气神有待进一步激发。这些问题，我们要以对党和人民高度负责的态度，采取有力措施加以解决。

二、2022年工作安排

2022年是党的二十大召开之年，是实施“十四五”规划的重要一年。当前新冠疫情时有反复，世界格局加速演变，但我国稳中向好的基本趋势没有改变，“双区双城双合作区”建设、“一核一带一区”区域协调发展以及广州都市圈规划等政策利好已经明确，广清一体化进入全方位高质量发展阶段，市委提出把佛冈建设为“清远副中心”，四项“国字号”改革试点及一批重大平台重点项目落户我县，这些都为新时代佛冈高质量发展提供了战略机遇和动力保障。我们必须以“新”破题、以“变”谋局，以快的行动、准的方向、实的作风，乘势而上开创社会主义现代化建设佛冈新局面。

今年政府工作的总体要求：**以习近平新时代中国特色社会主义思想为指导，全面贯彻落实党的十九大和十九届历次全会及中央经济工作会议精神，深入贯彻落实习近平总书记对广东系列重要讲话和重要指示批示精神，弘扬伟大建党精神，立足“清远副中心”发展定位，围绕建设清远融入大湾区先行区、湾区北新兴产业集聚区、全国城乡融合发展试验区和宜居宜业宜游温泉之城的“三区一城”奋斗目标，坚持稳字当头、稳中求进工作总基调，完整、准确、全面贯彻新发展理念，加快融入新发展格局，全面深化改革开放，坚持创新驱动，推动高质量发展，坚持以供给侧结构性改革为主线，统筹疫情防控和经济社会发展，统筹发展和安全，继续做好“六稳”“六保”工作，持续改善民生，保持经济运行在合理区间，保持社会大局稳定，以优异成绩迎接党的二十大胜利召开。**

今年经济社会发展主要预期目标：**地区生产总值增长6.5%以上，固定资产投资增长6%左右，规上工业增加值增长6%左右。地方一般公共预算收入增长7%左右。社会消费品零售总额增长8%左右，居民消费价格涨幅控制在3%以内。城镇登记失业率控制在3%以内，城乡居民人均可支配收入与经济增长同步。**围绕目标，我们将重点做好以下八个方面工作：

（一）坚持稳字当头、稳中求进，着力推动供需循环畅通，确保经济平稳健康发展

筑牢安全发展底线。落实常态化疫情防控机制，坚持“人物环境”同防，做好重点人群排查管控，提升疾控中心和医疗机构检验检测能力，落实集中隔离场所储备要求，持续推进新冠疫苗接种工作，巩固来之不易的防控成果。严格落实安全生产责任制，深刻汲取“1·23”火灾事故沉痛教训，深入开展为期3个月的消防安全大排查大整治。深入实施安全生产专项整治三年行动，全面推行“双重预防机制”，开展道路交通、建筑施工、危化品等重点行业领域整治。完善“智慧应急”平台，提高防灾减灾、应急救援能力，完成56处地质灾害隐患点综合治理和16万栋房屋承灾体调查任务，确保全县安全形势持续稳定。完善金融风险预警处置机制，促进房地产市场良性循环和健康发展。

积极扩大有效投资。抓好“两新一重”、产业工程、民生保障等领域重大项目，加快交通、水利、能源等项目建设，完成19项省市重点项目建设任务。坚持“要素跟着项目转”，强化重大项目领导直联责任制，发挥指挥部统筹作用，积极申报专项债、中央资金、中央预算内投资，加快已申报项目建设。实行工业用地全生命周期管理，建立新增用地指标分配与盘活存量土地、土地产出效益等挂钩制度。抓好重大项目建设工作，确保县体育中心、龙凤大桥、广佛产业园首期公建配套及生态水利设施等项目建成投用，推动高兰德新材料、联丰生物等项目加快建设。

全面释放消费潜力。推动生产性服务业与生活性服务业融合发展，用足康养旅游、特色农业等资源优势，积极

对接大湾区消费需求。大力促进传统消费，提升商圈消费品质，推动餐饮业成行成市，扩大汽车、家电等大宗消费。建设夜间经济示范街区，塑造城市特色风貌。建设县城一刻钟便民生活圈，培育发展生鲜配送、社区商业、信息服务等新型消费。把握传统假日、电商节日及“牛肉节”“粉葛节”等节点，组织企业开展产品展销、直播促销活动。发挥国家级电子商务进农村综合示范县带动作用，擦亮“佛冈有礼”区域品牌，健全完善物流体系，打通快递进村“最后100米”。

（二）坚持深度融入、高质协同，持续提升广清一体化水平，建设清远融入大湾区先行区

加速交通互联互通。谋划实施“三铁工程”，推动肇清从城际轨道延伸至佛冈、从埔高速经佛冈延伸至广清接合片区，打造更多衔接大湾区都市圈的快捷通道。加快推进汕湛高速龙山出口至国道G106线改建工程进场施工，扎实开展京港澳高速广州至佛冈县城段十车道扩建、国道G106线县城至龙山段改建等项目前期工作，全力争取迳头（水头）互通与京港澳高速扩建项目一期同步实施，加快扩建佛冈、汤塘互通出口，全面融入大湾区“半小时通勤圈、生活圈”。

推进融湾平台建设。按照“一主两辅、多点支撑”发展格局，完善园区产业发展规划和综合服务配套。实现基础设施总投资超5亿元，规划扩园10平方公里，抓好土地、水电气等要素保障，切实提升园区承载力。推进省级产业转移园提档升级，争创省级高新技术产业开发区。完成广佛产业园创新服务中心和邻里中心等项目建设，打造与中新广州知识城、广州国际生物岛、广州科学城“同品牌、同环境”的协同拓展区。推动城西科技园完成横一路建设，龙山新动力智造城完成横一路、三路一期建设，大湾区生命科技园完成一期主体建设。推动国资国企改革，成立园区配套运营服务公司，强化服务园区重大项目建设及产业示范引领作用。坚持工业园区集中集约发展，以“亩均效益”倒逼机制和市场化手段退出机制淘汰落后产能，引导土地、资金和环境容量等要素向重点平台聚集，力争新建标准厂房20万平方米，全县园区规上工业增加值增长8%。

持续激发市场活力。推动广州“营商环境4.0”向全县覆盖，综合运用工作专班和“保姆式”服务制度，深入实施“CSO首席服务官”行动和“百名局长进千企”服务活动，高效解决企业的堵点难点，着力构建“亲”“清”政商关系。落实减税降费政策，帮助中小微企业、个体工商户减负纾困。加快“数字政府2.0”建设，持续推进“一网统管”“一网通办”“一网协同”，建成高效协同的三级政务服务体系，确保政务事项网上可办率不低于95%。深化“放管服”和“证照分离”改革，稳步推进“多审合一”“多规合一”，加强信用体系建设，完善事中事后监管，进一步压减投资项目办理时限，确保在年底前全面实现涉企证照电子化。

（三）坚持工业强县、创新驱动，促进制造业高质量发展，打造湾区北新兴产业集聚区

提升招商引商实效。强化招商选资“一盘棋”，加强招商专业队伍及机构建设，完善招商信息共享机制，编制产业招商计划和目标企业清单，深化“产业链招商”“以商引商”，力争全年新引进项目20个，计划投资金额超40亿元，达产产值超60亿元，其中产值超亿元项目12个，超10亿元项目1个。出台培育“六个百亿产业集群”发展政策，着力引进一批行业领军企业、核心配套企业。积极参加广交会、进博会、高交会，每季度精准开展生物医药、新材料、新一代电子信息技术等新兴产业专题招商会。加强与第三方专业招商团队合作，实行市场化、专业化招商。

培育壮大产业集群。实施产业集群“链长制”，瞄准“六个百亿产业集群”目标，推进延链补链强链。构建电子信息新材料产业集群，发展壮大建滔、南玻等龙头企业，确保年内中创材料谷投试产、合诚新材料动工建设。打造生物医药产业集群，以中大医学创新园、大湾区生命科技园为支点，推动香雪制药、必贝特医药等项目年内动工建设。推进智能装备产业集群加快成型，引导约克、红苹果等制造龙头企业延伸产业链提升价值链，力争龙山新动力智造城、城西科技园实现落地项目各5个以上，确保白云泵业、晶华精密、西子西奥电梯等项目年内动工建设。做优做强日化美妆产业集群，推动万洋美谷19家企业和天赐年内投试产。加快中核汇能、雅迪华南基地等新能源产业项目建设。优化提升金属加工产业。健全项目签约到竣工投产闭环管理模式，确保全年新动工项目13个以上，全县工业总产值突破380亿元。

加快新旧动能转换。深入实施企业扶优计划，培育壮大新兴产业龙头企业，促进“专精特新”中小企业高质量发展，新增规上工业企业10家以上。优化提升传统优势产业，支持企业增资扩产，实施技改项目30个以上，完成技改投资10.3亿元。推动传统建材产业升级发展，提升有色金属产业关键技术和高端产品价值。大力发展数字经济，推进制造业“5G+工业互联网”建设，推动企业向数字化、网络化、智能化转型。引导金融机构加大对先进制造业、新兴产业的支持力度，促进工业骨干企业发展壮大，加快培育上市后备企业。

提升科技创新能力。坚持创新驱动发展战略，深入推进质量强县建设，深化高新技术企业树标提质工程，新增高新技术企业5家以上。实施科技创新载体提升工程，加快以中大华南生物安全四级实验室、聚合物新型成型装备国家工程研究中心、万洋产业科创中心为核心的科创合作平台建设，推动重大科技成果在佛冈落地转化。完善创新创业孵化体系，支持建滔、国珠等企业申报研发机构，力争新增工程研究中心、实验室、技术中心等科技平台5家。

实施产学研融合工程，加快培养和引进一批领军人才及高水平创新团队，为创新人才提供“一站式”综合服务。

（四）坚持乡村振兴、富民兴村，推动农业农村现代化发展，高水平建设国家城乡融合发展试验区

深化城乡融合改革。聚焦五项试验任务，围绕基础设施、公共服务、产业发展等领域，年内投入17.56亿元推动20个典型项目建设，形成可复制推广的广清接合片区“佛冈经验”。加快农村“三块地”改革，鼓励开展股份合作制改革，盘活闲置宅基地，推动一批集体经营性建设用地入市交易。抓好汤塘省级全域土地综合整治试点。以产城融合发展为着力点，构建城乡人口双向流动保障体系，推动户籍制度“零门槛落户”，畅通农民进城渠道。推进新型农村集体经济专项改革省级试点，完善联农带农利益联合机制，推广“农民入股+保底收益+按股分红”等模式，让农民更多分享产业增值收益。巩固拓展脱贫攻坚成果同乡村振兴有效衔接，保持现行帮扶政策总体稳定，做好扶贫项目资产管理和防返贫监测。推动驻镇帮镇扶村工作，统筹帮扶资源，深化人居环境整治和农村基础设施建设。加快水头镇农光旅、康养中心等项目建设，积极引进生态工业项目，打造乡村振兴样板区。

推动农业增产增收。稳住农业基本盘，抓好“菜篮子”工程建设，确保粮食种植面积稳定增长。持续开展“五大一深化”提升行动，推动水果（柑橘）省级现代农业产业园达产达效，推进农业现代化规模化品牌化发展。做强做优竹山粉葛、三联红薯、迳头沃柑等“一村一品、一镇一业”，大力支持益肾子等农产品申报注册国家地理标志。培育壮大新型农业经营主体，力争新增市级以上龙头企业2家以上。加快湾区北“菜篮子”综合体项目建设，补齐农产品精深加工、烘干仓储、冷链物流短板，拓宽电商销售渠道。落实最严格的耕地保护制度，完成6100亩高标准农田建设任务，加快土地流转，推动撂荒耕地复耕复种，推广农业生产托管服务，促进农业规模化经营。

整治提升人居环境。深入实施“美丽乡村2025”行动计划，优化提升村庄规划，连片推进村庄绿化美化亮化和存量农房微改造，因地制宜打造农村“四小园”，力争65%以上行政村达到省级美丽宜居村标准，石角镇建成生态宜居美丽乡村示范镇。以镇级全域推进乡村振兴综合整治项目为抓手，实施美丽圩镇建设攻坚行动，力争全县所有圩镇达到“宜居圩镇”标准。在高岗、迳头等镇规划新建四条美丽乡村风貌带，发展休闲观光农业、乡村旅游，吸引游客到佛冈品乡味、忆乡愁。实施“三农”领域突出短板攻坚行动，持续推进农村电网、村庄主干道、通行政村自然村道路改造升级，建设“四好农村路”39.3公里以上。推进农村集中供水一体化提升，确保农村生活污水处理率提高至60%以上，生活垃圾处理率、村庄保洁覆盖率、无害化户厕普及率保持100%。

（五）坚持生态优先、绿色发展，推动生态环境持续改善，全力打造大湾区后花园和康养地

持续加强生态建设。扎实推进中央生态环保督察问题整改，深入整治生活垃圾填埋场问题，确保交办信访案件全面办结。下大力气解决环境基础设施突出短板，严厉打击非法倾倒固废、“两违”和非法采砂采矿等行为。落实大气污染防治常态化管控措施，强化多污染物协同治理，保持空气质量优良率96%以上。严格土壤污染源头防治。落实河湖长制，推进潖江河、烟岭河和东坑水等流域综合治理，“一口一策”实施排污口整治，确保省考断面水质、集中式饮用水水源地水质稳定达标。抓好10公里生活污水管网及配套设施建设，完善收集处理体系和长效管养机制，力争实现县城生活污水处理率90%以上。

推动绿色低碳发展。统筹做好碳达峰碳中和工作，优化完善“双控”制度，强化重点领域、重点用能企业监管预警，推进“两高”行业绿色升级改造。强化“三线一单”生态环境分区管控，探索生态资产价值实现机制。发展绿色能源产业，确保年内高山风电场建成发电、福音风电场开展主体建设。加快废弃矿山等地质环境恢复治理，建成绿色矿山2个。全面推行林长制，推动生态公益林扩面提质，完成造林更新2.55万亩。

大力发展全域旅游。坚持全域统筹、龙头带动，力创国家全域旅游示范区，深化共建大湾区北部生态旅游合作区，建设黄花湖温泉旅游度假区，推动熹乐谷创建4A级旅游风景区，推进禾田温泉二期等项目建设，打造“佛卧山冈·温泉之城”湾区北旅游休闲目的地。深入挖掘红色旅游、人文、古村、生态等资源，培育壮大“文化+”“体育+”等新业态，建成一批网红酒店和精品民宿，谋划建设旅游示范路线。统筹做好南粤古驿道定向大赛、温泉大会等系列活动。力争接待游客总人数123万人次以上，旅游总收入10.6亿元以上。

（六）坚持系统谋划、精细管理，着力提升城市功能品质，打造宜居宜业宜游温泉之城

高起点做好城镇规划。高质量编制国土空间规划和专项规划，增强规划的前瞻性、系统性和严肃性，加快形成“两城两翼两区”城市发展格局。推进石角城区扩容提质，加快龙凤新区和城北片区市政路网建设，规划建设污水处理厂、社区医院、公立幼儿园、大型农贸市场以及水电气信等一批补短板项目，加快北山公园和沿岸水轴线升级改造，做足增绿美化文章，打造“三生融合”样板新区。增强汤塘、龙山、迳头工业经济带动能力，建好融湾“南大门”，促进高岗、水头生态经济产业发展。推动全国县城新型城镇化建设示范工作取得更大成效，确保83项新型城镇化项目落细落实。

优化城市功能配套。杜绝城市更新大拆大建，加强历史文物、古树名木大树保护。推动“三旧”改造104.3亩，提质改造10处老旧小区、内街背巷，建设一批小公园。加大新型基础设施建设力度，稳步推进5G基站建设，实现城镇、工业园区5G全覆盖。强化水电气生活要素保障，确保大湾区500千伏外环中段工程及110千伏文昌输变电工程建成投产。实施北江引水工程，推动龙山水厂扩建项目建成投产、迳头水厂动工建设，稳步推进县城至汤塘供水复线项目，全年新建供水设施管网30.14公里。加快整合水务资产，组建水务集团，切实提高县域供水保障能力和服务水平。高质量推进碧道建设，打造靓丽水生态名片。

建设文明活力城市。全力做好第十六届省运会和第九届省残运会筹备工作，扎实做好疫情防控、后勤保障、安保接待等工作。持续深化创文创卫工作，深入实施精神文明创建“九大行动”，大力发展志愿服务、社会工作等公益事业，引导提升市民文明素养。加强“智慧城市”“数字城管”建设，大力整治城市“六乱”，提升城市精细化管理程度。推进智慧交通建设，新建升级智能停车位2300个、公共充电桩81个。开展治堵保畅攻坚行动，对国道G106线县城段、省道S252线和县体育中心周边环境实行提质改造，力争打通兴业路、教育南路、青松西路等一批断头路。打造干净整洁美丽县城，推动生活小区、公共机构生活垃圾分类覆盖率分别达到95%、100%。

（七）坚持人民至上、为民利民，全力抓好各项社会事业，更好满足人民美好生活需要

加大民生保障力度。高质量办好十件民生实事。落实3.0版“促进就业九条”，持续推动“三项工程”标准化品牌化，实施职业技能培训2800人次。推进高校毕业生留佛就业创业，新增城镇就业4000人以上。不断完善医疗、养老、工伤、失业保险制度体系，健全社保扩面征缴长效机制，推动全员足额参保、应保尽保。稳步提高底线民生保障水平，实现困难群众和特殊群体社会工作服务全覆盖。落实三孩生育政策。完善托育、养老服务体系，加快县福利院老人公寓项目建设，加快建设养老综合服务中心和县社会救助中心。落实民兵工作“十四五”建设任务，持续提升兵役征集和国防教育质量。全力创建省双拥模范县。完善住房保障体系，将覆盖标准提高至城镇年人均可支配收入的90%。

推进公共服务均等化。全面实施基础教育高质量发展行动，巩固提升学前教育“5080”攻坚成果，确保城东中学、城北中学新建教学楼秋季入学前投入使用，新增公办学位2920个。推进“双减”工作落地见效，提升义务教育校内课后服务质量。实施“新强师工程”。加快广州涉外学院佛冈校区二期、城建学院佛冈校区建设，力推县职业技术学校新校区建设。深化健康佛冈行动，推动县人医新院区建设、县中医院新建发热门诊大楼，确保县人医内科大楼年内交付使用，加快广佛产业园医疗中心项目建设。深化省人医和省第二中医院技术帮扶成果，打造5G+医疗健康示范点。推进县域紧密型医共体建设。健全公共卫生应急体系。深化医药卫生体制改革，推动中医药传承创新发展。深入实施文化惠民工程，加快县、镇、村三级公共文化设施提档升级。促进文化事业和文化产业繁荣发展，保护传承历史文化。

提高社会治理效能。完善“网格化＋信息化”“网格员＋信息员”基层社会治理体系，打造共建共治共享社会治理格局。健全矛盾纠纷多元化解机制，推动信访事项减存量、控增量。深化“平安佛冈”建设，推进立体化社会治安防控体系建设，常态化开展扫黑除恶斗争，坚决打赢禁毒人民战争，严厉打击网络诈骗、“两抢一盗”等突出刑事犯罪。做好扫黄打非、打假、打传、打私工作。完善食品药品安全治理体系，积极创建省级食品安全示范县。完善社会组织管理体系，引导支持企业和社会群体参与公益慈善事业。

（八）坚持党的全面领导，着力加强政府自身建设，切实提升行政效率和服务效能

建设法治廉洁政府。坚持把党的领导贯穿到政府工作各方面全过程，认真落实“第一议题”制度，深刻把握“两个确立”的决定性意义，做到“国之大者”心中有数。严格落实全面从严治党主体责任，认真落实中央八项规定及其实施细则精神，力戒形式主义、官僚主义，营造风清气正的政治生态。深化依法行政，自觉接受县人大及其常委会的法律监督、工作监督和县政协的民主监督，办好人大代表建议和政协委员提案。严格落实政府重大行政决策制度，认真听取人大代表、政协委员意见，广泛听取各民主党派、各人民团体、社会各界建议。发挥政府法律顾问和公职律师作用，强化规范性文件制定和监督管理。推进乡镇综合行政执法工作。大力实施“八五”普法规划，深化公共法律服务体系建设。

建设服务高效政府。树立“大财政、大预算、大资产”理念，建立大事要事保障清单，提高财政资金使用效益，强化政府债务风险管控。强化对重大民生政策、政府投资项目等专项审计，抓好政府采购、土地出让、招投标、资源要素分配等关键环节制度建设。持续精简文件会议，统筹督查考核，切实为基层减负。加强队伍作风建设，制定重点任务和项目清单，推动工作项目化、项目责任化、责任具体化，强化抓落实能力，全力打造有为政府。引导广大干部提振“精气神”、奋力“闯创干”，提供更加高效更有温度的服务。

各位代表！新蓝图前景美好，新征程催人奋进。让我们更加紧密地团结在以习近平同志为核心的党中央周围，全面贯彻习近平新时代中国特色社会主义思想，踔厉奋发、笃行不怠，凝心聚力、勇毅前行，全力建设“清远副中心”，奋力谱写新时代佛冈高质量发展新篇章，以优异成绩迎接党的二十大胜利召开！

【名词解释】

[1] **“六稳”“六保”**：“六稳”是稳就业、稳金融、稳外贸、稳外资、稳投资、稳预期；“六保”是保居民就业、保基本民生、保市场主体、保粮食能源安全、保产业链供应链稳定、保基层运转。

[2] **“两谷两园两院”**：“两谷”，即以万洋众创城项目为中心的美谷和以合诚、高兰德新材料为龙头，中创集团为平台的材料谷；“两园”，即以晶华项目为主体的湾区北高端装备制造产业园及以中大医学创新园为主体的生物医药和生命健康园；“两院”，即华南理工大学聚合物新型成型装备国家工程研究中心（广佛产业园分中心）、广东技术师范大学共建南方职业教育服务站（研究院）。

[3] **“三块地”改革**：农村土地征收、集体经营性建设用地入市、宅基地管理制度改革。

[4] **“四好农村路”**：建好、管好、护好、运营好农村公路。

[5] **“六乱”“三线”**：“六乱”是指城市管理中存在的乱搭乱建、乱堆乱放、乱设摊点、乱拉乱挂、乱贴乱写乱画、乱扔乱吐等问题；“三线”即电力线、通信线、有线电视线。

[6] **“三合一”场所**：指住宿与生产、仓储、经营一种或以上使用功能违章混合设置在同一空间内的建筑。

[7] **“三网三员三资整合”模式**：“三网”指林长制、河长制、综治网格；“三员”指专兼职护林（网格）员、巡河员、综治网格员；“三资”指护林资金、巡河资金、乡村振兴资金。

[8] **“三项工程”**：“粤菜师傅”“广东技工”“南粤家政”三项工程。

[9] **“双减”**：减轻义务教育阶段学生作业负担和校外培训负担。

[10] **“两个全覆盖”**：义务教育学校全覆盖、有需求的学生全覆盖。

[11] **“双区双城双合作区”**：“双区”即粤港澳大湾区、深圳建设中国特色社会主义先行示范区；“双城”即广州、深圳；“双合作区”即横琴粤澳深度合作区、前海深港现代服务业合作区。

[12] **“一核一带一区”**：珠三角地区、沿海经济带、北部生态发展区。

[13] **四项“国字号”**：国家城乡融合发展试验区广清接合片区、国家县城新型城镇化建设示范县、国家电子商务进农村综合示范县、国家县域共青团基层组织改革试点。

[14] **“双重预防机制”**：安全生产中的风险分级管控机制和隐患排查治理机制。

[15] **“两新一重”**：新型基础设施建设，新型城镇化建设，交通、水利等重大工程建设。

[16] **“三铁工程”**：地铁、城铁和高铁。

[17] **“CSO 首席服务官”**：Chief Service Officer，简称 CSO 首席服务官，作为一种非审批类移动式服务窗口，为企业提供有温度、个性化、全流程的服务。

[18] **“专精特新”中小企业**：指具有专业化、精细化、特色化、新颖化特征的中小企业。

[19] **“五大一深化”**：以深加工和信息化为抓手，构建大生产基地、建立大流通平台、打造大农业品牌、面向大市场、服务好大湾区。

[20] **“美丽乡村 2025”行动计划**：2018 年 5 月，《清远市“美丽乡村 2025”行动计划》印发，提出到 2025 年实现全市 100% 的自然村创建成为“整洁村”档次以上的美丽乡村，80% 以上的自然村创建成为“示范村”档次以上的美丽乡村，建成特色村 500 个、生态村 100 个、美丽田园一批，全部行政村达到省美丽宜居村标准。

[21] **“四小园”**：在农村利用清拆出来的闲置空地，因地制宜开展小菜园、小果园、小花园、小公园等小生态板块建设活动。

[22] **“三线一单”**：生态保护红线、环境质量底线、资源利用上线和生态环境准入清单。

[23] **两城两翼两区**：“两城”指把石角镇打造为文明宜居魅力之城、汤塘镇打造为湾区北现代产业新城；“两翼”指发挥龙山镇、迳头镇南北两翼的枢纽作用，建成新型工业重要窗口；“两区”指高岗镇、水头镇分别建成生态发展示范区、乡村振兴样板区。

[24] **“三生融合”样板**：生产、生活、生态融合的高品质城市。

[25] **“三旧”**：分别指旧城镇、旧厂房、旧村居。

[26] **精神文明创建“九大行动”**：①乡村文明实践志愿服务提升行动；②农贸市场综合治理行动；③出租汽车文明服务拓展行动；④餐饮行业文明诚信服务行动；⑤网络文明促进行动；⑥基层公共文化服务提升行动；⑦传承弘扬好家教好家风行动；⑧高速公路沿线环境优化行动；⑨文明村镇创建提质行动。

[27] **“促进就业九条”**：①支持企业稳定岗位；②开发更多就业岗位；③促进劳动者多渠道就业；④进一步鼓励创业带动就业；⑤稳定高校毕业生等重点群体就业；⑥提升劳动者技术技能水平；⑦加大困难人员托底帮扶力度；⑧强化就业服务供给；⑨完善就业失业监测研判机制。

[28] **学前教育“5080”**：2018 年 7 月，《广东省促进学前教育普惠健康发展行动方案》印发，提出到 2020 年，全省公办幼儿园在园幼儿数占比要达到 50% 以上，公办幼儿园和普惠性民办幼儿园占比达到 80% 以上。

[29] **“新强师工程”**：2021 年 9 月，《广东省推动基础教育高质量发展行动方案》印发，提出实施“新强师工程”，到 2025 年，粤东粤西粤北地区校长教师队伍能力素质显著提升；到 2030 年，粤东粤西粤北地区校长教师队伍能力素质与珠三角地区差距明显缩小；到 2035 年，粤东粤西粤北地区校长教师队伍整体水平与珠三角地区大体相当。

附　录

责任编辑：钟榕斌

县委及县委办规范性文件要目

文件名称	发布文号
中共佛冈县委 佛冈县人民政府关于“7·12”疫情处置情况的报告	佛委〔2022〕31 号
中共佛冈县委 佛冈县人民政府关于“10·02”疫情应急处置情况的报告	佛委〔2022〕42 号
中共佛冈县委关于认真学习宣传贯彻党的二十大精神的通知	佛委发电〔2022〕11 号
中共佛冈县委办公室关于印发《县直机关“奋进新征程 建功新时代 以模范机关创建实际成效迎接党的二十大胜利召开”主题活动工作方案》的通知	佛委办〔2022〕11 号
中共佛冈县委办公室 佛冈县人民政府办公室关于印发《佛冈县贯彻落实〈“广东技工”工程实施方案〉的若干措施》的通知	佛委办发电〔2022〕1 号
中共佛冈县委办公室 佛冈县人民政府办公室关于印发《佛冈县系统防范化解消防安全风险方案（试行）》的通知	佛委办发电〔2022〕3 号
中共佛冈县委办公室关于印发《中共佛冈县委进一步落实全面从严治党主体责任清单》的通知	佛委办发电〔2022〕9 号
中共佛冈县委办公室 佛冈县人民政府办公室关于印发《佛冈县全国县城新型城镇化建设示范县实施方案》的通知	佛委办发电〔2022〕12 号
中共佛冈县委办公室 佛冈县人民政府办公室印发《关于建立佛冈县重大项目评审工作机制的实施方案（试行）》的通知	佛委办发电〔2022〕13 号
中共佛冈县委办公室关于印发《学习宣传贯彻党的二十大精神总体工作方案》的通知	佛委办发电〔2022〕15 号
中共佛冈县委办公室 佛冈县人民政府办公室印发《关于坚决贯彻习近平总书记重要指示精神切实制止餐饮浪费行为工作方案》的通知	佛委办发电〔2022〕16 号
中共佛冈县委办公室印发《关于开展“学习贯彻党的二十大精神，探索全面建设社会主义现代化的佛冈实践”专题调研的工作方案》的通知	佛委办发电〔2022〕17 号

（朱丽丽）

县政府及县府办规范性文件要目

文件名称	发布文号	发布时间
佛冈县农村集体资产管理办法	佛府办〔2022〕8号	2022年5月30日
佛冈县农村集体资源管理办法	佛府办〔2022〕9号	2022年5月30日
佛冈县农村集体经济组织成员身份确认指导意见	佛府办〔2022〕11号	2022年6月27日
佛冈县农村生活污水处理设施运维管理工作方案（试行）	佛府办〔2022〕15号	2022年9月23日
清远市佛冈县农村集体经营性建设用地入市实施办法	佛府办〔2022〕15号	2022年12月30日

（邓泉冬）

重点文物保护单位名录

序号	名称	时代	类别	详细地址	保护级别	公布机关	公布时间	公布批次	是否开放	管理单位
1	东坑黄氏宗祠	明朝嘉靖壬午（1522年）—民国	古建筑（坛庙祠堂）	佛冈县水头镇莲瑶村东坑围	广东省文物保护单位	广东省人民政府	2008年11月18日	第五批	是	东坑黄氏宗祠理事会
2	上岳村建筑群	清代	古建筑	佛冈县龙山镇上岳村	广东省文物保护单位	广东省人民政府	2012年10月20日	第七批	是	龙山镇上岳村委
3	石咀头围场门楼	明代	古建筑	迳头镇石咀头村	广东省文物保护单位	广东省人民政府	2019年4月19日	第九批	是	迳头镇石咀头村委
4	三爰亭	清光绪	古建筑	佛冈县汤塘镇黄花路口	佛冈县文物保护单位	佛冈县人民政府	1986年7月23日	第一批	是	佛冈县汤塘镇大埔村委会

续表

序号	名称	时代	类别	详细地址	保护级别	公布机关	公布时间	公布批次	是否开放	管理单位
5	清献崖公祠	明代	古建筑（坛庙祠堂）	佛冈县水头镇新联村	佛冈县文物保护单位	佛冈县人民政府	1986 年 7 月 23 日	第一批	是	佛冈县水头镇新联村崖氏宗亲会
6	龙岗市古街（县级）	民国	古建筑	佛冈县石角镇科旺村	佛冈县文物保护单位	佛冈县人民政府	2006 年 8 月 8 日	第二批	是	佛冈县石角镇科旺村委
7	上岳古围村	明清	古建筑	佛冈县龙山镇上岳村	佛冈县文物保护单位	佛冈县人民政府	2006 年 8 月 8 日	第二批	是	佛冈县龙山镇上岳村委
8	谢氏大宗祠	清乾隆二十五年（1760 年）	古建筑	佛冈县龙山镇浮良村	佛冈县文物保护单位	佛冈县人民政府	2017 年 11 月 7 日	第三批	是	佛冈县龙山镇浮良村委
9	官路唇廖氏宗祠	清光绪二十八年（1902 年）	古建筑	佛冈县龙山镇官路唇村	佛冈县文物保护单位	佛冈县人民政府	2017 年 11 月 7 日	第三批	是	佛冈县龙山镇官路唇村委
10	围镇刘氏宗祠	清咸丰十一年（1861 年）	古建筑	佛冈县汤塘镇围镇村	佛冈县文物保护单位	佛冈县人民政府	2017 年 11 月 7 日	第三批	是	佛冈县汤塘镇围镇村委
11	洛洞接待站旧址	1972 年	近现代重要史迹及代表性建筑	佛冈县汤塘镇洛洞村	佛冈县文物保护单位	佛冈县人民政府	2017 年 11 月 7 日	第三批	是	佛冈县汤塘镇洛洞村委
12	林际安墓	明代	古墓葬	佛冈县高岗镇三江村	佛冈县文物保护单位	佛冈县人民政府	2017 年 11 月 7 日	第三批	是	佛冈县高岗镇三江村委
13	耕读楼	清代	古建筑	佛冈县迳头镇迳头村甲名围	佛冈县文物保护单位	佛冈县人民政府	2017 年 11 月 7 日	第三批	是	佛冈县迳头镇迳头村甲名围村委
14	石咀头围场	明代	古建筑	佛冈县迳头镇迳头村石咀头村	佛冈县文物保护单位	佛冈县人民政府	2017 年 11 月 7 日	第三批	是	佛冈县迳头镇迳头村石咀头村委
15	大陂郑氏宗祠	清同治三年（1864 年）	古建筑	佛冈县迳头镇大陂村	佛冈县文物保护单位	佛冈县人民政府	2017 年 11 月 7 日	第三批	是	佛冈县迳头镇大陂村委
16	大塘宋氏宗祠	清朝	古建筑	佛冈县石角镇城迳村大塘围	佛冈县文物保护单位	佛冈县人民政府	2017 年 11 月 7 日	第三批	是	佛冈县石角镇城迳村大塘围村委

（黄　敏）

2022 年获省部级及以上先进单位与先进个人名单

省部级及以上先进单位

单位	授予单位	荣誉称号	授予时间
共青团佛冈县委员会	中国共产主义青年团中央委员会	县域共青团基层团组织改革试点工作优秀等次	2022.08
佛冈县民政局	中华人民共和国民政部	全国社会救助先进单位	2022.10
清远市生态环境局 佛冈分局	国家机关事务管理局、中共中央直属机关事务管理局、中华人民共和国国家发展和改革委员会、中华人民共和国财政部	节约型机关	2022.10
佛冈县发展和改革局	国家机关事务管理局、中共中央直属机关事务管理局、中华人民共和国国家发展和改革委员会、中华人民共和国财政部	节约型机关	2021.08（2022 年 11 月通知）

省部级及以上先进个人

姓 名	单位	授予单位	荣誉称号	授予时间
佘秀娟	广东省佛冈县气象局	中国气象局	南方强降雨过程预报精准 先进个人	2022.06
植群英	佛冈县人民法院	中华人民共和国最高人民法院	人民法院政治工作 先进个人	2022.09

2022 年获广东省“五一劳动奖状”称号单位

单 位	授予单位	荣誉称号	授予时间
广东鑫统仕集团有限公司	广东省总工会	广东省五一劳动奖状	2022.04

2022年获全国“五一劳动奖章”称号个人

姓名	单 位	授予单位	荣誉称号	授予时间
肖光	广东国珠精密模具有限公司	中华全国总工会	全国五一劳动奖章	2022.04

2022年获广东省“五一劳动奖章”称号个人

姓名	单 位	授予单位	荣誉称号	授予时间
王清明	广东鑫源恒业电力线路器材有限公司	广东省总工会	广东省五一劳动奖章	2022.08

2022年度获荣誉表彰现役军人名录

姓名	是否现役	获得荣誉称号（立功表彰类型）	住址	简要事迹
黄海明	服现役	个人三等功	佛冈县石角镇	2022年度工作突出，立三等功
周演丰	服现役	个人三等功	佛冈县汤塘镇	2022年度工作突出，立三等功

办事指南

2022年佛冈县主要旅游景区（点）、高档酒店名录

序号	名称	类型	地址	联系电话
1	聚龙湾天然温泉度假村	国家4A级旅游景区	佛冈县汤塘镇汤塘村（京港澳高速汤塘出口左转1公里106国道旁）	0763-4632888
2	森波拉度假森林	国家4A级旅游景区	佛冈县石角镇三八片路边（京港澳高速佛冈出口右转4公里）	0763-4382333

续表

序号	名称	类型	地址	联系电话
3	熹乐谷温泉度假区	国家3A级旅游景区	佛冈县汤塘镇黄花湖温泉旅游度假区内直入1500米	0763-6558118
4	田野绿世界	国家3A级旅游景区	佛冈县石角镇龙南小潭村省道252线旁	0763-3172999
5	观音山王山寺	寺庙类景区	佛冈县石角镇观山村英佛公路旁	0763-4882088
6	鹤鸣洲樱花温泉度假村	生态温泉景区、湿地公园	佛冈县黄花湖106国道边（佛冈县汤塘镇环湖北路3号）	0763-6857888
7	上岳古村落	历史遗迹景区	佛冈县龙山镇上岳村	
8	长盛谷养生基地	大型农家乐景区	佛冈县汤塘镇黄花路口直入300米	0763-4638188
9	陂角村	省级文化和旅游特色村	佛冈县汤塘镇陂角村	
10	官塅围村（荷花小镇）	省级文化和旅游特色村	佛冈县迳头镇官塅围	
11	龙潭小寨	生态观光景区	佛冈县高岗镇高镇村	0763-4283938
12	通天蜡烛	农业生态景区	佛冈县迳头镇荆竹园村	
13	小梅蔬果体验园	农业生态景区	佛冈县石角镇龙南片小梅村	
14	洛洞乡村旅游区	乡村休闲景区	佛冈县汤塘镇洛洞村	
15	万竹泉度假村	农业生态景区	佛冈县石角镇科旺村	
16	美丽大田	乡村休闲景区	佛冈县石角镇龙南里水村252线旁	
17	篁胜国际温泉花园酒店	高级温泉度假酒店	佛冈县石角镇北园路	0763-4888888
18	碧桂园假日温泉酒店	高级温泉度假酒店	佛冈县水头镇碧桂园清泉城内	0763-6833818
19	利鑫国际酒店	商务度假酒店	佛冈县振兴南路京港澳高速出入口往佛冈县城前200米	0763-3168888
20	丽枫酒店佛冈店	高级商务酒店	佛冈县106国道南	0763-6833333

续表

序号	名称	类型	地址	联系电话
21	IU 酒店	连锁品牌酒店	佛冈县石角镇106国道与振兴路交汇处106国道旁	0763-4270077
22	三泰商务酒店	高级商务酒店	佛冈县城106国道东69-1号	0763-4888111
23	柏曼酒店	连锁品牌酒店	佛冈县石角镇福田路308号	0763-4298888
24	樵春山庄	温泉度假酒店	佛冈县汤塘镇黄花湖度假区内	0763-4620168
25	明威商务酒店	高级商务酒店	佛冈县石角镇环城中路119号	0763-4888333
26	逸米酒店	高级商务酒店	佛冈县石角镇振兴中路369号	0763-4281238
27	白云温泉山庄	温泉度假酒店	佛冈县汤塘镇黄花湖度假区内（106国道旁）	0763-4620198

2022年佛冈县旅行社名录

序号	名称地址	类型	地址	联系电话
1	佛冈县佛旅旅行社有限公司	旅行社	佛冈县石角镇振兴中路青云二巷5号	0763-4283460
2	佛冈假日旅行社有限公司	旅行社	佛冈县石角镇振兴中路62号	0763-4281108
3	佛冈青年旅行社有限公司	旅行社	佛冈县石角镇环城中路382号	0763-4299333
4	清远市国旅国际旅行社有限责任公司佛冈营业部	旅行社服务网点	佛冈县环城中路143号二楼之三	0763-4296601
5	广州市金马国际旅行社有限公司清远佛冈营业部	旅行社服务网点	佛冈县石角镇拥军路98号	0763-4882332
6	广东航空观光国际旅行社有限公司佛冈营业部	旅行社服务网点	佛冈县石角镇环城东路157号	0763-4283700
7	广州携程国际旅行社有限公司佛冈冈田营业部	旅行社服务网点	佛冈县石角镇振兴中路69号	0763-4508811
8	广东光大国际旅行社有限公司清远佛冈营业部	旅行社服务网点	佛冈县石角镇福来街10号	13427991770

索 引

索引说明

1. 本索引采用主题分析方法，款目按汉语拼音字母（同音字按声调）顺序排列。

2. 文中的类目题、分目题用黑体字标明，其余用宋体字排版。

3. 索引款目后面的数字表示内容所在页码，数字后面的英文字母（a、b、c）表示栏别（即版面的一、二、三栏）。

4. 同一主题的内容在文中多处出现时，在其款目后用不同页码标明。

5. 本刊的“年度关注”“2022 年佛冈大事记”“统计资料”“附录”等不做内容主题分析。

主题词索引

A

B

C

G

J

K

L

T

W

X

Y